기독교대한복음교회의 목회자
지동식의 신학과 사상

기독교대한복음교회의 목회자
지동식의 신학과 사상

기독교대한복음교회 신학위원회 엮음

동연

봄새물 지동식 목사

봄새물 지동식 박사 약력(1910~1977년)

- 1910년 9월 20일 전북 남원군 덕과면 금암리에서 출생
- 1918년 9월 사숙에서 한학 수업
- 1927년 3월 전주공립고등보통학교 입학
- 1932년 3월 전주고등보통학교 졸업, 1934년까지 군산 옥구 금융조합 근무
- 1934년 3월 일본 동경신학교 예과 입학, 1937년 3월 예과 마치고 본과 진학
- 1940년 3월 일본신학교(현 동경신학대학) 졸업
- 1940년~1945년 복음교회 전도사로 서울교회와 함경도 문천복음교회 시무
- 1945년~1962년 서울복음교회 담임목사
- 1947년 3월 연희대학교 신학대학 신약학 조교수
- 1950년~1954년 복음동지회 회장
- 1958년~1975년 연세대학교 조직신학 교수
- 1960년~1962년 연세대학교 제5대 신과대학 학장
- 1962년~1969년 기독교 대한복음교회 이사장
- 1966년~1967년 한국신학회 회장
- 1968년~1969년 일본 동경신학대학 교환교수
- 1969년 2월 일본 동경신학대학 명예신학박사 학위취득
- 1970년~1972년 한국기독교교회협의회 회장
- 1975년 연세대 교수평의회 의장
- 1975년~1976년 연세대학교 교목실장
- 1977년 6월 10일 소천

〈저서〉

『종교와 기독교』(공저), 1959년, 연세대학교출판부
『바르트 신학 연구』(공저), 1970.6, 기독교서회
『탈출공동체』(공저), 1972.3, 형설출판사
『돌세개』, 1970년, 대한기독교서회
『신학의 오솔길』, 1976년, 대한기독교서회(현대신서 70)

〈논문〉
"불트만의 기독교 이해",「신학논단」제4집
"틸리히의 기독론",「신학논단」제6집
"현대신학과 구속사개념",「신학논단」제7집
"현대신학의 방법론 초고",「신학논단」제9집
"성육신앙의 현대적 의의",「기독교사상」강좌 I
"신정통주의의 교회관",「기독교사상」강좌 II
"현대적 성격과 전도",「기독교사상」강좌 III
"종교관",「연세춘추」제590호
"현대신학의 비종교화와 세속화",「연세춘추」제600호
"불교의 자연관",「신학논단」1972, 제11호
"한국정세와 한국교회",「새생명」1972, 2월호
"새 시대의 종교와 윤리",「자유공론」1972, 7월호
외

〈성서 강해〉
요한복음주서, 기독교서회
빌립보서 강해,「기독교사상」
갈라디아서 강해,「신학논단」
주기도문 강해,「기독교사상」
사도행전 강해,「세브란스」제69~83호
외

〈봄새물 지동식 목사 관련 논문집〉
『지동식목사 회갑기념 논문집』(신학논단 제11호), 1972년, 연세대학교 신과대학
『겸손, 휴밀리타스』(봄새물 지동식박사 30주기 기념 논문집), 2007년, 연세대학교 신과대학 동창회

| 차례 |

봄새물 지동식 박사 약력 _7
발간사 / 전병호 _11
편집자 서문 / 이양호 _14
제자의 추억 / 김찬국 _16

제1부 | 기독교 교리 탐구

1. 기독교의 신론 _25
2. 기독교의 인간론 _39
3. 기독교의 그리스도론 _33
4. 기독교의 구원론 _68
5. 기독교의 교회론 _82
6. 기독교의 사회윤리 _97

제2부 | 신학 논문

1. 신약성서에서 본 진리와 자유 _115
2. 서양 사상과 기독교: 불트만 신학 특집 _129
3. 하나인 교회의 성서적 근거 _139
4. 화육(化肉)신앙의 현대적 의의 _148
5. 신학과 설교 _157
6. 신정통주의의 교회관 _166
7. 폴 틸리히의 기독론 _175

8. 기독교의 근본 사상과 그 사명	_192
9. 현대 신학과 구속사 개념	_209
10. 현대 신학의 방법론 초고	_225
11. 에밀 브룬너의 생애와 사상: 그의 서거(逝去)에 부쳐서	_240
12. 존 칼빈의 기독교 강요	_251
13. 불교의 자연관	_268

제3부 | 칼 바르트 연구

1. 칼 바르트의 설교의 성격	_285
2. 칼 바르트와 그의 신학사상	_307
3. 칼 바르트의 교회론	_320
4.「선교론」(일본어 출판), 십자가의 신학총서(1941년)	_334

제4부 | 성서 강해와 설교

1. 마태복음 강해: 6장 5-15절	_369
2. 빌립보서 강해	_400
3. 갈라디아서 강해	_482
4. 에베소서 강해	_543
5. 설교문, "그리스도는 세상의 빛"	_588
6. 설교문, "섬기는 자유"	_593
7. 설교문, "위대한 꿈"	_600

제5부 | 기독교대한복음교회의 목회자 지동식

1. 내가 영향 받은 신학자와 그 저서 _607
2. 앞으로 십 년간의 나의 계획 _612
3. 최태용의 시, 평론, 신학 _618

제6부 | 세상 속의 기독교: 시론

1. 현대적 성격과 전도 _643
2. 남녀관계에 대한 위기신학자들의 이해 _645
3. 평화의 왕, 예수 그리스도 _665
4. 방황하는 한국의 젊은 지성 _672
5. 현대 신학의 비종교화와 세속화 _682
6. 한국 정세와 한국 교회 _693
7. 기독교 변증론 _702

제7부 | 후학의 글

1. 봄샘 지동식 박사의 사상 세계 - 이양호 _729
2. 지동식의 생애를 돌아보며 - 박숭인 _767
3. 한국 칼 바르트 신학의 선구자, 지동식 목사 - 신준호 _790

발간사

　1966년 3월 24일, 서울 중앙 YMCA회관 대강당에서 지동식 박사의 학위 취득 축하과티가 열렸다. 이 자리에서 박대선 연세대 총장은 다음과 같은 축하의 말을 하였다. "일본에서 한국 민족을 알린 결과 그분의 공적이 외국에서 인정받음은 민족적인 영광이 아닐 수 없습니다. 우리는 이 숭고한 분에게 더 많은 기회와 후원을 드려서 보다 큰 열매를 맺도록 하십시다."
　이처럼 숭고한 분이, 더 많은 열매를 맺어야 할 분이 그의 분깃을 다하기 전 1977년 6월 10일 하나님의 부르심을 받아 우리 곁을 떠나셨다. 1년 후 고인의 추도식 때 전경연 박사는 이렇게 추모사를 낭독했다. "숭고한 기개, 부드러운 성품, 넘치는 인내력, 성서에 대한 순정, 돌이킬 수 없이 가버린 그의 자질과 신앙을 아쉬워합니다."
　한국 교회 역사에 수많은 기라성 같은 목회자와 신학자들이 있지만 그 가운데 하늘에 고고히 빛나는 지 목사님 같은 분이 또 있을까? 그래서 모두가 그분을 추모할 때마다 새삼 그리워하게 된다. 그러나 돌이켜 보면 그분에게는 미진한 남은 일이 없고, 오히려 그분의 소천은 "다 이루었다"는 말씀이 가능할 듯하다고 생각한다. 즉 그분이 남기신 수많은 제자들과 학문의 업적들을 보면 충분히 "다 이루셨음"을 우리는 고백하게 된다.
　지동식 목사님은 1947년부터 연세대학교 신과대학 교수로 재직하셨고, 그 후 신과대학장(1960), 연합신학대학원장(1966), 한국신학회장(1966)을 역임하셨고, 기독교대한복음교회 서울복음교회 당회장(1945-1961), 연세대학교 대학교회 담임목사, 기독교대한복음교회 총회장, 한국기독교교회협의회(NCCK) 회장 등 여러 기관의 지도자로 활동하셨다. 신학자로서, 목회자로서, 그리고 교회연합운동의 지도자로서 지 목사님이 뿌리고 남기고 거두신 놀라운 발자취를 보면서, 많은 사람들은 지 목사님은 진정으로 예수를 사랑하고 따른 참 기독교인이었다고 기억하고 있다.

지난 2007년 9월 연세대학교 신과대학 동창회는 봄새물 지동식 목사님의 소천 30주기를 맞이하여 기념강좌가 개최했고, 이때 정석환 신과대학장은 기념논문집을 발간사에서, "봄새물 지동식 박사님의 겸손, 희생, 화해의 정신이 우리를 통해, 연세 신학도들을 통해 이 땅의 기독인들과 이 민족, 나아가 세계만방에 희망과 기쁨의 근원이 될 수 있기를 소망합니다"라고 말씀한 바 있다. 지 목사님은 연세신학의 아버지이며, 기독교 신앙의 토착화와 민족화를 강조하는 기독교대한복음교회 신학의 선구자로서 한국 신학을 확립하는 데 힘을 기울인 분이었다. 또한 지 목사님은 바르트, 불트만, 틸리히, 브룬너 등 당시로서는 서구의 첨단 신학을 비판적으로 소개하여 학문적 논의를 주도했던 분으로, 한국 신학의 역사에서 누구보다도 진보적인 분이셨다.

지동식 목사님의 수많은 글과 논문들이 편린처럼 흩어져 있어 후학들이 따라 보기에 어려움이 많았다. 이제 기독교대한복음교회 신학위원회에서 지동식 목사님 탄생 100주년을 맞이하여 고인을 기리며 논문집을 발간하게 되었으니 이는 기독교대한복음교회뿐 아니라 한국 교회의 큰 기쁨이라 하겠다. 상상컨대 지 목사님은 아마도 겸손히 웃으시며, "뭘 쓸데없이 그런 글들을 펴냈느냐"고 하시며 부끄러워하실지도 모르겠다. 그러나 이 책에 있는 글들을 면면히 살펴보시라. 학자로서, 목회자로서 예리하고 깊은 성찰과 담론의 지평을 여신 분이 지 목사님임을 알게 될 것이다. 지 목사님의 글들이 우리 안에서 다시금 호흡되며 살이 되어 한국 교회와 신학의 발전에 충분히 보탬이 될 것이라 믿어 의심치 않는다.

이 책이 나오기까지 수고하신 기독교대한복음교회 신학위원회, 특히 김영일 박사, 이양호 박사, 박숭인 박사, 박찬웅 박사께 감사의 말씀을 드린다. 이 책은 지 목사님의 유가족의 헌금을 바탕으로 제작되었다. 지 목사님 가족에 하나님의 큰 축복이 함께하시기를 빈다. 또한 여러 후원의 손길이 있었음에 감사의 말씀을 드린다.

오랜 시간 동안 교열 작업을 맡아 힘써 주신 박숭인 목사(협성대학교), 박찬웅 목사(은혜복음교회), 이선호 박사(진리복음교회), 이인경 목사(계명대학교), 임주원 전도사(진리복음교회), 최경석 목사(서울복음교회), 최의현 목사(은혜복음교회)께 감사의 인사를 드린다. 또한 원고를 일일이 입력해 주신 김영란 권사님(지관해 목사의 아내)에게 깊은 감사의 말씀을 드린다. 박찬웅 목사님은 자료 수집, 교열, 편집의 모든 일을 지휘하며 총책임자의 역할을 해주셨다. 교단의 일에 늘 헌신하시는 박찬웅 목사님의 노고에 깊이 감사드린다. 끝으로 촉박한 일정에도 불구하고 아름답게 책을 제작하여 주신 도서출판 '동연'의 김영호 사장님께 감사의 인사를 드린다.

2011년 1월
지동식 목사님의 작은 제자 전병호[*]

---

[*] 나운복음교회 목사, 한국기독교교회협의회 회장 역임, 기독교대한복음교회 총회장 역임.

편집자 서문

　기독교대한복음교회는 2009년 1월 교단정기총회를 즈음하여 『최태용 전집』 전6권을 출판하고, 이듬해 2010년에는 이 전집의 활용도를 높이고자 『최태용 찾아보기』(도서출판 꿈꾸는터)를 출판했다. 교단 신학위원회는 지동식 목사님 탄생 100주년이 되는 2010년에 지 목사님께서 여러 지면을 통해 발표하신 글을 모아 단행본으로 출판하는 사업을 추진하기로 했다. 지난 1년간의 준비 끝에 이렇게 책이 나오게 되어 하나님께 감사와 영광을 돌린다.

　약력에 기록된 바와 같이 지 목사님은 평생 동안 수많은 글을 쓰셨고, 또한 단행본으로 나온 책도 여러 권이 있다. 여기에 모은 글들은 주로 「기독교사상」, 연세대학교의 학술지인 「신학논단」, 「현대와 신학」 등에 발표된 것들이고, 특히 「선교론」은 지 목사님이 31세의 젊은 나이에 발표한 일본어 논문을 번역한 것으로, 이 뛰어난 논문이 연세대학교의 교수로 부임하게 되는 결정적 계기가 되었다. 각 글의 출처는 각주에 표기했으니 참조하기를 바란다.

　지 목사님은 본래 신약성서를 전공하다가 나중에는 조직신학으로 전공을 바꾸셨다. 성서신학자이기에 지 목사님의 성서해석은 예리하고 깊이가 있음을 알 수 있다. 또한 성서신학의 튼튼한 토대 위에서 조직신학을 하셨기 때문에 신학적 논문들 역시 탄탄한 면모를 잘 드러내고 있다. 유사한 성격의 글을 일곱 개의 부분으로 모았는데, 각 부분 안에 모은 글들은 대체로 발표된 순서에 따라 편집했다. 1940년대부터 1970년대에 기록된 글이므로 오늘날의 표현방식과 다소 차이가 있다. 그러나 현대의 독자를 위해 전면적으로 표현을 고치는 것보다는 지 목사님의 숨결과 필체를 보존하기 위해 수정 작업은 최소한으로 줄였다.

이 일을 위해 헌신적으로 협조해 주신 신학위원회의 모든 위원들과, 총회 임원회, 그리고 교단의 모든 지체 교회들에게 감사의 말씀을 드린다. 편집의 여러 권에서 미진한 부분이 있겠지만, 기독교대한복음교단의 목사이자 연세대학교의 신학자이신 지 목사님이 남긴 이 책이 오늘날의 한국 교회와 한국 신학을 성찰하게 만드는 청명한 거울이 되기를 간절히 바란다.

편집책임 이양호[*]

편집 위원
전병호(나운복음교회)
김영일(강남대학교)
이양호(연세대학교)
박숭인(협성대학교)
박찬웅(은혜복음교회)

---

[*] 연세대학교 연합신학대학원, 신과대학 교수, 진리복음교회 목사.

제자의 추억*

　봄새물 지동식 목사님은 해방 후 약 30년간 한국의 신약학계에서 신약학과 조직신학을 교수하면서 후진을 양성하는 데 공헌하시고 68세를 일기로 1977년 6월 10일에 돌아가셨다. 지동식 박사님은 연세대학교에 신학과를 개척한 원로학자시다.

　내가 연세대학교 학생으로서 배우고 가르치는 자리에서 지 목사님을 모셔온 지도 30년의 연륜이 흘렀다. 나를 가르치고 키워 준 스승이지만 이 어른에게서는 소위 권위주의로 군림하는 교수풍이 전연 없었기 때문에 늘 누구나 가까이 하고 따를 수 있었다.

　지 목사님은 겸손한 학자시다. 서울복음교회에서 목회하고 계시던 지 목사님께 해방 직후 연세대학교 총장인 백낙준 박사께서 이환신 감독을 가시게 해서 교수직을 수락해 달라고 청했다고 한다. 그때 교섭을 받고 총장을 만나 정식으로 청을 받았을 때 "그 말씀에 기가 질렸었다"고 가끔 회상하는 말씀을 하셨다. 우선 실력도 없고 교수 경험도 없었고 일제 말기에 함경도 농촌목회를 하다가 책을 다 버리고 온 마당에 책도 없고 보니

---

* 이 글은, 연세대학교 부총장을 역임한 김찬국 교수의 "지동식 목사에 대한 추억", 『인간을 찾아서: 김찬국 수상집』(서울: 한길사, 1980), 245-249에 실린 것이다.

어떻게 학생들을 지도할 수 있을까 하는 생각에서였다고 한다. 또 한 가지 이유로는 소 교단인 복음교단의 목사가 큰 연합기관인 연세(당시는 연희대학)에서 어떻게 가르칠 수 있겠느냐는 생각에서였다. 그때 백 박사님이 "그저 공부하는 셈치고 가르쳐 보라"는 권고와 박사님의 너그러운 교회연합정신에 이끌리어 교수직을 수락하게 되었다는 것이다. 학생들로부터 질문을 받으시면 으레 첫 말씀으로 "제가 무얼 압니까"란 말부터 해놓고 보충 대답을 하시고 했었다. 사실 지 목사님은 해방 후 신진 신학자로서 준비되어 있었던 분이다. 한국인으로 일본 동경신학대학에서 6년을 공부하고 졸업논문으로 「선교론」을 써서 출판한 바르트 신학연구의 권위자로서 준비되어 있었던 분이다. 복음교회와의 인연은 복음교단의 창설자인 최태용 목사의 지도와 후견으로 맺어지게 된 것이다. 한국의 교파주의자적인 사고와 큰 교단들의 우위주의적 사고가 한국 교회의 풍토였던 점을 생각하면 지 목사님은 연희에서 발붙일 틈도 임시에 지나지 않았을 것이지만 정년은퇴까지 연세대학에서 교수를 할 수 있었던 이유는 첫째로 그분의 실력과 인격 때문이었고, 둘째가 연세대학이 연합정신으로 운영되는 기관이었기 때문이다. 지 목사님의 결정적인 권위는 그분의 겸손의 덕이었던 것이다.

지 목사님은 우선 신약학 교수이셨고 후에 조직신학 교수가 되셨다. 성서학자로서의 기반을 가지고 조직신학의 체계를 세우는 정도(正道)를 걸으신 것이다. 지 목사님은 우선 목회자이셨고 목회를 하시면서 교수를 하시었다. 교회목회 경험이 신학교육에 직접 연결이 되었다.

"구레네 시몬이 멋모르고 사형장을 향하던 예수 일행의 행차를 구경하다가 예수께서 감당하지 못했던 십자가의 형틀을 대신 걸머지게 되었는데, 신학생 중에는 간혹 이와 같은 경로로 예수께서 남기고 가신 고난의 사업에 말려들게 된 이도 있을 줄 안다. 솔직하게 말해서 나 자신도 그와 같은 사람 중의 하나이다."

지 목사님이 남기신『신학의 오솔길』이라는 책에 그런 술회가 있다. 이런 술회는 교실에서 늘 말씀하시거나 대화에서 하시던 말씀이었다. 목사님께서 일제 강점기 말기에 동경에서 돌아와 농촌교회를 담임하셨었다. 추수 곡식을 일본놈이 다 가지고 가고 대두박으로 양을 채우던 때인지라 한두 되의 양곡은 그들 농민들의 살이요 피였었는데 그때 갓 결혼하여 모친을 모시고 있었던 지 전도사님은 영양실조로 쓰러지게 되었고 아내와 노모도 굶주릴 수밖에 없었다고 한다. 또 일제 말기 총동원 때 원산으로 도망가서 시멘트 포대 공장에서 수십 명의 여공을 거느리는 십장 노릇도 하셨다고 한다. 가장 심한 고생은 평안도와 함경도 접경에 있는 '운림'이라는 곳에 가서 교회 일을 보셨을 때라고 한다. 고원지대이고 첩첩산중이어서 옥수수로 끼니를 때우며 감자를 심어 캐내는 농사도 지었다. 일본제국주의 정책이 얼마나 무서운지 그 산골에도 일본 사람이 와서 판을 치고 있었다는 것이다. 중류 이하 정도의 수준에 있는 교우들에게 악기도 없이 찬송가를 가르쳤는데 이제 와서 생각해 보면 자다가도 웃을 일이라고 말씀하셨다.

해방은 6년간 농촌목회를 했던 지 목사님을 서울로 오게 만들었고 연희학원으로 오게 만들었다. 서울복음교회의 담임목사를 하면서 교수 생활을 했기 때문에 종로6가의 복음교회 지 목사님 사랑방과 서재에는 동료 신학교수들과 후진 신학도들과 교회 청년들이 늘 무상출입하며 신학적 대화와 목회상담이 그칠 사이가 없었다. 복음교회 사랑방은 한국 교회의 미래 신학도들과 교회 지도자들의 산실이고 중개소 구실을 했다고 해도 과언이 아니며 순수한 대화적 온실이었다.

우선 성서번역사업을 위한 산실이 되었다. 각 신학대학의 신구약학자들로 구성된 복음 동지회가 시작한 성서번역사업이 이곳에서 4년간 진행되었고 복음교회 박형규 장로의 후원으로 『새로 옮긴 마태복음』을 보게 된 일은 잊을 수 없는 귀한 공헌이다. 학자의 사랑방이 선비들의 대화실이 되고 성서 번역의 산실이 되었다는 영광이 소 교단의 목사실에서 나온 것이다. 한국 교회가 이를 알 길이 없을 것이다. 실험적 번역의 시도가 기초가 된 것이다. 지 목사의 사랑방에 모여든 신학도나 소장 신학자들은 초교파적이었다. 복음교회가 길러 낸 신학도들의 봉사는 교회연합적이어서 각 교단의 교역자와 교수가 된 사람들도 있다. 나도 아버님이 복음교회 장로이셨기 때문에 중학생 시절부터 이 교회에서 훈련을 받았고 연희대학을 졸업하고서 감리교로 옮겼다. 한국기독교고회협의회(NCCK) 총무 김관석 목사의 모친께서 복음교회 전도사 일을 보셨기 때문에 김 목사도 지 목사 서재에 자주 드나들었다.

이 어른의 겸양지덕이 후진들에게 길을 열어 주는 길잡이가 되었다. 외국 유학길에 오를 수 있었지만 학교를 지키시느라고 후진들을 다 차례로 보내고 교수진 강화에 있어서도 늘 당신보다 무슨 점으로든 낫고 실력 있는 분을 모셔오는 데 힘썼으며 무슨 일에서나 남을 먼저 내세우고 당신은 양보하는 것이었다. 이 어른의 양보에 덕을 본 분들이 얼마나 많은지 모른다. 교수들 사이에서는 늘 젊은 교수들에게 기회를 더 주고 당신은 제2선으로 후퇴해서 격려하는 것이었다.

이런 양보의 덕이 결국은 그분을 한국기독교회협의회 회장직으로 추대하게 되는 결과를 가져왔다. 역대 NCCK 회장 중에서 지 목사님만큼 회장으로서 하신 축사, 기념사, 추도사 등을 글로 책으로 남긴 분이 드물 것이다. 어떤 간단한 집회를 위해서도 성심껏 원고를 준비해 가지고 가서 하셨기 때문에 그분의 축사, 기념사 추도사들이 책으로 남게 되었다. 지 목사님의 신학은 화합일치(和合一致)의 신학이다. 그 화합일치의 에큐메니칼 정신이 『돌세개』와 『신학의 오솔길』 등 에세이집에 수록되어 있다. 한국의 신학을 하는 후진들은 이 에세이집을 꼭 읽을 필요가 있다.

지 목사님이 쓰신 수필 중에서 가장 인상적인 것은 "소크라테스와 차장"이다. 지 목사님은 틈이 나면 시내 서점을 순례하는 취미를 가지셨다. 그래서 서재에는 헌 고전을 비롯하여 많은 책이 꽂혀 있었다. 특히 독일어 서적을 많이 가지고 계셨다. 책방 순례를 하다가 버스를 타고 차장에게 돈을 주었더니 안내양이 "할아버지, 거스름돈 받으셔요"라고 했다는 것이다. 이 무심한 차장의 한 마디가 울리는 큰 북소리와도 같이 가슴을 크게 울렸다는 것이다. 이 차장의 말이 "너 자신을 알라"고 한 소크라테스의 말과 같이, 아니 그보다 훨씬 더 박력 있게 들렸다는 것이다. 신학 하는 이의 감각과 지각세계에서 자신을 새롭게 발견하고 반성하는 것이 무엇보다도 긴요한 것임을 보여주는 글이다.

NCCK 회장 취임사 중 다음의 말은 지 목사다운 겸양의 인품을 느낄 수 있는 말이다.

> "저는 생각하기를 한국교계의 여러 교파들을 이 꽃동산에 비교한다면 여러 가지 색깔과 향기를 발하는 장미는 장로교의 상징이요, 정열적인 인상을 주는 다알리아는 감리교의 경건성을 말하듯 하며, 키 높은 목련화는 성공회에 해당이 되고, 새빨간 색깔로서 길손들의 시선을 끄는 깨꽃은 구세군의 열정을 보여준다면, 소박한 야생화인 무궁화는 이 고장에서 산출된 복음교회의 상징이라고 말할 수 있을 줄로 압니다."

한국 교회를 이런 토착적인 꽃들과 꽃동산에 표현할 수 있었다는 데에도 신학의 토착화를 느낄 수 있다. 지 목사님은 볼품없는 무궁화로 당신을 비유하셨다. 한국 교계의 꽃동산을 장식하는 한 그루의 꽃나무 구실을 하시려고 힘쓴 신학자, 목회자 지 목사님을 잊을 수가 없다.

제1부

기독교 교리 탐구[*]

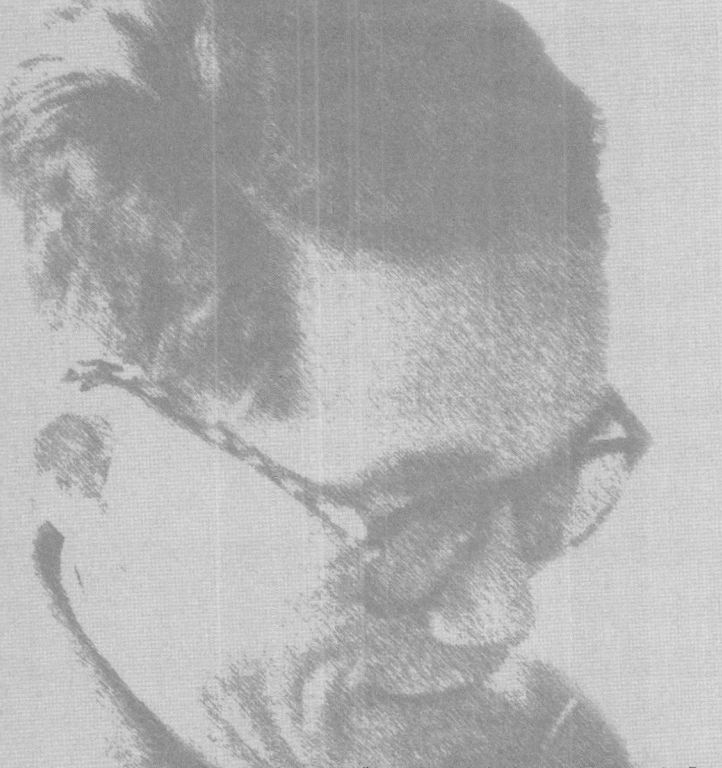

---

* 제1부의 "기독교 교리 탐구" 부분은 김하태/한태동/지동식(공저), 『종교와 기독교』(서울: 연세대학교 출판부, 1959), 229-321에 발표된 글을 옮긴 것이다. 이 책은 대학생을 위한 기독교개론 교과서로 집필되었다.

1
기독교의 신론

I. 인격적인 하나님

미국의 어떤 정치가가 친구들에게 자기의 결혼식 청첩장을 낼 때에 신부의 이름을 빠뜨렸기 때문에 친구들이 당황했다는 이야기가 있다. 기독교의 신관을 말함에 있어서는 이와 같은 잘못을 범하지 않는 것이 좋을 것이다. 왜냐하면 종교적인 동물이라고 일컬음을 받는 인간은 예로부터 수많은 종교를 만들었고, 따라서 세상에는 여러 가지 신들의 이름이 있기 때문이다. 기독교가 발생될 무렵만 해도 그레코-로만(Greco-Roman) 일대에서는 제우스, 미드라(Mithra), 이시스(Isis), 오시리스(Osiris), 그 밖에 수많은 신들이 신봉되고 있었을 뿐 아니라 심지어는 만신전(萬神殿)까지도 건립되고 있었던 것이다. 따라서 기독교의 신관을 말하기 위해서는 그 이름을 밝힐 필요가 있는 것이다.

그런데 괴테는 그의 파우스트 중에서 이와는 반대의 의견을 다음과 같이 말하고 있다. "행복! 마음! 애정! 신! 이는 모두 명명(命名)할 수 없는 것이니 그것은 다만 느끼는 것밖에 없는 것이다. 이름은 천국열정을 싸고도는 소리와 연기에 지나지 않는다."

이 말은 인간 신의 종교적 경험에서 신을 경험하려던 낭만주의(Romanticism) 사상을 대표하는 말일 것이다. 그러나 거기에서 말하는 신은 '당신'(thou)으로서 우리에게 부딪쳐 오는 인격적인 존재라기보다 인간 자신의 정서 중에서 느껴지는 그 '무엇'(it)일 것이며, 말하자면 그것은 자연의 수사(修辭)에 불과한 것이다. 그래서 괴테는 또한 "신이신 자연이 인간에게 계시한 것 이외에는 인간이 무엇을 알 수 있으랴" 하고 말할 수밖에 없었던 것이다.

인간은 이와 같이 객관적인 자연에서 신을 찾을 뿐 아니라 주관적인 자기 자신의 생각 속에서도 신을 찾고자 한다. 근대인은 특히 이와 같은 입장에서 신을 찾고자 하였다. 그러나 거기에서 찾아진 신들은 모두 인간 자신의 한계 안에서 도달된 신들이었다. 그래서 진리를 찾는 이들에게는 진리 자체가 신이 되었고, 미(美)를 탐구하는 이에게 있어서는 미의 최고 목표가 신이 되었으며, 선(善)을 숭상하는 이에게 있어서는 지상선(至上善)이 바로 신이 되었다. 이리하여 사람들은 말하자면 자기 자신들이 생각해 낸 최고 이상을 자기의 신으로 모시려고 하였던 것이다.

칸트는 이와 같은 각도에서 도덕률(道德律)을 기초로 하고 신을 요청하였다. 그에 의하면 참다운 도덕률은 행복하게 되기를 바라느니보다 선 자체를 위해서 선을 행하는 의지에서 이루어진다. 그리고 이 의지는 타율적인 것이 아니라 자율적인 것이며 이와 같은 자유의지가 도덕적인 책임을 느끼는 곳에 사람의 양심이 있다. 그러나 땅에서는 선의 완성을 기대할 수는 도저히 없고 그것은 다만 신의 역사에 기대할 수밖에 없는 것이다. 그래서 칸트는 참 선을 실현하실 신을 요청함에 이른 것이다.

그러나 여기에서 우리가 잊어서 안 될 것은 이와 같은 입장에서는 인간이 창조주의 창조주가 될 수밖에 없고 인간이 생각해 낸 신은 결국 일종의 관념에 불과하다는 것이다. 그래서 칸트의 신관(神觀)에 뒤를 이어 피히터(Fichte)의 절대자아, 헤겔의 절대정신 같은 것이 외쳐지게 된 것은 피치 못할 형세였다.

그러나 현대인은, 사상(思想)은 존재의 추상(抽象)이요 이상(理想)은 사상의 통일적 순화(純化)임을 알고 있다. 따라서 이제 와서는 인간 이상의 요청인 신에게서 인생문제의 해결을 바라는 사람은 없는 것이다. 이 사실을 최초에 깨달은 이는 포이에르바흐(Feuerbach)였다. 그에 의하면 종교의 시초와 중심 및 마감이 되는 것은 인간이며, 요컨대 인간을 신격화한 것이 신이라 한다. 신이 만일에 인간의 사상적인 산물이라면 포이에르바흐의 이 말은 명언이라고 할 수밖에 없다.

그런데 사적(史的) 유물론자들은 그 견해를 더욱더 강화시켰다. 그들에 의하면 신은 요컨대 피압박(被壓迫) 계급의 소원을 대상(對象)화시킨 것이다. 따라서 합리적이요 이상적 사회가 실현되고 민중의 탄식 소리가 그칠 때에는 종교 신앙도 소멸하게 된다는 것이다.

아닌 게 아니라 세상에는 이와 같은 종교 신앙도 없지는 않다. 옛날 지중해 연안 어떤 지방에서는 농민들 사이에 순박한 종교가 신봉(信奉)되고 있었는데 그들은 풍년이 오기를 기다리는 나머지 밀가루로 만든 신의 형상을 경배하다가 때가 지나면 그것을 나누어 먹고 말았다는 것이다. 그러나 이와 같은 신은 결국 자기 욕심을 대상화한 것에 불과한 것이며 그것은 인간 편에서 좌우할 수 있는 신이요 인간을 지배할 수는 없는 것이다. 그래서 기독교에서는 이와 같은 신을 우상이라 부른다.

기독교의 신관은 그 경전인 신구약 성서의 기반 위에서 논의되어야 할 것이다. 그런데 구약성서에 의하면 하나님은 첫째로 '야웨'(Yahweh) 하나님인데 이 말은 실제로는 쓰이지 않으나 '아도나이'(내 주)란 말로 불리었다. 그래서 세 유대교 회당에서는 이 말 대신에 '내 주'(*adonai*)를 사용하였다. 그리고 이 하나님은 인격적인 존재자로서 인간에게 자기 자신을 계시하시며 이 계시가 인간에게 임하기 전에는 하나님을 인식할 수 없다는 것이 성서의 주장이다. 그래서 사도 바울은 "이제는 너희가 하나님을 알뿐더러 하나님이 아신 바 되었다"(갈 4:9)고 하였고 시편 기자도 "여호와여 주께서 나를 감찰하시고 아셨나이다"(시 139:1)라고 노래하였다.

라틴어의 '레벨라티스'(*revelatis*)와 헬라어의 '아포칼립시스'(*apokalypsis*)는 이 계시의 뜻을 잘 나타내는 말이다. 왜냐하면 이 두 가지 말은 가리운 것을 나타낸다는 뜻이기 때문이다. 그러나 하나님을 인식하기 위해서는 그의 계시에 대하여 객관적이며 이론적인 태도를 가져서는 안 된다. 키에르케고르의 말과 같이 하나님의 계시에 사로잡혀 그 위력에 순종하는 자가 아니면 하나님을 인식할 수 없는 것이다.

하나님께서는 구약의 율법이나 예언자를 통해서도 자기 자신을 계시했지만 가장 확실한 계시는 예수 그리스도에게서 성취되었다. 누구보다도 예수 그리스도 자신이 이 사실을 인정하였다. 그는 "나를 본 자는 아버지를 본 것이라"(요 14:9)라고 하였거니와 예수 그리스도야말로 독생하신 하나님의 계시요(요 1:18), 육이 되신 하나님의 말씀인 것이다(요 1:14).

하나님께서는 예수 그리스도를 통하여 자기 자신을 계시하였다. 그리고 구약의 예언자는 이 계시를 앞에서 증거하였고, 신약의 신도들은 이 계시를 뒤에서 증거하였다. 다시 말하면 예언자는 장차 오실 예수 그리스도를 증거하였으며, 사도들은 이미 오신 예수 그리스도를 증거하였다. 그러나 그들은 다 같이 예수 그리스도를 증거한 증인들이며 예수 그리스도를 가리키는 손가락의 일을 하는 것이다. 그러나 예수 그리스도는 자기 자신을 가리켜서 말씀하기를 "나는 곧 길이요 진리요 생명이니 나로 말미암지 않으면 하나님에게 나갈 자가 없다"(요 14:6)라고 하였다. 왜냐하면 오직 그만이 하나님을 나타내는 계시이기 때문이다.

헤겔 학파의 역사철학에서는 하나님은 일회적인 예수 그리스도의 사실에서만 계시되지 않으시고 세계사 중에서 계시된다고 주장하였다. 그리고 최근의 실존주의 사상가들은 계시에 대한 예비 공작으로 기초적인 창조질서를 가정한다. 그러나 하나님 자신의 계시 이외에 자연이나 역사 같은 것을 하나님과 인간 사이에 개입시키려 함은 추상적인 세계관에 불과할 것이다.

성서의 증언대로 하면 하나님은 그의 아들 예수 그리스도를 통하여 자기 자신을 결정적으로 계시하셨다. 그리고 이 하나님을 인식하는 사람은 하나님과 더불어 인격적인 관계를 가지게 된다.

영국 사람들은 하나님의 인격성을 이해하기 위하여 그를 마치 수염 난 신사처럼 여긴 적이 있었다 한다. 그러나 하크네스(Georgia Harkness) 여사가 지적하고 있음과 같이 하나님의 인격성을 이해하기 위하여 수염 난 신사를 연상할 필요는 없을 것이고 인격적인 접촉을 가져야 한다.

근대인은 하나님과 더불어 인격 개념을 주관적으로 이해하였고 현대인은 그것을 '나와 당신'의 관계에서 이해하게 되었다. 그러나 성서에 있어서의 하나님의 인격성이란 다름 아니라 그가 예수 그리스도를 통하여 우리와 더불어 '나와 당신'의 관계를 가져 주시며 우리들로 하여금 그 앞에 부채감(負債感)을 가지고 그의 뜻을 이루게 하는 일인 것이다. 따라서 우리 자신이 그의 뜻대로 삶이 없이는 하나님의 인격성을 이해할 수 없는 것이다.

II. 창조주 하나님

성서가 증거하는 기독교의 하나님은 인격적인 존재인데 그는 인간과 세계를 주관하시는 하나님이다. 성서는 이 사실을 표현하기 위하여 하나님을 천지 만물의 창조주라고 증거하였다. 19세기로부터 20세기 초엽까지의 신학자들은 인간이 경험하는 신의 내재성만을 강조하였고 이 창조신앙을 강조하지 않았다. 그런데 하나님을 '절대 타자'라고 일컫는 '신정통주의' 신학에서 또다시 이 신앙이 강조됨에 이른 것이다. 그러나 하나님의 주권을 주장하는 이 창조신앙은 창세기를 비롯한 구약성서뿐 아니라 신약성서에도 편만된 신앙으로서 예수 그리스도와 바울 사도의 교훈에도 밝히 드러나 있는 것이다. 예컨대 예수의 중심사상인 하늘나라의 개념 중에는 하나님의 주권이 말씀되어 있으며 사도신경이나 성 아우구스티누스의 사상 중에도 천지 창조의 사상이 뚜렷하게 드러나 있다. 그리고 루터나 칼빈 같은 종교개혁자들이 창조신앙을 강조하였다 함은 널리 알려져 있는 바이다.

그런데 이 창조신앙은 결코 천지 생성의 과정을 말한 것이 아니라 그것은 차라리 하나님과 인간 사이의 근원적인 관계를 말한 것이며, 그것은 또한 자연 개념이 아니라 신앙 개념인 것이다. 그런데 프랑스의 고데(Godet) 같은 이는 창세기의 창조기사와 과학 사상과를 조정하기 위하여 창세기의 하루를 한 세대로 계산하자고 주장한 일도 있었지마는 이제 와서는 그것도 실패에 돌아가고 말았다. 그러나 창세기의 기사는 천지 창조에 대한 일정기(日程記)가 아니라 인간과 세계가 본래 어떠한 것인가를 말해 준 것이다.

인간은 해석적인 존재이기 때문에 자기 자신과 세계를 여러 가지로 해석한다. 그래서 과학자는 그 실험적인 지식을 가지고 그것을 해석하려 하거니와 여기에서 모든 자연현상은 모였다 헤어지는 원자의 운동에서 생겨진 것이라고 한 기계적(機械的) 유물론도 주장되었고, 모든 유기적 생명체는 본래 하나의 씨에서 발전한 것이라고 본 진화론도 전개됨에 이른 것이다. 그러나 과학이 말할 수 있는 것은 세계 생성의 과정일 뿐이요, 그 근원에 대하여는 말할 수 없는 것이다. 만일 이 과정에서 근원을 추론(推論)한다면 이는 하나의 비약(飛躍)으로, 과학이 이미 과학의 범위를 지나서 신념의 세계로 옮겨 가고 있는 것이다. 그리고 이와 같은 주장을 하고 있는 과학자가 있다면 그는 과학자의 옷을 입고 신화의 세계를 넘나드는 사람이라고 말할 수 있다.

인간이 자기 자신과 세계의 근원에 대하여 말할 때에는 신화적인 표현을 빌 수밖에 없다. 그런데 어떤 이들은 이와 같은 입장에서 태초에 존재한 것은 물질이라고 주장하지만 성서는 말하기를 하나님께서 천지 만물을 창조했다고 하는 것이다. 그러나 이는 모두 인간의 한계를 넘는 문제이기 때문에 우리는 거기에 대하여 의심을 품을 수도 있는 것이다.

파스칼은 일찍이 신앙은 하나의 모험적인 결단이라고 말한 바 있다. 그러나 인간의 지성은 신앙보다도 차라리 의심(懷疑)하는 쪽으로 기울어진다. 그래서 스터블링(Stebbling) 같은 이는 말하기를 의심은 인간의 가장 높은 품성으로서, 의심이야말로 인간을 참 인간답게 만드는 것이라고 하였다. 그리고 어리석은 사람은 의심하는 일이 비교적 적고 술 취한 사람에게는 의심이 더욱 적으며, 미친 사람에게는 전혀 의심하는 일이 없다고 하였다.

그러나 텐난트(Tennant)의 말과 같이 우리는 여기에서 논리적 확실성과 실천적 확실성은 다르다는 것을 이해할 필요가 있을 것이다. 그는 뉴만(Newman)의 말을 빌려서 말하기를 실천적 확실성은 정신적 확실성의 문제요, 논리적 확실성은 이론상의 문제라고 말하고 있다. 그러나 아무리 이론적으로 철저한 회의주의를 믿는 자라도 자기 아내의 존재를 의심할 수는 없다는 것이다. 하나님 신앙도 이와 같은 것이다. 우리는 하나님의 존재에 대하여 완전무결한 이론을 전개할 수는 없는 일이다. 그러나 이 이론여하에서 하나님의 존재 유무가 좌우되는 것은 결코 아니다.

1. 기독교의 신론

우리는 하나님의 존재 유무를 성급하게 논하느니보다 먼저 우리 자신의 제한성을 이해하는 것이 좋을 것이다. 신학자 틸리히는 이 점을 지적하기 위하여 그의 저서 중에서 다음과 같은 예화를 들고 있다. 옛날 어떤 중국 제왕이 저명한 화가에게 수탉 한 마리를 그려 달라고 부탁했는데 화가는 연구와 습작을 위한 시간의 여유를 요청하였다. 그리고 나서 수탉 연구를 시작했던바, 1년을 지난 다음에 수탉에 대한 피상적인 지식을 가지게 되었고 2년이 지난 다음에야 어느 정도 그것을 이해하게 되었다. 그러나 그가 정작 그림을 완성하여 가지고 임금에게 바친 것은 10년의 세월이 흐른 다음이었다는 것이다.

미미한 수탉의 이해가 이와 같이 어려운 것이라면 하물며 천지 만물을 창조하신 조물주를 이해한다는 것이 용이한 일이 아닐 것은 더 말할 것도 없는 일이다. 만일에 우리 편에서 창조주 하나님은 이러한 분이라고 주장한다면 거기에는 아무런 확실성도 없을 것이다. 그러나 신구약성서는 자기 스스로 자기 자신을 계시하신 창조주 하나님을 증거하고 있는 것이다. 그리고 기독교의 창조신앙은 이 성서적인 증언에 대한 고백인 것이다.

플라톤은 모든 것을 지어 가는 힘을 이념(Idea)이라 하였다. 그리고 이 이념 속에는 지어진 존재가 이미 형성되어 있었다는 것이다. 예컨대 지어진 침대는 그것을 지은 가구사의 머리 안에 있던 침대의 이념에 따라서 지어진 것이며 가구사는 이 정신적인 안목으로써 이념을 직시하면서 그 침대를 저작한다는 것이다.

플라톤은 모든 것을 하나의 이름으로 부르기 위하여 이념의 개념을 생각했을 것이다. 그러나 현실 세계는 조화(調和)보다 부조화, 일치보다 분열, 평화보다 투쟁, 삶보다 죽음의 모습을 보이고 있는 것이다. 따라서 모든 것을 하나의 이름으로 부를 수는 없는 것이다. 여기에 인간 정신의 제약(制約)이 있다.

그러나 성서에 증거된 창조신앙은 인간의 경험이나 이성이 미쳐 갈 수 있는 보편적인 일이 아니라, "나는 주 너의 하나님이라"고 말씀하시는 주에 대한 고백일 것이다. 따라서 성서에서 말씀된 창조신앙은 이신론(理神論, Deism)이나 범신론(汎神論, Pantheism)과는 다른 것이다. 이신론에 있어서는 하나님의 창조는 이미 과거에 끝난 일이다. 그것은 마치 시계 공원(工員)이 시계 제조를 끝마치듯이 하나님께서 천지 만물을 끝마치시고 거기에 운동의 원인을 베푸신 다음 현재는 관계하지 않는다는 것이다. 그러나 기독교에 있어서의 창조신앙은 우리 자신의 현재의 처지가 주 하나님에게 의존되어 있다는 것이다. 현대적인 용어로 표현한다면 창조신앙은 말하자면, 우리 인간과 세계의 근거와 역사를 주장하는 궁극적인 주권이 하나님에게 있음을 고백한 것이다. 다시 말하면 인간과 세계의 존재는 스스로 존재한 것이 아니라 창조주 하나님에게 의존되어 있음을 말한 것이다.

얼마 전까지만 해도 철학의 중심사상은 의식 문제를 다루는 이성주의에 있었지마는 이제 와서는 그 중심이 존재를 취급하는 존재론으로 옮겨지게 되었다. 그러나 철학은 아직도 존재의 근거되시는 하나님에게 나아가지 않는다. 그러니까 현대 철학은 말하자면 근거를 모르는 존재의 문제를 다루고 있다고 말할 수 있다. 그러나 기독교 신앙은 처음부터 존재 문제를 취급할 뿐 아니라 한 걸음 더 나아가서 믿음으로써 존재의 근거까지를 문제 삼아 왔는데 이것이 바로 창조신앙인 것이다.

성서의 증거대로 하면 이 창조는 결코 일회적인 것이 아니며 우리와는 상관이 없는 먼 과거의 일이 아니다. 그것은 언제나 새롭게 일어나는 일이며 우리는 지금 이 순간 비존재에서 존재가 되어 가는 것이다. 그래서 기독교에서는 이 사실을 말하기 위하여 '영원한 창조'를 말하여 왔다. 다시 말하면 창조주 하나님께서는 지금도 순간마다 인간과 세계를 창조하고 계시며 우리의 생의 근거는 하나님에게 있다는 것이다. 그래서 사도행전 기자는 일찍이 "우리는 하나님을 힘입어 살며 기동한다"라고 하였다(행 17:28).

괴테는 서양의 문화재를 망라하여 가지고 그의 파우스트를 저작하였다. 그런데 성 아우구스티누스의 말과 같이 하나님께서는 천지 만물을 무(無)에서 창조하셨다. 그러나 하나님의 능력은 다만 무에서 유(有)를 창조한 데에만 있는 것이 아니라 이미 창조된 것을 주관하시며 거기에 접근하는 데에도 있는 것이다. 하나님께서는 다만 천지 만물을 주관하시고 그것들을 가까이 하실 뿐만 아니라 심지어는 자기 자신이 하나의 인간이 되어가지고 우리 사이에 임재하시기까지 하신 분이다. 그리고 여기에서 하나님의 계시가 성취되었다. 요한은 이와 같이 세상에 접근하시는 하나님을 가리켜 "말씀이 육신이 되어 우리 가운데 거하셨다"(요 1:14)라고 하였고 사도 바울은 말하기를 "하나님의 사랑에서 우리를 끊을 자가 누구냐"(롬 8:35)라고 하였다. 그래서 그리스도인은 이 사도들의 말씀에 따라 인간이 되신 하나님이신 예수 그리스도의 십자가와 부활에서 하나님의 창조의 역사를 보는 것이다.

창조신앙은 물론 예수 그리스도의 독창(獨創)이 아니라 구약성서에서 유래된 것이며 거기에는 유대교의 배경이 있다. 그러나 창조주의 능력이 가장 잘 드러난 것은 예수 그리스도의 부활 사건이었다. 성서가 증거한 대로 예수 그리스도는 죽은 지 사흘 만에 부활하셨거니와 여기에서 우리는 무(無)에서의 창조를 보는 것이다. 왜냐하면 그를 무덤에서 살리신 하나님의 능력이 바로 천지 만물을 무에서 창조하신 하나님의 능력이기 때문이다.

과학적인 인식한계(認識限界) 안에 머무는 한 무(無)에서는 아무것도 나올 수 없을 것이다. 그러나 예수 그리스도는 시간 속에 들어오신 영원이시다. 그리고 그의 죽음과 부활에서는 과학적인 한계를 넘는 "무에서의 창조"를 접하게 된다. 그래서 바울은 "하나님의 능력이 그 안에서 역사하사 죽은 자들 가운데서 다시 살리셨다"(엡 1:20)라고 하였다. 이리하여 그리스도인은 창조주 하나님의 능력을 자연의 순력(盛力)이나 우주의 신비에서 본다기보다, 죽음에서 다시 사신 예수 그리스도의 사실에서 보는 것이며 거기에서 우리는 낡은 세계의 마감과 새 세계의 시작에 접하는 것이다.

그런데 인간과 세계는 이 전능하신 하나님을 근거로 하는 것이며 우리는 시시각각 그의 가호(加護) 중에 있는 것이다. 그래서 바르트는 말하기를 "창조신앙은 요컨대 하나님께서 인간의 현존재의 주되심을 고백하는 것"이라고 하였고 루터는 일찍이 "나는 하나님께서 모든 만물과 아울러 나 자신을 창조하신 것을 믿는다. 그래서 나는 하나님께 감사하고 그를 위하여 봉사하며 순종해야 될 줄로 안다"고 하였거니와 이는 모두 성서적인 창조신앙을 잘 말해 준 것이라고 할 것이다.

III. 아버지 되시는 하나님

성서의 증거에 의하면 인격적인 하나님은 다만 인간과 세계의 근거가 되는 창조주일 뿐 아니라 그는 또한 우리와 더불어 사귀어 주시는 사랑의 아버지이다. 신약성서에는 특히 여기에 대한 기사가 많거니와 누가복음 15장에 기록된 탕자의 비유 같은 것도 이 진리를 말한 것이다. 그러나 이는 다만 복음서에만 나온 것이 아니라 바울서신 중에도 자주 나오는 교훈이다. 그래서 바울은 하나님을 가리켜 "아바 아버지"라고 말하기도 하였고 또 때로는 "주 예수 그리스도의 아버지"라고 부르고 있다(롬 8:15; 고후 1:3).

그런데 신약성서에 기록된 이 아버지의 개념은 창조주의 개념에 "아버지"의 이름을 덧붙인 것이 아니라 그것은 차라리 예수 그리스도의 자각에서 생겨난 개념인 것이다. 요한복음에는 여기에 대한 증거가 많다(요 1:18;

5:23; 6:46; 8:19). 그래서 파스칼은 이와 같은 의미에서 기독교의 하나님은 철학자의 하나님이나 과학자의 하나님이 아니라 아브라함과 이삭의 하나님, 야곱의 하나님이며, 예수 그리스도를 통하여 우리를 사랑하시는 아버지라고 말하고 있다. 그리고 바르트는 말하기를 "하나님은 자기 자신을 예수 그리스도의 아버지로 계시하셨기 때문에 그는 또한 우리의 아버지"라고 말하고 있다.

19세기의 신학자들도 하나님을 아버지라고 주장하였다. 그러나 그들이 주장한 아버지의 개념과 성서나 파스칼이 주장한 아버지의 개념 사이에는 차이가 있었다. 릿츨(A. Ritschl)이나 하르낙(Adolf von Harnack)과 같은 이들도 탕자의 비유를 통하여 하나님을 아버지라고 인정은 하였지만 그들은 다만 하나님을 아버지라고 보았을 따름이요, 예수 그리스도의 속죄의 은혜를 중히 여기지 않았다. 그러나 탕자의 비유를 말씀하신 예수 그리스도는 자기 자신이 죄인을 대신하여 하나님의 심판을 담당하신 분임을 잊어서는 안 된다.

신약성서의 증거대로 하면 이 예수 그리스도를 떠나서는 하나님을 아버지와 사랑이라고 말할 수 없다. 그것은 다만 예수 그리스도의 구원의 은혜를 통해서만 성취될 수 있는 것이다. 인격적인 하나님과 창조주의 개념이 그러하듯이 하나님의 부성(父性) 역시 예수 그리스도를 떠나서는 이해할 수 없는 것이다. 그래서 브룬너(Emil Brunner)에 따르면, "예수 그리스도는 하나님과 인간 사이의 죄의 장벽을 깨뜨리시고 하나님과 인간 사이에 사귐을 회복시키셨는데 여기에서 하나님의 부성과 그 사랑이 나타났다."

이리하여 기독교가 말하는 하나님의 부성은 본래 하나님의 삼위일체와 관련되는 진리이다. 하나님의 부성을 이해하기 위해서는 삼위일체의 교리를 이해할 필요가 있다. 성서에 근거를 둔 교회적인 논리대로 하면 하나님은 세 분이면서 한 분이시고 유일하신 하나님에게서 '위'(位)가 있는 것이다. 하나님은 유일하신 하나님이지마는 그는 단독적인 존재가 아니라 그 안에 성부 성자 성신의 세 '위'(位)가 있는 것이다. 그래서 하나님의 부성은 이 영원하신 삼위일체의 사랑의 교제에서 근원된 것이다. 세 '위'(位) 사이의 교제에 대하여는 예수께서도 증거하셨고(요 20:17; 마 27:46), 사도 바울도 증거하였다(엡 1:17; 4:6; 골 2:2). 이 모든 성서적인 증거에 의하면 성부 성자 성신은 유일하신 하나님의 존재양식으로서 성삼위는 온전한 하나를 이루고 있고 서로 혼동됨이 없이 협즈하여 나가신다. 그러나 성삼위의 기능은 서로 다르니 성부는 창조의 근원이시고 성자는 영원하신 제사(祭司)이시며 성신께서는 성부와 성자에게 우리를 매개하신다.

그래서 그리스도 교회는 예로부터 하나님을 단독적으로 생각할 수 없는 존재로 이해하였다. 그는 성삼위의 사귐 중에서, 다시 말하면 성신의 매개를 통한 성자의 계시에서 알려진다고 믿어 온 것이다. 성서의 하나님은 자기 자신을 계시하시는 하나님인데 이 하나님의 계시는 예수 그리스도에게서 성취되었고 그것을 알게 하여 준 이는 성신이시다(고전 2:10-11). 그래서 바울은 예수를 그리스도라고 고백하게 하는 것은 성신이라 하였다(고전 12:3).

성신을 힘입지 않고서는 예수를 '주'(主)라고 고백할 수 없고 예수 그리스도 이외에서는 하나님이 계시될 수 없는 것이다. 그러나 아버지 하나님께서 자기 자신을 계시함이 없이는 하나님의 계시에 접할 수가 없는 것이다. 이리하여 하나님께서는 성신을 통하여 예수 그리스도에게서 계시된 아버지 하나님이다. 그래서 교회는 재래에 이 삼위일체의 관계를 말하기 위하여 성부는 사랑하는 분이고, 성자는 사랑 받는 분이며, 성신은 사랑이라고 표현하였고, 포르사이드(Forsyth) 같은 이는 이 사실을 근대적으로 표현하기 위하여 '하나님은 사회적인 존재'라고 표현하였다.

이리하여 하나님의 부성은 삼위일체의 지식을 기초로 한 기독교의 신관

(神觀)인 것이다. 그래서 신약성서에는 아버지라는 말이 무수하게 나오지마는 그것은 언제나 예수 그리스도의 아버지라는 뜻으로 사용되었고 예수 그리스도를 떠나서 인간들의 아버지라고는 하지 않았다.

그런데 이 신약성서의 증거에 의하면 창조주 하나님이 아버지가 된다기 보다 차라리 영원하신 아버지께서 그의 성자를 통하여 나타낸 사랑에 의하여 창조주가 되신 것이다(요 1:2; 엡 1:4). 즉 신약성서에 의하면 전능하신 아버지께서 우리의 창조주이시다. 그리고 성자께서는 죄 중에 타락한 우리 인간을 구원하기 위하여 이 세상에 오셔서 새로운 창조질서를 회복하셨고 성신께서는 성도들의 사귐을 지켜주시고 창조의 목적을 완성하신다. 그래서 그리스도 교회는 언제나 '성부, 성자, 성신'을 유일하신 하나님으로 경배하고 동시에 세례를 베풀거나 성도들을 위하여 축복할 때에도 '성부, 성자, 성신'의 이름으로 하는 것이다. 왜냐하면 하나님은 본래 삼위일체의 하나님이기 때문이다.

- 연구 및 토의 제목 -
1. 요청(要請)의 신(神)이란 무엇을 말한 것인가?
2. 사적(史的) 유물론자들의 신관(神觀)은 어떠한 것인가?
3. 성서가 말하는 하나님의 계시란 어떠한 것인가?
4. 예수 그리스도 이외에도 하나님의 계시가 있을 수 있는가?
5. 하나님의 인격성을 어디에서 접할 수 있는가?
6. 창조신앙의 내용은 어떠한 것인가?
7. 창조신앙과 자연과학은 충돌되지 않는가?
8. 영원한 창조란 무엇을 말하는가?
9. 하나님을 아버지라 함은 무엇을 근거로 하는 말인가?
10. 하나님은 어디에서 삼위일체로 나타나는가?

2
기독교의 인간론

I. 근대의 인간관

사람이란 무엇인가? 우리 자신이 사람이므로 이 문제에 대하여는 명백한 지식이 있을 듯하나 반드시 그렇지도 않다. 사람이 무엇인가를 정확하게 말하기는 어려운 일이다. 그래서 이 문제는 저 스핑크스의 설문(說問)이 있은 이래 하나의 수수께끼로 되어 있다.

최근의 인간관만 보더라도 사람에 대한 의견들은 여러 가지이다. 다윈의 뒤를 이은 생물학자들은 사람까지를 생물의 진화 과정에 넣음으로써 사람도 하나의 동물이라고 한다. 그러나 아무리 사람도 하나의 동물이라고 주장하더라도 이와 같은 주장을 하는 사람 자신이 특수한 동물임에는 틀림이 없다. 그리고 인생의 모든 문제를 사람 자신의 힘으로 해결하고자 하는 이상주의자들은 말하기를 사람의 우월성은 그 이성에 있다고 한다. 그러나 프로이드(Freud) 같은 이는 이와 달라서 사람도 다른 동물이나 다름이 없는 성적 충동을 느낀다 하여 사람을 성적 존재로 규정하였다. 그리고 사회주의 이론을 제창함으로써 인류 역사에 강력한 추진력을 발휘하고 있는 마르크스주의자들은 사람의 성품이 선하다 하여 사회악의 책임은 모조리 사회 조직과 그 제도에 있다고 한다. 그러나 그 사회 제도와 조직은 사람 자신이 만든 것임에 틀림이 없다.

사람에 대한 이 모든 주의에서 엿볼 수 있는 것은 사람은 자연에 속한 자이면서 또한 자연을 초월하는 존재라는 것이다. 자연과 관련시킬 때에는 사람도 물리적인 물체와 화학적인 화합물이며 영양조직과 감각적인 느낌을 가진 하나의 생물일 것이다. 그러나 사람은 다만 육체적인 존재를 가진 생물일 뿐 아니라 그는 또한 문화를 이룩하는 문화적인 존재이다. 그래서 신학자 브룬너는 말하기를 사람의 자기 이해가 문화의 혼이요, 인류 역사는 그 인간 혼에 의해서 형성되어 간다고 했다. 사람은 또한 우주의 법칙까지를 측정하는 위대한 기능을 발휘하지만 그는 또한 미미한 동물에게도 생명을 빼앗기는 애처로운 존재이다. 그는 때때로 위대한 꿈을 가지고 영웅적인 사업을 일으키기도 하나 갑상선 하나만 잘못되어도 백치(白痴)가 되는 약한 존재이다.

이리하여 사람이 무엇인가를 말하기는 매우 어렵다. 그런데 르네상스 이래 근대인은 사람에 대하여 단순한 자신을 가지고 왔다. 르네상스 당시의 예술과 철학 및 과학의 지도자들은 자기들이 사람을 발견했다고 자부하였다. 그리고 그 후 400년에 걸쳐 사람을 연구하기에 진지한 노력이 계속되었다. 그러나 오랫동안의 노력을 청산하여 볼 때에 큰 기대에 반하여 그 성과는 환멸적이라고 할 수밖에 없다. 그동안 자연과학은 장족진보를 하였지마는 사람이 무엇인가에 대하여는 겨우 단편적인 연구가 진행되었을 뿐 그 본질적인 면모에 대하여는 이렇다 할 만한 진전이 없었던 것이다.

근대인은 자연과 사람과를 같은 것으로 인정하였다. 그런데 이와 같은 연구에서는 사람의 부분에 대하여는 연구될지 모르나 그 전체에 대하여는 연구될 수가 없는 것이다. 그래서 자연과학적 연구에서는 결국 사람도 하나의 동물인데 그에게는 예지(叡智)가 있다고 보았던 것이다. 그러나 거기에서는 참다운 인간성(Humanus)이 이해될 수는 없었던 것이다.

이 근대적 인간관은 두 가지 조류의 인간관에서 영향을 받은 것인데 그 하나는 헬라의 인간관이요, 또 하나는 성서의 인간관이다. 이 두 가지 인간관은 서로 용납될 수 없는 것으로서 피차에 구별될 수밖에 없는 것이다. 그런데 중세기의 교회는 이 두 가지 사상을 결합시킴으로써 한 가지 나무에서 두 가지 열매를 따려고 하였다. 그러나 이 결합이 또다시 무너진 데서부터 근대 문화의 역사가 시작된 것으로 이것이 바로 르네상스와 종교개혁의 분열이었다. 그리고 이 분열을 계기로 하고 르네상스는 또다시 헬라 사상을 탐구하기에 노력하였고 종교개혁은 성서의 정신을 회복하기에 힘썼던 것이다. 그래서 근대 문화는 서로 배치되는 이 두 가지 인간관의 싸움터로 화한 것인데 대체로 보아 지금까지 우세한 것은 헬라적인 인간관이라고 할 수밖에 없다.

그러면 근대적 인간관의 주류를 이룬 헬라의 인간관은 어떠한 것인가? 플라톤, 아리스토텔레스 같은 헬라의 철인들은 사람의 특성을 이성('누스', nous)이라 하였다. 그러나 두 사람 사이에도 어느 정도의 차이가 있었으니 아리스토텔레스에게 있어서 이성은 오로지 지적활동을 매개(媒介)하는 매개자였고 플라톤에 의하면 그것은 영혼의 최고 요소요, 세상을 형성하는 원리였다. 그러나 두 사람은 다 같이 합리주의적 이원론을 주장했는데, 이 합리주의적 이원론은 고전적 인간관에서 영향을 받은 근대적 인간관에 있어서 중요한 요소를 이루고 있다.

합리주의에 있어서는 이성적인 사람과 신과는 동일한 것이다. 왜냐하면 사람의 이성은 창조의 원리임과 동시에 그것이 바로 신이기 때문이다. 그리고 이원론적 사상대로 하면 육체는 악한 것이요, 사람의 정신만이 선한 것이다. 스토아 사상은 여러 가지 점에 있어서 플라톤이나 아리스토텔레스와는 다르지마는 인간관에 있어서는 별로 다름이 없다. 스토아 학파 역시 사람은 본래 이성적인 존재라고 봄과 동시에 이성과 육체를 이원론적으로 구별하였다.

헬라의 고전적 인간관은 대체로 보아서 낙관적이다. 그래서 헬라 사람은 생각하기를 이성적인 사람에게는 덕이 있다고 보았던 것이다. 그런데 근대인은 이 사상을 그대로 계승하였다. 그래서 근대인은 생각하기를 사람은 비록 장해물로 말미암아 이성의 빛이 흐려졌을지라도 이 이성이 계몽됨에 따라서 또다시 밝아질 수 있다고 보았던 것이다. 그리고 교육은 사람의 이성을 밝게 하여 주는 데 도움이 되며 악을 선으로 변화시키는 힘이라 한다. 이 사상은 현대의 프래그머티즘(Pragmatism)과도 통하는 것이다.

이상은 주로 헬라의 관념론 철학의 인간관을 말한 것이다. 그러나 그들의 인생관을 솔직하게 말해 준 헬라의 비극 중에는 비극적인 요소도 없지 않았다. 그리고 헬라인의 심정은 '우울'이었다 한다.

헬라 사람들이 비애를 느낀 까닭은 죄와 죽음의 운명을 두려워한 때문이었다. 헬라 시대에도 죄악의 세력이 과남하여 사람의 힘으로서는 어찌할 도리가 없었던 것이다. 비극 작가의 대사(臺詞) 중에는 여기에 대한 정황이 전해지고 있다. 애쉴러스(Aeschlos)에 의하면 무서운 죄악의 운명은 마치 복수(復讐)를 바라는 복수심(復讐心)과 같이 사람들을 떠나지 않았다 한다. 이 죄악의 운명은 지식인에게도 같이 하였고 어깨가 벌어진 마라톤 선수에게도 같이 했을 뿐더러, 온 세상을 파멸에서 건져 낸 아틀라스(Atlas)까지도, 이 죄악의 운명을 벗어날 수가 없었던 것이다.

플라톤은 영혼불멸설을 제창하였고, 에피쿠로스(Epicurus)는 무덤 저편에는 아무것도 없느니만큼 두려워 말라고 주장하였다. 그러나 죽음의 운명을 면하지 못한 헬라 사람들은 비극의 지배를 벗어날 길이 없었던 것이다. 그래서 아리스토텔레스도 말하기를 "나지 않는 것이 가장 복된 일이요 난 뒤에는 죽음이 생보다 낫다"라고 하였다.

그런데 헬라의 고전적 인간관을 기초로 하고 그 위에 인간관을 수립(樹立)한 근대인들은 헬라의 관념주의 사상만을 계승하였고 그 비극적인 요소는 무시하였다. 여기에서 근대의 낙관적 인간관이 성립된 것인데, 기독교 인간관은 이 근대적 인간관과는 다른 것이다. 왜냐하면 거기에서는 하나님의 창조가 문제됨과 동시에 사람의 타죄(墮罪)가 문제되기 때문이다.

II. 기독교 인간관: 피조자(被造者)

근대 문화는 대개 과학적인 방법을 채택하였고 거기에서는 우주의 발생과 사람의 생성 과정이 현상적으로 고찰되었다. 그러나 기독교는 결코 사람의 생성 과정을 현상적으로 설명하여 주는, 이러한 과학적 인간관을 부정하지 않는다.

그러나 우리가 여기에서 잊어서는 안 될 것은 과학은 사물의 현상에 대하여는 설명할 수 있으나, 그 의미에 대하여는 설명할 수 없다는 일이다. 과학은 인간과 세계가 어떻게(how) 생성되었던가를 말할 수 있을 뿐이요, 그것이 무엇을(what) 위해서 존재하는가에 대하여는 말하지 못한다. 다시 말하면 존재의 의미에 대하여는 침묵을 지킬 수밖에 없는 것이다. 그리고 이 침묵을 지키는 점에 과학의 본질적인 실증성이 있는데 이 실증성은 사변(思辨)성과 대립적인 것이다.

과학적인 설명이 이와 같은 실증적인 태도를 가지는 한 기독교는 그것과 대항할 필요가 없는 것이다. 왜냐하면 기독교 신앙은 세계의 발생이나 사람의 생성 과정을 현상적으로 설명하는 것이 아니라 그 의미를 말하는 것이기 때문이다. 창세기의 창조기사와 그 밖에 있는 창조기사는 현상적인 설명이 아니라 세계와 인간 존재의 의미를 말한 것이다.

따라서 과학적 인간관과 성서적 인간관과는 아무러한 모순도 없이 서로 병행할 수 있는 것이다. 그러나 만일에 성서적 인간관이 유일한 것이라고 주장하거나 과학적 인간관만이 바른 것이라고 고집할 때에는 두 사이에 충돌과 갈등이 생길 수밖에 없을 것이다.

광신적 독단주의를 주장하던 중세기의 그리스도인들은 현상적인 지동설(地動說)을 방해했지만 이는 분명히 잘못이었다. 그러나 사람과 세계에 대한 현상적인 설명만을 인정하려고 하는 과학주의도 그릇된 것이라고 본다. 만일에 이와 같은 과학주의를 고집한다면 사람과 세계의 존재에 어떠한 의미가 있는가를 알아 낼 길이 없을 것이다. 세계는 무엇 때문에 존재하며 나는 무엇 때문에 사는가를 알 수가 없을 것이다. 그러기에 우주의 발생을 물리 화학과 천문학적으로 자세하게 설명하여 보아도 거기에서는 존재의 의미를 찾아낼 길이 없는 것이다. 아니 거기에서는 결국 사람과 세계의 우연성이 주장될 수밖에 없을 것이다.

이와 같이 사람과 세계가 의미를 갖지 못하고 우연한 것이라고 인정되는 데에서는 반드시 허무주의가 태동하게 된다. 그래서 20세기의 허무주의(Nihilism)는 19세기의 실증주의(Positivism)의 아들이라고 말할 수 있다. 허다한 사람들은 이제 사람을 생물학적으로 고찰하고 있다. 그러나 생물학적으로 고찰만 하면 사람은 아메바나 벌레와 더불어 질적으로 보아서 다를 것이 없을 것이다. 그래서 현대인은 벌레를 죽이듯이 사람들을 죽인다. 철의 장막 안에서 성행되는 대량살상은 그만두고라도 도처에 나타나는 살인과 자살의 현상은 사람의 생명에 대한 허무주의적인 무감각에서 생겨난 결과라고 볼 수밖에 없다.

성서는 이에 반하여 사람과 세계의 배후에 있는 그 의미를 말하여 준다. 이 배후를 보지 않고 그 전면만을 볼 때에는 땅위에는 벌레 같은 인간들이 준동(蠢動)하고 있을 것이다. 그러나 기독교는 이와 같이 사람은 벌레 같은 존재라고 인정하지 않고, 하나님의 형상대로 지음을 받은 피조물이며, 그에게는 모든 만물을 지배할 권한이 주어졌다고 보는 것이다.

기독교의 근본 신조는 하나님을 창조주로 믿는 데에 있다. 성서에 의하면 천지 만물을 창조하신 하나님의 말씀이 인간 존재의 근거인 것이다. 그래서 칼빈은 달하기를 하나님을 아는 일과 사람을 아는 일과는 밀접하게 관련되는 것이며, 하나님과 사람의 두 가지 중에 어느 편이 앞서 가는가를 결정하기는 어렵다고 하였다. 기독교 신앙대로 하면 사람은 하나님의 피조물이며 하나님을 떠나서 사람만을 별도로 말할 수는 없는 것이다. 따라서 인간관은 결국 신관의 반면(半面)이라고 말할 수 있다.

그런데 창세기에 의하면 하나님께서는 사람을 지으실 때에 "우리가 우리의 형상을 따라서 사람을 만들자"(창 1:26)라고 하였다. 삼위일체론에서 어느 정도 말한 바 있지만 우리는 여기에서도 기독교의 유일신은 단일적인 분이 아니라 함축성 있는 유일신임을 엿볼 수 있다.

이 하나님의 형상이 무엇인가에 대해서는 여러 가지 이설(異說)이 많다. 어떤 이들은 주장하기를 그것은 페르시아 왕이 자기의 권위를 나타내기 위하여 자기를 '우리'라고 선포한 데에서 유래된 것이라 하고 또 어떤 이들은 마르두크(Marduk) 신(神)이 그 동료들과 더불어 협의하여가지고 사람을 만들었다고 하는 바벨론 신화의 영향일 것이라 한다. 그러나 우리는 이와 같은 종교사적 고찰보다도 차라리 하나님께 대한 성서 자체의 증언에서 이 말의 뜻을 해석하는 것이 좋을 줄 안다.

그런데 성서는 자주 자주 하나님을 '성부, 성자, 성신'이라고 부르고 있다. 예를 들면 마태복음 28장 19절에는 다음과 같은 기사가 있다. "너희는 가서 모든 족속으로 제자를 삼아 아버지와 아들과 성신의 이름으로 세례를 주고……." 이것은 분명히 삼위일체 하나님을 말한 것이다.

이 성서적인 증거에 의하면 하나님께서는 다른 이를 사귐의 대상으로 가지기 전에 자기 자신 안에 사귐과 사랑의 대상을 가지고 계시며 성부, 성자, 성신은 나뉠 수 없는 유기적인 관련을 가지고 있다.

그런데 이와 같이 자기 자신 안에 사귐과 사랑의 대상을 가지신 하나님께서 자기의 형상대로 사람을 지으셨다는 것이다. 다시 말하면 창조주 하나님과 더불어 인격적인 사귐과 사랑의 관계를 가짐과 동시에 사람과 사람 사이에도 같은 관계를 가질 자로 지으신 것이다. 그래서 어떤 사람이 계명 중에서 어떤 것이 제일 큰 계명이냐고 물었을 때에 예수의 대답은 이러하였다. "위에 계신 하나님과 곁에 있는 형제를 사랑하는 일이라." 다시 말하면 사람은 본래 사귐과 사랑을 위한 존재라는 것이다.

우리말에 있어서도 '사람'과 '사랑'은 '삶'이라는 같은 말에서 나온 것이며, 한문을 볼지라도 인간(人間)의 '간'(間)은 소중한 의미를 가지고 있다. 이는 모두 사람이 사람 되기 위해서는 사귐과 사랑의 관계를 바로 세워야 한다는 뜻일 것이다. 그러나 이 사실을 가장 뚜렷하게 말해 준 것은 성서인 것이다.

신구약성서의 증거대로 하면 사람은 사랑을 위한 존재이다. 사람의 사람됨은 그 사랑의 도(度)에서 결정된다. 사랑에서 멀어지면 멀어질수록 그는 사람답지 못하게 되고 사랑의 도가 높아 가면 높아 갈수록 그는 참다운 사람이 되는 것이다.

이리하여 성서에 의하면 인간 존재의 의미는 오로지 그 사랑에 있다. 그러나 이 사랑의 내용이 무엇인가에 대하여는 사람 편에서는 헤아릴 수 없다는 것이 성서의 주장이다. 그래서 사도 요한은 말하기를 "하나님은 사랑이라"(요일 4:16)고 말함과 동시에 "하나님이 세상을 이처럼 사랑하사 독생자를 주셨으니 이는 저를 믿는 자마다 멸망치 않고 영생을 얻게 하려 하심이라"(요 3:16)고 말했던 것이다. 다시 말하면 사랑의 교제를 가져 주시고 거기에서 사랑이 무엇인가를 온전하게 나타내 주셨다는 것이다.

성서의 증거대로 하면 인간 존재의 의미는 이 하나님의 사랑을 체험받는 데에 있다. 그러므로 사람은 본래 사랑을 위한 존재다. 사람에게 있어서 사랑처럼 귀중한 것은 없다. 사람의 자유나 정신적인 창조력 같은 것도 귀중하지 않은 것은 아니다. 그러나 그것들은 사랑을 실현하기 위한 조건들이다. 따라서 그것들의 의미는 그것 자체 안에 있는 것이 아니라 사랑을 실현하는 데 있는 것이다.

아리스토텔레스가 사람을 이성적인 동물(animal rationale)이라고 규정한 이래 서양 사람들은 재래에 사람을 하나의 동물이라고 인정하는 한편 그에게는 이성적인 기능이 있다는 것을 중히 여겼다. 이 헬라적인 사상대로 하면, 이성이 의지를 영도(領導)하는 것이며 의지에게 선을 제시하는 것도 이성이라 한다. 그리고 인간은 교양을 통하여 자기를 완성함으로써 악을 극복할 수 있다고 보았던 것이다.

그러나 기독교 신앙대로 하면 사람의 본질은 그 이성에 있다기보다 하나님의 말씀에 따라 서로 사랑함에 있으며 이성은 다만 서로 서로 사랑하라는 하나님 말씀을 듣기 위한 기관인 것이다(Vernehmen-Vernunft). 그래서 기독교에서는 처음부터 하나님과 이웃을 사랑하고자 하는 의지를 이성보다 중히 여겼다. 그리고 사람의 의지가 잘못을 범하면 그것이 바로 사람 자신의 잘못이라고 인정하였다.

그런데 실지대로 말하면 사람의 의지는 그 행해야 할 선은 행하지 못하고 도리어 행해서는 안 될 악을 행하려고 하는 경향이 있다. 다시 말하면 하나님의 말씀에 따라 창조주 하나님을 사랑함과 동시에 곁에 있는 형제를 사랑하지 못하고 도리어 하나님을 거역하고 이웃과 더불어 거리를 가지려는 경향이 있다. 우리는 이와 같은 인간 의지의 경향을 사도 바울의 로마서 7장과, 아우구스티누스의 참회록 등에서 접하게 되는데 이는 모두 위에 계신 하나님과 곁에 있는 형제를 마음껏 사랑하지 못한 사람의 죄상을 고백한 것이다.

III. 기독교 인간관: 죄인

창세기의 기사에 의하면 사람은 하나님의 형상대로 지음 받은 자로서 그에게 순종할 처지에 있는 자이다. 그러나 사람은 하나님의 계명과 약속을 따르지 않고 도리어 그것을 거역하였으며, 그 결과 하나님의 형상이 파괴됨에 이른 것이다. 이것이 기독교가 말하는 사람의 타죄(墮罪)이거니와 창세기 2장 16절 이하에는 이 타죄의 사실이 신화적으로 묘사되어 있다. 이 기록에 의하면 창조 받은 사람이 사탄의 미혹에 빠져서 하나님의 금하신 선악과를 먹었기 때문에 죄 중에 빠지게 되었다는 것이다.

혹은 생각하기를 하나님은 어찌하여 세상에 사탄을 두시고 사람으로 하여금 범죄를 저지를 기회를 주셨느냐고 할지 모른다. 그러나 이 문제를 해결하기 위해서는 사람의 자유의지가 무엇인가를 생각할 필요가 있을 것이다.

하나님께서는 사람을 지으실 때에 기계적인 존재로 창조하지 않으시고 그에게 자유의지를 주셨는데 이 자유의지는 사람에게 주신 가장 큰 축복이었다. 그리고 하나님께서 사람에게 자유의지를 주신 까닭은 하나님께 대한 반역을 재촉하기 위해서가 아니라, 사람들이 자진해서 하나님의 계명을 지키게 하기 위해서였다. 그런데, 사람은 이 자유의지를 잘못 사용하여, 그것으로써 하나님을 반역하게 된 것이다. 따라서 사람이 죄 중에 타락한 것은 자기 자신의 책임인 것이다.

이미 말한 바와 같이 헬라의 비극에서도 죄악의 문제가 취급되었다.

그러나 거기에서는 사람에게 아무러한 책임도 없었던 것이다. 왜냐하면 거기에서는 모든 죄악은 신들이 투쟁한 결과라고 인정됨과 동시에 사람들은 그것을 숙명적인 것으로 알고 체념할 수밖에 없었기 때문이다. 그러나 성서에 의하면 사람 자신이 잘못을 범한 결과 그가 죄 중에 빠졌다는 것이다.

그런데 여인이 사탄의 미혹에 빠지게 된 때는 홀로 있을 때였다 한다. 다시 말하면 사람의 사귐이 긴밀하지 못하고 성글어졌을 때에 사탄이 틈타게 되었다는 것이다. 그리고 여인이 선악과를 따먹고 남편에게도 권한 까닭은 그것이 탐스럽기도 하고 먹음직도 하였을 뿐 아니라 그것을 먹으면 선악을 구별할 수 있게 되고 하나님처럼 된다고 하였기 때문이었다.

아담과 하와가 선악과를 따먹은 까닭은 그들이 하나님처럼 되기 위함이었다. 그래서 기독교에서 말하는 죄악이란 다름 아니라 사람이 하나님처럼 되고 하나님과 더불어 겨누어 보려고 하는 일이다. 따라서 죄악은 결코 사람의 약점이나 단점 때문에 범해지는 것이다. 아니, 사람이 저지를 수 있는 가장 엄청난 일은 하나님께 대한 범죄인 것이다. 그러기에 성서는 언제나 죄악을 소극적인 것으로 인정치 않고 적극적인 것으로 인정한다.

이와 같은 죄의 실정은 이성을 가지고서는 이해하기 어렵다. 그래서 루터는 말하기를 "사람은 본성이 부패했기 때문에 이성을 가지고서는 죄가 무엇인가를 알 수가 없고 그것은 다만 성서의 계시에서만 이해된다"라고 하였고 키에르케고르도 말하기를 사람에게 알려진 악은 그것보다 더 깊은 데에 있는 치명적인 병에 대한 표징에 불과하다고 하였다.

그러나 이와 같은 범죄는 다만 우리의 시조(始祖)에게만 국한되는 것이 아니라 오늘날에도 모든 사람이 범죄하고 있는 것이다. 근대인은 사람이 자립하기 위해서는 하나님에게서 완전히 자유롭게 되어야 한다고 하였거니와 오늘날에도 사람들은 생각하기를 하나님에게 구속받을 때에는 충실한 삶을 이룩할 수가 없다고 한다. 그래서 사람들은 하나님께 순종하기를 싫어하고 자기 스스로 자기의 문제를 걱정할 뿐 아니라 자기 자신이 도리어 하나님보다 자기에게 유익한 일을 분별할 수 있다고 자처한다. 그러나 오늘날 모든 사람의 심정은 불안과 초조에 쌓여 있으며 의심과 동요를 거듭하는 중이다. 그런데 성서가 말하는 죄악이란 다름 아니라 이러한 불안과 초조, 의심과 동요의 총칭인 것이다. 그러나 죄의 궁극적인 모습은 무엇보다도 우리가 창조주 하나님을 사랑하는 것보다 자기 자신을 더 사랑하는 일이다. 그리고 이는 다만 역사 이전의 어떤 개인에게만 해당되는 일이 아니라 고금을 통한 모든 사람의 실정인 것이다. 그래서 오늘날에도 사람(=아담)은 모두가 하나님을 떠나 있으며 창조주 하나님보다 자기 자신을 더욱더 사랑하고 있는 것이다.

사람들은 모두 자기가 하나님의 피조자요, 창조자 하나님만이 둘도 없는 인생의 근거이심을 잊어버리고 자기 자신이 중심이 되어 자기의 법대로 살고자 한다. 모든 것을 하나님께 돌리고 그에게 영광을 돌리는 대신에 자기 자신이 영광을 거두려 한다.

이리하여 우리는 어찌 할 수 없이 죄짓는 자이다. 그러나 이는 다만 우리에게 주어진 운명만이 아니라 그것은 또한 우리 자신의 책임적인 소행이다. 그런데 이 운명과 죄과를 한마디로 말한 것이 기독교에서 말하는 원죄(原罪)의 개념이다. 그러므로 우리는 이 원죄에 대한 책임을 면치 못한다. 그것은 다만 운명이 아님과 동시에 단지 죄과도 아닌 것이다. 원죄는 순수한 운명도 아니요, 순수한 행위도 아니다. 우리에게는 순수한 운명도 있을 수 없고 순수한 행위도 있을 수 없다. 왜냐하면 사람은 언제나 주어진 처지에서, 그 행할 바 소임을 행하기 때문이다. 그러므로 원죄는 운명이나 죄과(罪過)만이 아니라 우리가 사로잡혀 있으면서 행하는 사건이라고 말할 것이다.

따라서 원죄는 결코 선조들의 죄악이 유전적으로 전해졌다고 하는 생물학적인 현상도 아니요, 다른 사람의 죄를 모방하는 데서 전파된다고 하는 사회학적인 현상도 아니다. 그것은 차라리 우리 자신이 철저한 죄인이요, 어찌 할 수 없는 죄인임을 말한 것이다. 우리는 할 수 없이 하나님을 반역하는 자인데 원죄의 개념은 이 사실을 말한 것이다. 따라서 원죄의 개념은 창조신앙과 마찬가지로 현재성을 가진 것이며 이 원죄로 말미암아 사람과 세계는 순간마다 창조주 하나님을 반역하고 있는 것이다.

예수께서는 이와 같은 죄의 정황을 탕자의 비유로 설명하셨고 바울 사도는 그것을 육적인 존재라고 말씀하였으며 사도 요한은 또한 난 대로의 사람이라고 말씀함과 동시에 난 대로의 사람은 물과 성신으로 거듭나야 한다고 말하고 있다.

그런데 아담을 미혹시킨 사탄의 말은 과정에 대해서는 참이었으나 결과에 대해서는 거짓이었다. 다시 말하면 선악과를 먹으면 선악을 구별할 수 있게 된다는 데까지는 그의 말대로 되었지마는 하나님처럼 된다는 것은 새빨간 거짓말이었다. 사람은 어디까지나 사람일 뿐이요 하나님이 될 수는 없는 것이다.

그런데 하나님의 형상이 파괴된 결과 인생의 방향은 전도되게 되었고 하나님을 중심으로 하는 대신에 사람들은 자기 자신을 중심에 두게 되었다. 그러나 거기에서 사람은 참다운 중심을 잃어버리고 자기 자신이 중심인 양 속고 있는 것이다. 그래서 이제 거짓은 인간 존재의 특징이 되었다. 그래서 루터는 말하기를 이른바 선이나 덕성뿐 아니라 모든 갖가지 노력이나 경건성도 거짓된 것으로 화(化)할 수 있으며 예술이나 철학 같은 것도 사람의 이기심을 조장하기 위한 그릇된 것이 될 수 있다고 말했던 것이다.

사람은 본래 하나님의 형상대로 지음 받은 자이다. 다시 말하면 사랑 중에서 지음 받았고 서로 사랑하도록 창조 받았다. 그리고 여기에 인간 존재의 의미가 있다.

　우리는 언제나 사회 중에 존재하는 자이며 형제를 통하여 생의 내용을 이룩하는 자이다. 그런데 우리가 창조주 하나님을 반역한 결과 사귐과 사랑과는 판이한 세력이 인류 사회를 주장하게 되었다. 하나님을 무시하고 자기 자신을 주로 삼는 사람에게는 사랑 대신에 형제와 이웃을 희생시키고자 하는 이기적인 충동이 사무치게 되고 그 결과 사람과 사람 사이에는 조정할 수 없는 잔인성이 노정(露呈)됨에 이른 것이다. 사람에게 사귐과 사랑이 있다면 그것은 병들은 거짓된 사랑일 뿐이고, 참으로 하나님과 이웃을 위한 사랑은 아닌 것이다. 그래서 루터는 일찍이 "자연인에게는 그릇되고 때 묻은 사랑이 있을 따름이다"라고 하였던 것이다. 따라서 우리에게 있어서 가장 소중한 것은 창조주 하나님과 이웃에 대한 사귐과 사랑을 돌이키는 일이라고 말할 수 있을 것이다. 그런데 예수 그리스도를 통하여 그것이 성취되었다.

- 연구 및 토의 제목 -

1. 르네상스의 대표자들은 사람을 어떻게 보았던가?
2. 헬라의 고전적 인간관은 어떠한 것인가?
3. 헬라의 고전 작가들은 사람을 어떻게 보았던가?
4. 과학적 인간관과 성서적 인간관은 무엇이 다른가?
5. 허무자의 사상이 생기게 되는 동기는 어디에 있는가?
6. 하나님의 형상대로 지음을 받았다 함은 무슨 뜻인가?
7. 인생의 의미는 어디에 있는가?
8. 성서가 말하는 죄의 개념은 어떠한 것인가?
9. 원죄사상은 어떠한 것인가?
10. 하나님을 반역한 사람이 이웃과 더불어 화목할 수 있는가?

3
기독교의 그리스도론

I. 예수 그리스도

지금까지 우리는 신관과 인간관을 살펴왔다. 그런데 기독교의 신관과 인간관은 예수 그리스도의 품격과 그의 역사(役事)에서 밝혀진다. 베일리(D. M. Baillie)의 적절한 말대로 하면 기독교 신앙은 그리스도 신앙에다가 다른 무슨 신앙을 더 한 것이 아니다. 기독교 신앙은 전혀 그리스도 신앙에 집결된다.

그러나 예수 그리스도에게 중대한 의의를 인정하는 것은 기독교 신앙만이 아니다. 인류 역사의 연대는 예수 그리스도 이전과 이후로 나누어지며, 위대한 사람들은 모두 다 예수 그리스도의 사실을 놀랍게 생각하였다. 세인트헬레나 섬에서 고독한 생애를 마친 나폴레옹은 예수 그리스도의 신비로운 능력에 경탄하였고, 근대인의 우상이었던 괴테도 예수 앞에는 무릎을 꿇었다. 그래서 그는 말년에 엑켈만과의 대화 중에서 다음과 같이 말하고 있다. "그리스도의 인격에서 방사(放射)되는 숭고한 것과, 빛나는 반사에는 언제나 신성한 것이 있었다. 어떤 사람이 묻기를 당신은 진심으로 그를 경배하느냐고 한다면 나는 그렇다고 말할 수밖에 없다."

그러나 예수에게 대하여 이와 같이 탄복한 것은 나폴레옹이나 괴테만이 아니다. 모든 것을 부정하고 자기 자신은 초인으로 자처하던 니체까지도 예수 그리스도의 단명은 아깝게 생각했던 것이다.

그러면 이 예수 그리스도는 누구이며 그는 무엇을 하려 했던가? 대제사장 가야바가 예수는 누구인가를 설문한 이래 사람들은 끊임없이 이 설문을 발하여 왔고 근대 신학은 이 문제를 해결하기 위하여 예수전(傳) 연구에 몰두하였다. 예수전 연구가 가장 성행된 것은 19세기이거니와 슈바이처의 말과 같이 19세기의 예수전 연구는 마치 야곱이 얍복강 언덕에서 천사와 더불어 씨름하듯이(창 28:10 이하) 예수와 더불어 씨름하였다.

그러나 예수가 누구인가를 설문한 것은 대제사장 가야바나 근세의 신학자만이 아니라 예수 자신부터가 같은 설문을 말했던 것이다. 그는 제자들에게 다음과 같이 설문하였다. "그러면 너희는 나를 누구라고 하느냐?"(마 16:15). 여기에 대하여는 베드로가 이미 "주는 그리스도시요 살아 계신 하나님의 아들이니이다"(마 16:16)라고 대답함으로써 예수가 그리스도요 하나님의 아들임을 고백하였다. 그리고 역대 교회는 이 베드로의 고백을 계승하고 있는 것이다.

그런데 예수 그리스도라는 이름 자체가 이와 같은 신앙고백을 내포한 것이다. 예수 그리스도는 원래 두 가지 말이 하나로 합해진 것인데 예수는 일정한 개인을 가리키는 고유명사요, 그리스도는 신분이나 자격을 말하는 보통 명사이다. 따라서 예수 그리스도는 말하자면 그리스도이신 예수라는 뜻이다.

그리고 예수라는 말은 구약성서에 나오는 여호수아의 이름을 헬라어로 옮긴 것이다. 따라서 예수 당시에는 같은 이름을 가진 이가 많았을 것이다. 그러나 "그리스도"라 일컬음을 받은 예수는 나사렛 예수 한 분밖에 없었던 것이다. 이 그리스도라는 말은 원래 메시아라는 히브리말을 헬라어로 옮긴 것이다. 그래서 신약성서의 기자들은 그것을 하나님의 아들이라는 뜻으로도 사용하였고(막 1:1), 구세주의 뜻으로도 사용하였다(벧후 2:20). 그런데 성서는 또한 하나님을 가리켜 구세주라고 말하고 있는 것이다(눅 1:49). 여기에서 우리의 말할 수 있는 것은 성서에 있어서는 하나님과 예수 그리스도가 같은 구세주로 인정되고 있으며 예수 그리스도가 곧 하나님이라는 것이다.

이와 같이 말하는 예수 그리스도는 물론 하나의 역사적인 인물이었다. 그는 1900년 전 로마 제국이 그 수도의 사치를 지속하기 위하여 온 천하 백성들을 착취하고 있을 때에 로마 제국 동편에 있는 베들레헴 말구유 위에서 탄생하셨고, 30년의 짧은 생애를 마치신 다음 국사범(國事犯)의 누명을 입고 골고다 산상에서 십자가의 극형을 당하신 분이다.

그러므로 이 예수 그리스도의 사실을 말할 때에는 종교적 관념이나 기독교의 본질 같은 데에서 구애 받을 필요는 없는 것이다. 우리는 다만 제1세기의 초엽(初葉)에 유대 땅에 나시고 거기에서 고난의 생애를 마치신 나사렛 예수를 문제 삼으면 되는 것이다. 그래서 예수 그리스도의 생애에 대하여는 역사과학적인 방법이 적용되는 것이며, 여기에 앞서 말한 예수전 연구의 학문적인 근거가 있다.

예수 그리스도의 역사적 생애에 대하여는 네 복음서뿐 아니라 그리스도인이 아닌 요세푸스(Josephus)도 서술한 바 있고 기원 120년경에 활약하던 역사가 타키투스(Tacitus)도 그가 본디오 빌라도에게 고난 받으신 사실을 전하고 있다.

그런데 19세기의 예수전 연구의 결과에서는 수습할 수 없는 혼란과 모순이 노정되고 말았다. 사람들은 예수 그리스도의 생애를 역사적 방법으로 연구해 보았으나 거기에서는 예수 그리스도에 대한 명확한 지식을 얻을 수가 없었던 것이다. 그러나 이는 결코 그들의 연구가 부족한 때문이 아니라 차라리 예수 그리스도의 인격이 가진 신비성 때문이었다. 예수 그리스도가 역사적 인물임에는 틀림이 없다. 그러나 그는 또한 구세주와 하나님이기 때문에 역사과학의 방법만으로는 그의 진상을 해명할 수가 없었던 것이다. 그는 역사적인 인물이면서 역사의 테두리를 벗어난 분이시다. 따라서 그에게 대한 해답은 학문이 주는 해답을 지나 경건한 신앙고백에서 기대할 수밖에 없는 것이다.

베드로의 뒤를 이은 그리스도 교회의 고백대로 하면 예수는 그리스도시오, 하나님의 아들이시다. 다시 말하면 그는 역사적인 인물이면서 영원하신 존재자로서 시간이나 공간 또는 민족이나 혈통의 제한을 넘는 분이다. 예수 그리스도는 어느 때 어느 곳에 있어서나 믿는 자와 더불어 같이하시는 영원한 존재자이시다. 그리고 그리스도인은 고난 많은 이 세상에 처해있으나 이 영원하신 존재자가 자기와 더불어 영적으로 같이 함을 믿기 때문에 언제나 위안과 소망 중에 사는 것이다.

역사적인 인물인 예수 그리스도를 이와 같은 영원한 존재자로 믿게 하는 것은 예수 그리스도의 부활의 사실이다. "그리스도께서 다시 사신 것이 없으면 너희의 믿음도 헛되고 너희가 여전히 죄 가운데 있을 것이라"(고전 15:17)고 한 사도 바울의 말과 같이 기독교 신앙의 근거는 예수 그리스도의 부활에 있고 기독교는 부활의 종교라고 일컬어진다.

우리가 예수를 그리스도라고 믿는 까닭은 그의 부활을 믿음과 동시에 자기 몸소 그것을 경험하기 때문이다. 부활은 그리스도를 증거하는 것이요, 부활신앙이 없다면 기독교 신앙은 허사일 것이다. 뿐만 아니라, 신약성서 전체는 이 부활의 빛에 비추어 보면서 예수 그리스도의 사실을 증거한 증언인 것이다. 그래서 이 부활의 빛에 비추어 볼 때에만 예수 그리스도의 생애와 그 십자가의 의미가 알려지는 것이다. 그리고 예수와 그리스도와를 결합시킴으로써 예수 그리스도를 하나의 인격으로 믿게 하는 것도 그의 부활인 것이다.

그러나 예수 그리스도는 과연 부활했을까? 이성의 왕국에 사는 현대인에게 있어서 부활의 사신(使信)은 거리낌이 될 수밖에 없다. 또한 옛날 이집트의 오시리스 신화에도 일단 죽었던 오시리스가 다시 살아났다는 신화가 있고, 인도 불교의 설화 중에도 죽은 이의 부활이 전해지고 있다. 그래서 어떤 이들은 예수 그리스도의 부활 설화도 이와 같은 신화적인 설화로 돌리려 하며 그것은 다만 그의 제자들이 예수 그리스도의 강한 인격적인 감화력을 회상한 데에서 생긴 환상이라고 말하기도 한다. 포이에르바흐와 그 시대의 반기독교적인 저술가들은 이와 같은 각도에서 주장하기를 기독교의 부활절은 양춘절(陽春節)에 대자연의 소생을 경축한 데서 유래된 것이라고 설명하였다.

그러나 기독교의 부활신앙은 역사적 인물인 나사렛 예수의 죽음과 부활을 전한 것이며, 그것은 결코 종교적 환상이나 자연 현상을 노래한 것은 아닌 것이다. 다만 이 예수 그리스도의 부활은 신적인 사실이므로 그것을 합리적으로 설명할 수는 없는 것이다. 설사 그와 같은 설명이 가능하다손 치더라도 객관적으로 설명된 예수 그리스도의 부활에는 아무러한 의미도 없는 것이다. 왜냐하면 거기에서는 호기심의 만족은 얻어질지 모르나 저 초대교회 사도들이 부활신앙에서 받은 바와 같은 신앙의 과감성은 받을 수가 없기 때문이다.

그러기에 부활신앙은 다만 그것을 객관적으로 설명하거나 그 사실성을 인정할 것이 아니라, 자기 몸소 그것을 믿어야 한다. 그리고 예수 그리스도의 부활을 믿는다는 것은 자기 몸소 그것을 경험하는 일이다. 다시 말하면 그것은 다시 사신 주와의 사귐을 가지는 일이다. 기독교가 부활의 종교라 함은 그것이 이 사귐의 종교임을 말한 것이며 그리스도인은 이 사귐의 경험에서 예수 그리스도에게 대한 믿음을 갖게 된다. 그래서 신학자 틸리히는 말하기를 "그리스도인은 매일 아침 우체부가 기독교 신앙을 의심케 하는 역사 연구의 보도를 가져오지나 않을까를 걱정할 수는 없는 자이다. 그리스도는 교회생활이라는 사실 중에서 인격적으로 우리와 더불어 부딪쳐 주시는 존재자시다"라고 하였다.

그러나 여기에서 말하는 그리스도는 역사적인 평면 위에서 접할 수 있는 나사렛 예수를 말한 것이 아니라, 신앙의 눈으로 볼 수밖에 없는 육이 되신 그리스도를 말한 것이다.

그런데 근세의 사상가 중에는 이 역사적인 평면 위에서 예수를 이해하고자 하는 이들이 허다하였다. 그래서 나우만(Naumann)은 나사렛 예수는 미개한 아세아 사람이라고 말하였고 쇼펜하우어 같은 이는 그를 불타나 진배없는 사람이라고 보았던 것이다. 그들은 모두 다 예수를 역사나 전기 또는 심리학적 입장에서 보았을 뿐이요, 그를 그리스도와 하나님으로 믿는 신앙의 대상으로 고백한 것은 아니었었다. 그러나 그리스도인에게 있어서 예수는 그리스도요, 거룩하신 하나님의 아들인 것이다. 그래서 그리스도 교회는 예로부터 예수 그리스도를 가리켜 참 하나님이요, 참 사람이라고 고백하였다.

II. 참 하나님, 참 사람

세상에는 기독교의 윤리적 교훈만을 중히 여기고 그것을 예수 그리스도의 역사적 사실과 결부시키는 일을 경홀히 하는 이들도 없지 않다. 그들은 예수 그리스도의 역사성을 중히 여김은 어리석은 일이라고 보는 것이다. 그래서 인도의 간디는 다음과 같이 말하였다. "나에게는 역사적 예수에 대하여 아무러한 흥미도 없다. 설사 예수라는 인물이 생존한 일이 없다고 판명되고 복음서에 기록된 바가 제자들의 상상적인 기록이라손 치더라도 나는 거기에 대하여 개의치 않을 것이다. 왜냐하면 그래도 산상수훈은 나에게 있어서 변함없는 진리가 될 터이기 때문이다."

간디뿐 아니라 현대인은 대체로 기독교 윤리를 매개로 하고 기독교 신앙에 접근하려 한다. 기독교가 강한 윤리성을 가진 종교요, 그 근원이 예수의 윤리적 교훈에 있는 것은 사실이다. 그래서 예수전을 쓴 르낭(Ernest Renan)이나 교리사의 대가인 하르낙은 기독교의 본질은 그 윤리사상에 있다고 보았고, 톨스토이 같은 이도 산상수훈을 실천하기에 진력하였다. 그러나 그가 만년에 이르러 가정 비극을 뒤에 남긴 채 한적한 곳에서 객사한 것은 자기 종교에서 패배당한 하나의 비극이었다.

사람은 누구나 자기 자신의 이기심을 극복함이 없이는 예수 그리스도의 사랑을 실천할 수 없는 것이다. 그런데, 톨스토이는 이 이기주의의 극복이신 예수 그리스도의 생애와 그의 십자가를 믿음이 없이 그의 사랑을 실천하려고 하였던 것이다. 그러나 기독교에 있어서 소중한 것은 예수 그리스도의 윤리적 교훈보다도 그것을 자기 몸소 실천하신 그의 생애와 십자가의 죽음인 것이다.

그래서 그리스도 교회는 무시간적(無時間的)인 종교적 이념이나 교훈보다도 역사 중에 오셨던 예수 그리스도의 사실을 중히 여긴다. 그리고 비록 전기적인 기록은 아닐지라도 예수 그리스도의 십자가와 부활을 친히 목격한 사도들의 증언에 근거를 둔다.

그런데 신약성서에 그려진 인간 예수의 초상화는 그 모습이 퍽이나 자연스럽다. "그는 지혜와 그 키가 자라가며 하나님과 사람에게 더 사랑스러워 가셨다"(눅 2:52)고 한 것과 같이 예수는 다른 사람이나 다름없는 성장 과정을 밟으신 분이다. 이와 같이 자라신 예수에게는 인간미가 풍부하였

3. 기독교의 그리스도론

다. 그는 희로애락의 감정을 자연스럽게 보여주셨고 웃기도 하고 울기도 하였으며 탄식도하고 또 때로는 목을 놓고 통곡도 하셨다(히 5:7). 하나님과의 관계를 볼지라도 그는 다른 사람이나 별로 다름이 없었다. 그는 믿음과 기도에 힘쓰셨고 마귀에게 시험까지 당하신 것이다(마 7:1이하).

그런데 인간 예수에게는 한 가지 특이한 점이 있었으니 그에게는 죄의식이 없었다는 일이다. 히브리서 기자는 이 사실을 다음과 같이 말하고 있다. "그는 모든 일에 우리와 한결같이 시험을 받은 자로되 죄는 없으셨다"(히 4:15). 하늘 천사는 하나님께 순종치 않다가 사탄으로 타락하였고, 아담과 하와도 하나님처럼 되려다가 낙원에서 추방되고 말았다. 그러나 예수께서는 처음부터 끝까지 하나님께 순종하시고 십자가에 죽기까지 순종하셨다(빌 2:6이하). 그래서 그는 죄 없는 사람이 되신 것이다.

하기는 보통 사람 중에도 죄책 감정이 없는 이들이 적잖게 있다. 그러나 사람들은 예수에 비하여 도덕의식이 저급한 것이며 등하불명(燈下不明)으로 자기의 악한 일을 깨닫지 못하는 것이 보통이다. 그러나 예수께서는 숭고한 도덕과 수정같이 맑은 양심을 가지신 분이었다. 그런데 그에게 죄에 대한 의식이 전혀 없다는 것은 이상한 일이 아닐 수 없다.

뿐만 아니라 그는 또한 사람들의 죄에 대하여 사죄(赦罪)를 선언하였다. 이미 살펴 온 바와 같이 죄는 하나님께 대한 인격적인 죄인 것이다. 따라서 죄를 사할 수 있는 이는 하나님 이외에 없다. 그런데 예수께서는 사람들의 죄를 사한 것이니 이는 그가 자기 자신을 하나님으로 의식하신 결과인 것이다. 그래서 그는 "내 아버지께서 모든 것을 내게 주셨다"(마 11:27)고 하였고 신적 권위를 가지고 제자들을 소명(召命)하셨다(마 9:9). 그리고 자기 자신의 뜻이 바로 하나님의 뜻이라고 언명함과 동시에(마 11:6) 자기가 일하는 곳에 하나님의 나라가 임한다고 선포하였다(눅 9:1-10).

이상에서 우리는 주로 공관복음서의 증언을 더듬어 보았다. 그러나 예수 그리스도의 신적 품성에 대하여 보다 더 분명하게 말해 준 것은 요한복음이라고 볼 수 있다. 예수는 거기에서 말씀하기를 "내 교훈은 내 것이 아니라 나를 보내신 이의 것이니라"(요 7:16)고 하시고 "내가 너희에게 이르는 말이 스스로 하는 말이 아니라 아버지께서 내 안에 계셔 그의 일을 하시는 것이라"(요 14:10)고 하였다. 이리하여 그는 자기 자신을 하나님의 아들로 자처하신 것이다.

석가여래는 그가 임종할 때에 제자들에게 유언하기를 "내가 지금까지 가르친 교훈이 나의 명령이거니와 여러분이 내 가르침을 준행할 때에 나는 거기에서 영원히 살 것입니다"라고 하였다 한다. 그러나 예수께서는 자기의 교훈을 지키라고 말씀하지 않으시고 다만 "나를 따르라", "나를 믿으라"고 말씀하였다. 그리고 제자들에게 최후로 말씀하기를 "나는 세상 끝날까지 너희와 더불어 같이 있을 것이다"(마 28:20)라고 말씀하였다.

그러므로 보통 사람에 대하여 설명하는 원리를 가지고는 예수 그리스도를 설명할 수 없는 것이다. 성서의 증거대로 하면 그는 우리 중에 강생하신 하나님의 아들이시요, 사람이 되신 하나님이다. 그래서 니케아 회의(325년)에서는 그는 사람이 되신 하나님(enmaned God)이라고 규정하였고 칼케돈 회의(451년)에서는 또한 예수 그리스도는 참 하나님이요, 참 사람(*vere deus vere homo*)이라고 고백하였다. 그리고 중세기의 토마스 아퀴나스와 역대 교회는 그를 "내 주, 내 하나님"이라고 고백하고 있는 것이다.

그런데 파스칼은 말하기를 "우리는 예수 그리스도를 떠나서는 하나님을 알 수도 없으려니와 우리 자신도 알 수가 없다"라고 하였다. 기독교적인 이해대로 하면 예수 그리스도를 아는 일이 곧 하나님을 아는 일이요, 그를 아는 데에서 사람이 무엇인가를 알게 되는 것이다. 왜냐하면 예수 그리스도는 참 하나님과 참 사람이기 때문이다.

그러므로 그리스도인에게 있어서 가장 귀중한 일은 예수 그리스도를 아는 일이다. 그러나 이는 다만 불학무식(不學無識)한 대중에게만 그런 것이 아니라 학식과 지위를 가진 이에게도 그러한 것이다. 대과학자 톰슨(Thomson)이 임종하려 할 때에 한 제자가 그에게 묻기를 "선생님께서 일생을 통하여 발견하신 최대의 발견은 무엇입니까?"라고 하였을 때에 그의 대답은 이러하였다. "나의 생애에서 가장 큰 발견은 내가 예수 그리스도를 발견한 일이었습니다." 그러면 어찌하여 대우주의 발견보다도 예수 그리스도 한 사람의 발견이 이다지도 귀중한 것일까? 다음의 이야기는 여기에 대한 설명이 된다.

스코틀랜드에 외아들을 둔 나이 많은 할머니가 있었는데 그 아들이 성장하여 큰 실업가가 되었다. 그래서 그는 어머니를 봉양하기 위해서 알뜰한 집 한 채를 마련하여 드리고 때를 따라 쓰실 것과 입으실 것을 공궤하여 드렸다. 그러나 어쩐 일인지 그 어머니께서는 기뻐하시는 눈치가 없고, 날이 갈수록 슬퍼하는 기색이 더하여 갔다. 그래서 그의 친구들도 이 사실을 지적하면서 그 아들을 편잔하였다. 그래서 그는 어떤 주말에 어머니를 찾아가서 어머니에게 여쭈어 보았다. 모든 것이 넉넉하신데 어머니께서는 어찌하여 그렇게 슬퍼하시느냐고. 여기에 대한 어머니의 대답은 이러하였다. "너는 나에게 좋은 집을 구해 주었다. 그러나 너는 나와 더불어 같은 집에 살지 않는다. 너는 나에게 먹을 것을 많이 주었다. 그러나 너는 나와 더불어 식사를 같이하는 일이 별로 없다. 네가 나에게 소용되는 모든 것을 공궤한 것은 고마운 일이다. 그러나 나에게 가장 요구되는 것은 너 자신이라는 것을 알아주기 바란다"라고.

소크라테스는 일찍이 "너 자신을 알라"고 말함으로써 사람에게 있어서 귀중한 것은 자기를 아는 일임을 밝혀 주었다. 그런데 포이에르바흐는 말하기를 "사람은 그가 먹는 그것이라"고 말한 바 있고 마르크스는 한 걸음 더 나가서 인간 존재의 모든 기반은 물질 위에 놓여 있다고 말하였다. 그리고 이와 같은 주장이 근래 사상에 가장 많은 영향을 끼친 것은 누구나가 다 아는 일이다. 그러나 사람에게 물질이 소중한 것은 사실이지만 "사람은 떡으로만 살 수는 없는 것이다"(마 4:4). 위에 말한 여화와 같이 사람은 본디 사랑의 대상을 구하는 자이며 그와 더불어 사랑과 대화관계를 가질 때에만 마음의 평안을 얻는 것이다.

그런데 참 사랑이신 하나님께서는 예수 그리스도에게서 자기 몸소 사람이 되심으로써 우리에게 자기 자신을 사랑의 대상으로 주심으로써 자기 자신과 우리 자신을 알게 하신 것이다.

III. 중보자

이상에서 우리는 예수 그리스도의 신성과 인간성을 말하여 왔다. 그러나 이와 같이 신성과 인성과를 구별함은 편의상의 일일 뿐이요, 실상인즉 그것은 예수 그리스도의 하나의 인격을 말한 것이다. 예수 그리스도의 하나의 인격이 신성과 인성을 가진 것이다. 그런데 사도 요한은 이 사실을 가리켜 "말씀이 육신이 되어 우리 가운데 거하시매 우리가 그 영광을 보니 독생자의 영광이요, 은혜와 진리가 충만하더라"(요 1:14)고 하였다.

사도 바울도 로마서 8장 3절과 갈라디아서 4장 4절 및 빌립보서 2장 6절 이하에서 화육(化肉)에 대한 진리를 갈하고 있다. 그러나 요한복음 1장 14절의 기사는 화육에 대한 대표적인 기록일 것이다. 그런데 사도 요한은 이 말씀을 말하기 전에 말씀은 태초에 하나님과 같이하였고, 그가 곧 하나님이라고 하였다(요 1:1). 그런데 이 영원하신 하나님 말씀이 예수 그리스도에게서 사람이 되셨다는 것이다. 따라서 예수 그리스도의 사실은 한 면에 있어서는 인간적인 사실이지만 다른 면에 있어서는 신적인 사실인 것이다. 그러므로 예수 그리스도는 인간 세계와 그것을 수직적으로 단절하는 하나님의 세계와의 절점(切點)이라고 말할 수 있다.

"말씀이 육신이 되었다"라고 있음과 같이 참 하나님이 참 사람이 되신 화육에 있어서 주격이 된 것은 육이 아니라 말씀이었다. 거기에서는 하나님의 아들이 하나의 사람이 되고 그가 인간적인 본질과 존재를 가지게 되신 것이다. 영원하신 하나님의 말씀이 나사렛 예수가 되심으로써 종전과 같이 하나님 말씀으로 머무시면서 종전과는 다른 하나의 사람이 되신 것이다. 이리하여 육이 되신 예수 그리스도 자신이 바로 하나님의 아들이시오, 참 하나님과 참 사람이 되신 것이다. 예수 그리스도는 결코 반신(半神)이나 천사가 아니다. 그는 다만 이상적인 인물도 아니다. 그는 우리와 같은 사람이면서 또한 하나님의 아들이신 것이다. 참 하나님과 참 사람이신 것이다.

사도 요한이 말한 "말씀이 육신이 되었다"의 "되었다"는 헬라어 원전에서는 '에게네토'(*egeneto*)가 사용되어 있는데 이 말은 자동사이다. 다시 말하면 아들로서의 하나님께서 다른 이의 강요를 받은 것이 아니라 자진해서 죄와 죽음의 운명을 감당하기 위하여 비천한 사람이 되셨다는 것이다. 그는 하나님 되심을 조금도 감함이 없이 사람이 되셨는데, 우리는 여기에서 사람이 되신 하나님의 적극성을 엿볼 수 있다. 그러나 이 하나님의 적극성은 자기의 영광이나 위대성을 더하기 위하여서가 아니라 도리어 땅바닥까지 낮아지기 위함이었고 거기에서 겸비와 부끄러움을 당하기 위함이었다. 예수 그리스도의 화육은 다만 하나님께서 자기에게서 멀리 떨어진 낮은 세계에 내려오신 것만이 아니라, 그를 거스르고 욕되게 하는 세상에 강림하신 일인 것이다.

이 화육의 진리를 증거하기 위하여 신약성서와 그리스도 교회는 처녀 탄생의 교리를 제창하였다. 이 처녀 탄생의 교리는 화육의 사실이 생기게 된 그 형상(形相)의 문제를 말하여 준 일이다. 그러나 이 신앙에 대하여는 종래에도 여러 가지 이론이 많았던 것이다 자유주의 신학자들은 대체로 이것을 부정하였고 경건한 신학자들 중에도 거기에 대하여 소극적인 태도를 가진 이들이 많은 것이다. 특히 근세의 과학지식과 생물학적인 지식을 가진 이들은 이 교리를 좀처럼 받아들이지 않는다. 그러나 최근에 와서 이 교리가 또다시 적극적으로 주장되게 되었다.

처녀 탄생에 대한 긍정과 부정의 두 가지 이론은 대개 성서의 권위 문제를 근거로 한다. 그런데 처녀 탄생에 대한 기록은 마태복음 1장 18절 이하와 누가복음 1장 26절에만 있고 마가복음과 요한복음에는 그 기사가 없는 것이다. 그래서 처녀 탄생의 교리를 부정하는 신학자들은 주장하기를 마가복음뿐 아니라 12제자의 하나인 사도 요한조차도 그것을 기록하지 않았다는 것은 주목할 만한 일이라고 말하여 준다. 그리고 처녀 탄생의 교리는 예수 그리스도의 화육이나 십자가와 부활의 교리와 같이 중요한 것은 아니라는 것이 그들의 주장이다.

그러나 처녀 탄생의 교리만을 경히 여기고 그 밖에 교리만을 중요시한다는 것은 어려운 일이다. 만일에 그와 같은 양보를 하기 시작한다면 필경에는 다른 교리까지를 버릴 수밖에 없을 것이다.

처녀 탄생의 교리는 화육의 형상을 말할 것인데, 이 화육의 진리와 그것이 이루어진 형상을 분리시킬 수는 없는 것이다. 화육의 진리만을 인정하고 그 형상은 부정한다면 결국에 가서는 화육의 진리까지 침해받을 수밖에 없을 것이다. 처녀 탄생이라고 하는 기적의 사실은 화육이라고 하는 위대한 진리를 지키기 위한 '문지기'인 것이다. 그리고 이 진리는 무엇보다도 성서에서 증거된 진리인 만큼 기독교에 있어서 그것을 부정할 수는 없는 것이다. 더욱이 주석학적 입장에 서서 신학적인 노작(勞作)을 하고자 하는 사람은 처녀 탄생의 교리를 부정할 수는 없는 것이다.

예수 그리스도가 만일에 단지 사람이라면 그는 사람을 구원할 수가 없을 것이다. 왜냐하면 사람에게는 사람을 구원할 만한 힘이 없기 때문이다. 사람을 구할 수 있는 이는 하나님 이외에 없다. 그런데 하나님께서는 그의 아들 예수 그리스도를 통하여 우리를 구원하신 것이니 바울은 여기에 대하여 다음과 같이 말하고 있다. "율법이 육신으로 말미암아 연약하여 할 수 없는 그것을 하나님은 하시나니, 곧 죄로 인하여 자기 아들을 죄 있는 육신의 모양으로 보내어 육신에 죄를 정하셨다"(롬 8:2)라고. 이리하여 예수 그리스도에게서는 참된 의미의 임마누엘(Immanuel)이 성립된 것인데 여기에서 우리는 구원에 대한 보증을 얻는 것이다.

구주 예수는 한편으로는 하나님과 더불어 직접적인 연락이 되시고 또 한편으로는 사람과 더불어 연결이 되신 분이다. 하나님께서는 육이 되신 예수 그리스도에게서 비로소 역사 중의 인물과 더불어 만나게 되시고 사람 역시 그를 통하여 하나님에게 나아 갈 수 있는 길이 열린 것이다. 예수 그리스도는 말하자면 하늘과 땅과의 접속점이요, 두 세계가 서로 통할 수 있는 오직 하나의 길인 것이다. 예수 그리스도를 통하지 않고는 사람이 하나님께 나아갈 길이 없을 뿐 아니라 하나님께서도 그를 통하여서만 우리에게 자기를 계시하셨다. 그래서 하나님 앞에서 우리의 죄를 담당하심으로써 우리가 그 앞에 나아 갈 길을 마련해 주신 예수 그리스도를 중보자라고 부르는 것이다.

1954년에 개최된 세계교회협의회에서는 예수 그리스도는 교회뿐 아니라 온 세상의 소망이라고 선언하였다. 이는 그가 다만 죄 중에 처한 개개인뿐 아니라 비인격적인 세력에 사로잡혀 있는 인류 역사의 구원을 위해서도 구주가 되시기 때문일 것이다.

- 연구 및 토의 제목 -

1. 올바른 신관과 인간관은 어디에서 찾아볼 수 있는가?

2. 역사적 방법으로써 예수 그리스도의 생애를 구명(究明)할 수 있는가?

3. 예수 그리스도가 영원하신 분임을 어디에서 이해할 수 있는가?

4. 기독교의 윤리적 교훈만을 가지고 기독교를 신앙할 수 있는가?

5. 신약성서는 예수 그리스도의 전기적 기록인가?

6. 의식주만 넉넉하면 인생은 행복할 수 있는가?

7. 예수 그리스도는 인성을 가지신 분인가?

8. 성서가 말하는 화육(化肉)의 진리는 어떠한 것인가?

9. 화육과 처녀 탄생과는 어떠한 관계를 가진 것인가?

10. 사람이 하나님과 통할 수 있는 길은 어디에 있는가?

4
기독교의 구원론

I. 구원(Salvation)의 뜻

현대인은 대체로 구원이라는 말에 대하여 흥미를 갖지 못한다. 예수 그리스도를 믿지 않는 이들이 그러할 뿐 아니라 그를 믿는 그리스도인까지도 그와 같은 경향이 많다.

현대인이 이와 같이 구원을 등한히 여기는 까닭은 자기들의 현상을 죄된 것으로 믿고 그것을 부정하며 갱신하기를 바라느니보다 도리어 그것을 그대로 긍정하려는 데 원인이 있다. 그래서 인본주의자들은 이 구원관의 문제를 꺼려 한다.

그러나 기독교는 사람의 현상을 그대로 긍정하지 않는다. 그리고 사람의 현상은 비본래적인 정황 중에 있기 때문에 그것은 마땅히 본래적인 정황으로 구원받아야 한다고 보는 것이다. 기독교적으로 볼 때에는 사람은 누구나 구원을 요하는 '죄인'인 것이다.

그러나 인간관에서도 이미 언급한 바와 같이 여기에서 말하는 죄(sin)는 도의적인 의미의 죄가 아니다. 도덕에서는 보통 사람이 선을 행하지 않는 것을 죄라고 한다. 그러나 기독교의 죄악은 윤리도덕의 영역을 넘는 것이다. 그래서 윤리학은 언제나 죄악의 문제를 종교에 넘겨주고 거기에서는 다만 도덕적인 기준 위에서 모든 것을 논의할 따름이다. 그리고 종교는 이 윤리에서 양보 받은 죄의 문제를 해결하기에 노력하는 것이다.

기독교는 므엇보다도 하나님과 사람 사이에 결렬이 생긴 것을 죄라고 한다. 사람과 사람 사이에 결렬이 생길 때에도 그 원인은 언제나 양편의 인격적인 대립에서 생기지만 죄악의 결렬 역시 하나님과 사람 사이의 인격적인 대립에서 생긴 것이다. 다시 말하면 사람이 창조주 하나님을 인격적인 사귐과 사랑의 대상으로 인정하지 않는 데서 기독교적인 의미의 죄악이 생긴 것이다.

이와 같이 말하는 죄악이 법률적인 의미의 죄와도 다른 것은 물론이다. 도덕적인 잘못(fault)이나 법률상 죄(crime)가 악임에는 틀림이 없다. 그러나 경우에 따라서는 국법을 위반한 자가 반드시 죄인은 아닌 것이다. 예컨대 일제 강점기에 독립운동에 헌신하다가 감방에 갇히거나 살해된 무수한 애국자들을 어찌 죄인이라고 말할 수 있을 것인가? 그런데 기독교에서 말하는 죄는 사람이 하나님께 순종하지 않고 그를 거슬러 사는 것을 말한 것이다. 다시 말하면 그것은 이 세상 질서에서 되게 되는 일이 아니라 하나님과의 관계에서 되게 되는 일인 것이다.

기독교적으로 말하면 하나님께 순종하는 자는 의인이요, 그를 거역하는 자는 죄인인 것이다. 그런데 "의인은 없나니 하나도 없다"(롬 3:10) 하는 바울의 말과 같이 모든 사람은 하나님께 순종치 않고 그를 거스르는 죄악을 범한 것이다. 그래서 세상에서 죄인 아닌 사람은 하나도 없으며 모든 사람의 소행은 죄인 것이다. 그래서 바르트는 이 인간의 죄적 정황(罪的情況)을 다음과 같이 말하고 있다. "무릇 천재격인 것이나 심리적인 것이나 실체적인 것이나 영웅적인 것이나 미학적인 것이나 철학적인 것이나 그

밖에 생각할 수 있고 사람이 할 수 있는 모든 일은 죄 된 것이다." 이리하여 기독교는 모든 사람이 하나님을 거스르는 죄악을 범한 자이며 그의 뜻을 어기면서 사는 자라고 보는 것이다. 그래서 릿츨은 "우리는 모두 다 죄의 왕국에서 살고 있다"라고 말했던 것이다.

그런데 하나님의 현전에서 죄를 범한 사람은 다만 선을 행할 능력을 잃었을 뿐 아니라 하나님의 뜻이 어떠한 것인가를 알 수도 없게 되었다. 그들은 죄로 말미암아서 눈이 어두워졌기 때문에 죄를 죄로 분별할 수 없는 것이다. 그리고 일단 죄악의 구덩이 속에 빠진 사람은 더 깊은 구덩이로 들어가게 마련인데, 이는 마치 중요한 경기에서 실패한 선수가 그 실패에서 마음이 상한 나머지 점점 더 용기를 잃게 되는 것이나 다름이 없다. 그들은 운명적으로 이미 지은 죄 중에 처할 뿐 아니라, 점점 더 깊은 죄 속으로 들어가게 되는 것이다.

이리하여 사람은 자기의 힘으로는 죄악을 벗어날 수가 없게 되었다. 이제 유일한 소망은 다른 길이 그에게 열리는 일이다. 그런데 기독교는 사람을 죄에서 구할 수 있는, 오직 하나의 길을 예수 그리스도에게서 찾는 것이다.

뿐만 아니라 사람이 자기 죄의 역력한 모습을 알게 된 것도 이 예수 그리스도로 말미암은 것이다. 하나님께 처음부터 끝까지 순종하시고 십자가의 죽음에 이르기까지 예수 그리스도는 참 사람이었다. 그래서 이 예수 그리스도의 사실에 비추어 볼 때에 하나님께 대한 우리들의 반역의 모습이 숨김없이 드러나는 것이다. 그러나 예수 그리스도가 오신 것은 우리의 죄악이 어떠한가를 알리기 위해서가 아니다. 그가 세상에 오셔서 고난의 생애를 보내신 것은 그 이상의 일을 행하기 위함이었다. 그는 모든 사람의 죄를 자기 스스로 감당하시고 그것을 구속하기 위하여 오신 것이다. 그래서 포르사이드(Forsyth)는 말하기를 "예수 그리스도의 십자가는 공중에

떠 있는 것이 아니라 역사의 조직 안에 끼워져 있다"고 말했던 것이다.

예수 그리스도가 오신 것은 하나님이 세상에 오신 것이다. 다시 말하면 하나님 자신이 자기와 우리 사이의 거리를 메우기 위하여 이 세상에 오신 것이다. 우리 사람은 창조주 하나님을 떠나서 비본래적인 정황에 놓이게 되었지만 하나님은 도리어 이 세상에 찾아 오셔서 자기와 우리 사이에 본래적인 사귐을 돌이키신 것이다.

기독교에서는 이와 같이 하나님이 우리와 같이하시고 우리 죄를 사하시는 것을 가리켜 은총이라고 부른다. 그리고 이 하나님의 은총은 아무런 조건도 없이 베푸시는 은총이기 때문에 사람은 다만 그것을 받아들이면 되는 것이다. 그런데 이 무조건이란 말처럼 무서운 말은 없다. 차라리 네 죄에 대한 책임을 지라고 하는 편이 도리어 편할 것이다. 그래서 버나드 쇼(Bernard Shaw)는 야유하여 말하기를 "사죄(赦罪) 신앙은 거지의 도피처이다. 우리는 자기의 책임을 자기가 져야만 한다"라고 하였다. 아닌 게 아니라 하나님의 무조건적 용서와 그의 은총을 믿는 데에는 여러 가지 난점이 있다. 그래서 이 신앙에 대하여는 예로부터 여러 가지 변론이 많은 것이다.

교회는 재래어 이 방면의 신학이론을 속죄론이라고 일컬어 왔다. 속죄론은 기독론과 더불어 밀접한 관계를 가진 것으로서 그것은 예수 그리스도의 인격에 대응되는 그의 업적을 말한 것이다. 그리고 이 속죄론의 요점은 종교적으로 자각된 죄악의 문제가 하나님의 은총의 역사로 말미암아 해결된다고 믿는 것이다. 그런데 이 하나님의 은총의 역사는 예수 그리스도의 고난과 그의 십자가에서 결정적으로 이루어졌다.

그런데 이 예수 그리스도의 십자가는 하나님께 대하여는 사람의 철저한 절망을 대변하여 주고, 사람을 향하여는 하나님의 한없으신 자비를 말하여 준다. 다시 말하면 그것은 예수 그리스도가 하나님과 사람 사이의 거리를 채워 주시는 중보자 됨을 말하는 것이다. 그래서 하나님께서는 예수 그리스도의 십자가에서 우리와 더불어 본래적인 관계를 돌이키시고 우리의 죄악을 구원하여 주시는 것이다.

영국 사람들은 이 구원의 은총을 말하기 위하여 'atonement'(속죄)라는 용어를 사용하는데 이 말은 'at'와 'one'의 두 마디를 합한 것이다. 그리고 이 말은 두 사람 사이에 두절되었던 친숙한 관계가 회복된 것을 뜻하기 때문에, 그것은 또한 화해의 뜻으로도 이해할 수 있는 것이다. 그리고 화해는 말할 것도 없이 두 사람이 분쟁하다가 또다시 원만한 사귐으로 돌이키는 것을 말한 것이다. 그런데 하나님과 우리 사이가 죄로 말미암아 벌어졌던 것인데, 하나님 편에서 예수 그리스도를 통하여 우리를 사유하시고 우리와 더불어 화해하여 주신 것이다. 독일 사람들은 이 구원의 개념을 '하일'(Heil, 건강)이란 말로 표시한다. 그들의 생각대로 하면 기독교의 구원은 소극적인 것이 아니라 적극적인 것이다. 왜냐하면 그것은 영적 건강과 씩씩한 활동을 말하기 때문이다. 우리는 다만 하나님을 반역하는 정황에서 구원받았을 뿐 아니라(saved from) 하나님과 더불어 사귀면서 그를 위하여 영광을 드러내는 생으로 구원받은 것이다(saved to).

십자가의 복음은 우리의 죄악의 문제를 결정적으로 해결하여 주는 것이다. 그러나 그것은 결코 사람의 현상을 그대로 긍정하는 것이 아니라 그것을 변혁시키기 위하여 끊임없는 노력을 기울이게 하는 것이다. 그런데 기독교에서는 이 구원의 두 가지 면을 의인(義認)과 성화(聖化)라고 부른다.

II. 의인(Justification)과 성화(Sanctification)

예수 그리스도의 십자가에서는 하나님과 사람 사이의 정당한 관계가 회복되었다. 하나님은 거기에서 자기와 사람과를 격리시키던 죄악의 문제를 해결하시고 우리와 더불어 사귐의 관계를 돌이키신 것이다.

사함 받은 죄악도 죄임에는 틀림이 없다. 그러나 루터의 말과 같이 이 죄는 이미 노여움이 없는 죄요, 따라서 그것은 죽은 죄이다. 그래서 하나님께서는 이제 예수 그리스도의 십자가 때문에 우리를 죄 없는 자처럼 인정하시고 도리어 의로운 자처럼 인정하시는데 이것이 기독교에서 말하는 '의인'(義認)인 것이다.

그러므로 '의인'(義認)은 사죄(赦罪)에 대한 또 하나의 표현이라고 말할 수 있다. 그것은 하나님께서 사람의 죄를 계산에 넣지 않으시고 그것을 탕감하는 것을 말한다. 우리의 죄가 근절된 것은 물론 아니다. 그러나 하나님께서는 예수 그리스도 때문에 그것을 헤아리지 않으신다.

'의인'이라는 달은 본래 법적 용어이다. 그것은 법관이 죄수에 대하여 이 사람은 의로운 사람이라고 선언한 데서 나온 말이다. 그러므로 의인은 결코 의롭지 않은 것을 꾸며가지고 의롭다고 말한 것이 아니다. 법적으로 말하면 죄인은 마땅히 벌해야 하고 의로운 사람은 의인으로 대접을 받아야 한다.

혹은 생각하기를 하나님의 '은총으로 말미암은 의인'과 '법적의인' 사이에는 모순이 있다고 할지 모른다. 그러나 실지는 그렇지 않다. 왜냐하면 하나님께서 사람을 의롭게 여기심은 무턱대고 하신 일이 아니라, 그럴 만한 근거가 있어서 하시는 일이기 때문이다. 하나님의 현전에서야말로 죄는 죄로 심판 받고, 거기에 대한 형벌을 면할 수가 없는 것이다. 그런데 하나님께서는 우리를 대신하여 예수 그리스도를 형벌하시고 우리의 죄를 사하여 주신 것이다. 그리고 이는 하나님의 자유이기 때문에 아무도 그것을 막을 도리가 없는 것이다.

저명한 애국자 조만식 선생께서는 불량한 학생들이 범한 죄과를 자기 자신의 책임으로 알고 학생들 대신에 자기 자신을 매질하였다고 한다. 그런데 하나님께서는 우리를 처벌하는 대신에 그의 아들 예수 그리스도를 십자가 위에 못 박으신 것이다.

하나님이 사람을 의롭게 보심을 오로지 그의 자유로우신 은총으로 말미암은 것이다. 그래서 기독교는 그것을 '은총의인'이라고 부르는 것이다. 그리고 믿는 자는 그것을 믿음으로 받아들여야 하기 때문에 그것을 또한 '신앙의인'이라고 말하는 것이다. 이 신앙은 사람이 하나님의 하시는 일을 받아들이기 위한 의무 중의 하나이다. 그것은 또한 사람이 하나님과 더불어 사귈 수 있는 오직 하나의 방법인 것이며 사람에게 있어서는 이 신앙만이 구원받기 위한 열쇠가 되는 것이다.

그러나 버나드 쇼의 말을 빌릴 것도 없이 사람의 이성은 신앙의인을 반대한다. 왜냐하면 거기에서는 죄의 성립과 그 불성립이 동시에 주장됨과 동시에 죄인에게 대하여 무죄가 선언되고 범죄자가 그 형을 면하게 되기 때문이다. 그래서 십자가의 복음은 "유대인에게는 거리끼는 것이요, 이방인에게는 미련한 것"이라고 인정될 수밖에 없었던 것이다(고전 1:23).

그러나 하나님께서는 사함 받은 사람을 예수 그리스도의 십자가 때문에 의인으로 인정하신다. 루터는 이 사실을 말하기 위하여 "예수 그리스도가 하나님의 시선을 흐리게 하였기 때문에 하나님 보시기에는 이제 한 사람의 죄인도 없게 되었다"라고 하였다.

그러나 사람에게 죄가 없다고 함은 단순한 사람의 심리적인 해석이 아니라, 하나님께서 예수 그리스도를 통하여 성취하신 의를 사람에게 힘 입히신 결과인 것이다. 그래서 의인 받은 사람은 언제나 의로운 자이면서 동시에 죄인인 것이다. 하나님 보시기에는 의인이지만 사람의 실제적인 존재는 여전히 죄 중에 있는 것이다. 그러므로 사람은 간단없이 회개를 하여야 하며, 거듭거듭 하나님의 사하시는 은총을 받아야 하는 것이다.

그런데 사람에게는 하나님의 은총을 받을 만한 힘조차 없다. 그래서 기독교에서는 이 신앙의 길도 하나님의 역사(役事)로 말미암은 것이며 사람에게 신앙을 일으키는 것은 성신의 역사라고 보는 것이다.

사람은 전혀 무력한 자인데 성신께서 그에게 믿음을 일으키신다. 기독교적으로 말하면 신앙은 사람 자신의 신념이 아니라 성신의 은사인 것이다. 이 성신의 역사로 말미암아 신앙에서는 영원하신 하나님께서 우리와 더불어 동시적이 되고 그가 우리의 마음을 자기의 뜻대로 지배하신다. 그리고 우리는 이와 같은 신앙을 통하여 하나님 앞에서 의롭게 여김을 받는 것이다.

그러나 비록 속죄 받고 의인 받는다 할지라도 믿는 자가 이 세상에서 완전한 구원을 받는 것은 결코 아니다. 우리는 이 세상에 머무는 한 시간적인 제약을 면치 못한다. 그러나 시종시일(始終始一) 이기적인 생각에 사로잡혀 있는 자의 생활과 예수 그리스도를 체 받는 자의 생활 사이에는 큰 차이가 있을 것이다. 구원받은 자는 과거의 이기적인 생각을 뉘우치면서 하나님께 대한 새로운 충성과 삶의 새로운 방향으로 향하는 것이다.

인간 존재는 본래 하나의 결단에서 또 하나의 결단으로 나가는 존재이다. 다시 말하면 그것은 행위적인 존재이다. 그런데 하나님께 대한 관계에 있어서도 사람의 존재에는 다름이 없다. 거기에서도 사람은 언제나 하나님께 대한 새로운 결단에서만 존재하게 되는 것이다. 그런데 기독교에서는 이와 같은 결단을 '성화'(聖化)라고 부른다.

의인과 성화는 기독교 신앙의 두 면이다. 사상적으로는 그것을 구별할 수 있으나 실지에 있어서는 구별할 수 없는 것이다. 왜냐하면 의인이 하나님의 역사이듯이 성화 역시 그렇기 때문이다. 사람은 자기 자신을 성화시킬 수 없다. 그런데 하나님께서 사람을 요구하시고, 그로 하여금 자기를 섬기게 하며, 하나의 결단에서 또 하나의 결단으로 나아가게 하는 것이다.

그리고 여기에서 시간적이며 역사적인 인간 존재가 형성되어 가는 것이다. 그러니까 성화란 다름 아니라 성신의 계도(啓導)를 받아 가면서 우리 편에서 하나님께 헌신하는 일이라고 할 것이다.

성화 받은 사람은 자기의 몸을 희생 제물로 바쳐야 한다. 그래서 사도 바울은 "너희 몸을 하나님이 기뻐하시는 거룩한 산제사로 드리라"(롬 12:1)고 하였다. 여기에서 말하는 몸은 사람의 역사적인 존재이다. 따라서 기독교가 말하는 성화의 장소는 속세를 떠난 신성한 곳이 아니라, 누구든 처해 있는 곳인 것이다. 우리는 지금 자기가 처해 있는 이 고장에서 하나님의 지배를 받아야 한다. 그리고 거기에서 하나님의 나라를 수립하기 위하여 전투적인 생활을 해야 하는데 여기에 우리에게 부과된 성화의 과제가 있다.

의인 받은 죄인도 역시 죄 중에 머물러 있다. 다시 말하면 그리스도인에게는 아직도 죄가 남아 있는 것이다. 그런데 이 남아 있는 죄와 더불어 싸우는 것이 성화의 생활이다. 그리스도를 믿는다 할지라도 죄의 유혹과 그 세력은 여전히 역사한다. 그러나 그리스도인은 이 낡은 자기를 시시각각 회개하면서 죄의 세력을 극복하기에 노력하는 것이다. 그리고 이것이 바로 성화의 생활이다.

그런데 그리스도인은 이 성화의 생활에서 인격적인 자유를 얻는다. "그리스도께서 자유케 하시려고 자유를 주셨으니, 그러므로 굳세게 서서 다시는 종의 멍에를 메지 말라"(갈 5:1)고 한 바울의 말과 같이 예수 그리스도의 사죄(赦罪)에서 우리는 참된 의미의 자유를 얻는 것이다. 그리고 이 자유의 개념은 기독교의 구원관에 있어서 중요한 개념의 하나인 것이다.

헬라의 고전시대에 자유는 전혀 정치적·사회적 의미를 띠고 있었다. 당시에 있어서는 다른 이의 지배나 그 속박을 벗어나는 것을 가리켜 자유라고 하였다. 그리고 스토아 철인들과 후세의 이상주의 사상가들은 사람의 이성이 아무런 장해도 받지 않는 데에서 사람의 자유가 성립한다고 보았던 것이다.

그러나 신약성서에 말씀된 자유는 자기가 지금까지 처해 있던 낡은 세계와 죄 된 자아에서 해방되는 것을 말한 것이다.

이와 같은 자유가 인간 자신에게서 나올 수 없을 것은 말할 것도 없는 일이다. 사람의 노력과 투쟁으로써는 이 자유를 획득할 수 없는 것이다. 사람은 왕왕 자기 스스로 자유를 획득할 듯이 자부한다. 그러나 그는 여전이 교만과 이기심에 사로잡혀 있는 것이며, 따라서 칸트적인 당위(當爲)의 의식에서 자유를 얻을 수는 없는 것이다. 그래서 신약성서는 말하기를 이기심의 지배를 벗어 버리고 희생적인 이웃 사랑을 행할 수 있는 인격적인 자유를 향유하자면 자유를 마련해 주신 예수 그리스도를 체 받기 위하여 그에게 종살이해야 한다고 말하여 준다.

십자가의 복음을 믿는 그리스도인 역시 인도주의자들이나 다름이 없는 같은 평면 위에서 싸울 수밖에 없을 것이다 겉으로 볼 때에는 일반 윤리와 기독교 윤리 사이에 별 다른 구별이 없을 것이다. 그러나 두 윤리의 배후는 전혀 다르다. 인본주의자들의 배후에는 아무것도 없고 거기에는 다만 죄 된 인간 자신이 있을 뿐이다. 그러나 그리스도인의 배후에는 십자가에 달리신 예수 그리스도가 있는 것이다. 그래서 그리스도인은 언제나 이 십자가의 구원을 돌이켜 보면서 자기의 죄 된 현상을 변경하면서 매진하는 것이다. 그리고 여기에서 그리스도인의 인격적인 자유가 이루어진다.

이와 같은 인격적인 자유를 가진 사람은 그 마음에 참 평화를 가지게 된다. 구원받은 자에게 허락된 하나님께 대한 평화이다. 그런데 우리는 이 평화를 얻기 위해서도 자기의 현재적인 정황을 극복해야 하는 것이다. 왜냐하면 참된 의미의 평화를 알지 못하고 피 흘리기에 바쁜 사람의 현상을 변혁하지 않고서는 이 평화를 이룩할 수가 없기 때문이다. 그래서 그리스도인은 십자가 위해서 죽음과 격투하신 예수 그리스도를 기억하면서 자기의 현상을 고치기 위하여 싸울 수밖에 없는 것이다.

그런데 이 평화를 위한 그리스도인의 싸움도 인본주의자들의 평화운동과는 다르다. 왜냐하면 인본주의자들은 사람의 근본적인 파탄을 모르기 때문이다. 다시 말하면 거기에서는 이웃을 사랑하지 못하고 미워하는 자기 자신의 현상이 그대로 긍정되고 있는 것이다. 그러나 그리스도인은 이 평화 문제에 있어서도 자기 자신의 죄적인 정황을 인정하면서 신앙적인 결단을 통하여 성화의 길을 가지려고 노력하는 것이다.

사람들은 흔히 이 평화나 자유뿐 아니라 정치나 경제, 그 밖에 사회적인 문제를 사회적인 면에서 해결하려 하고 거기에 종교적인 관련성이 있는 것을 인정하지 않는다. 유물주의 사상은 특히 이와 같은 공식을 취하거니와 이는 사람의 죄성을 모르는 추상적인 생각이라고 본다.

그러나 기독교에서는 모든 문제의 해결이 사람 자신의 구원에 관련되어 있다고 봄과 동시에 사회 전반의 구원을 이룩하기 위하여서도 각 사람의 의인과 성화가 긴요하다고 보는 것이다. 그러나 그리스도인의 구원은 이 세상에서는 완성될 수 없는 것이고 그 완성은 미래에 기대할 수밖에 없는 것이다. 그리고 여기에 기독교가 말하는 종말신앙이 있는데 이 종말신앙은 예정(豫定)신앙과 대척(對蹠) 관계에 있는 것이다.

III. 예정(豫定, Predestination)과 종말(終末, Eschatology)

이상에서 우리는 기독교의 구원이 어떠한 것인가를 살펴보았다. 그것은 요컨대 창조주 하나님과 더불어 온전한 사귐으로 돌이키는 일이요, 죄 없는 상태의 회복이라고 말할 수 있다. 그런데 성서의 저자들과 그리스도 교회는 이 하나님의 구원의 은총을 순수하게 고백하기 위해서 예정론을 주장하였다.

그런데 열광주의자들은 재래에 구원 받을 자와 멸망할 자를 완전히 구분함으로써 어떤 이는 영원 전부터 구원으로 예정되었고, 또 어떤 이는 영원 전부터 멸망으로 예정되었다고 주장하였다. 그러나 그들의 주장과 같이 하나님께서는 과연 만세 전부터 택정한 이는 천당에 가서 영생복락을 누리게 하고 구원받지 못한 멸망의 자식들은 지옥에 떨어져서 거기에서 영영 멸망 받게 하실지는 의심스럽다. 왜냐하면 이와 같은 생각은 만백성의 구주로 오신 예수 그리스도에게서 제시된 하나님의 사랑과는 배치되는 것이기 때문이다. 그래서 칼 바르트 같은 이는 예정론에 이중적인 뜻이 있다면 그것은 다만 예수 그리스도에게만 해당한다고 말하고 있다. 다시 말하면 예수 그리스도의 십자가에서 하나님의 버리심과 우리의 선택이 성취되었다는 것이다.

논리적으로 말하자면 어떤 이가 영원 전부터 구원으로 예정되었다고 주장할 때에는 그 반면에 어떤 이는 영원 전부터 멸망으로 예정되었다고 할 수밖에 없을 것이다. 그러나 성서가 말하는 예정론은 비논리적이다. 그리고 성서가 말하는 구원이나 멸망의 뜻도 단순치 않다. 그래서 영국의 신약학자 헌터는, 예정론은 그리스도인의 신앙을 각성시키기 위한 주장일 것이라고 하였고, 바르트는 그것은 요컨대 복음에 대한 강한 신앙고백이라고 하였던 것이다. 그리고 신약성서가 말하는 구원의 반대 개념은 멸망이 아니라 불신인데 이 불신은 사람 자신이 책임지는 것이다.

만일에 하나님께서 단 한 사람이라도 멸망으로 예정하셨다면 이 하나님의 예정은 그의 사랑과는 배치될 것이다. 그러므로 예정론은 요컨대 하나님께서는 예수 그리스도를 통하여 모든 사람을 구하고자 하시되 만일에 이 하나님의 은총을 거역하는 자가 있으면 그는 멸망할 수밖에 없다는 뜻일 것이다.

　예수 그리스도가 이 세상에 오시기 전까지는 극히 적은 이스라엘 백성들만이 하나님께 택정 받았다는 믿음을 가지고 하나님의 예정하신 바를 이룩하기에 노력하였다. 그런데 예수 그리스도의 강생(降生)으로 말미암아 과거에는 배척당했던 이방인까지도 하나님의 나라를 위하여 봉사함에 이른 것이다. 그래서 이제 와서는 유대인과 헬라인, 자유인과 종들이 구별이 없이 만백성이 하나가 되어 하나님의 구원의 은총에 동참하게 되었다.

　그러나 만백성에게 허락된 이 구원은 주께서 재림하실 종말에 가서야 완성될 것이다. 우리의 구원은 이미 과거에 예수 그리스도에게서 성취되었고 현재에도 그것이 의인과 성화의 행실을 가지고 진행되고 있는 중이다. 그러나 기독교에서는 이 구원이 미래에 가서야 완성된다고 믿는 것이다.

　사도 바울은 이 구원의 세 가지 단계를 말하기 위하여 어떤 때에는 "우리는 구원을 받았다"(롬 8:24)라고 하였고, 또 어떤 때에는 "우리는 구원을 받고 있는 중이다"(고전 15:2)라고 하였으며, 또 어떤 때에는 "우리는 구원받을 것이다"(롬 5:9)라고 하였던 것이다.

　예수 그리스도가 이미 죄와 죽음의 세력을 꺾으신 것은 사실이다. 그러나 그 완전한 승리는 미래에 보류(保留)되어 있는 것이다. 현재는 아직도 암흑의 세력이 주재하는 세대요, 주께서 재림하실 그날에 가서야 우리의 구원은 완성될 것이다. 그래서 이 미래의 완성을 바라는 데에 기독교의 '소망'이 있다.

　그런데 이 기독교의 소망은 종말적이며 공회성(公會性)을 띤 것이다. 이 세상에는 여러 가지 소망이 있다. 그러나 "몸이 하나이요, 성령이 하나이니 이와 같이 너희가 부르심의 한 소망 안에서 부르심을 입었느니라"(엡 4:4)는 바울의 말과 같이 공회성을 띤 소망은 없는 것이다. 아무리 고상한 소망이라 할지라도 자기 일신만을 위한 소망이라면 그것은 기독교의 소망은 아닐 것이다. 그리스도인은 "우리의 소망되시는 예수 그리스도를 기다리는데"(딤전 1:1) 주께서 재림하실 때에는 만백성이 하나가 될 뿐 아니라 천지 만물까지가 지금 처한 신음과 고통의 자리에서 나와 하나님의 영광의 자리에 동참하게 될 것을 기다리는 것이다.

그리스도인에게 만일에 이와 같은 종말에 대한 소망이 없다면 그들 역시 옛날의 에피쿠로스 철학도들처럼 "먹고 마시자. 내일은 죽을지 누가 아느냐" 따위의 생활 태도를 가질지도 모른다. 그러나 그리스도인은 비록 약하고 소수일지언정 다시 오실 주 예수 그리스도를 기다리면서 온전한 하늘나라를 예비하기 위한 '거룩한 공회'(사도신경)를 이룩하는데 이것이 바로 예수 그리스도의 교회인 것이다.

- 연구 및 토의 제목 -

1. 현대인이 구원이라는 말을 꺼려하는 이유는 어디에 있는가?
2. 사람은 자기의 힘으로써 죄악의 문제를 해결할 수 있는가?
3. 의인이란 무엇을 말하는가?
4. 그리스도를 믿는 자와 믿지 않는 자는 무엇이 다른가?
5. 구원받은 사람에게는 죄가 없는가?
6. 성화란 무엇인가?
7. 인격적인 자유와 평화는 어디에서 오는가?
8. 인격적인 변화를 받지 않아도 사회를 변화시킬 수 있는가?
9. 하나님의 예정은 구원할 자와 멸망할 자를 구분하는가?
10. 그리스도인은 이 세상에서 온전한 구원을 받을 수 있는가?

5
기독교의 교회론

I. 교회의 본질과 형태

어떤 목사가 교우들을 향하여 교회가 무엇인가를 물었을 때에 한 소녀가 대답하기를 언덕 위에 우뚝 솟은 양옥집이 교회라고 하였다 한다. 그런데 이것은 다만 이 소녀 한 사람에게 국한되는 생각이 아니라 잘못하면 더 많은 사람들이 같은 생각을 할지 모르는 일이다. 그리고 이와 같이 교회의 외관만을 바라보지 않고 그 내면까지를 엿본 이들 중에는 교회라고 하면 거기에서 거행되는 매력 없는 예배와 지루한 설교며 돌아가는 연보대 같은 것을 연상할지 모른다.

그러나 이것은 모두 교회에 대한 피상적인 관찰에 불과하다. 교회를 피상적으로 관찰하지 않고 그 깊은 면까지를 통찰하는 사람에게는 교회는 그와는 전혀 다른 것으로 보일 것이다.

유럽의 문화적인 원천을 이해하는 교양 있는 사람이라면 교회가 인류사회에 끼친 바 큰 영향을 잊을 수가 없을 것이다. 5세기에 로마의 수도에 외적이 침입했을 때 거기에 대항한 것은 교회였고 미개한 족속들이 이 도성을 점령한 결과 로마 제국이 무너진 다음에 유럽의 문화와 그 학문을 보호한 것도 교회였다. 그 후에도 화가들로 하여금 위대한 작품을 제작하게 하고 지금까지 그것을 보호하게 한 것도 교회였으며, 건축가로 하여금 그 기능을 뽐내게 하여 하나님 예배를 위한 웅장한 전당을 마련한 것도 기독교 교회이다. 음악도 교회 봉사를 통해서 성장하였고 괴테나 셰익스피어를 낳은 독일이나 영국 문학도 교회에서 원유(源由)된 것이라고 말할 수 있다. 왜냐하면 그것은 모두 다 독일의 루터나 영국의 틴달(Tyndale) 등의 성서 번역의 혜택을 받은 것이기 때문이다. 그러나 교회의 영향을 받은 것은 예술이나 문학만이 아니라, 농업학과 초기의 과학 지식도 수도원이나 교회 학교에서 발생하였으며 교육 역시 교회의 비호(庇護) 아래 육성되었고 유럽의 정치체제와 법률 제도까지도 교회 기관에서 암시받은 데가 많은 것이다. 그러면 인류 역사에 이와 같은 막대한 영향을 끼친 그리스도 교회는 대체 어떠한 것일까?

신약성서에서 교회는 '에클레시아'라는 어휘로 표현된다. 이 말은 '에크'(ek, ~에서)와 '칼레오'(kaleō, 부르다)에서 온 것으로서 본뜻은 '부름 받은 자들'이라는 뜻이다. 이 말은 처음에 교회보다도 헬라의 도시 국가에서 조직된 의회 기관을 말한 것인데, 초대교회 신도들은 이 말로써 그리스도 교회를 부르게 된 것이다. 이 말의 뜻대로 하면 교회는 사람들이 자진해서 모인 것이 아니라 다른 이에게서 부름 받은 집단이다. 다시 말하면 그리스도에게 부름 받은 집단인 것이다.

그러나 '에클레시아'(교회)의 뿌리는 이미 구약성서의 중심사상인 선민사상에 있었다고 말할 수 있다. 어원적으로 말하면 히브리말의 'Qual'이 헬라어 '에클레시아'에 해당되는 것이며, 사상적으로는 구약성서의 선민이 신약성서의 교회에 해당되는 것이다. 선별이 없이는 이스라엘 족속이 그 자격을 상실할 수밖에 없는 것과 같이 예수 그리스도의 소명(召命)이 없이는 그리스도 교회가 교회될 수 없는 것이다. 구약 시대에 이스라엘 백성을 선별하신 일이 그대로 그리스도 교회에 대한 대망(待望)과 준비였다고 말할 수 있다. 그래서 고가르텐(Gogarten)은 말하기를 "교회는 하나님만이 그 말씀으로 지으시고 유지하시는 이스라엘의 후예(後裔)인 것이며 일체사실(一切事實)과 역사를 주관하시는 하나님께로부터 말미암은 것이라"고 하였다.

신약성서에는 '교회'라는 용어가 110회 나오는데 그중에서 예수께서 직접 말씀하신 구절은 마태복음 16장 18절이다. 거기에는 다음과 같은 말씀이 있다. "내가 이 바위 위에 교회를 세우리라." 가톨릭교회는 여기에서 교회의 근거를 찾고 베드로를 중심으로 한 교황권의 전통은 여기에서 시작된 것이라 한다. 그러나 개신교 측에서는 이 선언은 베드로 한 사람을 대상으로 한 것이 아니라 베드로와 같이 예수 그리스도를 살아 계신 하나님의 아들로 믿는 모든 신도들에게 말씀한 것이라고 한다. 그래서 개신교 측에서는 예수 그리스도께 대하여 신앙을 고백하는 자들이 교회를 형성하는 요소가 된다고 여기는 것이다.

교회는 단순한 사람들의 집단이 아니라, 예수 그리스도에게 부름 받은 집단인 것이다. 그래서 예수 그리스도가 교회의 기초와 그 신앙의 대상이시다. 따라서 그리스도 신앙과 관계없는 교회는 있을 수 없고 교회 없는 신앙도 있을 수 없다. 교회 없는 신앙은 있을 수 없고 "교회 밖에는 구원이 없는 것이다."

교회와 일반 사회단체 사이에는 근본적인 차이가 있다. 사회단체는 어디까지나 사람들이 중심이 되어 그들의 공동이익을 위하여 모인 것이다. 그것은 말하자면 사회성을 띤 단체(Gesellschaft)이다. 그러나 교회는 그 중심이 사람이 아니라, 그것을 소집하신 예수 그리스도이다. 그리고 그것은 이해관계를 중심으로 하고 모인 것이 아니라 사람을 중심으로 한 사귐의 단체(Gemeinschaft)이다. 뿐만 아니라 거기에서는 사람이 아니라 하나님께서 모든 일을 주관하신다. 교회는 말하자면 하나님의 은총이 역사하는 장소이다. 하나님의 은총의 역사는 아무데서나 수행되는 것이 아니라 그것은 오로지 교회에서만 역사한다. 그래서 교회만이 하나님이 역사하는 장소가 되는 것이다.

교회에서 하나님이 역사하신다 함은 거기에서 성신이 역사하신다는 말이다. 성신께서 거기에 모인 자들을 이끌어 주시고 다스려 주신다는 말이다. 따라서 교회를 믿는 신앙은 결국 성신의 역사를 믿는 신앙이라고 말할 수 있다. 사도행전 5장에서 기록된 것과 같이 성신께서는 교회의 창설자일 뿐 아니라, 그는 또한 교회에 생명을 주시고 그것을 보호하시는 보호자인 것이다.

그런데 "예수 그리스도의 성령이 도우심으로 내 구원에 이르게 할 줄 안다"(빌 2:19)라고 한 바울의 말대로 이 성령은 예수 그리스도의 영이다. 그래서 그리스도 교회는 무엇보다도 이 영적 그리스도가 역사적으로 그 임재를 입증하는 장소이다. 그래서 신약성서는 교회를 가리켜 "하나님의 이스라엘"(갈 6:16), "하나님의 권속"(엡 2:19)이라고 말하였지마는 특히 "그리스도의 몸"(고전 12:27; 빌 1:23)이라고 말하고 있다.

땅 위에 있는 교회는 시간과 공간의 제약을 받고 있지만 그것은 또한 그리스도의 몸이기 때문에 거기에는 언제나 영원히 침투(浸透)되어 있는 것이다. 거기에서는 지금도 살아 계셔서 인류의 구원을 위하여 일하시고 계시는 예수 그리스도가 일하고 계시다. 그래서 바울은 "교회의 머리"는 예수 그리스도요(엡 1:22), 그리스도인은 그에게 연결된 지체라고 하였다(고전 12:12 이하). 따라서 예수 그리스도와 신도들 사이에는 유기적인 관계가 있을 뿐 아니라 그리스도인 상호 간에도 나눌 수 없는 긴밀한 관계가 있는 것이다.

우리 몸이 사지백체(四肢百體)가 있는 것 같이 교회에는 여러 가지 지체가 있는 것이니 거기에 모여 있는 모든 사람은 형편과 사정이 다르지마는 그들은 모두 다 예수 그리스도를 머리로 하는 하나의 몸을 이루고 있는 것이다. 기독교에서는 이와 같이 유기적인 관계를 '성도의 사귐'이라고 부르기도 하는데 이 사귐의 중심이 되는 이는 물론 예수 그리스도이다. 그리고 그리스도인 그를 가리켜 '주'라고 하는 것이다.

교회에 있어서는 이 사귐의 위치가 중요한 자리에 놓이는 것인데 이 사귐의 범위는 세계적인 것이다. 왜냐하면 예수 그리스도를 주라고 고백하는 모든 백성은 다 같이 이 사귐과 형제자매의 관련을 가지기 때문이다. 그리고 사도신경에서 고백된 저 '거룩한 공회'는 이 교회의 권리를 말한 것이다.

신약성서에서 이와 같은 교회의 통일성을 강조한 이는 사도 바울이다. 그는 예루살렘과 다메섹을 비롯하여 에베소나 로마 지방에 흩어져 있는 모든 교회를 하나의 교회라고 인정하였다. 그에게 있어서는 모든 교회의 지방적인 사정이나 환경의 차이 같은 것은 표면적인 일일 뿐이요, 모든 교회는 예수 그리스도의 하나의 몸을 구성하고 있는 하나의 실체였던 것이다. 그래서 그는 "몸이 하나요, 성령이 하나이니 이와 같이 너희가 부르심의 한 소망 안에서 부르심을 받았느니라"(엡 4:4)고 말하였던 것이다.

그러나 이 교회의 통일성은 오로지 예수 그리스도께 대한 인격적인 사귐의 관계에서 성립되는 것이고 그 외형적인 형태나 조직에서 이루어 질 수는 없는 것이다. 물론 모든 면에서 하나의 교회를 이룰 수 있다면 그야말로 이상적일 것이다. 그렇지만 역사적인 교회는 여러 가지 제도와 조직을 형성하고 있으며 그 신학사상과 신조도 획일적인 것은 아니다.

그래서 같은 그리스도 교회라고는 말하지만 거기에 여러 가지 종파가 생겨나게 되었다. 기독교의 모든 종파를 크게 나누면 대체로 네 가지로 나눌 수 있다. 기원후 3세기 이래 주로 이집트 지방에 분포된 콥틱(Coptic)파와 기원후 10세기경부터 터키와 러시아 등지에 산포된 그리스 정교(Eastern Orthodox), 그리고 그것과 나누어진 로마 가톨릭교회(Roman Catholic) 및 종교개혁 이후의 개신교이다.

그러나 우리는 그리스도 교회의 존속을 고찰함에 있어서 그 외형적인 형태에 치중하여서는 안 될 것이다. 일반 사상에 있어서도 역사적인 실정을 살필 때에는 밖으로 나타난 정치 형태나 건축 양식 같은 것의 변천도 고찰해야 하지만 그보다도 그것들을 형성한 각 민족의 생태를 탐구해야 하는 것이다. 왜냐하면 역사적인 형태는 반드시 생명의 실존을 본질로 하고 그 위에서 형성되는 것이기 때문이다. 따라서 그리스도 교회의 문제를 다룰 때에도 그 외형적인 형태에만 구애될 것이 아니라 그 바닥에 깔려 있는 하나님과 사람 사이의 인격적인 관련성을 고찰해야 하는 것이다. 다시 말하면 교회 문제를 논할 때에 밖으로 나타난 교회의 제도나 조직보다도 그 바닥에 깔려 있는 생생한 신앙 경험을 통찰해야 하는 것이다. 왜냐하면 우리에게 최초에 하나님의 말씀이 주어졌을 때 그것이 화육(化肉)의 형식으로 주어진 것처럼 그 말씀이 역사적으로 전달될 때에도 그리스도의 몸이라는 교회의 형태를 이루었기 때문이다. 우리 사람이 육체만이 아니라 육체를 가진 생명체인 것처럼 그리스도를 중심으로 한 생명체인 교회 역시 밖으로 나타난 제도나 조직 속에는 약동하는 내적 생명이 움직이고 있는 것이다.

역사 중에 존속되는 보이는 교회는 물론 여러 가지 약점과 결함을 가지고 있다. 비록 주의 몸 된 교회라고는 말할지라도, 땅위의 교회는 어디까지나 죄인들이 집결된 교회인 것이다. 그런데 하나님께서 교회로 하여금 그 말씀을 전달하는 장소로 성별하시고, 거기에서 만백성을 구원하시는 성업(聖業)을 수행하여 가는 것이다. 이리하여 죄인들의 교회가 하나님의 교회가 되어 가는데 여기에 그리스도 교회의 비의(秘義)가 있다. 하나님께서는 "세상의 미련한 것들을 택하사 지혜 있는 자들을 부끄럽게 하시고 세상의 약한 것들을 택하사 강한 것들을 부끄럽게 하신다"(고전 1:26-27)고 한 것과 같다.

교회에는 여러 가지 제약이 없지 않으나 그리스도의 몸 된 교회를 떠나서는 구원의 길이 없는 것이다. 그래서 성 아우구스티누스는 일찍이 교회의 권위에서 재촉 받지 않았던들 자기는 십자가의 복음을 믿지 않았을 것이라고 하였고, 칼빈도 말하기를 교회는 믿는 자의 어머니라고 하였던 것이다.

최근에 와서는 일반 사상에서도 자기 자신의 처지를 떠나서 현실 문제에 대하여 제3자적인 입장을 꺼려함과 동시에 자기 자신을 일정한 장소에 세우고 거기에 대하여 책임적으로 행동하는 것을 중히 여기며 그것을 가리켜서 실존적인 사상이라고 말하게 되었다. 그러나 기독교는 재래부터 이와 같은 실존주의를 중히 여겨 왔는데, 교회를 신앙생활의 어머니와 장소로 보는 것은 이 사상의 발로(發露)라고 말할 수 있다.

II. 교회의 사명

이상에서 우리는 교회는 예수 그리스도의 몸이요, 하나님의 말씀이 전달되는 장소라고 하였거니와 교회의 사명은 이 교회의 개념에 대한 또 하나의 면이라고 말할 수 있다. 그리스도의 몸이라는 말이 이미 표시하는 바와 같이 교회는 말하자면 복음 되신 예수 그리스도의 현실체라고 말할 수 있다. 복음은 영원하신 하나님의 말씀이 육이 되신 데에서 역사 중에 말씀되었다. 그런데 이 육이 되신 복음이 신체적으로 표현된 것이 예수 그리스도의 몸 된 교회이다. 그리고 하나님께서는 이 교회를 통하여 복음을 신체적으로 전달하는 것이다.

복음이라는 말은 기쁜 소식을 의미하는 말이다. 그래서 옛날의 헬라에서는 전승보도(戰勝報道)를 복음이라 하였다. 그리고 기원 전후에 이르러서는 인류 사회에 평화와 구원을 가져온 황제의 나타남을 복음이라고 하였었는데, 초대교회는 만백성을 구원하기 위하여 육이 되신 예수 그리스도의 사실을 가리켜서 복음이라고 하였던 것이다. 그런데 교회는 이 복음을 보존하는 아성(牙城)으로 역사 중에 존재하는 것이며, 각 시대를 통하여 그것을 전달하는 것이다. 그래서 이 복음을 전달하는 데 교회의 사명이 있다.

기독교의 선교 내용은 복잡하고 어려운 것이 아니라 그리스도 교회의 초창기부터 예수 그리스도의 생과 사, 그의 부활과 승천을 전달할 따름이었다. 그리고 현대 교회 역시 이 사실을 그대로 전달하고 있는 것이다.

예수 그리스도의 사실이 유일회(唯一回)적인 것임에는 틀림이 없다. 그러나 예수 그리스도의 사실은 다만, 그 당시 사람들만을 위한 것이 아니라, 모든 시대 모든 사람들을 위한 것이다. 그러므로 기독교에서 전하는 복음의 말씀은 다만 옛날에 일어난 지나간 일을 전하는 것이 아니라 현재 우리와 더불어 관계되는 그리스도를 전하는 것이다. 그리하여 모든 사람으로 하여금 회개하고 복음을 믿음으로써 하나님의 뜻을 준행하게 하며 온 세상에 하나님의 공의와 질서가 펴지게 하는 것이다.

교회의 사명과 기독교 역사 사이에는 밀접한 관련이 있다. 하나님께서는 옛날의 이스라엘 백성을 통하여 역사 중에 그의 뜻을 이루셨고 예수 그리스도 이후에는 그의 몸 된 교회를 통하여 그의 뜻을 이루어 가신다. 교회가 하나님의 말씀을 전달하지 않는다면, 인류를 구원하기 위한 하나님의 역사는 수행되지 못할 것이다. 그러므로 예수 그리스도가 재림하여 역사를 완성하실 때까지 교회는 연면(連綿)하게 선교 활동을 계속해야 하는 것이다.

그런데 그리스도 교회가 이 복음을 전달하는 데는 일정한 기준이 있다. 교회는 마음대로 복음을 전달하는 것이 아니라, 예수 그리스도의 증언인 신구약성서를 기준으로 하고 전달하는 것이다. 이 성서는 우리에게 예수 그리스도를 증거하여 주는 것이요, 구약의 예언자와 신약의 사도들은 예수 그리스도를 가리키는 손가락인 것이다.

우리는 거룩하신 하나님을 직접적으로 뵐 수 없다. 하나님은 영적인 존재시요, 우리는 육적인 존재이기 때문에 하나님과 우리 사이에는 먼 거리가 놓여 있는 것이다. 그런데 하나님께서는 그의 말씀을 통하여 우리와 더불어 부딪쳐 주시고 거기에서 인격적인 사귐을 가져 주신다. 이와 같이 말하는 하나님의 말씀은 세 가지 형태를 가진 것인데, 첫째는 육이 되신 예수 그리스도요, 둘째는 예수 그리스도의 증언인 신구약성서요, 셋째는 그것을 전달하는 선교자의 말씀이다. 그래서 성서가 교회에 위촉되어 있다는 것은 하나님의 말씀이 위촉되어 있는 것이며 사도 바울의 말과 같이 세상의 미련한 것으로 하나님의 말씀을 전달하게 하려는 하나님의 뜻인 것이다. 그러므로 우리는 신구약성서에서 예수 그리스도의 증거를 읽어야 하는 것이다.

어떤 수학도가 밀턴(J. Milton)의 『실낙원』이 저명하다는 말을 듣고 그것을 구하여 읽어 보았으나 거기에는 수학공식이나 기하학의 법칙이 없었기 때문에 아무런 흥미도 느끼지 못하였다는 이야기가 있다. 잘못하면 성서와 교회의 선교에 대하여서도 이와 같은 잘못을 범할 수도 있을 것이다. 그러나 신구약성서와 교회의 선교는 예수 그리스도의 사실을 증거하는 것임을 잊어서는 안 될 것이다.

신구약성서 66권은 그 저자들과 저작된 연대가 각각 다르며, 언뜻 보면 사상적으로도 여러 가지 차이가 있는 듯이 보일 것이다. 거기에 여러 가지 문화적인 요소와 사상적인 이념이 개재된 것은 사실이다. 성서에 현저하게 드러나 있는 계시문학적인 종말사상은 페르시아의 이원론에서 유래된 것이며 요한복음 첫머리에 나오는 로고스 사상은 헬라적인 용어에 히브리적인 사상을 포함시킨 것이다. 그래서 철인 스피노자나 헤겔 같은 이들은 전 성서의 진리를 철학적인 용어로 옮길 수 있다고 보았던 것이다.

그러나 그리스도 교회는 대체로 이와 같은 생각을 하지 않았고 성서어는 하나님의 말씀이신 예수 그리스도가 증거되어 있다고 하여 그것을 기독교 신앙의 정경(正經, canon)으로 제정하였다. 이 교회의 소신대로 하면 성서의 기록은 저자들의 세계관이나 신화가 아니라, 하나님의 말씀이며 교회 선교에 대한 기준이 되는 것이다.

그런데 하나님의 말씀을 말할 수 있는 기는 하나님 이외에는 없다. 따라서 성서를 전달하는 교회 선교가 하나님의 말씀이 된다고 하면 이는 하나님 자신이 그 선교의 주체자가 되어가지고 자기 자신의 말씀을 말씀하신 결과일 것이다. 그러므로 선교자는 자기 자신의 이념이나 소신을 말함으로써 하나님의 말씀을 굽혀서는 안 된다. "나에게는 오직 십자가에 달리신 예수 그리스도밖에는 자랑할 것이 없다"고 한 사도 바울의 말과 같이 선교자는 어디까지나 육이 되신 예수 그리스도의 사실을 충실하게 전해야 한다.

하나님의 말씀을 말하고 듣게 하시는 이는 하나님 이외에 없다. 선교자는 다만 이 일을 위하여 봉사할 수 있을 뿐이다. 그러므로 선교자는 자기 자신의 생각을 전파하는 것이 아니라, 그를 통하여 말씀하시는 하나님의 말씀을 듣게 하는 것이다. 하나님께서 직접적으로 말씀하시기를 기다리면서 위촉받은 하나님의 말씀을 간접적으로 전하는 데 교회 선교의 소임이 있다. 그러므로 그리스도 교회의 선교는 객관적으로 볼 때에는 사람의 행위에서 이루어지는 하나님의 일이요, 주관적으로 볼 때에는 하나님의 일 하심에 대한 믿음의 순종이라고 말할 수 있다.

이와 같이 교회의 사명을 다만 복음 선교에 국한시키는 데 대하여 이론을 말할 수도 있을 것이다. 교회는 모름지기 복음 선교뿐 아니라 사랑의 실천에도 주력해야 한다는 생각이다. 이와 같은 면을 극단적으로 주장한 일본의 아까이와 사카에(赤岩榮) 목사는 "신앙은 복음적으로, 실천은 마르크스적으로"라는 명제를 제창한 일이 있었다.

그러나 교회의 사명은 결코 복음 선교와 사랑의 실천으로 나눌 것이 아니라, 사랑의 실천까지를 포함한 복음 선교라고 말할 것이다. 왜냐하면 복음은 다만 입으로 말씀되는 것만이 아니라, 그것은 화육하신 말씀으로서 본래부터 행위적인 말씀(Tatwort)이기 때문이다. 교회는 육이 되신 말씀을 역사 중에서 선포하는 것을 사명으로 하느니만큼 실사회를 떠나서는 선교의 사명을 수행할 수 없는 것이다. 그러나 교회가 전달하는 하나님의 말씀은 역사와 사회를 넘는 것이며 사회문제를 해결하기 위하여 선교하는 것은 아니지만 복음 선교를 위하여 사회 문제까지를 걱정해야 하는 것이다. 따라서 교회의 소임은 어디까지나 복음 선교에 있다고 말할 것이다.

그런데 그리스도 교회는 하나님의 말씀을 전달하기 위하여 복음 선교와 아울러 성례전을 집행하여 왔는데 이 성례전은 예로부터 보이는 말씀이라고 일러 온다.

III. 성례전

오늘날에도 초입 신자가 그리스도 교회에 가입하기 위해서는 그 생활에 참여하는 표징으로 세례를 받고 성만찬에 참례해야 하지만 이 성례전은 작금에 와서 시작된 것이 아니라 초대교회 시대 이래 연면(連綿)하게 집행되어 온 교회적인 의식인 것이다.

오늘날 그리스도 교회는 수백의 종파로 나눠져 있으나 모든 교파는 한결같이 이 성례전을 중요시하고 그것을 엄숙하게 집행하고 있다. 그러나 성례전은 다만 교회 자체가 집행하는 것이 아니라 거기에서 일하시는 이는 보이지 않는 성신이시다. 성신께서는 성례전을 통하여 사람들을 주 예수에게 관련시키며, 그들로 하여금 주의 몸 된 교회의 지체가 되게 하신다. 그리고 그들 사이에 한 피 받아 한 몸 이룬 유기적인 관련이 성립되게 하는 것이다.

성례전은 만백성의 구원을 위하여 하나님 자신이 베푸시는 것이므로 거기에서는 인간적인 균열(龜裂)이나 상호 거리감(相距)이 지양되어 버린다. 그래서 2차 대전 때에 성례전을 집행한 성직자들은 그것을 자기 나라 군인에게만 베풀지 않고 원수들에게도 베풀었던 것이다. 그러므로 성례전은 다른 어떠한 용어보다도 교회의 통일성을 가장 잘 말해 주는 것이며 성례전이야말로 세계적인 공통어라고 말할 것이다.

초대교회 시대에는 헬라어가 세계적인 용어였고 근자에 와서는 영어가 세계적인 용어라고 한다. 그리고 수학도들은 주장하기를 수학이야말로 세계의 공통 용어라고 한다. 그러나 동서고금을 통하여 모든 사람 사이에 참다운 의미의 인격적인 관계와 대화관계뿐 아니라, 사람과 사람 사이에 호흡과 맥박이 통하게 하는 말씀은 성례전인 것이다. 왜냐하면 만백성의 구원을 위하여 십자가의 고난을 담당하시고 사흘 만에 다시 사신 예수 그리스도의 이름으로 세례를 받고 주께서 허락하신 그의 살과 피를 먹고 마시는 그리스도인 사이에는 인격적인 깊은 관련이 만들어지기 때문이다.

그런데 개신교 측에서는 예수가 제정하신 세례와 성만찬만을 성례전으로 인정하지만 가톨릭교회에서는 그 밖에도 견신례(堅信禮), 참회례(懺悔

禮), 안수례(按手禮), 결혼식, 도유(塗油), 침례 등을 성례전으로 제정하였고, 성공회에서도 신도안수, 결혼, 결혼, 참회, 성직 안수, 병자 도유(塗油) 등을 성례전에 포함시키고 있다. 그러나 개신교 측에서는 성례전의 제정은 하나님만이 행하실 수 있다는 칼빈의 의견과 같이 주께서 인정하신 세례와 성만찬만을 계승하고 있는 것이다.

세례는 기독교 고유의 것이 아니라, 유대교에서 비롯되어 기독교에까지 전해진 것이다. 그러나 세례에 있어서 소중한 것은 세례의 기원이나 경과보다도 거기에서 일하시는 다시 사신 그리스도와 접하는 일이다. 그래서 칼빈은 말하기를 세례는 보이지 않는 영적인 일을 눈에 보이는 기호로 표시하는 것이며, 이 기호를 통하여 우리에게 말씀하시는 이는 예수 그리스도라고 하였다. 그리고 바르트는 말하기를 "하나님께서 이 세례에서 사람을 그리스도와 함께 매장하시고 그리스도와 함께 죽음을 죽음에 내어 준 새 생명으로 살리신다"라고 했다.

우리가 만일에 천사와 같은 영적인 존재였다면 살아 계신 하나님과 다시 사신 예수 그리스도를 영적으로 접할 수가 있을 것이다. 그러나 우리는 아직도 육을 가진 자이기 때문에 하나님께서는 우리와 더불어 사귐을 가지시기 위하여 눈에 보이는 성례전의 상징을 주신 것이다. 따라서 우리는 겸손하게 그것을 받아들이고 거기에서 하나님과 더불어 영적인 사귐을 가져야 한다. 그리고 이와 같은 영적인 사귐을 가지게 되면 하나님께서는 성신으로 역사하사 우리들을 위하여 새 하늘과 새 땅을 이루시고 새 사람과 새 가정과 새로운 사귐과 새 정치를 이루어 주실 것이다.

성만찬은 예수께서 친히 제정하신 것으로서 그가 잡히시던 전날 밤에 그의 죽음을 기념하신 최후 만찬에서 비롯한 것이다. 그는 그때에 떡과 잔을 들어 하나님께 기도하시고 제자들에게 말씀하기를 떡은 자기의 몸을 기념하는 것이며, 잔은 그의 피를 기념하는 것이라고 하였다(고전 11:23

이하). 그래서 모든 교회는 예로부터 주 예수의 십자가 고난을 기억하면서 이 성만찬을 지켜 온 것이다.

그러나 성만찬에 대하여는 각 교파의 해석이 각각 다르다. 로마 가톨릭 교회의 해석에 의하면 떡과 잔을 받으면 그것이 바로 주 예수의 참 살과 피로 변한다고 한다. 그래서 이 교회의 성찬해석을 화체설(化體說)이라고 한다. 그리고 개신교의 여러 교파 사이에도 성만찬에 대한 이해가 서로 다르다. 루터 교회의 해석에 의하면 떡과 잔이 질적으로 변하는 것은 아니나 믿는 자가 그것을 먹고 마시면 거기에서 예수 그리스도의 살과 피에 참예하게 된다고 한다. 그리고 칼빈은 말하기를 떡과 잔에 변화가 있을 수는 없으나 믿는 자는 거기에서 그리스도의 몸과 영적으로 결합될 수 있다고 하였다. 그러나 츠빙글리(Zwingli)는 주장하기를 "이것은 내 몸이다"라고 한 '이다'는 '나타낸다'의 뜻을 가진 것이라 하여 성만찬은 예수 그리스도의 죽음을 기념하는 것이라고 하였다.

성만찬에 대하여는 이 밖에도 여러 가지 이론이 많다. 그러나 우리는 거기에서 주예수의 죽음을 기념하여 신앙생활에 새로운 힘을 얻는다는 것은 누구나가 인정하는 바이다. 성만찬은 우리를 그리스도께 접근시키고 우리의 믿음을 굳게 하는 것이다.

그러나 성단찬이 우리에게 매개하는 것은 예수 그리스도와의 종적(縱的)인 관계뿐 아니라 거기에서는 또한 형제들과의 횡적(橫的)인 관련이 형성되는 것이다. 마치 세례가 하나의 성신의 역사로 말미암아 모든 신도들을 하나로 연결시키듯이 성만찬도 성신의 주재 아래 같은 떡과 같은 잔에 참례함으로써 모든 사람 사이에 영적인 공동체가 수립되게 된 것이다.

성만찬에서 사용되는 떡과 포도주는 수많은 포도알과 밀알이 한군데 혼합된 데서 성립된 것이며 성만찬에 배참하는 그리스도인은 장차 세계 만백성이 한자리에서 같이 즐기게 될 천국 향연(饗宴)을 미리 시식하는 것이라고 말할 수 있는데 우리는 여기에서 교회의 깊은 진리를 배우게 된다. 그리고 이 교회의 진리는 지금도 한없는 분열과 싸움 중에 허덕이고 있는 인류 사회에 참다운 사회윤리를 말해 주고 있는 것이다.

- 연구 및 토의 제목 -

1. 구약의 Qual과 신약의 ekklesia는 어떻게 관련되는가?
2. 교회와 사회단체는 무엇이 다른가?
3. 교회의 창설자는 누구이신가?
4. 교회의 내적 생명은 어디에 있는가?
5. 복음이란 무엇인가?
6. 선교의 주체자는 누구이신가?
7. 신구약성서는 무엇을 말하여 주는가?
8. 예수 그리스도가 인정하신 성례전은 몇 가지인가?
9. 각 교파의 성찬관은 어떠한 것인가?
10. 교회와 장차 올 하늘나라는 어떻게 관련되는가?

6
기독교의 사회윤리

I. 개인과 사회

데모크리토스(Democritus)는 원자(原子)의 배타(排他)적 독자성을 가리켜 'atomon'(나눌 수 없는 것)이라고 하였다. 그런데 이 배타적 독자성은 물질적인 존재나 정신적인 존재에 다 같이 해당한다. 왜냐하면 이 돌과 저 돌이 혼동할 수 없는 것인 것처럼, 이 새는 저 새와 혼동할 수 없는 것이기 때문이다.

그러나 이 배타적인 독자성은 사람에게 있어서 가장 투철하게 자각되는 것이다. 사람처럼 자기 자신에 대한 의식을 강하게 가짐과 동시에 침투하는 세력을 저항하는 존재는 없는 것이다.

화원에서 한 떨기의 꽃을 구하는 사람에게 이 꽃과 저 꽃 사이에는 그다지 큰 구별이 없을 것이며 많은 꽃 중에서 아름다운 것 하나를 골라잡으면 되는 것이다. 그러나 사람의 인격적인 존엄성은 이와 다르다. 이 사람의 인격은 저 사람의 인격과 바꿀 수 없는 것이다.

그런데 이와 같은 개성의 의미는 기독교 신앙에서 가장 잘 성립되는 것이다. 헬라 철학에서는 사람을 이성적인 존재라고 인정하였다. 그러나 이 이성의 소유자인 사람에게 있어서는 이성일반(異性一般)이 소중할 뿐이요 개개의 존재에는 그다지 큰 의의가 없는 것이다.

우리는 이와 같은 실례를 헤겔의 철학에서도 엿볼 수 있다. 헤겔에 의하면 인격적인 것보다 보편적인 것이 더 우월하다. 그리고 영원한 가치와 영원한 생명을 가지는 것은 하나하나의 인격이 아니라 보편적인 '정신'인 것이다. 그래서 헤겔은 정신적 일원론(一元論)을 주장하였거니와 여기에서는 인격적인 상대관계가 정신일반(精神一般) 속에 소멸될 수밖에 없는 것이다.

그러나 기독교에 의하면 인격적인 하나님께서 우리 한 사람 한 사람을 인격적으로 지어 주셨고, 그는 다른 사람 때문에 나를 경홀히 여기지 않으신다. 그래서 우리 하나하나를 대하실 때에는 다른 이를 대하듯이 대하지 않으시고 나와 당신으로 대해 주신다. 따라서 내가 하나님께서 받은 사랑과 과제는 아무 누구도 대신할 수 없는 것이다.

그런데 이와 같은 인격적인 창조를 받은 사람은 자기 자신의 독립성을 간직할 뿐 아니라 거기에서 참다운 사회를 의식하게 되는 것이다. 왜냐하면 하나님께서 사람을 개별적인 존재로 창조하신 것은 사실이지만 그는 또한 사람을 자기 자신의 형상에 따라 지으셨기 때문이다. 사회적인 존재인 하나님께서는 사람을 다만의 개인으로 지으시지 않고 인간 사회의 일원으로 지으신 것이다.

이 색(色)은 저 색과 더불어 어울릴 때에 비로소 자기 고유의 빛을 발하게 되고 저 색은 이 색과 더불어 같이 할 때에만 자기 자신의 특색을 드러내는 것이다. 그런데 하나님께서는 사람을 '내'가 '당신'과 더불어 부딪치는 데서 참 내가 되도록 창조하셨다. 그래서 남편은 아내로 말미암아 참 남편이 되고 부모는 자녀들과 더불어 같이 할 때에만 참 부모가 되며 선생은 제자들과 더불어 사귈 때에만 그 기능을 발휘할 수 있는 것이다.

그럼에도 불구하고 인류 역사가 있은 이래 사람들은 피차에 혈투극을 계속하여 왔고 지금도 인류 사회에는 피 흘리는 싸움이 계속되고 있는 것이다. 그래서 모든 사람이 살고 있는 이 사회는 모든 사람이 구하고 있는 생의 목적을 성취하는 기반이 되는 반면에 그것은 또한 우리의 목적을 파멸시키는 장소도 되는 것이다.

혈연관계를 가진 극소수의 가족끼리는 자기 자신의 요구보다도 다른 이의 요구를 중히 여길 수도 있을 것이다. 그래서 하루 종일 수고하시는 어머니는 8시간 노동제를 주장하지 않고 온 가족을 부양하시는 아버지는 자기 몸소 별이한 것을 독점하기를 원치 않는다. 그러나 이와 같은 친숙한 사회관계가 넓어지면 넓어질수록 사람들의 관계는 시끄러워지고, 심하게 되면 반목상쟁(反目相爭)하게 되는 것이다.

우리의 처해 있는 인류 사회의 실정을 볼 때에 거기에는 복잡한 사회의 문제가 산적해 있다. 노동자 계급과 특권 계급, 약소민족과 강대국의 문제, 그리고 이 단체와 저 단체 사이의 끊임없는 싸움 등은 개개인으로서는 얼굴을 들 수 없을 정도인 것이다. 그래서 개인보다도 인간 사회는 더욱 더 비윤리적이거니와 이 점에 있어 가장 심한 것은 국가와 계급이 아닌가 한다.

워싱턴(G. Washington)은 일찍이 말하기를 "국가는 국가 이외의 것을 위해서는 일할 수 없다"라고 하였고 독일의 어떤 위정자는 말하기를 "자기 나라의 이익 이외의 일을 가지고 조약을 맺은 나라는 과거에 있은 적이 없으며 그와 같은 조약을 체결하는 정치가가 있다면 마땅히 사형해야 한다"라고 하였던 것이다.

그러나 국가는 이와 같은 이기심을 감추기 위하여 겉으로는 언제나 위선과 기만을 가장하는 것이다. 개인에게도 위선과 기만이 없는 것은 아니지만 개인보다도 국가의 경우에는 그것이 더욱 심하다. 그래서 일제 말기에 일본의 군국주의자들은 동양의 모든 민족을 착취하기 위하여 '대동아공영권'(大東亞共榮圈)을 수립한다고 표방했던 것이다.

국가의 이기심이 무서운 것처럼 계급의 이기심도 무서운 것이다. 그런데 마르크스주의자들은 부력(富力)을 사회적으로 균등하게 분배하기만 하면 사람의 이기심은 자연이 소멸된다고 주장한다. 그러나 인류의 역사는 이와 같은 희망이 헛된 것임을 증거하고 있는 것이다. 왜냐하면 국가의 경우나 마찬가지로 특권 계급도 언제나 기만과 위선을 일삼기 때문이다. 그래서 그들은 자기 계급의 특수 이익을 일반적인 이익과 동일시하며 자기들이 누리고 있는 특권은 정당한 것이라고 여기는 것이다. 다시 말하면 지배 계급은 언제나 자기들이 도덕적으로 우월하다고 자처함과 동시에 자기들이 누리는 특권은 거기에 대한 정당한 보수라고 생각하는 것이다.

18세기에 새로 일어나 중산 계급은 자기들은 노동자보다도 부지런하고 정직한 생활을 하기 때문에 그들보다 넉넉한 생활을 하게 된 것이라고 자인하였다. 그리고 19세기에 머리를 든 부르주아 계급은 자기들이 누리는 부는 근면과 검약의 결과이며, 노동자들이 가난한 것은 그들이 게으른 탓이라고 주장하였다. 그러나 실지에 있어서는 근면과 검약보다도 불공평한 경제조직이 그들 사이에 경제적인 등차(等差)가 생기게 하였던 것이다.

과거에는 이와 같은 사회제도의 희생이 된 사람들이 너무도 많았다. 그러나 여기에 대하여 맹렬한 반항운동을 일으키는 사람이 없었기 때문에 이와 같은 사회악이 그대로 존속되어 왔던 것이다. 고대 사회에도 노예들의 반란이 있었고, 중세기에도 농민들의 반항이 없었던 것은 아니나, 그들의 반란은 든든한 조직이나 확고부동한 이론을 가진 것이 아니라 굶주리고 헐벗음을 참다못하여 무턱대고 일어난 것뿐이었다. 그런데 산업주의 시대 이래 평등사상을 국내 국외에서 외치기 시작한 프롤레타리아 계급의 대두로 말미암아 새로운 반항운동이 일어나게 되었고, 마르크스주의 사상은 그들을 위한 사회철학과 정치철학이 되게 되었다.

    부르주아와 프롤레타리아와의 차이는 자기 자신을 개인으로 인정하는 사람들과 사회단체의 일원으로 이해하는 사람들과의 차이라고 말할 수 있다. 그래서 부르주아 계급은 자유를 강조함과 동시에 개인생활과 재산권 및 사심 없는 도덕생활을 중히 여긴다. 그러나 프롤레타리아는 집단에 대한 충성과 결속을 중시하는 반면에 재산권은 전부 사회복지를 위하여 버릴 것이라고 주장하는 것이다. 그리고 사회적인 목적을 달성하기 위해서는 개인 중심의 자유는 희생할 것이며, 다만 집단적인 이익을 위하여 과감하게 투쟁해야 한다고 주장하는 것이다. 그래서 그들은 개개인의 자유를 희생시키는 강제적인 정책을 세우는 것이다.

    그들의 생각에 의하면, 사회는 강제와 교육의 두 가지 힘을 통하여 진화되어 가는 것이며, 거기에서 비로소 정의와 평등이 수립될 수 있다는 것이다. 하기는 사회적 결속은 어느 정도의 강제 없이는 수립될 수 없는 것이며, 사회적인 교육을 실시하면 공공한 일에 대한 관심을 조장할 수도 있을 것이다. 그러나 강제를 단행하자면 거기에서 또다시 사회적인 부정이 생길 수밖에 없는 것이다. 그러므로 사람들은 결국 끊임없는 사회적인 모순을 되풀이할 수밖에 없는 것이다.

    한 나라의 정부가 그 나라의 국민을 위하여 도덕적인 목적을 위하여 일해야 할 것은 말할 것도 없는 일이다. 그러나 실지에 있어서는 정계의 관료뿐 아니라 경제계의 거두(巨頭)들까지도 자기들의 이익을 위하여 정부의 기능을 이용하는 수가 많은 것이다.

    이와 같이 분석해 볼 때에 인류 사회에는 여러 가지 모순이 많은 것이다. 그래서 기독교 평론가인 베르자예프(Berdyaev)는 말하기를 "현대는 천박한 개인주의와 그릇된 집단주의로 말미암아 고난 받고 있다"고 하였던 것이다. 그리고 그에 의하면 천박한 개인주의는 개인 위에다가 추상적인 '사회'를 추대하고 있고, 그릇된 집단주의는 추상적인 '개인'을 구상할 따름이라고 한다. 그래서 그리스도 교회는 유명한 암스테르담 회의에서 개인주의와 집단주의를 터전으로 한 자본주의와 공산주의를 다 같이 비판하고 있는 것이다.

그러면 이와 같은 사회악은 어디에서 기원된 것이며, 그것을 해결하는 길은 어디에 있을까?

18세기의 계몽주의자들은 사회악의 근원은 사람의 무지에 있느니만큼 사람들의 지성을 계발하기만 하면 사회악은 자동적으로 없어질 것이라고 하였다. 그리고 이 "이성의 시대"인 18세기 사람들은 모든 사회악은 오로지 중세기적인 전통과 미신에서 온 것이니만큼 먼저 이 중세기의 전통과 미신을 깨뜨려야 한다고 하였던 것이다.

그러나 사람의 지성은 인류 사회에 벌어지는 싸움을 막을 수가 없을 뿐 아니라 그것이 도리어 피비린내 나는 싸움을 조장하는 것이다. 동물에게도 자기 보존의 본능이 있고 생존경쟁을 위해서는 물고 찢는 경우도 있다. 그러나 동물은 배고플 때에 먹고 위험하게 될 때에 싸우거나 도망칠 뿐이요, 지나친 욕심과 침략을 계획하지는 않는다. 그러나 사람은 그 발달된 지성의 힘을 가지고 지나친 욕심과 침략의 궤계를 꾸미는 것이다. 그래서 유혈의 참극은 대개 이 그릇된 지성의 활동에서 비롯된 것이다.

그러므로 기독교는 한 사람 한 사람의 현황을 죄적인 것으로 인정하면서 그 구원이 요구된다고 봄과 동시에 인류 사회 전체도 그 현황이 부당한 것임을 인정하면서 구원받아야 한다고 보는 것이다. 만일에 이 사회적인 구원이 이루어지지 않는다면, 설사 한 사람 한 사람의 구원이 이루어진다 할지라도 그것은 사람의 전적(全的) 구원은 못 될 것이다. 그래서 그리스도 교회는 온 세상 만 백성을 구원하시려는 하나님의 뜻을 이루기 위하여 정치 경제의 문제를 기독교의 입장에서 문제 삼는 것이다.

II. 사회윤리(1) — 정치

사람은 윤리적인 존재라고 자처한다. 그리고 우리는 어릴 때부터 무엇이 선이며 무엇이 악인가를 들어 왔다. 그러나 이와 같이 자라 온 사람들의 사회는 반드시 선악의 구별을 분명히 하고, 언제든지 선을 행하고 악을 버린다고 말할 수 없다. 사람들은 사람만이 가졌다고 자부하는 윤리적인 양심 앞에서 얼굴을 돌릴 수밖에 없는 비참한 역사를 꾸며 가고 있는 것이다.

그런데 하나님께서는 예수 그리스도의 사실을 통하여 이와는 전혀 다른 생활 기조와 사회 질서를 인류의 역사 중에 수립하였다. 곧 그의 독생자를 주시기까지 이 세상을 사랑하신 그 사랑(요 3:16)을 헛되지 않게 하기 위하여 이웃을 사랑하는 사랑의 질서이다.

성서에는 사회생활에 대한 직접적인 교훈은 없다. 신구약성서에서 자본주의나 공산주의, 전쟁과 평화에 대한 직접적인 교훈을 구하기는 어려운 일이다. 왜냐하면 거기에서는 주로 예수 그리스도의 사실과 그의 말씀하신 이웃 사랑이 말씀되어 있기 때문이다. 예수께서는 언제나 이웃 사랑을 가르치셨고 그가 십자가에 달리시기 직전까지도 이웃 사랑을 권면하셨다(마 25:31 이하).

그런데 역대 교회의 실정을 보면 교회가 이 사랑의 교훈을 실천할 때에는 그 내부적인 생활이 충실할 뿐 아니라 외부적인 사회 문제도 원만하게 해결되어 갔던 것이다. 예컨대 초대교회 시대와 감리교회가 탄생되던 그 당시의 일들을 회상해 보면 우리는 이와 같은 실정을 살필 수 있다.

오늘날에도 가난한 자와 병든 자들의 벗이 되고 병원과 학교, 고아원과 양로원, 시각장애인 구제, 나병환자 구제 등에 성의를 쏟는 이들 중에는 그리스도인이 많다고 하거니와 그들이 이와 같은 사회사업에 정력을 기울이는 까닭은 저 하나님의 사랑에 사로잡혀 있는 결과인 것이다. 그래서 포르사이드(Forsyth)는 말하기를 그리스도인이 행하는 사회사업의 동기와 목적은 그 대상이 되는 사람들이 아니라 예수 그리스도의 십자가에서 나타난 하나님의 사랑이라고 하였던 것이다. 다시 말하면 그리스도인은 사람의 행복을 위하여 일한다기보다 하나님의 영광을 위하여 일하는 것인데 여기에서 참다운 사회생활이 전개된다는 것이다.

그러나 재래의 사회 구제와 오늘날의 사회 구제 사이에는 적지 않은 차이가 있다. 재래에는 성서의 문자적인 기록 그대로 굶주린 자를 먹여 주고 헐벗은 자에게 입혀 주면 그만이었다. 그러나 오늘날에 있어서는 이와 같은 사회 구제만 가지고서는 참다운 사회 구제를 이룩할 수 없게 되었다. 왜냐하면 아무리 굶주리고 헐벗은 사람을 구제한다손 치더라도 간단없이 헐벗고 굶주린 사람을 산출시키는 사회 자체를 변혁시키지 않고서는 근본적인 해결을 얻을 수가 없기 때문이다.

그래서 사랑의 계명을 전달하는 그리스도 교회는 이제 정치를 매개로 하고 전반적인 사회 구제를 수행할 수 있기를 바라는 것인데 여기에서 기독교와 정치 문제가 생기게 된다. 그리고 이 기독교와 정치 문제는 이 세대에 있어서 가장 큰 문제 중의 하나다.

기독교와 정치와의 관계를 직접적으로 연결시키고자 하는 이들은 기독교정당 같은 것을 조직할 수도 있을 것이다. 그러나 이와 같은 정당정치를 수행하자면 편파적인 권력행사를 할 수밖에 없을 것이다. 그래서 예수께서는 광야의 시험에서 이 세상의 권세를 물리치셨고(마 4:8-10) "내 나라는 이 세상에 속한 것이 아니라"(요 18:36)고 하신 것이다. 그리고 중세기의 성 아우구스티누스도 이 세상을 사탄이 지배하는 것이며, 그것은 형제를 죽인 가인의 후손들이 차지한 곳이라고 하였으며 루터 같은 이도 하나님의 나라와 이 세상의 나라를 구별하여서 두 가지 나라라고 하였던 것이다.

그러나 아우구스티누스나 루터의 생각을 그대로 고집하게 되면 거기에서는 종교적인 패배(敗北)주의가 생기게 되고 정신과 육체, 하나님과 세상과를 이분하는 이원론이 주장될 수밖에 없을 것이다.

그런데 같은 종교개혁자 녹스(J. Knox)는 자기 몸소 선두에 서서 타락한 영국 여왕 메리를 폐위시키기에 노력하였고, 청교도 정신을 받은 밀턴도 낡은 세력을 쳐부수고 심령이 자유를 얻기 위하여 솔선해서 투쟁하였다.

예수께서 폭력을 쓰지 말라고 말씀하신 것은 사실이다. 그러나 예수의 정신 중에는 불의한 자에 대한 저항이 내포되어 있는 것이다. 그리고 그가 말한 사랑은 결코 방관이나 체념은 아닌 것이다. 따라서 기독교적으로 볼 때에 불의에 대한 정치적인 투쟁은 당연한 것이며 불의를 덮어 두는 것이 도리어 죄악이라고 말할 수 있다. 그래서 사도 바울도 그의 에베소서에서 정치세력을 가르쳐 "정사와 권세와 이 어두움의 세상 주관자"(엡 1:21)라고 하였고 신학자 틸리히는 현실적인 정치세력은 악마적인 것이라고 말하고 있다.

녹스나 밀턴의 전통을 받아서인지 기독교의 사회 철학을 수립함에 있어서 가장 우수한 것은 영국의 성공회이다. 이 교회의 모리스(Maurice)나 템플(Temple) 같은 이는 이 방면의 거장들인데 그들의 중심사상은 화육론이다. 다시 말하면 예수 그리스도가 육이 되신 사실이 모든 사회윤리의 소재(素材)가 되고 이 예수 그리스도의 화육에 전(全) 피조물의 의미가 내포되어 있다는 것이다. 그리고 성공회는 또한 모든 사회관계를 삼위일체의 원리에서 해결 짓는다.

이와 같이 기독교에는 비록 통일적인 사회사상은 없을지라도 각 교회에는 빛나는 사회사상의 전통이 있거니와, 근래의 자유민권론자들이 폭군에게 대하여 반항하는 것은 종교개혁의 정신을 이어받은 것이며 현대의 사회주의 운동가들이 이웃 사랑과 인권 옹호를 주장한 것도 프로테스탄트 정신을 통하여 세련된 결과인 것이다. 그래서 스웨덴의 루터 교회 감독 아울렌(Aulen)은 기독교의 사랑은 정의와 동일한 것이라고 말하고 있다.

구미 사회에 사랑과 정의가 수립되게 한 것은 그리스도 교회다. 중세기의 실정을 보는 사회에 안정 세력을 준 것은 교회였다. 인본주의적인 봉사나 사회 발전이 모조리 교회에서 비롯한 것은 아닐지라도 사람의 인격적인 가치를 숭상함에 있어서 교회가 다른 단체보다 앞서간 것은 사실이다. 노예 해방과 빈민 구제며 부녀자와 어린이의 지위를 높여 준 것도 그리스도 교회요, 세계 평화의 기반이 되는 세계정신을 배양한 것도 그리스도 교회다. 전제주의를 단호하게 배격하고 그 대신 민주주의를 이룩한 것도 교회였으며, 전 세계를 통하여 우호적인 관계를 수립한 것도 그리스도 교회다.

그러므로 교회는 비록 정치적인 지배를 담당하지는 않지만 정치를 담당하는 국가와 더불어 밀접하게 관련되는 것이다. 그래서 포르사이드는 "교회와 국가와의 관계는 이혼관계가 아니라 결혼관계다"라고 말함과 동시에 국가는 선(善)을 위한 조건을 확보하기 위하여 존재하는 것이며, 교회는 선(善) 자체를 창조하기 위하여 존재한다고 말하고 있다.

국가는 그것 자체로서는 하나님의 기관이 될 수 없으나 그 안에 그리스도 교회를 간직하기 때문에 그 교회를 통하여 형성도상(形成途上)에 있는 하나님의 나라를 위하여 이바지할 수 있는 것이다. 다시 말하면 그것은 그리스도 교회가 예배에서 들은 하나님 말씀을 실천에 옮기도록 전도해 주는 데에 국가적인 소임이 있다. 서양 각국의 정치가들이 삼위일체이신 하나님의 이름으로 서약을 하고 주일마다 하나님 예배에 참석하는 까닭은 이 때문이거니와, 그리스도 교회는 말하자면 그 나라의 양심이 되고 제사

(祭司)적인 위치에 서야 하는 것이다. 왜냐하면 거기에서는 진리 되신 예수 그리스도의 사실이 증거되기 때문이다.

요한복음 18장 36절에 보면 "진리의 왕"이신 예수 그리스도가 정치 위에 군림하셨다. 그런데 그 당시의 정치가인 빌라도는 진리가 무엇인가를 몰랐던 것이다. 그러나 국가가 정당한 국가가 되고 그 발휘하는 정치적인 기능이 올바른 것이 되기 위해서는 진리 앞에 겸손해야 할 것은 말할 것도 없는 일이다.

정치는 그것 자체의 영역에서는 자기 자신을 비판할 도리가 없다. 정치가 올바른 정치가 되기 위해서는 정치적인 영역을 떠나 윤리와 종교적인 비판을 받아야 한다. 그래서 네덜란드 교회의 기도문 중에는 다음과 같은 기사가 있는데 이것은 기독교의 정치관을 가장 잘 말한 것이다. "정부는 모름지기 왕 중 왕이신 예수 그리스도로 하여금 통치자와 신하까지를 다스리게 해야 한다."

그래서 그리스도 교회는 "예수 그리스도는 온 세계의 소망"이라고 말하거니와 이는 다만 정치만이 아니라 경제에도 해당되는 문제다.

III. 사회윤리(2) — 경제

복음서를 읽어 보면 예수께서 부를 위험한 것이라고 보신 것이 확실하다. 그는 "너희를 위하여 보물을 땅에 쌓아 두지 말라"(마 6:19)고 하였고 "하나님과 재물을 겸하여 섬기지 못한다"(마 6:24)라고 하였다. 그는 또한 "사람이 떡으로만 살 것이 아니라"(마 4:4)고 하였을 뿐 아니라 자기 몸소 가난한 생활을 관철하였다.

예수는 이와 같이 신앙의 입장에서 경제지상주의를 경계하기는 하였지만 그는 또한 제자들에게 "오늘날 우리에게 일용할 양식을 주시고"(마 6:11)라고 하나님에게 기도할 것을 가르치셨다.

그런데 예수에게 있어서 이 기도의 단위는 언제나 '내'가 아니라 '우리'였었다. 자기 한 사람의 경제생활을 위해서 기도하지 말고 사회적인 경제문제를 위하여 힘쓰라는 것이다. 그래서 크리소스토무스(Chrysostom)는 사도행전 5장 1절 이하를 가지고 설교할 때에 공산주의적인 생활을 예찬하고 있으며, 스위스의 투르나이젠 목사도 그의 주기도문 강해 중에서 사유재산제도는 원래 기독교에서 비롯된 것이 아니라 로마법에서 유래된 것임을 밝히고 있다.

그러나 복음서의 기록을 보면 예수께서는 사유재산을 적극적으로 부정하지는 않았다. 그래서 베드로는 가버나움에 그 집을 가지고 있었고(마 8:14), 삭개오도 그가 가진 재산을 모조리 헤칠 필요는 없었던 것이다(눅 19:1-10). 그러므로 어느 정도의 사유재산을 갖지 않으면 인격 생활에 지장이 온다고 본 브룬너의 견해는 바른 것이라고 말할 것이다.

어느 정도의 사유재산을 인정한다는 것은 필요 이상의 부를 가져서는 안 된다는 것인데 이 점에 대하여 철저한 규정을 내린 것은 중세기의 가톨릭교회였다. 중세기의 가톨릭교회는 필요 이상의 재산을 모으는 자는 정의와 공정(公正)을 유린하는 자이며, 하나님의 질서를 파괴하는 자라고 인정하였다.

그러나 이와 같은 중용의 길을 간다는 것은 농민에게는 그다지 어려운 일이 아니었으나 도회지의 상인들에게는 쉬운 일이 아니었다. 그래서 중세기의 상인들은 한편으로는 "벌 수 있는 데까지 벌어 보자"고 하는 배짱을 가지는 반면 마음속으로는 그것을 죄악이라고 인정하고 있었던 것이다.

중세기의 경제활동은 비윤리적인 것이었다. 그래서 필경에는 거룩하신 하나님의 소명을 받은 것은 성직자들뿐이요, 일반 시민은 그 은총에 참예할 수 없다고 하는 계급주의 사상이 생겨나게 되었다.

그러다가 루터의 종교개혁으로 말미암아 새로운 경제윤리가 외쳐지게 되었는데 그에 의하면 모든 직업이 하나님의 소명인 것이다. 독일어 '베루프'(Beruf)와 영어 '콜링'(calling)은 본시 하나님의 소명을 말한 것인데 이제 와서는 그것이 직업의 뜻으로 사용되고 있거니와 이는 모두 종교개혁의 결과인 것이다.

그리고 칼빈의 예정설에서는 노동에 대한 윤리적인 분위기가 형성됨에 이른 것인데 여기에서 합리적인 자본주의 정신이 생겨난 것이다.

이 자본주의 정신은 처음에 영리를 목적으로 한다기보다 강한 윤리성을 띤 것이었다. 그것은 한편으로는 외관과 허영을 버리고 불건전한 낭비를 금함과 동시에 다른 편으로는 있는 힘을 다하여 공정하고 정직한 직업노동에 종사하는 것이었다. 그래서 프로테스탄트는 당초에 땅위의 부와 사치를 죄악으로 인정하였다. 그런데 이와 같이 경제적인 부에 대하여 부정적인 태도를 가졌기 때문에 근면과 절약에서는 도리어 부가 축적되어 갔던 것이다. 그러므로 자본주의에서는 처음에 경제와 윤리가 온전한 하나를 이루었다고 말할 수 있다.

그러나 19세기에 들어서자 이와 같은 신앙적인 윤리사상은 사라지고 다만 영리를 목적으로 하는 자본주의 사상이 대두하게 되었다. 자본주의는 말하자면 맛 잃은 소금과 빛 잃은 등대가 된 셈이다. 그래서 중세기적인 봉건제도와 그 당시의 사회상을 그대로 고집하려던 거상들의 '전통주의' 경제관을 강하게 비판하던 자본주의가 이제 와서는 비판과 공격의 대상이 되게 되었다. 교회 밖에서는 공산주의가 이 일을 담당하고 있지만 교회 안에서도 노동자들에 대한 사랑의 실천과 정의의 수립을 위하여 힘쓴 이들이 많이 있는데 영국교회는 특히 자본주의 비판에 공헌이 많다.

마르크스주의도 이 문제에 대하여 큰 영향을 끼치고 있는 것은 사실이다. 그런데 마르크스주의에 의하면 자본주의 사회는 어두운 사회이며 이 어두움은 무엇보다도 물질에서 기인한 것이다. 그러나 이 물질적인 모순은 사람의 힘을 가지고 해결할 수 있는 것이며, 이 문제가 해결이 되면 인류 사회의 모든 문제가 해결될 수 있다는 것이다.

그러나 물질적인 문제가 해결이 되면 인류 사회의 모든 문제가 해결된다는 데에 대해서는 아무런 실증도 없을 뿐 아니라, 도리어 거기에 대한 반증이 많은 것이다. 일례를 들면 물질적인 모순이 제거된다손 치더라도 인간 고유의 파탄인 윤리적인 파탄은 그대로 남는다. 그리고 마르크스주의는 또한 사람의 힘을 가지고 모든 문제를 해결할 수 있다고 하지만 사람 자신에게는 이 윤리적인 파탄을 해결할 힘이 없는 것이다. 그래서 기독교는 그 해결을 사람의 힘을 넘는 하나님의 사죄(赦罪)에서 구하는 것이다. 왜냐하면 물질적인 모순을 해결 받아도 형제를 사랑하는 참 사람은 형성되지 않지만 예수 그리스도의 사죄(赦罪)를 믿는 신앙에서는 '참 사람'이신 예수 그리스도를 체 받고자 하는 올바른 의미의 사람이 형성되기 때문이다.

그래서 기독교는 예수 그리스도를 믿는 복음신앙에서 참다운 사회윤리가 형성된다고 보거니와, 다음에 드는 에반스톤 교회회의의 결의문은 기독교 사회윤리의 나아갈 길을 제시해 준 것이 아닌가 한다. "그리스도인은 어디에서나 교회의 대표자들이다. 이 세상과 예배와를 연결시키는 것은 교회의 평신도들이며 교회와 이 세상 사이에 다리를 놓아 주는 것도 그들인 것이다. 그리고 이 그리스도인은 시간과 정력 및 노동력을 요구하는 이 세상 위에 그리스도가 주로 군림하고 계심을 말과 행실로 증거해야 하는 것이다."

- 연구 및 토의 제목 -

1. 기독교 신앙에 있어서 사람의 개성이 가장 잘 말씀되는 까닭은 어디에 있는가?
2. 인격적인 사회관계를 가장 잘 말해 준 것은 무슨 사상인가?
3. 부르주아 계급과 프롤레타리아 계급의 특성은 어떠한가?
4. 사회애(愛)의 근원과 그 해결책은 어떠한 것인가?
5. 그리스도인이 사회사업에 열중하는 동기와 목적은 어디에 있는가?
6. 국가와 교회와는 어떠한 관계를 가져야 하는가?
7. 그리스도 교회가 사회사상에 끼친 영향은 어떠한 것인가?
8. 부(富)에 대한 교회적인 견해는 어떠한 것인가?
9. 프로테스탄트의 직업윤리는 어떠한 것인가?
10. 공산주의 사회사상에 부족한 것은 없는가?

제2부

신학 논문

1
신약성서에서 본 진리와 자유*

"진리가 너희를 자유케 하리라."(요 8:32)

I.

자유 진영에서 싸우고 있는 우리나라는 단지 자유를 쟁취하며 수호하기 위하여 거국적인 투쟁을 계속 중이다. 따라서 이 나라의 백성 된 우리에게는 '자유'에 대한 거대한 과제가 부과되어 있는 것이며 자유의 문제는 모든 사람의 가장 큰 관심사가 아닐 수 없으나 특히 이 마당을 당하게 된 우리에게 있어서 자유는 간절한 의미를 가지게 되었다. 그러면 우리들이 걸머진 자유의 과제란 어떠한 의의를 가진 것이며, 이다지도 큰 희생을 지불해야 하는 자유란 본시 어떠한 내용을 가진 것일까?

자유에 대한 규정은 일정치 않으니 이 사람의 자유는 저 사람의 장애가 되고 저 사람의 자유는 이 사람의 기만이 됨이 오늘날의 실정인 것이다.

* 「신학논단」(서울: 연세대학교 신과대학, 1953), 65-74에 실린 글이다.

그렇다면 진정한 의미의 자유는 어떠한 것이며 이 자유를 향유할 수 있는 길은 어디에 있을까? 우리는 여기에서 신약성서에 나타난 자유의 의의를 고찰함과 동시에 이것의 근원이 되는 진리가 무엇인가를 탐구함으로써 이 문제의 일단을 살피려 한다.

II.

신약성서에 나타난 자유의 의의를 말하기 전에 그 실정을 일괄해 보면 헬라의 고전시대에 있어서는 자유는 전혀 정치적·사회적 의의를 가지고 있었다. 당시에 있어서는 타자의 지배와 속박 또는 그 압박을 벗어나 자유 자립함을 가리켜 자유라고 일컬었던 것이다. 따라서 그것은 노예 상태와 상반되는 개념이었다. 그러나 헬레니즘 시대에 이르러서는 자유는 내적 정신의 문제로 전화된 것이니 이에 있어서는 우리의 의지가 외세에 의하여 동하지 않고 자기의 자립적으로 규정할 수 있는 상태를 의미했던 것이다. 그래서 철인 에픽테투스(Epiktetos) 같은 이는 이와 같은 자유를 표현하는 전형적인 인물이었다.

신약성경에 기록된 자유의 개념은 이와 같은 시대사상을 배경으로 하면서 그것과는 판이한 관점에 서 있는 것이다. 그것은 결코 외계의 속박과 그 압박을 벗어나거나 의지의 자립을 말한 것이 아니라 도리어 타자 되신 하나님의 지배와 통치를 받는 데에서 향유되는 자유다. 신약성서에 의하면 인간은 하나님을 떠나 자주하기 때문에 또는 자기 스스로 자립하는 한 부자유 중에 처할 수밖에 없는 자이다. 왜냐하면 하나님을 떠난 자는 외계의 구속과 압박이 임하기 전에 이미 인격적으로 피치 못할 구속 중에 놓이게 되며 참 자유를 상실하고 압박을 받을 수밖에 없기 때문이다. 그러므로 이 속박을 벗어나고 상실된 자유를 만회함에는 오직 한 가지 길이 있을 뿐이니 곧 전능하신 하나님의 뜻에 자기 의사를 예속시키며 그로 하여금 자기를 다스리게 하는 일이다.

III.

잘라서 말하자면 신약성서에 나타난 '엘류테리아'(eleutheria)로서의 자유는 정치나 경제 또는 사상적인 자유를 말한 것이 아니라 그것은 차라리 우리를 구속하는 죄에서의 자유와(롬 8:18-23) 율법에서의 자유(롬 7:3 이하; 갈 2:4; 4:21-31, 5:1) 및 사망에서의 자유를 말한 것이다(롬 6:21 이하; 8:21). 그러니까 그것은 우리의 인격이 죄의 구조에 굳게 매어 있고 율법으로 말미암아 죽음의 철쇄에 결박된 상태를 면하게 되는 일이다.

신약성서에 의하면 인간 존재는 죄에 속한 존재요(롬 6:20) 저는 완전히 죄의 종인 것이다(롬 8:34). 난 대로의 사람이 그 육정을 따르고 자연적인 욕망을 충족시키며 자의를 관철하고 자신의 자립을 기획할 때에 저는 반드시 하나님의 뜻을 어기는 죄과를 범할 수밖에 없게 되나니 이에 있어서 우리의 인격이 자유함에는 우선 하나님을 반역하는 이 죄악의 구속을 떠나서 벗어나야 하는 것이다.

자연인이 가지는 모든 욕구를 죄라고 규정하며 그것의 부정을 강하게 명하는 것은 율법이거니와 이 율법은 그것 자체가 거룩하고 의로우며 선하신 하나님의 성지일 뿐 아니라(롬 7:12) 우리 인간에게 대해서도 그와 같은 의의를 가지는 것이다(롬 7:10). 인간은 다만의 동물이 아니라 하나님의 형상대로 창조 받은 존재이기 때문에 저에게는 하나님의 율법에 부합되는 생활이 요청되는 것이다. 그래서 율법의 요청에 응하지 못함은 인생의 실패와 죽음이 되고 거기에서 제시된 하나님의 요구를 이루는 데에 인간 존재의 유일한 목적과 의의가 있는 것이다. 그러나 자기 스스로 율법의 요구에 응할 수 있는 자는 하나도 없다. 아무리 하나님의 율법에 충성한 듯이 보이는 자라도 그 내심에 있어서는 이기적인 욕망에 불타고 있으며, 하나님의 율법을 표방하면서 은연중 자기 의지의 관철을 꾀하는 것이 인간 존재의 실상인 것이다. 이리하여 난대로의 사람은 모두 다 죄악과 율법의 구속 중에 매어 있고 거기에서 자유할 수 있는 자는 하나도 없다. 다시 말해서 율법 지식과 그 실천에 있어서 으뜸이 가던 바울 사도까지도 죄악과 율법의 속박 밑에서 비절한 외침을 외칠 수밖에 없었던 것이다.

> "내 속 곧 내 육신에 선한 것이 거하지 않는 줄을 아노니 원함은 내게 있으나 선을 행하는 것은 없노라. 내가 원하는 바 선은 하지 않고 도리어 원치 않는 악은 행하는 도다. 만일 내가 원치 않는 그것을 하면 이를 행하는 자가 내가 아니요 내 속에 거하는 죄니라. 그러므로 내가 한 법을 깨달았노니 곧 선을 행하기 원하는 나에게 악이 함께 있는 것이로다. 내 속 사람으로는 하나님의 법을 즐거워하되 내 지체 속에서 한 다른 법이 내 마음의 법과 싸워 내 지체 속에 있는 죄의 법 아래로 나를 사로잡아 오는 것을 보는도다. 오호라 나는 곤고한 사람이로다. 이 사망의 몸에서 누가 나를 건져내랴."(롬 7:18-24)

그러나 이는 다만 사도 바울 한 사람의 외침이 아니라 그것은 또한 모든 사람의 거짓 없는 실상인 것이니 하나님의 율법은 우리를 죄의 노예로 자각케 하며 죽음의 포로로 선포하는 것이다. 그래서 율법의 빛에 비춰어 볼 때에 우리의 인격은 말할 수 없는 구속 중에 놓여 있으며 인격적인 자유를 갈구하면 갈구할수록 현실의 부자유와 율법의 멍에, 죄와 죽음의 질곡에 얽매어 있는 노예 상태를 자각할 수밖에 없는 것이다. 따라서 여기에 대한 해결이 있기 전에는 아무러한 자유도 향유할 수 없는 것이다. 왜냐하면 인격의 자유는 모든 자유의 선결 요건이 될 터임이다. 먼저 죄악과 율법의 속박에서 인격적인 자유를 얻고 나서야 모든 자유를 누리고 있고 인격의 자유를 얻기 전에는 4만 가지 자유도 사상누각에 불과한 것이다. 그렇다면 무엇이 이 문제를 해결해 주며 우리의 인격을 저 노예 상태에서 자유세계로 인도할 것인가?

바울은 이어서 부르짖기를 "우리 주 예수 그리스도로 말미암아 하나님께 감사하리로다"(롬 7:25)라고 하였고 사도 요한은 자유에 대하여 이와 같이 증거하였다. "너희가 내 말에 거하면 참 내 제자가 되고 진리를 알지니 진리가 너희를 자유케 하리라"(요 8:31-32). 바울은 여기에서 예수 그리스도로 말미암은 자유 해방을 노래하였고 요한은 자유의 근원을 진리에서 찾았거니와 우리는 다음으로 요한의 말하는 진리란 무엇을 말한 것이며 그것과 예수 그리스도와의 관계가 어떠한가를 더듬어 보자.

IV.

총독 빌라도는 예수에게 '진리가 무엇이냐'를 반문하였거니와(요 18:38) 이 말씀을 접하게 된 우리에게도 그와 같은 격동이 용솟음친다. '자유가 아니면 죽음을 달라' 함은 모든 사람의 표정이려니와 자유를 얻는 길이 진리에 있다면 어떻게 하여서나 진리를 탐구하여 거기에 대한 인식을 얻고자 함은 우리만의 염원은 아닐 것이다.

진리라고 말하면 사람은 솔직히 최고 규범으로서의 철학적 진리나 보편 타당성을 가지는 과학의 법칙을 연상할지 모른다. 철학의 규범과 과학의 법칙이 그것을 인식하는 사람을 무지와 몽매에서 자유케 할 것은 말할 것도 없는 일이다. 그러나 그와 같은 진리는 인격의 자유와는 상관이 없다. 신약성서에 나타난 '알레테이아'(alētheia)로서의 진리는 그와 같은 규범이나 법칙을 말한 것이 아니라 그것은 차라리 하나님 아버지와 그의 독생자 예수 그리스도의 속성이 되는 진리와 성실을 말함과 동시에 인간의 정신적 태도를 말한 것이다. 이에 있어서 바울은 "하나님의 참 되심"(롬 3:7), "하나님의 진실하심"(롬 15:8)을 '알레테이아'로 표현하였고 때로는 사람의 진실된 태도를 그와 같이 말했던 것이다(고전 5:8; 고후 7:14; 엡 5:9; 빌 1:18).

바울은 또한 하나님 말씀과 그의 복음을 '알레테이아'라고 일컬었는데(고후 4:2; 엡 1:13; 골 1:5) 저에게 있어서는 '진리의 말씀'은 '하나님 말씀'과 동일한 것이며 하나님 말씀에 대한 순종이 바로 '진리에 대한 순종'이었다(갈 5:7). 그런데 저의 말한 하나님 말씀과 그 복음은 다만의 언설이나 소식만이 아니라 그것은 차라리 예수 그리스도와 그의 수용 및 죽음과 부활을 말한 것이며(롬 1:1 이하; 고전 15:1 이하) 한 걸음 더 나아가 예수 그리스도의 생명을 말함이었다.

그런데 사도 요한의 증거한 진리 역시 이 예수 그리스도와 밀접한 관계를 가진 것이다. 왜냐하면 저도 또한 죄에 빠진 우리를 위하여 그 생명을 버리신 예수 그리스도의 사실에서 저 하나님의 참과 진실 곧 '알레테이아'의 구현을 보았기 때문이다. 사도 요한은 직접적으로 하나님이 진리라고 말하지는 않았다. 그러나 그는 진리로서의 하나님께서 예수 그리스도의 역사적 사실에서 자기 자신을 현현하시고 그의 십자가에서 우리의 죄악을 걸머지신 진실된 모습을 보았던 것이다. 이리하여 사도들이 말한 진리는 만물 안에 편재해 있는 보편적인 진리가 아니라 그것은 우리 인간에게 대하여 감초이면서 또한 현실적으로 역사하시는 하나님의 현재, 다시 말하면 예수 그리스도의 사실과 밀접한 관계를 가진 것이다(요 17:17-19). 이에 있어서 요한은 예수 그리스도 안에 은혜와 진리가 충만함을 보았던 것이며(요 1:14) 예수께서도 친히 말씀하시기를 "나는 길이요 진리요 생명이다"(요 14:6)라고 말씀하신 것이다. 그리고 우리를 죄 중에서 구원할 수 있는 진리는 이것밖에 없다.

신약성서의 원리는 이와 같은 진리이기 때문에 그것은 이성적 판단이나 신비적 경험 또는 심리적인 사고에서 알려지는 진리가 아니라 다만 죄 중에서 신음하며 고통당하는 상한 심령이 속죄를 선포하는 하나님과 더불어 회합되는 데에서 알려지는 진리다. 예수 그리스도의 속죄의 은총을 받아들이며 그에게서 성취된 하나님의 구원에 순종하는 데에서 의식되는 진리다. 다시 말하면 그것은 예수 그리스도에게서 계시된 진리, 천지를 관철하는 진실된 사랑의 진리인 것이다.

'진리' 되신 예수 그리스도는 '진리의 영'으로서(요 14:17; 15:26; 16:13) 지금도 우리 중에 군림하신다. "너희가 내 말에 거하면 참 내 제자가 되고 진리를 알지니"(요 8:32)라고 하신 까닭은 이 '진리의 영'을 힘입어 나날의 생활에서 주를 순종하는 생활을 하라고 하신 말씀이거니와, 예수 그리스도께 대한 지적 이해를 가지는 데에 멈추지 않고 저를 믿고 순종하는 인격적 지식을 가지는 자에게는 죄와 죽음의 속박을 벗어난 생명의 자유세계가 전개되는 것이다.

V.

이리하여 신약성서에 나타난 '엘류테리아'로서의 자유는 진리로 말미암은 자유인데 그것은 첫째, 죄에서의 자유다. 예수 그리스도에게서 '속죄받은 영혼'이 자기의 자립을 꾀하지 않고 대속 받은 자기의 전 존재를 하나님의 소유로 인정하면서 일의 전심 그를 위하여 사는 데에서 이 자유는 이루어진다. 그러므로 자유에 대한 가장 힘찬 표현은 다음 바울의 말일 것이다.

> "그런즉 누구든지 사람을 자랑하지 말라. 만물이 다 너희 것임이라. 바울이나 아볼로나 게바나 세계나 생명이나 사망이나 지금 것이나 장래 것이나 다 너희의 것이요 너희는 그리스도의 것이요 그리스도는 하나님의 것이니라."(고전 3:31-24)

이 바울의 결론에서도 판명된 바지만은 죄에서의 자유를 구속하는 속박에서 벗어난 다음 또다시 새로운 종살이로 들어가는 것이다. 죄에 대한 종살이를 벗어나 저는 '하나님의 종'(살전 1:9), '그리스도의 종'(롬 14:18; 16:18), '의의 종'(롬 8:16)이 되는 것이다. 그리고 이 새로운 종살이는 역설적인 종살이인 것이니 왜냐하면 예수 그리스도의 종이 된 저는 그로 말미암아 자유 받은 종이기 때문이다(고전 7:22). 이와 같이 그리스도의 종이 된 자는 또는 형제에게 대해서도 종이 되나니 이에 있어서 너희는 모든 사람의 종이 되라고 요청되는 것이다(고전 9:19).

VI.

신약성서의 자유는 형제간의 종살이, 다시 말하면 사랑에서 수행되는 자유다. 따라서 그것은 자주 자립하는 데에서 향유되는 것이 아니라 형제를 위하여 봉사하는 구속 중에서 누려지는 자유다. 타인을 위하여 자기를 희생하신 예수 그리스도의 생애와 그의 십자가를 본받아 형제를 위하여 봉사하는 데에서 성취되는 자유다. 하나님의 요구에 따라 이웃 사랑을 행하기 위하여 자기 몸을 내어주어 희생의 제물로 바치는 데에서 향유되는 자유다(롬 6:22).

이와 같은 사랑을 행하는 자는 여러 가지 선행을 행하게 된다. 저는 첫째 왼손이 하는 일을 바른 손이 모르게 하며 일반 시민과 더불어 국가 권위에 복종하는데 기독자의 자유는 이와 같은 행위에 있는 것이다(벧전 2:13 이하). 기독자가 천국 지배에 지배받는 '하나님의 자녀'로서 모든 구속을 벗어버린 '자유인'임에는 틀림이 없다. 그러나 저는 이웃에 대한 사랑 때문에 선선하게 이 세상 질서에 순종하는 것이며 거기에서 도리어 참 자유를 행사하는 것이다(마 17:24 이하). 역사에서 자유 받은 바울 사도는 수시응변(隨時應變) 자연사 중에서 생활하였고 예수 그리스도에게서 축복받은 자유를 당당하게 행사할 수 있었음에도 불구하고 자기 민족의 종교적인 관습에 추종했던 것이다(고전 9:19). 저는 또한 이 자유를 위하여 사도직의 권한을 포기하였고 응당 받을 형제들의 공궤를 사양했던 것이다. 이리하여 신약성서의 자유는 이기적인 자기 추구를 모두 버리고 다른 이의 구원을 위하여 마음 쓰며 봉사하는 자유다(고전 9:12). 그러니까 그것은 이기심을 버리고 타인을 위하여 건덕(健德)하는 일이며 형제를 위하여 자기를 희생하는 일인 것이다.

VII.

이와 같이 형제를 위하여 자기를 희생하는 일이 자유라면 이 자유의 전제에 여러 가지 고난이 따라올 것은 말할 것도 없는 일이다. 그래서 자유인 된 바울은 자연적인 모든 욕구를 단념할 것을 권장하였다.

"각 사람이 부르심을 받은 그 부르심 그대로 지내라 네가 종으로 있을 때 부르심을 받았느냐 염려하지 말라. 그러나 자유할 수 있거든 차라리 사용하라. 주 안에서 부르심을 받은 자는 종이라도 주께 속한 자유자요 또 이와 같이 자유자로 있을 때에 부르심을 받은 자는 그리스도의 종이니라. 너희는 값으로 사신 것이니 사람들의 종이 되지 말라. 형제들아 각각 부르심을 받은 그대로 하나님과 함께 거하라."
(고전 7:20 이하)

여기에서 바울은 종의 처지에 놓인 자에게 그 종의 자리를 지나치게 괴로워 말 것을 부탁하였다. 자유 석방을 얻기까지는 차라리 잠잠하고 종살이를 계속함이 가하다는 것이다. 왜 그런고 하니 주님 앞에 나설 때에는 종과 자유인의 사이에 하등의 등차가 없는 것이며 두 사람은 같은 구속과 같은 자유를 누리기 때문이다. 그러므로 설사 외적인 자유 석방을 얻는다 치더라도 형제를 위하여 봉사하는 준비를 갖추지 못할 때에는 그것은 참 자유가 아니라는 것이다. 이리하여 신약성서의 자유는 진리 되신 예수 그리스도의 십자가의 희생을 본받는 데에서만 향유되는 것이다.

VIII.

이웃 사랑에서는 죄에서의 자유와 아울러 율법에서의 자유가 이루어진다. 예수 그리스도를 본받아 형제를 사랑하는 데에서 율법 성취가 이뤄지며 이와 같이 율법이 성취되는 데에서 참 자유가 이루어진다. 그래서 예수께서는 율법을 사랑의 계명으로 환원시킨 것이며 저가 문제시하신 것은 낡은 속박에서의 해방보다도 형제에게 대한 사랑이었다.

신약성서에 의하면 형제를 사랑치 않는 것이 죄인인 것이며 이 사실을 밝혀 준 것이 율법이었다. 그러므로 율법의 계명을 초극하자면 이 율법 전체의 중추가 되는 사랑의 계명을 수행해야 하는 것이다(마 5:17-48). 그리고 "네 이웃을 네 몸같이 사랑하라"고 하신 율법의 요구를 이룰 때에만 참 자유를 향유할 수 있는 것이다(롬 13:8-10; 갈 5:14).

그러나 이와 같이 성취되는 자유는 결코 우리 자신의 논리에서 이루어지는 행위가 아니라 그것은 자유의 행위임을 알아야 한다. 다시 말하면 그것은 진리 되신 예수 그리스도 안에서 이루어지며 하나님의 계도로 말미암아 성취되는 자유인 것이다(살전 4:9).

이와 같이 예수 그리스도 안에서 이루어지며 하나님께 계도 받은 사랑의 행위는 신앙생활에서만 이루어지며 이 신앙생활에서는 종말론적 실존이 이루어진다. '진리의 영'이신 예수 그리스도의 영이 우리 중에 압도적으로 역사하사 자기를 부정하고 주 안에 살기를 최촉할 때에 이제 말한 종말론적 실존과 사랑의 열매가 맺히거니와 기독자가 행하는 사랑의 행위는 인간 자신이 행할 수 있는 윤리적인 행위가 아니라 우리 중에 역사하는 성령으로 말미암은 열매인 것이다.

이와 같이 맺혀지는 성령의 열매는 하나님의 율법과 배타되지 않을 뿐 아니라 그것은 도리어 하나님의 율법을 완수하는 것이다(롬 13:8). 그 결과에는 우리를 구속하던 율법이 이제 와서는 '자유의 율법'으로 변하게 되며(약 1:25) 그것은 도리어 더욱 자유를 매개하는 것이다. 그러므로 율법에서의 자유는 율법을 수행함에 있다고 말할 것이다.

IX.

　죄에서의 자유와 율법에서의 자유는 사에서의 자유에서 완수된다. 얼른 보면 기독자의 행하는 자유의 행위도 지상적이며 시간적인 행위로 보일 것이다. 그러나 그것은 영원한 생명을 지향하는 것이며(롬 6:22), 이 행위가 원유(原由)된 그 근원은 예수 그리스도의 사랑에서 계시된 영원에 있다. 따라서 기독자의 향유하는 자유에서는 영원한 생명을 엿볼 수가 있는 것이라고 하는 영원한 생명이 신체적 죽음(死) 저편에 있는 부활의 삶(生), 미래의 삶일 것은 말할 것도 없는 일이다. 그런데 그리스도의 죽음과 그 부활에 참여한 자는 소망하는 신앙 중에 있어서 현재에 이미 이 미래의 생명 영원한 생명을 가질 수가 있는 것이다. 왜냐하면 저는 이미 자기 스스로 사는 것이 아니라 그 안에서 다시 사신 예수 그리스도가 살아 계시기 때문이다(갈 2:19). 그리고 이 예수 그리스도 안에서 이웃 사랑을 행하는 자는 '죗값'으로 말미암은 죽음의 결박을 벗어나게 되는 것이다(롬 5:12). 왜냐하면 신약성서에 의하면 사랑치 않는 자는 '죽음 속에 있는 자'이며(요일 3:14) 그의 몸은 '죽은 몸'(롬 7:25), 그의 행위는 '죽은 행위'(히 9:14)지만 형제를 사랑하는 자는 이미 죽음의 지배를 벗어난 자이기 때문이다. 그러므로 기독자는 자기에게 육박하는 하나님의 최촉을 경험하면서 형제를 사랑하게 되는데 저는 그때에 현재적인 영원을 경험하게 되는 것이다.

　주안에서 현재적인 영원을 경험하면서 사에서의 자유를 즐기는 자는 예수 그리스도 안에서 모든 고난과 이 세상의 권세에서도 자유함을 얻는 것이다. 이에 있어서 바울은 목전에 임박한 죽음을 직면하면서 자기 스스로 기쁨에 충만했을 뿐 아니라 형제에게 대해서도 기뻐할 것을 권면하였고(빌 4:4) 심각한 환난 중에 처하면서 도리어 복받쳐 오르는 환호를 노래할 수 있었던 것이다(고후 6:9이하). 그 까닭은 저의 당한 고난까지가 예수 그리스도의 표적이 될 뿐 아니라(롬 6:17) 거기에서 언제나 예수 그리스도의 생명이 개시되기 때문이다(고후 4:10 이하). 이리하여 그리스도와 그의 몸에 연결된 자는 비록 그리스도로 말미암는 고난이 저를 덮을지라도 거기에서 도리어 그리스도로 말미암는 위안을 받는 것이며(고후 1:5-7) 이와 같이 충만한 위로 중에서 기뻐하는 자와 더불어 같이 기뻐하며 슬퍼하는 자와 더불어 같이 슬퍼할 수 있는 것이다(롬 12:15; 고전 7:29~31). 이것이 신약성서의 말하는 진정한 의미의 자유인이다.

X.

이상에서 우리는 신약성서에 나타난 자유의 의의를 일고하였거니와 여기 말한 자유가 정치적 자유나 경제적 자유와 다른 것임은 재론할 필요가 없을 것이다. 그러나 그것은 또한 스토아 철학이나 이상주의 사상에서 표방되는 자유와도 판이한 것이다. 스토아 철인과 이상주의 사상가들은 인간에게 내재된 '로고스'(*logos*)로서의 이성이 아무러한 장애도 받지 않는 데에서 인간은 자유가 성립한다고 보았던 것이다. 그러나 신약성서의 말하는 '엘류테리아'로서의 자유는 자기가 지금까지 처하던 낡은 세계와는 자신의 과거뿐이 아니라 심지어는 자기 자신에게서 해방되는 자유인 것이다. 이와 같은 자유가 인간 자신에게서 발생할 수 없을 것은 분명한 일이다. 인간의 노력과 투쟁으로써는 이 자유를 획득할 수 없는 것이다. 그러기에 신약성서에 의하면 자유는 오로지 진리로 말미암아 부여되는 것이라고 하는 진리가 만물에 관련된 일반적인 진리가 아니라 십자기에 죽으시고 사흘 만에 부활하신 예수 그리스도의 사실임은 이미 언급하였다. 신약성서에 의하면 우리에게 인격적인 자유를 향유케 하는 것은 이 예수 그리스도이시며 진정한 의미의 자유를 향유함에는 이 예수 그리스도가 주격이 되고 우리는 그의 목적격이 되어야 한다. 사람은 왕왕 자기 스스로 자유를 자취한 듯이 자부하지만 그러나 저는 의연히 교만과 이기심에 사로잡혀 있는 것이다. 따라서 칸트식인 당위의 의식이 자유를 증명할 수는 없음과 동시에 인간에게는 선한 길을 밟을 수도 있고 악한 것을 결단할 수도 있는 자유의사란 있을 수 없다. 저는 언제나 죄와 율법의 예속 중에 결박되어 있는 것이다. 그러므로 이기심의 지배를 탈각해 버리고 희생적인 이웃 사랑을 감행하는 참 자유를 향수하자면 진리 되신 예수 그리스도의 포로가 되어 그에게 종살이해야 하는 것이다. 여기에만 인격적인 자유가 있을 수 있고 신약성서의 '엘류테리아'는 이와 같이 자유를 말한 것이다. 그러므로 신약성서의 자유는 진리 되신 예수 그리스도와 더불어 관련을 가지고 그에게 의존하면서 그를 위하여 종살이하는 데에서 향유되는 자유다. 그리고 이와 같은 자유를 향유하는 데에 인간 존재의 의미가 있다.

2
서양 사상과 기독교: 불트만 신학 특집*

    기독교는 1900년 이래 유럽 중심으로 발전되었다. 그리고 유럽 이외의 다른 나라들은 그 생활과 사상이 기독교적이 아니라 하여 이교국이라고 구별되었다. 그러나 기독교는 본시 동양에서 발생된 종교이다. 지금도 격동 중에 처해 있는 팔레스타인 지방에 정주하던 히브리 족속이 고래(古來)의 동양적인 사상과 생활을 정화한 데에서 이 종교는 탄생되었다. 그러면 이 동양적인 사상과 생활의 특색은 어떠한 것이며 거기에서 발생된 기독교는 서양사상에 어떠한 영향을 끼쳤던가? 여기에 대한 불트만의 견해를 고찰해 보자.

I.

    유럽에서 찬란한 문화의 꽃을 피운 것은 헬라를 중심으로 한 지중해

* 「신학논단」(서울: 연세대학교 신과대학, 1958), 23-30에 실린 글이다.

지역이었다. 명랑한 빛이 넘쳐흐르던 지중해 일대는 고전 헬라의 문화가 성숙함에 따라 강한 로마의 법제와 정치의 세력 밑에 압도되었다. 그러나 로마는 헬레니즘의 형태를 띤 헬라 문화의 그릇에 불과하였다. 그런데 위에 말한 히브리 족속이 같은 지중해에서 헬라적인 명랑성을 어두움으로 인정하면서 역사 중에 히브리적인 정신을 구현한 것은 이때였다. 그들은 고대 동방의 전제국가 사이에 끼여 있으면서 계속적인 고난을 겪던 약소민족이다. 그들은 필경 그 나라를 잃게 되자 할 수 없이 종교단체로 귀합될 수밖에 없게 되었다. 그래서 여기에서 유대교가 탄생되었다. 기독교는 물론 이 유대교의 연장만은 아니지마는 그것은 본시 유대교 안에서 성장하였고, 유대교의 분파와 비슷한 존재였다. 그러다가 기독교가 그 자체의 본질을 순화하기를 바람과 동시에 일반 대중과 노예 계급에게 천국 복음을 전하게 되자, 사람들은 그리스도인을 '크리스천의 무리'라고 조롱함과 동시에 기독교를 새로운 종교라고 박해하기 시작하였다. 이와 같이 기독교에는 처음부터 히브리적인 휴머니즘이 있었다고 말할 것이다. 그리고 그것은 비록 유럽을 중심으로 발전하였다 할지라도 그 근본 정신은 동양적인 것이며 거기에는 동양적인 종교사상과 휴머니즘이 깔려 있다.

II.

기독교가 동양에서 발생한 종교임을 증거하는 하나의 그 경전인 성서의 용어와 어법이 동양적이라는 것이다. 서양 사람의 특징이 추상적인 용어와 어법을 쓰는 데에 있다면, 동양인의 특징은 구체적이며 직접적인 용어 및 어법을 사용함에 있다고 말할 수 있다. 이에 있어서 불트만은 주 예수의 교훈부터가 구체적이며 직접적인 표현으로 되어 있음을 지적하기 위하여 다음의 성구들을 들고 있다.

"그러므로 염려하여 이르기를 무엇을 먹을까 무엇을 마실까 무엇을 입을까 하지 말라."(마 6:31)
"만일 네 오른 눈이 너로 실족하게 하거든 빼어 내버리라 네 백체 중 하나가 없어지고 온 몸이 지옥에 던지우지 않는 것이 유익하니라."(마 5:29)
"보라 네 눈 속에 들보가 있는데 어찌하여 형제에게 말하기를 나로 네 눈 속에 있는 티를 빼게 하라 하겠느냐."(마 7:4)

우리는 이와 같은 구체적이며 직접적인 표현방식을 구약성서에서도 엿볼 수 있다. 예컨대 예언자의 모든 교훈은 책망이 아니면 탄식의 형식을 갖추고 있다. 그 까닭은 저희가 모두가 동양인이었기 때문에 그들의 사상을 이론적인 체계를 세워가지고 표현하지 않고 도리어 직접적이며, 구체적인 계명과 명령의 형식으로 표현하였기 때문이다. 하기는 신구약성서에도 간혹 변론적인 문구가 없지는 않다. 그러나 대체로 보아서 그것은 헬라 철학에서와 같은 변증법적인 표현은 아닌 것이다. 그런데 용어는 사상의 거울이라고 말할 수 있다. 따라서 위에 말한 구체적이며 직접적인 표현방식은 그것이 바로 동양적인 사고방식을 말하여 준다.

성서에 나타나 있는 또 하나의 동양적인 요소는 요한계시록에 기록된 여러 가지 환상들이다. 6:1-8에는 일곱 기사의 환상이 기록되었고, 8:2-11에는 일곱 나팔의 환상이 기록되어 있으며, 21:9-22에는 보석성의 환상이 있는데 이와 같은 환상은 동양적인 것으로서 서양에서는 찾아볼 수 없는 것이다.

III.

　이와 같이 동양적인 특징을 가진 기독교가 서양 사람들에게 얼마만 한 영향을 끼쳤던가는 다음 알트하우스의 말에서 엿볼 수 있다. "인류 역사 특히 서양사는 기독교와의 관련 없이는 생각할 수 없는 것이며, 진리에 대한 서양인의 의식은 모두가 예수 그리스도의 판단과 규범의 영향을 받고 있다. 설사 기독교의 구원에 대한 신앙을 가지지 않은 사람이라 할지라도 일반이다"라는 말이다. 그러면 동양에서 발생한 기독교가 어찌하여 서양인에게 이와 같은 지대한 영향을 끼친 것일까? 불트만에 의하면 이는 오로지 기독교가 어느 곳 어느 때를 막론하고 모든 사람의 인간 존재에 대하여 참된 의미의 해답을 주기 때문이라 한다.

　아닌 게 아니라 기독교가 서양 사람의 정신생활에 대하여 근본적인 영향을 끼친 것은 그들에게 인간 존재에 대한 새로운 이해와 아울러 역사에 대한 새로운 의미를 인식하게 하였다는 일일 것이다.

　흔히 말하기를 헬라인에게는 자연에 대한 관심은 많았으나 역사의식이 부족하였다 한다. 그러나 그들에게도 투키디데스(Thukydides)나 헤로도토스(Herodotos)와 같은 탁월한 역사가 없는 것은 아니었다. 그렇지만 헬라 사람들은 대체로 현실의 역사를 변화무쌍한 것으로 인정함과 동시에 진정한 의미의 생은 현상적인 역사를 넘어서 보편적이며 항구적인 원리로서의 이성에서 구할 것이라고 하였던 것이다. 그들에게 있어서 구체적인 개개의 사실은 이보다 높은 보편적인 이성의 법칙에 의하여 관철되는 것이었으며 끊임없는 윤회가 자연의 보상이었다. 이리하여 그들은 심지어 혁명까지를 하나의 자연적인 순환이라고 보았던 것이다.

　요컨대 헬라인에게 있어서 역사는 자연 속에 해소될 수밖에 없었던 것이며, 역사 자체가 고유한 의미를 가지기는 어려웠던 것이다. 그들이 역사에 대하여 관심을 가졌다면 국민의 역사와 정치사에 대해서 가졌을 뿐이요, 그 이상의 역사에 대해서는 거의 무관심하였다. 그리고 그들이 탐구하고자 한 것은 모든 존재에 대하여 질서를 주는 로고스였고, 역사를 인도하시는 살아 계신 하나님은 아니었던 것이다.

히브리 사람들은 그 민족과 정치 및 경제관에 있어서도 헬라인의 견해와는 다르지마는 특히 그 역사관에 있어서 차이가 크다. 그들의 경전인 성서적인 교훈대로 하면 세계는 자연에 의해서 존속되는 것이 아니라 하나님의 창조에 의해서 시작되었고 하나님의 최후 심판을 기다리면서 절대적인 미래를 향하여 달리고 있다. 그리고 하나하나의 개별적인 사건은 보편적인 것 중에 해소되는 것이 아니라 그 하나하나에 존재의 이유가 있다. 여기에서 구체적인 역사에 의미가 주어지는 것이다. 그리고 역사는 자연적인 것이 아니라, 하나님과 인간이 회합하는 장소임과 동시에 사람과 사람이 마주치는 무대도 된다. 그러므로 이 역사를 이해함에는 과거에 비추어서 현재를 고찰할 것이 아니라 하나님의 약속 아래에 놓인 전 미래를 위하여 준비해야 하는 것이다. 이에 있어서 역사에는 일정한 목적과 의미가 주어지는데, 이는 의미도 없고 목적도 없는 헬라의 역사관과는 다른 점이다.

이와 같은 역사관을 제창한 성서의 저자들은 다만 역사가는 아니었다. 그들은 다만 세계를 창조하신 하나님께서 역사의 주재자 되심을 믿음과 동시에 그 사실을 힘차게 외칠 따름이었다. 그런데 이 하나님 신앙에서 그들의 풍부한 역사관이 배양되었다. 왜냐하면 그들은 역사에서 하나님의 현실 존재를 접하였기 때문이다.

예언자들의 활동이 끝나게 되자 그들의 고매한 신앙심이 율법종교로 변하게 되었다. 그리고 일반 대중의 숙원이었던 민족 해방과 결합된 메시아 대망의 신앙이 대두되었고, 이에 따라 수많은 계시문학이 저작되었다.

그리고 이 계시문학은 모두 다 메시아 신앙에 입각한 종말의 희망을 노래한 것이었다. 계시문학에서는 또한 강한 종말의 기대와 아울러 하나님의 준엄한 심판을 통한 새 세계의 도래가 대망되었다. 다시 말하면 역사의 단절을 통한 새 세계의 출현이다. 이와 같은 역사의식이 기독교에 계승된 것은 사실이지만, 계시문학의 종말관과 신약성서의 역사관 사이에는, 상당한 거리가 있다. 왜냐하면 계시문학은 다만 장차 올 메시아를 대망할 따름이지만, 신약성서는 이미 오신 예수 그리스도를 메시아로 증거하기 때문이다. 다시 말하면 후기 유대교는 오로지 미래에 대한 대망을 가질 따름이었으나 기독교는 예수 그리스도의 사실에서 그 대망이 성취되었고, 거기에서 하나님의 역사적 계획이 수행되었다고 믿는 것이다. 이에 있어서 신앙은 다만의 희망이나 기대가 아니라, 절대의 미래가 이미 실현되었다고 보는 것이다. 오늘, 여기에 구원이 있다는 자각이다. 이것이 바로 예수 그리스도를 계기로 한 기독교의 신앙이거니와 이와 같은 역사의식을 가리켜 '성취된 종말사상'이라고 말함은 그럴듯한 일일 것이다. 그러나 신약성서는 또한 그리스도께서는 반드시 재림하실 것이며, 그때에는 하나님의 최후 심판과 새 나라가 성취될 것을 증거한다. 그러므로 기독교 신앙은 이 세상에 살면서 오히려 그것을 초월한 세계를 실감하는 일이요 이미 시작된 하나님 나라가 장차에 완성될 것을 대망하는 신앙인 것이다.

이리하여 계시문학적인 종말 사상이 기독교에도 계승된 것이 사실이지만, 그것은 또한 하나님 신앙을 떠난 일반 역사관에 대해서도 많은 영향을 끼치게 되었다. 야스퍼스에 의하면 헤겔이나 마르크스, 니체 등이 세계사를 통일적인 것으로 이해함과 동시에 거기에 일정한 목적과 의미를 인정한 까닭은 그들이 기독교의 역사관을 속화시킨 결과라 한다.

IV.

불트만에 의하면 기독교의 역사관은 그 인간관과 더불어 밀접한 관련이 있다. 그리고 기독교의 인간관은 서양 재래의 인간관을 수정해 주었다. 헬라를 중심으로 한 서양인의 사상대로 하면 인간은 요컨대 다른 생물이나 별로 다름이 없는 하나의 생물에 불과한 것이며 세계를 조성한 하나의 기관에 불과하다. 인간에게 다른 생물과 다른 점이 있다면 저에게 이성이 구유되어 있다는 점인데 인간은 그 이성을 통하여 바깥 세계와 더불어 연결될 뿐 아니라 인간 자신 안에 있는 이성이라는 보편적인 신성과 더불어 연결되어 있는 것이다. 따라서 인간은 자기 자신 안에 세계의 본질을 구유하고 있다고 볼 수 있다. 말하자면 저는 하나의 작은 세계를 형성하고 있는 것이다. 이리하여 인간은 하나의 보편적인 존재다. 이 헬라적인 사상대로 하면 이성이 의지를 영도하는 것이며 의지에게 선을 제시하는 것도 역시 이성이다. 그리고 인간은 교양을 통하여서 자기를 완성함으로써 악을 극복할 수 있다고 보는 것이 헬라인의 인간관이다.

그러나 기독교적인 이해대로 하면 인간과 세계와는 대립적이다. 그리고 인간 존재는 보편적인 것이 아니라 구체적이며, 개별적인 것이다. 세계에 대한 기독교의 견해 역시 헬라의 그것과는 전혀 다르다. 기독교에 있어서의 세계는 요컨대 역사적인 세계다. 따라서 이 세계에는 인간의 노력과 희, 비, 애, 락이며, 모든 고난이 수반되는 것이다. 그것은 말하자면 인격자의 세계로서 모든 사람의 노력이 합해지는 데에서 형성되는 세계다. 이 세계에 있어서는 한 사람의 과거가 저 자신과 더불어 불가분의 관련을 가짐과 동시에 그의 미래 역시 저 자신의 미래로서 저 자신과 더불어 나눠질 수 없는 것이다. 그리고 인간의 과거와 미래는 자연 과정 중에 속한 것이 아니라 그 하나하나가 하나님의 현전에 있어서 독자적인 의미를 가지는 것이다.

 이와 같은 뚜렷한 개인의식이 서양에 들어가기는 신구약성서를 통해서였다. 이 의식은 처음에 고대의 이스라엘에서 싹트기 시작하였고 그것이 가장 잘 드러나 있는 문헌은 시편과 예레미야의 예언서이다. 그러나 이 개인의식이 자서전식으로 처음으로 묘사된 것은 아우구스티누스의 『고백록』이다. 헬라의 고전 중에도 자서전식인 문헌이 전혀 없는 것은 아니다. 하지만 거기에는 아직 성서나 아우구스티누스의 문헌에서와 같은 심각한 개인의식은 나타나 있지 않다. 이리하여 유럽 근대 사회의 특색이라고 말할 수 있는 개인의식은 기독교 신앙에서 유래된 것이며 박애와 평등사상 역시 거기에서 비롯되었다. 뿐만 아니라 인간의 정치적 권위가 상대적인 것이라는 것과 각 시대를 통한 성실한 혁명사상까지가 기독교 신앙에서 배태된 것이었다.

 그런데 이 기독교 신앙대로 하면 인간의 본질을 그 이성에 있다기보다 차라리 그 의지에 있다고 한다. 따라서 인간의 의지가 과오를 범하면 그것이 바로 인간 자신의 과오인 것이다. 기독교 신앙에 있어서는 인간은 곧 그 의지라고 말할 수 있다. 우리는 이와 같은 인간의 정황을 바울의 로마서 7장과 아우구스티누스의 『고백록』 등에서 접하는 것이다.

 그런데 서양 사람들은 이제 이와 같은 개인의식을 속화시켜가지고 하나님의 현전에서 자기를 의식하지 않고 인간 자신의 자립적인 정신으로 화하고 말았다. 그러나 기독교 신앙을 떠나서는 본시 진정한 의미의 개인의식을 이해할 수 없었던 것이며, 괴테의 작품이나 헬델린과 입센 등의 모든 저작을 정당하게 이해할 수는 없는 것이다.

V.

기독교 신앙이 서양 사상에 끼친 또 하나의 영향은 고난에 대한 이해라고 말할 것이다. 후기 헬라 사상 중에도 고난에 대한 이해가 없는 것은 아니었다. 그들은 고난에 대하여 교훈적인 의미를 인정하였다. 고난은 덕행을 위한 훈련이라는 것이다. 그리고 인간의 행복은 반드시 외계에만 있는 것이 아니라 그 심정에 있는 것이며, 이 사실을 이해한다면 고난 중에 처할지라도 인간은 그 힘을 자각할 수가 있다는 것이었다.

그러나 기독교 신앙에 있어서는 인간은 도리어 고난 중에서 자기 자신의 무력을 의식함과 동시에 강하신 하나님의 은총을 깨닫게 된다. 바울은 이와 같은 의미에서 "내 능력이 약한 데서 온전하여진다"라고 하였다. 기독교 신앙대로 하면 하나님 자신이 십자가상에서 모든 고난을 담당하여 주신 것이다. 그래서 서양인에게는 이제 십자가가 승리의 표식으로 변하게 되었다. 그런데 이는 고대 서양에서는 찾아볼 수 없는 것이다. 그러나 기독교 이후의 서양에서는 이와 같은 사상적인 흔적을 얼마든지 찾아볼 수 있으니 중세기의 고딕예술과 미켈란젤로의 예술품 등은 고난당하신 하나님과 고난 중에 처한 인간을 승리자로 취급하고 있는 것이다. 그리고 톨스토이나 도스토예프스키의 문예작품 중에도 그와 같은 사상이 깔려져 있다.

VI.

키에르케고르는 일찍이 "유머는 종교로 통하는 길"이라고 말한 바 있거니와 불트만에 의하며 서양인의 유머 역시 기독교의 영향을 받은 것이다. 셰익스피어와 디킨즈의 작품 중에는 이 유머 정신이 풍부하게 들어 있는데 이는 도시 기독교 신앙의 결과라는 것이다.

오늘날 세계에는 어려운 문제들이 충만되어 있다. 그러나 모든 문제는 하나의 세계를 지향하는 문제라고 말할 수 있다. 두 진영이 치열하게 분쟁하는 까닭은 땅위의 세계가 하나임을 말하여 준다. 싫든 좋든 세계는 이제 하나의 방향으로 향할 수밖에 없게 되었다. 공간은 축소되고 문화는 상통되며 그 바탕이 되는 경계도 교류 중이다. 그러면 이 하나의 세계를 뒷받침할 하나의 사상은 무엇이겠는가?

불트만에 의하면 기독교의 신앙사상은 다만 어느 민족이나 한 시대의 문제만을 해결해 주는 것이 아니라 동양과 서양의 모든 나라와 모든 세대 사람들에게 참 빛을 던져 줌과 동시에 그들이 가진 심각한 문제들을 해결해 주는 것이다. 그가 말한 문제 해결의 방도는 하나밖에 없을 것이다. 곧 우리가 예수 그리스도의 사실에 돌아가 거기에서 하나님과 인간과의 대결을 받는다는 일이다. 그리하면 우리는 중세기의 아우구스티누스와 같이 세계사의 중앙에는 십자가에 달리신 예수 그리스도가 서 계심을 인식함과 동시에 우리 자신의 존재 이유를 가지고 이 역사에 동참하게 된다. 이 역사는 물론 우리에게 허락된 자유 때문에 여러 가지 혼란을 면치 못한다. 그러나 하나님의 섭리로 말미암아 그것은 결국 그 목적지로 향할 수밖에 없을 것이다. 기독교는 이와 같은 사실을 믿기 때문에 세계사를 운명으로 생각하거나 거기에 개재하는 모든 불의를 합리화시키려고 꾀함이 없이 역사를 지배하시는 하나님의 영광을 드러내기 위하여 몸소 모든 고난을 담당하는 것이다. 이와 같이 역사의 주 되시는 하나님의 지배에 동서양의 모든 나라가 순응할 때에만 진정한 의미의 하나의 세계는 형성될 것이다.

3
하나인 교회의 성서적 근거*

두 차례의 세계대전을 겪은 20세기 전반기는 확실히 혼란과 분열의 세대였다. 그러나 하나님의 섭리로 말미암아 기독교 교회에는 이때에 도리어 국제적인 협동운동이 대두함과 동시에 세계 각처에서는 교파 내지 교회적인 합동이 성행함에 이른 것이다. 그래서 오늘날에 있어서도 모든 교회는 자기 교회가 그리스도 교회의 부분적인 파편(破片)에 불과함을 인정하는 한편 어떻게 하면 그 교회 안에 전체적인 모습을 갖출 수 있을까를 모색하고 있는 것이다.

그러나 프로테스탄트 교회의 성립 동기가 성서의 진리를 터전으로 한 것이므로 그 합동이나 통일 역시 성서적인 기반 위에서 수행되지 않으면 안 될 것이다. 만일에 성서의 진리를 왜곡하거나 그것을 무시하는 합동운동이 전개된다면 이는 도리어 그리스도의 교회를 그르치는 결과를 가져올 수밖에 없을 것이다.

여기에서 우리는 에큐메니칼 운동의 기초적 연구과제인 그 성서적 근거

* 「기독교사상」(1958. 1), 8-13에 실린 글이다.

를 탐구할 필요를 느끼게 된다. 그러나 구약성서에는 기독교에 대한 간접적인 예언 말씀이 있을 뿐이고 거기에 대한 직접적인 증거가 없으므로 여기에서는 주로 신약성서를 중심으로 논의할 수밖에 없을 것이다.

주지의 사실이지만 신약성서는 교회를 가리켜 '에클레시아'라고 말하거니와 이 말은 본래 헬라의 도시국가에서 공공한 일을 위하여 선출된 시민들의 집회를 뜻한 것이다. 말하자면 그것은 정치적인 자치 단체의 대표기관을 의미하는 것이다. 그런데 기원전 3세기에 구약성서를 헬라어로 번역한 70인역(LXX)에서는 '카할'이라는 히브리말이 에클레시아라고 번역되었다. 여기에서 에클레시아는 신앙적인 의미를 가지게 되었거니와 이 말은 원래 '소집(召集)하다'에 대한 명사인 것이다. 그러니까 신약성서에서 교회의 기원은 하나님의 소명에 있는 것이고 인간적인 사귐이나 그들의 활동에서 시작된 것이 아닌 것이다.

복음서에는 이 에클레시아라는 말이 두 차례 나오는데 마태복음 16장 18절과 18장 17절이 그것이다. 그래서 학자 중에 예수께서는 교회를 일으키실 의향이 없었을 것이라고 주장하는 이들이 간혹 있었다. 그러나 복음서에는 '하늘나라'라는 말이 자주 사용되는데 이것은 비록 성 아우구스티누스의 뒤를 따른 가톨릭교회의 주장과 같이 그것이 바로 기독교 교회라고 말하기는 어려울지라도 하나님의 지배를 뜻하는 이 하늘나라에는 기독교 교회가 포함된 것이라고 볼 수밖에 없다. 왜냐하면 하나님의 "지배가 있기 때문에 교회가 존재하게 되었음이다"(Otto Weber).

예수께서는 또한 '선한 목자'와 '인자'를 자처하셨거니와 여기에도 교회적인 의미가 내포되어 있는 것이다. 왜냐하면 선한 목자는 그 치는 양의 무리를 예상한 것이며 다니엘서를 배경으로 한 '인자'의 개념에도 '교회 이념의 자료'가 포함되어 있을 것이기 때문이다(F. Kattenbusch).

그리고 저가 최후 만찬을 베푸신 것은 '새 계약'을 뜻한 것인데 이 계약은 분명히 선별된 새 백성을 예상한 것임과 동시에 거기에 참석한 12제자는 교회를 대표한 사람들일 것이다.

그러나 무엇보다도 명백한 것은 마태복음의 특수자료인 앞서 말한 16장 18절의 기사다. 이는 물론 베드로에게 교권을 위임하신 말씀은 아닐 것이나 승천하신 주님께서 소유하실 천국 열쇠를(계 1:18) 장차 교회가 지상에서 관리하게 될 것을 말씀하신 것이다(마 18:15; 요 20:23). 그래서 여기에서 우리는 주께서 교회에 대한 의도를 가지고 계셨음을 보는 것이다.

이리하여 복음서에서 그리스도 교회는 신도들 편에서 구성한 것이 아니라 그리스도로 말미암아 구성된 것이었으며 "예수 그리스도가 계신 곳에 온전한 교회가 있었던 것이다"(이그나티우스).

사도들의 서신을 볼지라도 그들은 이 밖에 다른 교회를 인정하지 않았다. 그들은 제도나 조직 또는 인간적인 집단을 교회라고 인정하지 않았다. 그들에게 교회는 그리스도의 몸이요(롬 12:5) 신도들은 그 지체며 그것을 통일시키는 것은 주 되신 그리스도 자신이었다(고전 10:16).

이 '몸'의 개념에서 알 수 있음과 같이 교회는 하나의 신비적인 통일체이다. 그것은 다만 신도들의 총체가 아니라 각 부분의 유기적인 통일체이다. 그리고 예수 그리스도는 각 신도를 결합시키는 통일이시다(엡 4:15-16). 이리하여 교회를 결합시키는 것은 직제나 교회법 또는 신학이나 신조가 아니라 교회의 머리되시는 예수 그리스도의 인격적인 존재인 것이다. 교회가 일정한 조직이나 운영 방침 밑에서 운영된 것은 분명한 사실이다. 그러나 제도나 조직 또는 그것을 운영하는 운영 방침이 교회의 일치를 보장하는 것이 아니라 두세 사람이 모인 곳에 같이하기를 약속하신 예수 그리스도의 지배가 교회를 하나되게 하는 것이다. 그리고 교회는 조직이나 제도가 아니라 주 예수 그리스도를 중심으로 한 성도의 사귐이다. 그래서 신약성서에서 하나의 교회의 기반이 되는 것은 오직 한 분 머리되시는 예수 그리스도밖에 없는 것이다(엡 4장).

그러나 역사적인 교회의 걸음을 보면 거기에는 기계적인 하나의 모습을 볼 수는 도저히 없고 그것은 언제나 다채로운 변화를 보여주었다. 원시교회까지도 단순 소박한 것은 아니었으니 고린도 교회 하나만 볼지라도 거기에는 여러 가지 영향이 있었던 것이다. 그래서 어떤 이는 바울에게, 어떤 이는 아볼로에게, 또 더러는 게바에게 속한다고 자처하였다.

원시교회에는 또한 예루살렘 교회를 중심으로 한 유다 교회와 사도 바울이 건설한 이방교회 사이에 더 큰 간격이 있었던 것이다. 예루살렘 교회를 주장하던 야곱과 베드로 등은 주예수와 더불어 직접적인 관련을 가진 그의 목격자로서 자기들의 듣고 본 바를 기초로 하고 교회를 영도하였기 때문에 그들에게 특수한 권위가 인정되고 있었으리라. 그리고 그들이 섬기던 예루살렘 교회는 성도(聖都) 예루살렘에 자리 잡고 있었으므로 그것은 모든 교회에 대하여 모교회의 구실을 하고 있었다. 그래서 이방 사도 바울까지도 이 사실을 인정하고 모교회에 대하여 가진 충성을 다했던 것이다.

그러나 예루살렘 교회와 이방교회 사이에는 상당한 거리가 있었던 것이니 예루살렘 교회에는 율법을 중히 여기는 주의 형제 야곱을 추대하면서 유대교의 관습과 할례를 그대로 지키기를 강요함과 동시에 엄격한 교회법을 제정하여서 교권적인 지배를 단행하기를 바라는 이들이 있었던 것이다(Karl Holl). 말하자면 그들은 예루살렘 교회를 중심으로 하고 전 세계에 신정(神政)정치를 수립하고자 하였던 것이다. 그래서 이와 같은 사상을 가진 이들이 바울 사도가 건설한 갈라디아 교회나 고린도 교회에 침입했던 것이다(Johannes Weiss). 그들은 다만 이방교회의 유대화를 요구할 뿐 아니라 이 뜻을 이루지 못할 때에는 같은 곳에 바울적인 교회와 자기류의 교회를 세우기를 주저하지 않았을 것이다.

그들의 믿는 바대로 하면 사도 바울이 율법을 제거하고 유대인과 이방인의 사이에 아무런 구별도 인정치 않음은 위험한 일인 것이다. 왜냐하면 잘못하면 거기에서는 우상숭배와 부도덕한 일들이 생겨 날 가능성이 많기 때문이다. 그러나 그들은 다만 이방교회가 유대화되기를 바랐을 뿐이요 바울과 그의 교회를 배격하지는 않았다. 그 까닭은 유대교회와 이방교회는 다 같이 그리스도의 교회임을 인정하였기 때문이다. 예루살렘 교회가 이와 같은 아량을 가지는 데에는 베드로의 수고가 컸던 것이니 저는 유대인들의 냉혹한 비판을 받음과 동시에 이방 사도 바울에게서 면책을 받아가면서 유대교회와 이방교회 사이를 조종하기에 많은 수고를 하였던 것이다(행 11:15). 저는 과연 이방교회까지를 포함한 모든 교회의 '반석'이었다.

이리하여 신약성서의 교회는 예루살렘 교회를 모교회로 하고 유대와 이방의 모든 교회가 폭이 넓은 일치를 지속하였다. 물론 이 교회의 양극은 한편으로는 유대주의와 통해 있었고 다른 편은 이교주의에 연결되어 있었다. 따라서 교회를 섬기던 사도들에게는 끊임없는 긴장과 남모를 고충이 있었으리라. 그래서 두 사이에 심각한 간격이 있었음에도 불구하고 그들은 하나의 교회를 이룩하기에 갖은 노력을 하였던 것이다.

그러나 이는 결코 사도들의 외교적 수완이나 종교적 경건성의 결과는 아니었다. 그것은 어디까지나 그리스도의 복음에서 비롯된 것이다. 사도행전 1-13장에서 엿볼 수 있음과 같이 최초에 전파된 복음은 주 예수의 고난에 대한 복음이었다. 그러나 사도들은 다만 고난의 사실만을 전한 것이 아니라 거기에는 사실과 해석이 결합되어 있었던 것이다(C. H. Dodd). 다시 말하면 그들은 예수의 생애와 그의 고난의 사실을 기억하여 그것을 구전으로 전달하다가 나중에 문서로 기록하기 시작하였다. 그래서 예수 그리스도의 십자가와 그의 부활은 처음부터 그들의 신앙을 통하여 해석된 사실이었고 여기에서 학자들의 이른바 사도적인 케리그마(使信)가 형성됨에 이른 것이다.

예루살렘 교회와 이방교회는 다 같이 이 사도적인 케리그마 위에 굳건하게 서 있었다(고전 15:3). 따라서 유대교회와 이방교회를 연결시킨 것은 그들의 종교적인 경건성이나 감정적인 조화가 아니라 십자가와 부활에 대한 사도적인 사신(使信)인 것이다.

그러나 이 사신에 대한 해석에는 발전적인 다양성이 있었던 것이니 성령으로 말미암은 그리스도 해석에는 언제나 이와 같은 자유가 허락되는 것이다. 그러나 신약성서에 나타난 해석의 자유는 혈육으로 말미암은 죄된 분열을 지양시키고 도리어 예수 그리스도만을 주라고 고백케 하는 통일적인 자유였다. 외양만을 볼 때에는 교회에는 예나 이제나 여러 가지 분열이 있는 것이다. 그러나 이와 같은 분열은 신약성서 자체 내에도 있는 것이니, 로마서와 야고보서 그리고 요한계시록 사이에는 상당한 거리가 있는 것이며 거기에는 획일적인 통일을 기대하기는 어려울 것이다. 그러나 그 모든 서책은 근본 사상이 다른 것이 아니라 다만 그 강조점이 다를 뿐이며 그것은 다 같이 예수 그리스도의 주 되심을 증거하고 있는 것이다. 그래서 신약성서의 사람들은 언제나 하나의 복음 위에 머물러 있었고 일치의 감정은 원시교회의 특징이었다. 그러나 거기에는 해석의 자유가 있었고 다채로운 다양성이 허락된 것이니 "신약성서는 고정된 교리를 강요하지 않으며 그것은 자유에 대한 대헌장인 것이다"(E. F. Scott).

원시교회는 분열하지 않고 주의 형제 야곱과 이방 사도 바울은 피차간에 상대방을 용납하였다. 그들 사이에는 때때로 암운이 감돌고 의혹과 충돌도 없지 않았다. 예루살렘 교회에는 과격한 사람들이 있어 끊임없이 복잡한 문제를 제기하였다. 그러나 그들은 언제나 바울과 그의 세운 교회를 부정하지는 않았다. 이는 완고하고 보수적인 그들에게 있어서 일대영단

(一大英斷)이 아닐 수 없다.

아무튼 모든 고회의 중심은 예루살렘 교회였다. 거기에는 야곱과 베드로가 있었고 사드 회의가 열린 곳도 예루살렘 교회다. 이방 사도 바울도 그것을 모교회로 인정하였고 사도 회의에서는 이방교회 실정을 보고함과 동시에 그 일을 위하여 협의하였고 마감에는 일치된 결론에 도달하였다. 그리고 피차간에 성도의 사귐을 돈독하게 하기 위하여 가난한 예루살렘 형제를 위하여 헌금을 모으기로 작정하였다(고전 16:1; 고후 8:4).

그런데 신약성서의 교회가 하나였음을 구체적으로 말해 준 것은 거기에서 시행된 성례전이라고 말할 것이다. 교회가 사도적인 케리그마를 통하여 성립된 것은 사실이다(고전 3:6 이하; 4:15). 그러나 교회가 그 생명을 유지한 것은 세례와(엡 4:5) 성만찬을 통해서였다(고전 10:16이하; 11:20 이하). 유대인 신도와 이방 신도는 다 같이 세례를 받았고(갈 3:18) 성만찬에서도 같은 일이 반복되었다(고전 10:16).

예전에 있어서 교회의 '하나'는 부위(富爲)가 아니라 현재였다. 거기는 실지로 하나의 교회가 존재하는 것이다. 왜냐하면 거기에는 하나의 영 하나의 주가 계시기 때문이다. 물론 주 예수 그리스도와 그의 교회가 온전한 하나를 이루는 일은 종말의 날에 가서 성취될 것이다. 그러나 성례전에는 그것이 이미 단편적으로 성취되어 있는 것이다(엡 4:5). 그래서 종교개혁자들은 일찍이 하나님 말씀이 바로 전달되고 성례전이 바르게 집행되는 곳에 하나의 교회가 존재한다고 보았던 것이다.

신약성서에 있어서 하나의 교회는 제도나 조직, 신학이나 신조에 있는 것이 아니라 그것은 오로지 하나의 주 하나의 영 하나의 하나님에게 있는 것이다. 따라서 그 온전한 실현은 역사와 인간의 가능성을 넘는 것이며 종말의 날에 가서야 교회는 온전한 하나를 이룰 것이다. 그러나 하나의 교회는 또한 사도들과 모든 신도들에게 부과된 과제였다. 그래서 모든 신도는 이 과제를 수행하기 위하여 사랑의 교제에 주력함과 동시에 그리스도의 복음의 진리를 지키기 위하여 싸웠던 것이다. 왜냐하면 하나는 다만 복음의 진리를 순수하게 믿는 데에 있기 때문이다. 복음신앙이 분열되면 교회의 통일은 있을 수 없다. 그래서 원시교회 사도들은 복음신앙의 일치를 위하여 싸울 수밖에 없었던 것이며 이 싸움은 기독론적인 싸움이 될 수밖에 없었다. 가장 실천적이며 목회적인 성결을 띤 목회서신과 사랑의 서신인 요한일서까지가 엄격한 의미의 기독론의 면모를 갖추게 된 것은 이 때문이다.

원시교회 신도들은 예수 그리스도를 주라고 고백하는 신앙에서 일치되기만 하면 누구를 사사(師事)하든, 입장 여하를 막론하고 서로서로 용납하는 관대한 아량을 가지고 있었다. 고린도 교회에는 바울과 아볼로를 분열시키려는 세력이 없지 않았고 잘못하면 유대교회와 이방교회로 나누어질 수밖에 없었을 것이다. 그러나 바울은 아볼로를, 베드로와 야곱은 바울 사도를 용납함과 동시에 그들을 복음 선교의 동역자로 인정하였다.

바울은 또한 유대인에게는 유대인처럼 하고 이방인에게는 이방인처럼 한다고 말하였거니와 이와 같은 사랑의 실천이 없이는 교회의 신앙 생명을 유지할 수 없는 것이다. 그래서 바울은 유대인 신도와 이방의 신자가 피차에 용납할 것을 강요하였다(롬 14:15). 바울이 좁은 유대 땅에 머물지 않고 전 세계에 그리스도의 복음을 전파할 수 있었던 까닭은 저에게 이와 같은 넓은 마음이 있었던 때문일 것이다.

저는 로마를 지나 땅 끝까지 그리스도의 복음을 전파할 것을 간구하였다. 이는 이방 사도 바울에게 맡겨진 특권이었다. 그럼에도 불구하고 저는 로마로 직행하지 않고 이방에서 모금된 헌금을 모교회에 전달한 다음 거기에서 스페인 전도를 출발하였다. 그러나 유대인은 그때에 저의 생명을 노리고 있었고 바울로서도 그들에게 대한 약간의 감정이 없을 수는 없었을 것이다. 그러나 분열의 위기에 직면하게 된 유대교회와 이방교회의 일치를 위해서는 자기의 생명을 돌볼 여가가 없었던 것이다. 그래서 바울의 교회정책은 변함없는 일치였으니(Helmut Koester) 이는 "교회의 불일치는 분명히 하나님의 뜻에 배치되는 것이기 때문이다"(Samuel Clarke). 이리하여 신약성서의 교회는 다채로운 하나였다.

4
화육(化肉)신앙의 현대적 의의*

I.

예수 그리스도는 어떠한 분이며, 그는 무엇을 하려 했던가? 대제사장 가야바가 예수는 어떠한 분인가를 물은 다음부터 많은 사람들이 같은 물음을 물었을 뿐 아니라, 예수 자신까지도 그 제자들에게 같은 물음을 물었던 것이다. "그러면 너희는 나를 누구라고 하느냐?"(마 16:15).

예수께서 물으신 이 물음은 방관자에게는 대수롭지 않을 것이다. 그러나 그의 뒤를 따라가는 추종자에게 있어서는 더할 수 없이 중요한 것이다. 그래서 19세기의 신학자들은 이 문제를 풀기 위하여 예수전(傳) 연구에 몰두하였다. 그리고 그들은 마치 야곱이 얍복강 언덕에서 천사와 더불어 씨름하듯이 예수와 더불어 씨름하였다. 그러나 예수에 대한 그들의 연구는 좋은 성과를 거두지 못하고 도리어 수습할 수 없는 혼란 중에 빠지고 말았다. 왜냐하면 그들이 예수전 연구의 재료로 삼은 신약성서가 예수에

---

*「기독교사상」(1959. 12), 12-17에 실린 글이다.

대한 전기적인 기록이 아니라 초대교회 신도들의 신앙적인 전승인 것이 알려졌기 때문이다.

그러나 우리가 구할 수 있는 예수에 대한 지식은 신약성서의 범위를 넘지 못한다. 왜냐하면 나사렛 예수의 출생과 생애 및 그의 십자가와 부활에 대한 기사는 이 신약성서 이외에 없기 때문이다. 그런데 이 신약성서의 저자 중에는 예수에 대한 역사적이며 전기적인 관심을 가진 사람은 하나도 없었다. 그들은 모두 나사렛 예수를 하나님의 성자와 구주로 믿고 그에게 대한 신앙적인 해석을 가하고 있을 뿐이다. 따라서 신약성서에 기록된 예수의 말씀과 행동에 대한 모든 기사는 사실 그대로의 기사가 아니라 일단 초대교회 신도들의 신앙적 해석을 걸친 것이다.

틸리히가 말하고 있음과 같이 우리에게 만일에 예수의 말씀과 그의 행실을 전하여 주는 천연색과 녹음(錄音)으로 된 발성영화(發聲映畵)가 있더라면 예수전 연구에는 큰 도움이 되었을 것이다. 그러나 불행하게도 예수에 대해서는 그와 같은 재료가 남아 있지 않다. 신약성서의 모든 기록은 나사렛 예수를 구주로 믿고 그것을 전달하는 고백들이다. 그러나 실상인즉 여기에 예수에 대한 올바른 지식이 있는 것이며 우리가 구원받기 위해서는 이 지식이 가장 소중할 뿐 아니라 그것만으로 족한 것이다.

신약성서에서 우리는 다만 초대교회 신도들의 신앙고백과 그들의 신학에서 육성된 예수의 모습을 접할 뿐이다. 따라서 신약성서는 일찍이 정통주의자들이 주장한 바와 같은 문자 그대로의 역사적인 기록을 접할 수는 없는 것이다. 예수에 대한 신약성서의 전승에서는 예수의 생애에 대한 객관적이며 확실성을 가진 지식을 구할 수가 없을 뿐 아니라 그런 의미에서는 신약성서의 모든 기록은 신용할 수 없는 것이다. 그러나 진지한 역사가라면 예수가 역사적인 인물임을 의심하지 못할 것이다. 왜냐하면 그의 인격적인 존재와 감화 없이는 그리스도 교회의 모든 전승과 서양 문화의 정신적인 원천을 생각할 수가 없기 때문이다. 그래서 예수께서 갈릴리에 나타나셔서 12제자를 모으시고 천국 복음을 전하신 일과 알기 쉬운 이유로써 가르치시고, 병자를 고치신 일이라든지 그의 세력이 커짐에 따라 원수들이 생기게 되었고, 마감에 가서 본디오 빌라도에서 고난 받으신 일을 의심할 수는 없는 것이다. 만일에 예수 그리스도의 역사성을 의심한다면 로마 총독 빌라도의 역사성도 의심할 수밖에 없을 것이다.

그러나 신약성서가 증거하는 예수 그리스도의 확실성은 그의 사실을 역사적으로 연구하는 데에서 알려지는 확실성이 아니다. 따라서 예수 그리스도를 역사적 방법으로 연구하여 온 비판주의신학에서는 예수에 대한 바른 지식을 구할 수가 없었던 것이다. 예수 그리스도의 확실성은 다만 그에게 대한 인격적인 관련에서만 이루어진다.

우리가 어머니의 존재를 이해하기 위해서는 어머니의 말씀과 행동을 객관적으로 관찰하면서 그 어머니가 어떠한 분인가를 연구하는 데에서 이해할 수도 있을 것이다. 그러나 어머니는 연구하는 데에서 알려지는 것이 아니라 어머니의 품 안에 뛰어 들어가 그의 따뜻한 사랑을 맛보는 데에서 알려지는 것이다. 그래서 예수 그리스도를 이와 같이 인격적으로 이해하는 사람은 그의 실재를 객관적으로 이해하려고 하지 않는다. 왜냐하면 예수 그리스도의 실재는 다만 그를 믿는 인격적인 관련 중에서만 알려지는 것이기 때문이다.

그러므로 자기 자신의 죄성을 뼈저리게 느껴가면서 그 무서운 죄악을 구원하신 구주로 믿는 일이 없이는 예수 그리스도에 대한 바른 이해를 가질 수가 없는 것이다. 만일 우리 자신에게 주어진 이와 같은 사죄의 의미를 인정하지 않는다면 예수 그리스도를 올바르게 이해할 수는 없을 것이다. 아무리 예수 그리스도의 역사성을 인정한다고 해도 우리 자신이 거기에 관련되지 않는다면 그의 역사적인 사실에는 아무런 의미도 없을 것이다.

신앙의 눈을 가진 자만이 예수가 어떠한 분인가를 이해할 수 있음과 동시에 믿음이 없는 자는 그를 이해할 수가 없는 것이다. 따라서 예수 그리스도의 확실성을 부정하는 모든 이론은 신앙적인 이론이 아니라 불신자의 이론인 것이다.

II.

그런데 초대교회 신도들에게 나사렛 예수는 단지 인간이 아니었다. "주는 그리스도시요 살아 계신 하나님의 아들이니이다"(마 16:16)라고 한 베드로의 고백과 같이 그는 그리스도와 하나님의 아들이었다. 그러나 이것은 결코 초대교회 신도들이 인간 예수를 존경한 나머지 그를 구세주와 하나님으로 추대한 것이 아니다. 아닌 게 아니라 고대 교회에서는 그와 같은 일들이 많이 있었다. 예컨대 로마 제국의 황제를 신으로 모신 것과 같다. 그러나 초대교회가 예수를 '주'라고 고백함과 동시에 그를 하나님의 성자라고 인정한 것은 유대교적인 유일신관의 기반 위에서 된 일임을 알아야 한다. 그래서 기독교 교회는 일찍부터 이 예수 그리스도의 인격의 비밀을 표현하기 위하여 그는 '참 하나님, 참 사람'이라고 표현하였고 중세기의 토마스 아퀴나스는 그를 '내 주, 내 하나님'이라고 고백했는데 이것은 신약성서의 증거를 이어 받은 것이다.

신약성서 전체가 여기에 대한 증거지만 특히 요한복음 첫 머리에는 여기에 대한 뜻 깊은 기사가 있다. "말씀이 육신이 되어 우리 가운데 거하시매 우리가 그 영광을 보니 아버지의 독생자의 영광이요 은혜와 진리가 충만하더라"(요 1:14)는 기사다. 나사렛 예수는 육이 되신 영원하신 하나님 말씀이요, 그가 바로 하나님이라는 것이다. 그러므로 요한이 말한 '말씀'은 헬라 철학적인 개념이 아님과 동시에 그의 말한 '육'의 개념도 다만의 육신이 아니라 그것은 차라리 사람이 되신 예수 그리스도의 인간 존재를 말한 것이다. 그것은 추상적인 사상이 아니라 하나의 역사적인 사실을 말한 것이며 시간과 공간 속에서 성취된 사건을 말한 것이다. 거기에서는 영원하신 하나님 말씀이 역사를 이루었으며 사람들은 그것을 눈으로 보고 손으로 만질 수가 있게 된 것이다. 그런데 하나님께서는 이와 같은 예수 그리스도의 인간 존재를 통하여 사람들에게 자기를 나타내시고 그 말씀을 들려주셨다. 그리고 자기 몸소 사람들과 더불어 인격적인 접촉을 가져 주셨다.

이와 같이 예수 그리스도 안에는 하나의 인격 안에 두 가지 품성이 있다는 것이 역대 교회의 주장이다. 곧 신적 품성과 인간적인 품성이다. 역사적인 예수는 하나의 사람으로서 종의 형태를 입으셨지만 그는 또한 영원하던 하나님의 권세를 가지신 분이다. 그래서 사도 바울은 빌립보서 2장 6절 이하에서 다음과 같이 말하고 있다. "그는 근본 하나님의 본체시나 하나님과 동등됨을 취할 것으로 여기지 않고 오히려 자기를 비워 종의 형체를 가져 사람들과 같이 되었고 사람의 모양으로 나타나셨으며 자기를 낮추시고 죽기까지 복종하셨으니 곧 십자가에 죽으심이라."

바울 사도의 증거와 같이 예수 그리스도는 하나의 사람으로서 다른 사람과 마찬가지로 시간 중에 거하시면서 일정한 역사적인 환경 안에서 사신 분이다. 그는 다른 사람이나 다름이 없는 성장과정을 밟으셨고(눅 2:52) 하나님과의 관계를 보더라도 다른 사람과 별로 다름이 없었다. 그는 끊임없이 기도하셨고 피땀 흘린 수고를 감당하셨다. 그리고 어떤 사람이 자기에게 착한 선생님이라고 하였을 때에도 오직 한 분 하나님만이 선하시다고 표명하였다(막 9:18). 이 모든 점으로 비추어 볼 때에 신약성서의 기자들이 그를 하나의 인간으로 본 것이 확실하다.

그러나 이 사람 된 예수는 또한 다른 사람이 가질 수 없는 신적인 면을 가지고 있었다(마 11:27). 그는 언제나 사람들에게 대하여 하나님 말씀을 말씀하였고 그분 자신이 하나님이었다. 그는 한편으로 하나님의 뜻대로 살기 위하여 믿음과 기도에 진력하였다. 그래서 그는 자기 몸소 신적 권세를 행사하면서 "나는 너희에게 말한다"(눅 9:59)라고 선포하셨으며 자기 자신의 결단이 바로 하나님의 결단임을 표명하였다(마 11:6). 그리고 자기가 임재한 곳에 하나님의 나라가 임한 것이라고 말씀하였다(눅 19:1-10). 그는 또한 신적 권세를 가지고 죄를 사하심과 동시에 자기 자신이 하나님의 아들이라고 자처하셨다(마 11:27).

이리하여 신약성서의 증거대로 하면 예수에게는 인간적인 겸비(謙卑)가 있는 반면에 하나님의 고귀성이 있었고 역사적인 예수가 바로 역사적인 그리스도와 하나님의 아들이었다. 아들로서의 하나님이었다.

III.

이와 같이 신성(神性)과 인성(人性)을 가지신 예수 그리스도에게서는 역사의 새로운 출발이 시작됨과 동시에 두 가지 역사가 성취되었다. 첫째로 일반적인 역사가 성취되었는데 이 점에 있어서는 나사렛 예수와 다른 사람 사이에 아무런 구별도 없었던 것이다. 그는 일정한 시간과 공간 중에서 거하시다가 다른 사람이나 마찬가지로 이 세상을 떠난 것이다. 그러나 예수 그리스도에게서는 또 하나의 역사가 이루어졌는데 그것은 하나님의 창조와 구원의 역사다. 그리고 그에게서 이루어진 이 구원의 역사는 초자연적인 역사일 뿐 아니라 그것은 또한 우리와 관련되는 역사다. 그러나 자기 몸소 죄인임을 의식하면서 그의 구원을 믿는 자가 아니면 이 구원의 역사를 이해할 수 없는 것이다. 그래서 현대 신학은 예수 그리스도에게서 성취된 두 가지 역사를 중요시함과 동시에 믿는 자는 그에게서 성취된 구원의 역사와 관련되어야 한다고 주장하는 것이다.

이리하여 예수 그리스도는 다만 믿는 자만이 이해할 수 있거니와 이 신앙을 가진 자는 대대로 의심은 가질지 모르나 절망은 느끼지 않으며 죽음에 대한 걱정은 할지 모르나 그것을 무서워하지는 않는다. 그래서 그는 암담한 처지 환경 중에서도 하나님의 뜻을 이루기 위하여 적극적으로 노력하는 것이다.

말씀이 육이 되어 우리 중에 거하였을 때 그 역사적인 환경은 찬바람 부는 겨울밤이었다. 세상에는 인과의 법칙이 그대로 진행되고 역사 중에는 약육강식과 계급투쟁이 치열하게 전개되고 있었다. 이스라엘 사람들은 로마 제국의 허정(虛政) 밑에서 신음하고 있었고 그 틈을 타서 거짓 구세주가 등장한 적도 한두 번이 아니었다. 그런데 이와 같은 환경 중에서 말씀의 화육(化肉)이 이루어진 것이다.

하나님의 말씀이 육을 입으신 것은 바르트의 말과 같이 하나님에게 있어서는 '여벌'이라고 말할 것이다. 그런데 예수 그리스도의 화육에서는 이와 같은 여벌이 생긴 것이다. 화육은 말하자면 하나님이 하나님 되심을 조금도 감하지 않은 채로 그에게는 여벌인 인간 존재가 되신 일이다. 우리는 여기에서 인간을 구원하시는 하나님의 적극성을 엿볼 수 있다. 그러나 이 하나님의 적극성은 영광이나 위대성을 위한 적극성이 아니라 그것은 차라리 땅바닥까지 낮아져서 부끄러움을 당하기 위한 적극성이다. 그래서 영원하신 하나님께서 육으로 오시자 온 세상은 그를 문 밖에 세워 두고 영접하지 않았다. 사도 요한의 표현을 빌린다면 빛이 세상에 비취되 세상은 그것을 받아들이지 않았다(요 1:11). 인간에게 최대의 축복인 예수 그리스도가 그들에게는 도리어 거리낌이 되었고 하나님 보시기에 가장 귀중한 것이 그들에게는 무가치한 것으로 보였던 것이다.

악도 하나의 세력인지라, 그것은 언제나 강한 세력으로 움직이는 것이며 인류 사회의 모든 불행은 여기에서 비롯되는 것이다. 그러나 크리스마스의 어린 아기에게는 모든 것을 싸고도 남는 사랑이 충만하였다. 그리고 이 사랑의 세력이 역사하기 시작하면 상대적인 세계 안에 절대적인 운동이 전개하기 시작하며 거기에서는 미래의 세계가 창조되어 가는 것이다. 그러므로 어린 아기 예수의 손에는 온 지구가 가벼운 탁구공과 같이 쥐어져 있었다고 말할 수 있다. 왜냐하면 어린 아기 예수만이 모든 사람의 고통과 죄, 그리고 그들의 죽음까지를 담당할 수 있는 구주였기 때문이다.

IV.

그러나 오늘날에도 인간 사회의 실정에는 변함이 없다. 그래서 1954년 미국 에반스톤(Evanston)의 세계교회협의회(WCC)에서는 "예수 그리스도는 주되시며 그만이 교회와 세계의 소망"이라고 표명하였다. 여기에서 표명된 바와 같이 하나님께서는 예수 그리스도를 통하여 온 세상을 구원하셨거니와 그는 이 예수 그리스도의 구원의 은총을 베푸심으로써 사람들이 서로 사랑으로 봉사하기를 재촉하신다. 따라서 우리 자신이 하나님의 종이 되어 주께서 남기신 고난의 사업을 담당하지 않는다면 크리스마스의 참뜻을 이해할 수 없는 것이다. 그러므로 우리 자신의 마음속에 주 예수를 모심이 없이 다만 예수 그리스도의 성탄만을 경축한다면 그것은 참된 의미의 크리스마스가 아니라 이교(異敎)적인 감상에 불과할 것이다. 그러나 우리 자신이 하나님의 자녀로 탄생되어 예수 그리스도를 본받는 봉사자의 소임을 담당할 때에 거기에 비로소 참된 의미의 성탄이 조용하게 전개될 것이다.

신약성서의 증거에 의하면 역사의 처음에는 하나님의 창조가 있었고 역사가 진행되는 도중에는 예수 그리스도의 십자가가 놓여 있으며 역사의 마감에 가서는 하나님의 최후 심판이 있다. 그리고 하나님께서는 태초에 그 말씀을 가지고 만물을 창조하셨는데 이 말씀이 육이 되신 결과 우리는 땅위에 있으면서 하나님과 더불어 새로운 관계를 가질 수 있게 되었다. 그리고 성령께서는 우리가 하나님의 사랑을 본받아 살 수 있게 하신다. 사도 바울은 말하기를 그리스도 안에 있는 자는 새 창조라고 말하였거니와 우리는 비록 약하고 부족할지라도 그리스도 안에서 어느 정도 하나님의 뜻을 수행할 수 있는 것이다. 그래서 니버의 말과 같이 역사가 진행되는 도중에 정신과 문화의 갱신이 있을 수 있는데 우리가 이와 같이 그리스도 안에서 신생의 은혜를 받아 잠정적인 가치밖에 가지지 못한 문화를 화육의 정신을 가지고 심고 정화함으로 구원의 역사를 이루어 간다면, 바로 여기에 화육신앙의 현대적인 의의가 있을 것이다.

5
신학과 설교*

신학에는 오랜 역사가 있고, 그 개념도 시대와 장소에 따라서 여러 가지로 이해되어 왔다. 그러나 기독교 신학과 설교와의 관계를 가장 밀접하게 연결시켜 준 것은 칼 바르트를 중심으로 한 위기신학이 아닌가 한다. 더러는 말하기를 두 차례의 세계대전과 거기에서 기인된 문화의 파탄 때문에 이 신학이 생겼다 한다. 그러나 위기신학은 오히려 인생의 근본 문제와 성서의 진리가 맞부딪치는 데에서 일어나는 설교의 문제에서 비롯된 것이라고 말할 것이다. 그러면 이 신학이 발생된 기반이 되는 설교는 어떠한 것이며, 이 설교와 신학과의 관계는 어떠한 것인가를 더듬어 보자.

I.

설교가 무엇인가를 살피기 위해서는 설교의 내용이나 그 결과보다도

---

*「기독교사상」(1960.), 32-37에 실린 글이다.

먼저 설교를 담당하는 전도자의 처지를 살펴야 한다. 왜냐하면 설교를 담당하는 전도자를 떠나서는 설교가 무엇인가를 말하기 어렵기 때문이다.

전도자도 일반 신도와 마찬가지로 한 사람의 신도임에 틀림이 없다. 그러나 그에게는 일반 신도와 구별되는 특별한 소임이 맡겨져 있다. 그에게는 그리스도 교회에 하나님 말씀을 전달할 소임이 맡겨져 있는 것이다. 그러나 이는 그의 재질이 특별하거나 그에게 남다른 기능이 있어서가 아니라, 그로 하여금 하나님 말씀을 전하게 하시려는 하나님의 부르심에 의한 것이다.

전도자는 자기 자신의 창작을 위하여 영감을 받은 자가 아니다. 그는 하나님에게 부름 받은 자이다. 그리고 하나님 말씀의 전달을 위하여 부름 받은 자이다. 이리하여 설교의 성립은 하나님의 소명과 사명에서 이루어진다. 따라서 설교는 그것을 위촉하신 하나님을 떠나서는 성립할 수 없는 것이다.

그런데 이 설교의 위촉은 말하는 행위의 위촉이라기보다, 오히려 하나님 말씀의 위촉이라고 말할 것이다. 이 하나님 말씀의 위촉이 없이는 설교는 성립할 수 없는 것이다. 따라서 기독교에서 말하는 설교는 전도자의 특별한 행위라기보다 그가 전달하는 사신(使信)인 것이다.

설교는 전도자가 경험한 경험담도 아니며, 그것은 또한 그가 숭상하는 교리도 아닌 것이다. 하물며 청중들의 요구와 취미에 맞추어서 재미있게 말하는 종교담이나 시국담 같은 것이 설교일 수 없는 것은 말할 것도 없는 일이다. 설교에서는 어디까지나 하나님의 말씀이 전달되어야 한다. 따라서 하나님 말씀은 설교가 참다운 설교가 되게 하는 규범이라고 말할 것이다. 만일 하나님 말씀이 말씀되지 않는다면 아무리 수많은 군중이 매혹당하고 이른바 전도자의 뒤를 따라다닐지라도 그를 전도자라고 말할 수는 없을 것이다.

그러기에 전도자의 설교에서는 어디까지나 하나님 말씀이 전달되어야 하는데 이와 같이 말하는 하나님 말씀은 세 가지 형태를 가지고 있다. 첫째, 말씀이 육신이 되어 우리 중에 거하시다가 우리 죄를 위하여 십자가에 못 박히시고 장사한 지 사흘 만에 다시 사신 예수 그리스도요, 둘째, 이 사실을 앞과 뒤에서 증거한 신구약성서이며, 셋째, 이 신구약성서에 터전을 두고 예수 그리스도의 사실을 증거하는 전도자의 설교와 성례전이다.

기독교 교회에는 신구약성서가 위촉되어 있고 전도자에게는 예수 그리스도의 사실을 증거할 설교가 위촉되어 있다. 따라서 설교에서는 전도자의 경험담이나 시국담 같은 것이 말씀되어서는 안 되고, 그리스도가 증거되어야 하며 거기에는 언제나 예수 그리스도가 임재하셔야 하는 것이다. 따라서 설교는 보배이신 예수 그리스도가 담겨진 그릇이라고 말할 수 있다. 그리고 이 예수 그리스도 때문에 설교는 하나님 말씀이 되는 것이다.

설교는 그리스도 교회의 모든 기능 중에서 중심점과 결합점이 된다. 왜냐하면 그리스도 교회의 모든 기능은 결국 하나님 말씀을 중심으로 하고 발휘되는 것이기 때문이다. 만일에 이 하나님 말씀이 빠지게 되면 그리스도 교회의 모든 기능은 그 중심을 잃을 수밖에 없을 것이며, 그러면 자연히 인간적이며 너무나도 인간적인 종교담과 시국담 같은 것이 주장될 수밖에 없을 것이다. 그러나 그렇게 되면 기독교 교회는 반드시 참 근원과 본연의 목적에서 떠나가게 될 것을 잊어서는 안 된다. 그러므로 기독교 교회가 그 기능을 발휘하기 위해서는 전도자가 올바른 설교를 담당해야 하는 것이다.

II.

그런데 설교를 담당하는 것도 인간이요, 그것을 듣는 것도 인간이다.

거기에서는 인간의 입과 귀가 문제가 된다. 그러나 실상인즉 인간 자신은 하나님 말씀을 말할 수도 없고 그것을 들을 수도 없는 자이다. 그래서 옛날의 예언자와 사도들뿐만 아니라 부름 받은 역대의 전도자들도 자기들이 하나님 말씀을 말할 수 없는 자임을 경험하였고 역대 교회 신도들도 전도자의 설교에서 하나님 말씀을 듣기 위하여 많은 고생을 하였던 것이다. 그렇지만 예나 지금이나 전도자는 설교에서 하나님 말씀을 말하고 있고 듣는 자들도 그것을 하나님 말씀으로 받아들인다. 이리하여 전도자의 설교에서는 있을 수 없는 일이 생겨나는 것이다.

그러므로 전도자는 희망을 가지고 설교해야 하며 듣는 자들도 설교의 가능성을 믿어야 한다. 왜냐하면 인간이 할 수 없는 일을 하나님은 할 수 있으며 우리의 죄는 도리어 하나님이 역사하시는 장소가 되기 때문이다. 그리스도인은 시간 중에서 영원을 믿고 인간의 설교에서 하나님 말씀을 기대하는 자이다.

이리하여 전도자의 설교가 하나님 말씀이 된다는 것은 어디까지나 신앙 개념이지 자연 개념이 아닌 것이다. 하나님의 말씀은 다만 믿음 안에서만 역사한다. 따라서 믿지 않는 자에게는 설교가 하나님 말씀이 될 수가 없다. 그러기에 전도자의 설교가 하나님 말씀이 된다는 것은 아무 데서나 일어나는 것이 아니라 그것은 일정한 장소와 일정한 때에 일어나는 것이다. 설교의 시간은 하나님 말씀이 인간의 입에서 인간의 귀에 전달되는 때요 영원이 시간과 접촉되는 때이다. 다시 말하면 그것은 예수 그리스도의 부활과 재림 사이에 끼인 '교회의 시간'이다. 인간은 여기에서 인간의 말을 통하여 하나님 말씀을 하고 들으며 믿음으로 바랄 수밖에 없는 것이다. 그래서 이 교회의 시간이 설교가 성립될 수 있는 장소다. 그러나 이 시간과 장소는 눈으로 볼 수 있는 것이 아니라 믿음으로 바랄 수밖에 없는 것이다.

믿음은 영원과 시간을 포함한 역사적인 개념이다. 그리고 이 믿음은 예수 그리스도의 부활에서 시작되어 얼굴을 맞대고 볼 수 있는 종말의 날까지 계속되는 교회의 시간 중에 존속되는 것이다. 그러므로 믿음은 한편으로는 하나님의 계시에 의한 것으로서 영원에 접한 것이나 또 한편에 있어서는 인간에게 주어진 것으로서 시간적인 것이다. 그런데 설교는 이와 같은 믿음에서만 하나님 말씀이 되는 것이다.

그리스도 교회의 신앙에 따르면, 설교에서는 하나님께서 말씀하시는 것이다. 따라서 전도자의 설교가 하나님 말씀이 되었다고 하면 그것은 전도자 자신의 능력이 아니라 그를 사용하여 말씀하시는 하나님의 역사인 것이다.

하나님 말씀을 말할 수 있는 이는 하나님 이외에 없다. 그래서 하나님 말씀은 다만 설교의 대상이 될 뿐 아니라 그 주체도 되는 것이다. 하나님께서는 전도자의 설교에서 창조적인 능력을 행사하신다. 그는 거기에서 설교자로 하여금 하나님 말씀을 말하게 함과 동시에 듣는 자들에게 하나님 말씀을 들을 수 있는 귀를 마련하여 주시는 것이다. 따라서 전도자의 설교가 하나님 말씀이 된다는 것은 자연발생적인 것이 아니라 하나님의 은총과 기적인 것이며 말씀의 화육(化肉)을 믿는 믿음이 없이는 이 사실을 이해할 수 없는 것이다.

하나님께서는 전도자의 설교를 통하여 그 말씀을 말씀하신다. 그러므로 전도자는 자기 스스로 하나님 말씀을 말할 수 있는 듯이 교만을 부려서는 안 되지만 하나님 말씀을 말할 수 없다는 절망감에 빠져도 안 된다. 왜냐하면 교회는 비록 죄인의 교회요 전도자도 하나의 인간임에는 틀림이 없으나 겸비한 마음으로 위촉받은 설교를 담당만 하면 거기에서 하나님 자신이 말씀하여 주시기 때문이다. 그러기에 전도자는 언제나 스스로 서고 스스로 넘어지려는 유혹을 이겨야 한다. 다시 말하면 자기에게 위촉된 설교의 소임(所任)을 인간적인 과제로 인정하지 말아야 한다. 인간이 전도자로 부름 받고 설교의 소임을 위촉 받은 까닭은 자신에게 하나님 말씀을 말할 수 있는 능력이 있어서가 아니라 그 일을 위해서 봉사하기 위해서인 것이다. 겸손한 마음으로 위촉 받은 설교의 소임을 담당하기만 하면 하나님께서 기적적으로 말씀하여 주시는 것이다. 그러기에 전도자는 언제나 위에 계신 하나님의 권능을 생각하면서 그의 은총과 기적을 구해야 한다.

III.

인간이 행할 수 있는 일 중에서 설교만큼 진지한 일은 없을 것이다. 왜냐하면 거기에서 인간은 자기 자신이나 남이 아니라 하나님께 대하여 책임을 지기 때문이다. 이런 의미에서 전도자처럼 중한 짐을 진 사람은 없다. 그러므로 토요일과 수요일의 설교 준비 시간은 전도자의 생애에서 가장 엄숙한 시간이라고 말할 것이다.

위에서 이미 말한 바와 같이 전도자의 설교가 하나님 말씀이 되는 까닭은 하나님의 은총과 그의 권능이 인간의 약함을 감싸 주기 때문이다. 만일 하나님의 은총이 인간의 불순과 모든 잘못을 덮어 주지 않으면 전도자의 설교가 하나님 말씀이 될 수는 없을 것이다. 그러나 설교에는 역시 전도자 자신의 충성된 봉사가 요구되는 것이며 온전한 봉사를 행하는 자에게만 하나님의 풍부하신 은총이 임하는 것이다. 전도자 자신은 손 맺고 있어도 하나님께서 그 말씀을 말하는 것은 결코 아니다. 전도자는 전도자대로 인간적인 노력을 기울여야 한다. 그는 언제나 자기의 행할 바를 다 하고 나서 '나는 무익한 종이라'고 고백해야 하는 것이다.

전도자도 약한 인간인지라 잘못하면 그의 설교는 애매하고 불순한 것이 될 수도 있다. 그래서 기독교 신학은 이 설교의 순수성을 문제 삼으며,

그것이 기독교 경전인 신구약성서와 역대 교회의 신앙고백에 부합하는가를 검토하는 것이다. 그러므로 신학은 성서에서 설교로 옮아가는 과정을 고찰하는 학문인 것이며 전도자의 설교가 성서와 신앙고백에 부합하는가를 검토하는 것이다.

전도자도 하나의 인간인지라 그의 설교는 언제나 하나님 말씀을 위한 봉사가 될 수는 없는 것이다. 그래서 설교에 대한 신학적인 비판과 음미가 필요한 것이다. 그리고 건전한 신학이 있는 곳에만 건전한 설교가 있을 수 있다. 그러나 신학적인 비판은 단순히 비판만 아니라 설교의 순수성을 위한 것이며 파괴를 위한 것이 아니라 건설을 위한 것이다. 그것은 말하자면 설교가 본연의 자태를 차지하고 있는지, 전도자의 설교가 하나님 말씀을 위한 봉사자의 자리를 차지하고 있는지를 검토하는 일이다. 이와 같은 검토 없이는 이른바 전도자의 설교는 천태만상의 변화를 가질 수 있고 잘못하면 사신(使信)과는 상관이 없는 이단 사설이 주장될 수도 있는 것이다. 그러므로 건전한 설교를 위해서는 건전한 신학이 서야만 한다.

그런데 이 신학적인 비판을 위해서는 신학 자체가 올바른 자리에 서야 할 것은 말할 것도 없는 일이다. 그릇된 신학은 전도자의 설교를 전도한다기보다 그것을 도리어 악화시킨다. 잘못된 신학은 그리스도 교회를 섬긴다기보다 그것을 도리어 망치는 것이다. 그러므로 바른 비판과 교회 봉사를 위해서는 신학 자체가 올바른 자리에 서야만 한다.

신학자는 설교자와 더불어 대등한 자리에는 설 수 있으나 그 위에 설 수는 없으며, 전도자에 대한 그의 경고도 상대적인 의미를 가질 뿐이요 절대적인 것은 아니다. 게다가 설교에 대하여 올바른 비판을 가하기 위해서는 자기 자신이 먼저 신구약성서와 역대 교회의 신앙고백을 따라야 한다.

신학은 무엇보다도 성서적인 태도를 가져야 한다. 거기에도 물론 역사적 요소와 철학적 요소, 심리학적 요소와 정치학적 요소가 혼합될 것이다. 그러나 신학은 결코 이 모든 것에게 구속되거나 거기에 얽매여서는 안 된다. 기독교 신학이 무조건 복종할 대상은 하나님 말씀인 성서뿐이다. 왜냐하면 신학의 과제가 본래 스스로 서고 스스로 넘어지려는 그릇된 교회로 하여금 하나님 말씀인 신구약성서로 돌아가게 하는 일인데, 이 일을 담당하기 위해서는 신학 자체가 성서와 더불어 밀접한 교섭을 가져야 하기 때문이다.

IV.

성서적인 태도를 지닌다고 해서 신학은 성서에 대한 비판을 꺼릴 필요는 없을 것이다. 왜냐하면 그 가운데 오히려 성서의 진리가 천명되기 때문이다. 성서적인 태도를 지니기 위해서는 또한 일정한 교리에 맞추어서 모든 문제를 해결해서도 안 될 것이다. 왜냐하면 하나님이 하시는 일은 시시각각 달라지기 때문이다. 그러므로 하나님의 뜻을 깨닫기 위해서는 끊임없는 노력이 필요하다. 그러므로 고정된 신학체계처럼 무의미한 것은 없는 것이다.

그러기에 신학의 과제는 신구약성서와 역대 교회의 신앙고백을 따르는 일이라고 말할 수는 있어도, 결코 성서 본문을 그대로 외우거나 교회 신조를 모방하자는 말이 아니다. 성령의 인도를 받아가면서 거기에 입각한 신앙생활을 현재적으로 영위해야 한다는 말이다. 신학자는 경건한 기도 중에서 성령의 도움을 받아야 한다. 교회의 모든 기능에 성령의 역사가 요구되듯이 신학의 기능에도 그 현재적인 도움이 요구되기 때문이다.

신약은 신구약성서와 역대 교회의 신앙고백에도 귀를 기울이지만 하나님께서 현재적으로 말씀하시는 교회의 설교에도 귀를 기울여야 한다. 그리고 하나님 말씀을 더 잘 들을 수 있도록 교회와 더불어 성령의 역사를 빌어야 한다. 여기에 신학의 교회성(敎會性)과 시대성이 있다.

그러나 여기서 말하는 시대성은 시대정신 아래에 하나님 말씀을 구속하는 일이 아니다. 신학은 결코 시대의 소리에 뒤따를 것이 아니라 시대에 대한 하나님 말씀에 따라야 한다. 다시 말하면 세상에서 교회를 향하여 말할 것이 아니라 교회에서 세상을 향하여 말해야 한다. 만일 신학이 교회에서 세상을 향하여 말하지 않고, 반대로 세상에서 교회를 향하여 말하고 있다면 거기에서 수행되는 교회 밖에서 이루어진 일들과 별로 다를 것이 없을 것이다. 그러므로 신학은 결코 시대정신을 뒤따라서는 안 되고 교회에 머물면서 시대정신을 들어야만 한다.

그러나 교회가 먼저 귀를 기울일 곳은 시대의 소리보다도 하나님의 말씀이다. 그리고 교회가 하나님의 말씀에 귀를 기울이는 까닭은 듣는 데에 목적이 있는 것이 아니라 그것을 전달하기 위한 것이다.

교회가 듣는 하나님 말씀은 전달되기를 바라는 것이며 바른 봉사를 요구하는 것이다. 만일 하나님 말씀을 전하지 않으면 그것을 제대로 들었다고는 못할 것이다. 그러기에 교회는 듣는 교회가 됨과 동시에 전달하는 교회가 되어야 한다. 만일 이 두 가지 중에 한 가지가 없으면 기독교 교회는 그 기능을 발휘할 수 없을 것이다.

6
신정통주의의 교회관*

종교개혁 이후 개신교 신학에서는 최근에 이르기까지 교회 문제를 신학적으로 깊이 살펴왔다고는 보기 어렵다. 대개는 소홀하게 생각하기를 교회는 그리스도인들의 사회적인 집단이라고 생각하는 정도였고, 그것이 성서의 진리와 신앙생활에서 중심적인 문제임을 이해하지 못하였다. 신정통주의자들이 기독교 교회의 중심사상을 밝혀 줌과 동시에 그것을 신학의 중심 문제로 삼은 것은 기쁜 일이다. 그러나 신정통주의의 교회사상을 여기에서 모조리 살필 수는 없는 일이기 때문에 신정통주의자 몇 사람의 주장 중에서 우리 교계와 관련되는 문제만을 약간 소개해 보고자 한다.

I.

신정통주의의 사상에 따르면, 교회의 과제는 다만 신학의 여러 가지

---

* 「기독교사상」(1960. 4), 38-43에 실린 글이다.

과제 중에 하나의 과제가 아니라 그것은 실로 기독교 신학의 중심적인 과제이다. 교회 문제는 결코 신앙의 중심 문제를 말하고 난 다음에 부록처럼 말할 것이 아니라, 그것은 오히려 신앙의 본질 문제에 속한 것이다. 스웨덴의 저명한 신학자 아울렌(Gustav Aulen)은 신약성서의 교회관을 말함에 있어서 기독교는 본시 교회의 형태로 나타난 것이며 그리스도인이 된다는 것은 바로 교회의 지체가 되는 일이라고 말하고 있지만, 신정통주의자들은 대개 교회 없는 기독교를 알지 못한다. 그래서 신정통주의 학자인 칼 바르트는 말하기를 그리스도인의 생활이 없는 곳에는 교회가 없을 것이며, 교회가 없는 곳에는 그리스도인의 생활이 있을 수 없다고 말하고 있다. 그리고 그의 친구 에밀 브룬너도 말하기를 그리스도를 머리로 하는 그의 몸에 붙어 있지 않은 그리스도인은 있은 적이 없고, 개인적이며 사사로운 기독교는 마치 나무로 만든 쇠와 같은 것이어서 그것은 하나의 자가당착이라 하였다. 브룬너는 또한 교회 밖에는 구원이 없으며, 우리는 거룩한 공교회를 믿는 길 외에는 기독교 신앙을 찾을 길이 없다고도 말하고 있다. 존 칼빈의 경우와 마찬가지로 신정통주의에 있어서도 교회는 그리스도인의 어머니인 것이며 "교회 밖에는 구원이 없다"라고 한 고전적인 정의는 그들에게도 해당되는 것이다.

이리하여 기독교 신앙에서 교회는 필연적인 의미를 가지거니와 바르트에 의하면 이 교회의 필연성은 사회학적인 의미의 필연성이 아니다. 인간은 사회적인 동물이므로 홀로 살 수는 없는 자이다. 그래서 사람들은 때로는 고향을 같이 하는 이들과 어울리기도 하고 동창생과 더불어 엉키기도 하며 또 때로는 주의나 사상을 같이하는 이들과 더불어 어울리기도 한다. 이와 같이 교회는 같은 신앙을 가진 이들의 사회적인 집단이라고 말할 수도 있을 것이다.

그러나 교회의 개념은 본시 이와 같은 사회학적인 개념이 아니라 신학적인 개념인 것이며 그리스도 교회는 인간적인 집단이라기보다 그것은 오히려 살아 계신 주 예수 그리스도께서 믿는 자들을 고르시고 모으신 데에서 이룩된 공동체로서, 그것은 사회학적인 문제보다도 하나님 말씀에 대한 믿음과 복종을 내용으로 하는 집단인 것이다. 그리고 영원한 면에서 볼 때에는 죄 중에 빠진 인간을 구하시려는 하나님의 영원하신 섭리에서 비롯된 것이요, 시간적으로 말하면 오순절 날의 성령강림을 계기로 하고 시간적인 질서와 조직 중에서 말씀의 화육(化肉)이 이루어진 것이 바로 그리스도 교회이다. 그래서 더러는 말하기를 교회는 '말씀의 재(再)화육'이라고도 말하거니와 교회의 본질은 이 하나님 말씀이시요, 말하자면 그것은 예수 그리스도 자신인 것이다. 신약성서는 교회를 가리켜 '그리스도의 몸'이라고 일컫는데, 아울렌의 말과 같이 이는 그리스도와 교회 사이에는 서로 나눌 수 없는 유기적 관련성이 있음을 말한 것이다. 교회는 그리스도 안에 존재함과 동시에 그리스도로 말미암아 존재하는 것이다. 그러므로 그리스도를 떠나서는 교회를 생각할 수 없는 것인데, 이는 마치 그의 지배를 떠나서는 주 예수 그리스도를 생각할 수 없음과 같다. 그리스도가 계신 곳에는 반드시 교회가 있고, 교회가 있는 곳에는 반드시 그리스도가 계시다. 교회는 비록 때와 장소의 제약을 받을지라도 거기에서는 언제나 재(再)화육하신 그리스도가 살아서 일하시는 것이다. 그래서 바르트는 암스테르담 세계 교회 회의에서 이르기를 교회는 살아 계신 주 예수 그리스도의 살아 있는 집단이라고 말함과 동시에, 교회가 교회되기 위해서는 거기에 살아 계신 주 예수 그리스도의 절대적인 지배가 있어야 한다고 말하고 있다. 그러므로 신정통주의에서는 기독론과 교회론이 서로 통한 데가 있다고 말할 수 있다.

II.

그러나 이는 모두 교회가 살아 계신 주 예수 그리스도의 살아 있는 몸일 때에 말할 수 있는 일이고, 그것이 죽어 버린 시체가 될 때에는 말할 수 없는 일이다. 교회는 비록 영적인 생명체일지라도 그것도 하나의 유기적인 생명체이므로 잘못하면 병들 수도 있고 심한 경우에는 그 생명을 잃을 수도 있는 것이다. 실지에 있어서 세상에는 생명력이 말라 버린 해골 같은 교회가 많은 것이다. 그러나 바르트의 말대로 하면 교회 생명은 위에서 보장되고 있으니, 다시 말하면 교회가 죽어 버리지 않고 오히려 그 생명을 유지하는 까닭은 교회를 죽게 만드는 인간들의 죄악보다도 그것을 지키시는 주 예수 그리스도의 능력이 더욱더 크시기 때문이다.

교회 생명을 좀먹게 하는 인간들의 죄악은 여러 가지로 나타나지만 그것은 첫째로 기독교의 경전인 신구약성서와 교리 신조이며, 거기에서 집행되는 설교와 성례전을 통하여 살아 계신 주께서 자유롭게 일하시지 않고, 그것들이 다만 박물관에 진열된 골동품처럼 보관되고 있을 때이다. 이와 같이 성서와 교리 및 설교와 예전이 무생명한 화석으로 변할 때에는 살아 계신 주님의 지배 대신에 깊은 진리나 깨끗한 도덕 같은 것들이 등장하게 되고, 자유자재로 역사하시는 하나님 말씀과 성신의 은사 대신에 인간의 종교적 경건이나 고집 같은 것이 득세하게 된다. 그러나 인간적이며 너무나도 인간적인 그와 같은 것들이 숭상되면 신앙적인 기쁨과 감격은 사라질 것이며 형제를 위한 따끈한 사랑이나 성도의 교제는 자취를 감추게 된다. 따라서 이와 같은 교회는 죽은 교회요 형태만 남아 있는 교회라고 할 수밖에 없다.

그러나 교회생활을 좀먹게 하는 것은 이 밖에도 있으니 바르트에 의하면 교회가 다만 회원 확보와 그 증가에만 신경을 쓰고, 머리되신 주 예수 그리스도와 더불어 인격적인 관련을 맺는 일을 등한히 하며 주께서 위촉하신 기쁜 소식을 전하는 일을 게을리 하는 일이다. 교회가 이와 같은 실정에 이르게 되면 거기에서는 십자가의 복음 대신에 일반 종교가 성하게 되고 사랑의 실천보다도 이념 같은 것이 문제시되며, 보이지 않는 것에 대한 소망보다도 눈앞에 보이는 사회문제 같은 것이 보다 더 소중한 것이라고 여기게 될 것이다. 그러나 이런 교회는 세상을 향하여 힘차게 외칠 말씀을 가지지 못할 것이며, 말 못 하는 벙어리가 될 뿐 아니라 기껏해야 세상과 짝하는 하나의 '종교단체'가 되어 세상에서 업신여김을 받을 수밖에 없을 것이다.

그러나 교회가 병들고 죽어 있는 가장 좋은 증거는 그리스도의 몸 된 교회의 지체와 지체 사이에 무르익은 사랑의 교제가 이룩되지 못하고 도리어 치열한 싸움과 분열이 전개되는 일이다. 피가 통하고 호흡이 통하는 유기적인 생명체는 나뉠 수 없는 것이다. 이미 죽어 버린 시체는 천 갈래 만 갈래로 찢어질지라도 아무런 고통도 느낄 수가 없는 것이다. 그래서 바르트는 피차간의 화평과 우애를 가지지 못한 분열된 교회를 죽은 교회라고 부르는 것이다.

브룬너에 의하면 그리스도 교회는 제도나 조직보다도 그것은 차라리 성도들의 교제다. 다시 말하면 그것은 주 예수 그리스도 안에서 연결된 그리스도인들의 통일체다. 그리고 이 성도들 사이에 무르익은 교제가 전개될 때에는 생명 있는 교회라고 할 수 있지만, 성도의 교제가 두절될 때에는 죽은 교회라고 할 수밖에 없다.

그런데 미국에서 일하는 신정통주의자인 라인홀드 니버의 견해대로 하면 기독교 교회가 범하는 모든 잘못은 교회의 머리 되시는 주 예수 그리스도와 더불어 바른 관계를 가지지 못한 결과라 한다. 그리고 그리스도인이 만일 교회 안에 있는 형제와 교회 밖의 사람들에게 잘못을 범했다면 이 역시 주께 대한 불순종 때문인 것이며 우리가 이와 같이 주님께 순종치 않는 까닭은 실제로는 그를 믿지 않은 결과라 한다. 그리고 이와 같이 살아 계신 주의 지배를 믿지 못하고 의심하는 자는 으레 자기 자신이 형제와 세상을 위하여 격정하려는 주제넘은 생각을 한다는 것이다. 다시 말하면 인간 자신이 주의 몸 된 교회와 형제들을 위하여 걱정을 한다는 것이다. 그러나 하늘과 땅의 모든 권세는 주에게만 맡겨져 있고 인간에게는 교회와 세상을 주관할 권한이 없는 것이다. 만일에 인간 자신이 교회나 세상을 지배하려 한다면 이는 지음 받은 인간이 창조주의 권한을 횡령하려는 외람된 일임을 잊어서는 안 될 것이다. 그런데 이와 같은 잘못을 범하는 것은 이 세상이 아니라 그리스도 교회다. 그리고 교회에 혼란과 무질서를 빚어내는 것도 교회 밖의 불신자가 아니라 교회 안의 신자들인 것이다. 그러나 교회에 이와 같은 혼란을 일으키는 자는 언제나 교회의 머리 되시는 주 예수 그리스도를 믿지 않고 그의 능력을 의심하는 자일 것이다. 그러므로 그리스도인이 간구할 구원과 바랄 소망은 우리 자신이나 이웃에 대한 새로운 질서라기보다 모든 사람을 지배하시며 그에게 대한 순종을 요구하시는 주께 대한 바른 관계를 회복하는 일이다. 그래서 바르트도 말하기를 교회 안에 새로운 통일성을 이룩하는 것은 살아 계신 주 예수 그리스도의 역사인데 이 역사는 전교와 성례전에서 성취된다고 보는 것이다.

III.

바울은 에베소서 4장 3절 이하에서 그리스도 교회가 하나임을 말하기 위하여 "평안의 매는 줄로 성령의 하나 되게 하는 것을 힘써 지키라 몸도 하나이요, 성령이 하나이니 이와 같이 너희가 부르심의 한 소망 안에서 부르심을 입었느니라. 주도 하나이요, 믿음도 하나이요, 세계도 하나이요, 하나님도 하나이시니 곧 만유의 아버지시라"고 하였다. 그러나 기독교 교회는 때와 장소에 따라서 여러 가지 교회로 나뉘어 있다. 바르트의 말과 같이 우리는 이 시대의 아들딸로서 중세기 교인들과 더불어 한자리에서 예배할 수 없는 것이며, 한국에 있는 그리스도인은 영국이나 미국의 그리스도인들과 더불어 참석할 수는 없는 것이다.

    그러나 이 모든 교회들은 하나의 교회를 이룩하고 있는 것이니, 왜냐하면 그 모든 교회들은 예나 이제나 신구약성서를 터전으로 하는 것이며, 동서양의 모든 교회가 주께서 제정하신 성례전을 한결같이 집행하고 있기 때문이다. 교회는 그 본질에서 예나 이제나 같은 것이며 동서양의 모든 교회는 하나의 교회를 이룩하고 있는 것이다. 그래서 바르트는 말하기를 설교와 성례전을 통하여 말씀하시는 예수 그리스도 안에 교회의 진실성과 단일성이 있다고 하였고, 그의 이론적 동료였던 불트만은 이르기를 모든 교회가 한결같이 집행하는 성만찬이야말로 하나의 교회를 제정하시는 성신이 역사하는 자리라고 하였다. 우리는 그리스도인들의 실생활에서도 이와 같은 실정을 볼 수 있으니, 2차 대전 때에 성만찬을 집행한 성직자들은 자기편 군인에게만 베풀지 않고 적군에게까지도 베풀었던 것이다.

    그러나 교회는 이와 같은 진실성과 통일성을 상실할 수도 있는 것이다. 왜냐하면 그 머리되시는 주 예수 그리스도가 아니라 사람들이 제 지혜와 힘을 가지고 교회를 설립하고 다스릴 수도 있기 때문이다. 사람들은 종종 하나님을 섬긴다는 미명 아래 교회에서 자기 자신의 영달을 꾀하는 일이 많이 있는데, 이른바 그리스도 교회의 모든 불화와 분쟁은 대개 이런 데에서 발단하는 것이다. 교회에 따라서는 많은 교인을 확보한 것을 자랑하기도 하고 오랜 전통과 문화재를 뽐내는 교회도 있을 것이다. 그러나 잘못하면 그와 같은 교회가 도리어 부패하고 타락한 교회가 될 수 있으며, 심한 경우에는 죽어서 악취를 발할 수도 있는 것이다. 그러기에 그리스도인은 언제나 자기 교회가 죽은 교회가 아닌가를 반성해야 하는데, 바르트에 의하면 이와 같이 염려하는 교회가 도리어 살아 있는 교회라는 것이다. 그러므로 교회가 참다운 교회가 되고 생명 있는 교회가 되기 위해서는 반드시 오랜 역사와 전통을 가져야 하는 것도 아니요, 많은 교인과 아름다운 제전을 갖출 필요는 없는 것이다. 교회가 살아 있는 교회가 되기 위해서는 다만 예언자와 사도들을 터전으로 하고 거기에서 살아 계신 하나님 말씀이 말씀됨과 동시에 주께서 제정하신 성례전이 집행되는 한편 거기에 뒤따르는 질서 정연한 교회 질서가 수립되어야 하는 것이다. 그래서 신정통주의자들은 설교와 성례전의 집행이 그리스도 교회의 제일가는 기능이라고 여기는 것이다.

신정통주의자들의 견해대로 하면 교회는 하나님 말씀을 통하여 교회가 될 뿐 아니라, 그것은 언제나 하나님 말씀 위에 서야만 한다. 교회에는 하나님 말씀이 위촉되어 있으며, 기독교 교회의 첫째가는 소임은 이 하나님 말씀을 전하는 일이다. 그래서 전도는 엄밀하게 말하자면 성서에 기록된 하나님 말씀을 전달하는 일이요 거기에 증거된 예수 그리스도를 가리키는 일이다.

전도자의 설교는 인간의 말이면서 또한 하나님 말씀이다. 여기에 설교가 가지는 어려움이 있다. 그러나 인간에게 불가능한 것을 하나님은 이루시나니 하나님께서는 그의 권능과 은총으로써 인간의 말인 전도자의 설교를 하나님의 말씀이 되게 하신다.

그런데 교회에서는 이 귀로 듣는 하나님 말씀인 설교와 아울러 눈에 보이는 하나님 말씀인 성례전이 집행된다. 설교와 성례전 사이에는 구별이 있으니 설교에서는 귀로 듣는 하나님 말씀이 전달되지만 성례전에서는 말씀하는 행위가 소중한 것이다. 그리고 성례전의 하나인 세례는 주로 과거에 일어난 일을 나타낸다면 성만찬은 이미 일어난 예수 그리스도의 죽음과 아울러 장차에 이루어질 일까지를 가리키는 것이다. 그래서 사도 바울은 이 성만찬의 종말론적 성격을 말하기 위하여 "너희가 이 떡을 먹으며 이 잔을 마실 때마다 주의 죽으심을 오실 때까지 전하는 것이라"(고전 11:26)고 말하고 있다. 성만찬은 기다림의 예전이요 장차에 이루어질 하늘 향연의 모사(模寫)인 것이다.

그러므로 분열된 교회와 죽은 교회는 죽은 지 나흘 된 나사로를 무덤에서 불러내신 전능하신 주께서 교회에서 일하실 수 있도록 교회 전체를 주님께 내어드림과 동시에, 수많은 밀알과 포도알을 으깨어 만든 성만찬의 떡과 포도주를 받을 때에도 주의 뜻이 어떠한 것인가를 반성하면서 그의 뜻에 순수하게 따를 때에만 살아 계신 주 예수 그리스도의 몸 된 교회가 형성될 수 있다는 것이 신정통주의의 교회관이다.

7
폴 틸리히의 기독론*

I. 서론

D. M. 베일리는 기독론에 관한 그의 저서 중에서 말하기를 기독교 신앙은 유신론에다가 기독론을 더한 것이 아니라 그것은 차라리 그리스도 신앙을 중심으로 한 것이라고 하였다. 이 베일리의 말과 같이 기독교 신앙은 그리스도 신앙을 중심으로 한 것이거니와 그런 의미에서 기독교 신학은 기독론이라고 말할 수 있다. 그런데 이 점에 있어서 틸리히 신학도 다름이 없다. 틸리히는 말하기를 "나에게 있어서는 그리스도로서의 예수만이 종교적 대상과 신학의 대상이 된다"라고 하였거니와 그의 신학은 어디까지나 그리스도 중심적이다.

틸리히가 기독교 신학 이외에도 예술이나 과학, 역사와 철학과 같은 넓은 영역의 학문을 연마하는 폭이 넓은 학자라 함은 널리 알려져 있는 사실이다. 그러나 그는 이 모든 영역을 그리스도와의 관련 밑에서 탐구하

---

*「신학논단」(서울: 연세대학교 신과대학, 1961), 49-62에 실린 글이다.

는 것이다. 따라서 틸리히의 기독론은 그의 모든 저작의 중심이 되며 거기에 대하여 결정적인 의의를 가지는 것이다.

그러나 이와 같이 그리스도를 중히 여긴 것은 다만 베일리는 틸리히와 같은 현대 신학자만이 아니라 실로 초대교회의 신학자들로부터가 예수 그리스도를 중심으로 하고 기독교의 모든 진리를 논했던 것이다. 초대교회에서 기독교의 교리가 제정된 경로를 보면 먼저 기독론에 관한 교리가 제정된 다음에 거기에 뒤따라서 신관이나 인간관 같은 것이 제정되어 갔던 것을 엿볼 수 있다. 그러므로 틸리히 신학을 초대교회 이래의 오랜 전통을 이어 받은 것이라고 말할 수 있다.

기독론 제정에 있어서 획기적인 신앙고백은 325년에 제정된 니케아 신조와 451년에 제정된 칼케돈 신조라고 말할 것이다. 니케아 신조에서는 예수 그리스도를 '인간이 되신 하나님'으로, 칼케돈 신조에서는 '참 하나님이요 참 사람'이라고 고백했다. 이 두 가지 신조는 예수 그리스도의 한 인격 안에 신성과 인성이 들어 있음을 고백하였거니와 가톨릭교회와 프로테스탄트 교회는 다 같이 이 교리를 그대로 계승하였다. 틸리히도 이 위대한 신조의 역사적 의의를 충분히 인정하고 거기에 따라서 예수 그리스도의 양성론을 주장한다. 그는 말하기를 만일에 옛 그리스도의 인간성이 다소라도 감소된다면 그가 인간의 실존에 관련을 가질 수가 없을 것이며 그의 신성이 다소라도 감해질 때에는 인간의 실존을 극복할 도리가 없을 것이라 한다. 그러나 비록 예수 그리스도의 신성과 인성을 적극적으로 인정은 할지라도 틸리히는 거기에 대한 종래의 표현을 그대로 답습하지 않는다. 왜냐하면 예수 그리스도의 양성을 '신성(神性)과 인성(人性)'이라고 표현할 때에는 신성과 인성의 두 가지 성품이 마치 벽돌장 두 개를 맞붙여 놓은 것과 같은 인상을 주기 때문이다. 그래서 그는 예수 그리스도는 신성과 인성의 통일적인 존재라 하여 그를 '신인성'(神人性)을 가지신 '새 존재'라고 표현하는 것이다.

II. 실존과 새 존재

기독교에 대한 현대인의 이해를 돕기 위해서는 조직신학이 모든 방면에서 실존주의의 도움을 받아야 하며 특히 그 표현방식에 있어서 그러하다는 것이 틸리히의 주장이다. 그래서 그는 성서적인 모든 용어를 실존주의적인 용어로 옮기거니와 위에 말한 '실존'이나 '새 존재' 같은 용어도 그중의 하나다.

실존이라는 말은 현대 철학에서 가장 많이 사용되는 용어지만 그것이 말해 주는 사상 내용은 플라톤 이전부터 주장되어 오던 것이다. 헤라클레이토스(Herakleitos)나 파르메니데스(Parmenides) 같은 이들도 벌써 자기들이 부딪힌 현실 세계가 원래 있던 정황에서 이탈되어 있음을 보고 그것을 실존적인 정황이라고 말했던 것이다. 그러나 이와 같이 세계의 원존재와 실존적인 존재와를 구별하면서 거기에 윤리적인 의미를 인정하기 시작한 것은 플라톤 이래의 일이다. 플라톤은 생각하기를 원존재는 영원한 이데아의 세계에 속한 것이며 이 원존재에 이르기 위해서는 현재적인 실존이 극복되어야 할 것이라 하였다. 이리하여 그는 인간의 실존이 원존재에서 이탈된 것이라고 보았던 것이다. 다시 말하면 인간의 현재적인 정황이 타락되어 있다고 보았던 것이다.

사상적으로 이 플라톤의 영향을 받은 성 프란시스코파와 아리스토텔레스의 영향을 입은 스콜라주의 철학자들은 인간의 실존과 원존재 사이에는 현격한 등차가 있다고 보았다. 그러나 하나님에게는 원존재와 실존 사이에 아무러한 구별이 없으며 그는 영원히 변하지 않는 분이라는 것이 그들의 생각이다. 그러나 인간은 하나님과 달라서 그 원존재에서 이탈되어 있는 것이다. 그래서 틸리히는 말하기를 이 실존주의 사상은 기독교의 고전적 인간관과 다를 것이 없다고 한다. 그러므로 신학자는 목사나 교육자뿐 아니라 특히 실존주의자 들에게서 받은 재료를 가지고 전통적인 신학의 개념을 설명해야 한다는 것이다. 그래서 그는 기독론의 문제를 논할 때에도 실존주의적인 표현을 사용하는 것이다.

실존주의에서는 인간의 현재적인 정황은 원존재에서 이탈된 정황이라고 말하거니와 이 '이탈'이라는 말도 성서적인 용어라기보다 철학자 헤겔 등이 사용하던 용어다. 그러나 틸리히는 말하기를 성서에도 그와 같은 사상이 내포되어 있다는 것이다. 아닌 게 아니라 하나님께 지음 받은 인간이 낙원에서 추방당했다고 한 창세기의 기사나, 하나님의 형상대로 지음 받은 그 형상이 파괴되었다고 한 바울의 주장에는 그와 같은 사상이 들어 있는 것이 사실이다. 그러나 이 이탈이 바로 '죄'의 개념을 대신할 수는 없는 것이다. 그것은 차라리 죄를 해석하기 위한 해석의 도구라고 말할 것이다.

칼빈도 말한 바 있거니와 인간이 이와 같이 원존재에서 이탈한 까닭은 그에게 허락된 하나님의 형상 때문이다. 하나님의 형상대로 지음 받은 인간에게는 하나님에게서 이탈할 수 있는 능력까지가 부여되어 있는 것이다. 만일에 이와 같은 능력이 허락되지 않았던들 인간도 다른 모든 물건이나 다를 것이 없을 것이다. 그러기에 하나님에게서 이탈된 데에 인간의 위대성과 약점이 있는 것이다. 그러나 설사 인간에게 그와 같은 능력이 부여되었다손 치더라도 그가 조물주 하나님을 중심으로 하지 않고 자기 자신을 중심으로 하는 것이 잘못일 것은 말할 것도 없는 일이다. 그래서 원존재에서 이탈된 인간의 실존에는 잘못과 악이 충만되어 있으며 그에게는 무의미와 절망이 깃들일 수밖에 없게 되었다.

그런데 이미 옛존재에서 이탈된 인간으로서는 이 실존적인 정황을 극복할 도리가 없다. 그와 같은 일을 계획함은 크나큰 수고가 될 뿐 아니라 결국에 가서 비극적인 실패를 겪을 수밖에 없는 것이다. 왜냐하면 낡은 존재인 실존에서는 그것을 극복할 수 있는 새로운 행위가 나올 수 없기 때문이다. 틸리히의 말과 같이 나무에서 열매가 맺히는 것이지 열매에서 나무가 나올 수는 없는 것처럼 오직 새로운 존재만이 새로운 행위를 열매로 맺힐 수 있다. 그런데 예수 그리스도께서는 인류가 오랫동안 기다리던 새 존재이시며 그에게서는 낡은 세대가 지나가고 새 세대가 도래된 것이다.

베드로가 나사렛 예수를 그리스도라고 고백했을 때 그는 예수를 통하여 새로운 세대가 도래될 것을 기대하였다. '그리스도'라는 말에는 그와 같은 의미가 들어 있는 것이다. 그러나 베드로가 가이사랴 빌립보로 가는 도중에 고백한 저 고백은 예수의 십자가의 죽음과 부활을 통하여 교정됨과 동시에 거기에서 비로소 그가 그리스도 되심이 확인된 것이었다. 공관복음서에 보면 예수 자신도 자기가 메시아시라는 일과 이 메시아가 폭도들에게 사로 잡혀서 십자가에 못 박히게 될 것을 미리 알고 계셨다. 그러나 그의 제자들은 처음에 이와 같은 사실을 이해하지 못했는데 오순절이 지나간 다음에야 저 메시아의 주장에 대한 역설적인 의미를 깨닫게 된 것이다. 그리고 신학적으로 이 역설을 이해하고 가장 잘 설명한 이는 바울이었다.

바울의 주장대로 하면 새 존재를 기다리던 인류의 소망은 예수 그리스도에게서 성취되었다. 그에게서는 낡은 세대가 마감되고 새 세대가 도래하였다. 그래서 다드는 그를 '성취된 종말'이라고 말하거니와 그에게서는 예비적인 시대는 이미 지나고 바라던 목표가 이미 달성된 것이다. 이것이 바로 학자들의 이른바 '종말'이거니와 이와 같이 말하는 종말은 결코 '끝남'의 종말이 아니라 '목적함'의 종말인 것이다. 예수 그리스도에게서는 이미 낡은 세대가 지나갔으되 그에게서 시작된 새 시대는 아직도 완결되지 않았다. 인류 역사는 '목적함'의 의미에서는 이미 종말에 이른 것이나 '끝남'의 의미에서는 아직도 종말에 이르지 못한 것이다. 그것은 오히려 예수 그리스도의 재림의 날까지 보류되어 있는 것이다. 그래서 예수 그리스도의 초림과 재림 사이에는 '이미'와 '아직' 사이의 진동이 개재되어 있다는 것이 틸리히의 주장이다.

그러나 신약성서의 증거대로 하면 승천하신 그리스도께서는 지금 하나님 우편에 계실 뿐 아니라 그는 또한 성령으로 교회 안에 임재하고 계시며 새 생명을 경험하는 신도들 안에도 임재하여 계신다. 그뿐더러 그에게는 또한 그를 믿는 모든 사람과 그리스도 교회를 끊임없이 받아들이는 장소가 곧 그리스도 교회요 거기에서는 낡은 실존이 간단없이 극복되고 새로운 존재가 형성되어 가는 것이다.

III. 새 존재의 여러 가지 표현

그런데 틸리히는 예수 그리스도를 종전과 같이 '예수 그리스도'라고 부르지 않고 '그리스도로서의 예수', '그리스도라고 일컫는 예수', '그리스도이신 예수'라고 부른다. 왜냐하면 '예수 그리스도'는 본시 한 사람의 고유명사가 아니라 나사렛 예수를 그리스도라고 고백한 고백이기 때문이다. 이리하여 그리스도로서의 예수는 역사적인 인물임과 동시에 또한 신앙의 대상이 되시거니와 틸리히는 말하기를 그는 끊임없이 예수로서의 예수를 죽여 가면서 그리스도로서의 예수를 살리신 분이라 한다. 그리고 그에게 있어서는 예수로서의 면과 그리스도로서의 면이 꼭 같이 소중하다는 것이다. 아닌 게 아니라 양 측면에 대하여 동일한 비중을 인정하지 않은 데에서,

다시 말하면 나사렛 예수의 역사성을 인정함과 동시에 그를 그리스도로 받아들이는 신앙고백을 다 같이 중요시하지 않은 데에서 기독론상의 여러 가지 복잡한 문제들이 생기게 되었다. 그러나 나사렛 예수의 사건이 중요성을 가지는 만큼 그를 그리스도로 받아들이는 신앙면도 꼭 같은 중요성을 가진 것이다.

틸리히의 본 바대로 하면 '그리스도'는 나사렛 예수를 해석하기 위한 하나의 상징적인 표현인 것이다. 신약성서에는 이 밖에도 예수를 해석하기 위한 여러 가지 상징이 사용되어 있는데 예컨대 인자나 메시아라든지 로고스와 하나님의 아들 같은 상징들이다. 인자의 상징은 종말론적인 의미를 가진 것이요, 메시아 상징은 병자를 고치시고 설교하신 예수의 모습을 표현하기 위한 것이었으며, 로고스와 하나님의 아들은 그의 언행에 대한 요한적인 상징이었다. 그러나 예수로 하여금 그리스도와 인자가 되시게 한 것은 결코 그의 말씀이나 행적이랄지 십자가의 고난 같은 것이 아니다. 그것들은 차라리 그의 존재의 표현에 불과하였다. 다시 말하면 그의 존재는 이 모든 표현보다 앞선 것이다.

그리스도로서의 예수의 존재에서 나타나는 첫째 표현은 그의 모든 말씀이다. 영국의 홀(D. Hall)에 따르면, 인간 만사가 말씀으로 말미암아 창조되어 간다고 하였거니와 신약성서의 종교에서는 말씀의 개념이 대단히 소중한 의미를 가지고 있다. 신약성서는 예수 자신까지도 '말씀'이라고 일컫고 있다. 그러나 그로 하여금 그리스도가 되시게 한 것은 그의 말씀들이 아니라 '말씀 자체'로서의 그의 존재인 것이며 이 말씀 자체로서의 그의 존재는 그의 모든 말씀보다 우월한 것이다. 그래서 틸리히는 그리스도로서의 예수의 존재를 그의 모든 말씀에서 구별함으로써 그를 다만의 교사나 예언자의 한 사람으로 보려고 하던 그릇된 생각을 막는 것이다. 초대교회 이래 이와 같은 합리주의 사상이 연면하게 계속되었거니와 19세기의 합리주의 사상은 이 점에 있어서 가장 철저하였다. 그러나 그리스도로서의 예수는 말씀 자체와 새 존재로서 그의 말씀한 모든 교설은 이 새 존재의 표현인 것이다. 이리하여 틸리히는 그리스도로서의 예수가 말씀의 화육이심을 굳건하게 주장한다.

그리스도로서의 예수에게서 이룩된 새 존재의 둘째 표현은 그의 행하신 모든 행적들이다. 그의 행하신 모든 행적은 그의 존재와 분리시켜서 생각할 수 없는 것이다. 그런데 그리스도를 모방하려던 모든 사람은 왕왕 자기들의 생에서 그리스도의 생을 복사하려고 노력하였다. 그러나 그리스도를 그리스도 되게 한 것은 그의 행한 행적이 아니라 그 행적들이 연원된 그의 존재임을 알아야 한다.

이리하여 그리스도로서의 예수에게서는 새 존재가 형성되었거니와 이 새 존재는 실존주의적인 사상이나 경험에서 비롯된 것이 아니라 예수의 역사적 사실에서 원유(原由)된 것이다. 이 새 존재가 만일에 실존주의적 사상이나 경험에서 기원한 것이라면 그런 것을 가지고서는 실존을 극복할 수 없을 것이다. 그러나 예수께서 행하신 모든 행적은 그의 새 존재에서 표현된 표현인데 그의 새 존재는 말씀의 화육에서 이룩된 것이다. 틸리히는 말하기를 이 말씀의 화육은 시간과 공간 중에서 오직 한 차례 생기된 역사적 사실이며 거기에서는 실지로 생기되는 실존을 극복할 수 있는 능력이 나온다는 것이다.

그리스도로서의 예수에게서 이룩된 새 존재의 셋째 표현은 그의 겪으신 고난이었다. 그런데 틸리히의 본 바대로 하면 예수께서는 이 고난을 감당하시고 십자가의 죽음을 당하신 데에서만 그리스도가 될 수 있었다. 왜냐하면 그는 다만 이와 같은 방식으로만 인간의 실존 중에 온전히 관련될 수 있음과 동시에 하나님에게서 이탈된 세력들을 극복할 수가 있었기 때문이다. 그런데 정통주의자들은 그리스도로서 예수의 십자가를 논할 때에 그의 고난과 죽음을 그의 존재에서 유리시키려 하였던 것이다. 아닌 게 아니라 그는 예수로서의 자기 자신을 그리스도로서의 자기 자신을 위하여 희생시키셨으며 거기에서 그리스도로서의 자기의 성격을 명시한 것이 사실이다. 그러나 그의 존재와 그의 희생의 기능과를 분리시킬 수는 없는 것이다. 왜냐하면 그의 희생은 그의 존재의 표현이기 때문이다.

합리주의자들은 또한 그리스도로서의 예수의 존재와 그의 말씀을 분리시켰고 경건주의자들은 그의 존재와 행적을 분리시켰다. 그러나 그의 존재는 새 존재요 이 새로운 존재에서 나사렛 예수가 그리스도로 드러나신 것이다. 그래서 틸리히는 그리스도로서의 예수를 새 존재라고 일컬음으로써 거기에는 인간의 실존을 극복할 수 있는 능력이 내포되어 있음을 인정하였다. 다시 말하면 그리스도로서의 예수 안에 이룩된 새 존재에 부딪히게 되면 그의 존재 안에 있는 능력에 부딪히게 된다는 것이다. 그러므로 이 새 존재와 그 안에 있는 '존재의 능력'을 이해함이 없이는 구원의 은총에 대한 바른 이해를 가질 수가 없는 것이다.

IV. 역사적 비판주의 연구와 그 장단점

새 존재이신 그리스도로서의 예수께 대한 기록은 신약성서의 범위를 넘지 못한다. 그런데 근세의 역사적 비판주의 연구가들은 신약성서를 중심으로 하고 나사렛 예수의 역사성을 탐구할 때에 다른 역사적 사실을 탐구한 경우와 꼭 같은 방법으로 탐구하였다. 그리고 성서에 대하여 이 역사적 비판주의 방법이 채용된 다음부터 근대 신학의 모든 문제가 이 역사적 비판주의 연구에 집중되었다.

근대 신학이 이와 같이 역사적 예수를 탐구하기 시작한 동기는 종교적이면서 동시에 과학적인 것이었다. 그리고 이 연구는 대단히 용감스럽고 뜻 깊은 것이었을 뿐 아니라 그 성과도 컸던 것이다. 그러나 나사렛 예수께 대한 경험적인 사실을 탐구하고자 한 이 연구 방법은 결국 실패로 돌아갈 수밖에 없었던 것이다. 왜냐하면 역사적 예수, 다시 말하면 그를 그리스도로 받아들인 상징 배후에 계신 역사적 예수는 경험적으로 알아낼 도리가 없었을 뿐 아니라 그것을 탐구하면 탐구할수록 더욱더 알 수 없게 되었기 때문이다. 그래서 슈바이처(A. Schweitzer)는 그의 획기적인 저작인 『역사적 예수 연구사』에서 지적하기를 예수전을 쓰고자 한 근대 신학의 모든 시도는 좌절되고 말았다 한다.

신약성서의 저자 중에는 예수께 대한 전기적인 기록을 남긴 이는 하나도 없다. 거기에 기록된 나사렛 예수께 대한 모든 보도는 그를 그리스도로 받아들인 사람들의 보도인 것이다. 따라서 이 그리스도로서의 예수를 지나가서 그 배후에 있는 실제적인 예수를 찾고자 함은 나사렛 예수의 역사적 사실과 그의 그리스도로서의 사실과를 분리시키는 일이라고 말할 것이다. 그러나 이와 같은 역사적 비판주의 방법에서는 신약성서에 기록된 예수의 참 모습을 찾아낼 도리가 없는 것이며 기껏해야 나사렛 예수께 대한 개연성이 탐구될 수 있을 뿐인데 틸리히의 말과 같이 종교적 확실성은 결코 개연성에서 좌우되는 것이 아니다.

이리하여 역사적 비판주의 연구에서는 기독교 신앙과 그 신학의 기초를 구할 수 없다. 그래서 틸리히는 이 방법에 대하여 궁극적인 의의를 인정하는데 그 까닭은 성서를 역사적으로 연구한다는 것은 기독교 연구에서 중대한 일이 될 뿐 아니라 종교 일반과 인류 문화를 탐구하기 위해서도 중대한 일이기 때문이다. 그뿐더러 이 역사적 비판주의 연구방법은 개신교가 자랑할 만한 위대한 거사라는 것이 틸리히의 주장이다. 아닌 게 아니라 모든 신학자들이 신구약성서에 구속되어 있었을 때에 그것을 비판적으로 분석하기 시작한 것은 장한 일임에 틀림이 없다. 역사적으로 고찰해 볼 때에 다른 종교에서는 이와 같은 일을 단행한 전례가 없다. 유대교나 로마 가톨릭에서도 그와 같은 실례를 볼 수가 없다. 그런데 개신교 신학에서는 이런 일이 대두된 것이다. 그리고 개신교 신학이 이 일을 저지른 결과 기독교 신학이 일반적인 역사의식과 더불어 관련될 수가 있게 되었고 더 나가서는 영적 생활의 창의적인 발전에 이바지할 수가 있게 됨과 동시에 과거와 같이 고립되고 편협한 정신세계에 갇혀 있지 않게 되었다. 그리고 역사연구가 교리적인 편견 때문에 배격당하지 않게 된 것도 이 역사적 비판주의 연구의 덕택인 것이다. 그뿐더러 거기에서는 또한 나사렛 예수가 그리스도라는 기독교의 근본 진리가 정직한 의미의 역사정신과 더불어 모순되지 않는다는 것이 밝혀지게 되었다.

이리하여 틸리히는 역사적 비판주의 연구를 무가치한 것으로 인정하지 않고 그것을 소중히 여기거니와 그는 또한 신구약성서의 기록 중에 있는 신화적인 요소와 경험적인 요소를 구별할 수 있게 된 것도 역사적 비판주의 연구의 결과라 한다. 그러나 신앙의 확실성의 문제는 역사 연구의 문제에 대한 확실성을 내포하지 않는다는 것이다. 그래서 틸리히는 말하기를 그리스도인은 매일 아침 우체부가 신앙을 동요시킬 수 있는 역사연구의 정도 여하에서 결정되는 것이 아니라 그것은 차라리 종교적 확신과 신앙의 대상자에 대한 인격적인 관련성 여하에서 좌우되는 것이라 한다. 그래서 그는 다음과 같은 비유를 말하는 것이다.

남편이 그 아내의 존재와 애정에 대한 확실성을 알기 위해서는 그 아내의 언행을 객관적으로 연구하는 데에서 알려지는 것이 아니라 아내와 더불어 인격적인 교제와 사랑의 관련을 가지는 데에서만 알려지는 것인데 종교 신앙의 확실성도 이와 같다는 것이다. 그런데 기독교 신학이 여기에 대한 이해를 갖게 된 것은 성서에 대한 역사적 비판주의 연구의 결과인 것이다.

그러므로 역사적 비판주의 연구방법은 기독교 신학, 특히 조직신학을 위하여 큰 공헌을 하였다고 말할 것이다.

그러나 역사적 비판주의 연구에는 또 다른 공헌이 있었던 것이니 예컨대 나사렛 예수를 그리스도로 표현하기 위한 여러 가지 상징이 발전된 과정을 밝혀준 일이다. 신약성서에 기록된 인자, 하나님의 아들, 메시아, 그리스도, 말씀과 같은 모든 개념은 나사렛 예수를 그리스도로 고백하기 위한 상징들이거니와 틸리히는 말하기를 이 모든 상징들은 네 단계로 발전되어 갔다고 한다. 첫째 단계는 이 모든 상징들이 생기되어 그 당시의 종교적인 문화 중에서 성장되어 가던 단계요, 둘째 단계는 이 모든 상징들이 그것을 사용하는 이들의 실존적인 설문에 대하여 해답이 되던 단계요, 셋째 단계는 이 모든 상징들이 그 의미가 달라져서 기독교의 기본적인 사건을 해석하는 데 사용되던 단계요, 넷째 단계는 그 모든 상징들이 일반 사고로 말미암아 잘못 사용되던 단계라 한다.

V. 새 존재에서 이룩된 이탈의 극복

나사렛 예수 역시 한 사람의 사람인지라 그도 죽음을 겪을 수밖에 없었고 거기에 뒤따르는 고통을 면할 수가 없었다. 그가 죽은 지 사흘 만에 다시 사신 것이 사실이지만 그렇다고 해서 십자가에 달리실 때에 그에게 고통이 없었던 것은 결코 아니다. 그래서 틸리히는 말하기를 그리스도로서의 예수 역시 다른 사람이나 마찬가지로 존재가 비존재로 말미암아 극복될 수도 있었다 한다. 그리고 그에게도 신체적인 불안과 심리적인 불안이며 사회적인 불안이 있었다는 것이다. 그는 대인 관계에 있어서도 때때로 고독을 느끼셨고 다른 이들의 오해를 받지 않기 위하여 힘도 쓰셨으나 결국 그의 뜻을 이루지 못하신 것이다.

이리하여 그는 모든 사물과 사람을 접하실 때에 자기의 힘이 제한되어 있음을 느끼셨을 것이다. 인간의 실존적인 범주 안에 계시던 그에게는 잘못을 범할 수 있는 가능성도 없지 않았다. 그래서 틸리히는 말하기를 그에게는 여러 가지 잘못이 있었는데 예컨대 그가 고대인의 우주관을 그대로 답습한 일이나 종말론에 대하여 그릇된 생각을 가진 일뿐 아니라 여러 가지 시험에 빠지시고 십자가에 못 박혀 죽으신 것도 그가 제한된 존재임을 나타내는 것이라 한다. 그러므로 그리스도로서의 예수를 전지전능하신 분이라고 볼 수는 없다는 것이다.

틸리히는 이와 같이 나사렛 예수의 인간성을 강조하지만 그는 또한 신약성서의 증언에 따라서 그를 그리스도, 메시아, 하나님의 아들로 증거하는 것이다. 그리그 만일에 나사렛 예수 자신이 자기 자신을 그리스도와 하나님의 아들로 제시하시지 않고 그리스도 교회가 신앙을 가지고 이 사실을 받아들이지 않았던들 나사렛 예수는 그야말로 다만의 인간으로 인정받게 되었을 것이라 한다. 만일에 이와 같이 다만의 인간으로 인정되었다고 하면 그는 또한 새 존재도 인정받을 수 없었을 것이다. 그때에는 자기 자신이 그리스도로 자처했다손 치더라도 그는 실지에 있어서 그리스도가 될 수는 없었을 것이다. 그래서 틸리히는 그리스도의 사건이 중요한 의미를 갖는 만큼 그를 그리스도로 받아들이는 신앙도 꼭 같은 중요성을 가진다는 것이다.

그런데 위에서 고찰한 근세의 역사적 비판주의에서는 이 두 가지 면에 대하여 꼭 같은 비중이 인정되지 못하였다. 거기에서는 다만 인간 예수에게 대한 관심이 컸을 뿐이요, 역사적인 인물인 그가 신앙의 대상이심을 등한하게 생각했던 것이다. 그래서 역사적 비판주의 연구에서는 신앙 자체가 말살됨에 이른 것이다.

그러나 신약성서의 증거와 역대 교회의 고백대로 하면 그리스도로서의 모든 말씀과 그의 행하신 행업이랄지 그의 받으신 십자가의 고난은 그에게서 이룩된 새 존재의 표현인 것이다. 공관복음서 기자들의 증거대로 하면 그는 종말론적인 메시아로서 천국 지배를 행하시는 분이다. 그리고 그가 말씀하신 모든 말씀은 하늘나라에 대한 표징들이요, 그가 병자를 고치시고 마귀를 쫓아내신 것은 하늘 권세를 나타내는 일이었으며, 그의 십자가의 고난은 자율적인 모든 세력을 꺾기 위한 천국 승리를 나타내는 것이다. 그리고 그에게서 성취된 새 존재는 이미 예언자들과 뭇 성도들이며 수많은 순교자들에게서 단편적으로 나타난 바가 한꺼번에 충족된 것이라는 것이 틸리히의 의견이다. 다시 말하면 모든 예언자들과 순교자들에게 성취된 일들은 그리스도에게서 성취된 계시를 위한 예비적인 단계와 기대의 구실을 하였다는 것이다.

그리고 이 그리스도로서의 예수를 신앙의 대상으로 하는 사람은 의심하는 경우는 있을지라도 절망하지는 않으며 죽음에 대하여 걱정하는 수는 있을지 모르나 그것을 두려워하지는 않는다. 이는 그가 그리스도로서의 예수를 체 받아 사는 데에서 유래된 일이거니와 그리스도로서의 예수께서는 언제나 하나님과 더불어 온전한 하나를 이룩하시고 죽기까지 하나님의 뜻대로 순응할 따름이었고 기계적인 사회구조에 순응하지 않았다. 그가 인간적인 실존 중에 오신 것이 사실이지만 신·인성을 가지신 그는 거기에 동화되지 않고 도리어 그 실존을 극복하여 주신 것이다. 그도 역시 여러 가지 시험을 받으셨다. 그러나 그는 한 차례도 하나님의 뜻을 범한 일이 없었던 것이다.

이와 같이 말하는 그리스도로서의 예수에게는 두 가지 중요한 사건이 있었는데 그것은 그의 십자가의 고난과 무덤을 헤치신 그의 부활이었다. 그런데 틸리히는 말하기를 그의 십자가의 죽음에서는 우리의 현재적인 실존이 원존재에서 이탈되어 있음이 역연하게 드러났고 그의 부활에서는 새 존재가 파탄 중에 있는 실존을 극복한 승리의 능력임이 판명된 것이라 한다. 그리고 승천하신 그리스도께서는 보이는 권세와 보이지 않는 모든 권세의 주시라는 것이다.

VI. 결론

이상에서 우리는 틸리히의 기독론을 일별하였거니와 그의 기독론을 비판하자면 그의 말한 '하나님 말씀'의 개념이 어떠한 것인가를 살필 필요가 있을 것이다. 그리고 이 문제는 그의 사상체계의 중심 문제라고 말할 수 있다.

현대에 있어서 가장 저명한 신학자의 한 사람인 바르트의 신학을 흔히 '하나님 말씀의 신학'이라고 말하거니와 바르트는 말하기를 하나님 말씀에는 세 가지 형태가 있는데 그것은 곧 예수 그리스도와 그를 증거하는 신구약성서와 그것을 터전으로 하는 교회의 설교라 한다. 그런데 틸리히는 이와 같은 바르트의 신학사상을 배격한다. 왜냐하면 거기에서는 다만 하나님께서 말씀하시는 말씀만을 하나님 말씀이라고 인정하기 때문이다. 그러나 말씀은 다만 인간에게 말씀된 말씀만이 아니라 그에게 주어진 하나님의 형상, 다시 말하면 그의 이성적인 기능도 말씀이라는 것이 틸리히의 주장이다.

신약성서에 증거된 말씀의 개념은 지시적인 것이나 헬라 철학적인 것이 아니라 그것은 차라리 '생명의 말씀'으로서 존재 자체이신 하나님의 자기증거요, 계시의 역사 중에서 자기 자신을 계시하시는 하나님이며 그가 바로 '말씀이 육이 되신 그리스도로서의 예수'라 함은 틸리히도 모르는 바 아니다. 그러나 틸리히는 말하기를 하나님의 자기 증거는 다만 하나님 자신에서만 나타나지 않고 그것은 또한 그의 창조의 역사에서도 나타났고, 그의 궁극적인 계시이신 그리스도로서의 예수에게서 말씀되었을 뿐 아니라 계속적으로 나타나는 계시의 역사에서도 말씀되었고, 교회와 그 회원들에게서도 말씀된 것인데 이것이 바로 하나님 말씀의 상징이 가지는 의미라는 것이다. 틸리히는 이 여섯 가지 상징을 크게 나눠서 두 부문으로 구분하거니와 첫째 것은 하나님 자신 안에 있는 말씀과 관련되는 것이고 나머지 다섯 가지는 실존 중에 나타난 그의 말씀과 관련되는 것이라 한다. 그리고 인간을 하나님의 형상이라 함은 인간의 말이 하나님 말씀에 대한 유비가 되며 하나님 말씀이 인간성을 파괴함이 없이 인간으로 나타날 수가 있기 때문이라 한다.

여기에서 틸리히는 화육의 진리를 말하거니와 이 화육의 참다운 기적은 원래의 인간성과 실존적 인간성 사이에 가로놓인 상극을 초극하는 데에서 성취되는 것이며 이 화육에서 해결되는 인생 문제는 죄와 거기에 뒤따르는 비극의 문제이지 여러 가지 제한성이나 죽음과 같은 자연성의 문제가 아니라는 것이다. 왜냐하면 신약성서가 말해 주는 죽음의 개념은 죄의 대가로 주어진 실존적인 죽음, 다시 말하면 죄적인 죽음을 말한 것이지 생물학적인 죽음이 아니기 때문이다. 인간은 다만의 생물학적인 존재가 아니라 그에게는 하나님의 형상이 허락되어 있으므로 그는 스스로 높아지려고 하는 교만에서 죽거나 자기 자신을 땅바닥까지 낮추는 신앙에서 죽어야 한다.

이와 같이 말하는 틸리히는 피조물이 자기 자신을 하나님의 자리에 높이는 일을 막음과 동시에 하나님만이 하나님의 자리에 계셔야 한다고 주장하는데 이것이 개신교 신앙의 원리라는 것이다. 그러나 그가 화육론을 말할 때에 '하나님이 인간이 되신 것이 아니라 신적인 존재가 인간적인 품성을 가지고 시간과 공간 중에 나타났다'고 말한 것은 물론 무엇이나 존재

자체이신 하나님의 자리에 오르는 일을 막기 위한 경고라 할지라도 거기에서는 삼위일체로서의 하나님의 개념이 흐려질 염려가 없지 않으며 그가 그리스도로서의 예수에게서 나타난 궁극적인 계시 이외에 역사상에 나타난 계속적인 계시를 인정한 것은 바르트 같은 이가 엄격하게 배격하는 일반계시를 인정하는 것이 아닌가 한다. 따라서 그의 신학은 비록 성서적이요, 그리스도 중심적이라고 말할지라도 이 점에 있어서 바르트보다는 철저하지 못한 듯하다.

8
기독교의 근본 사상과 그 사명*

I.

현대인은 대개 종교 신앙에 대해서 무관심하다. 현대인 중에도 굳건한 신념이나 변함없는 확신에 대해서는 그 필요성을 느끼는 이들이 많을 것이다. 그러나 하나님의 존재와 그를 믿는 신앙에 대해서는 현대인은 극히 무관심하며 심지어는 무신론자로 자처하는 것을 자랑스럽게 여기는 이들이 많은 것이다. 그 까닭은 자기의식과 감각에 대하여 성실하기를 바라는 현대인들은 하나님 없이 사는 편이 도리어 인간 존재의 기반을 든든하게 하기 위한 첫걸음이 된다고 보기 때문이다.

그러나 여기에서 한 가지 생각할 것은 근세 이래에 급속도로 발전된 자연과학과 인간의 선한 의지만 가지면 지상 천국을 이룩할 수 있으리라고 믿던 낙관주의 사상은 두 차례의 세계 대전으로 인하여 이미 좌절된 지

---

* 현대인강좌편찬회 편저, 『현대인 강좌, 제4권: 사상과 종교』(서울: 전우사, 1962), 255-270에 실린 글이다.

오래이며, 핵무기를 중심으로 한 3차 대전이 터지는 날에는 깊은 산골과 먼 바다 위에 흩어져 사는 섬사람의 일부는 몰라도 그 밖의 사람들은 거의 살아남을 가망이 없게 된 이 마당에 이르러서는 그와 같은 부질없는 생각을 할 수는 없다는 일이다. 그래서 2차 대전 이후부터는 진부하나마 인간 사회의 현황을 그대로 긍정하지 않고 그 죄성(罪性)과 구원의 필요성을 말하여 주는 성서의 주장에 귀를 기울이는 사람들이 많아지게 되었다.

기독교의 경전인 신구약성서 66권은 기원전 10세기로부터 기원후 2세기에 이르기까지 오랜 시일과 수많은 사람들의 손을 거쳐서 저작되었다. 따라서 거기에는 셰익스피어의 이른바 "시대도 쇠잔하게 할 수 없고, 관습도 진부하게 만들 수 없는 다양성"이 있는 것이다. 성서에는 이스라엘 민족의 기복 많은 민족사도 기록되어 있고, 아름다운 시문학도 편찬되어 있으며, 전기적인 기록이 있는가 하면 서간문 형식의 심오한 문장들도 수록되어 있는 것이다. 그래서 성서학자 맥닐은 "성서는 여러 가지 걸작들을 한군데에 모은 걸작집"이라고 말하고 있다. 그러나 그리스도 교회는 예로부터 66권의 성서를 하나의 서책으로 읽어 왔으며, 거기에는 하나의 통일된 주제가 들어 있다고 보아 왔는데, 18세기 이래의 성서학자들은 대개 이 성서의 통일된 주제를 구속사라고 말하고 있다. 다시 말하면 창조주 하나님께서 죄에 빠진 인간을 구하시기 위하여 구세주를 보냄으로써 그를 통하여 이룩하신 구속의 역사가 성서 전체의 주제라는 것이다. 그러므로 우리는 아래에서 신구약성서를 기반으로 하는 기독교의 근본 사상을 살피기 위하여 성서의 중요 사상인 창조주 하나님과 지음 받은 인간, 그리고 구주 예수 그리스도와 그에게서 성취된 화해의 은총이 어떠한 것인가를 간단간단히 연구 분석하면서 그 현대적인 사명을 밝히고자 한다.

II.

앙드레 지드는 그의 서신에서 하나님이 존재하시느냐 존재하지 않으시냐에 대한 문제는 가장 큰 문제인데 이 문제는 하나님께 대한 인간 자신의 관심이나 증명 또는 그 신념이나 번민과는 아무런 관계도 없는 것이라고 하였다 한다. 그는 여기에서 하나님의 존재를 긍정할 수도 없고 부정할 수도 없는 모순 속에 빠져 있으면서도 거기에서 오히려 하나님과 더불어 대결할 수밖에 없는 인간의 안타까운 실정을 말한 것이다.

그러나 인간이 만일에 인간 자신을 주체로 하고 하나님의 존재를 말하기로 한다면 하나님의 존재를 부정할 수밖에 없을 것이다. 왜냐하면 무한하신 하나님께서 유한한 인간에게 순조롭게 알려질 수는 없기 때문이다. 그래서 예언자 이사야는 일찍이 "하나님이여 주는 진실로 스스로 숨어 계신 하나님이시니이다"(사 45:15)라고 고백한 바 있고, 저명한 물리학자 파스칼도 이사야의 이 말을 그대로 긍정하면서 하나님은 우리에게 있어서 알 수 없는 분이라고 하였던 것이다. 그러므로 사람들이 하나님은 없다고 주장하는 데에도 일리가 있다고 말할 수 있다. 그러나 이는 어디까지나 인간 자신을 주체로 하고 하나님의 존재를 생각한 것이지만, 반대로 하나님을 주체로 하고 말할 때에는 인간이 도리어 아무것도 아닌 것이 될 수밖에 없는 것이다. 그래서 이사야는 또한 "하나님 앞에서는 모든 열방이 아무것도 아니라 그는 그들을 없는 것 같이 빈 것 같이 여기시느니라"(사 40:17)고 하였던 것이다.

이와 같이 성서의 저자들은 언제나 인간과 세계를 그 극한(極限)에까지 압축시킴으로써 그것들이 공이 되게 하면서 저편에 계시는 하나님을 증거하고 있는 것이다. 그러나 이는 결코 하나님의 존재를 증명하는 인간적인 증명이 아니라 창조주 하나님께 대한 신앙적인 고백인 것이다. 그리고 이

신앙고백에서는 창조주 하나님과 지음 받은 인간과의 절대적인 구별과 연결이 주장되는 것이다.

우리는 이와 같은 신앙고백을 신구약성서 전체에서 엿볼 수 있지만 그 대표적인 기록은 역시 구약성서의 첫째 구절인 "여호와 하나님께서 천지를 지으시니라"의 기사라고 말할 것이다. 그리고 사도신경 첫머리에 나오는 "전능하사 천지를 만드신 하나님 아버지를 내가 믿사오며"의 고백은 창세기의 정신을 부연(敷衍)한 것이라고 말할 수 있다. 그런데 이와 같이 고백된 신앙고백은 공간적인 자연에서 나타나는 하나님의 창조 능력을 말한 것이 아니라 그것은 도리어 시간과 역사 중에서 나타나는 하나님의 역사를 고백한 말이라는 것이 학자들의 의견이다. 구약성서에는 일월성신이 하나님의 권능을 노래하며, 자연계의 모든 변화가 하나님의 조화를 드러내는 것이라고 한 기사가 있는 것이 사실이다. 그러나 성서에서는 하나님이 일하시는 무대가 주로 시간과 역사로 인정되어 있는 것이다. 그래서 성서적인 해석대로 하면 하나님은 '자연계의 주'시라기보다 차라리 그는 '시간의 주', '역사의 주'로 인정되어 있는 것이다. 그리고 하나님을 시간의 주로 고백함에 있어서는 창조와 종말이 강조되었고, 하나님을 역사의 주로 인정하는 데에서는 하나님은 이스라엘 민족의 하나님이라는 점이 강조되어 있다.

그러므로 창세기 첫머리에 나오는 천지창조에 대한 기사는, 엄밀한 의미에서 천지 만물이 생성되어 간 과정을 말한 것이 아니라, 오히려 역사 중에 나타난 하나님의 놀라운 일을 믿음으로 고백한 것이라고 말할 수 있다. 그래서 최근의 학자들은 대개 이스라엘 민족이 저 감격적인 출애굽 사건을 상기함에 있어 거기에서 경험한 각별하신 하나님의 은총을 고백한 나머지 그것을 중심으로 하고, 그 주변으로서 천지 창조까지를 고백했을 것이라고 보는 것이다. 다시 말하면 이스라엘 민족이 조국 광복이라고 말할 수 있는 저 출애굽의 경험을 회상하며 더 소급해 올라가서 천지 창조까지를 고백하게 되었다는 것이다. 이는 마치 우리나라 사람이 8·15의 해방을 맞이하면서 단군 기원까지를 회상한 것과 비슷한 일이다. 따라서 창조신앙의 내용은 자연과학적인 주제가 아닌 것이며, 그것은 오히려 고대 민족의 전설을 재료로 하고 역사적인 의식으로써 하나님의 구원의 은총을, 신앙을 가지고 고백한 것이라고 말할 수 있다.

이리하여 이스라엘 민족의 역사는 단순한 민족사가 아니라 구세주를 기다리던 역사인 만큼 창조신앙에는 언제나 구속사적인 요소가 내포되어 있었다. 그런데 이 구속사적인 성격은 신약성서에 이르러서 훨씬 더 분명해졌다. 신약성서 역시 창조주 하나님을 증거하고 있기는 하되 거기에서는 좀 더 분명하게 하나님이 구속주로 고백되고 있는 것이다. 왜냐하면 예수 그리스도께서 행하신 모든 표적과 그의 부활에 대한 신앙 경험에서는 창조주 하나님께 대한 새로운 해석이 섭취될 수밖에 없었기 때문이다. 다시 말하면 그의 부활 사건을 계기로 예수는 구세주라고 하는 새로운 신앙이 확립됨에 이른 것인데(요 4:26) 이에 있어서 구약성서의 신관이 신약성서의 기독론으로 옮아가게 되었다. 그러므로 이제 와서는 삼위일체적으로 예수 그리스도의 신성이 인정됨과 동시에 그는 하나님의 아들이시요 주가 되시며, 아버지 하나님과 더불어 예배의 대상이 되실 뿐 아니라 하나님께서 천지 만물을 지으실 때에 그에 참여하신 분이라고 고백함에 이른 것이다(요 1:3).

사도 바울도 모든 만물은 그리스도에게서 창조되었다고 말하고 있거니와(골 1:16), 이와 같이 말하는 창조 개념은 구속의 개념과 통하는 것이며, 구속의 개념 또한 창조의 개념과 통하는 것이다. 그리고 인류 역사 중에는 언제나 하나님의 창조의 역사가 같이하기 때문에 역사는 다만 반복되는 문화사가 아니라 구속사가 될 수밖에 없는 것이며, 거기에는 또한 하나님의 섭리와 지배가 같이 하기 때문에 적자생존과 약육강식의 원리가 지배할 수는 없는 것이다. 만일에 적자생존과 약육강식 원리만이 지배한다면 사자와 이리떼 사이에서 약한 토끼는 살아남을 수가 없을 것이며, 강대국과 약소민족이 반열(班列)을 같이할 수는 없을 것이다. 그런데 "하나님은 우리의 피난처시요 힘이시니 환난 중에 만날 큰 도움이시라"(시 46:1)고 노래한 시인의 노래와 같이 인류 역사는 하나님의 섭리와 돌보심 밑에 놓여 있으며, 특히 예수 그리스도를 중심으로 하는 구속사적인 섭리와 지배 아래에 놓여 있는 것이다. 그래서 신약성서에 있어서는 창조주가 곧 구세주로 고백되어 있는 것이다.

III.

인간의 자기 이해는 '문화의 혼'이라고 말하거니와 인간이 무엇인가에 대해서는 문학이나 철학뿐 아니라 근자에 와서는 자연과학 방면에서도 많은 이론이 전개되고 있다. 그런데 이 모든 인간관에 있어서 인생의 모든 문제는 결국 인간 자신의 힘을 가지고 해결할 수 있다고 보는데, 특히 이상주의적 인간관은 이 점에서 가장 철저하다고 말할 것이다. 인생 생활에는 인간 자신의 노력을 가지고 해결할 수 있는 문제들이 있느니만큼, 기독교는 반드시 이 이상주의적인 인간관을 반대하지 않는다. 예컨대 과학기술이나 경제정책과 정치 문제 같은 것은 분명히 인간 자신의 힘만을 가지고도 해결할 수 있는 문제다. 종교가 만일에 이와 같은 문제를 인간의 힘으로 해결할 수 없다고 주장한다면 종교는 결국 사회의 합리화를 저지시키며 역사의 수레바퀴를 거꾸로 돌리려 한다고 하는 비판을 면할 길이 없을 것이다.

기독교는 인간의 노력으로써 인간 문제를 어느 정도 해결할 수 있다는 것을 부정하지 않는다. 그러나 기독교는 또한 인생의 모든 문제를 인간의 힘으로 해결할 수 있다고는 보지 않는다. 왜냐하면 인생에는 우리 자신의 힘으로써는 할 수 없는 일들이 있을 뿐 아니라 우리는 때때로 담벼락에 부딪친 것과 같은 막다른 골목에 빠지는 수가 많기 때문이다. 예컨대 원치 않는 인생고에 시달리는 일이나, 피(避)치 못할 죄로 인하여 고민하는 일이라든지, 있어서는 안 될 죽음의 고비를 넘게 되는 경우와 같다. 인간은 누구나 이와 같은 넘지 못할 장벽에 부딪치게 되는데, 철학자 야스퍼스는 이와 같은 인생의 딱한 정황을 '한계정황'이라고 말하고 있다. 사람에 따라서는 이와 같은 한계정황에 대하여 눈을 감고자 하는 이들도 있을 것이다. 그러나 실지에 있어서는 한 사람도 이 한계정황을 피할 수가 없는 것이다. 그래서 성서의 저자들은 애당초부터 이 한계정황을 문제 삼고 있는데, 여기에 종교 신앙의 동기가 있다.

현대인이 숭상하는 인간관 중에는 또한 인간 존재의 생성에 대하여 현상적으로 말하여 주는 과학적 인간관이 있다. 그러나 과학은 사물의 현상에 대해서는 설명하여 주지만 그 '의미'에 대해서는 침묵을 지킬 수밖에 없는 것이다. 여기에 과학의 본질적인 실증성이 있거니와, 과학은 본시 우주의 발생이나 인간의 생성에 대해 현상적인 설명은 하여 주지만 그 의미에 대해서는 말할 수가 없는 것이다. 그런데 우주 발생과 아무런 모순도 없이 양립할 수 있는 것이다. 그러나 과학적 인간관이 과학주의로 변함으로써 인간 존재에 대해서는 그 현상적 설명만이 유일한 설명이라고 주장할 때에, 기독교는 거기에 대하여 수긍할 수가 없는 것이다. 왜냐하면 거기에서는 세계는 무엇을 위하여 존재하며, 인간은 무엇을 위해서 존재하는가를 알 수가 없기 때문이다. 인간 생명의 발단(發端)을 아무리 생물학이나 생리학적으로 자세하게 설명한다 할지라도 거기에서는 인간 생명의 의미가 제시될 수는 없는 것이며, 우주의 발생을 아무리 상세하게 물리학이나 천문학적으로 설명한다손 치더라도 거기에서는 세계가 무엇을 위해서 발생되었는가를 알아낼 도리가 없는 것이다.

인간 존재와 세계의 발생을 다만 생물학이나 물리학적으로 설명하는 데에 있어서는 그것들은 결국 우연한 것 아니면 무의미한 것으로 화할 수밖에 없게 되는데, 이와 같이 현상적 설명으로서의 과학적 설명만이 주장되는 데서는 반드시 허무주의가 횡행(橫行)할 수밖에 없는 것이다. 그래서 현대 사회에서 성행되는 살인과 자살의 행위라고 할 수 있는 무수한 사람들을 다량으로 학살하는 핵무기 사용 같은 것은 결국 인간 생명에 대한 이와 같은 허무주의적 무감각에서 유래한 것이라고 볼 수밖에 없다. 그러나 성서는 인간과 세계가 다만 생물학이나 물리학적 필연에 의해서 존재하는 것이라고 보지 않고 하나님의 특별하신 사랑과 인격적인 관련 밑에서 지어진 것이라고 증거하는데, 창세기는 이 사랑과 인격적인 관계를 말하기 위해서, 인간은 하나님의 형상대로 창조된 것이라고 말하고 있다(창 1:27). 다시 말하면 하나님께서는 자기 자신 안에 성부, 성자, 성신 삼위일체로서의 사랑의 교제를 가지고 계시는데, 우리 인간을 이 성스러운 사랑의 교제에 참여할 자로 창조하였다는 것이다.

'하나님의 형상'이란 다름 아니라 인격적 사랑의 주체를 의미하는 말이거니와, 이와 같은 인격적 사랑의 주체로 지음 받은 점에서 인간은 다른 동물과는 다른 것이다. 생명의 범위에 있어서는 인간도 다른 생물이나 다름이 없다. 그러나 인격의 범주에 있어서는 인간과 다른 동물 사이에는 넘을 수 없는 질적 차이가 있는 것이다. 성서적인 이해대로 하면 인간의 본연의 모습은 하나님의 사랑 안에 머무르면서 그의 사랑에 응답함과 동시에 이웃 사람과 더불어 사랑의 공동체를 형성하는 데에 있는 것이다. 그래서 성서를 숭상하던 종교개혁자들은 인간의 본질을 이성이나 자유 또는 창의적인 능력에 있다고 보지 않고 하나님의 사랑을 받아들이며 이웃을 사랑하는 데에 있다고 보았던 것이다. 그러므로 인생을 인생답게 하는 것은 인간의 이성적인 활동에 있는 것이 아니라 사랑의 교제에 있는 것이다. 이 사랑의 교제야말로 참된 의미의 본질적인 인간성의 내용인 것이며, 이 사랑에 있어서 우리의 인간성은 하나님의 본질과 더불어 통하는 것이다.

성서적인 이해대로 하면 인간은 본시 사랑을 위하여서 지음 받은 존재이다. 따라서 인간다운 인간이 되기 위해서는 사랑에서 살아야 한다. 이 사랑의 정도 여하가 인간됨을 규정해 준다. 그리고 인간이 사랑에서 멀어지는 정도는 인간이 사람답지 못하게 되는 정도가 된다. 이성이나 자유는 참된 의미의 인간성이 아니다. 그것은 사랑을 본질로 하는 참 인간성을 실현하기 위한 조건일 따름이다. 이와 같이 말하는 사랑은 말할 것도 없이 아가페의 사랑이요, 그리스도께서 우리를 사랑하사 우리를 위하여 십자가에서 희생이 되신 사랑이다. 사람에게는 본시 이와 같은 사랑이 없다. 우리에게는 다만 인정적인 에로스의 사랑이 있을 뿐이다. 그래서 종교개혁자 루터는 말하기를 인간에게는 다만 때 묻은 사랑이 있을 따름이라고 하였던 것이다. 그러나 자연인이 가지고 있는 인정적인 사랑도 하나님의 사랑인 아가페의 사랑을 통하여 정화되고 승화되는 것이다. 다시 말하면 우리가 가지고 있는 우정이나 연애 같은 사랑의 정도 십자가의 사랑을 체 받는 데에서 하나님의 영광을 드러낼 수가 있는 것이다.

그런데 현대인들은 대개 이 예수 그리스도에게서 나타난 십자가의 사랑을 본받지 않고 난대로의 사람이 가지는 애정이나 인정만을 그대로 발휘하기 때문에, 인간 사회에는 여러 가지 방종(放縱)과 난맥(亂脈)이 생기는 것이다. 현대인은 특히 성생활에서 무절제하다. 그러나 이와 같은 현상은 다만 현대에만 있는 것이 아니라 어느 시대에나 있었던 것이며, 로마 제국에 있어서도 성적 문란은 대단하였다. 그래서 사도 바울은 그릇된 애정을 비판하는 한편 예수 그리스도의 십자가에서 이루어진 하나님 사랑을 고조했던 것인데(롬 5:3), 이와 같은 권면은 우리에게도 필요한 것이다. 신약성서는 사랑을 중심으로 하는 참다운 인간성을 우리 자신을 근거로 하여 말하지 않고, 예수 그리스도의 역사적 사실과 그의 행하신 일을 근거로 해서 말하여 준다. 왜냐하면 우리는 다만 참 사람이신 그에게서만 하나님의 형상을 그대로 지닌 사람의 참 모습에 접할 수가 있음과 동시에, 하나님을 떠나서 사는 인간의 죄 된 모습까지를 이해할 수가 있기 때문이다. 서로서로 아끼며 돕지 못하고, 광야를 헤매는 이리떼처럼 서로 물고 뜯다가 지쳐서 심각한 고독감과 허탈증에 걸리게 된 현대인을 또다시 사람다운 생활로 돌이키자면, 우리들을 사랑으로 구하기 위하여 십자가에 매달려 피 흘리신 예수 그리스도를 구주로 모시고 그를 우러러보며 그의 발자취를 따라갈 필요가 있을 것이다.

IV.

하르낙은 그의 저서 『기독교의 본질』에서 말하기를, "실증주의자 밀은 소크라테스라는 사람이 이 세상에 있었다는 일을 인류는 두고두고 상기하여도 오히려 부족할 것이라고 한 바 있지만 그보다도 더 소중한 것은 예수 그리스도께서 인류 역사 가운데에 생존하고 계셨다는 사실을 기억하는 일이다"라고 했다. 그러면 인류 역사에 대해 이와 같은 중대의의를 가지신 예수 그리스도는 어떠한 분이며 그는 무엇을 행하셨던가? 예수 당시의 대제사장 가야바가 이와 같은 질문을 던진 이래 같은 설문이 계속적으로 제기되고 있거니와, 슈바이처는 말하기를 19세기의 예수전 연구가들은 예수 그리스도가 누구인가를 알아내기 위하여 마치 야곱이 얍복강 언덕에서 밤을 새워 가면서 천사와 더불어 씨름한 것처럼 예수와 더불어 씨름하였다고 말하고 있다. 그런데 이 19세기의 자유주의 신학자들은 낙관적인 이상주의 사상과 아울러 그 당시에 유행되었던 역사학의 방법을 사용함으로써 나사렛 예수를 근대인의 비위에 맞는 윤리교사가 아니면 하나의 종교적 천재로 만들고 말았다. 그러므로 예수 그리스도의 신성은 전적으로 거부되게 되었고, 그는 하나의 평범한 역사적인 인물로 인정됨에 이른 것이다. 그래서 사회주의자 카우츠키는 나사렛 예수를 사회주의의 두목이라고 인정하였고, 쇼펜하우어는 그를 불타(佛陀)적 인간이라고 일컬었으며, 근세 신학의 조상인 슐라이에르마허(F. D. E. Schleiermacher, 1768-1834)는 예수는 하나의 종교적 천재라고 보았던 것이다.

아닌 게 아니라 나사렛 예수에게는 종교적인 소질이 풍부하였고, 그의 윤리사상은 너무나도 숭고한 것이었기 때문에, 인도의 간디는, 나사렛 예수의 윤리사상이 존속(存續)하는 한, 나사렛 예수가 역사적으로 존재한 분이냐 아니냐 하는 문제는 그다지 중대한 문제가 아니라고까지 말했던 것이다. 그리고 러시아의 톨스토이는 나사렛 예수의 윤리사상에 심취한 나머지 그것을 실천하기 위하여 많은 수고를 하였다지만 예수 그리스도의 윤리사상은 현대인인 우리에게도 많은 교훈이 될 줄로 안다. 왜냐하면 거기에서는 이미 우리 자신이 당면하고 있는 어려운 문제가 해결되고 있기 때문이다. 예수 그리스도의 교훈대로 하면 인간은 목적이 될지언정 수단은 될 수 없으며, 사람 위에 사람이 있을 수 없다. 그리고 아무리 부족하고 죄 된 인간일지라도 하나님께서 그에게 기대와 소망을 가지듯이 우리는 피차에 상대방에게 대하여 기대와 소망을 가져야 한다. 뿐만 아니라 사람은 뿔뿔이 헤어져서 다툴 것이 아니라 서로서로 도와가면서 유기적인 공동체를 이루어야 하는 것이다.

그러나 이와 같이 말하는 예수 그리스도의 윤리 교훈은 추상적인 윤리

강령이나 도덕적인 법칙이 아니라 그것은 어디까지나 예수 그리스도 자신과 밀접한 관계를 가진 것이다. 기독교 윤리는 어디까지나 예수를 그리스도로 믿는 그리스도 신앙의 결과일 뿐이요, 예수 그리스도께 대한 인격적인 관련이 없이는 윤리적인 열매를 맺을 수가 없는 것이다.

그러므로 나사렛 예수의 아름다운 교훈보다도 그가 어떠한 분인가를 먼저 이해할 필요가 있는 것인데, 예수 그리스도를 측근에서 모시던 사도 베드로는 일찍이 사람들이 자기를 누구라고 하더냐고 물으신 예수 자신의 질문에 대답하기를 "주는 그리스도시요, 살아 계신 하나님의 아들이시니이다"(마 16:16)라고 고백하였고, 카타콤 속에서 예수 그리스도를 예배하던 초대교회의 신도들은 물고기를 상징으로 삼아 그를 예배하였다. 왜냐하면 고기를 의미하는 헬라어 이크투스(*ichthys*)는 "예수 그리스도, 하나님의 아들, 구세주"라는 말의 첫 글자와 서로 통하는 것이었기 때문이다. 이리하여 초대교회의 신도들에게 나사렛 예수는 그리스도와 하나님의 아들이었다. 그런데 우리는 사도 바울의 빌립보서 2장 6절 이하에서 예수 그리스도에 대한 가장 적절한 신앙고백에 접하게 된다. 바울은 "그는 근본 하나님의 본체이시나 하나님과 동등됨을 취할 것으로 여기지 않으시고 오히려 자기를 비어 종의 형체를 가져 사람들과 같이 되었고 사람의 모양으로 나타나셨으매 자기를 낮추시고 죽기까지 복종하셨으니 곧 십자가의 죽으심이라"고 말하고 있거니와 예수 그리스도는 본시 하늘 보좌에 앉아 계시던 하나님의 아들이신데 그가 만백성을 구하시려는 하나님 아버지의 뜻에 따라서 우리와 같은 인간이 되셨고, 이 세상에서 고난의 생애를 보내신 다음 마침내는 십자가의 죽음을 감당하심으로써 만백성의 구원을 성취하셨다는 것이다.

325년에 제정된 니케아 신조에서는 예수 그리스도를 '인간이 되신 하나님'이라고 고백하였고, 451년에 제정된 칼케돈 신조에서는 그를 '참 하나님이요 참 사람'이라고 고백하였거니와, 이는 모두 초대교회 신도들의 신앙고백에 뒤따른 것이다. 그런데 근세의 자유주의 신학자들은 사도들의 증언과 역대 교회의 신조를 따르지 않고 나사렛 예수를 다만 인간으로 보고자 하였다. 그러나 잘못을 범한 것은 오로지 근세의 자유주의 신학자만은 아니었다. 교회 측의 정통주의자들도 적지 않은 잘못을 범했던 것이니 왜냐하면 그들은 자유주의 신학자들과는 반대로 예수 그리스도의 인간성을 충분히 이해하지 못했던 것이다. 그들은 예수의 인간성을 강조하게 되면 그의 신성이 흐려지거나 약화될 것이라고 보았던 것이다. 그러나 신약성서의 증거와 역대 교회의 신조대로 하면, 인간 예수가 바로 그리스도요 십자가에 달리신 그분이 도리어 신적 승리를 거두신 분이다.

예언자 이사야는 이 세상을 구원하실 구세주는 반드시 강한 권세를 행사하는 분이 아니라 고난을 담당하는 '고난의 종'이라고 예언함과 동시에, (사 53장) '세상의 뿌리'가 될 이스라엘 백성도 그 뿌리 구실을 하기 위해서는 인류 사회의 심각한 고난을 몸소 감당해야 한다고 보았던 것이다. 그런데 신약성서의 저자들은 예수 그리스도의 고난의 생애와 그의 십자가의 죽음에서 이와 같은 구원의 성취와 신적 승리를 보았던 것이며 누구보다도 예수 그리스도 자신이 그와 같은 확신을 가지셨던 것이다(요 10:18). 우리는 여기에서 고난에 대한 적극적인 해석을 보게 되거니와 예수 그리스도의 십자가의 죽음이 있은 다음부터 인류는 십자가의 표지(標識)로써 승리의 표를 삼게 되었다.

예수 그리스도는 십자가의 죽음에 이르기까지 하나님의 뜻에 순종했을 뿐이요, 기계적인 사회구조에 대하여 그대로 순종한 것은 아니었다. 그가 인간적인 실존 중에 들어오신 것은 사실이지만 그는 언제나 거기에 동화되지 않고 그것을 도리어 극복하여 가신 것이다. 그에게도 여러 가지 시험과 위협이 닥쳐왔다. 그러나 그는 한 번도 거기에 굴복하지 않고 다만 하나님의 뜻대로 행동할 따름이었다. 그래서 이 예수 그리스도의 뒤를 따른 사람은 의심하는 일은 있을지라도 절망하지는 않으며, 걱정하는 마음은 있을지 모르나 두려워하지는 않는다. 왜냐하면 예수 그리스도를 믿는 자에게는 죽음이 도리어 최후 승리가 되기 때문이다.

그러나 우리는 여기에서 예수 그리스도의 죽음이 도덕적인 감화를 끼치기 위한 것이라고 생각하여서는 안 된다. 세상에는 예수 그리스도의 십자가의 죽음을 사랑의 시범으로 이해하는 사람들이 너무나 많다. 그러나 예수 그리스도의 십자가의 죽음에서는 그 이상의 일이 성취된 것이다. 그래서 초대 교부들은 예수 그리스도는 그의 십자가에서 악령을 이기셨다고 보았던 것이다. 현대인은 이 악마와의 싸움에 대해서 냉담한 것이 사실이지만, 스웨덴의 신학자 G. 아울렌은 2차 대전 직전에 악마와의 싸움에 대한 저 낡은 사상이 현대적인 의식을 가진 것이라 하여 그것을 배경으로 '승리자 그리스도'를 주장함으로써 불안과 공포에 떨던 유럽 사람들을 위로했던 것인데, 오늘날에 있어서도 전 세계 그리스도 교회가 예수 그리스도를 '세계의 주, 세상의 소망'이라고 고백하는 까닭은 같은 정신을 이어받은 것이라고 말할 수 있다.

V.

불교도들은 인생은 고해요 생로병사는 모두 다 고통이라 말하고 있고, 유물론자들은 인생의 모든 고통은 경제적인 빈곤에서 유래하는 것이라고 주장하지만, 신구약성서는 인생고의 근원이 불화에 있다고 여긴다. 경제적인 빈곤과 육신의 병고가 고통임에는 틀림이 없다. 그러나 인생의 가장 깊은 고통은 역시 사람과 사람이 서로 화목하지 못하고 사람과 물건이 조화되지 못하며, 안으로는 마음의 분열과 갈등이 있고 밖으로는 사회적인 변동과 계급적인 대립이 심해지므로 세상에는 간단없는 싸움이 전개되는 데에 있다고 말할 것이다. 죄악과 구원에 대해서 흥미와 관심을 갖지 않는 현대인으로서도 한없는 분열과 투쟁이 계속되는 현실 사회를 바라보고서 그것을 옳다고 여길 수는 없을 것이며, 갈급한 마음으로 인류 사회에 평화가 깃들기를 구할 수밖에 없을 것이다.

그런데 여기에서 주의할 것은, 세상에서는 언제나 가난한 사람보다도 넉넉한 사람들이 더 큰 싸움을 하며 약소민족보다도 강대국 편에서 도리어 엄청난 싸움을 일으키고 있을 뿐 아니라, 그들은 언제나 입으로는 평화를 주장하나 마음으로는 싸움만을 꾀하고 있다는 사실이다. 그래서 그들의 평화 운동과 평화 공세에서는 반드시 전쟁이 폭발되는데, 이러한 점에서 이 세상의 평화를 무장 평화라고 일컬음이 적절한 표현이라고 할 것이다. 이렇게 인간 사회에는 무엇인가 잘못된 데가 있음을 부정할 수 없는바, 종교적으로 말하면 이것이 바로 죄악이요 사회악인 것이다.

이와 같이 말하면 현대인은 또한 '악은 무요 공이라'고 말할 것이다. 이 말은 현대인의 심정을 솔직하게 표현하는 말이거니와, 이와 같은 소신을 가지기로 하면 인간 사회의 혼란과 무질서에 대하여 책임질 사람이 없을 것이다. 아니 실지에 있어서 잘못된 세상은 언제나 책임지는 주인을 가지지 못하고 있고, 온 세상은 예나 이제나 아무도 돌보는 사람이 없는 버림받은 상태에 놓여 있으며, 이 세상 배후에서 그것을 떠받쳐 주는 주인은 하나도 없다. 그런데 십자가에 달리신 하나님의 어린 양이 이 허무한 세상을 위하여 궁극적인 책임을 담당하셨고, 그에게서 참다운 평화가 성취되었다는 것이 신약성서의 주장이다. 그래서 신약성서는 예수 그리스도를 가리켜서 '평화의 왕'이라고 말함과 동시에 그의 십자가의 복음을 '평화의 복음'이라고 말하거니와, 예언자 이사야가 증거한 '고난의 종'도 이 십자가에 달리신 예수 그리스도를 미리 증거한 예언이었다.

잘못하면 평화를 싸움 없는, 다만 조화 있고 조용한 상태라고 보기 쉬우나 평화를 의미하는 히브리어 '샬롬'은 본시 평온한 상태보다도 생명이 넘쳐흐르는 움직이는 상태를 말한 것이다. 그리고 평화에는 다만 정신이나 영적인 문제만이 관련되는 것이 아니라, 거기에는 또한 물질이나 경제, 정치와 같은 것도 관련되어 있었던 것이다. 다시 말하면 구약에서 말씀된 평화의 개념은 정신과 물질, 내부 세계와 외부 세계 전체가 분열되지 않고 그 안에 충만한 힘을 갖추고 있는 상태를 말한 것이다. 그런데 끊임없이 외적의 침공을 받을 뿐 아니라, 12지파 사이의 끊임없는 알력도 걱정할 수밖에 없던 이스라엘 백성은 하나님과 더불어 계약을 체결하고, 율법과 계명의 형식을 갖춘 그 계약을 지킴으로써 이와 같은 평화로운 생활을 영위하고자 하였던 것이다.

그런데 신약성서의 저자들은 하나님께서 예수 그리스도의 십자가를 통하여 인간과 더불어 인격적인 관계를 가져 주시고, 거기에서 자기 자신과 우리 사이의 불화의 죄를 사(赦)함으로써 우리에게 평화의 은총을 베푸셨다고 보았던 것이다. 따라서 신약성서에서 속죄는 평화에의 입문이 되고 구원과 평화와는 거의 같은 뜻으로 이해되고 있으며(계 19:1), 구세주는 평화의 왕이라고 일컬어지고(히 7:2) 그를 증거하는 복음은 '평화의 복음'으로 증거되어 있는 것이다. 그리고 이 평화는 우리 편에서 구해서 얻어지는 것이 아니라 그것은 오직 하나님께서 은총의 선물로 주시는 것이기 때문에 우리는 다만 감사한 마음으로 받을 뿐인 것이다.

이와 같은 은총을 받은 사람은 상대방의 잘못을 무조건 용서해야 한다는 것이 예수 그리스도의 정신이거니와, 이 평화의 복음이 전달되는 것에서는 사람과 사람 사이에 친밀한 관계가 이루어지고, 인간적인 평화가 무너질 때에도 오히려 하나의 세계에 대한 소망이 있을 수 있다는 것은, 국제연맹과 국제연합의 기본정신이 된 칸트의 '영구평화론'의 주된 내용이 성서적인 평화 사상에서 원유(原由)된 것이라는 데에서도 짐작할 수 있는 일이다. 그러므로 평화를 열망하는 현대인은 참 평화의 근원이 되신 평화의 왕을 믿음과 동시에 그의 뜻을 본받아서 형제의 죄를 일곱 번씩 일흔 번까지도 용서하면서 피차간에 그르쳐 놓은 세상일에 대하여 책임을 느낄 필요가 있을 줄 안다.

9
현대 신학과 구속사 개념*

I. 역사의 의미

우리말에서는 그 구별이 분명치 않지만 독일 말에서는 역사를 가리키는 두 가지 낱말이 있다. 즉 '히스토리'(Historie)와 '게쉬히테'(Geschichte) 다. '히스토리'는 세계사나 민족사, 정치사나 경제사와 같이 사람이 관찰하며 헤아릴 수 있는 "사학적(史學的) 역사"요 '게쉬히테'는 사람이 관찰하거나 헤아릴 수는 없으되 실지에 있어서는 깊은 데에서 엄연히 일어나고 있는 "사건"(事件)으로서의 역사다. 이 두 가지 역사의 관계는 예컨대 원주와 중심과의 관계와 같다. 그리고 세계사와 민족사와 같은 사학적인 역사에서는 인생에 대한 인간적인 대답은 주어질지 모르나 궁극적인 해답은 주어질 수 없는 것이며 역사에 대한 단편적인 이해는 성립될 수 있을지라도 거기에서는 오히려 역사의 핵심과 그 영원한 의미를 읽어 낼 수는 없는 것이다. 설사 거기에 약간의 의미가 있다손 치더라도 사람이 마련하는 의

---

* 「신학논단」(연세대학교 신과대학, 1962), 197-210에 실린 글이다.

미는 언제나 과도적인 것임을 면치 못하며 그것은 결국 무의미한 것으로 화할 수밖에 없는 것이다. 그러기에 역사 전체가 의미 있는 방향을 향하고 있는지 없는지는 역사학에서는 설명할 수 없는 것이고 그것은 다만 모순과 무의미가 극복되어 있는 구체적인 사건에 부딪힌 자만이 신앙의 결단으로써 고백할 수 있을 뿐이다. 그런데 그리스도 교회는 예수 그리스도의 사건을 이와 같은 역사적 사건으로 이해함과 동시에 그에게서는 역사에 대한 참다운 의미가 주어졌다고 믿는 것이다.

실지에 있어서 인류 역사는 예수 그리스도의 탄생을 중심으로 하고 그 이전과 이후로 구분되고 있다. 서구 사회에 있어서 이는 18세기 이래의 일이었는데 이제 와서는 우리나라에서도 연대 계산을 단군 기원으로 하지 않고 예수 그리스도의 탄생을 중심으로 하고 그 앞과 뒤로 계산하여 가게 되었다. 1792년에 폭발된 프랑스 혁명 때에는 이와 같은 계산법을 폐기하려고 노력했다. 하지만 우리나라에서는 도리어 군사혁명 이후에 이와 같은 연대 계산법이 새로이 채용되게 되었으니 이는 아마 우리 겨레도 예수 그리스도의 사실에서 역사의 참 의미를 깨닫게 된 결과일 것이며 예수 그리스도로 말미암아 불신자에게도 역사의 의미가 주어졌다고 한 브룬너의 말이 우리 자신에게도 적용되게 된 셈이다.

그런데 이 기독교적인 역사관대로 하면 예수 그리스도 이전의 시대는 역사의 의미가 주어지기를 기다리던 준비의 시대요, 예수 그리스도 이후의 시대는 역사의 의미를 받아들여서 그것을 실현할 시대인 것이다. 그래서 불트만은 율법시대를 그리스도에게로 인도하는 시대라고 말하거니와 그러나 실지에 있어서는 이 두 가지 시대를 확연하게 구별할 수는 없는 것이며, 두 시대는 서로 엇갈려 있다고 볼 수밖에 없다. 왜냐하면 어느 시대에나 교회 밖에는 물론이요 교회 안에까지라도 예수 그리스도에게서 나타난 저 궁극적인 의미를 이해하지 못한 이들이 있을 뿐 아니라, 그리스도 이전의 시대에도 그리스도를 기다리는 입장에서 역사와 인생의 궁극적인 의미를 미리 맛본 이들이 있었기 때문이다.

그렇지만 인류 역사는 이제 예수 그리스도의 탄생을 중심으로 하고 그 이전과 이후로 계산되고 있고 교회는 예수 그리스도의 사건을 중심으로 하고 거기에서 역사의 의미를 이해하게 되었거니와 교회가 예수 그리스도의 사건을 이와 같이 이해하는 까닭은 그에게서는 인간적인 물음과 대답이 주어졌다기보다 차라리 하나님의 물음과 대답이 주어졌다고 믿기 때문이다. 그리스도 교회의 신앙고백대로 하면 하나님께서는 예수 그리스도에게서 그 백성을 구하고자 하신 구속의 목적을 이룩하시고 여기에서 신적 '사건'으로서의 '구속사'(救贖史)가 성취되었고 여기에 참다운 역사의 의미가 있는 것이다.

II. 구속사 개념의 발생과 발견

'구속사'('하일스지쉬히테', Heilsgeschichte) 개념은 18세기 남부 독일의 경건주의 신학자들이 처음으로 제창한 것으로서 그 초창기의 대표자인 벵엘(J. A. Bengel, 1681-1752)은 이 개념으로써 성서의 역사적 의미를 이해하기 위해 노력함과 동시에 성서의 역사적인 의미를 이해하기 위해서는 그 안에서 점진적으로 실현되어 간 구속에 대한 하나님의 목적을 이해할 필요가 있다고 주장하였다. 그러나 19세기의 신학자들은 한 걸음 더 나가서 성서뿐만 아니라 교회사에 나타난 하나님의 계시의 역사까지를 "구속사"의 개념을 가지고 해석함에 이른 것이다. 이 시대의 신학자들은 구속사를 섭리주의적으로 이해하면서 구속을 위한 하나님의 계획은 여러 가지 섭리의 시대로 구분됨과 동시에 각 시대는 특수한 목적을 위하여 봉사하기 마련이라고 보았던 것이다. 그러나 이 시대 사람들은 아무래도 역사의 마지막 단계에 대하여 더 많은 관심을 가질 수밖에 없었던 것이다.

그런데 이 시대의 독일 신학계에는 또 다른 "구속사"의 이해가 있었으니 그것은 헤겔의 철학사상과 구속사 개념을 결합시킴으로써 구속사를 마치 한 그루의 나무나 유기체처럼 인정하는 사상이었다. 이는 주로 J. T. 벡 등이 주장한 사상인데 벡은 여기에서 역사적인 모든 과정 사이에 신적인 논리적 관련성을 인정하고자 하였던 것이다. 그러나 19세기의 구속사 학파를 대표하는 학자는 호프만(T. Chr. K. Hofman)이라고 할 수밖에 없다. 그는 하나님께서는 현실 세계의 역사적 흥망(興亡) 중에서도 오히려 개인과 민족의 운명을 주관하신다고 본 역사가 랑케의 영향을 받아 구속사의 개념에 대하여 또 하나의 수정을 시도했던 것이다. 호프만에 따르면, 역사에 대한 목적론적 이해에서는 그 처음 요소와 그보다 뒤이어 오는 다음 요소가 같은 기능을 발휘할 수는 없는 것이며, 역사의 의미를 이해하기 위해서는 성서 전체에서 그 전체적인 의미를 이해해야 한다. 그래서 그는 신약성서에 기독교의 모든 진리가 들어 있기 때문에 구약성서는 폐기해도 무방하다고 한 자유주의 신학을 배격함과 동시에 신약성서의 우월성은 도리어 그것이 구약성서의 예언의 성취라고 보는 데에서 보장된다고 주장하였다. 그러나 호프만이 말하는 예언은 구약성서에 나타난 하나님의 말씀이라기보다 오히려 구약성서가 증거한 이스라엘의 역사였다. 그런데 이 예언으로서의 이스라엘 역사가 예수 그리스도와 그의 교회에서 성취되었다는 것이다. 뿐만 아니라 이스라엘의 역사가 예언이라는 사실은 그 성취에서 비로소 이해되는 일이었다. 그래서 호프만에게 있어서는 그리스도께서는 역사의 목표가 되시고 역사는 그리스도에 대한 예언이었던 것이다.

호프만은 또한 그 당시의 개신교 신학자들이 성서를 신학 교재로 인정하거나, 아니면 도덕이나 종교철학의 교과서처럼 이해한 데 반하여 그것을 예수 그리스도에 대한 증언으로 인정함과 동시에 이 예수 그리스도의 생애가 교회 형성의 기초가 된다고 주장하였다. 그리고 예수 그리스도께서는 비록 십자가의 고난을 받으셨을지라도 하나님의 구원의 역사는 여전히 계속되고 있으며 교회는 다시 사신 그리스도의 영이 역사 중에서 일하시는 장소라고 주장하였다. 따라서 그는 그 당시의 자유주의 신학자들처럼 교회를 사회적인 집단이라고 보지 않고, 비록 인간적인 요소가 많을지라도 교회에서는 하나님의 초자연적인 구원의 역사가 여전히 계속되고 있다고 보았던 것이다. 그리고 호프만이 복음서 못지않게 사도행전의 가치를 인정한 것도 그것이 계속적인 하나님의 구속의 역사에 대한 기록이라고 생각했기 때문이었다.

III. 현대 신학과 '구속사' 개념

오늘날에 있어서도 수많은 신학자들이 "구속사" 개념에 대하여 깊은 의의를 인정하고 있고 특히 영국의 젊은 신학자들은 거기에 대하여 많은 관심을 가지고 있다고 하거니와 그중 한 사람인 A. M. 헌터는 재빠르게 말하기를 신약성서의 전 내용을 한 마디 말로써 표현하기 위해서는 구속사(Heilsgeschichte)라는 독일어보다 더 좋은 말은 없다고 한다. 그리고 이 구속사란 요컨대 하나님께서 구세주를 보내심으로써(기독론) 그 백성을 구속하시기 위한 목적을 성취하신 일(교회론)과 이 구속의 수단(구속론)에 대한 "구속의 이야기"라 한다.

그러나 호프만이 일찍이 지적하고 있음과 같이 구속의 이야기는 다만 신약성서에만 국한되어 있는 것이 아니라 신구약성서 전체에 국한된 것이며, 구약성서에 나타난 계약사상이나 태초와 종말이랄지, 약속과 성취,

낡은 세대와 새 세대에 대한 사상은 모두 다 구속사적인 요소들이다. 뿐만 아니라 교회사 중에도 그와 같은 요소가 들어 있음을 볼 수 있으니 이레네우스나 아우구스티누스의 신학사상 중에 나타난 계시문학적인 요소도 역시 구속사적인 요소라고 말할 수밖에 없다. 그러나 필자는 여기에서 주로 신약신학과 조직신학 방면에서 이 문제에 대한 현대 신학자들의 이해를 살피고자 한다.

오늘날 신약학자들은 대개 하나님의 구속의 역사가 어떠한 것인가를 해석함에 있어서 신약성서의 사신을 기반으로 하고 거기에 대한 사상적인 설명을 시도하고 있거니와 구속사 학파의 한 사람인 슈타우퍼는 그의 신약신학 저서 중에서 예수 그리스도의 사건을 중심으로 하고 창조로부터 천국의 완성까지를 논하고 있다. 그는 말하기를 신약성서의 저자들은 이 시간과 저 시간을 생각함과 동시에 이 시간의 내용과 소임은 저 시간의 그것과는 다른 것인데 하나님께서는 이 모든 시간의 계수를 무대로 하고 그의 구속의 역사를 전개하신다고 보았다는 것이다. 그리고 헬라인에게 역사는 세계 안에서의 현상인 데 반하여 초대교회 신도들의 이해대로 하면 세계가 도리어 역사 중에 있어서 하나의 현상이었다 한다. 헬라인은 천체에 발하는 음률과 그 조화를 노래하기를 좋아했으나 신약성서의 저자들은 전 역사의 진행에 대하여 깊은 관심을 가지고 있었다. 그리고 그들은 모두 다 시간과 역사의 궁극적인 내용은 예수 그리스도요 예수 그리스도야말로 하나님의 시간 계획의 중심이라고 인정하였다. 그래서 예수 그리스도의 사건은 하나님께서 미리 예정하신 역사 계획의 내용이시요, 하나님의 신비와 지혜 및 그 경륜의 중심이시다. 시조 아담이 타락한 이래 전 시간 과정을 새 사람 되신 예수 그리스도가 탄생되시기 위한 예비적인 단계였고 하나님께서는 장차 오실 예수 그리스도 때문에 인내로써 인류의 죄에 대한 진노를 거두셨던 것이다. 갈라디아서 4장 4절에 보면 사도 바울은 거기에서 때가 차매, 하나님께서 그의 성자를 보내셨다고 하였거니와 이 바울의 말과 같이 예수 그리스도 이전의 모든 시간은 나사렛 예수를 위하여 예비하는 시간이었다. 그러므로 그리스도 이전의 때는 약속의 때요 그리스도의 시대는 그 약속이 성취된 시대인데 인류 역사는 현재에 있어서도 예수 그리스도를 중심으로 하고 진행되고 있을 뿐 아니라 장차에 올 하늘나라도 그를 중심으로 하고 완성된다는 것이다. 이리하여 슈타우퍼는 19세기의 섭리주의 사상과 흐프만의 학설을 살려 가면서 구속사의 문제를 설명하고 있는 것이다.

그러나 현대의 신약학자 중에서 이 문제에 대하여 참신하고 대조적인 주장을 하는 학자는 쿨만과 불트만이라고 말할 것이다. 쿨만은 그의 명저 『그리스도와 시간』 중에서 근세의 과학적인 연구방법과 그 원칙을 성서 연구에 적용함으로써 성서적인 역사도 다른 모든 역사나 마찬가지로 상대적인 성격을 면할 수는 없을 것이며 성서도 하나의 인간적인 작품이라고 한 역사주의 신학에 대하여 반대하는 한편 성서의 역사적인 내용과 역사 자체에 대해서는 별 흥미를 가지지 않고 성서의 역사적인 이야기를 무시간적인 진리의 상징으로 보고한 초기의 위기신학자들의 한 의견에 대해서도 반대하였다. 쿨만의 본 바대로 하면 이 위기신학자들은 성서가 증거하는 선 모양의 시간관을 이해하지 못했다는 것이다. 쿨만은 또한 초대 교회의 신앙과 그 신학사상에는 피안-차안 사이의 공간적인 대립은 없었던 것이며 거기에는 다만 과거-현재-미래로 구분되는 시간적인 구별이 있었을 따름이라 한다. 이리하여 쿨만은 신약성서의 시간관을 과거에서 미래로 향하는 구속사의 선으로 보면서 그 중심에다가 역사적인 인물로서의 예수 그리스도를 두는 것이 신약성서의 신앙이요 현재의 시간은 이 예수 그리스도의 강림과 재림 어간에 끼어 있는 시간이며 과거와 현재, 미래는 모두 다 하나님의 경륜 아래에 놓여 있다고 본다는 것이다.

이 쿨만의 이해대로 하면 신약성서의 시간관은 헬라인의 시간관과 같이 순환되는 것이 아니라 선(線)과 같은 것이며 시간과 영원 사이에는 질적 차이가 있다기보다 거기에는 차라리 유한한 시간과 무한한 시간과의 구별이 있는 것이다. 그리고 모든 시간은 하나님의 지배 아래에 놓여 있는데 이 시간의 중심이 곧 예수 그리스도시다. 이와 같이 신약성서는 시간의 중심을 미래에 인정하던 유대교와는 달리 예수 그리스도의 역사적 사실을 모든 시간의 중심으로 인정하고 있는 것이 사실이다. 그래서 쿨만은 말하기를 세계사를 그 중심된 예수 그리스도를 향하여 옴과 동시에 예수 그리스도를 기점으로 하고 거기에서 새로운 출발을 하고 있다고 한다. 그리고 구약 시대는 예수 그리스도를 위한 준비의 시대요, 현재는 예수 그리스도로 말미암는 구속의 때이며, 미래는 이 구속이 완성될 희망의 때인데 이 희망은 현재에 이미 성령의 역사를 통해서 보장되고 있다. 여기에서 우리는 종말에 대한 쿨만의 사상을 엿볼 수 있거니와 다음에 드는 쿨만의 말은 그의 종말사상을 보다 더 선명하게 말해 주는 것이다. 저 선의 중심점이 된 그리스도 사건은 비단 앞서간 모든 일들을 충족시킬 뿐만 아니라 거기에서는 또한 장차에 이루어질 모든 일까지가 결정되어 있다는 말이다.

이리하여 쿨만은 선 모양의 시간관을 주장함으로써 재래의 구속사 신학을 수정함과 동시에 예수 그리스도의 시간을 이 선의 중심으로 이해하고 있는 것이다. 그런데 쿨만의 '선(線)'에 대한 사상에 맞서는 신약학자가 있으니 그는 저명한 불트만이다. 그는 잘라서 말하기를 "도대체 종말론적인 실재자에 대하여 어떻게 시간성을 문제 삼을 수가 있느냐"고 한다. 그리고 자기가 보기에는 쿨만이 '구속사'와 관련시켜서 말하는 '역사'는 아무리 보아도 '세계사'를 의미하는 것처럼 보인다는 것이다. 그러나 구약성서에서 말씀된 구속사는 이제 와서는 역사가들도 인정하고 있는 이스라엘 백성의 특수한 역사를 말한 것이며 따라서 그것은 일반 역사와는 구별될 수밖에 없다는 것이다. 왜냐하면 구속사 중에서도 분명히 일반 역사에서는 볼 수 없는 하나님의 놀라운 역사가 생기되었기 때문이다. 그리고 종말론적인 사건은 일반 역사와 혼동하여서도 안 되고 신학을 역사철학 중에 해소시켜서도 안 된다는 것이다.

불트만의 본 바대로 하면 신약성서에 증거된 예수 그리스도의 사건은 종말론적인 사건으로서 하나님께서는 이 종말론적인 사건을 통해서 낡은 세대를 종식시키고 새 세대를 시작하신 것이다. 그런데 그리스도 교회의 설교에서는 이 종말론적 사건이 또다시 실현되고 믿는 자에게서는 지금 현재 낡은 세대가 지나가고 새 세대가 시작된다. 다시 말하면 그리스도인은 지금 현재 그리스도 안에서 새로운 존재로 변화 받게 되는 것이다. 그러므로 종말론적 사건은 반드시 온 우주가 극적인 파멸을 경험하게 될 마지막 날에 가서 생기될 일이 아니라 그것은 이미 예수 그리스도의 출현에서 시작되었고 지금도 역사 중에서 계속적으로 생기되고 있는 역사적인 사건인 것이다. 그러나 이 역사적 사건은 결코 모든 역사가가 확인할 수 있는 역사적 발전에서 생기되는 사건은 아닌 것이다. 여기에 기독교 사신의 역설이 있으니 이 종말론적 사건은 설교와 신앙의 결단에서 거듭 반복되는 사건인 것이다. 따라서 예수 그리스도의 사건은 이미 지나간 시대에 완료된 사건이 아니라 계속적으로 생기되는 사건인 것이며 지금 여기에서 우리 자신에게 설교를 통해서 외쳐지는 종말론적 사건인 것이다. 그리스도인은 이 세상에 속하지 않은 자임에 틀림이 없으나 그는 또한 이 세상에 처한 자기 자신의 역사성 안에 머물 수밖에 없는 자인데, 여기에 그리스도인의 역설적인 성격이 있다. 그리고 그에게 있어서는 역사적 생활이란 다름 아니라 미래로부터 사는 데에 그 특색이 있다. 그리스도인은 미래로부터 사는 자이다. 왜냐하면 그는 믿음으로 사는 자인데 이 믿음은 종말론적인 사건에 소속된 것으로서 그것은 결코 지난 시간의 사건이 될 수는 없는 것이고 간단없이 반복되는 사건이기 때문이다. 미래는 언제나 사람에게 자유의 은사를 베푸는 것이거니와 그리스도 신앙은 이 자유의 은사를 포착하는 힘이라고 말할 수 있다.

예수 그리스도의 강림은 시간적인 경과 중에서 생기된 사건은 아니었다. 그것은 차라리 구속의 영원한 영역에서 성취된 사건이었다. 그리고 거기에서는 이 세상의 세속적인 역사가 종언을 고하는 종말론적인 순간이 전개되었다. 그리스도인이 '그리스도 안에서' 경험하는 종교적 경험에서는 역사가 종말을 고하게 된다. 왜냐하면 그리스도인은 그 믿음으로써 시간과 역사를 초월하기 때문이다. 그리스도의 강림이 과거에 한 차례 있었던 것은 사실이다. 그러나 그것은 또한 그리스도인의 영혼 안에 그리스도가 또다시 탄생하시고 거기에서 고난을 받으시며 그리스도인이 영원한 생명으로 소생하는 데에서 거듭 생기되는 사건인 것이다. 그리스도인은 그 신앙에 있어서 그리스도와 더불어 동시적이 되는데 거기에서는 시간과 역사가 초극되는 것이다. 그래서 불트만은 마음에 드는 프랭크의 말을 그대로 받아들인다. 그리스도의 강림이 역사적 시간과 다른 영원의 영역에서의 사건임에는 틀림이 없다. 그러나 그리스도인은 오히려 육으로 이 세상에 머물러 있다.

이상에서 본 바와 같이 구속사 개념에 대하여 신약학자 쿨만과 불트만은 노골적으로 대립적인 입장을 취하고 있다. 그러면 이 문제에 대한 조직신학자들의 의견은 어떠한 것일까? 다음으로 조직신학자 칼 바르트의 의견을 중심으로 하고 이 문제를 고찰해 보자.

IV. 세계사와 구속사

칼 바르트는 그의 『로마서 강해』에서 다음과 같은 인상적인 말을 남기고 있다. "무릇 종교사나 교회사는 모두 다 세계 안에서 진행되는 것이다. 이른바 구속사란 다름 아니라 모든 역사의 간단없는 위기를 말한 것일 뿐이요, 역사 안이나 역사 곁에 그것과 병행되는 또 하나의 역사를 말한 것은 아닌 것이다." 우리는 이와 비슷한 의견을 그의 『교회교의학』 첫째 권에서도 볼 수 있으니 "19세기의 이른바 실증주의 신학이 그리스도 이전과 이후의 특수한 역사를 연결시켜가지고 그것을 '구속사'라고 일컬음으로써 그 밖의 역사와 구별 지은 것은 그리 좋은 일은 아니었다"는 말이다. 그러나 구속사에 대한 바르트의 의견을 이해하기 위해서는 그의 '계시론'을 엿볼 필요가 있는데, 그가 말한 계시는 '역사적인 사건'으로서 구체적인 인간에게 구체적인 관계를 마련하여 주는 것이다. 그리고 이 계시와 역사와의 관계로 말하면 계시가 역사의 술어가 아니라 도리어 역사가 계시의 술어인 것이다. 그러므로 먼저 계시를 말하고 나서 그 다음에 역사를 설명해야지 우선 역사를 논하고 나서 그 다음에 계시를 논할 수는 없는 것이다. 그러나 바르트가 여기에서 계시와 역사를 분리시키고 있는 것은 아니다. 그가 말한 계시란 요컨대 "하나님께서 우리와 더불어 같이하심"을 뜻하는 것인데 그것은 역사 중에서 하나의 특수한 역사도 생기된 것이었다.

바르트는 여기에서 초창기의 주장을 버리고 구속사 학파에서 제창한 '특수한 역사'를 인정하고 있거니와 이 특수한 역사는 비록 일반 역사의 '일부분'으로서의 성격을 띠고 있을지라도 그것은 결코 일반 역사의 발전적인 단계나 그 연장이 될 수는 없는 것이다. 왜냐하면 하나님의 역사는 어디까지나 하나님의 역사요 그것은 요컨대 예수 그리스도의 사건을 말한 것이다. 따라서 예수 그리스도의 사건을 설명함이 없이는 이 특수한 역사가 무엇인가를 알아낼 도리가 없는 것이다. 이 예수 그리스도의 사건을 설명함에 있어서 쿨만은 선(線) 모양의 구속사를 주장하였고 불트만은 키에르케고르의 실존주의 사상의 영향을 받아 가면서 극단적인 종말론과 실존주의적이며 변증법적인 방법으로써 설명함에 반하여, 바르트는 단순히 예수 그리스도의 역사만을 말하는 한편 구약성서에 나타난 하나님의 역사를 예수 그리스도의 역사에 포함시킨다. 그리고 예수 그리스도의 하나님은 새삼스러운 하나님이 아니라 아브라함의 하나님, 이삭의 하나님, 야곱의 하나님이요, 예수 그리스도께서는 어제나 오늘이나 영원무궁토록 변함이 없으신 분이라는 것이다. 따라서 그는 역사상에 나타난 하나의 점도 아니요 종말론적인 극적 요소나 그 클라이맥스도 아닌 것이다. 그의 이름이 성서 전체에 긍(亘)한 구속사와 더불어 관련되어 있는 것은 사실이다. 그러나 그는 다만 그 중심점이 되신 것이 아니라 처음과 마감도 되신 분이요 실상인즉 그분 안에 구속사를 위한 모든 경륜이 성립되어 있는 것이다.

여기에서 우리는 구속사에 대한 또 하나의 이해에 접하게 되거니와 바르트는 그의 시간관을 말할 때에도 그것을 예수 그리스도와의 관련에서 말하고 있다. 그에 의하면 참 시간은 예수 그리스도 안에서 성취된 시간이다. 그리고 '시간의 충만'이란 다름 아니라 그릇이나 계획, 또는 형식이나 개념을 채운다는 뜻이다. 그러니까 '시간의 충만'은 결국 '현실적인 시간'이라고 할 수밖에 없다는 것이다. 이리하여 바르트는 역사관이나 시간관에 있어서 추상적인 생각을 하지 않고 어디까지나 신약성서에 증거된 하나님의 시간과 역사를 논하는 것이다. 다시 말하면 그는 언제나 하나님께서 예수 그리스도 안에서 역사하시는 현실적인 시간과 역사를 말하는 것이다. 또다시 말하면 그는 예수 그리스도께서 성취된 계시를 중심으로 하고 시간과 역사 문제를 논하거니와 개신교 신학자 중에서 이 점을 가장 엄밀하고 분명하게 말해 준 이는 바르트라 한다.

바르트는 그의 『교회교의학』에서 계약사와 구속사에 대한 이론을 전개하고 있느니만큼 그가 '구속사' 개념을 완전히 버렸다고는 보기 어렵다. 그러나 그가 종래의 구속사학파를 뒤따라간다고 볼 수는 없는 것이다. 그리고 바르트에게 있어서는 모든 것을 포섭하는 하나님의 계약은 쿨만의 주장과 같이 시간의 선상에 놓인 하나의 점도 아니요, 불트만이 본 바와 같은 역사철학적인 전제 밑에서 인식할 수 있는 것도 아니다. 바르트에 의하면 계약의 역사는 계약 안에서 진행되는 역사요, 그 선이 시간적이며 역사적인 선임에는 틀림이 없으되 이 선은 어디까지나 계약의 사실로 말미암아 포위되어 있는 것이다. 그리고 바르트가 본 바대로 하면 구속사가 특수한 역사가 되는 까닭은 그 안에서 역사하시는 주체자에 의해서이다. 하나님의 말씀은 특수한 역사를 마련하거니와 이 하나님 말씀에 대한 증거와 이 신적 역사의 주권자에 대한 증언만이 구속사를 인식하게 하며 거기에 대한 신앙과 이해를 가지게 하는 오직 하나의 길인 것이다. 그러므로 하나님의 특수한 역사에다가 하나의 역사적인 연속선을 인정하려 함은 잘못이라고 할 수밖에 없다. 그런 일을 시도할 때에는 구속사 중에서 구체적으로 일하시는 하나님의 역사와 거기에서 성취되는 하나님과 인간과의 만남이 객관화된 역사적인 연속선으로 오해될 수도 있는 것이다. 그러나 성서적인 하나님 인식대로 하면 하나님께서 인간에게 대하여 주권을 행사하는 데에서 하나님은 인식됨과 동시에 거기에서만 하나님과 인간이 만날 수가 있는 것이다. 그리고 이와 같이 하나님과 인간이 새롭게 만나게 되는 데에서 특수한 역사가 성립이 된다. 따라서 구속사는 결코 시간 안에서 연결되는 내재적인 인과관계나 연속성이 아니라 그것은 차라리 언제나 새롭게 일어나는 하나님의 역사요, 하나님께서는 이 특수한 역사의 주권자로 머무시는 것이다. 그러므로 구속사의 연속성은 역사적인 범주에서 인식할 수 있는 것이 아니라 그것은 차라리 하나님께서 역사의 주권자로 일하시는 데에서 성취되는 만남의 증언에서 이해해야 하는 것이다. 이리하여 바르트는 구속사는 다만 하나님이 일하시는 그의 역사에서만 이해할 수 있다고 한다. 그리고 구속사란 다름 아니라 하나님과 인간 사이에 교통이 열리는 일이며 하나님께서 인간의 동반자가 되시는 일이라는 것이다. 그런데 하나님께서는 지금도 우리와 더불어 같이하여 주시지만, 그는 또한 장차에도 같이하여 주실 종말론적인 존재자시다. 그리고 하나님과 인간이 만나는 곳에서는 종말론적인 사건이 생기되고 시간의 충만이 성취되는 것이다. 이리하여 바르트는 구속사를 다만 지나간 역사에서 성취된 성취에다가 국한시키지 않고 계속적으로 일어나는 하나님과 인간 사이의 만남의 사건에서 이해하고 있는 것이다.

최근의 신학자들은 구속사와 일반 역사와의 관계가 어떠한가를 문제 삼거니와 끝으로 바르트는 이 문제에 대하여 어떠한 생각을 가지고 있는지 살펴보자. 이 문제에 대해서도 그의 시간관을 이해할 필요가 있는데 바르트는 말하기를 계시가 역사 중에 돌입해 오고 영원이 시간 중에 돌입해 올 때에는 역사와 시간이 갱신된다고 한다. 그리고 낡은 세대는 사라지고 새 세대가 도래하게 되는데 그때에는 인간의 잃어진 시간이 하나님의 구속의 시간으로 말미암아 포위되게 된다는 것이다. 이리하여 바르트는 인간의 잃어진 시간과 하나님의 은총의 시간과를 대조시키거니와 여기서 말한 '시간' 대신에 '역사'의 개념을 대치할 때에는 구속사의 개념이 더욱더 분명하게 드러날 것이다. 그런데 우리가 여기에서 주의 할 것은 바르트는 그의 『로마서 강해』에서는 구속사를 모든 역사의 위기라고 말한 바 있었는데 여기에서는 구속사와 세계사와의 관계를 상세하게 설명하고 있다는 점이다. 그에 의하면 세계사는 그 전체가 다음과 같은 선(線)이라고 볼 수 있으니 곧 하나님께서는 그 역사 중에서 그의 은총의 역사를 수행하시며 세계사 전체는 실상인즉 저 특수한 역사 중에 소속되어 있는 것이다. 그리고 세계사의 모든 사건은 하나님의 은총의 뜻 이외에 다른 데에서 출발할 수도 없는 것이고 그 밖에 다른 목표를 행할 수도 없는 것이다. 따라서 세계사의 모든 선(線)은 결국 저 좁은 구속사의 선(線)의 방향을 향할 수밖에 없는 것이다. 여기에서 바르트는 세계사에 대하여 독자적인 의의를 인정하지 않고 그것은 어디까지나 구속사를 위해서 생기되는 것이며 구속사를 근거로 하고 진전되는 역사라 한다. 따라서 세계사의 목표는 결국 예수 그리스도를 중심으로 한 저 '원역사'에 있다는 것이다. 그래서 인간성과 인류 역사는 그것 자체 안에는 아무런 의미도 없는 것인데 그 안에서 이루어지는 하나님과 그 백성 사이의 원역사를 바라보는 데에서 그 의미가 주어지는 것이다. 그리고 "세계와 인간의 보편적인 존재는 이 특수한 것 때문에 존재하고 있는 것이며 따라서 이 특수한 것 안에 저 보편적인 것의 의미와 성취가 있는 것이다"라고 한다. 뿐만 아니라 구속사 중에서 나타난 하나님의 은총의 뜻은 자연적인 역사보다도 선행된 것이며 인간과 세계는 예수 그리스도 안에서 창조되었고, 예수 그리스도 때문에 지어졌으며 예수 그리스도를 위해서 창조된 것이니만큼 창조는 화해보다 앞서 가는 것이라기보다 그것은 차라리 화해를 뒤따른 것이라는 것이 바르트의 주장이다. 이리하여 바르트는 종래의 구속사 신학과는 색다른 주장을 함과 동시에 종래의 구속사 학파의 미급한 점을 보충하고 있는 것이다.

V. 결론

이집트의 피라미드와 중국의 만리장성을 쌓은 이들의 역사에는 어떠한 의미가 있으며 이 역사와 예수 그리스도를 중심으로 한 구속사와의 관계는 어떠한 것일까? 이는 다만 옛날의 아우구스티누스에게 문제가 되었을 뿐 아니라 오늘날에도 많은 신학자들에게 중대한 문제가 되어 있는데 이상에서 살펴본 바와 같이 현대 신학의 사조대로 하면 참된 의미의 역사는 예수 그리스도에게서 시작되었고 그에게 있어서만 존재할 수 있는 것이다. 왜냐하면 역사는 본시 진지한 결단에서 형성되는 것인데 인간의 시간이 온전한 의미에서 결단적인 의미를 띠게 된 것은 그리스도 이래의 일이요 그리스도 이전의 인간에게는 그와 같은 인격적인 결단이 있을 수가 없었기 때문이다.

예수 그리스도 이후에 비로소 세계는 온전한 의미의 역사적 세계가 되게 되었는데 역사적 세계에서의 이 변화는 비단 신자만이 아니라 불신자에게도 미쳐 가게 되었다. 철학자 야스퍼스에 의하면 헤겔이나 마르크스나 니체가 세계사를 통일적인 것으로 이해함과 동시에 거기에 일정한 목적과 의미를 부여하기에 노력한 까닭은 그들이 기독교의 역사관을 속화시킨 결과이다. 사실 그리스도인이건 아니건 간에 오늘날 모든 사람들은 세계사의 의미를 문제 삼고 있거니와 그리스도 이전에는 그와 같은 생각을 가질 수가 없었던 것이다. 그러므로 현대 신학자들이 인류 역사는 결국 예수 그리스도를 중심으로 한 '구속사'에 참가하도록 마련되어 있으며 이 '구속사'는 순수한 인간적인 역사를 점차로 하나님이 지배하시는 역사로 만들어 가게 하는 원동력이 된다고 함은 그럴듯한 말이라고 할 수밖에 없다.

10
현대 신학의 방법론 초고*

　제1차 세계대전은 신학계의 정황을 일변시켰다. 거기에서 근대 신학과 현대 신학 사이에 선명한 경계선이 그어진 것이다. 현대 신학은 근대 신학을 극복하기 위해서 대두된 신학이거니와 신학자 빙그렌(Wingren)의 말대로 하면 근대 신학은 내재적인 신관과 낙관주의 사상 및 진보주의 사상을 주장한 데 반하여 현대 신학은 초월신과 인간의 죄성 및 역사의 종말을 강조한 데에 그 특색이 있다고 한다.

　현대 신학의 도화선이 된 것은 바르트의 『로마서 강해』였고, 그로 말미암아 현대의 신학적 르네상스가 일어났다는 것은 널리 알려진 사실이다. 이 바르트를 중심으로 한 새로운 신학운동에 대해서는 여러 가지 이름이 붙여졌으나 바르트 자신은 그의 신학을 "하나님 말씀의 신학"이라고 일컬어 왔다. 그리고 하나님은 오직 하나님 말씀에서만 인식될 수 있고 인간의 종교적 선험성이나 그 정서에서 인식되는 것이 아니라는 것이 그의 지론이다.

* 「신학논단」(연세대학교 신과대학, 1968), 21-32에 실린 글이다.

그런데 이와 같이 하나님 말씀을 신학의 근거로 함에 있어서는 그의 동료였던 브룬너나 불트만뿐 아니라 그들과는 입장을 달리해 온 틸리히도 역시 같은 길을 걸어 왔다고 말할 수 있다.

그러나 하나님 말씀의 신학이 어떠한 내용의 신학이냐에 대해서는 그들의 의견이 각각 달랐고 그 결과 그들 사이에 사상적인 대립이 생기게 된 것이다. 이 대립의 계기는 주로 바르트가 어디까지나 성서만을 신학의 규범으로 삼는 데 반하여 다른 이들은 성서 이외의 인간학적 요소를 신학에 도입한 데서 기인하였다. 그리고 여기서 그들의 방법론의 차이가 생긴 것인데 우리는 다음에서 현대 신학을 영도해 왔다고 볼 수 있는 바르트와 브룬너 및 불트만의 신학 방법론을 살피고자 한다.

I. 칼 바르트의 말씀의 신학

근대 신학의 조상인 슐라이에르마허의 신학은 주관주의, 심리주의, 내재주의적이었다. 종교 신앙을 '절대의존의 감정'이라고 정의한 그는 하나님 말씀보다도 도리어 인간의 종교 정서를 중요시하였다. 그는 우선 인간의 종교 정서를 전제로 하고 2차적으로 그 대상인 하나님을 상정하였다. 그러나 바르트 신학에서는 "하나님 말씀"이 신학의 근거요 그의 주저인 『교회교의학』은 우선 이 하나님 말씀에 대한 긴 설명으로 시작하였다. 그리고 신관이나 창조론이며 그 밖에 교리에 대해서는 이 하나님 말씀의 터전 위에서 진술되고 있다.

바르트에 의하면 하나님 말씀은 세 가지 형태로 나타나는데 그것은 설교와 성서 및 계시인 예수 그리스도다. 그리고 근원적인 의미의 하나님 말씀은 예수 그리스도요 성서와 설교는 이 근원적인 말씀에 대한 징표라 한다. 그리고 근원적인 의미의 하나님 말씀에 부딪치기 위해서는 기록된 말씀과 전달된 말씀인 성서와 설교를 거쳐야 한다는 것이다.

바르트에게 있어서 교의학은 결코 여러 가지 교리를 탐구하기 위한 것이 아니라 하나님 말씀이신 예수 그리스도에 대한 하나님의 교리를 탐구하기 위한 것이다. 그런데 바르트가 이와 같이 하나님의 말씀이신 예수 그리스도와 그의 증언인 성서에 기울어지면 기울어질수록 그의 동료였던 브룬너는 그에게서 멀어지게 되었다. 왜냐하면 바르트가 오직 예수 그리스도의 계시만을 인정하려는 데 반하여 브룬너는 창조 질서에서도 오히려 하나님의 계시에 접할 수 있다고 보았기 때문이다.

바르트의 본 바대로 하면 성서에는 교의학의 기초를 위한 하나님 말씀의 내용이 들어 있는데 성서의 구체적인 내용은 요컨대 하나님의 구원의 역사와 거기에 대한 인간의 순종이라 한다. 그리고 예수 그리스도의 교회는 이 순종관계를 지속하는 데에서 존속될 수 있는 것이며 그리스도인의 처지는 언제나 하나님 말씀을 받아들이고 배우면서 거기에 복종할 처지라 한다. 이리하여 그의 교의학 서론에서는 주로 하나님과 인간 사이의 대립('게겐위버', gegenüber)과 하나님의 계명('게보트', Gebot) 및 인간의 순종('게호르잠', gehorsam)이 주장되는데 이 세 개의 "G"야말로 그의 교의학 서론의 핵심이라고 말할 수 있다.

바르트는 그의 교의학 서론의 마감 장에서 그의 교의학 방법론을 서술하고 있는데 이에 의하면 교의학의 과제는 "자기가 들은 것을 말하고 받은 것을 재현시키면서 거기에 순종하는 일"이라 한다. 이와 같이 말하는 순종은 물론 인간 자신의 행위이니만큼 바르트도 그것을 인간의 자율적인 행위(Autonomie)라고 본다. 그러나 이 자율적인 행위는 또한 하나님의 계시된 말씀 중에서 이룩되는 신적 역사와 행위의 주권 중에서 이룩되는 자율성이기 때문에 바르트는 그것을 또한 신율성(Theonomie) 중에서 이룩되는 자율성이라 한다. 그러나 이 신율성은 결코 인간에게 강요되는 타율성이 아니라 한다. 왜냐하면 그것은 어디까지나 인간 자신의 자유로운 결단에서 이룩되는 신율성이기 때문이다.

바르트에 의하면 교의학의 특수 과제는 하나님 말씀을 듣는 데에서 그것을 전달하는 길로 나아가는 걸음을 반성하는 데 있다고 한다. 따라서 교의학이 하나님의 말씀 중에서 생기된 하나님의 역사와 관련될 때에는 그 방법이 정당하다고 볼 수 있으나 거기에 관련되지 않을 때에는 그 방법이 바르다고 말할 수 없다. 왜냐하면 교의학의 내용은 요컨대 말씀 중에 나타난 하나님의 역사를 밝히는 일이기 때문이다. 그러므로 교의학의 방법은 내적으로 말하면 인간의 자유 선택에서 이루어지는 것임에 틀림이 없으나 외적으로 말하면 하나님의 명령에서 기인한다고 말할 것이다. 따라서 교의학의 방법은 결국 하나님의 명령에 복종하는 일이요 말씀 중에 역사하시는 하나님을 두려워하면서 그의 역사를 사랑하는 데에 있다고 한다.

바르트에 의하면 하나님의 역사는 결코 인간의 활동 "안이나 그 아래"에서 이루어지는 것이 아니라, 그것과 더불어 함께 이루어지거나 그 위에서 이루어진다. 그리고 하나님의 역사는 무엇보다도 예수 그리스도에게서 성취된 화해의 역사요 그 밖에 모든 것들은 거기에 뒤따르는 부수적인 것일 뿐이다. 그러나 그는 여기에서도 교의학은 결코 화해론을 중심으로 하고 하나의 학적체계를 세울 수는 없다고 한다. 왜냐하면 화해의 주격이신 하나님께서 하나의 조직체계 아래에 예속될 수는 없기 때문이다. 그리고 하나님이 만일에 하나의 연기자로서 화해의 사건 안에 들어갈 때에는 거기에서 성취되는 화해는 참된 의미의 화해가 아니라 한다.

바르트에 의하면 하나님은 화해자이시기 전에 창조주시다. 그리고 화해는 차라리 이 창조주의 역사에 불과한 것이요 구원은 그 완성인 것이다.

이리하여 하나님 말씀에 있어서는 화해론과 신관 및 창조론, 구원론이 하나가 되고, 이 네 가지 것들을 통일시키는 데에 교의학의 과제가 있다는 것이다.

슐라이에르마허는 인간의 종교정서를 근거로 하고 신앙론을 제창했으나 실지에 있어서 그는 교의학을 해소시켰다. 그러나 바르트는 이와 달라서 교의학을 재건하기에 진력하였다. 그리그 교의학이 살 수 있는 집은 주의 몸 된 교회라 한다. 이 교회에는 하나의 기본적인 방향이 있는데 이는 곧 교부들과 역대 성도들이 걸어온 신앙고백의 길이다. 이에 있어서 바르트는 한편으로 성서를 해석함으로써 거기어서 신학의 기본적인 재료를 얻고 다른 편에서는 역대 교회의 신앙고백에 따라서 그리스도 교회의 나아갈 방향을 제시하기에 진력하였다. 그에 의하면 신학은 언제나 교회전승을 무시하는 낭만주의를 경계함과 동시에 근거 없는 시대정신을 추종하는 세속주의를 삼가야 한다고 한다.

신학도 하나의 학문인지라 다른 학문과 비슷한 논리와 방법을 취할 수도 있을 것이다. 이에 있어서 불트만이나 틸리히 같은 이들은 철학의 방법을 신학에 채용하였고 브룬너는 종교철학을 신학서설로 사용해야 한다고 주장한 바 있다. 바르트에게도 그 초기에는 그와 같은 경향이 없지 않았다. 그러나 그의 독자적인 입장을 형성하여 감에 있어서 그는 차츰 철학적인 요소를 청산하고 성서만을 근거로 하고 신학체계를 수립하기에 노력한 것인데, 이와 같은 변화는 그가 『기독교교의학』(1927)을 절판에 부치고, 『교회교의학』(1932)을 저술함으로써 그의 신학체계에서 인간학적 요소를 제시한 데에서 선명하게 드러났다. 그리고 그가 아직까지도 사용하고 있는 해석학의 방법도 전해 오던 역사철학적 방법을 그대로 답습하고 있는 것이 아니라 자기 나름의 독자적인 해석을 수립하고 있는 것이다. 왜냐하면 그에게 있어서 고의학의 방법은 합리적인 방법이 아니라 하나님 말씀을 듣고 그것을 고백함과 동시에 거기에 순종하는 방법이기 때문이다.

바르트의 본 바대로 하면 신학이 만일에 철학의 방법이나 역사학의 방법 또는 심리학의 방법을 그대로 사용할 때에는 필경에는 신학 고유의 기반을 상실할 수밖에 없을 것이며 성서 진리 이외의 다른 이론을 기초로 하고 그 뒤에다가 신학체계를 세울 때에는 교회 안에 불순한 교설이 침투하게 될 것이며 거기에서는 반드시 신앙의 순수성이 흐려지게 된다는 것이다. 이에 있어서 그는 어디까지나 하나님 말씀인 성서만을 근거로 하고 역대 교회의 교리신조를 검토하면서 그 위에다가 교의학 체계를 수립하는 데 그에 의하면 이야말로 신학 교육의 방법이라 한다.

II. 브룬너(E. Brunner)의 만남의 신학

브룬너는 언제나 바르트를 자기의 친구로 알고 자기 자신의 신학을 말할 때에도 대개는 바르트 신학과 견주어 가면서 말하는 것이 보통이었다. 그리고 하나님 말씀을 근거로 하고 계시를 중요시함에 있어서 바르트와 브룬너 사이에는 피차간에 공통점이 있었다.

그러나 두 사람 사이에는 또한 현저한 차이점이 있었으니 바르트는 그의 교의학에서 변증론을 제거한 데 반하여 브룬너는 시종일관 변증론을 중요시하였다. 그리고 바르트는 교회 안에 머물면서 그 교리를 탐구함이 그 소임으로 여겼으며 그가 말한 '신학적 실존'이란 말은 그의 입장을 적절하게 표현하여 준다. 그러나 브룬너는 교회와 일반 사회 사이를 넘나들면서 일반 사회에 복음을 전달하는 선교자로 자처하였다. 그러므로 그가 교의학 3권에서 말한 '선교적 실존'이란 말은 그의 입장을 잘 표현한 것이라고 말한 것이다.

선교의 신학자 브룬너에 의하면 하나님 말씀의 전달에는 하나님 말씀 자체에 관한 면이 있는 반면에 하나님 말씀이 인간에게 부딪치는 면이 있다. 이에 있어서 그는 하나님 말씀뿐 아니라 그것이 인간에게 전달되는 면을 중요시하는데 이성은 이 하나님 말씀을 듣기 위한 기관이다. 그러나 그가 말한 변증은 결코 이성의 법정 앞에서 신앙이 약자의 태도를 취하는 것이 아니라 도리어 하나님의 말씀으로써 인간의 죄 된 모습과 그릇된 점을 지적함을 말한 것이다. 이에 그는 '변증론'보다도 '논쟁학'(Eristik)이란 말을 더 애용하였다. 그리고 살아 계신 하나님의 말씀을 전달하자면 거기에는 반드시 논쟁적인 사태가 전개될 수밖에 없다는 것이다. 왜냐하면 복음신앙은 일반 사상이나 생활양식에 대하여 기론적인 도전이 되기도 하고 거기에 배치되는 것이 되기 때문이다. 복음신앙이 만일에 역사에 대해서 무관심할 때에는 이와 같은 논쟁이 불필요할 것이다. 그러나 역사 중에 있으면서 오히려 역사를 넘는 것이 신앙이기 때문에 거기에서는 반드시 논쟁이 생길 수밖에 없다는 것이다. 이에 있어서 브룬너는 논쟁학을 가리켜서 "기독교 신앙과 교회의 케리그마에 대립되는 이 시대 교설이나 이데올로기와의 사상격 대결"이라고 말한 바 있다.

바르트의 본 바대로 하면 변증은 차라리 참 신앙이 되는 데에서 이루어진다. 그런데 브룬너는 이에 반하여 참 신앙이 생기게 되었다손 치더라도 신앙의 필요성 여부와 기독 신앙의 존재 이유를 문제 삼을 수밖에 없게 되는데 이것이 바로 변증학과 논쟁학에서 취급할 문제라 한다.

브룬너가 바르트와 다른 또 하나의 점은 그가 이중 계시와 자연신학을 인정하는 점이다. 이에 있어서 그는 하나님은 예수 그리스도를 통해서도 계시되지만 창조질서를 통해서도 계시된다고 한다. 그리고 인간에게는 계시의 전제가 되는 내재적인 가능성이 있다고 하여 자연신학의 길을 인정하는 것이다. 이리하여 브룬너는 바르트와 같이 예수 그리스도의 특수 계시만을 주장하거나 실존주의 신학자들과 같이 신학을 인간학에다가 해소시키지 않는다. 그는 도리어 그 두 사이의 중간 길을 걸어가는데 파우크 같은 이는 이 브룬너의 가는 길이 개신교 신학의 정도라 한다.

그러나 브룬너의 신학에 있어서 보다 더 소중한 성서의 진리가 '만남'(Begegnung)의 진리라고 보는 점이다. 그에 의하면 기독교 신학은 오랫동안 주관주의 형태를 가진 헬라 철학에 붙매인 결과 주관주의가 아니면 객관주의에 기울어지기 쉬웠다. 그러나 성서의 진리는 본시 주관과 객관을 넘는 인격적 사귐의 진리를 말하는 것인데, 브룬너는 그것을 만남의 진리라고 일컫는다. 아닌 게 아니라 기독교 신앙이란 다름 아니라 인격과 인격의 호응관계를 말한 것인데 기독교 진리가 관념론이나 자연주의 사상과 다른 점이 여기에 있다. 그리고 이 만남의 진리를 말해 주는 성서의 진리만이 참된 의미의 인간의 진리를 말해준다는 것이 브룬너의 주장이다. 그는 또한 하나님 말씀의 객관적 권위만을 강조하는 바르트는 객관주의에 치우쳤고 신앙을 마치 인간 자신의 자기 이해처럼 생각하는 불트만의 주관주의에 기울어졌으나 자기 자신은 이 두 사람의 중간 길을 간다고 한다.

브룬너에 의하면 신앙에서는 하나님과 인간 사이의 인격관계가 이루어지는데 이 하나님과 인간 사이에 인격관계는 인간 자신의 자기이해만으로는 다 설명할 수 없는 것이다. 왜냐하면 신앙을 인간 자신의 자기이해라고 말함은 역시 개인적인 주관주의라고 볼 수밖에 없기 때문이다. 그런데 불트만은 이와 같은 과오를 범했다는 것이다. 그리고 불트만이 이와 같은 잘못을 범한 까닭은 그가 하이데거의 철학을 다만 형식적으로만 사용하지 않고 그의 사상 내용까지를 받아들인 결과라 한다.

브룬너 자신의 고백에 의하면 이 만남의 진리는 오랫동안 연구한 끝에 얻어진 것이 아니라 섬광처럼 순식간에 깨쳐진 진리라 한다. 그러나 1937년에 이 진리를 깨닫고 난 다음부터는 그 이전의 모든 사상은 이 만남의 진리를 통해서 재정리되고 완성됨에 이른 것이다. 이에 있어서 그는 그의 교의학 서문에서 이르기를 자기는 만남의 관점에서 신학 전체를 재해석하겠다고 밝혔던 것이다.

바르트 신학에 있어서는 신학은 교회의 자기반성을 위한 것이요 교의학적 신앙은 소박한 신앙보다 우월한 신앙이다. 그러나 브룬너는 하나님 말씀과 신앙의 만남의 사건은 전면에 내세워야 하고 신학은 그 후면에 물러서야 한다고 말한다. 그리고 그리스도 교회는 역사적으로나 원리적으로 교의학보다 앞서가는 것이며 교의학은 그 뒤를 따라가면서 만남의 사건을 밝히는 소임을 맡아야 한다고 말한다.

개혁파 신학의 특색은 신관을 중심으로 하고 하나님의 주권을 강조하는 데에 있다. 그런데 브룬너의 신학은 역시 이 개혁파 신학에 속한 것이다. 그러나 거기에 '나와 당신'에 대한 현대 사상을 도입시킴으로써 하나님의 인격성을 보다 더 선명하게 밝혀 주었다. 그리고 그가 말한 만남의 사상은 하나님과 인간을 인격적으로 이해하기 위한 것으로써 인간이 '나'이신 하나님에게서 '너'라는 일컬음을 받고 그 하나님의 앞에서 주체성을 가짐을 말한 것이다.

브룬너의 본 바대로 하면 하나님의 '인격'적 '당신'의 배후에는 사변을 가지고서는 들어갈 수 없고 '나'와 '당신'의 사귐 사이에는 '그것'이 개입될 수 없는 것이다. 왜냐하면 하나님은 다만 하나님의 말씀과 계시에서만 인식되기 때문이다. 그러므로 그의 만남의 신학은 역시 계시론을 근거로 하고 제창된 사상이라고 말할 것이다.

브룬너에게는 이 만남의 진리가 기독론에도 적용된다. 이에 그는 하나님께서는 예수 그리스도를 통해서 우리에게 부딪쳐 주시고 세상과 더불어 화목하시며 거기에서 우리를 구하신다고 한다. 그는 또한 성령론을 말할 때에도 이 만남의 진리로써 논한다. 그래서 "신약성서적 의미의 성령은 역사적 그리스도를 살아 계신 인격적인 임재로 증거함과 동시에 그것이 현실이 되게 하시는 하나님의 임재"라 한다. 그리고 그는 교회에 대해서도 다음과 같이 말하고 있다. 교회는 하나의 인격적인 사귐이요 거기에서는 '나와 당신'의 인격관계가 성립됨과 동시에 하나님께서 역사 중에서 자기를 전달하게 하시는 것의 역사적 실현이라 한다.

하나님의 계기와 그의 인격성을 중요시함에 있어서는 바르트와 브룬너 사이에 다름이 없다. 그러나 브룬너는 그의 교의학을 하나님 말씀보다도 하나님의 자기 전달(Selbstmitteilung)을 근거로 하고 전개하였다. 그리고 여기에 그의 교의학의 특성이 있다고 볼 수 있는데 그의 교의학 제1권에서 "하나님의 자기 전달의 역사적 현실"인 창조론과 인간론 및 기독론을 전개하였다. 그리고 제3권에서는 "성령에 의한 하나님의 자기 전달의 임재"인 교회와 그리스도인의 생활을 논하고, 마감에 가서는 "하나님의 자기 실현은 영원에서 완성된다" 하여 종말론을 논하고 있는데 이는 모든 인격적인 하나님이 인격적인 인간에게 자기를 계시하시며 대화와 사귐으로 대해 주심을 말한 것이다. 그러므로 그의 말한 하나님의 자기 전달은 만남에서 이루어지는 인격적 호응관계를 말한 것이라고 말할 것이다.

III. 불트만의 실존의 신학

불트만은 자기 자신의 신학이 바르트에게서 영향 받은 것임을 솔직하게 인정하고 있다. 그래서 그도 역시 바르트와 마찬가지로 기독교 신앙은 결코 종교사적 현상이나 종교적 이데올로기에서 기원한 것이 아니며 신학은 이 종교사적 현상을 종교사나 문화사적 현상으로 해석하는 것이 아니라 그것은 차라리 초월적인 하나님 말씀에 응답하는 인간의 실존적인 정황을 고찰하는 학문이라 한다. 이리하여 하나님 말씀을 소중하게 여기는 점에 있어서는 바르트와 불트만 사이에 아무런 차이도 없다. 다만 바르트가 하나님 말씀에 강조점을 둔 데 반하여, 불트만은 하나님 말씀에 부딪힌 인간의 존재 정황을 중시하는 점이 다를 뿐이다.

불트만은 본시 역사가와 문헌학자이지 체계가는 아니었다. 그는 신약학자이지 교의학자가 아니다. 그럼에도 불구하고 그의 신학은 '불트만 신학'이라고 일컬어짐과 동시에 바르트와 더불어 신학계의 쌍벽을 이루고 있다. 그러나 그는 또한 근세의 자유주의 신학을 반대하거나 비난하지 않고 도리어 자유주의 신학에서 배양되어 온 역사적, 비판적 연구방법을 그대로 진전시켰다. 그리고 그의 스승 헤르만에 따라서 역사를 히스토리(Historie)와 게쉬히테(Geschichte)로 양분하는데 그의 주장대로 하면 역사적 예수는 신앙의 근거가 될 수가 없다. 왜냐하면 우리가 소유하고 있는 복음서의 재료만 가지고서는 역사적 예수를 환원시킬 수 없기 때문이다. 그는 신약성서에 이른바 양식사 연구방법(Form-Geschichte-Methode)을 적용함으로써 신약성서의 편집 배후에는 원시 교단의 신학이 강하게 작용하고 있다고 한다. 그리고 우리가 접할 수 있는 것은 역사적 예수라기보다는 차라리 사도들이 증거하고 해석한 그리스도요 그들이 선포한 케리그마라는 것인데 그는 이 양식사 비판을 통하여 네 복음서는 역사적 예수에게 대한 재료로서는 오히려 부족하고 거기에는 원시 교단의 케리그마가 강하게 작용하고 있다고 보는 것이다.

불트만이 바르트와 더불어 현저하게 다른 점 하나는 그가 철학의 방법을 신학의 방법으로 채용한다는 점이다. 바르트도 『로마서 강해』 시대에는 실존주의 철학을 적지 않게 사용하였다. 그러나 그가 교회 『교회교의학』을 저작할 무렵부터는 철학적인 요소를 모조리 제거하고 말았다. 이에 반하여 불트만은 그의 친구 하이데거의 철학 방법을 그대로 채용하여 왔다.

왜냐하면 그에게는 하이데거의 철학적 방법이 결정적인 중요성을 가지게 되었고 그는 거기에서 인간 실존과 신앙자의 실존을 분석하기 위한 가장 적절한 개념성을 발견했기 때문이다. 불트만은 한편으로 바르트에게서 많은 것을 배웠다. 그래서 그에게 대한 감사의 뜻을 표하고 있다. 그러나 다른 편에서는 하이데거의 철학 방법론을 채용함으로써 바르트와는 대립적인 입장을 취하고 있는데 이는 어디까지나 신앙자의 실존적인 존재 정황을 탐구하기 위한 것이요 신앙의 내용을 배우기 위한 일은 아닌 것이다. 다시 말하면 이는 다만 신앙자의 실존 정황을 분석하기 위한 것이지 성서 본문에 표현되어 있는 사건들의 본질 내용(Sache)을 이해하기 위한 것은 아니라 한다.

그러나 그의 본 바대로 하면 성서 본문은 언제나 거기에 대한 해석자의 생(生)에 관련해서만 올바로 이해되는 것이다. 다시 말하면 성서 본문의 이해는 언제나 특정한 문제 설정과 특정한 설문에로 그 방향이 정해지며 이 문제 설정이 없이는 성서 본문은 침묵을 지키는 것이다. 이에 불트만은 이와 같은 실정을 설명하기 위하여 사건의 본질적 내용에 관한 '전(前)이해'(Vorverständnis)가 없이는 성서의 본문을 해석할 수 없다고 한다. 이리하여 불트만에게는 해석학의 문제가 바로 이해의 문제가 되거니와 그의 해석학적 노력은 '오직 신앙'이라는 개신교 정신에 근거하고 있다. 그리고 그는 다만 문헌 비평에서 문제 삼는 바와 같이 성서에는 "무엇이 말씀되어 있는가" 하는 '사실'의 문제보다도 성서는 "무엇을 의미 하는가"라는 '내용'의 문제를 문제 삼는다.

불트만의 근대 신학에서 배운 비판정신과 하나님 말씀을 근거로 하는 바르트 신학 및 인간의 실존적인 정황을 분석한 하이데거 철학의 개념성을 종합하면서 그 위에 자기 자신의 신학사상을 수립하였다. 그런데 그의 신학이 그 특색을 뚜렷하게 드러내기 시작한 것은 2차 대전 중에 출현한 "신약성서와 신화론*이다. 그는 거기에서 신학에 해석학적 방법을 가하는 방향을 제시하였거니와 그에 의하면 신약성서에 나타난 신화의 본질은 인간이 자기 이해를 표현하기 위한 것이니만큼 그것은 어디까지나 실존적으로 해석할 필요가 있다고 한다. 그리고 그의 비신화론은 실상인즉 그의 진지한 요한복음 주석에서 얻어진 결론인 것이다.

그런데 불트만에게 있어서는 실존적 이해(existentielles Verstehen)와 실존론적 이해(existentiales Verstehen)가 서로 다르다. 실존적 이해는 '전 이해'나 마찬가지로 경험되는 것으로서, 말하자면 아직 반성되지 않은 소박한 자기 이해요 실존론적 자기 이해는 이와 달라서 자기 이해의 개념화라고 말할 수 있다. 그런데 불트만은 신약성서의 실존론적 해석에서 가장 적절한 실존주의를 하이데거의 실존 철학에서 얻은 것이며 그의 비신화론은 요컨대 이 실존론적 해석을 요한복음 해석에 적용한 결과인 것이다.

그러나 불트만 신학의 집결과 대성은 그의 신약성서 신학에서 이루어졌다. 그에 의하면 신약성서 신학은 신앙을 신학적인 표명의 근원으로 기술하는 것인데 하나님에 관하여 말한다는 것은 곧 자기 자신의 실존에 대해서 말함과 같다고 한다. 그리고 '바른 교설'이 될 수 있는 것은 오직 신학의 대상이 될 수 있는 케리그마뿐인데, 이 케리그마도 역시 이미 신학적으로 해석된 것이라고 볼 수밖에 없다는 것이다.

불트만에게 하나님 말씀은 우리에게 설문과 약속 및 심판과 은총의 말씀으로 부딪쳐 오는 케리그마이거니와 신학은 요컨대 여기에 대한 응답인 것이다. 그리고 케리그마는 자기의 구체적인 정황에서 말씀된 말씀으로 이해하는 자라야만 이해할 수 있는 것이다.

불트만에 의하면 신약신학은 요컨대 케리그마와 거기에서 알려진 자기 이해를 밝힘으로써 신약성서의 바닥에 깔려 있는 신앙을 해석학적으로 탐구하며 서술하는 것이다. 이에 있어서 그는 그의 신약신학에서 역사적,

비판적, 종교사적 연구를 그대로 관찰함과 동시에 거기에서는 다 하지 못한 케리그마의 탐구까지를 수행하는 것이다. 그러나 이는 어디까지나 근본적인 인식을 신약성서의 본문에서 끌어냄과 동시에 독자들을 그 근본 재료로 인도하기 위한 방법이라고 말할 것이다.

불트만은 이리하여 실존론적 해석을 통하여 신약성서의 인간 이해를 탐구하거니와 그에 의하면 신약성서의 인간론은 그 신론과 기독론과 더불어 병행되는 것이 아니라 인간론 안에 모든 것이 포섭된다고 보는 것이다. 이에 그는 바울사상에 대해서 주장하기를 "바울에게 하나님과 인간이 무엇을 의미하는지는 이 둘의 통일에서만 이해할 수 있으며 신론은 인간론으로 제시된다"라고 하였다. 이와 꼭 같은 일이 그의 기독론에서도 제창되는데, 왜냐하면 불트만이 본 바대로 하면, 바울은 그리스도를 첫째로 자기가 그 '본성'을 사변의 대상으로 하든 형이상학적인 존재로 이해하지 않고 그리스도와 그리스도의 행적을 인간과의 관련에서 나타나는 하나님의 구원의 역사로 이해하고 있다고 보기 때문이다.

이상에서 우리는 현대 신학의 거성들인 바르트와 브룬너 및 불트만의 신학 방법을 고찰하였거니와 현대 신학의 개척자인 바르트는 신앙론 안에 교의학을 해소시켰던 근대 신학을 극복하면서 교의학을 재건하기에 진력하였다. 이에 그는 주로 신앙 대상이신 하나님과 그 말씀을 밝히기에 주력하였고 교회 안에 머물면서 그 전통을 수호하기에 노력하였다. 그러나 브룬너는 그와 달라서 교의학 이외에 변증학과 논쟁학을 그의 신학체계 안에 도입했는데 어느 편이냐 하면 이 문제에 대해서 더 많은 관심을 기울인 듯하다. 이는 그가 선교의 신학자로 자처한 결과이겠지만 다소 치우친 느낌이 없지 않고, 그가 교의학 자체보다도 거기에서 탐구되는 만남의 사건을 교의학보다 앞서가는 사건으로 인정함도 바르트와는 다른 점이다. 그리고 신약학자 불트만이 신약학에 머물지 않고, 신앙론을 근거로 하는 해석학적 신학에의 길을 개척한 것은 새로운 시도라고 말할 것이다. 그러나 신약성서의 신앙을 인간의 자기 이해라고 본 데 대해서는 브룬너의 비판이 타당할 것이다. 왜냐하면 신약성서가 말하는 신앙은 결코 개인적이며 주관적인 인간의 자기이해는 아닌 것이며 거기에는 하나님과 인간과의 사귐 및 인격의 변화와 공동체 형성이 말씀되어 있기 때문이다. 그리고 그가 시도한 해석학적 신학은 잘못하면 교의학을 해석학 속에 해소시킬 가능성이 없지 않다. 그러므로 집중적으로 교의학으로서의 신학 연구에 몰두함과 동시에 주관적인 근대 신학을 극복하기에 크게 공헌한 이는 역시 바르트가 아닌가 한다.

11
에밀 브룬너의 생애와 사상:
그의 서거(逝去)에 부쳐서

"그가 말한 '만남'의 사상은 기독교 진리를 사상적으로 조직하기 위한 것이 아니라 그것은 오히려 기독교 사상을 산출시키는 사건인 것이다. 왜냐하면 그것은 인격적 하나님과 인격적 존재로서의 호응관계요 응답관계이기 때문이다."

20세기에는 인류사가 있은 이래에 가장 세속적인 시대라고들 말하나, 또 한편으로는 세기적인 성자들과 신학자도 많았다. 예컨대 아프리카의 성인 슈바이처 박사나 '나와 당신'의 대화관계를 설명한 마르틴 부버와 같은 분들이다. 그들은 마치 창공의 별들이 길손들의 앞길을 비추어 주듯이 어두운 이 세상을 비추어 주었다. 그런데 지난해에 몇 개의 별이 떨어져서 온 세상이 아까운 마음을 금치 못하던 중, 또 하나의 별이 떨어졌으니 이는 곧 에밀 브룬너의 죽음이다.

I. 에밀 브룬너의 생애

브룬너는 1889년 12월 23일에 취리히 부근의 빈터투어에서 태어났고, 취리히에서 고등학교와 대학 과정을 마친 다음 그의 모교인 취리히 대학에서 교편을 잡는 한편 그곳의 교회에서 설교자로서 수고했다. 취리히는 종교개혁자 츠빙글리와 교육학자 페스탈로치가 활동하던 곳이기도 하다.

브룬너의 부친은 초등학교 교사였고 그의 모친은 페스탈로치가 제창한 기독교 교육을 가정에서 문자 그대로 실천하기에 노력하던 분이었다. 그러므로 브룬너의 가정에는 페스탈로치의 감화가 없을 수가 없었다. 그가 "교육의 중심은 어머니를 중심으로 한 가정이요 학교나 교회는 가정이 못다한 것을 보충해 줄 뿐이라"고 주장한 것은 가정교육의 영향일지 모른다. 칼 바르트가 "에밀 브룬너는 신학자라기보다는 차라리 교육자다"라고 말한 것도 전혀 근거 없는 말은 아닐 것이다.

젊은 브룬너에게 영향을 끼친 것은 다만 페스탈로치뿐만은 아니다. 그는 또한 스위스의 종교사학파 학자 블룸하르트의 영향을 받았던 것이니, 그 까닭은 그의 부친은 이 페스탈로치와 더불어 친숙한 사이였기 때문이다. 이 종교사학파 학자의 영향을 받은 것은 다만 브룬너 한 사람이 아니라 초창기에는 신정통주의(神正統主義)의 영도자인 칼 바르트도 역시 그의 영향을 받았던 것이다. 다만 바르트는 그 후에 이 종교사학파주의자를 버리고 말았으나 브룬너는 그것을 버리지 않고 그 중심사상을 계승하여서 국민교육을 변혁시키는 운동을 일으키는 한편 사회개혁을 해야 한다고 주장한 까닭은 이 때문이다.

브룬너는 처음부터 칼 바르트와 더불어 알려지게 되었다. 바르트와 브룬너는 신정통주의의 쌍벽인 관계로서 칼 바르트는 자기 자신과 브룬너의 사이는 마치 코끼리와 고래의 관계와 같다고 비유한 적이 있다. 하지만

두 사람 사이에는 현저한 이상적인 차이가 있으니 브룬너의 견해대로 하면 바르트는 교회 내에 머물면서 기독교의 중심 진리가 무엇인가를 탐구하는 '교회의 신학자'지만 자기 자신은 교회와 사회를 넘나들면서 사회에 복음을 전달하는 선교자라고 하였다.

브룬너의 이해를 위하여 또 하나 소중한 것은 그의 영국과 미국과의 관계이다. 종교적 사회주의가 그의 신학의 구체적 핵심을 형성하는 데에 있어서 소중한 것이었다면 영·미국과의 관계는 그의 사회윤리의 내용을 규정하는 데에 소중한 것이었다고 말할 것이다. 그는 그의 스승 라가츠에게서 신학사상을 수련 받는 한편 영·미국계의 문화면에 대해서도 소개 받았다. 1차 대전 직전에는 영국에 건너가서 그곳의 노동운동을 연구하였고, 당시의 노동운동의 지도자였고 그 후에 캔터베리의 대주교가 된 윌리엄 템플의 영향을 받은 일이 있었는데, 이는 그가 24세 때의 일이다.

브룬너는 또한 1932년에 옥스퍼드 그룹운동에 가담하였다. 그 까닭은 그는 거기에서 종교 사회주의적 신앙에서 제시받았던 정신과 부합된 기독교 운동의 실례를 보았기 때문이다. 다시 말하면 그는 거기에서 하나님 나라라는 것이 말씀만이 아니라 힘찬 운동으로 나타날 수도 있다고 말한 블룸하르트나 라가츠의 교훈이 실현되어 있음을 보았던 것이다. 브룬너는 여기에서 교회주의나 신학주의에 빠지지 않고 '운동으로서의 기독교'에 관심을 기울였던 것이다.

브룬너는 1919~20년에 뉴욕의 유니온 신학교에 유학한 일이 있었다. 그는 이곳에서 별로 만족을 얻지 못했다. 왜냐하면 당시의 유니온 신학교는 자유주의 사상의 온상이었는데, 이러한 것에 추종할 수가 없었기 때문이다. 그래서 그는 조직신학자 브라운의 강의는 듣지 않고 그 대신 미국 교회사와 종교 교육, 종교 심리를 연구했는데, 그 까닭은 이 점에 있어서는 미국 신학이 도리어 앞서 있었기 때문이다.

1938~39년에는 프린스턴 신학교의 초청을 받아 그곳에서 교환교수로서 강의한 일이 있었고, 그 후에도 여러 차례 미국에 방문했다. 바르트가 주로 독일과의 관련에서 신학을 연마한 데에 반하여 브룬너는 영·미국과의 관련에서 신학을 연구했는데, 그가 미국의 신학과 정치사상에 대해서 해박한 지식을 가진 까닭은 이것 때문이다.

II. '만남'의 진리

브룬너는 자기의 신학을 '선교의 신학'이라고 말하지만 그의 중심사상은 오히려 '만남'의 사상이라고 말할 수 있다. 다시 말하면 이 '만남'의 개념이 그의 신학과 신앙의 실존을 형성하는 기초인 것이다. 마르틴 부버의 '나와 당신'의 사상이 사상사에 있어서 코페르니쿠스적인 전환점을 이룬 것은 사실이지만, 브룬너의 '만남'의 사상은 '나와 당신'의 사상을 한 걸음 더 전진시킨 것이라고 말할 수 있다.

'만남'의 관계는 물론 인격과 인격과의 부딪침에서 이룩되는 것이고 인격과 다른 것과의 관련에서는 성립될 수 없는 것이다. 헬라의 철학사상이 관상(觀相)에서 기원된 것이라면 성서의 사상은 '만남'에서 기원된 것이라고 말할 수 있다. 성서의 세계는 '만남'의 세계요, 성서의 진리는 '만남'의 진리다. '만남'의 세계는 보는 것을 내용으로 하는 논의나 학자를 요구한다기보다는 그것을 증거하는 증인을 요구하는 것이다. 인격적인 '당신'은 결코 추상적인 이념과 같은 대상은 될 수 없고, '나와 당신'의 관계는 실상인즉 '나와 나'의 관계인 것이다. 이러한 의미에서 브룬너는 키에르케고르의 주체성의 진리를 '만남'의 사상에서 새롭게 이해함과 동시에, 거기에 부버의 '나와 당신'의 인격주의를 결부시킨 것이다. '다른 이'는 인간의 사상적인 산물이 아니다. '그'와의 만남에서는 '그'의 말에 귀를 기울여야 한다. '다른 이'의 말을 듣지 않는 사람은 고독한 사람이요, 고독한 사람의 말은 결국 독백에 불과한 것이다. 바르트는 인격적인 하나님을 아는 길은 그의 말씀을 듣는 데에 있다고 하였는데, 브룬너는 이 말씀을 매개하는 하나님과 인간과의 관계를 '만남'의 관계라고 말한 것이다. 철학사상은 본래가 독백 사상이지만, 하나님 신앙을 근거로 하는 신학사상은 본질상 대화적인 것이다.

그러기에 성서의 진리는 진리 탐구를 요구한다기보다는 '사귐'을 요구하는 것이다. 성서를 읽는 사람은 거기에서 하나님의 부르심을 듣는 동시에 그의 말씀에 대해서 응답을 결단해야 한다. 그런데 하나님의 부르심은 시간과 역사 중에서 부르시는 것이다. 다시 말하면 하나님께서는 우리 인간이 실존적인 결단을 가지고 시간과 역사 중에 들어가기를 재촉하는 것이다. 이런 의미에서 실존성은 곧 시간성이라고 말할 수가 있다. 다만 사상만이 아니라 실존적인 사건인 것이며, 그것은 말하자면 실존과의 시간과 관계를 말하는 것이다.

바르트는 포스딕(H. E. Fosdick)의 말을 빌려서 망원경은 자기 자신을 보는 것이 아니라 그것을 통하여서 대상을 보는 것인데 신학적 실존은 마치 이와 같은 성격을 가진 것이라고 말한 적이 있다. 브룬너는 이와 같은 바르트의 입장을 객관주의라고 말한다. 불트만은 바르트와는 반대로 인간의 실존적인 자기 이해를 문제 삼는데 브룬너는 이러한 불트만의 입장을 주관주의라고 규정한다. 그리고 브룬너 자신은 이 두 사람의 입장을 종합하는 것이라고 자부하는 것이다. 그가 말한 '만남'의 사상은 기독교 진리를 사상적으로 조직하기 위한 것이 아니라 그것은 오히려 기독교 사상을 출산시키는 사건인 것이다. 왜냐하면 그것은 인격적 하나님과 인격적 존재로서의 인간과의 호응관계요 응답관계이기 때문이다.

III. 신학의 위치

브룬너에 의하면 신학은 '만남' 자체를 대리할 수는 없는 것이다. 이는 다만 성령만이 행할 수 있는 역사(役事)다. 교회는 원리적으로나 역사적으로나 교의학보다 선행해서 존재한다. 교회는 '만남'에서 이룩되고 '만남'에서 전진된다. 여기에서 신학은 이러한 전진에 뒤따르면서 이 사건의 길을 제시하는 것이라 한다. 이리하여 브룬너는 교의학은 겸손해지고 그 제한성을 자각해야 한다고 말한다. 이 때문에 그는 그의 스승 라가츠의 충고에 따라서 신학주의와 교회주의를 회피하기에 노력하는 것이다.

브룬너에게 있어서 또 하나의 특징은 그가 신학의 제일 과제는 교의학이지만 거기에는 또 하나의 과제가 있다고 주장한 점인데, 이는 곧 변증학이라고 인정한 점이다. 뿐만 아니라 살아 계신 하나님의 말씀을 전달하게 되면 그곳에는 반드시 논쟁적인 사태가 생긴다는 것이다. 왜냐하면 신앙은 이 세상의 사상이고 생활태도에 대해서 이론적인 도전이 되기 때문이다. 신앙이 만일 이 세상의 역사와 무관한 때에는 이와 같은 도전이 불필요하다. 여기에서 그는 변증학 대신에 '논쟁학'(論爭學)이라는 말까지를 만들었다. 바르트는 설교하는 교회의 자기비판이 신학이라고 주장함과 동시에 자기 신앙을 변호한다기보다는 자기 자신의 신앙이 올바른 신앙인가를 검토하는 것과 신앙이 신앙되게 하는 데에 신학의 소임이 있다 한다. 그리고 불신앙을 타도할 수 있는 힘찬 변증은 결국 신앙이 참 신앙이 되는 데에 있다고 한다.

바르트는 이리하여 변증학을 교의학 속에 흡수하고 있으나 브룬너는 반대로 교의학을 존재하면서 변증학과 결부시키기에 노력하고 있다. 브룬너는 참 신앙이 생겼다 하더라도 신앙의 필요성 여부와 그리스도 신앙의 존재 이유를 문제 삼고 있다. 그리고 이러한 문제는 교의학보다는 변증학

내지는 논쟁학에서 문제 삼을 것이라고 한다. 브룬너에게 있어서는 변증학이 논쟁학은 물론이요 교의(敎義)까지도, 무릇 신학적 사유와 '만남'의 현실에서 차원적으로 전락되어 있다. 그러면 이 차원적 차이를 넘어서 '만남'의 진리에 직접 연결되는 신학적인 징검다리는 없을까? 여기에서 브룬너는 교의학과 논쟁학을 종합하여 '선교의 신학'이라는 새로운 길을 마련했다. 선교의 신학이란 선교자의 입장에서 생각하는 신학적 사유이다. 만남의 진리는 인격적인 나와 당신의 관계이기 때문에 이것을 인식의 대상으로 삼을 수는 없는 것이다. 이 진리는 인간의 신뢰와 복종을 요구한다. 그래서 인간은 이 진리에 대해서 전도자로서 인격적인 복종을 결단해야 하는 것이다. 브룬너는 이 선교의 신학은 논쟁학의 긍정적 측면이라고 했다. 선교의 신학에서는 신자와 불신자 사이에 토론이 전개되는 것은 사실이다. 그러나 논쟁학이 투쟁적인 데 반하여 선교의 신학은 듣는 이의 곤경과 회의 및 동경에 관심을 기울임과 동시에 그의 불안한 정신 상태를 폭로함으로써 그가 하나님께로 돌아가야 할 것을 제시한다. 그래서 이 선교의 신학은 '만남'의 신학에 최선의 형식이라야 한다.

IV. 신학적 윤리학

바르트는 스위스의 종교사학파를 극복하고 새로운 신학을 수립했다. 그러나 브룬너는 이 종교사학파의 영향을 바탕으로 해서 이 위에 신학적 윤리학을 수립해서 그것을 신학의 중심 문제에까지 끌어들이고 이것을 '만남'의 인격적 신학에서 적극적으로 표현하고 있다. 바르트 신학은 인간을 절망의 절정에까지 몰아넣고 거기에서 '오직 믿음'과 '오직 은총'으로 전환함으로써 신앙과 교회에의 길을 모색했다. 반면에 브룬너는 신앙에서

부터 윤리와 문화라는 현실 문제로 되돌아간다. 그리고 전후에 붕괴되었던 서구 문화의 재건을 위해서 적극적인 사회 책임을 신학이 감당할 것을 다짐하였다. 그는 『기독교와 문화』라는 저서를 통하여 신앙에서 윤리로 나아가는 길을 제시했는데 그는 바르트와 같이 예언자적 입장에서 비판하지 않고 제사(祭司)적인 입장에서 문화 재건에 이바지 했다. "우리는 무엇을 할 것인가?" 하는 문제는 브룬너에게는 신앙으로부터 나아가는 출구도 되었다. 그래서 브룬너는 신앙과 윤리와의 관계를 이중적으로 이해하는데, 하나는 윤리에서 신앙으로, 다른 하나는 신앙에서 윤리로 가는 길이다. 브룬너의 이 두 가지 길은 창조와 구속에 대한 변증법신학에 근거하고 있다. 그에게 있어서 구속은 회복만이 아니라 새 창조이다. 그의 신학에 있어서는 구속 사건을 통해서 창조가 이해된다

브룬너는 창조는 하나님의 명령과 구속주(主) 하나님의 명령을 구별하여 이것을 근거로 해서 신학적 윤리학을 수립한다. 하나님은 창조주이시고 구속주이시다. 기독교 윤리에 있어서는 이 하나님의 요구에 응종(應從)하는 것이 선이요, 그 밖에 다른 것에서는 선을 구할 수 없는 것이다. 이런 의미에서 하나님과 그의 뜻이 무엇인가를 밝힐 필요가 있겠다.

창조주 하나님은 모든 존재의 시작의 근거요, 모든 생명의 근원이시다. 구속주 하나님은 모든 존재가 향해 가는 목적과 종착지다. 원시적인 모든 결단은 이 창조와 구속 사이에서 이루어지는 것이다. 이런 의미에서 개신교 윤리는 '중간윤리'라고 말할 수 있다. 다시 말하면 윤리적 결단이란 다름이 아니라 창조를 기초로 하고 종말의 한정을 향해 가는 시간 사이의 결단인 것이다. 브룬너에 의하면 창조주 하나님의 뜻은 창조의 보존에서 나타나고 하나님이 인간을 이 세상에 두신 데 대해서 알려진다. 이 세상은 비록 죄 가운데에 빠져 있을지라도 그것은 역시 그 시작이 하나님에게서 시작되었고, 그 보존도 역시 하나님의 보호 아래에 있는 것이며 이 세상에서의

삶의 문제는 운명윤리적인 것이 아니라 하나님의 뜻에 근거하고 있는 것이다. 다시 말하면 인간이 이 세상에 놓인 것은 운명으로 말미암은 것이 아니고 하나님의 뜻에서 비롯된 것이다.

구원은 존재가 아니라 오히려 존재의 초극(超克)으로서, 여기에는 존재를 부정하는 계기가 역사한다.

브룬너는 이 하나님의 두 가지 명령을 결합시킨 데에서 기독교 윤리의 보수주의나 혁명주의를 통일시켰다. 창조주 하나님이 이 세상을 보존하신다고 믿는 데에서만 보수적인 태도가 성립한다. 그러나 구속주 하나님은 새 창조를 마련하시는 하나님이다. 여기에 혁명주의가 되는 것이다. 보수주의와 혁명주의는 인간의 윤리적 실천 중에서 통일된다. 브룬너는 이 통일을 '사랑'에서 발견했다. 왜냐하면 명령하시는 하나님의 뜻은 특히 사랑이었기 때문이다. 이 사랑에 있어서는 '보수적' 요소와 '혁명적' 요소가 통일이 된다. 왜냐하면 사랑은 있는 그대로 이웃을 받아들이는 한편, 그에게 그가 놓여 있지 않다는 것을 깨우쳐 줌으로써 그로 하여금 창조주 하나님에게로 향하게 하기 때문이다.

브룬너의 신학적 윤리학의 가장 특징적인 것은 사회윤리에 대한 그의 사상이다. 그는 히틀러의 전체주의가 유럽 사회를 휩쓸었을 때에 새로운 사회질서를 재건하기 위하여『정의와 사회질서』라는 저작을 했는데, 여기에서 그는 자연법 사상을 도입하고 있다. 그는 창조질서를 자연법과 통일시키고, 그것을 '기독교 자연법'이라고 했다. 그가 말한 이 기독교 자연법의 내용은 루터 교회의 창조질서와 개혁 교회의 저항권(抵抗權) 사상을 하나로 통합시킨 것이다.『정의와 사회질서』는 나치즘의 국제법에 배치되는 횡포에 직면해서 서구에서 일어난 자연법 재흥(再興)과 호응한 것이었다. 그러나 브룬너의 견해대로 하면 자연법은 기독교의 창조신앙을 통해서만 확립될 수 있는 것이다. 자연법이 무시당한 까닭은 그 내용이 불분명한 때문이라 했다. 브룬너는 이 자연법의 내용을 창조질서의 사상을 가지고 보충하였다. 그는 루터파적인 창조질서와 개혁파적인 저항권 사상을 통합시킨 것이다. 그리고 여기에서 그는 근대적 민주주의 기초 이념을 발견하였던 것이다. 취리히적 민주주의를 나치스의 전체주의에 대결시키고 이렇게 한 민주주의로서 서구 사회를 재건하려고 시도하였다. 그의 견해대로 하면 자연법의 몰락에서 전체주의가 출현하였고, 근대 사회에서 이 자연법이 몰락한 까닭은 그것이 기독교의 바탕에서 이탈된 때문이라고 한다. 기독교적 자연법이 비교적 남아 있는 나라들은 그 사회가 건전한 것이다. 예컨대 영국, 미국, 스위스, 북유럽의 나라들은 위에서 언급한 자연법이 비교적 남아 있는 나라들이라 할 수 있다. 브룬너의 신학에서는 사랑과 정의와의 관계가 문제되는데, 이것이 바로 인격윤리와 사회윤리와의 관계인 것이다. 사랑은 인격윤리의 기초 개념이고 정의는 사회윤리의 기초 개념이다. 그는 인격적 영성(領域)과 사회적 영역을 구별하는데 인격적 세계는 '나와 당신'의 세계요, 인격과 인격이 만나는 세계인 데 반하여 제도적이며 사회적인 세계는 비인격적인 세계로 제3자의 세계인 것이다. 사랑은 사회제도와 질서에 관한 원리적인 문제에 대해서는 직접적으로 적용되지 않는다. 사랑은 죄를 묻는다기보다는 오히려 용노(容怒)한다. 그러나 법은 정의를 표방하는 것인데 사랑에 넘친 법은 존재할 수 없는 것이다. 다만 올바른 법이 있을 뿐이다. 정의는 개인의 인격을 문제 삼는다기보다는 사회질서를 문제 삼는다. 사랑은 이렇게 볼 때에 정의를 넘어서 있을 것이다. 그렇다고 사랑이 정의를 부정할 수는 없으며 도리어 그것을 채우는 것이다. 정의를 넘어가는 사랑이라야 정의를 완성하는 길이 될 것은 말할 나위 없겠다. 브룬너는 6·25 직전에 한국에도 온 일이 있었는데, 그는 그때에 자기의 나라인 스위스를 못내 자랑하면서 "우리나라는 오랜 민주주의의 전통을 가지고 있으며 이러한 민주주의는 콜럼버스가 북미 대륙을 발견하기 이전부터 시행된 것이다"라고 지나칠 정도로 자랑하면서 자기가 자기 나라인 스위스를 그렇게도 자랑하는 것은 자기의 못된 버릇이라고 얘기한 적이 있다. 그의 동료인 투르나이젠 목사는 말하기를 "스위스는 온전한 하나의 나라인데, 이는 기독교 교회가 하나이기 때문이다"라고 얘기했다. 우리나라가 하나의 올바른 의미의 민주주의 국가를 형성하기 위해서는 브룬너와 그의 동료들의 사상을 이어받을 필요가 있을 줄 안다.

12
존 칼빈의 기독교 강요

I.

"인생의 근본 목적이 무엇이냐? 인생의 근본 목적은 창조주 하나님을 알고 그에게 영광 돌리는 일이다." 요리문답에 나오는 이 유명한 말은 칼빈의 신앙 사상을 가장 잘 말해 주는 것이며 그것은 또한 그의 주저(主著)인 『기독교 강요』의 골자라고 말할 수 있을 것이다. 오늘날에 있어서도 인생 문제를 깊이 생각하는 사람들은 생의 의미가 무엇인가를 더듬기에 애써 하지만 종교계의 거성인 칼빈도 일찍이 이 문제를 풀기에 노력했던 것이다.

칼빈은 1509년 7월 10일에 프랑스 북방에 있는 누아용(Noyon)에서 탄생하였다. 아버지 제랄 칼빈(Gerard Calvin)은 그 지방 귀족들과 고급 교직자들 사이에서 신용이 돈독했기 때문에 비서와 회계직을 담당하였고 어머니 프랑(Jeanne Le Franc)은 믿음이 독실한 여성이었다. 아버지는 처음에 그가 성직자가 되게 하려고 파리의 마르슈 대학(College de le March)에서 경건과 덕성을 위한 수양을 쌓음과 동시에 논리학을 수학하게 하였다. 칼빈이 14세의 일이다. 그러나 그 후에 교회 감독과 아버지의 사이가 악화되어서 아버지가 교회에서 파문당하게 되자 아버지의 원하시는 대로 법률가가 되기 위하여 오를레앙(Orleans) 대학에 가서 법률 공부를 시작하였다. 이것은 칼빈의 19세 때의 일인데 그는 거기에서도 발군의 성적을 나타냈던 것이다. 그러나 그는 이때에 법률 공부에 골몰하는 한편 루터의 복음주의 사상에 기울어진 볼마르(Wolmar)에게서 헬라어를 배웠고 한 걸음 더 나가서 성서 연구를 시작하였다. 그리고 밤과 낮을 가리지 않고 학문 연구에 몰두했기 때문에 모든 학문에 장족의 발전을 보게 되어 선생들을 대신하여 대강(代講)까지를 담당하게 되었던 것이다. 그가 풍부한 교양을 갖추고 여러 가지 어학에도 능했을 뿐 아니라 능숙한 문필로 수많은 저작을 남긴 것은 이 청년 시절의 교육의 결과인 것이다. 그러나 그가 종생토록 고생한 위장병은 이때부터 시작한 것이라 한다.

칼빈이 활동하던 시대는 말할 것도 없이 교회사뿐 아니라 서양사에서 잊지 못할 종교개혁 시대다. 그는 처음에 인문주의자의 하나였는데 회심을 경험하고 루터의 신앙사상에 감동된 다음부터 종교개혁운동에 가담하였다. 처음에는 프랑스에서 이 운동을 전개했으나 박해를 받게 되자 스위스로 망명하였다. 그러다가 한 걸음 앞서 가서 그곳에서 종교개혁운동을 전개시키던 프랑스의 인문주의적 종교개혁자 파르레(Guillaume Fare)의 초청을 받고 그와 더불어 제네바의 개혁운동에 가담하였으나 시민들의 박해를 받고 후퇴하였다. 그러나 그 후에 또다시 그곳의 개혁파 교회의 청함을 받고 다시금 그곳에 가서 비장한 각오로써 도시 전체를 복음주의 교회 도시로 개조하기에 성공하였다.

칼빈의 이 성공은 그 끼치는 영향이 대단하였다. 스위스의 수많은 도시들이 거기에 따라서 개혁을 단행함은 물론이요, 독일과 프랑스, 네덜란드와 영국에까지도 그 영향이 파급되었다. 저 유명한 영국의 청교도(Puritans)

도 이 정신을 이어 받은 것이다. 그리고 오늘날 전 세계에 물심양면의 영향을 주는 미국의 건국정신도 이 칼빈주의에 입각한 것이라 함은 누구나가 아는 바이다.

II.

칼빈이 제네바 성에 처음으로 도착한 것은 1536년 여름의 일이었다. 그런데 잠깐 하룻밤을 쉬어 가려던 이 고장이 그가 종생토록 일하게 되는 장소가 된다. 이는 칼빈의 생애에서 하나의 극적인 장면이거니와 그가 이와 같이 제네바 성에 사로잡힌 동기는 앞서 말한 파르레에게 초청받은 때문이었다. 그리고 파르레가 큰 기대를 가지고 그를 초청한 까닭은 그의 저서 『기독교 강요』가 이미 종교개혁에 대한 큰 힘과 소망을 약속하여 주었기 때문이었다.

이 『기독교 강요』는 박해와 유랑 중에서 기고되어 1535년 바젤에서 망명할 때에 탈고되었고 다음 해 3월에 출판된 것이다. 그러니까 저자가 26세로부터 27세 사이에 저작된 것이다. 그런데 청년 칼빈의 이 저작이 그 당시에 누구에게 못지않은 당당한 신학적인 저작이었을 뿐 아니라 오늘날에 이르기까지 복음주의 사사의 기본적인 교본으로 인정되고 있으며, 그 내용도 판을 거듭함에 따라서 몇 차례 증보와 개정이 있기는 하였으나 그 중심사상에 있어서는 아무런 변동이 없었다는 것은 놀라운 일이 아닐 수 없다.

이 책은 근대 신학적인 용어대로 하면 조직신학적인 교본으로서, 말하자면 토마스 아퀴나스의 『신학대전』(Summa theologica)이나 멜랑히톤의 『통유(通有)개념』(Leci Communes rerum theologiearum)과 비슷한 책이다. 그러나 저자가 처음에 이 책을 저술할 것은 무슨 학적인 체계를 세우기 위했다기보다 차라리 그리스도 교회의 실제적인 교화를 위해서 저술한 것이며 신학자의 서재에 보내기 위해서라기보다 일반 신도들의 신앙적인 지도를 위해서 저작한 것이 아닌가 한다. 우리는 이와 같은 암시를 그 저서의 이름에서도 엿볼 수 있는데 『기독교 강요』의 강요(*Institutio*)라는 말은 본디 '교육'이나 '안내'를 뜻하는 말인 것이다. 따라서 『기독교 강요』는 비록 충실한 신학적인 내용을 갖추었다 할지라도 신학 전문가들보다도 일반 신도들의 신앙생활을 위한 지도서의 성격을 띠고 있는 것이다.

그리고 이 책의 사상 내용에는 루터의 영향이 많을 뿐 아니라 그 논술의 형식까지도 루터의 『신앙문답서』에 따른 데가 많았던 것이다. 그러나 칼빈은 결코 아류적(亞流的)인 인물이 아니라 선진들의 신앙 사상과 그 경험을 자기 자신의 체험을 통하여 새롭게 살림으로써 그의 독특한 경건과 사상을 형성하고 있는 것이다. 뿐만 아니라 칼빈에게 영향을 끼친 것은 다만 루터만이 아니라 수많은 교부들의 저서도 그에게 심령의 양식이 되었고 무엇보다도 신구약성서가 그의 영혼을 윤택케 하여 주는 생명의 양식이었다.

『기독교 강요』의 가장 특색 있는 점은 그것이 성서적이라는 것이다. 이 책을 읽는 이는 누구나 그가 얼마나 성서에 통달했으며 콘코던스(concordance)도 없던 시절에 순전한 기억을 가지고 적절한 인용을 하고 있음을 보고 놀랄 수밖에 없을 것이다. 그는 또한 신구약성서 거의 전부에서 인용하고 있는데 알렌(Allen)의 콘코던스에 의하면 그의 인용은 실로 3,970회에 달하였고 신구약성서 중에서 인용되지 않은 책은 다만 에스더, 아가, 나훔, 빌레몬서, 요한2서, 요한3서밖에 없다고 한다. 이와 같이 수많은 성구가 가장 적절하게 인용되어 있을 뿐 아니라 그 모든 성구가 저자의 사상 체계에 잘 소화되어 있는 것이다. 그는 창세기로부터 묵시록을 제외한 신약성서 전부를 원어를 가지고 공부함과 동시에 그 시대로서는 가장 진보적인 방법으로 주석했는데 그 성과가 『기독교 강요』의 나중 판에도 반영되어 있는 것이다.

칼빈에게 있어서 신앙과 지식의 유일한 근거는 '하나님 말씀'인 신구약성서다. 그래서 그는 성서를 최고 권위로 인정하는 성서주의를 지지하였고 성서를 통해서 하나님의 계시와 뜻을 이해해야 한다고 보았던 것이다. 실로 칼빈의 고향은 성서에 있었다. 그래서 그는 '하나님 말씀'인 신구약성서를 해석하기에 필생의 노력을 기울였고 거기에서 잊지 못할 큰 공적을 남긴 것이다. 그러나 그는 다만 성서의 한 책 한 책이나 그 구절구절을 해석하기에 멈추지 않고 그 전체적인 관련성을 탐구하면서 하나님 말씀의 통일성을 탐구하기에 노력했던 것이다. 그래서 신약학자 파이네(P. Feine) 같은 이는 칼빈의 『기독교 강요』는 후세의 정통주의자들처럼 기독교의 교리를 제정해 놓고 거기에다가 알맞은 성서 구절을 인용한 것이 아니라 성서의 전체 사상을 탐구한 데에서 기독교의 고리가 산출된 서책이라고 말하고 있다.

III.

이와 같이 저조된 『기독교 강요』는 판을 거듭함에 따라서 시대적인 요구에 의하여 변명과 논쟁 등을 위한 증보나 개정이 더해 갔지만 그 대충의 줄거리는 변함이 없었다. 그래서 1536년의 초판과 1559년에 출판된 마지막 판 사이에는 사상적인 차이는 별로 없다. 그러나 마지막 판에 비하여 초판의 내용은 비교적 간단하다. 저자는 초판 제1장에서 율법이 무엇인가를 설명하기 위하여 십계명을 해설하였고, 제2장에서는 신앙이 무엇인가를 설명하기 위하여 사도신경을 강해하였다. 그리고 제3장에서는 기도가 무엇인가를 가르치기 위해 주기도를 강해하였고 제4장에서는 성례전(成禮典)을 설명하기 위하여 세례와 성만찬을 설명했으며, 제5장에 가서는 이 세례와 성만찬 이외의 예전, 이를테면 로마 교회에서 숭상하던 비적(秘蹟) 같은 것은 예전이 아님을 설명하였고, 제6장에 가서는 그리스도인의 자유에 대한 설명과 아울러 교회의 권위와 정치 문제가 설명하였다.

그러나 격동하던 종교개혁 시대에 우여곡절을 겪고 난 칼빈의 면모는 역시 『기독교 강요』의 최종판에서 엿볼 수 있을 것이다. 왜냐하면 거기에 첨가된 수많은 변론과 모든 증보(增補)는 저자의 피비린내 나는 싸움의 경력을 말해 주는 것이기 때문이다. 그는 이 마지막 판의 내용을 크게 네 가지로 나누었는데 간단하게 말하여서 그것은 '신관', '기독관', '성령관' 및 '교회관'이었다. 그러나 그 내용은 대단히 풍부한 것이어서 알렌의 영역(英譯)판으로 1,351면에 달하는 대작인데 그 골자만을 말하면 대충 다음과 같다.

1. 신관(神觀)

루터가 수도원 출신임에 반하여 칼빈은 휴머니즘의 영향을 받아가면서 자라난 사람이었다. 그러나 그는 그 당시의 인문주의자들처럼 기독교와 인문주의를 쉽사리 조화시키려고 하지 않고 그것과 더불어 결부하면서 인문주의를 극복하기에 노력하였다. 그러나 칼빈의 사상이 인문주의를 완전히 떠난 것은 아니었다. 비록 기독교적인 입장에서일망정 그는 끝까지 인문주의적인 면에서 모든 것을 이해하기에 노력하였다. 그래서 그는 신관을 말할 때에도 "우리와 더불어 아무런 상관이 없는 하나님께 대한 지식은 무익한 것이라"고 말하였던 것이다. 이리하여 그는 그의 중심사상인 신관에 있어서도 하나님과 인간을 관련시킨 것이다. 칼빈에 의하면 참다운 지식은 하나님을 아는 지식과 인간을 아는 지식으로 이분되는 것이며 그 선후(先後)를 따질 수는 없는 것이다. 그러나 이는 결코 하나님과 인간을 대립시키는 말이 아니라 생의 근거되시는 하나님을 말하기 위함이었다. 오늘날 수많은 사상가들은 근거 없는 인간 존재를 말하기에 바쁘지만 칼빈은 이미 신구약성서의 교설에 의하여 인간 존재의 근거까지를 말했던 것이다. 그리고 이것이 바로 기독교가 말하는 창조신앙인 것이다. 이 창조신앙대로 하면 인간은 다만 하나님에게서 지음 받은 존재일 뿐 아니라 인간 존재의 의미와 극적은 창조주 되시는 '하나님에게 영광을 돌리는 일'(*soli gloria deo*)인 것이다. 왜냐하면 하나님께 지음 받은 인간은 그를 위해서 존재하는 것이기 때문이다.

키케로는 일찍이 하나님의 존재를 믿지 않을 정도로 미개한 야만민족은 없었다고 하였는데 칼빈도 여기에 대하여 전적으로 찬동한다. 왜냐하면 세상이 있은 이래 창조주를 기억치 않는 국가나 가정은 없었던 것이며 모든 사람의 마음속에는 하나님께 대한 감각이 새겨져 있기 때문이다. 그리고 사람이 짐승보다 나은 까닭은 다름 아니라 그가 하나님을 경배하며 영원한 것을 대망하기 때문이라 한다.

그러나 하나님은 다만 사람의 마음에만 알려지는 것이 아니라 하늘과 땅도 역시 하나님의 권능을 알려주는 것이다. 그래서 하나님의 지혜는 천문학과 물리학의 연구 대상도 되는 것이다. 그런데 사람들은 세계의 오묘한 구조와 그 아름다움을 보면서도 마치 작자(作者) 없는 작품만을 보고자 하듯이 창조주 하나님을 찬양하려 하지 않는다.

그런데 사람들이 이와 같이 하나님의 조화를 보지 못함은 마치 나이 늙은 노인들이 시력이 감퇴되어서 아름답고 깨끗한 대자연의 미를 보지 못한 것이나 마찬가지다. 그러나 시력이 약한 늙은이들도 신문 잡지까지도 읽을 수 있는 길이 있는데 그것은 도수 높은 안경의 힘을 빌리는 일이다. 이와 같이 우리의 마음눈을 위하여 안경 하나가 예비되어 있는데 그것은 신구약성서라 함이 칼빈의 주장이다. 아닌 게 아니라 이 신구약성서를 통하여 보면 하나님의 창조의 은혜가 알려질 뿐 아니라 미로에 서 있는 우리의 갈 길도 밝히 보여지는 것이다.

칼빈에 의하면 하나님은 다만 모든 만물을 지으실 뿐 아니라 그것을 또한 지배하시며 섭리하신다. 그런데 사람들이 그것을 이해하지 못하기 때문에 모든 것을 운명이라고 오해하거나 그렇지 않으면 하나님을 마치 법정에 끌어다 놓은 죄수처럼 취급하면서 그의 하신 일을 심판하려드는 것이다. 그러나 이는 지음 받은 인간이 취할 태도가 아닌 것이다. 우리는 차라리 겸손한 마음으로 하나님의 재가(裁可)를 기다려야 하며 그를 경외하는 마음으로 그 뜻대로 살기를 힘써야 한다.

이 겸손한 마음을 가진 사람은 자기의 불운에 대하여 불평하거나 자기가 범한 죄악의 책임을 하나님께 돌릴 수는 없을 것이다. 그리고 아무리 딱하고 어려운 경지에 이를지라도 자살을 도모할 수는 없을 것이다. 왜냐하면 그는 자기 자신의 생명을 자기의 것으로 여기지 않고 하나님께로부터 빌려 받은 것으로 보기 때문이다. 그래서 칼빈에 의하면 사람은 어떠한 처지에서나 "살아야 한다."

칼빈은 이상과 같은 창조신앙을 반대하는 사람들에게 경고하기 위하여 다음과 같은 예화를 들고 있다. 하나님의 창조를 굳게 믿는 경건한 노인 하나가 있었는데 하루는 어떤 장난꾼이 그에게 묻기를 "천지 만물을 창조하시기 전에 하나님께서는 무엇을 하셨던가요?"라고 하였다. 노인의 대답은 이러하였다. "하나님께서는 그때에 호기심이 지나친 놈들을 쏠어 넣기 위하여 지옥을 마련하셨지."

2. 기독론

젊은 칼빈은 인본주의자의 한 사람이었다. 그는 처음에 휴머니즘적인 눈을 가지고 모든 것을 보았던 것이다. 그러나 그는 신구약성서의 빛에 접하게 되자 새로운 눈을 얻게 되었다. 그래서 그는 당시의 철학자(哲人)들처럼 인간은 이성적인 존재라 하여 인간의 현상을 그대로 긍정할 수가 없었던 것이다. 당시의 철인들은 주장하였다. "이성(理性)은 등불처럼 사람의 마음을 비추어 주며 여왕처럼 그 의지를 인도한다"라고. 그러나 기독교 인본주의인 칼빈은 인간의 한계를 알게 됨과 동시에 휴머니즘의 한계까지를 깨닫게 되었다. 그리고 인간을 근거로 하는 휴머니즘의 무가치를 느낄 수밖에 없었던 것이다. 왜냐하면 거기에서는 인간의 근원적인 파탄을 보려고 않고 인간 자신의 힘을 가지고 모든 문제를 해결하려 하며 해결할 수 없는 세계의 현실을 합리화시키려고 하였기 때문이다.

칼빈 당시의 인본주의자들은 의지를 이성과 감각 사이에 두고 인간의 의지는 이성을 따를 수도 있고 감각을 따를 수도 있다고 보았다. 말하자면 칸트적인 자유의지론이다. 그래서 그들은 마치 지상적(至上的)인 권리나 소유하고 있는 것처럼 자유의지를 마음대로 구사하고자 하였던 것이다. 그러나 칼빈은 이 휴머니즘의 진상(眞相)이 헛된 것임을 깨닫게 되자 그는 차라리 다음에 드는 아우구스티누스의 말을 좋아하였다. "웅변법(雄辯法)에 있어서 제일 소중한 것이 무엇이냐를 묻는 이에게 수사학자(修辭學者)인 나는 대답하기를 그것은 발음(發音)이라고 대답하였다. 그리고 제2는 무엇이며 제3은 무엇이냐고 물을 때에도 같은 대답을 하였다. 이와 같이 기독교 신앙에 있어서 제1, 제2, 제3이 무엇이냐고 묻는 이가 있다면 나는 서슴지 않고 대답할 것이다. 그것은 겸손이라고." 오늘날에 있어서도 라인홀드 니버 같은 이는 기독교가 말하는 죄는 요컨대 교만이라고 말하지만 아우구스티누스와 칼빈에게 있어서도 일반이었다. 그리고 인간은 이미 죄에 빠짐으로 말미암아 이성의 판단은 흐려지고 그 의지는 이기적인 욕심으로 말미암아 어두워져서 선이 무엇인가를 구할 수가 없게 되었다고 보았던 것이다. 성서는 이와 같이 타락한 인간 정황을 '육'이라고 부름과 동시에 그는 마땅히 거듭나야 한다고 말하거니와 칼빈도 인간의 현황을 그대로 긍정치 않고 그것이 변혁될 것을 요구하였다. 왜냐하면 인간은 자진해서 범죄 할 뿐 아니라 그 본성이 타락했기 때문에 악 이외에 아무것도 행할 수가 없기 때문이다.

아우구스티누스는 또한 인간의 의지는 마치 끄는 대로 움직이는 말과 같은 것이며 하나님과 마귀는 마치 말 타는 마부와 같은 것이라고 하였다. 그래서 하나님이 타시면 점잖게 몰아주시고 바른 길로 인도하지만 악마가 타게 되면 험한 길로 몰아넣거나 개울 속에 빠지게 한다고. 그런데 칼빈은 말하기를 하나님은 주 하나님의 지배에 응하지 않는 자를 사탄의 지배 밑에 버려두시는데 이는 마땅한 심판이라 한다. 그리고 인간의 마음속에 불경(不敬)이 충만하고 그가 언제나 더러운 일을 꾀하는 것은 사탄의 미혹에 빠져 있는 결과이며 설사 선한 일을 행한 듯이 보일지라도 마음속에는 언제나 위선과 부정직이 쌓여 있으며 그 속에는 사특한 생각이 가득 차 있다는 것이다. 이리하여 칼빈은 하나의 위대한 심리학자이기도 하였던 것이다.

그러나 이와 같은 죄책 감정은 아무에게나 있는 것이 아니라 인간의 죄 된 양상을 여지없이 폭로시키는 하나님의 율법의 의에 비교해 볼 때에만 알려지는 것이라 한다. 그리고 이 율법에 대한 최고의 해석자는 예수 그리스도라는 것이다. 왜냐하면 그는 말씀하기를 여인에게 대해서 불결한 마음을 품는 자는 이미 간음한 것이며 형제를 미워하는 자도 이미 살인한 자라고 하셨기 때문이다. 이리하여 하나님의 율법은 다만 외적인 정결을 요구할 뿐 아니라 영성의 순결까지를 요구하는데 이 율법의 요구 앞에서 자기를 반성해 볼 때에 비로소 인간은 자기 자신의 무력을 느끼게 되고 거기에서는 절망할 수밖에 없는 것이다.

그러나 하나님께서는 인간의 타락한 본성을 그대로 버려두지 않으시고 그것을 변개(變改)할 수 있는 길을 열어 주셨다. 우리의 마음속에 의에 대한 사랑과 열성을 일으키시사 우리로 하여금 현상변혁(現狀變革)을 위하여 결단적인 실천을 행하게 하신 것이다. 칼빈에 의하면 이와 같은 변화는 마치 돌이 살이 되게 하는 것이나 같은 것인데 이는 오로지 예수 그리스도를 통한 구원의 은혜에서 유래한 것이다.

휴머니즘의 본질적인 내용은 인간의 구원과 그 해방이 아닌가 한다. 그러나 그것은 결국 가서 인간의 자연성을 그대로 긍정하는 것이다. 그런데 예수 그리스도는 죄 중에서 우리를 구하시기 위하여 십자가 위에서 죄와 더불어 격투(格鬪)하셨다. 그리고 우리는 여기에서 비로소 인간의 현상을 긍정할 수가 없음을 깨닫게 된다. 그리고 십자가의 복음을 믿는 자는 죄의 해결을 받음과 동시에 남은 죄와 더불어 싸우게 되며 한편으로는 마음의 편안을 얻는 사실이지만 또 한편에서는 끊임없는 불안을 느끼는 것이다. 왜냐하면 예수 그리스도의 십자가에서 죄가 사해진 것은 사실이지만 그것이 긍정된 것은 아니기 때문이다. 그리고 여기에 그리스도인의 편안과 전투, 신앙과 윤리의 관련이 있다. 얼듯 보면 기독교 휴머니즘과 일반 휴머니즘은 비슷한 것으로 보일 것이다. 그러나 일반 휴머니즘의 배후에는 인간 자신이 있을 뿐이다. 기독교 휴머니즘의 배후에는 십자가에 달리신 예수 그리스도가 있는 것이다. 그래서 칼빈은 예수 그리스도를 통한 구원을, 은총을 믿는 그리스도인을 가리켜 하나님께 '소명' 받은 자, 만세 전부터 예정하신 하나님의 예정(豫定) 중에 들어 있는 자이고 그것을 믿지 않는 자는 이 예정의 영역 내에 들어 있는 자가 아니라고 하였던 것이다. 이 소명과 예정사상은 루터에게도 있지만 특히 칼빈에게서 더욱더 뚜렷하게 주장되었다 함은 널리 알려져 있는 바이다. 그러나 근자에 와서 칼 바르트가 그의 기계적 예정론을 수정하여 참된 의미의 예정을 받은 것은 예수 그리스도요, 인간은 그의 은총 안에서 예정의 은혜에 참여하게 된 것이라고 주장하고 있는데 이는 신학사상도 하나의 시도(試圖)임을 말하여 주는 좋은 예라고 할 수 있을 것이다.

아무튼 인간 자신은 하나님의 거룩하신 율법의 요구에 응할 수가 없는 자인데, 하나님은 만세 전부터 정하신 뜻에 따라서 예수 그리스도의 십자가에서 죄와 죽음을 극복하게 하시고 그것을 믿는 자들을 사하신 것이다. 그러나 이 하나님의 예정은 다만 하나님의 기뻐하시는 뜻 중에서 이루어지는 것이기 때문에 여기에 대해서는 '어리석은 이론을 피해야 된다'(딛 3:9)는 것이 칼빈의 주장이다. 그런데 이 예수 그리스도는 오늘날 모든 사람들이 주장하고 있음과 같이 다만 인간이나 종교적인 천재가 아니라 사람이 되신 하나님의 말씀이었다(요 1:14). 그래서 역대 교회는 그를 가리켜 신성(神性)과 인성(人性)을 겸해 가진 참 하나님과 참 사람이라고 고백하였거니와 칼빈은 이 예수 그리스도의 신성과 인성은 마치 우리 인간들이 구유(具有)하고 있는 영혼과 육체의 두 가지 요소와 비슷한 것이라고 말하고 있다. 우리 인간이 영혼과 육체로 구성되어 있기는 하되 그 두 가지 본질이 결합되어가지고 하나의 인격을 구성하고 있는 것처럼 예수 그리스도에게 있어서는 신성과 인성이 결합되어가지고 하나의 인격을 형성하고 있다는 것이다.

만일에 예수 그리스도에게 신성이 없었던들 그는 하나님 앞에서 인간을 대리할 수 없었을 것이며 그에게 만일 인간성이 없었던들 그는 우리의 중보자가 될 수는 없었을 것이다. 그런데 그는 하나의 인격 안에 신성과 인성을 지니셨기 때문에 하나님과 인간을 연결시키는 중보자가 되신 것이다.

칼빈에 의하면 이 예수 그리스도에게는 세 가지 직능(職能)이 있었는데 그것은 예언자와 왕 및 제사(祭司)의 직능이었다. 그리고 '그리스도'라는 이름 자체가 이미 이 세 가지 직분을 말하여 준다는 것이다. 왜냐하면 율법 아래에서는 제사과 왕뿐 아니라 예언자까지도 기름부음을 받은 자이기 때문이다. 그러나 이 예수 그리스도로 말미암은 구원의 경험을 칼빈은 성령관(聖靈觀)에서 더 상세하게 논하고 있다.

3. 성령론

인간은 예나 이제나 자기의인(自己義認)에 도취하고 있으며 사회가 어지러운 까닭은 악인과 악인과의 싸움보다도 의인과 의인의 싸움의 덕택이다. 그러나 하나님의 율법에 비추어 볼 때에 인간은 모두 다 악하고 죄된 자이다. 그런데 하나님께서는 십자가에 달리신 예수 그리스도 때문에 의로운 자처럼 인정하시고 그의 죄를 계산에 넣지 않는다. 그리고 그를 도리어 의로운 자로 인정하는 것이다. 그러므로 그리스도인의 의는 인간 자신 안에 있는 것이 아니라 그리스도에게 있는 것이며 말하자면 그것은 그리스도의 의를 전승받은 것이요, 그리스도의 몸에 접목된 데에서 받은 의이다. 그러나 우리가 만일에 예수 그리스도와 더불어 이와 같은 밀접한 관련을 가지지 못할 때에는 예수 그리스도의 십자가 죽음은 허사가 될 것이며 무익한 것이라고 말할 수밖에 없을 것이다. 그런데 칼빈에 의하면 성령께서 이 그리스도와 우리 사이를 밀접하게 연결시키며 예수 그리스도가 우리 안에 임재하게 하신다는 것이다. 이 성령이 성부의 영이냐 성자의 영이냐 하는 문제 때문에 로마 가톨릭교회와 그리스 정교회가 분열을 일으켰지만 칼빈은 성서의 증거대로 성령은 아버지의 영도 되시고 성자의 영도 되신다고 말하고 있다.

그 당시의 스콜라주의 신학자들은 신앙을 다만 이론적인 이해라고 인정한 결과 논리적인 확실성을 문제 삼을 따름이었고 마음의 확신과 그 보증을 무시하였다. 그러나 칼빈은 실제로 역사하는 성령의 빛을 받기 전에는 인간은 하나님의 말씀을 이해할 수 없음과 동시에 믿음을 가질 수도 없다고 하였다. 그리고 이 믿음을 일으키는 것도 성령이지만 그것을 자라게 하는 것도 성령이라고 주장하였다. 실지에 있어서 마치 태양빛이 모든 사람을 비추듯이 예나 이제나 하나님 말씀은 모든 사람들에게 전파된다. 그런데 어떤 이는 그것을 받아들이고 어떤 이는 그것을 물리친다는 것은 이상한 일이다. 칼빈은 말하기를 이는 오로지 성령의 역사라 한다. 그래서 그는 '성령의 내적 증시(內的證示)'라는 말을 하였거니와 우리의 마음속에 천국 진리를 일러 주시고 거기에서 약속된 모든 약속이 확실성을 가진 것임을 보장하는 것은 언제나 이 성령의 역사인 것이다. 그래서 그는 또한 성령을 가리켜서 보증금(保證金)이라고 하였던 것이다. 그리고 죄인이 자기 죄를 뉘우치고 회개케 하며 그로 하여금 과거를 청산하고 거듭나게 하는 것도 성령의 역사라 한다.

철학자에게도 숭고한 도덕 강령과 훌륭한 교훈이 있는 것은 사실이다. 그러나 그들은 그 숭고한 도덕 강령을 가르칠 때에 사람은 마땅히 그 본성에 합당하게 살아야 한다고 말할 수 있을 뿐이다. 그러나 칼빈은 성서의 교훈에 따라 사람은 그 본래적인 정황에서 타락되어 있느니만큼 성령의 역사를 힘입어 가면서 참 사람 되신 예수 그리스도를 본받아 창조주 하나님과 이웃 사람을 사랑해야 한다고 가르치는 것이다. 그래서 그는 이와 같은 훈련을 제네바 시에서 단행할 때에 엄격한 규율을 세웠기 때문에 더러는 말하기를 칼빈의 복음은 결국 구약성서의 율법에 지나지 않는다고 하였던 것이다.

그러나 복음주의적인 생활을 철저하게 권면한 칼빈도 땅위에서는 구원의 완성이란 있을 수 없음을 잘 알고 있었다. 그래서 그는 말하였다. 만일에 완전무결한 사람만을 용납하기로 든다면 모든 사람을 교회에서 추방할 수밖에 없을 것이라고. 그래서 그는 언제나 간단없는 노력을 권면하였고 자기의 거둔 성공이 적다고 하여 실망할 것이 아니라 마지막 날의 완성을 기다려야 한다고 강조하였던 것이다. 그러나 그는 결코 지상 생활의 무의미를 주장하지는 않았다. 그도 땅위에 전개되는 여러 가지 암담한 일을 모르지는 않았다. 그는 명랑한 일뿐 아니라 암담한 일에서도 하나님의 뜻을 알기에 노력하였다. 그래서 그는 말하였다. 우리의 영혼은 육체의 유혹을 받아 땅위의 행복에 취하기 쉽다. 그런데 하나님께서는 이와 같은 잘못이 없게 하기 위하여 때때로 우리에게 비참을 경험하게 하시고 우리가 땅위에 주저앉지 않게 하기 위하여 불안과 전쟁, 약탈과 상해를 당하게 하신다고. 그리고 우리가 당하는 추방이나 화재 같은 것도 우리로 하여금 지나친 탐욕을 가지지 못하게 하려는 섭리라는 것이다. 가정생활에 혼탁하지 못하게 하기 위하여 아내로 하여금 사특한 행동을 하게 하시고 못된 자식을 주어서 부모의 마음을 겸손하게 하시며, 병이나 위험한 일도 같은 사명을 위한 것이라 한다. 그러므로 칼빈에게 있어서 모든 것은 의미와 사명을 가진 것이며 그것들은 모두 다 창조주 하나님과 그 나라를 바라보게 하는 것이다. 그러므로 우리는 하나님이 우리를 부르실 때까지 두신 지상세계를 그의 뜻대로 지켜야 하며 주 하나님이 거기에 마련해 주신 삼라만상을 감사해야 하는 것이다. 칼빈에 의하면 꽃의 미(美)와 향취도 우리를 위한 것이요, 금은보석도 우리의 마음을 즐겁게 하기 위한 것이다. 하나님께서는 우리가 땅위의 아름다운 동산에 거하는 동안 우리에게 부과하신 소임을 감당하기를 바라시는데 칼빈에 의하면 모든 사람이 배정받은 모든 분야는 마치 한 사람도 하는 일 없이 헤매지 않기 위하여 배정받은 임무와 같다는 것이다. 따라서 각자는 자기의 처소에서 충실해야 한다는 것이다.

4. 교회론

이상에서 말한 바와 같이 하나님은 성령의 역사를 통하여 인간의 마음 속에 신앙을 일으키시나 그는 또한 그것을 외적으로 돕기 위하여 교회를 마련하셨다. 이 교회는 그리스도의 몸이요 그를 중심으로 하는 하나의 사귐이기 때문에 그것을 나눌 수는 없는 것이며, 그리스도인은 거기에서 잉태되고 출생되고 자라나기 때문에 칼빈은 그것을 '어머니 교회'라고 말하고 있다. 그러나 이 교회 안에도 이름만 가진 그리스도인이 많기 때문에 칼빈은 그것을 보이는 교회라고 일컬음과 동시에 하나님만이 아시는 영적 생활을 가리켜 '보이지 않는 교회'라고 하였다. 그러나 그는 같은 신앙고백과 같은 예전에 참예하는 모든 사람은 기독교 교회의 회원인 것이며 하나님 말씀이 전달되고 성례전이 집행되는 곳에는 기독교 교회가 존재한다고 주장한다. 그리고 이 보이는 교회를 떠나가는 자는 하나님과 예수 그리스도를 버리는 자라고 보는 것이다. 왜냐하면 하나님께서 이 보이는 교회에서도 성도의 사업이 계속되기를 바라시기 때문이다. 그리고 교회가 표방하는 성결은 결코 완성된 것이 아니라 매일 매일 새로운 결단을 요한다는 것이다.

칼빈은 이 교회의 진리를 말하기 위하여 정치, 질서, 기능, 성만찬 등을 설명하고 나서 마지막으로 교회와 국가와의 관계를 말하고 있다. 그러나 필자에게 허락된 지면이 거의 끝나가므로 독자들과 관련이 많음 직한 교회와 국가와의 관계만을 두어 마디 소개하려 한다.

칼빈은 내적 정치와 외적 정치와를 구분하였다. 그러나 이 두 가지 정치는 서로 밀접한 관련이 있다고 한다. 왜냐하면 외적인 시민정치는 하나님께 대한 외적인 예배를 육성시키고 지지해 주며 교회의 교리와 그 헌법을 방어하여 주며 우리의 사회생활을 조정하여 주기 때문이다. 그래서 칼빈은 시민정치는 마치 빵이나 물, 태양빛이나 공기가 필요하듯이 없어서는 안 될 것이라 한다. 다만 그 일을 담당하는 위정자들은 자기가 하나님의 대리자임을 인식하고 그 손으로 하나님의 칙령을 발부해야 할 것을 생각하면서 청렴하고 결백한 마음으로 하나님의 공의와 질서를 수립해야 한다는 것이다. 그리고 그들이 제정하는 법률은 침묵을 지키는 위정자이며 위정자는 말하는 법률이므로 위정자는 철저히 국법을 지켜야 한다고 주장하였다. 그리고 그리스도인은 모든 위정자를 목자와 평화의 수호자, 정의를 위한 투사로 알고 그들을 존경해야 한다고 말한다.

IV.

최근에 와서 칼빈 부흥이 외쳐지는 한편 그의 『기독교 강요』에 대한 관심이 커 가고 있음은 종교개혁자 칼빈과 그의 저서가 아직까지도 인생의 근본문제를 해결하는 데에 이바지하고 있음을 말한 것이라고 할 것이다. 다행히 오래지 않아서 우리나라에서도 『기독교 강요』를 요약한 저서가 필자의 동료인 이종성 목사의 수고를 통하여 우리말 판으로 나오게 될 것을 기뻐하는 바이다.

13
불교의 자연관*

I. 불타와 불교

　불교는 본시 불타 석가모니의 불법(佛法)만이 아니라 그의 뒤를 추종한 무수한 수도자들이 불타가 되기 위한 수련인 불도(佛道)까지를 그 사상 내용으로 한다. 그리고 이 종교를 중흥시킨 아육왕 이래 불교는 동양 전역에 전파되게 되었고 그 경전도 세월이 흐름에 따라서 한이 없이 저작 첨가된 결과 실로 팔만대장경을 이루게 되었다. 따라서 상세하게 연구해 보면 그 자연관에도 경전의 발전에 따라서 천태만상의 이론이 있을 줄 안다. 그러나 필자는 여러 가지 제약 때문에 이 글에서 불교의 자연관을 서술함에 있어서 그 범위를 원시불교에 국한하려 한다.
　보통 말하는 불타는 불교의 창시자인 석가모니를 가리키는 말이지만 이 낱말은 본디 '눈뜨다'라는 동사의 과거분사에서 유래된 말로서 그것은 '눈뜬 이' 또는 '깨친 이'를 뜻한 말이다. 따라서 기원전 480년경에 사망했다

* 「신학논단」(연세대학교 신과대학, 1972), 19-29에 실린 글이다.

고 말하기도 하고 그보다 100년 정도 이후에 입멸(入滅)했다고도 전해지는 석가모니도 불타지만, 그의 가르침에서 진리를 터득하고 깨친 이는 모두 다 불타가 된다. 그러나 필자는 이 글에서 석가모니 한 사람만을 불타라고 일컫기로 하고 이제부터 말하는 불교의 개념도 주로 그의 교설인 불법을 터전으로 하는 원시불교를 가리키기로 하겠다.

II. 탈피의 비유

석가모니의 불법을 전해 주는 원시교단의 경전은 대단히 착잡(錯雜)한 것이어서 비전문가로서는 그 옥석을 가리기가 매우 어렵다. 이에 필자는 최근의 불교학자들이 가장 오랜 경전이라고 공인하고 있음과 동시에 불교의 모든 경전 중에서 석가모니의 불법을 가장 잘 전해 주고 있다고 하는 수타니파타(Sutta-nipata) 경전만을 근거로 하고 거기에 나타난 자연관의 일단을 말해 보겠다.

남부 아시아의 불교 국에는 다섯 가지 종류의 경전이 전해지고 있는데 그 다섯 번째 경전은 쿠다카니카야(Khuddaka-nikaya) 경전이다. 이것이 또다시 15부로 구분되는데 위에 말한 수타니파타 경은 이 쿠타니카야 경의 다섯 번째 경전으로서 그것은 다른 경우의 경전이나 마찬가지로 구전시대에 암송의 편의를 돕기 위하여 음율적인 시가로 전해진 것이었다.

수타니파타 경에는 번잡한 교리는 거의 없고 거기에는 다만 사람이 마땅히 걸어가야 할 인생의 도리가 서술되어 있다. 거기에서 묘사된 석가모니의 인간상에는 위대한 종교의 교조(敎祖)다운 위엄성이 보이지 않고 그를 사사하던 수도자들의 생활모습도 역시 호화찬란한 사찰에서 살게 된 후세의 고승들과 달라서 나뭇가지 아래나 바위 위에 앉아서 스승의 불법을 듣거나 그렇지 않으면 동굴 속에서 명상에 잠긴 소박한 모습이다. 그러므로 수타니파타 경은 말하자면 스승과 제자들이 대자연의 품 안에 안겨 가면서 인생의 심오한 이치를 가르치고 배우던 기록이라고 말할 수 있다.

유동식은 그의 저서『한국종교와 기독교』중에서 "인도에서 뿌리를 심어 커진 보리수는 중국에 와서 가지가 뻗고 꽃이 피었고 한국에 와서 열매를 맺은 것이니 그것은 온전히 원효의 공이라고 보겠다"라고 하였다. 그리고 한국 신학계에서는 한동안 토착화 문제가 치열하게 논의된 적이 있었는데 종래의 용어를 빈다면, 이는 모두 종교 변용의 문제이다. 유동식의 주장과 같이 불교사상은 지역에 따라 나라에 따라 그 면모가 여러 가지로 변용(變容)되어 왔다. 그러나 필자는 이 연구에서 불교의 꽃과 열매까지는 미치지 못하겠고 다만 수타니파타 경에 묻혀 있는 그 뿌리의 일부를 파보려 한다.

위에서도 말했듯이 이 경전의 애당초의 표현은 음율적인 시가였으나 거기에는 인도의 풍토와 동식물이며 인도인의 생활풍습이 선연하게 묘사되어 있다. 이 경전의 제1장은 뱀 장으로 되어 있는데 이는 아마 더운 인도지방에 무수하게 살고 있는 뱀의 생태에서 깨치게 된 진리이리라. 석가모니는 거기에서 뱀의 탈피를 비유삼아 해탈의 진리를 말하고 있는데 그중에서 몇 개의 예를 들면 다음과 같다.

> 뱀의 독이 몸에 퍼지는 것을 약을 가지고 제어하듯이 분노가 터지는 것을 제어하는 수도자는 이 세상과 저 세상을 모두 버린다. 마치 뱀이 낡은 껍질은 탈피해서 버림과 같다.
>
> 못에서 피어난 연꽃을 물속에 들어가서 꺾듯이 애정을 모조리 끊어 버린 수도자는 이 세상과 저 세상을 모두 버린다. 마치 뱀이 낡은

껍질을 탈피해서 버림과 같다.

격류가 아주 약한 갈대 제방을 붕괴시키듯이 교만을 진멸시키고도 남음이 있는 수도자는 이 세상과 저 세상을 모두 버린다. 마치 뱀이 낡은 껍질을 탈피해서 버림과 같다.

뱀 장에는 또한 콧잔등에 뿔 하나를 가진 코뿔소의 비유가 나오는데 이는 아마 자기 홀로 명상하면서 도를 닦던 석가모니 자신의 수도생활에서 터득한 진리이리라. 코뿔소의 비유를 몇 가지 들면 다음과 같다.

자녀를 바라지 말라. 하물며 벗일쏘냐. 코뿔소의 뿔처럼 너 홀로 다녀라.

처자에 대한 애착은 마치 가지가 무성한 대나무가 서로 얽힘과 같다. 죽순이 다른 것에 얽히지 않는 것처럼, 코뿔소의 뿔처럼 너 홀로 다녀라.

다른 이와 더불어 어울리게 되면 반드시 애정이 생기기 마련이다. 애정이 생기게 되면 고통이 따르게 된다. 애정에서 걱정이 생길 것을 미리 알고 코뿔소의 뿔처럼 너 홀로 다녀라.

처자도 부모도 재물도 곡식도 친척도 그 밖에 모든 욕망도 모두 버리고 코뿔소의 뿔처럼 너 홀로 다녀라.

이상에서 엿볼 수 있듯이 석가모니는 그가 처해 있던 환경의 모든 현상

중에서 특히 동물들을 비유삼아 해탈의 이법을 강론하였다. 수타니파타 경에 나타난 이 해탈의 교설을 보면 거기에 등장한 인간과 동물들 사이에는 아무런 상거도 없고 인간과 동물들이 마치 한 가족이나 다름이 없는 친밀한 관계를 가지고 있다. 그래서 신학자 틸리히는 말하기를 원시불교의 신도들은 자연과 더불어 감정이입(sympathetic identification)의 감정을 가졌다고 말한 바 있고, 374-414년 사이에 활약했던 승려 조 법사는 만물일체론을 제창함으로써, "천지는 나와 더불어 같은 뿌리요, 만물은 나와 더불어 한 몸이라"고 외쳤는데 그의 사상은 석가모니의 자연관을 해석한 해석인 줄 안다.

III. 동물 애호

수타니파타 경에는 또한 모든 생물, 특히 동물에 대한 불타의 자비심과 친애의 감정이 역력히 나타나 있다. 불타는 이 자비심 때문에 천지 만물을 벗으로 삼고 모든 동물을 제자나 친구처럼 여겼는데 거기에 대한 몇 가지 보기를 들면 다음과 같다.

> 여기에 모여 온 모든 생물들은 지상에 있는 것이나 공중에 있는 것이나 한결같이 기뻐하라. 그리고 마음을 가다듬고 나의 설법을 들으라.

> 마치 어머니가 그 외아들을 목숨을 걸고 지키듯이 일체의 생물들에 대해서도 한없는 자비심을 가지라.

> 한 차례 난 것이든 두 차례 난 것이든 간에 이 세상에서 살고 있는

것을 해치거나 생물을 아끼는 마음이 없는 인간은 천한 인간으로 알라.

약하고 강한 모든 생물들도 나와 다름이 없고 나 역시 그들이 나와 다름이 없다고 생각하고 자기 몸에 견주어 보면서 생물을 죽여서는 안 된다. 또 다른 이로 하여금 죽이게 하여서도 안 된다.

인도의 거리에는 오늘날에 있어서도 수많은 소들이 유유하게 거닐고 있고 인도 사람들은 소를 도살하는 일이 없지마는 여기에 대한 사상적인 연원도 역시 석가모니의 자비심에서 엿볼 수 있는데 그것이 수타니파타경에 기록되었다.

친척들처럼 소는 우리에게 가장 좋은 벗들이다. 소에게서는 약이 나온다. 소에게서 나온 이 약은 음식이 되고 기운을 북돋아 주며 피부에는 광채가 나게 하고, 마음에는 기쁨을 준다. 소에게는 이와 같은 유익이 있음을 알고 수도자들은 소를 도살하지 않았다.

발이나 뿔뿐만이 아니라 다른 것을 가지고도 해치는 일이 없는 소는 양과 같이 온유하고 독에 넘치도록 젖을 짜게 해준다. 그런데 왕이 그 뿔을 잡고 칼로써 소를 도살시켰다. 칼이 소를 치자 여러 신들과 선령들이며 제석천과 아수라와 나찰들은 "이는 불법이다"라고 외쳤다.

위에서 엿볼 수 있듯이 불타의 자비심은 비단 인간만이 아니라, 생명을 가진 모든 만들에까지 미쳤다. 후세의 불교도들이 자기들은 만민의 벗이요 모든 생물의 동정자로라고 자부한 것도 역시 이 불타의 자비정신을 받은 것임에 틀림이 없다. 그들은 또한 물론 어떠한 종류의 생물이든 간에 그것들을 해치게 되면 거기에 대한 벌을 받게 된다 하여 이른바 선인선과(善因善果)와 악인악과(惡因惡果) 및 수선방악(修善防惡)과 업(業)에 대한 사상을 발전시켰는데 수타니파타 경에는 다음과 같은 흥미로운 기사가 있다.

> 옛날에는 욕심과 기근 및 늙음이라는 세 가지 병이 있었을 따름인데, 모든 종류의 가축들을 제단에 바치기 위해서 도살한 결과 98종의 병이 생겨나게 되었다.
>
> 귀도리가 뒤끓고 있는 큰 물가마가 있는데 범죄한 사람들은 그 속에서 삶아진다. 그리고 그 가마 속 어느 쪽을 향할지라도 거기에서 고름과 피 속에 잠기게 된다.

불타는 다만 동물들에 대해 자비심을 가졌을 뿐 아니라 그것들과 더불어 기거를 같이한 일이 가끔 있었다. 그리고 불타를 칭송한 이들은 그를 왕왕 훌륭한 동물의 이름으로 부른 적이 있었는데 수타니파타 경전에는 다음과 같은 기사가 있다.

> 불타는 한동안 왕사성의 대나무 밭에 있는 다람쥐 양육소에 살고 있었다. 그곳을 방문했던 사비야가 석가에게 묻기를 "무엇을 얻은 이를 용이라고 일컫느냐?" 하고 물었을 때에 석가의 대답은 이러하였다. "세상에서는 아무런 죄도 범하지 않고 모든 구속에서 해방되어 해탈한 사람이야말로 용이라고 부를 만하다." 이 말을 들은 사비

야는 석가를 예찬하여 이르기를 "코끼리의 왕이시요, 위대한 영웅이신 당신께서 설법을 하실 때에는 모든 신들이 기뻐서 날칩니다"라고 칭송하였다

IV. 법

지금까지 살펴온 바와 같이 불교는 그 교조(敎祖) 석가모니의 불법을 근거로 한 종교이다. 그런데 불타가 깨친 법은 실상인즉 법이자연(法爾自然)이어서 불타 자신이 비로소 처음으로 제창한 것이 아니라 그의 출생과는 상관이 없이 영원 전부터 존재해 온 것이며 불타는 그것을 깨친 것뿐이라는 것이 불교의 신앙이다. 그런 의미에서 불교의 대본은 불타라기보다는 차라리 법에 있다고 말할 수 있고 역사적 인물인 불타는 다만 그것을 깨치고 가르치던 한 사람의 스승이요 그 법이 일정한 형식을 취한 인격화된 인물에 불과하였다. 그래서 후세 불교는 법의 인격화를 가리키는 응신(應身)보다도 법 자체를 말한 법신(法身)을 더욱 소중하게 여겼던 것이다.

불타 자신은 이 법을 연기(緣起)에 관한 법칙이라고 인정하였고 그가 보리수나무 밑에서 깨친 것도 바로 이 연기에 관한 깨침이었다. 연기의 근본사상은 단적으로 말해서 모든 현상이 상호관련을 가진 것으로 보며 이것이 있으므로 해서 저것이 있게 되고 저것이 없어지게 되면 이것도 없어진다는 법이다. 이에 불타는 수타니파타 경에서 연기를 다음과 같이 설명하고 있다.

수도자들이여, 연기가 무엇이라고 생각하는가? 내가 세상에 낳든 안 낳든 간에 그 일과는 상관이 없이 삶에는 노쇠와 죽음이 따른다는

이치는 이미 정해져 있는 것이요 그것은 법으로 정해지고 법으로 결정되어 있다. 그것은 상호의존성을 가진 것인데 내가 그것을 깨치고 알게 되었기에 그것을 선포하고 자세하게 설명하여 밝히 보여주면서 "너희는 보라"고 외치는 바이다.

불교의 3대 격언인 제행무상(諸行無常), 제법무아(諸法無我), 일체개고(一切皆苦)도 실상인즉 이 연기설에서 기원한 것이었고 연기를 깨친다는 것은 곧 공(空)에 대한 체험을 가지는 일이었다. 그러나 여기 말한 공의 체험은 결코 허무나 절망에 빠지는 일이 아니라 지금까지 사로잡혀 있던 좁은 세계를 타파하는 일이니만큼 공의 경지에 일단 도달한 다음에는 또다시 새로운 자유의 세계가 전개되는 것이다.

연기관은 심정(心情)의 문제와 연결이 된다. 그 까닭은 연기관 자체가 심정의 문제에서 출발한 것이기 때문이다. 그래서 원시불교는 법과 연기를 심정의 양상으로 보았던 것이다. 이 불교적인 소신대로 하면 세계를 지배하는 길도 결국 우리의 마음을 지배하는 데에 있는 것이다. 이리하여 연기관의 배후에는 심정의 문제가 깔려 있는데, 고(故) 이청담 스님은 이러한 입장에서 다음과 같이 외쳤던 것이다.

> 오늘날과 같은 위기상태를 극복할 수 있는 길은 유신사상이나, 유물사상이 아니라, 내 마음 이외에 아무것도 없다고 보는 유심사상뿐인 줄 안다.
>
> 석가모니의 본 바대로 하면 모든 종류의 구속과 고통은 결코 외부에서 오는 것이 아니라, 우리 자신의 심정에서 오는 것이다. 이에 있어서 그는 언제나 지나친 고통과 지나친 쾌락을 삼가고 중간 길을 가라고 가르쳤던 것이다. 왜냐하면 올바르게 사는 길은 다만 고락을

초월하고 어디까지나 정신생활의 순결과 평화를 꾀하는 데에 있다고 보았기 때문이다. 수타니파타 경이 전한 바에 의하면 그는 입멸 직전에 애도 중에 잠겨 있는 제자들에게 다음과 같은 유언을 남김으로써 지나친 슬픔을 삼가게 하였다고 전해진다.

슬퍼하지 말고 탄식하지 말라. 내가 평소에 말하지 않더냐. 무릇 사랑하는 자와 고임 받는 자들과도 언젠가는 헤어지게 된다. 모든 것은 낳고, 살고, 지음 받고, 부서지기 마련이다. 그런 것이 어찌 파멸되지 않겠느냐?

그러면 수도자들이여, 헤어지자꾸나. 만물은 유전(流轉)한다. 게으르지 말고 힘써 일하라.

이상에서 알 수 있듯이 연기설이란 요컨대 불교사상의 중추가 되는 체념사상을 또 다른 방면에서 설명한 것으로서 우리의 현실생활의 매혹이 어째서 그와 같이 되었는가에 대한 그 원인을 명시하고 그 근본 원인을 없앰으로써 매혹된 생활을 멸하자는 것이다. 다시 말하면 그것은 생로병사(生老病死)로 말미암아서 고통당하는 인생생활을 직시하고 그것은 결국 인생의 실상에 대한 무지한 무명(無明)이 원인이라고 보고 이 무명을 소멸시키는 명지(明知)에 의해서 인생고(人生苦)를 소멸시키자고 하는 법을 밝힌 것이다. 그리고 이 법은 석가모니가 세상에 출생하지 않았을지라도 정해졌던 것인데, 그는 다만 이 이법을 깨치고 민중들에게 그것을 선포했을 따름이라는 것이다. 여기에서 우리는 창조주 하나님이 계셔서 그 백성들에게 계명과 약속을 말씀하신다고 보는 기독교와는 색다른 불교 고유의 윤리사상에 좇하게 된다.

그리고 업(業)사상은 인간 행위는 그대로 소멸되는 것이 아니라 여력을 가진 것이며, 행위의 선악에 따라서 언젠가는 거기에 대한 보응이 돌아온다는 것이다. 불타가 업사상을 가지고 세계를 해석하려 한 것은 인간은 자기 자신의 책임하에서 모든 것을 보아야 한다는 것이었는데 이 업사상에서는 자연현상까지에도 윤리적인 의미가 인정되었다. 그리고 인과응보(因果應報)를 말하는 이 업사상은 그 후에 동양인의 도덕 감정에 지대한 영향을 남겨 주었다.

V. 도덕

종교와 도덕 사이에는 밀접한 관련성이 있고 도덕은 어떤 의미에서 종교 신앙의 열매라고 말할 수 있다. 그런데 서양 학자들 간에는 간혹 불교는 논리성은 강하나 윤리성은 약하다고 주장하는 이들이 있다. 예컨대 라슈달이나 슈바이처 같은 이들이다. 그러나 이는 그들이 무신론적인 종교인 불교에서 유신론적 종교인 기독교의 윤리와 같은 윤리사상을 구했던 탓이요, 실지와는 부합하지 않은 주장이다. 왜냐하면 불교에는 불교다운 도덕 사상이 있기 때문이다. 지금까지 살펴 온 불교사상을 엿볼지라도 그것이 얼마나 윤리적인 종교인가를 말해 주고 남음이 있다.

그러나 불교 도덕에는 한 가지 문제점이 있는데 불교 도덕은 과연 해탈을 위한 수단 방편이냐 그렇지 않으면 해탈한 다음에 실천에 옮겨지는 활용적인 행위이냐 하는 문제다. 이 점에 대해서는 불교학자들 간에 여러 가지 해석이 있는 줄 안다. 그런데 불교사상을 서구 사상에 도입시키기에 진력하였던 쇼펜하우어는 이르기를 무아의 경지에까지 올라갈 수가 없기 때문에 불교는 그 준비 단계로서 공리적인 도덕 교훈을 제창했다고 주장했고, 그에게서 많은 영향을 받은 하르트만은 그의 윤리학 저서에서 이르기를 인간의 가치 형성에는 세 가지 단계가 있는데 그것은 인간의 자연성 그대로의 자연태(自然態)와 도덕태 및 초도덕태라 하였다.

하르트만에 의하면 불타가 제창했던 무명은 아무런 수련도 쌓은 바 없는 인간의 자연태를 말한 것이요, 그의 말한 불성(佛性)은 공리적인 도덕성을 쟁화시킨 것이며, 해탈은 말하자면 악은 물론이요 선까지를 초극한 아무런 공리심도 없는 초도덕태를 가리킨 것이라 한다.

여기에서 우리는 불교에서 말하는 '자연'은 결코 객관적이며 대상적인 자연만이 아니라 해탈 이전의 인간의 자연성까지를 가리킨 것임을 이해할 수 있는데 석가모니의 경우를 보면 그는 35세 때에 인간의 자연성을 초극한 해탈의 경지에 들어갔고 해탈 이후 45년간의 긴 세월을 중생제도(衆生濟度)를 위해서 보냈던 것이다.

석가모니의 불법을 받은 원시불교에 있어서 윤리도덕은 해탈의 경지에 도달하기 위한 방편도 되었지만 그것은 또한 해탈 후의 자유 활달한 도덕행위도 되었던 것이다. 그러나 불교에 있어서는 초월의 세계와 초월된 세계가 두 개의 세계가 아니라, 하나의 세계를 이루었던 것이다. 그리고 불타가 말한 해탈의 경지가 선과 악을 초월한 자유의 세계임에는 틀림이 없으나 그것이 현실세계와 관련될 때에는 역시 순결한 윤리도덕으로 표현될 수밖에 없었던 것이다. 이리하여 원시불교에서는 윤리도덕이 이중적인 의미를 가지고 있었는데 하나는 자연태를 면치 못한 저급한 자아를 무아의 경지인 해탈의 경지로 끌어올리는 도덕이었고, 또 하나는 해탈하고 나서 아직까지도 해탈하지 못한 자연태의 경지에 머물러 있는 인간과 생물들을 위하여 자비와 자애의 정신을 실천하는 윤리도덕이었다. 그러므로 원시불교의 도덕에는 위를 향해서 올라가는 상승하는 윤리도덕과 아울러 아래로 내려가는 하강하는 윤리도덕이 있었다고 말할 수 있다.

VI. 생태학과 창조신앙

　필자에게 부과된 연구과제는 불교의 자연관에 대한 생태학적 의의를 밝히는 일이었다. 전문가의 말에 의하면 생태학은 생물과 환경과의 관계를 연구하는 학문이기 때문에 그것은 또한 환경생물학이라고 일컫는다고 한다. 우리가 생태학을 연구하는 까닭은 우리의 주변에 살고 있으면서 우리에게 여러 가지로 도움을 주는 생물들을 애호하기 위해서이다. 그런데 지금까지 우리가 살펴온 원시불교의 자연관에는 생태학적 요소가 풍부했었다. 우리는 거기에서 근세의 자연과학 사상에 나타났던 바와 같은 자연 지배나 자연 정복과 같은 사상은 전혀 찾아볼 수 없었고 도리어 대자연이 인간과 더불어 일대조화를 이루는가 하면 인간과 동물 사이에 친밀한 애정관계가 성립되어 있어 인간의 가슴에 자연의 맥박이 고동하고 있음을 느꼈었다. 생태학의 어원인 '오이코스'(*oikos*)가 집을 의미했듯이 원시불교의 신도들은 동물과 더불어 친숙한 친밀감을 느끼고 있었고 불교사상에는 지금도 그와 같은 여음이 감돌고 있는 줄 안다.

　그런데 기독교의 경전인 성경에는 원시불교의 자연관과는 색다른 자연관이 깃들어 있다. 천지 만물은 자연발생적인 것이 아니라 창조주 하나님의 지으신 바요 우리 인간은 특히 하나님의 형상대로 지음받은 존재라는 것이다. 하나님의 형상이 무엇을 뜻하느냐에 대해서는 여러 해석이 있다. 그러나 가장 흥미 있는 해석의 하나는 성부, 성자, 성신 삼위일체 사이의 성스러운 사귐을 말한 것이요, 우리 인간에게는 이 하나님 자체 안의 성스러운 사귐에 참여할 수 있는 특권이 허락되어 있다고 말하는 칼 바르트의 해석이다. 그에 의하면 하나님과 우리 인간 사이에는 인격적인 '나와 당신'의 대화와 사귐이 허락되어 있고 하나님께서는 우리 인간을 자기 자신의 파트너로 삼으신 것이다.

이 성서적인 해석대로 하면 우리 인간은 생물학적 존재나 사회학적 존재라기보다는 차라리 하나님을 상대로 하는 신학적인 존재이며 우리에게는 모든 종류의 생물들을 건사하고 돌보며 양육해야 할 의무와 책임이 부과되어 있다. 인간은 또한 천지 만물을 대표하여 창조주 하나님을 찬양하고 경배하며 그에게 영광과 존귀를 돌려야 할 사명이 부과되어 있는데 이는 비단 인간만이 아니라 천지 만물이 학수고대하고 있는 바라는 것이 사도 바울의 외침이었다. 로마서 8장 19-23절에는 사도 바울의 이와 같은 주장이 기록되어 있는데 여기에서 우리는 원시불교의 자연주의 사상과는 아주 다른 인격주의 사상을 엿볼 수 있다. 곧 우리 인간들이 인간다운 소임을 다할 때에만 천지 만물에게도 그 존재 의미가 부여된다는 것이 사도 바울의 외침이었다.

"모든 피조물은 간절한 마음으로 하나님의 아들들이 나타나기를 기다리고 있습니다. 피조물이 허무에 종속된 것은 그들이 자의로 그렇게 된 것이 아니라 종속되게 하신 그분이 그렇게 하신 것입니다. 그러나 거기에는 희망이 있습니다. 그것은 바로 그 피조물이 사멸의 종살이에서 해방되어 하나님의 자녀들이 누릴 영광과 자유를 함께 누리게 될 것이기 때문입니다. 우리는 모든 피조물이 오늘날까지 함께 신음하며 함께 해산의 고통을 겪고 있다는 것을 알고 있습니다. 그뿐만 아니라 성령의 처음 열매를 가진 우리 자신들도 속으로 신음하며 하나님께서 우리를 아들로 삼으시고 우리의 몸을 온전히 속량해 주시기를 기다리고 있습니다. 우리는 이 희망으로 구원을 받았기 때문입니다. 눈에 보이는 희망은 희망이 아닙니다. 보이는 것을 또 바랄 까닭은 없지 않겠습니까? 그러나 우리가 보이지 않는 것을 바랄 때에는 참고 기다리는 것입니다."

제3부

칼 바르트 연구

1
칼 바르트의 설교의 성격*

I. 설교와 바르트 신학

1. 로마서 강해의 발단

바르트 신학이 그의 『로마서 강해』에서 발단되었고 이 로마서 강해로 말미암아 비단 근개 신학만이 아니라 주지주의적이던 근대 사조 전체가 크게 동요를 받았다는 것은 널리 알려진 사실이다. 바르트가 로마서 강해를 저술한 것은 그가 12년간 시골 교회를 목회하던 젊은 목사 시절이었는데 그는 그 당시의 실정에 대하여 다음과 같은 회고담을 남기고 있다. "나의 신학은 설교자의 입장과 그의 고민에서 생기게 된 것이니만큼 그것은 그리스도교 선교자의 고민과 약속에 넘친 처지와 거기에 대한 설문을 풀기 위한 것이었다."[1] 그는 이어서 말하기를 "얼핏 보면 이 책에는 신약성서신학

---

* 한국 바르트학회 편저, 『바르트 신학연구: 바르트 기념 논문집』(서울: 대한기독교서회, 1970), 241-260에 실린 글이다.
1) K. Barth, *Das Wort Gottes und Theologie, Gesammelte Vertäge* (Chr. Kaiser 1929), 99ff.

이나 교의학이랄지 윤리학과 철학 같은 것이 서술되어 있는 듯이 보일 것이다. 그러나 여러분이 만일 이 책의 모든 기록을 읽을 때에 도대체 목사가 설교한다는 일은 어떠한 일일까 — 어떻게 설교를 만드느냐는 문제보다도 어떻게 하면 설교할 수 있을까를 내가 문제 삼고 있다는 것을 살피신다면 여러분은 이 책의 모든 기록을 올바로 이해하실 것이다"라고 말하고서 "내가 여러분에게 바라고 싶은 것은 정말이지 나는 무슨 신기하고 놀라운 신학으로써 무장하고 나선 것이 아니니만큼 나의 신학이자 여러분의 신학일 것이며 나는 다만 목사 되신 여러분의 정황에 대하여 이해를 가진 사람으로서 여러분이 반열에 참여하면서 여러분과 더불어 동행하고자 하고 있음을 서로 이해하기를 바라고 있을 따름이라"고 말하고 있다.

이리하여 바르트 신학은 이미 그 초창기부터 설교 문제와 더불어 깊이 관련되어 있었거니와 그는 만년에 이르러서도 역시 신학의 목적은 올바른 설교에 있고 신학은 설교를 위한 준비 공작이라고 인정했던 것이다. 왜냐하면 그에게 설교는 그리스도 교회 본연의 과제요 그것은 본디 이 설교에서 무엇을 말해야 할 것인가를 반성하는 실제적인 목적을 가진 학문이기 때문이다. 바르트는 그의 필생의 사업이었던『교회교의학』에서도 설교에 대하여 자주 언급하였다. 그리고 거기에서도 그는 도대체 인간이 하나님의 말씀을 말하며 그것을 듣는다는 것이 무엇을 뜻하는가를 묻는 설교의 가능성을 문제 삼고 있다. 이제 와서는 신학자들 거의가 다 설교와 신학과를 밀접하게 관련시키고 있는 실정이지만 특히 바르트에게는 일찍부터 이 점이 뚜렷했고 과거 어느 시대의 신학자들보다도 이 문제에 대해서 가장 강한 발언을 하였던 것이다.

2. 근대 신학의 극복

위에서 말한 바와 같이 바르트가『로마서 강해』를 저술한 동기는 설교자의 위치는 교회와 성서 사이에 설정되어 있으며 설교란 다름 아니라 기록된 하나님 말씀으로서의 성서를 풀이하는 것이라고 보았기 때문이었다. 이제 와서는 이는 극히 평범한 이야기가 되어 버렸고 보편적인 상식처럼 되어 있으나 그가 12년간 목회하던 그 당시에는 이는 하나의 혁명적인 사건이었다. 왜냐하면 윌리엄스(D. D. Williams)도 지적하고 있음과 같이 근대 신학의 영향을 받은 그 당시의 목회자들은 성서에 대해서는 거의 무관심하였고 '이상사회 건설'과 '문화 형성'을 구호로 삼고 있었으며, 그들의 설교에서는 하나님 말씀인 성서의 풀이보다는 차라리 근대 신학의 조상인 슐라이에르마허가 그러했듯이 청중들이 이미 마음속에 간직하고 있는 종교 감정을 그럴듯하게 표현해 보이는 심리학적 설교를 하거나 그렇지 않으면 기독교 인생관이나 기독교 세계관을 말하는 것이 고작이었다. 그리고 그들의 신학에서도 신학의 근본 주제가 무엇인가를 탐구하거나 인식하려는 의욕은 거의 없었고 그리스도 신앙과는 상관도 없는 일상적인 정의와 세속적인 인도주의가 제창되고 있었던 것이다.

이리하여 근대 교회는 성서를 숭상해 온 개신교의 정통 노선을 이탈하였고 그 결과 교회 강단에서는 그릇된 설교와 그릇된 신학뿐 아니라 그릇된 결단까지가 재촉되고 있었던 것이다. 그런데 그리스도 교회가 이와 같은 탈선을 하였을 때에는 바르트는 마치 저 중세기의 종교개혁자들이 그러했듯이 그리스도 교회를 다시 한번 성서의 세계로 되돌아가게 하는 힘찬 운동을 전개했던 것이다. 그 결과 오늘날에 이르러서는 이상사회 건설이나 문화 형성의 구호 대신에 '창조'와 '타죄', '구원'과 '화해' 등 성서적인 용어가 교회 강단에서 외쳐지게 되었고 대다수의 교회는 바르트가 개척한 성서 일변도의 '외줄수 길'(R. Karwell의 말)을 달리고 있는 중이다. 그리고 설교자들은 이미 허둥지둥 하면서 정처 없는 길을 헤맬 필요가 없게 되었고 신구약성서에서 든든한 기반을 찾고 거기에서 위로와 격려를 받아 가면서 담대한 걸음을 힘차게 걷고 있는 중이며, 신학에 있어서도 그들은 그들의 선구자인 바르트와 더불어 신학이란 요컨대 '극히 단순한 교회의 주일 설교'와 관련되는 것임을 확신하고 있는 것이다.2) 젊은 바르트가 목사는 주일 설교를 위하여 인생과 성서의 두 사이에 끼여 있음을 깨닫게 되고 이것이 바로 그리스도교 선교의 출발점(woher)이요 그 도착점(wohin)임을 깨달았을 때 그는 이미 근대 신학의 선을 넘어섰던 것이며 그가 비록 겸사한 말로써 "집시의 텐트일망정 자기 나름의 집을 지음으로써 새로운 신학 수립을 시작했다"고 말하고 있으나 거기에서는 인간의 종교 정서나 그들의 윤리 행위를 근거로 하는 인간 중심적인 신학이 아니라 하나님을 중심으로 하는 '하나님 말씀의 신학'이 수립되기 시작했던 것이다. 왜냐하면 그는 진정한 의미의 신학은 인간을 섬기기 위한 것이 아니라 하나님 봉사를 위한 것이라고 보았기 때문이다. 아닌 게 아니라 주일날 강단 앞에 모여든 회중들은 목사 자신의 인간적인 주장이나 그 단언을 듣기 위해서 모인 것은 결코 아니다. 목사의 주장과 단언이 제아무리 아름답고 감격스러울지라도 회중이 듣고자 하는 것은 그런 것이 아니라 차라리 신구약성서가 증거하여 주는 세계와 우주의 창조자 되시고 구속자 되시며, 처음과 마감이신 주 하나님의 말씀인 것이다. 그러므로 목사는 모름지기 하나님의 심판을 통한 은총과 죽음을 통한 은총을 증거해야 하고 차안에서 피안을 약속하시는 하나님 자신의 말씀을 전달해야 하는 것이다. 왜냐하면 교회에 모여드는 모든 신도들은 모두 다 목사 자신의 경건한 종교 경험이나 시국담 같은 것을 듣기 위해서 모인 것이 아니라 성서에 증거되어 있는 하나님의 사랑과 자비가 과연 사실인가를 듣고 인식하기 위해서 모여든 회중이기 때문이다.

---

2) K. Barth, *KD* I/1, 83.

이에 있어서 바르트는 일반 신도들에게 근대 신학자들이 무시했던 진부한 성서에 대하여 새로운 관심을 불러일으킴과 동시에 학자들에게도 큰 영향을 끼쳤던 것이니 오늘날 성서학자들이 원시교단의 사도들이 외친 구원의 복음을 '케리그마'(외침)라고 일컬음과 동시에 설교와 케리그마 사이에 깊은 관련을 인정하는 일이라든지 근자에 와서 신학계의 과제가 되어 있는 해석학과 방법론의 문제도 역시 바르트의 영향이라고 말할 수 있다. 따라서 그에게서는 근대 신학이 극복되었다고 말할 것이다.

II. 설교의 과제

1. 하나님 말씀의 대언

바르트에게 있어서는 설교란 무엇이냐를 묻는 설교의 원리론과 아울러 어떻게 하면 설교를 할 수 있을까 하는 방법론의 문제도 문제되었다. 이 두 가지 문제는 서로 얽혀 있는 문제로서 엄밀하게 구별할 수는 없는 것이다. 그래도 어렴풋이 양자를 구별하여 본다던 원리론에 있어서는 설교의 본질과 목적 및 그 과제가 문제될 것이며 방법론에 있어서는 설교의 분류와 구성 및 본문의 선택과 그 풀이 같은 것이 문제될 것이다. 그러나 우리는 여기에서 이 모든 문제들을 상세하게 고찰할 만한 여유가 없으므로 넓게 구분해서 바르트에게 있어서의 설교의 과제와 그 방법론의 문제만을 살피기로 하겠다.

우선 설교의 과제를 살펴본다면 이미 언급한 바와 같이 바르트에게 설교는 결코 인간 자신의 종교 정서나 그 윤리 사상이랄지 인생관, 세계관을 말한 것이 아니다. 단적으로 말해서 그것은 "하나님 말씀을 대언하는 것"인데 그 경우에 설교자는 자신에게 약속되어 있는 하나님의 '약속'을 훈시도 잊어서는 안 된다는 것이 바르트의 주장이다. 이에 있어서 그는 언제나 설교자들에게 용기를 주어 설교는 다름 아닌 하나님 자신의 말씀이라고 확신하게 하였고 누구보다도 먼저 자기 자신이 솔선해서 그와 같은 확신을 가지고 설교를 담당했던 것이다. 그리고 복음의 진리를 강조하기 위해서 '율법과 복음'의 서열까지를 전도시켰기 때문에 한동안 수많은 비판을 받은 일도 있었고 그는 종교개혁자들의 기본 교리를 오해했다는 비난을 받기도 하였던 것이다. 이 문제는 아직까지도 많은 문제성을 내포하고 있는 문제거니와 그가 '율법과 복음'의 서열을 전도시킴으로써 '복음과 율법'으로 수정한 배후에는 설교 문제가 개재(介在)되었던 것만은 엄연한 사실이다. 다시 말하면 그것은 철두철미 복음주의 설교를 강행함으로써 하나님 말씀을 대언하기 위함이었다.

그래서 그와 더불어 뜻을 같이한 아스무센도 설교자를 일종의 제사장으로 보고 "설교자는 은혜스러운 하나님의 은사를 두 손에 들고 분배하면서 하나님의 경륜을 이루는 자이며 세상의 구원을 성취한 구원의 운반자요 하나님의 대리자"라고 말한 바 있고, "설교자는 하나님과 더불어 동역하는 동역자"라고까지 말했던 것이다. 그뿐 아니라 설교자를 심지어 "또 하나의 그리스도요", 제사장으로서의 그는 "자기 몸소 그리스도의 형상을 각인시키는 사람이라"고 말했던 것이다.3) 그리고 브룬너(P. Brunner) 역시 설교자의 말 중에서 '하나님의 말씀'이 등장하게 되며 거기에서는 "삼위일체 하나님께서 지금 이미 죽은 자를 생명으로 불러내신다"라고 주장하였다. 왜냐하면 거기에서는 하나님께서 죄인들의 "죄를 사하시는 새 창조를 행하시기 때문"이라는 것이다. 그는 또한 "당신 자신이야 믿든 말든 간에 당

---

3) H. Asmussen, *Zur gegenwärtigen Lage der evangelischen Kirche in Deutschland Berlin* (Lutherisches Verlagshaus, 1954).

신은 예배 시간에 낭독하는 성서 강해와 거기에서 증거되는 사도적 복음에서 장차 하늘에서 완수될 종말의 날에 만나게 될 신비의 은사와 권세에 봉착하게 된다"라고 말하고 있다.4) 이는 모두 설교자는 하나님 말씀을 위촉받은 자요 하나님께서는 그들의 말씀을 통하여 심판하시고 사죄하시며 새 창조를 행하신다고 본 바르트의 사상을 계승한 사상들인 것이다. 그런데 바르트에 의하면 이 성스러운 성직을 맡고 있는 목사들 위에 하나님의 심판과 진노가 맨 먼저 임할 것이며 그들이야말로 하나님의 엄위로우신 심판 아래에 놓여 있음을 깨닫지 못한 사람은 모세와 이사야, 예레미야나 요나가 무슨 이유로 설교자 되기를 주저하고 꺼려했던가를 깨달을 수 없을 것이라고 말하고 있다. 인간 자신은 본래 하나님 말씀을 대언할 수 없는 자이매 설교자의 소임이 무엇인가를 알고서야 어느 누가가 감히 설교자 되기를 원하겠느냐는 것이 바르트의 주장이다. 그러기에 우리는 겸손하게, 일꾼을 부르는 포도원 주인에게 불려간 일꾼과도 같이 우리를 설교자로 세우신 하나님의 소명에 순종할 수밖에 없다는 것이며 설교에서는 우리 자신의 생이나 욕망 같은 것을 말할 것이 아니라 하나님이 전하라고 하신 그의 말씀만을 전달해야 한다는 것이다. 그리하면 우리를 택하셔서 목사가 되게 하시고 주의 몸 된 교회를 섬기게 하신 하나님께서 목사 된 우리를 심판하시는 반면 그의 약속을 성취시키시면서 그만이 행할 수 있는 기적을 행하시는 데 여기에서 비로소 설교자의 말씀이 하나님의 말씀이 된다는 것이다. 그리고 바르트에게 있어서 신학은 요컨대 이 설교를 위한 준비 역할을 하는 것이요 신학자는 언제나 이 설교 준비를 고려하면서 그 연찬에 매진해야 한다. 왜냐하면 설교야말로 그리스도 교회의 본연의 과제요 신학에서는 무엇보다도 이 설교에 대한 설문의 해답이 주어져야 하기

---

4) P. Brunner, *Grundlegung des Abendmahlgesprächs* (Kassel: Joh. Stauda Verlag 1954).

때문이다.

2. 그리스도 증언

그런데 설교에 대한 바르트의 견해는 1932년을 계기로 큰 변화를 가져오게 되었다. 왜냐하면 이때부터 그는 중보자의 역할을 담당할 수 있는 이는 예수 그리스도 외에 없으며 성신을 통하여 예수 그리스도를 증거한 말씀은 그것이 곧 예수 그리스도 자신이라고 제창하게 되었기 때문이다. 그 결과 설교자의 소임은 자기 자신이 중보자의 위치에 서는 일이 아니라 오직 한 분 중보자 되신 예수 그리스도를 매개하는 매개자의 역할을 담당하기 위해서 소명 받는 데에 있다고 주장함에 이른 것이다.

여기에서 우리는 바르트가 주장한 하나님 말씀의 삼형태론을 고찰할 필요가 있을 줄 안다. 그것은 요컨대 하나님의 계시요 그 말씀 되신 예수 그리스도와 그 증언인 성서 및 성서를 풀이하는 설교가 모두 다 꼭 같은 하나님 말씀이라는 주장이다. 바르트에 의하면 하나님 말씀이 세 형태를 가지면서 그리스도교의 생명과 기초를 이루는 것이다. 그러나 원본적인 의미의 하나님 말씀은 하나님의 계시이신 예수 그리스도다. 그래서 바르트는 이르기를 교회에 대한 하나님 말씀의 위촉은 동시에 그것이 약속이 되는데 이 사실은 예수 그리스도의 부활에서 결정적으로 이해되어야 한다고 한다. 그리고 선교는 언제나 인간적인 실현과 비실현보다 더 높은 자리에 있어야 하며 인간적인 실현과 비실현을 능가하는 신적인 기초를 닦는 것이어야 한다고 한다. 왜냐하면 오직 거기에만 은총의 가치가 같이하기 때문이다. 그러나 설교자가 하나님 말씀을 전달하게 되면 교회 안에 있는 사람들에게는 그것이 율법의 과제를 의미할 수도 있는 것인데 이 율법은 이미 예수 그리스도를 통하여 성취된 율법이요 그리스도인이 교회에서 하나님 말씀을 말씀하게 된 것도 이 예수 그리스도 때문인 것이다. 그래서 바르트는 율법은 형식이요, 복음은 내용이라고 말한 적도 있었던 것이다.

아무튼 설교자에게 있어서 가장 중요한 것은 설교의 근거와 기초를 예수 그리스도에게서 찾는다는 일이다. 그리고 교회에서 하나님 말씀을 전하는 자와 그것을 듣는 자는 모두가 하나님 말씀이 자유로운 은총을 간구하는 기도를 계속하면서 거기에서 자유로우신 하나님 말씀을 기대해야 하는 것이다. 왜냐하면 우리 인간은 본래 하나님 말씀을 말씀할 수 없는 자이나 하나님의 권능으로 말미암은 기적 중에서만 그 일이 가능하게 되기 때문이다. 그러므로 설교자는 언제나 교만해서도 안 되고 게을러서도 안 된다. 하나님의 심판을 받고 그의 은총에 접한 사람은 의기가 저상(沮喪)되거나 자고(自高)하는 교만을 범해서는 안 된다. 이에 있어서 바르트는 경고하기를 설교도 하나의 인간적인 일이니만큼 우리는 거기에 대하여 갖은 정성을 기울여야 하며 그 순수성을 위해서 노력해야 한다고 한다. 이에 그는 "하나님 말씀을 의뢰하는 자는 교회에 부과된 하나님 말씀의 율법 위에 서야만 하며 자기가 행할 봉사에 대하여 활동적이어야 한다"라고 주장한다. 그리고 설교자의 모든 활동은 오직 하나님의 은총에 의해서만 수행될 뿐만 아니라 그가 교회에 부름 받게 된 일부터가 이 은총으로 말미암은 일이라 한다. 그러므로 그에게 만일 설교의 순수성에 대한 배려와 걱정이 없을 것이면 그는 솔직히 하나님 은총에서 떨어질 수밖에 없다는 것이다.

바르트에 의하면 "설교는 요컨대 이미 생기된 계시를 근거로 하고 장차에 생기될 계시를 말씀하는 것이다." 그러므로 설교자에게는 무엇보다도 계시의 증언에 대한 세심 유의한 연구와 아울러 깊은 명상이 필요하게 된다. 그러나 이 명상은 언제나 성경 본문에서 경청된 일이 진섭된 다음에 그 본문이 설교자에게 지시된 케리그마로 통찰될 때까지 계속되어야 한다는 것이 바르트의 주장이다. 그리고 설교를 위한 이와 같은 준비에서는 주께 대한 신뢰가 더욱더 성장하고 성경이 그것 자체를 열어 보여주는데 설교자와 교회가 행하는 이와 같은 진지한 준비의 역사에서만 예수 그리스도께서 올바르게 증거되게 된다는 것이다.

그래서 바르트에게 있어서 설교를 할 수 있는 궁극적인 근거는 다만 예수 그리스도 자신뿐이다. 그리고 케리그마는 예수에게 관한 초대교회의 설교를 의미하기도 하지마는 그것은 또한 예수 자신이 자기 자신에게 관해서 증거하신 예수 자신의 외침도 의미한다. 사도 바울은 로마서 16장 25절에서 '나의 복음'이라는 말을 사용한 바 있지만 그것은 또한 예수 자신이 설교하신 복음으로서의 '예수 그리스도의 케리그마'이기도 하였던 것이다.5) 그리고 예수께서는 인간이 그 명상과 선교에서 그를 그리스도라고 일컫기 전에 이미 절대적으로 하나님의 아들이었다. 그러므로 그분 자신에게는 자기를 위한 케리그마가 불필요했으나 교회가 선포하는 케리그마를 위해서는 예수 그리스도 자신의 존재와 능력이 필요하였다. 그러므로 예수 그리스도의 사실에 근거를 두지 않은 설교는 무의미한 것이요 그런 설교는 하나님 말씀이 아니라 인간 자신의 사고나 이념에 불과한 것이다. 그래서 바르트의 본 바대로 하면 설교와 설교자의 정황은 어디까지나 예수 그리스도 자신의 설교를 계승하는 데에 그 의미가 있는 것이다.6) 이리하여 바르트에게 있어서는 설교론과 기독론이 서로 불가분의 관계를 가지고 있다. 그러므로 "오랫동안 설교와 더불어 그다지도 밀접한 관계를 가진 교의학은 바르트의 교의학을 제외하고서는 하나도 없었다"7)라고 함도 그럴 듯한 말이라고 말할 것이다.

---

5) K. Barth, *KD* IV/2, 231.
6) K. Barth, *KD* IV/2, 231-232.
7) E. Wolf, *Karl Barth zum Kirchenkampf* (München 1956), 14.

III. 설교와 교의학의 방법

1. 강해 설교

이상에서 우리는 대충 바르트가 설교의 기본 과제를 어떻게 보았던가를 고찰하였거니와 단적으로 말해서 설교는 계시의 증언인 성경을 풀이한다는 것을 의미하였다. 그래서 바르트는 제목 설교보다도 오히려 강해 설교의 방법을 사용했던 것이다. 이 강해 설교도 두 가지 종류가 있다고 볼 수 있으니 그 하나는 성경 본문을 그대로 따르는 본문 위주의 설교요 또 하나는 성경 본문을 근거로 하기는 하되 실지 설교에서는 거기에 들어 있는 대의만을 밝혀 가는 강해 설교다. 그런데 바르트는 본문 설교의 방법을 취할 뿐만 아니라 때에 따라서는 설교 제목까지를 정하지도 않고 성경 본문 한 구절 한 구절을 차근차근 강해하여 가는 것이다. 그리고 설교는 결코 설교자 자신이 행할 것이 아니라 그리스도의 몸 된 교회가 설교자를 통하여 성경의 진리를 이 세상을 향하여 생생하게 외치는 것이니만큼 교회 전체가 성경을 충실하게 배워야 하고 개중에서도 설교자 자신부터가 먼저 성경 학교의 학생이 되고 청중들까지를 같은 학교의 학생으로 끌어들여야 한다는 것이다.[8] 따라서 예배당에 모여 온 청중들은 설교자 자신에게 기대를 가질 것이 아니라 설교자와 더불어 성경을 같이 배우고자 하는 기대와 욕망을 가져야 한다는 것이다.

바르트에게는 무엇보다도 성서 강해가 중요하거니와 그는 이 점에 있어서도 기독교 선교에 대한 깊은 통찰력을 보여 주었고 하나님 말씀의 본질에 대한 탁월한 해석을 남겨 주었다. 교회에 따라서는 성경 본문이 기껏해야 기독교 신앙이나 기독교 생활에 대한 이념을 제공해 준다고 인정하는

---

8) K. Barth, *KD* I/2, 854.

교회도 없지 않다. 그런 곳에서는 교회 설교는 기껏해야 이른바 기독교 신앙이나 기독교 생활을 돕기 위한 보조 수단이 될 수밖에 없을 것이며 기독교 진리는 인간의 자의식의 최고 영역과 관련되는 정도를 면치 못할 것이다. 이에 있어서 바르트는 종교개혁자 칼빈이나 그 이전의 크리소스토무스와 같이 성서 강해를 진진하게 수행함과 동시에 성신의 역사를 힘입어 가면서 거기에서 예수 그리스도 자신이 말씀하시기를 기대했던 것이다.

바르트의 주장대로 하면 설교를 위해서는 무엇보다도 진지한 성서 강해가 필요한 것인데 그의 성서 강해의 방법은 인간의 표상이나 사상 또는 확신을 성경에 증거되어 있는 계시의 증언에 복종시키는 자유로운 행위가 되게 하는 데 있었다. 그리고 이 성경에 대한 복종의 행위가 자유 행위와 더불어 모순되지 않는 까닭은 그 복종이 자발적인 것이기 때문이다. 다시 말하면 그것은 성경에 대하여 자발적으로 복종하는 자유인 것이다. 그리고 여기에 성서 강해를 위한 인간 행위의 근본적인 형식이 있다고 한다. 왜냐하면 우리 인간이 하나님 말씀에 대해서 취할 운동은 거기에 대해서 양보를 하고 자기 자신은 뒤로 물러섬으로써 성경 편에 기회를 주고 거기에서 말씀된 말씀을 들을 수밖에 없기 때문이다.

그런데 바르트는 이 성서 해석의 과정을 크게 나누어서 세 가지로 구분하였다. 곧 관찰과 사색 및 동화의 과정이다. 관찰이라 함은 성경 본문이 그 대상에 대하여 어떻게 관계되는가에 대한 구체적이면서도 역사적인 우연성을 고찰함으로써 성경 본문으로 하여금 그 대상의 모습에 의하여 지배받아 가면서 그 역사적 우연성 중에서 실제로 말하는 것을 말하게 하고 거기에서 그 본문의 역사적 의미를 탐구하는 일이다. 그리고 이 성서 중에서 우리를 향하여 말씀된 것에 따라서 생각하며 사색하는 것이 성서 강해의 두 번째 일이다. 여기에서 우리는 성경의 증언을 통하여 말씀되고 있는 것에 따라 우리 자신의 사색을 가지고 추종하게 되는 것이다. 그리고 여기에서는 성경 본문에 대해서 생각하고 사색하며 반성한 모습이 필연적으로 생기게 되는데 이 반성된 모습 중에서 성경을 읽고 그것을 듣는 사람은 거기에서 관찰된 본문의 모습을 자기 것으로 동화시키고자 하는 의욕을 가지게 된다.

그러나 성경을 해석하는 사람에게 가장 소중한 것은 성경 말씀이 무조건으로 우리를 지배하게 하는 일이요 우리가 그 말씀에 무조건 신뢰하는 일이다. 그리고 여기에서만 우리가 성경과 더불어 동화될 수가 있고 거기에 증거되어 있는 대상으로서의 예수 그리스도에게 신뢰할 수가 있는 것이다. 아니, 실상인즉 이 성경이 증거하는 대상으로서의 예수 그리스도 편에서 우리에게 완전한 신뢰를 요구한다. 그러기에 복음을 전달하는 설교를 담당하기 위해서는 설교자 자신이 먼저 믿음을 가지고 성경을 읽고 그 말씀을 들으며 성경의 증인들과 더불어 동시적이며 동질적이 되면서 간접적인 동일의 경지에 들어가야 한다는 것이 성서 강해에 대한 바르트의 견해이다. 그리고 이와 같은 성서 강해를 거치지 않고서는 하나님 말씀인 성경을 풀이하면서 설교를 감당할 수 없다는 것이다.

2. 설교 안내서로서의 교의학

바르트는 일찍이 "신학의 과제는 설교의 과제와 동일한 것"이라고 말한 일이 있었는데 하르낙은 이에 대하여 말하기를 바르트는 "학적 신학을 경멸하는 자"라고 혹평했던 것이다.9) 그러나 그 후에 저작된 『교회교의학』에서는 앞날의 주장을 부정하는 듯이 다음과 같이 말하고 있다. "교의학의 과제는 설교의 과제와는 다른 것이다. 아닌 게 아니라 이쪽에서나 저쪽에서나 문제가 되는 것은 순수한 교리 문제요 구체적으로 말하자면 교의학도

---

9) K. Barth *Theologische Fragen und Antworten* (Zollikon: Evangelischer Verlag 1957), 10, 20.

선교가 될 수 있고 선교도 교의학이 될 수가 있느니만큼 실지에 있어서는 양자를 전적으로 분리시킬 수가 없기는 하나 양자의 과제가 꼭 같다고는 보기 어렵다"라고 했다.10) 그리고 나서 그는 또한 "교회의 선교 과제"는 하나님의 행적과 행위를 보도하는 것이니만큼 그것은 또한 "교의학의 내적 과제가 될 수도 있다"라고 주장하고 있음을 본다.11)

그러나 우리가 여기에서 분명히 말할 수 있는 것은 바르트는 언제나 그의 설교에서 성서 강해를 진지하게 다룬 것처럼 그의 『교회교의학』의 모든 이론 역시 성서 강해를 터전으로 하고 있다는 사실이다. 따라서 그의 교의학은 어떤 의미에 있어서 '설교자의 안내서'로도 볼 수 있는데 그 까닭은 그의 교의학에서는 그의 설교에 못지않게 하나님의 계시요 그 말씀이신 예수 그리스도의 사실이 집중적으로 추구되고 있기 때문이다. 바르트에게는 예수 그리스도께서 모든 것의 중심이요, 더더구나 기독교 사상의 출발점과 종착점이 되신 것이다. 그래서 그는 화해론의 교리와 신앙 의인의 교리에 대하여 강한 강조점을 둠과 동시에 거기에 뒤따르는 성화의 교리를 천명하고 있는 것이다.

비단 19세기뿐만 아니라 20세기 후반기인 오늘날에도 교회에 따라서는 그 강단 위에서 그리스도 신앙과는 아무러한 상관도 없는 인생 문제나 시국담 같은 것이 마치 기독교 본연의 교리인 양 외쳐지고 있을 때가 많다. 그러나 바르트가 그의 교의학에서 적극적으로 강조하고 있는 것은 그리스도 교회의 모든 활동은 예수 그리스도 안에서만 가능한 것이며 그리스도를 매개로 하고 이루어진 하나님과 인간 사이의 관련과 또 거기에서 이미 생기된 역사와 장차에도 이루어질 역사만을 다루어야 한다는 주장이었다.

---

10) K. Barth, *KD* I/2, 861.
11) K. Barth, *KD* I/2, 972.

그는 또한 인간의 모든 행동을 예수 그리스도만을 근거로 하고 결단할 것을 요구함과 동시에 그리스도를 핵심으로 한 복음신앙에서 이탈한 율법 설교를 모조리 거부했던 것이다.

이리하여 바르트는 그리스도인의 실제 생활에 대해서도 그것을 성서적인 근거 위에서 권면하는데 그는 창세기 강해를 중심으로 한 '창조주 하나님의 계명'이라는 명제 아래에 그의 독특한 윤리학을 제창하였고 한 걸음 더 나가서는 설교자가 되기 위한 여건으로서 설교자는 남자와 여자의 문제라든지 부모와 자녀 또는 국민과 타 국민과의 관계에 대한 기독교적 말씀을 어떻게 주장해야 할 것인가를 분별해야 한다고 말하고 있다. 그는 또한 예수 그리스도의 은총 중에서 산다는 것은 그의 재림을 대망하는 일이라고 주장하는 한편, 이 그리스도 교회의 소망은 절박하고도 극적인 것이어서 이 신앙을 가진 참 태도를 가질 뿐만 아니라 이 세상의 법질서와 지상적인 자유와 그 평화를 위하여 힘차게 싸워야 한다고 주장하는데, 이와 같이 재림신앙을 강조하는 반면 내세계적인 윤리생활을 강조한 것도 바르트에게서 비로소 처음으로 시작된 일이었다.

이리하여 바르트의 『교회교의학』에서는 그리스도 교회의 천국 신앙이 이 세상 생활에 대해서도 적극적인 의미를 가지는 것이다. 그는 또한 교회질서를 논함에 있어서도 지방 교회나 국가 교회적인 관념을 초극하고 범세계적이며 우주적인 전체 교회를 추구했는데 그 까닭은 성경은 오직 한 분 창조주 하나님과 그의 계시요 말씀이신 예수 그리스도만을 주로 고백하고 있기 때문이다. 그러므로 우주 시대를 맞이하게 된 오늘날의 설교자들이 시대적인 사명을 다하기 위해서도 바르트의 『교회교의학』과 더불어 씨름하고 거기에 추종할 필요가 있을 줄 안다. 왜냐하면 거기에서는 언제나 신구약성서에 말씀된 바가 강조되어 있고 주의 몸 된 교회의 지체 된 우리가 오늘날 어떠한 설교와 기도에 열중해야 할 것인가가 분명하게 명시되어 있기 때문이다.

IV. 바르트 신학과 불트만, 틸리히의 설교

1. 바르트의 불트만 비판

20세기는 인류 역사가 있은 이래 가장 속된 세대라고 한다. 그러나 20세기에는 또한 교회사가 있은 이래 처음 보는 신학계의 거성들도 많았던 것이다. 이제까지 말해 온 칼 바르트도 그와 같은 거성의 하나거니와 젊은 시절을 그와 더불어 같이 지나면서 이른바 신정통주의 신학의 기수의 하나로서 신약학의 연구에 공헌이 많았던 불트만 역시 하나의 거성임에 틀림이 없다.

그런데 샛별같이 빛나던 수많은 별들이 최근 2-3년간에 그 자태를 감추었고 이제는 불트만 한 사람이 그 빛을 발하고 있다. 그런데 불트만은 그가 젊었을 때에 바르트에게서 많은 것을 배웠다고 고백한 바 있고 두 사람은 한동안 동인지를 발간한 친근한 사이기도 하였던 것이다. 그러나 그들이 점점 성숙하게 되자 피차에 갈림길밖에 없게 되었는데 그 주된 이유는 신학 방법론 때문이었으나 설교에 대한 그들의 견해에도 상당한 거리가 있는 것이었다.

엄밀하게 말해서 바르트의 관심은 하나님 말씀 이외의 다른 것이 없었고 그의 『교회교의학』의 규범도 역시 신구약성경만을 근거로 한 것이었다. 그도 청년 시기에는 철학 연구에 상당한 힘을 기울였고 특히 칸트 사상에 대해서는 상당히 조예가 깊었던 것이다. 그래서 그의 맨 처음 교의학인 『기독교교의학』에서는 철학적인 사상을 그 소재로 사용했는데 그가 『교회교의학』을 저술함에 이르러서는 오직 성경 하나만을 신학의 규범으로 삼았던 것이다. 왜냐하면 이때부터 신학은 심리학이나 역사학 또한 철학적인 방법을 사용할 것이 아니라 오직 성경만을 규범으로 하고 신학을 철학의 규범에서 해방시켜야 한다고 여겼기 때문이다. 그리고 예수 그리스도께서는 우리가 그를 그리스도라고 부르기 전에 벌써 그리스도이셨고 그에게 관한 케리그마가 그리스도 교단을 세운 것이 아니라 도리어 예수 그리스도 자신이 그분의 존재와 계시에서 교단을 창설하셨고 신앙적인 결단을 통하여 우리를 교회에 부르신다고 한다. 따라서 바르트는 예수께서 그리스도라고 믿어진 까닭은 그가 그리스도시라고 선포되고 믿어진 결과라고 인정한 불트만의 주장을 용납할 수 없었던 것이다. 다시 말하면 그리스도론은 결코 예수 그리스도에게 관한 교회의 케리그마나 그리스도인의 신앙의 기술이 아니라 그분 자신의 인격과 행적에서 나타난 하나님의 사랑에 대한 신앙고백이요 그의 구원의 역사에 대한 고백이라는 것이 바르트의 주장이었다.

바르트의 본 바대로 하면 불트만의 결정적인 잘못은 그가 그리스도 교회의 복음의 진리를 이해하기 위하여 철학자 하이데거의 방법에 예속시킴으로써 하나님의 주권에 대하여 항거하려 한 데에 있다는 것이다.

그런데 불트만에 의하면 설교는 다만 과거의 사건으로서의 역사적 예수의 인격이나 생애에 대한 보도도 아니요 칼케돈 신조에서 제창된 바와 같은 그의 품결의 이중성에 대한 사변적 해석도 아닌 것이다. 그것은 차라리 하나님의 종말론적인 역사인 것이다. 그리고 이 역사는 결코 과거지사로 사라져 버리는 것이 아니라 지금 여기에서 우리를 향하여 부딪쳐 오며 우리에게 신앙의 결단을 호소하는 그리스도 자신의 호소(Anrede)라는 것이다. 따라서 설교는 말하자면 예수 그리스도께서 지금 여기에서 우리와 더불어 만나 주시는 사건이 된다.

그러므로 불트만에게 있어서도 설교는 첫째로 윤리적인 교훈이 아니며 그것은 또한 교리의 서술도 아닌 것이다. 이에 있어서 그는 말하기를 "그리스도를 믿는다는 것은 그의 인격에 대한 높은 이념을 진실되게 이해하는 일이 아니라 거기에서 그분이 우리에게 말씀하시고 그 말씀을 통해서 그분이 우리의 주님이 되시는 사건이라" 한다. 그리고 그리스도 신앙은 요컨대 하나님의 전달에 대한 응답인 것인데 이 신앙도 역시 종말론적인 사건인 것이다.[12] 따라서 예수를 다만 역사 안의 사건으로 이해하거나 경건의 모범이나 새 윤리의 기수로 알고 설교하는 것은 세속화된 설교인 것이다.

그런데 예수께서는 이와 같이 그가 그리스도시라고 전파되었기 때문에 그리스도시라고 주장한 불트만의 주장에 대하여 바르트는 반대 의견을 제기한다. 왜냐하면 예수께서는 인간이 그의 사고와 선교를 통하여 그를 그리스도라고 이해하기 이전에 벌써 절대적인 하나님의 성자였다고 보기 때문이다. 그리고 그리스도 자신은 자기에게 대한 케리그마를 필요로 하지 않지만 도리어 케리그마 편에서 예수 그리스도의 존재와 그의 권세를 필요로 하였다는 것이다. 또한 이와 같은 근거를 가지지 않은 설교는 무의미한 설교이며 그런 설교는 하나님의 말씀이 아니라 인간 자신의 사고와 이념에 불과한 것이라는 것이 바르트의 주장이다.[13]

그러므로 불트만은 예수 그리스도의 의의를 설교에서 찾으려고 한 데 반하여 바르트는 도리어 설교는 그것 자체를 넘어가서 예수 그리스도의 구체적인 역사를 증거하여 주는 것이며 설교와 설교자의 정황은 어디까지나 예수 그리스도 자신의 설교를 계승하는 데에서만 그 의미를 가진다는 것이다.[14] 요컨대 바르트에게 있어서는 설교 문제는 설교의 가능성의 문

---

12) R. Bultmann, *Glauben und Verstehen: Gesammelte Aufsätze*, Bd. III (Tübingen 1960), 23.
13) K. Barth, *KD* IV/1, 일본어역, 250.
14) K. Barth, *KD* IV/2, 231-2.

제요 그 해답은 예수 그리스도의 존재와 그의 권능에 달려 있는 것이며 그런 의미에서 설교론과 기독론과는 깊은 관련을 가지는 것이다.

2. 틸리히의 설교와 과제

틸리히의 주장대로 하면 학문에서는 방법론의 제국주의란 있을 수 없는 것이다. 따라서 성서만을 규범으로 하는 신학사상도 있을 수 있겠지만 철학적인 신학도 있을 수 있다는 것이다. 이에 있어서 그는 쉘링이나 칸트의 철학은 말할 것도 없고 심지어 니체와 마르크스의 사상까지를 흡수해 가면서 그의 철학적 신학체계를 세웠던 것이다. 그리고 그의 설교의 방법 역시 바르트의 경우와 같이 성서 일변도의 것이 아니라 차라리 인간의 실존을 철학적으로 분석해 가면서 거기에 필요한 성서적인 해답을 주고자 하는 것이다.

틸리히에게는 요컨대 어떻게 하면 하나님의 말씀을 현대적인 용어로 번역하여가지고 그것을 전달할 수 있겠느냐가 설교에서의 과제인 것이다. 그리고 현대에 있어서의 설교의 사명은 그리스도 교회가 이 세상에 대하여 기독교 진리를 변증하는 일이요 전통적이며 교회적인 개념과 그 표상을 현대인들이 알 수 있게 새로운 말과 개념을 가지고 전달하는 일인 것이다.

그래서 틸리히는 설교를 위하여 우선 인간의 실존 정황을 철학적으로 분석을 한다. 다시 말하면 그의 기독론이 인간 존재의 존재론적 분석과 관련된 것처럼 설교에서도 역시 인간의 실존에 직면되어 있는 그 위협을 철저하게 지적해야 할 뿐 아니라 인간의 한계 정황까지를 지적해야 한다는 것이다. 왜냐하면 인간 존재의 실존적인 정황에 대한 심판자시요 극복자이신 예수 그리스도에게 있어서의 새로운 존재야말로 설교의 주제이기 때문이다. 따라서 설교는 다음으로 이 새로운 존재에 대한 증언이 되어야 하며 이 새로운 존재의 탄생으로 말미암아 인류 역사의 모든 분열과 그 배타성이 극복되어야 한다는 것이 설교에 대한 틸리히의 주장이다.

V. 맺는 말

이상에서 본 바와 같이 현대 신학의 거성들은 거의 다 그리스도에게서 설교의 진정한 의미를 발견하였다. 그들의 주장대로 하면 설교는 요컨대 예수 그리스도를 통한 하나님의 구원의 역사다. 그런데 바르트에 의하면 설교는 결코 하나님께 대해서나 예수 그리스도에게 대해서 증거하는 인간적인 말이 아니라 설교를 통해서 말씀하시는 이는 실상인즉 하나님 자신이시요 설교에서 만나게 되는 이는 그의 아들 예수 그리스도 자신인 것이다. 그런 의미에서 그는 설교를 예수 그리스도와 그의 증언이나 다름이 없는 하나님 말씀이라고 했던 것이다. 그리고 바르트 신학은 요컨대 이 하나님 말씀을 위하여 봉사하기 위해서 수립된 것이었고 그런 의미에서 "신학은 모든 학문 중에서 가장 아름다운 학문이기는 하나 그것은 또한 모든 학문 중에서 가장 위험한 학문이기도 하다"라는 말이 나온 것이다.[15] 그리고 그의 신학은 언제나 "이미 생기된 계시로부터 약속된 계시로의 좋은 길" 위에 놓여 있는 신학이요,[16] 하나님 말씀의 증언으로부터 하나님 말씀의 증언으로의 도상에서 시도되는 신학인 것이다. 이에 있어서 바르트는 그의 신학을 '나그네의 신학'이라고 일컬었던 것이다.

그런데 이 바르트의 신학사상과 그의 설교가 불트만과 틸리히의 그것과 판이한 점은 이 두 사람이 그들의 설교와 신학에 있어서 철학적 방법과

---

15) K. Barth, *Theologische Fragen und Antworten*, 175.
16) K. Barth, *KD* I/1, 13.

변증론을 사용한 데 반하여 바르트는 오직 하나 성서만을 규범과 기반으로 삼을 뿐이요 철학적 방법이나 변증법을 전혀 용납하지 않았다는 점이다. 바르트가 이와 같이 철학이나 변증법을 배격한 데에는 자기 나름의 소신이 있었던 것이니 그는 일찍이 '철학하는 신학자'들을 핀잔해서 이르기를 "약 250년 이래 전부라고는 할 수 없으나 수많은 신학자들이 철학자나 역사가 또는 자연 과학자들에게 대해서뿐만 아니라 심지어 자유주의 사상이나 그 밖에 모든 종류의 학문하는 이들의 회의주의에 대해서까지도 그들의 비판을 두려워하고 끊임없는 불안을 느껴 왔고 많든 적든 일종의 열등의식을 가져 온 것이 사실이며, 이 불안은 250년간의 신학을 크게 손상시킨 것이었다"라고 지적했던 것이다.

그러나 바르트의 본 바대로 하면 실지에 있어서 '기독교 철학'이란 있은 적도 없거니와 만일에 그런 것이 있었다고 하면 그 철학은 기독교적이 아니었거나 그렇지 않으면 철학다운 철학은 되지 못했을 것이라 한다. 그리고 바르트는 한 걸음 더 나가서 신학은 학문 중의 학문이요 "모든 학문의 맨 위에' 놓여 있는 학문이라고 주장한다. 그 까닭은 그것이 실로 하나님 말씀을 탐구하기 위한 학문이기 때문이다. 이리하여 바르트는 다시 한번 신학을 '모든 학문의 여왕'의 자리에 올려놓았거니와 이는 그가 그의 설교를 하나님 자신의 말씀으로 믿고 성신을 힘입어서 과감하게 담당했던 결과일 것이다.

그러나 불트만과 틸리히는 설교를 이와 같은 의미에서 하나님 말씀이라고 인정했다기보다는 차라리 인생 문제 해결을 위한 수단처럼 인정하거나 사람들에게 기독교적 지식을 넣어 주려는 일종의 기독교적 영지주의를 제창했기 때문에 그들의 설교도 전 세계의 그리스도 교회에 큰 영향을 주지 못했고 그들의 신학 역시 바르트의 『교회교의학』에 비해 교회에 대한 영향력이 적었던 것이 아닌가 싶다.

- 후기 -

비록 슈베르트의 '미완성 교향악'과도 같이 유종의 미를 거두지는 못하였지만 바르트의 『교회교의학』이 기독교 역사가 있은 이래 그 방면의 가장 크고 넓고 깊은 거작이라 함은 기독교계의 상식이 되어 있다. 그러나 필자의 본 바대로 하면 그의 힘차고도 은혜스러운 무수한 설교 역시 그 양에 있어서나 질에 있어서 보기 드문 그리스도 교회의 유산이 아닌가 한다. 그래서 끝으로 그가 유인물로 남겨 주고 간 그의 설교집을 열거함으로써 독자들이 바르트 자신의 설교문을 통하여 그의 설교의 성격이 어떠했던가를 더 깊이 탐구하기를 바라는 바이다.

2
칼 바르트와 그의 신학사상*

　칼 바르트의 이름이 한국 신학계에 알려진 지도 이미 반세기가 되었고 그동안에 그의 저서 몇 권이 우리말로 번역 출판되기도 하고 그의 신학사상에 대한 연구서적도 더러 나왔다. 그러나 그의 주저인 『교회교의학』이 뚜렷하게 소개되지 못한 것을 아쉽게 생각하고 있었는데 오트(Heinrich Ott)의 신학 해제를 번역 출판함으로써 우리나라 신학계에 크게 이바지한 바 있는 김광식 박사께서 금번에 방대한 바르트의 『교회교의학』을 한 권의 책으로 요령 있게 요약해 준 베버(Otto Weber)의 저서를 우리말로 옮겨서 펼치게 된 것은 큰 기쁨이 아닐 수 없다.
　이 책의 권두에 실린 바르트 자신의 서문을 보면 베버가 펼쳐 낸 이 책은 비유컨대 큰 배가 항구에 들어가기 전에 그것을 안내해 주는 조롱배의 구실을 할 것이라고 말하고 있다. 그런데 김 박사께서는 나에게 이 조롱배의 파일럿 역할을 담당하여 달라는 의미에서 바르트와 그의 신학사상에

---

* 베버(Otto Weber), 김광식 역, 『칼 바르트의 교회교의학: 제1권 1부에서 제4권 2부까지 개괄적으로 소개한 입문서』(서울: 대한기독교출판사, 1976), 404-414에서, "부록: 칼 바르트와 그의 신학 사상"이라는 제목으로 실린 글이다.

관한 개요를 자기 책에 실게 하여 달라고 당부하였다. 솔직하게 말해서 이 일은 나에게 있어서 힘겨운 일이었기 때문에 적지 않게 망설였으나 김 박사님의 간곡한 요청을 물리칠 수 없어서 이 글을 덧붙이는 바이다. 바르트 소개에 약간의 길잡이가 된다면 다행이겠다.

I.

윌리엄스(D. D. Williams)의 『최근의 신학』을 보면 칼 바르트는 20세기에 신학적 르네상스를 일으킨 사상가라고 되어 있다. 그리고 20세기의 개신교 신학에 관한 저서를 낸 H. 찬트에 의하면 20세기의 신학은 칼 바르트의 『로마서 강해』에서 출발하였다고 하는데 이는 전 세계의 신학계에 널리 알려진 사실이다.

윌리엄스는 또한 바르트 신학이 탄생하기 직전의 그리스도 교회는 근대 신학의 영향을 받은 결과 가치 형성과 이상사회 건설에 급급했을 따름이었고 신구약성서의 외침에 대해서는 거의 무관심한 상태에 있었다 한다. 아닌 게 아니라 19세기의 그리스도 교회는 교회 본연의 사명을 잊어버리고 세속적인 자유주의 사상에 물들었던 결과 세상 사람들에게서 도리어 조롱 받게 되었고 겨우 형식적인 전통주의와 믿음 없는 역사주의를 추종하고 있었을 뿐이었다. 그러던 차에 칼 바르트가 나타나서 그리스도 교회는 마땅히 하나님의 말씀인 신구약성서에 터전을 두고 거기에서 증거된 그리스도를 증거하는 일에 정진해야 한다고 외침과 동시에 신학은 이 일을 돕기 위한 학문이라고 강조했던 것이다.

혜성처럼 나타난 바르트와 그의 신학사상에 대해서는 여러 가지로 평가되어 왔다. 어떤 이들은 그의 신학을 '위기신학, 변증법적 신학'이라고 말하기도 하고 또 어떤 이들은 '새로운 마르키온주의, 새로운 마니주의, 옥캄주의, 플라톤주의, 칸트주의, 실존철학, 합리주의, 허무주의, 관념론, 초자연주의'라고 일컫기도 하고, 또 다른 이들은 '고차적 휴머니즘, 객관주의, 정통주위, 신정통주의, 성서적 기독교, 교의적 신학'이라고 말하기도 하였다. 그리고 이 모든 주장들은 바르트의 신학사상이 폭넓은 것임을 입증하는 것이라고 말할 수 있다.

바르트의 지기였던 브룬너는 일찍이 칼 바르트는 교회 안에 머물러 있으면서 그 교리 연구에 몰두하는 '교회의 신학자'이고 자기 자신은 교회와 일반 사회를 넘나드는 '선교의 신학자'라고 말한 일이 있었다. 바르트에게 있어서 신학 연찬은 개인적인 일이 아니라 그리스도 교회를 터전으로 하는 공공한 일이며 선교하는 교회의 자기반성이었다. 그러나 그가 말한 교회는 결코 단일적인 교회나 종파적인 교회가 아니라 전체 교회로서의 교회였던 것이다. 이에 있어서 그는 개신교만이 아니라 신구교를 망라한 전체 교회를 터전으로 하고 교회교의학을 탐구했던 것이다.

종교개혁 이래 칼 바르트만큼 천주교 신학자들의 관심을 끌어 온 신학자는 있은 적이 없었다. 바르트의 모든 저서는 천주교와 개신교 사이에 대화의 광장을 마련해 주었고 그는 신구교를 망라한 모든 교회 사이에 에큐메니칼 정신을 심어 주었다. 그래서 천주교 신학자의 한 사람인 한스 큉(Hans Küng)은 이르기를 바르트가 짓는 집이 천주교 신학자들이 짓는 집과 다른 집임에는 틀림없다. 그러나 전체를 살펴보면 그도 역시 천주교 신학자들이나 다름이 없는 같은 터전 위에 서 있음을 까칠 수가 있고 그들과 근본적으로 일치된 작업을 수행하고 있음을 볼 수 있다고 말한 바 있다.

또 한 사람의 천주교 신학자인 발타자르(H. U. von Baltharsar)는 말하기를 "바르트의 대상자는 예수 그리스도에게서 자기 자신을 계시하신 하나님이요, 신구약성서가 증거하는 하나님이다. 바르트는 신앙의 상태보다는 차라리 신앙의 내용을 투철하게 관찰하는데 이에 있어서 그의 주장은 정당한 것이다. 그래서 그는 가장 덕스러운 목회를 감당하는 것이다. …… 최근 수십 년간 바르트 이외의 어느 누가 성서를 그처럼 '석의적으로', '성서주의적으로' 해석해 주었으며 오로지 하나님 말씀에만 집중해서 해석함으로써 하나님 말씀만이 당당하게 빛을 발하게 하였던가? 그리고 어느 누가 바르트 이상으로 긴 호흡과 응시를 가지고 끈기 있게 걸어왔던가? 그것도 사태 자체가 그 앞에서 발전되고 그 전모를 드러낸다는 이유 때문에 그리 했던가? 바르트는 왕왕 유머의 색채와 격조의 정당성에 대한 현저한 취미와 사상적인 이데올로기를 갖고 모든 긴장과 좁은 길에서 자유스럽고 놀랄 만큼 탁월한 이해와 우수성을 보여 주고 있는데 이 점에 있어서 그는 토마스 아퀴나스를 연상케 하여 준다. …… 키에르케고르에게 있어서는 거대한 것임과 동시에 모든 자유 위에 빛은 발해 주고 모든 약속을 충만케 하여 주는 영원한 빛의 계시요 창조주 하나님과 그의 창조에 대한 영원한 '긍정'이요 '아멘'인 것이다"라고 외침으로써 칼 바르트를 격찬하고 있다.

바르트는 그의 『교회교의학』 1권에서 자기 자신의 신학을 "하나님 말씀의 신학"이라고 주장함으로써 신학사상에 하나의 획기적인 선을 그었다. 왜냐하면 그는 여기에서 계시 대신에 종교를 주제로 하고 그리스도교 신학을 종교학이나 종교철학에 해소시키고 교회교의학 대신에 신앙론을 제창했던 19세기의 신학을 극복하고 신학의 기초를 또다시 하나님 말씀의 터전 위에 수립했기 때문이다.

바르트는 그가 추앙하던 종교개혁자 루터의 본을 받아 하나님 말씀에는 세 가지 형태가 있다고 주장하였다. 곧 계시된 하나님 말씀인 예수 그리스도와 기록된 하나님 말씀인 신구약성서 및 선포된 하나님 말씀인 설교의 말씀이다. 그런데 위에 말한 발타자르에 의하면 바르트 신학에는 시종여일 변함이 없는 연속성이 있었다 한다. 그의 초창기 사상에서는 '하나님 말씀'의 개념이 그의 신학사상의 중심을 이루었고 그 후에는 이 개념이 '참 하나님이요 참 사람이신 예수 그리스도'의 개념으로 바뀐 것이 사실이지만 그러나 그가 후에 말한 것은 과거에 없었던 것을 새삼스럽게 말한 것이 아니라 처음에는 감추어졌던 것을 드러나게 말한 것이었다 한다. 그리고 초기 사상과 후기 사상 사이에 차이점이 있다고 하면 그 차이는 본질적인 차이가 아니라 다소간의 양적인 차이에 불과했던 것이지 질적인 차이는 아니었다 한다.

발타자르의 본 바대로 하면 칼 바르트는 그의 신학적인 입장을 '그리스도 중심주의'에 세우고 있었는데 이 바르트의 입장은 종래의 개신교주의나 천주교주의의 양교에서 꼭 같은 거리를 간직했던 위치로서 양교의 중간지점에 처해 있는 지점이었다 한다. 그리고 이 바르트에게 이르러서 비로소 처음으로 진정한 의미의 개신교 사상이 올바른 형태를 취하게 되었다는 것이 발타자르의 주장이다. 그래서 그는 말하기를 바르트 신학 안에는 용어의 차이를 뛰어넘는 천주교 신학과의 일치점이 있다고 말하는 한편 "칼 바르트가 창조주 하나님의 계시를 예수 그리스도에게서 이해하는 그 방법은 신앙의 유비인데 그 안에는 존재의 유비가 내포된다"라고 주장했던 것이다.

바르트 역시 철학이 신학을 위해서 유익한 것임을 잘 알고 있었고 신학사를 더듬어 보면 위대한 신학자들이 철학자들과 접근되어 있음을 볼 수 있는데 이를테면 아우구스티누스는 신플라톤적으로 학문하였고 토마스 아퀴나스는 아리스토텔레스식으로 연구했다고 볼 수밖에 없으며 현대 신학자들은 대부분이 키에르케고르의 『철학적 단편』에서 많은 영향을 받고 있다고 보았던 것이다. 그리고 바르트 자신이 이 키에르케고르에게서 많은 영향을 받았던 것이다. 그러나 신학과 철학과의 관계는 신학 자체가 철학이 되는 일이 없이 함과 동시에 철학과 더불어 견주어 가면서 자기 존재를 원리적으로 증명하는 일을 깨끗이 단념해야만 양자의 관계가 적극적이며 효과적일 수 있다고 주장했던 것이다. 이에 있어서 발타자르도 말하기를 바르트 신학은 결코 신학적으로 가장된 철학이 아니라고 지적함과 동시에 그의 예정론이나 하나님 말씀과 신앙과의 관계에 대한 이론을 볼지라도 거기에서 철학적인 경향을 찾아볼 수는 없다고 말했던 것이다.

바르트 자신의 주장대로 하면 약 250년 이래 신학자 중에는 간혹 철학자나 역사가 및 자연 과학자에게 대해서나 마찬가지로 자유주의자나 그 밖에 여러 가지 종류의 학문하는 이들이 회의주의에 대하여 비판하기를 두려워하는 한편 그 마음속에 불안감과 열등감을 품어 왔던 것이다. 그래서 이와 같은 정신이 과거 250년 동안 신학을 크게 해롭게 한 것이 사실이지만 그러나 이와 같은 불안감과 열등의식은 '소아병'에 불과한 것이니만큼 그것을 하루 빨리 버려야 한다는 것이었다.

바르트의 본 바대로 하면 신학적 사유는 다른 모든 사유나 마찬가지로 그 대상에서 그 근본 형식을 받는 사유다. 신학적 사유는 그 대상에 의해서 깨침 받고 그 대상에 의해서 요청 받으며 거기에 사로잡혀서 형성되고 정비되는 사유는 그렇지 않고는 신학적 사유가 될 수는 없는 것이다.

바르트에게 있어서는 인간이 제기하는 실존 문제가 중심 문제가 아니라 믿는 자가 거기에 관련되는 신앙의 대상이 중심 문제다. 이 우월한 대상에 관한 실존론적 설문이 제기될 것은 말할 것도 없는 일이지만 바르트는 끝까지 이 대상의 우월성에 대한 신앙의 복종을 가지고 그의 신학 연찬을 계속했던 것이다. 이에 있어서 놀러(G. Noller)는 말하기를 "칼 바르트는 가장 철저하게 신학적으로 생각한 사상가였다"라고 했던 것이다.

바르트 신학이 주장하는 우월한 대상은 말할 것도 없이 거기에서 그리스도 교회의 실존이 마련되고 그 기초가 형성되는 "현실적이며 구체적인 진리이다." 다시 말하면 자기 자신의 말씀과 행적에서 나타나신 복음의 하나님인 예수 그리스도다. 신학이 신앙의 학문이요 신앙을 필수조건으로 하는 것은 사실이다. 그러나 신앙은 결코 신학의 대상이 될 수 없으며 신학의 대상은 오직 한 분 예수 그리스도뿐이다.

이에 앞서서 바르트는 주장하기를 '신학의 공리'는 그리스도론적인 연관성을 떠날 수 없고 그리스도교 신학은 그 이름 자체가 말해 주듯이 본래 그리스도론적인 신학일뿐더러 그리스도론이 되어야 하고 그리스도론이 될 수밖에 없다고 한다. 이리하여 바르트 신학에 있어서는 교의학 전체가 그리스도론과 더불어 운명을 같이하는 것인데 그런 의미에서 G. 뢰딩은 "바르트 신학에서는 그리스도론이 근본적으로 서론이 되어 있다"라고 말한 적이 있었고, 바르트 자신도 "그리스도에게서 계시된 것이 신학 전체의 처음이요 마감일 뿐 아니라 그 중심이라고 보아야 한다"라고 주장했던 것이다.

바르트의 신학사상은 엄밀한 의미에서 '신학적 사유'가 되기 위하여 '그리스도론적'인 방향으로 달려갔다. 위에서도 언급한 바와 같이 바르트에게 있어서의 하나님 말씀의 개념이 그리스도론적으로 전개된 것은 그의 신학적 발전의 후기에 속한 일이다. 그러나 이 그리스도론적인 경향은 이미 그 초창기에 싹터 있었고 후기에 이르러서 보다 더 선명하게 천명된 것뿐이었다. 따라서 그 초창기와 후기 사이에는 아무러한 단절도 없었던 것이다.

그런데 여기에서 한 가지 잊어서 안 될 것은 바르트에게 있어서 소중한 것은 '그리스도 원리'가 아니라 '신구약성서가 증거하는 예수 그리스도 자신'이라는 일이다. 바르트에 의하면 신학자는 언제나 하나님의 말씀이신 예수 그리스도에게서 "깊은 놀라움을 느끼고 크게 각성 받는 반면 그에게서 큰 충격을 받으면서 위로를 받아야 한다." 그래서 신학 연찬은 언제나 공손과 감사 중에서 행해야 하고 기도와 기쁨 중에서 하나님 말씀을 위한 봉사가 되어야 한다. 그러므로 아무리 위대한 신학이라 할지라도 거기에 "창조주 되시는 성령이시여 오시옵소서!"라는 기도가 같이 함이 없이는 올바른 신학이 될 수는 없다는 것이었다.

II.

단적으로 말해서 칼 바르트의 신학은 그리스도론 중심의 신학이었다. 그는 다만 신관이나 인간관뿐 아니라 창조론으로부터 종말론에 이르기까지 그리스도교의 모든 교리를 그리스도론적으로 해석하였다. 바르트에 의하면 사람이 되신 예수 그리스도께서는 그분 자신이 바로 하나님이시요 그는 지음 받은 인간임과 동시에 하나님도 되신다. 예수 그리스도께서는 결코 하늘 천사나 하나님과 인간 사이의 중간적인 존재자가 아니다. 역대 교회가 고백한 바와 같이 그는 참 하나님과 동시에 참 사람이신데, 여기에서 말하는 '참'이라는 말은 "예수의 인간되심은 하나님께서 창조하신 그대로의 인간일 뿐 아니라 그는 또한 우리와 더불어 조금도 다를 것이 없는 인간이심을 뜻한다"는 것이 바르트의 해석이었다. 그리고 예수께서는 우리에게 대한 하나님으로서는 우리와는 판이한 분이시지만 인간으로서는 우리와 더불어 조금도 다를 것이 없는 분이신데 여기에 예수 그리스도의 인격의 비밀이 있다는 것이었다.

근대 신학의 관심은 예수 그리스도에게 있었다기보다는 차라리 '역사적 예수'와 '예수의 교훈'에 있었고 그것을 깨쳐 주는 것은 신앙이 아니라 역사학이라고 보았다. 그리고 거기에서는 예수 그리스도가 하나의 종교적 천재가 되고 대등한 인간들 사회에서 뛰어난 위인이었다. 그러나 위에서 본 바와 같이 바르트는 예수 그리스도에게서 영원하신 하나님의 독자와 하나님의 계시를 보는 한편 창조주 하나님과 그를 배반했던 우리 인간을 화해시켜 주시는 화해자를 보았던 것이다.

판넨베르크(W. Pannenberg)나 토란스(T. F. Torrance) 같은 바르트 연구가들은 칼 바르트도 역시 그의 그리스도론에서 그리스도의 양성론을 주장했다고 말하고 있다. 그러나 바르트 신학에 있어서는 그리스도론의 모든 명제가 내적으로 얽혀 있어서 그리스도의 양성론만을 별도로 다룰 수는 없는 것이다. 바르트는 또한 예수 그리스도의 품격과 업적을 통일시킴으로써 그리스도론과 화해론을 통일시켰는데, 그에 의하면 예수 그리스도가 참 하나님이요 참 사람이라 함은 그에게 두 가지 본성이 있다는 것이 아니라 그의 사람 됨과 하나님 됨이 자기를 낮추시고 높임 받는 데에서 일어난 하나님의 화해의 역사에서 알려진 그의 신인성(神人性)을 말하는 것이라는 것이었다. 다시 말하면 예수 그리스도의 신성이란 다름 아니라 하나님께서 예수 그리스도에게서 인간이 되시고 주 하나님께서 종의 형태를 취하신 데에서 계시된 신성이었고 또 예수 그리스도에게서 나타난 인간성이란 다름 아니라 하나님으로 높임 받는 인간성을 말한 것이다. 이리하여 바르트는 인간 예수의 품격과 업적과의 일치에서 그의 신성을 보는 반면 그의 높임에서 그의 인간성을 보았던 것이다.

바르트에게는 그리스도론과 화해론이 일치되거니와 그의 화해론에는 철학적인 이론은 전혀 없고 오로지 성서적인 증언이 있을 뿐이다. 그는 철두철미 신구약성서를 터전으로 하고 그의 신학이론을 전개했는데 화해론에 있어서도 이 점에는 변함이 없다. 그리고 그의 그리스도론의 특색은 그가 예수 그리스도의 인격과 교설과 그의 역사를 분리시키지 않는 데에 있다. 그에 의하면 예수 그리스도 안에서는 사건이 생기고 역사가 형성된다. 그런 의미에서 그는 그리스도론을 전개함에 있어서 '드라마'라는 말을 자주 사용하였다.

칼 바르트는 하나님의 존재와 그의 활동 사이에 대립관계를 인정하지 않았다. 이에 있어서 그는 정적인 그리스도론을 모두 배격한다. 그에게는 예수 그리스도에게서 일어난 역사가 바로 하나님의 역사였고 이것이 바로 성서적 역사관이었다. 그리고 신학은 이 살아서 역사하시는 현재적 그리스도와 관련되는 학문이기 때문에 거기에는 일정한 이념을 중심으로 하는 학적 체계가 성립될 수 없다는 것이 그의 주장이었다. 그에 의하면 신학자는 언제나 그 대상자의 활동에 대해서 그 마음을 개방해야 하고 자기 자신이 지어놓은 장막이 거듭거듭 무너질 것을 각오해야 한다는 것이었다. 그 결과 바르트에게 신학은 어디까지나 서론으로 머물 수밖에 없고 그것은 언제나 생생하게 살아 있는 학문이 되어야 한다는 것이었다.

바르트의 본 바대로 하면 신학적 사유는 '부서진 사유'가 될 수밖에 없다. 그리고 신학적 작업은 언제나 '단편적'인 작업이 될 수밖에 없다. 따라서 교회교의학에는 아무런 전제도 있을 수 없고 일정한 근본 개념이나 원리가 있을 수 없다. 이에 있어서 바르트는 '교의학 체계'란 있을 수 없다고 주장하였다. 화해론이나 창조론 또는 구원론 같은 것이 교의학의 중심 교리가 될 수는 없는 것이며 그 밖에 교리도 모든 교리의 원리가 될 수는 없는 것이다. 교의학에 있어서 지배할 수 있는 이는 오직 한 분 살아 계신 하나님뿐이다. 이에 있어서 바르트는 교의학의 방법은 모든 조직적인 전제를 배격하고 말씀 중에서 일하시는 살아 계신 하나님의 말씀에 귀를 기울이면서 그의 지배에 순종하는 데에 있다고 보았던 것이다.

그러나 교의학 체계를 배격한다 함은 결코 교의학 형성을 위한 일정한 방식이나 순서를 무시한다는 말이 아니라, 교의학의 작업은 진리를 터전으로 하는 작업이니만큼 신학자는 그 하나하나의 교리나 전체에서 일정한 질서와 상호관계를 지어 가야 한다. 교의학을 수립함에는 무의미한 낱말만을 나열하여서는 안 된다. 이에 있어서 바르트는 교회교의학은 마땅히 그리스도교의 경전인 신구약성서를 터전으로 하고 역대 교회의 전승에서 그 나아갈 방향을 찾아야 한다고 주장했던 것이다. 그리고 그에게 있어서 신학은 결코 신학자나 목사들의 개인적인 일이 아니라 공공한 '교회적인 일'이었고 교회원 전체 위에 부과된 엄숙한 교제였다. 그런 의미에서도 신학적 사유는 '교회적인 사유'였으며 교회야말로 '신학의 자리'요 '신학의 주체'임과 동시에 '신학의 객체'도 되는 것이다.

III.

알트하우스는 그의 교의학 저서에서 종교학이나 종교 철학 같은 학문은 교회 밖에서도 연구할 수 있는 학문이지만 교회교의학은 교회 밖에서는 탐구할 수 없는 것이며 그것은 다만 그리스도 교회 안에서만 탐구할 수 있는 교회의 학문이라고 말한 적이 있다. 이 점에서 칼 바르트의 견해도 일치될 뿐 아니라 위에서 본 바와 같이 그의 견해대로 하면 살아 계신 주 예수 그리스도께 대한 생생한 신앙생활이 없이는 교의학을 탐구할 수는 없는 것이다. 이에 있어서 그는 좋은 교의학을 수립하기 위해서는 좋은 그리스도인이 되어야 한다고 말했던 것이다.

이와 같이 말하는 칼 바르트의 신학사상은 상아탑 안에서 산출된 것이 아니라 시골 교회의 목사관에서 탄생된 학문이었다. 그러나 그에게는 신학이야말로 가장 아름다운 학문이요 모든 학문의 여왕이었다. 이에 있어서 그는 언제나 기쁨과 감격을 가지고 신학 연구에 종사하였고 그에게는 신학이 바로 노래와 시였던 것이다. 그러나 그가 대성한 교회교의학은 그 양에서나 질에서 가장 위대한 학문이었고 그 끼친 영향도 지대하였다.

골비처(H. Gollwitzer)의 말대로 하면 바르트의 『교회교의학』의 내용은 그 부피에서 우주와도 비길 만하고 그 안에서 전개된 모든 이론은 건축학적 미를 간직하고 있다고 한다. 그리고 일본의 교의학자 구마노 요시다카는 말하기를 현대인에게 가장 큰 영향을 끼친 사상가는 마르크스와 칼 바르트라 하였다.

칼 바르트는 엄격한 신약학자 F. 바르트의 아들로 태어나서 베를린과 마부르크(Marburg) 대학의 자유주의 신학자들을 사사했다. 그런데 그 당시에 가장 우수했던 교수 중의 한 사람인 트뢸취(E. Troeltsch)가 신학을 버리고 철학 강좌로 옮겼던 1914년에 제1차 세계대전이 폭발하자 그 당시의 교양 있는 그리스도인들은 신구약성서가 증거하는 진리를 그대로 따르면서 그것을 푯대로 하는 경건한 생활을 계속하든지 그렇지 않으면 그리스도 교회와 그 경전인 신구약성서를 떠나서 자유로운 생활을 하든지 둘 중의 하나를 택할 수밖에 없게 되었다. 그런데 칼 바르트는 신구약성서를 하나님의 말씀으로 받아들이고 그 위에 인생의 터전을 마련하기로 결심했던 것이다.

그래서 1918년에 스위스의 조그마한 출판사에서 나오게 된 『로마서 강해』에서 젊은 바르트는 인간의 이상이 아니라 하나님의 심판을 외치고 인간 자신의 노력이나 교양이 아니라 십자가의 복음이 모든 인간을 구원한다고 외쳤던 것이다. 그때에 외친 칼 바르트의 외침은 지난 반세기 동안 누룩처럼 온 세상에 퍼져 가서 동서양 각처에 심각한 문제를 던지면서 그의 주장에 반대하거나 거기에 추종할 수밖에 없는 결단을 재촉했던 것인데 오늘날 한국에 있는 그리스도인들 역시 이와 같은 결단을 재촉 받고 있는 줄 안다.

그러나 칼 바르트의 주장을 올바로 이해하기 위해서는 아무래도 그의 주저인 『교회교의학』을 숙독할 수밖에 없을 줄 안다. 그런 의미에서 필자는 끝으로 칼 바르트의 신학사상에 찬성하든 반대하든 간에 이 고장의 신학도들이 일단은 그의 주저를 요약 소개한 이 책을 숙독하시기를 권하고 싶다.

3
칼 바르트의 교회론*

I. 머리말

최근에 알려진 바에 의하면 미국 교계에서 가장 많이 읽히고 있는 신학 서적은 폴 틸리히의 저서와 칼 바르트의 서적이라 한다. 이 두 분의 전공분야는 같은 조직신학이지만 그 방법론에서는 두 분의 입장이 서로 달랐다. 바르트는 오로지 성서와 교회 전승만을 귀범으로 하고 『교회교의학』을 대성했으나 틸리히는 성서와 교회사뿐 아니라 일반 종교와 문화사까지를 조직신학의 자료로 하고 『철학적 신학』을 대성하였고 한 걸음 더 나가서 직접적이든 간접적이든 간에 '그리스도로서의 새 존재'의 나타남과 관련되는 모든 사물을 조직신학의 자료로 사용했다.

그러나 이 두 분 사이에는 끊으려야 끊을 수 없는 인격적인 유대관계가 있었던 것이다. 그것은 독일 민족을 메시아적인 민족으로 자처하는 반면

* 「현대와 신학」(서울: 연세대학교 연합신학대학원, 1977), 13-24에 실린 글이다.

독일 민족으로 생존한다는 사실 자체가 절대적인 가치를 지닌 일이라고 제창했던 로젠베르크(Alfred Rosenberg)의 『20세기의 신화』(*Der Mythos des 20. Jahrhunderts*)를 기본 신조로 하고 '민족지상주의'를 고조하는 한편 자기 민족의 번영을 위해서는 다른 민족을 희생의 제물로 삼아도 마지못한 일이라고 표방했던 나치 정권에 대해서 공동전선을 펼치는 일이었다. 칼 바르트를 선두로 한 이 저항운동 때문에 두 분은 같은 시기에 해외로 추방당하게 되어 바르트는 말년을 그의 조국인 스위스에서 보내다가 거기에서 작고 하였고 킬리히는 미국에 귀화하여 그곳에서 폭넓은 활동을 전개하다가 거의 같은 무렵에 빛의 나라로 옮아갔던 것이다.

그런데 두 분을 해외로 추방한 나치 정권이 극성을 부리던 때에 안식년을 맞이하여 유럽을 여행했던 미국의 신학자 호르톤 교수의 여행기를 보면 그 당시 유럽의 정치계는 히틀러를 찬성하는 세력과 그를 반대하는 세력으로 양분되어 있었고 신학계는 바르트를 추종하는 학파와 그를 배격하는 학파로 이분되어 있었다 한다. 그리고 현재 뉴욕의 유니온 신학교의 조직 신학 교수로 계시는 윌리엄스 교수의 말대로 하면 칼 바르트는 20세기에 신학적 르네상스를 일으킨 석학이라 한다. '선교의 신학자'로 자처했던 브룬너의 말대로 하면 칼 바르트는 '교회의 신학자'로서 그의 교회관은 비단 현대 신학뿐 아니라 근대 신학을 이해함에 있어서도 극히 중대한 의미를 지닌 것이라 한다. 그러면 바르트의 교회관은 과연 어떠한 것이었던가? 다음에서 우리는 그 개괄적인 윤곽을 살피기로 하겠다.

II. 택함 받은 무리

위에 말한 브룬너의 분류대로 하면 교회관에는 세 가지 유형이 있는데,

그것은 1) 교회는 "택함 받은 무리"라고 보는 예정론적 교회관, 2) 교회는 "그리스도의 몸"이라고 믿는 유기체 교회론, 3) 교회는 "성도의 교제"라고 이해하는 친교 중심의 교회관이다. 바르트의 교회관에는 이 세 가지 요소가 들어 있는데, 초창기 사상에서는 주로 첫 번째 것이 강조되었고 중년기에 이르러서는 두 번째 것이 고조되었으며 그의 만년에 이르러서는 현저하게 세 번째 것이 강조되었다.

젊은 바르트와 그의 친지들의 동인잡지였던 「시간의 사이」(*Zwischen der Zeiten*) 지(誌) 1926년도판 363면에서 바르트는 말하기를 "교회는 하나님 자신이 세우신 공동체로서 그것은 하나님 말씀에 의해서 사는 죄인들의 신앙과 복종의 공동체"라고 제창하였고, 1928년에 출판된 초기 논문집 『신학과 교회』에 수록된 "개신교에 대한 물음으로서의 천주교"라는 논문에서는 근세의 개신교가 "인간의 교회를 주장한 데 반하여 로마 천주교회는 당초부터 교회는 '하나님의 집'이라는 지혜를 상실하지 않았으나 이 천주교도 '하나님만'을 고수하지 못했기 때문에 그것을 고수하기 위해서 나선 것이 개신교였다"고 지적한 바 있었다.

바르트에게 '교회'는 애당초부터 사회학적인 개념이 아니라 신학적인 개념이었다. 본회퍼는 그의 교회론을 전개함에 있어서 거기에 '성도의 교제'라는 제목을 붙이는 한편 그 부제목으로서 "교회 사회학을 위한 교의학적 연구"라는 제목을 붙인 일이 있었지마는 바르트가 본 바대로 하면 교회의 사회학적 이해는 교회의 본질을 오해한 데에서 원유(原由)된 생각이다. 그래서 그는 그리스도 교회에 있어서 독자적이며 본질적인 것은 '하나님 말씀'과 거기에 대한 '죄인의 복종'이라는 것이 초기 바르트의 주장이었다 (*ZDZ* 1926년, 364).

바르트에 의하면 교회는 본시 영원하신 하나님께서 화해의 지령을 터전으로 하고 그 위에 세우신 기관인데 이 교회는 오순절의 성령 강림 때에 그 시간적인 기초가 다져졌고 인간적인 질서와 조직으로서 말씀의 화육에서 실현된 기관이었다(*Ibid.*, 365). 이리하여 바르트의 본 바대로 하면 교회의 본질은 하나님 말씀이요 예수 그리스도 자신이시며 교회의 행적은 신도들의 실존과 그들의 사귐의 실존에서 하나님 말씀이 말씀되는 데에서 실현되는 행적이었다.

두루 알려진 바와 같이 바르트 신학은 처음에 그의 『로마서 강해』에서 출발한 것이었지만 이 『로마서 강해』시대에는 아직 그의 "하나님 말씀"의 개념이 예수 그리스도의 존재와 밀착되지 못했다. 따라서 그 당시 그의 교회관도 "주의 몸 된 교회"의 개념에까지 굳혀지지를 못했다. 이 시기의 교회관대로 하면 "교회는 그것 자체로서는 역사가 될 수 없는 인간에게서 나타난 하나님 역사의 역사적인 파악과 인도처와 운하가 되는 것이요("『로마서 주석』, 105), "인간을 하나님에게서 단절시키는 심연의 이편 언덕에서 지금 당장 계시가 영원으로부터 시간 중에 나타나고 …… 은총이 이편 언덕의 모든 돌발이 되는 장소이며 하늘나라를 기다리면서 그것을 얻으려고 지향하는 장소였다"(『로마서 주석』, 316). 이 무렵 바르트는 복음과 교회 사이에 한없는 대립을 인정했는데 이는 두 사이에 이와 같은 대립이 없던 슐라이에르마허와 릿츨의 신학사상을 극복하기 위함이었다. 이 무렵의 교회관대로 하면 교회는 마땅히 하나님의 영원성에서 심판을 받아야 하고 장차에 이르게 될 천국에 대하여 소망을 가져야 하며 영원하신 주의 명령에 전폭적으로, 초종적으로 복종해야 하는 기관으로서 그것은 오로지 주님의 명령에 있어서만 그 가능성과 진실성을 얻게 되는 기관이었다.

바르트가 그의 『교회교의학』에서 제창한 교회는 결코 교파적인 교회가 아니라 전체 교회로서의 교회였음은 말할 필요도 없는 일이다. 이 세계 교회에 대한 그의 이해는 이미 『로마서 강해』에도 나타나 있다. 그는 『로마서 강해』에서 이르기를 "이방인의 교회도 가능하다. 이방인을 가리켜서 깊이 잠든 자나 불신자나 불의한 자라고 봄은 잘못이다. 그들도 하나님을 두려워하는 자요 하나님에게 택함 받은 자들이다. 그들에게는 운하의 주민인 율법 신도들에게서는 볼 수 없는 불안과 동요가 있는 것은 사실이다. 그러나 하나님께서는 이 이방인들까지도 굽어 살피신다"(『로마서 강해』, 41 이하)라고 말하고 있는데 우리는 여기에서도 이미 세계 교회에 대한 이론의 기틀을 엿볼 수 있다.

III. 주의 몸

위에 말한 바르트의 초창기 교회관은 그 일단이 『교회교의학』에도 그대로 진전되고 있는데 하나님의 주권과 거기에 대한 인간의 복종을 주장하는 데에 교의학 서설의 주제가 있었다는 것이 바로 이 사실을 증명해 준다. 그리고 예수 그리스도의 몸 된 교회는 하나님과 인간 사이의 복종관계를 되풀이할 때에만 존재할 수 있는 것이며 이 교회는 인간과 계시와의 명확하고도 현실적인 대립이 유지되고 못 되는 데에서 서기도 하고 넘어지기도 한다는 것이 그 다음 시기의 바르트의 주장이었다.

바르트의 본 바대로 하면 그리스도 교회에는 신인적인 성격이 있다(『교회교의학』 I/2, 14). 그러나 그리스도 자신이 이 세상에 겸비하게 강생(降生)하신 것처럼 그의 몸 된 교회도 이 세상의 모순 속에 처해 있으면서 거기에서 오히려 하나님과 더불어 공존하는 기관이라는 것이었다. 그래서 바르트는 성서에 근거하는 문자 그대로의 교회는 '그리스도의 몸'이라고 강조하였다. 이 '몸'이라는 낱말은 랍비 문헌에서는 야웨 하나님이 임재하시는 임재의 장소를 뜻하는 것이었는데 신약성서에는 이 '몸'이 예수 그리스도의 영적 실존을 가리키는 것으로 되어 있다(골 1:19, 24; 2:19; 3:5). 다시 말하면 이 '몸'은 영광의 주께서 나타나시는 거룩한 장소를 가리키는 개념이었다.

바르트가 본 바대로 하면 교회의 머리 되시는 그리스도께서는 "천(天)적 존재"임에 틀림이 없으나 그의 몸 된 교회는 오히려 이 세상에 존재하는 "역사적인 존재"인 것이다. 그러나 이 역사적인 존재인 교회가 승천하신 그리스도에게 소속되어 있음과 동시에 그리스도께도 그의 몸 된 교회에 소속되어 있다는 것이 바르트의 주장이다(『교회교의학』 IV/2, 739). 이 바르트에게서 많은 영향을 받았던 본회퍼는 그의 저서 『성도의 교제』 725면에서 이르기를 "그리스도께서는 교회로 존재하신다"라고 단언했지만 바르트는 오히려 한편으로는 "예수 그리스도는 교회라고 말할 수 없다"고까지 말하면서도(『교회교의학』 IV/2, 741) 그는 또한 "교회는 예수 그리스도일 수 없다"고 말했던 것이다(『교회교의학』 IV/2, 741). 왜냐하면 교회 자체가 '주어'가 될 수 없듯이 예수 그리스도께서도 '술어'가 될 수 없기 때문이다(『교회교의학』 IV/2, 772).

바르트의 본 바대로 하면 교회는 안으로 밖으로 많은 위험성을 내포하고 있다. 밖으로는 박해와 탄압이라는 고된 십자가를 지기 마련이고(『교회교의학』 IV/2, 751) 때때로 멸시와 천대를 받기도 한다(『교회교의학』 IV/2, 752). 안으로 볼 때에는 교회도 이 세상의 일쿠인지라 그 활동도 이 세상의 인간적인 활동이 될 수 있는 가능성이 짙다는 것이다(『교회교의학』 IV/2, 753). 바르트는 이 내적 유혹을 "이교적 유혹"이라고 일컬었는데 그에 의하면 교회에는 또한 "의식화의 유혹"이 있다는 것이다(『교회교의학』 IV/2, 754). 그리고 교회가 그리스도만을 오직 하나의 주로 섬기지 않는 데에서 이 두 가지 유혹이 온다는 것이었다.

바르트에 의하면 죽은 시체가 갈기갈기 찢어져도 고통을 느끼지 않듯이 죽은 교회는 천 갈래 만 갈래로 단절되어도 아무러한 진통도 느낄 수 없다는 것이다. 그런데 현실의 교회는 그 구성 인원과 교리 및 제도 등으로 말미암아 수백 교파로 분열되어 있고 때로는 피차간에 갈등과 알력까지를 일으키고 있다. 바르트의 본 바대로 하면 이 모든 갈등과 알력은 잡다한 "신들"에 대한 충성심의 결과요 그런 의미의 교파주의나 경건주의는 용납할 수 없는 것이다.

그러나 서로 처지와 환경이 다른 색다른 회중을 획일적인 신앙으로 무리하게 합치려 함은 잘못이라고 한다. 지리적 차이에서 오는 생활양식이나 시대적 거리감으로 말미암은 사상적 차이나 관습의 등차나 언어의 장벽에서 온 교회의 다양성은 없앨 수가 없다는 것이다(『교회교의학』 IV/1, 671). 또한 그리스도인은 언제나 눈에 보이는 교회 안에서 생활하고 거기에서 행동하기 마련이지 볼 수 없는 몽상적인 교회에서 살 수는 없다는 것이었다. 우리는 반드시 조직된 역사적인 교회 안에서 행동해야 하며 믿음의 조상들이 성령의 인도를 받아 가면서 결정했던 것을 경시해서는 안 된다는 것이었다.

그러나 우리 신앙의 선진들인 루터와 칼빈은 결코 자기 자신을 내세운 이른바 종교인이 아니라 오직 한 분 예수 그리스도만을 증거한 그의 증인들인 만큼 루터교인이나 장로교인들은 마땅히 그들이 증거한 예수 그리스도만을 경배해야 한다. 그리고 이 예수 그리스도의 십자가의 복음을 전달하는 데에서 일치점을 찾기만 하면 그리스도 교회는 실질적인 일치가 성취될 수 있다는 것이 바르트의 주장이었다. 그런데 로마 천주교회와 옥스퍼드 그룹 같은 것은 십자가의 복음보다는 차라리 인간의 종교적 경건성을 중요시하느니만큼 복음주의 교회는 이 두 기관을 경계해야 한다는 것이 바르트의 주장이었다(*Evangelische Theologie*, 1936, 6, 305).

그러면서도 바르트는 또한 개신교 교회 사이의 참다운 연합 문제가 시급하다고 보았는데 그에 의하면 천 갈래 만 갈래로 분열되어 있는 현실적인 교회에서는 원단한 합동을 기대할 수 없느니만큼 모든 교회를 연결시키는 연합식 헌법을 제정하는 데에서 만족할 수밖에 없다는 것이었다. 그러나 '합동 교의학' 같은 것은 무의미한 것이며 교파가 없다고 해서 거룩한 성공회가 이루어지는 것도 아니라는 것이었다. 거룩한 성공회를 이룩하고 그 안에서 생각하며 말하기를 바라는 사람은 차라리 겸손하게 기성 교회를 섬기면서 거기에 충성할 일이지 새로운 교파를 만든다는 것은 오만불손한 일이라는 것이었다(『교회교의학』 I/1, 442).

IV. 교회의 기능

그리스도 교회의 첫째가는 기능은 하나님 말씀의 전달이라는 것이 칼 바르트의 지론이었다. 루터가 그러했듯이 칼 바르트도 역시 하나님 말씀에 세 가지 형태를 인정했는데 그것은 예수 그리스도와 성서 및 설교였다. 하나님 말씀의 전달이 설교와 성례전의 집행에서 이룩되는 것은 사실이지만 설교는 또한 신학 교육과 사랑의 봉사에서도 성취되며 예배 시간의 기도와 찬송 및 신앙고백도 복음 전달을 위한 것이다.

말할 것도 없는 일이지만 바르트는 이 선교 활동도 하나님의 뜻에 따라서 성취된다고 주장했다. 그리고 선교에서는 하나님께 대한 인간의 말이 제거되지는 않지만 실지 선교는 말씀 중에 임재하시는 하나님 자신의 말씀이라는 것이 그의 주장이었다. 이에 있어서 그는 현실의 선교를 가리켜서 "하나님 말씀의 선교"라고 일컬었던 것이다(『교회교의학』 I/2, 97). 그러나 이는 결코 인간의 말을 신격화시킨 것이 아니라 창조주 하나님께서는 그리스도 교회의 한계성을 넘어서 자유롭게 말씀하신다는 것을 말하기 위함이었다. 그래서 그는 그리스도 교회의 선교 활동은 하나님 말씀을 위한 봉사요 그것은 하나님의 은총을 매개하기 위한 수단에 불과하다고 보았던 것이다(『교회교의학』 I/2, 55).

그리스도 교회의 선교는 첫째로 설교와 예전의 형식으로 전개되는데 설교는 교회에서 그것을 위하여 부름 받은 이가 행할 것이고 설교의 방식은 성서가 증거하는 계시를 해석하는 형식으로 행해져야 하며 오늘 이 자리에서 기대해야 할 계시, 화해, 소명의 약속을 설교자가 신의 말을 가지고 말함과 동시에 현대인에게 이해가 가도록 설교해야 한다는 것이었다. 그리고 성례전은 교회의 공동체 안에서 성서의 증언에 따라서 집행되는 것으로서 설교에 뒤따르는 상징적인 것인데 이 성례전은 다만 하나님의 약속을 충족시킬 뿐만 아니라 하나님의 계시와 화해 및 소명을 증거하는 것이기도 하다는 것이었다(『교회교의학』 I/2, 56).

교회는 또한 병든 자와 약한 자 및 곤고 중에 빠진 자를 위해서 사랑의 봉사를 담당함으로써 사회윤리를 구현해야 한다는 것이었다. 이는 말하자면 인간 사회의 외부적인 궁핍에 대하여 책임을 분담하는 일이다. 교회의 찬송과 기도 및 신앙고백이 하나님 말씀에 대한 응답인 것처럼 인간은 하나님의 뜻에 따라서 그 이웃을 위해서 존재해야 한다는 것이 칼 바르트의 주장이었다. 그 까닭은 하나님께서는 그 이웃을 위해서도 아버지로 존재하시기 때문이다. 그러나 이와 같은 인간 행위에서 성립되는 하나님께 대한 특수한 말씀을 근본적인 의미에 있어서 하나님을 향한 말씀이지 그것은 결코 인간을 향한 말씀이 아니라는 것이 바르트의 주장이었다(『교회교의학』 I/1, 66). 그러므로 일반 사회에서 여러 가지 책임을 담당하는 그리스도인들은 마땅히 이른바 사회적 복음의 전달자를 경계해야 하는데 이는 그들이 복음 선교를 제약하기 때문이라는 것이었다.

칼 바르트에 의하면 교회는 요컨대 그 본연의 기능인 설교와 예전 및 교육과 사랑의 실천에서 이루어지는 말씀의 선교만을 담당해야 한다는 것이었다.

V. 교회와 이 세상

그리스도 교회가 세상 풍파 중에서 시달리는 기관이라 함은 어길 수 없는 사실이다. 그러나 교회는 결코 이 세상의 힘에 의해서 존속되는 기관이 아니다. 그렇다고 해서 교회는 또한 이 세상을 무시하거나 적대시하여서도 안 된다. 교회의 개념이 신학적 개념이지 사회학적 개념이 아닌 것은 사실이지만 그렇다고 해서 교회는 결코 이 세상 권력과 대항하는 데에서 그 지위를 확보하는 것은 결코 아니다. 바르트에 의하면 그리스도 교회는 문화 발전에 개입할 필요도 없고 국가와 더불어 경합할 필요도 없으며 국가보다 우월한 위치에 올라가려고 애타할 필요도 없다. 그러나 교회는 또한 이 세상의 악마적인 세력이 교회를 이용하거나 그것을 괴롭히는 일을 방임하여서도 안 된다.

그리스도 교회는 어떤 특정한 민족이나 사회 계급만을 상대로 하지 않는다. 교회는 언제나 하나님과 더불어 수직적인 관계를 가진 개개인을 향해서 호소할 따름이다. 이 개인은 하나님과의 관계에 있어서 추상화시킬 수 없는 존재로서 그는 언제나 구체적이며 현실적인 존재인 것이다. '청년'이나 '학생' 또는 '남성'이나 '여성'은 추상적인 개념들인데 그리스도 교회의 설교는 결코 이와 같은 추상적인 존재들이 아니라 하나님의 현전에 서 있는 김서방이나 박서방을 향해서 호소하는 것이다. 그래서 바르트는 말하기를 "각 신도는 한 개인으로서 그리스도의 지체요 하나하나의 개체"라고 말했던 것이다(『르마서 주석』, 429). 만일에 그리스도 교회를 사회학적 견지에서 규정하려 할 때에는 살아 계신 하나님과 그의 달씀 및 거기에 대한 신앙과 복종에 대해서는 침묵할 수밖에 없을 것이다.

칼빈은 국가와 교회와의 관계를 두 눈으로 비교한 일이 있었다. 바르트는 양자의 관계를 크고 작은 동심원과 같다고 말하고 있다. 바르트에 의하면 국가도 하나님이 세우신 신적 권위로서 국가는 모름지기 그리스도 교회의 호위병이 되어 안과 밖의 모든 대적을 막아 줌과 동시에 교회로 하여금 그 본연의 기능인 선교 활동을 자유 활달하게 수행할 수 있도록 도와주어야 한다.

신약성서의 증언대로 하면 국가는 교회와 대립되는 인간 사회의 최고 질서다. 사도 바울은 그의 빌립보서와 에베소서 및 골로새서에서 국가는 그것 자체가 하나님께 항거하는 성격과 위험성을 내포하고 있으나 국가 역시 주 예수 그리스도에게 예속된 기관이라고 인정하고 있다. 그리고 로마서 13장의 증언대로 하면 국가 수반은 하나님 예배의 지휘자로 세움 받은 자들이다. 그러므로 그리스도인들은 이 국가의 수반과 더불어 대립할 것이 아니라 그들을 위해서 기도해야 하고(딤전 2장) 이 기도를 통하여 교회를 위해서도 기도하는 결과가 된다는 것이었다.

비록 주의 몸 된 교회는 아니지만 국가도 역시 예수 그리스도의 승천과 재림과의 사이에서 수립되는 그리스도의 왕국 안에서 일정한 소임을 담당하는 기관이다. 국가는 이 중간에서 이 세상을 무질서에서 방어하고 십자가의 복음을 전달하는 데에 소용되는 안정된 장소를 제공해야 하는 것이다(*Evangelische Theologie*, 1936, 412).

국가는 때때로 교회가 양심적으로 복종하기 어려운 요구를 제시하는 수가 있다. 교회는 이와 같은 경우에도 권력 행사에 호소하거나 정치적인 의미의 혁명을 일으켜서도 안 된다는 것이 칼 바르트의 주장이었다. 그에 의하면 국가가 만일에 하나님이 명하신 봉사를 하지 않거나 그리스도 교회를 적극적으로 돕지 않고 교회에 대한 반대운동을 일으킬 뿐 아니라 직접 간접으로 교회를 해치는 일을 행할 때에는 당위에 있는 주의 몸 된 교회도 십자가에 달리신 예수 그리스도의 몸과 같이 상처를 받을 수밖에 없다는 것이었다. 라인홀드 니버는 이르기를 우리 인간은 인간이지 하나님이 아니기 때문에 초월적인 입장에 설 수는 없는 일이라고 말했지마는 칼 바르트에게 있어서 그리스도 교회는 확실히 국가보다 월등한 기관이었다. 그러나 그에게 있어서도 교회를 향하여 "오직 영적인 봉사만을 위해서 충성하라"고 권면함은 사탄이 제일 좋아하는 소리였다.

바르트는 그의 만년에 '뉘히테른'(nüchtern)이라는 낱말을 즐겨 사용했다. 이 말의 본뜻은 '취하지 않다, 깨어 있다'이다. 바르트에 의하면 가장 나쁜 도취는 일정한 이념에 도취하거나 일정한 프로그램에 도취하는 도취였다. 그도 역시 어느 정도의 프로그램과 순결한 이념을 용인했다. 그러나 그런 것을 위하여 인간들이 봉사할 게 아니라 그것들이 도리어 인간을 위하여 봉사해야 한다는 것이 바르트의 주장이었다. 그런데 지금까지의 역사를 보면 여러 가지 모양의 이념 때문에 수많은 사람들이 살기도 하고 죽기도 하였다. 그러나 인간은 이념보다는 차라리 현실 생활을 위해서 죽어야 한다는 것에 바르트의 생각이었다. 왜냐하면 우리의 현실은 예수 그리스도의 죽음과 재림 사이에 끼어 있는 현실이요 우리는 이미 이 예수 그리스도의 죽음과 부활에서 결정적인 놀라움과 매혹을 경험한 자들이요 그 밖에 다른 사건에서는 이와 같은 결정적인 놀라움과 매혹을 느낄 수가 없기 때문이다.

그리스도 교회는 결코 어떠한 원리와 더불어 거취를 같이하여서는 안 된다. 주의 몸 된 교회는 오직 주 예수 그리스도만을 섬겨야 하며 여러 가지 프로그램에 대해서는 아주 담담한 심정으로 대해야 한다. 그래서 신약성서의 저자들은 국가의 지배권과 통치권에 대해서도 언제나 편안한 마음을 가졌던 것이다. 필요할 때에는 그리스도인도 역시 국가에 대하여 저항할 필요가 있을 것이다. 그러나 그러한 때에도 너무 신경질적이어서는 안 된다. 그래서 칼 바르트는 공산치하에 있는 헝가리에 갔을 때에도 그곳의 교우들을 향하여 언제나 해학을 잊어서는 안 된다고 말했던 것이다.

VI. 맺는 말

이상에서 우리는 칼 바르트의 신학 순례에 뒤따라가면서 그 초창기와 중년기 및 만년기에 나타난 교회관을 더듬어 보았다. 그의 신학체계 전체가 그러했듯이 그의 교회관도 역시 추상적인 공리공론을 위한 것이 아니라 생생한 역사적인 현실을 직시하면서 거기에 대한 하나님의 뜻을 깨쳐 주기 위한 것이었다. 그의 교회관의 이면에는 언제나 절박한 시대적인 정황이 깔려 있었다. 초창기 교회관은 주관적이며 내재적이던 근대 신학을 초극하고 저편에 계신 '절대 타자'로서의 하나님의 역사를 강조했을 때의 이론이었고 중년기 교회관은 그 무렵의 설교자들이 경건주의 사상의 영향을 받아 인간 자신이 이미 그 안에 갖추고 있는 종교 정서나 윤리관에 불을 붙여 줌으로써 사람들에게 그럴싸한 감명을 끼쳐 준 데 반하여, 신구약성서가 엄연하게 증거하고 있는 예수 그리스도께서 교회의 머리시요 그리스도인은 모두가 그의 몸 된 교회의 지체들임을 밝히기 위함이었고, 그리스도 교회의 기능에 대한 이론은 그리스도 교회가 오랫동안 이상사회 건설과 가치 형성을 위하여 노력할 따름이었고 개개인과 그들이 형성한 인류 사회는 주 예수 그리스도의 구원을 받아야 할 죄 된 존재임을 망각하고 있을 때에 제창된 것이었으며 교회와 국가와의 관계는 독일의 나치 도당과 소련의 공산당이 인간적인 너무나도 인간적인 이념과 프로그램을 제시하면서 하나님 없는 세계 지배를 단행한 결과 도처에서 비인간화 현상과 인간 부재 현상이 노정되게 되었을 때에 제창된 것이었다.

물론 어떠한 사상이나 그것이 새로운 시대를 감당할 수 없을 때에는 그 사상은 길가에 버림받은 소금과 같이 짓밟힐 수밖에 없게 된다. 그런데 칼 바르트의 신학사상과 그의 저서는 오늘날에도 인류 사회가 나아갈 방향을 제시해 주는 것이기에 이 세대를 영도하고 있는 뜻있는 사람들이 그것을 애독하고 있는 줄 안다. 그러므로 교계와 일반 사회가 여러 면에서 착잡한 걸음을 걷고 있는 우리에게 있어서도 바르트의 신학사상과 그의 교회관은 정신적인 길잡이가 될 줄로 안다.

4
「선교론」(일본어 출판), 십자가의 신학총서(1941년)

나는 이전부터 젊은 신학자들의 노작을 이 십자가의 신학총서 안에 포함시키고자 했다. 번역에 있어서는 이 바람이 충족되고 있다. 그러나 논문에서는 유감스럽게 오늘날까지 이 바람이 충족되고 있지 않았다. 여기에 뜻밖에 지동식 씨의「선교론」을 만나 내가 바라던 소망이 이루어졌다. 저자와 함께 마음속으로 기뻐해 마지않는다. 이 논문은 당당한 논진(論陳)에 의해서 사람 눈을 현혹시키는 저널리스트들의 화려한 논문과는 스스로 그 부류를 달리하고 있다. 이것은 꾸밈이 없고 강건한 논문이다. 조심스럽고 소박한 기품 속에 요지부동의 강인함을 볼 수 있다. 이 논문을 쓰고 신학교를 졸업해서 4월부터 조선 교회 강단에 서려고 하는 저자 위에 그리스도의 은혜와 축복을 기도함과 동시에 조선 교회 위에 하나님 말씀이 은혜롭게 내려지기를 기도한다.

이것은 칼 바르트의『교회교의학』을 숙독한 후 음미하여 쓰인 논문이다. 이 논문을 통독해서 내가 무엇보다도 기쁘게 생각했던 것은 바르트의 신학이 동양의 토양 속에 깊이 그 뿌리를 내리고 있다는 것이다. 그리고 바르트의 교회적인 교의신학이 그 이름에 보여주듯이 교회적인 봉사를 하고 있다는 것이다. 게다가 바르트의 교의신학이 거의 완전히 소화되어 알기 쉽고 명료한 형태로 재현되고 있다는 것이다. 이 논문을 읽음으로써 바르트의 교의신학 연구가 오늘날의 교회에서 어떠한 의의를 가질 것인지를, 또한 바르트의 교의신학의 연구가 얼마나 흥미 있는 일인지를, 많은 독자는 긍정하게 될 것이다.

— 1941년 4월 5일 마쯔다니 요시노리(松谷義範)

I. 교회의 임무

1.

오늘날의 교회 선교에 대해서 고찰하고자 하는데 그를 위해서는 우선 선교의 개념과 불가분의 관계에 있는 **계시와 증언**의 양 개념을 연구해야 한다. 왜냐하면 이들 세 개념은 하나님 말씀의 세 가지 형태로서 그 무엇 하나 모자라도 달리 완벽하게 표현할 수 없기 때문이다. 하지만 여기에서는 단지 주제인 '교회 선교로서의 하나님 말씀'을 깊이 연구하는 것으로 하고 그것과 완전히 동일한 의의와 엄숙함을 가지는 후자의 두 개에 관해서는 간접적인 언급에 그치고 싶다. 그러면 어떠한 의미에서 인간적인, 너무나 인간적인 교회 선교가 계시와 증언과 마찬가지로 하나님의 말씀인 것일까? 이 문제에 대해서 본 소론의 전체가 답할 것이다.

그런데 하나님 계시, 그 증언이라는 것은 어떠한 것인가? 하나님 **계시**라는 것은 육이 되어서 인간 속에 사시며 죽어서 부활하신 하나님의 아들 예수 그리스도의 사실이며, **증언**이라는 것은 이 사실과 관계를 가진 예언자와 사도들의 말씀을 의미한다. 그리고 우리가 오늘날 계시를 알고 동시에 그것에 대해서 말할 수 있는 것은 계시를 본 이들, 예언자와 사도들의 증언이 존재하기 때문이다. 이 증언, 즉 성서가 교회에 부여된 것은 계시로서의 하나님 말씀이 우리들에게도 가깝다는 것을 보일 뿐만 아니라, 역시 하나님 말씀 그 자체가 교회에 위탁되고 있는 것을 의미한다.

하나님 말씀이 인간 말의 형체로 진술되고, 선교의 대상으로서 교회에 부여되고 있는 것이다. 선교자의 현실을 규정하고 있는 것은 이 하나님의 위탁, 하나님의 명령이어야 한다. 사실, 선교자가 그 위탁을 주신 분의 권위를 띠고 말할 때에, 설령 다른 형체로든 간에 우리는 그때 성령을 통해서 실체적인 하나님의 말씀으로 받아들일 수 있는 것이다. 이렇게 교회 선교에서 우리는 말씀의 온전한 의미로서 하나님의 말씀으로 받아들이는 것인데 그것은 흡사 성서의 증언으로서 하나님 말씀 그 자체에 관계를 가진 것과 같다. 이것을 규명해서 말하면 '교회 선교 속에서 하나님은 말씀하신다'는 선교로서의 하나님 말씀의 문제에 귀착할 것이다. 그런데 이 명제의 진리성은 어디까지나 수육(受肉)하고 부활하신 예수 그리스도의 사실과, 이 계시 사실에 관한 증언으로서의 성서에 대한 복종 속에 구해야 하며, 동시에 이것을 믿어야 하며, 인간의 자연적인 능력으로부터 연구되어야 할 것은 결코 아니다. 하나님은 이미 계시된 예수 그리스도와 증언된 성서로서 결정적으로 말씀하셨다. 그리고 교회 선교에서도 역시 마찬가지로 말씀하신다. 이것이 사실 교회 선교의 필연적 전제를 이룬다. 그 때문에 선교자는 단순히 자기의 인간적 이상이나 확신을 선포하는 것이어서는 안 되고, 오히려 예수 그리스도 및 증언의 현존에 기초해서 대리적 권위로서 하나님 말씀을 이야기해야 한다. 그때, 그는 그 인간적인 것을 주장하고, 관철하기 위해서 하나님 말씀 이외의 것을 말하는 그런 오만한 태도로 나오는 것은 허락되지 않고, 또한 그 반면 자기가 진술하는 바가 단순한 인간적인 말에 그쳐서 하나님 말씀이 되지 않는 것인가 하는 그런 비굴한 태도를 가져서도 안 된다. 같은 일이 듣는 사람의 경우에도 적용하는 것은 물론이다. 선교자가 그리스도의 일체로서의 인간인 것과 마찬가지로 듣는 자도 역시 하나님 말씀을 위탁받은 공동체의 일원이기 때문이다. 교회의 모든 현상에서, 그 위에 있는 하나님 은총의 긍정을 우러러보아야 한다. 그리고 여기에서 말하는 은총의 긍정이라는 것은 교회에 부여된 하나님의 위탁과 교회 선교에 있어서의 하나님 말씀의 실체이다.

이렇게 교회에는 하나님 말씀이 부여되고 있으며, 그 선교의 말씀이 하나님의 말씀이라는 것에는 대단히 큰 곤란이 따라 붙으며, 그것을 자명하게 이론적으로 해명을 다하는 것은 아무래도 힘들다. 그것은 오히려 교회 안에 있는 자에 대해서 하나의 율법과 과제를 의미하는 것이고, 궁극적으로 말하면, 하나님의 권능에 의해서 예수 그리스도의 부활 안에 성취되고 있는 사실로서 인정해야 할 것이다. 그 때문에 교회 선교에서 하나님 말씀이 적용되는 것은 인간이 이 율법에 충간하고, 또한 그 과제를 수행함으로써 비로소 부흥되는 것이 아니라, 하나님이 계시된 예수 그리스도에게 실체적으로 말씀하시는 것이 이미 일어났기 때문에 이 같은 선교를 할 수 있으며, 또 해야 한다. 환언해서 말하면, 예수 그리스도의 실체 안에 이 율법은 이미 충족되고 있으며, 교회 선교에 적용되어야 할 하나님 말씀은 이미 부흥되고 있는 것이다. 우리는 과연 교회 선교가 하나님의 말씀이 될 수 있을 것인가라는 것만을 문제로 해야 할 것이 아니라, 단지 그 일을 믿고 그것이 결정적으로 성취되고 있는 예수 그리스도를 믿고, 끊임없이 그를 추구해야 한다. 인간은 하나님 말씀을 말할 수 없다는 우리의 불가능성이 예수 그리스도에 의해서 지양되고 있으며, 그 부활을 통해서 새로운 가능성이 부여되기 때문이다. 교회 안에서 일어나는 모든 상황은 예수 그리스도 안에 성취되고 있다. 따라서 교회 선교 말씀이 하나님 말씀이라는 것도 또한 그(선교자)에게는 진실이다. 선교자는 자기 자신을 보아야 할 것이 아니라, 예수 그리스도를 보아야 한다. 이때, 그는 하나님의 권능을 우러러보며, 성령에 이끌려 명하신 위탁의 위업에 힘쓰게 될 것이다.

구체적인 교회 선교가 하나님 말씀이 되었다고 하면, 그것은 선교자 자신의 인간적인 능력에 기인하는 것이 아니라, 그를 기관으로서 이용하시는 하나님의 독자적인 과업의 현실로서 이해되어야 할 것이다. 하나님 말씀을 이야기할 수 있는 것은 하나님 이외에는 존재하지 않는다. 교회 선교가 하나님 말씀이 되는 것은 하나님이 주체가 되셔서 자신의 말씀을 하시기 때문이며, 성령의 힘에 의해서 인간에게 듣는 귀와 보는 눈을 창조하셨기 때문이다. 그것은 하나님의 은총적인 행위이다. 따라서 선교 말씀이 그대로 하나님 말씀이라는 이 사실은 자연 발생적이고, 가정적인 사항이나 또는 변증법적인 사고의 결과로 간주할 수는 없다. 그것은 교회에 대한 하나님의 약속의 성취로서 예수 그리스도를 믿는 신앙만이 이 진리를 수용할 수 있는 것이다. 만약 예수 그리스도에 대한 신앙을 빼고서 인간이 직접적으로 하나님 말씀을 이야기할 수 있는 자가 있다고 한다면 그는 심한 자기 자만에 빠져 있는 것으로 말할 수밖에 없다. 현실의 교회에서의 인간적인 실패와 비참함과 무력함을 돌이켜볼 때에(이것도 역시나 신앙에 의한 인식이지만) 어떻게 이렇게 말할 수 있는 것인가? 선교 말씀이 곧 하나님 말씀인 것은, 인간적 혼란과 암흑의 한가운데서 생기는 것은 하나님 자신의 과업이며, 기적이다. 이 기적에는 인간의 모든 비참함은 지양되고 거기에 은총의 선교가 이룩되는 것이다. 인간이 하나님 말씀을 이야기할 수 있는 장소는 죽어서 부활하신 예수 그리스도가 계신 곳 외에는 존재하지 않는다.

선교 말씀이 하나님 말씀이 된다고 할 때, 교회 선교에서는 인간성이 부정되지는 않는다. 인간 말은 어디까지나 인간의 말이고, 인간의 말이

즉 하나님 말씀이 아닌 것이다. 로마 가톨릭교회 및 근대 신학은 이 점에서 오류를 범한 것이었다. 그들에 따르면 어떤 의미로 인간 자신이 선교의 주체가 되는 것이고, 증언으로서의 하나님의 말씀은 오히려 인간의 말에 종속해야 할 자료적인 위치에 두어 버린다. 거기에는 이미 하나님의 은총을 기원하여 구할 필요가 없고, 성령의 힘을 의지할 필요도 없다. 하지만 인간은 하나님을 따라서 말할 수는 없다. 인간이 말하는 바는 결국 인간의 말에 지나지 않는 것이다. 만일 인간 자신이 하나님의 말씀을 말할 수 있다고 한다면 교회 선교는 이미 은총도 아니고 기적도 아닐 것이다. 더구나 이것은 하나의 인간적인 가정이 아니고 하나님에 의해서 규정된 제한이며, 철칙이기 때문에 우리는 이것을 승인하는 수밖에 없다. 그렇다고 하지만 우리들은 이 가톨릭적인 교만으로 나아갈 수 없음과 동시에, 이 인간적 불가능성에도 절망에 빠지는 일은 없다. 왜일까? 그것은 예수 그리스도를 거부하지 않는 한, 우리는 자기의 비참함을 절대화할 수밖에 없기 때문이며, 인간을 하나님을 따라서 말할 수 없다는 이 가혹한 하나님의 심판 안에서 오히려 하나님의 압도적인 은혜에 접하기 때문이다. 교회는 여전히 죄인의 교회이며, 선교 말씀은 여전히 인간의 말에 그치고 있지만, 이러한 것을 정결히 이용하시는 성령을 믿으며, 겸허한 태도 안에 위탁받은 사명에 결단적으로 함께할 때에 하나님이 자신의 말씀을 이야기하시는 것을 믿기 때문이다. 그래서 교회의 사명은 어디까지나 말씀에 대한 봉사이어야 한다. 여기에 스스로 일어서고, 스스로 쓰러지려고 하는 승려주의가 철저하게 배제되어야 한다. 그것이야말로 교회 본질을 침해하는 원적이며, 교회의 모든 사명, 특히 그 선교의 사명조차도 단순한 인간적 과제로 해석하는 사상은 모두 여기에 깊은 근원이 되기 때문이다. 인간이 선교의 사명에 부름 받고 있는 것은 그 자신이 그 일을 이룰 수 있는 능력을 가지고 있기 때문이 아니라, 봉사를 위해서이다. 그가 선교의 위업을 이룰 수 있는 것은 결점 없고 티끌이 없기 때문이 아니라, 사실 하나님의 아들의 육을 받아 교회 안에 성령이 임해져 말씀의 선교가 교회에 위탁되고 있기 때문이다. 우리가 선교의 업으로 받은 것은 예수 그리스도의 십자가와 부활의 사실로 받은 것을 잊어서는 안 된다. 거기에는 인간의 모든 무력, 모든 티끌이 지양된 것이었다. 따라서 예수 그리스도 안에서는 하나님 말씀을 이야기하는 것이 불가능한 것은 이미 아니다.

이 예수 그리스도 안에 우리 모두가 존재하고, 우리가 필요로 하는 모든 것이 존재한다. 인간이 진실로 하나님 말씀을 이야기할 수 있기 위해서, 이 부활의 기적이 일어났던 것이다. 예수 그리스도를 실제로 하고, 위안으로 하는 자가, 자기 위에 부여받은 과제를 생각하며, 인간의 말로써 말씀을 전해야 할 때에, 그때에 순수한 기적으로서 하나님 자신이 말씀하신다는 것이 일어나는 것이다. 만약 교회 선교가 하나님 말씀이 되지 않았다고 한다면, 그것은 선교자가 예수 그리스도를 우러러보지 않고 자기 자신만을 응시하고 있었던 결과라고 말할 수 있을 것이다.

2.

그리스도 교회 선교에 있어서의 사정은 이와 같으며, 이것을 단적으로 표현하면 이렇게도 말할 수 있을 것이다. 교회 선교는 이것을 객관적으로 보면 인간 행위에 있어서의 하나님의 위업이며, 이것을 주관적으로 보면 하나님의 약속에 대한 인간의 신앙 안에 일어나는 사건이라고. 그리고 이 근저에는 하나님의 실체와 약속이 가로놓여 있는데 선교는 역시 하나의 인간적 행위임에 틀림없고, 다른 인간적 행위와 마찬가지로, 혹은 조잡하게 혹은 신중하게 취급될 수 있는 것이다. 여기에 교회 선교의 순수성이 무엇인가라는 것이 문제가 될 수밖에 없다. 설교자에게는 하나님의 은총과 기적이 약속되기는 했지만, 그 역시 지난 일을 생각하고 대망의 사이에 선 인간인 한, 사명에 대한 책임을 지고, 끊임없이 그 의인(義認)과 성화(聖化)에 대한 배려가 있어야 한다. 은총과 기적의 약속 아래 부름 받았다는 것은, 선교자가 방관자의 입장에 서며, 하나님 위업의 생성 과정을 관찰하게 한다는 의미가 있는 것이 아니라, 오히려 그야말로 하나님 위업의 무대가 되어야 할 것이 부름 받았다는 것이다. 더구나 그에게는 하나님 말씀의 위탁이라는 하나의 규범이 주어지고 있고, 그는 그것에 따라 행위해야 하는 것이다. 교회 선교가 단순한 인간적 행위가 아니고 하나님 말씀의 자기 선포라는 이 사실이야말로 인간적 행위로서의 엄숙함이 존재하는 것이다. 거기에서 인간은 하나님이 이루시고자 하는 것에 대해서 봉사를 해야 한다. 인간 자신의 자기 목적을 수립하는 것이 아니라, 오로지 하나님의 지배에 복종해야 한다. 하나님이 향하신 길에서 멀어지지 않으려고 하는 결단적 순종을 해야 하며, 하나님의 사역에 대한 완전한 신앙을 가져야 한다. 그 봉사에서야말로 중대한 책임이 동반되는 것이다. 그러면 교회 선교에 올바른 설교라는 것은 어떤 것일까? 첫 번째로 주의해야 할 것은 교회 설교는 단순한 '이론'이 아니라는 것이다. 이론이라는 것은 하나의 개인이 주체자가 되어서 상대에 대해서 자신의 견해를 주장하는 것이고, 거기에는 역시 말하는 사람과 듣는 사람이 상관관계를 이룬다. 이것에 반해서 교회 설교에는 인간의 사고나 견해를 넘어선 하나의 대상이 전제되는 것이고, 말하는 자는 단지 이 대상과의 직접적 연결 아래에서 이야기하는 것이다. 다음으로, 이론은 항상 그것 자신 안에 가치를 인정하고, 그 목적하는 바는 반드시 다른 것과의 논쟁에 존재한다. 그렇지만 교회 설교는 반드시 논쟁의 대상이 되지는 않는다. 이론을 한 개인의 의견 진술이라고 하면, 설교는 오히려 인식의 진술이며, 말하자면 인식시키는 진리를 이웃에게 선포하는 것이 교회의 설교라고 할 수 있다.

아주 소극적인 생각으로 표현한다고 하면, 교회 설교라는 것은, 복음의 가르침이며, 하나님 말씀의 가르침이다. 이 표현에 대해서 소극적인 생각을 가지는 이유는 순수한 설교와 단지 그것 자체로서는 아버지, 아들, 성령의 말씀과는 다르기 때문이다. 교회 설교가 하나님 말씀이라는 것은 인간의 행위 내용이 곧 하나님의 말씀이라는 것은 아니다. 하나님 말씀을 이야기하며 동시에 듣게 하는 분은 하나님 자신 이외에는 없다. 인간이 이룰 수 있는 임무는 단지 가르쳐 타이르는 것이다. 즉 봉사자의 입장에 서서 성서의 증언을 해명하는 것이다. 이것이 교회에서의 설교의 의미이다. 그 때문에 설교자는 자기 자신의 생각을 듣게 하려고 하는 것이 아니라, 그를 증인으로서 이용하시는 하나님으로부터 듣게 하려고 하는 것이다.

구체적으로 말하면, 서로 간에 하나님의 학교 동창생이 된다는 것, 성서 학교의 생도가 된다는 것, 이것이 선교자의 희망이어야 한다. 하나님이 자신의 권위와 자유로서 직접적으로 말하며, 또한 듣게 한다는 것을 목표로 하면서, 맡겨진 성서의 증언을 간접적으로 선포하는 곳에 교회 설교는 존립한다. 따라서 이러한 설교가 가져야 할 성격은 하나님에 대한 순종이며, 말씀에 대한 복종이다. 교회 설교는 자기를 없게 하고 하나님 말씀이 자유롭게 활동할 수 있는 그러한 장소를 제공하는 것이어야 한다. 창과 같이 투명하며, 거울과 같이 반사하는 말씀이어야 한다. 교회 설교의 특징은 진실로 여기에 있다.

상술한 바에 의해서 알려졌듯이, 교회 선교가 올바른 설교가 되는 것은 인간의 행위나 언설이 올바른 내용이 있기 때문이 아니라, 하나님의 자유하신 은총의 말씀이 그것을 파악해서 이용하시기 때문이다. 인간적으로 판단해서 아무리 많은 불순과 더러움에 가득 차 있는 설교라도, 거기에 하나님 말씀의 은총이 동반한다면 올바른 설교가 되지 않는다고도 할 수 없다. 만약 하나님 말씀의 은총이 인간의 약함을 은폐하는 것이 아니었다고 하면, 어떻게 해서 교회의 전적인 붕괴를 면할 수 있을까? 교회 설교는 아주 불순한 것임에도 불구하고, 하나님 말씀의 은총은 이것을 능히 하신다. 하지만 우리는 여기에서 꼭 주의해야 한다. 하나님의 은총은 결코 마술이 아니다. 그것은 인간의 봉사를 요구하는 것이며, 완전한 봉사에 임하는 교회에 대해서 하나님의 은총은 약속된다. 인간이 어느 것 하나 이루지 않아도 은총이 이룩된다는 것은 결코 아니다. 우리가 해야 할 모든 것을 이루고, 그리고 난 뒤에 우리는 이야기를 해야 하며, 우리는 무용한 사람이라고. 교회 선교가 순수한 설교가 되는 것은 어떠한 경우에도 하나님의 은총이지만, 그것은 또한 은총의 율법 아래에 선 사람에게는 인간적 노작의 대상이기도 하다. 여기에 오늘날 교의신학의 과제가 당면해 있다. 교의신학 문제는 교회 설교의 순수성의 문제이기 때문이다.

성서신학은 교회 선교의 기초를 다루며, 실천신학은 그 형식을 묻는 것에 대해서, 교의신학은 교회 선교가 성서의 증언과 합치하고 있는지 어떤지에 대한 선교 내용을 문제로 한다. 교회 선교에는 어디에 기초해서 선교해야 하는가의 문제와 어떻게 진술해야 하는가라는 독일어 'wie'(영어의 how)의 문제가 일어남과 함께, 양자 사이에 필연적으로 생긴 무엇을 진술해야 하는가라는 독일어 'was'(영어의 what)의 문제, 즉 선교 내용의 문제가 생길 수밖에 없다. 이렇게 이 내용을 배울 수 있는 장소는 성서 이외에는 아무것도 없다. 그 때문에 교의신학은 성서 해석에 추종할 뿐만 아니라, 실제로 해석학 안에 그 장소를 발견해야 한다. 또한 다른 방면에서 만일 교회 선교가 존재하지 않았다고 하면, 교의신학은 그 존재의 의의를 잃을 것이다. 따라서 교의신학 전에는 실천신학이 선행될 뿐 아니라 교의신학은 실제로 실천신학 안에 내재하는 것이다. 반대로 생각할 때에 교회 봉사에 있어서 가장 중요한 것은 설교의 순수성을 위해 힘쓰는 것이며, 따라서 그 설교를 신학적인 노작에 맡기는 것이다. 인간적으로 말하는 것이 허락된다면, 교의신학에서 교회적 행위의 일체가 결정된다고도 할 수 있을 것이다. 정말 좋은 교의신학은 좋은 설교이기 때문이다. 그렇지만 결정적인 의미에서는 선교의 주체자는 교회의 수장인 하나님이며, 올바른 설교는 이 하나님의 행위적 과업인 것은 말할 필요도 없다. 그 때문에 올바른 설교라는 것은 이미 존재하는 텍스트와의 합치가 되지 않으면(17세기의 프로테스탄트 교회가 성서 문자면에 구애되고 빠져서, 거기에 선교의 규범 개념을 인정했던 것은 오류였다), 어느 신학체계와의 부합도 안 된다. 그것은 하나님 위업에 의한 사실이며, 은총의 하사이다. 이 하사에 대해서 인간이 어떤 관계를 가진다고 하면, 그것은 성령을 구걸하는 끊임없는 기도에 있어서이다. 그리고 교의신학은 단지 이 하나님의 자유하신 과업에 대한 가시적(可視的) 지수를 형성하는 것에 지나지 않는 것이다.

이같이 교회 선교와 교의신학이 밀접한 관계를 위해서 필요한 준비를 하는 것이며, 올바른 설교를 추구하는 것이며, 선교 그 자체를 대리하는 것이 아니다. 왜냐하면 교의학적 노작은 인간 의식의 한계 내에서 운영되는 것인데, 올바른 설교는 인간 의식을 초월한 하나님 은총의 과업과 관련해 왔기 때문이다. 교의신학도 또한 설교, 목회, 전도 등과 마찬가지로 교회 내의 하나의 기능이다. 하지만 이들 제 기능이 교회의 전 부분에 대해서 관계를 가진다. 그것은 단순히 학문적인 아카데믹한 희극에 그쳐서는 안 되고 교회의 생사를 결정하는 것으로서 전 교회의 일이 되어야 한다.

교의신학의 위치가 변의학과 실천신학의 중간에 위치한다는 것은 기술한 것과 같다. 여기에 교의신학의 특수 과제가 존재함과 동시에 신학 그 자체의 독자성이 존재한다고 할 것이다. 계시의 증언으로서의 성서와 교회적인 인식에 의한 증언으로서의 선교는 이 교의신학에서 신학 본래의 학문을 발견하고 발전 수립을 얻을 수 있기 때문이다. 그런데 종래에는 자주 신학에서 교의신학의 위치가 경시되었다. 그래도 신학은 교회의 학적(學的) 자기반성인 것을 망각하고, 헛되게 철학 내지 역사학, 또는 심리학과 같은 것을 차용해서 소위 학적 체계를 이루려고 기도했기 때문이다. 이러한 시대에는 교의신학이 존재하는지의 중간적 위치가 반드시 등한시될 수밖에 없었다. 그렇지만 신학이야말로 근원적인 의미로서 진실의 학문이고, 상황적으로 말하면 모든 학문이 여기에 종속되어야 한다. 왜냐하면 신학만이 진실한 자기반성의 장소를 가진 학문이기 때문이다. 뿐만 아니라 역사적으로 고찰할 때에는 모든 학문의 세계(*universitas literarum*)는 이 신학으로부터 심원한 것임을 알 수 있을 것이다.

교의신학의 과제가 성서에서 설교로의 이행을 고찰하는 곳에 존재하는 것은 우선 긍정하기로 하고, 그런데 그 이행에 관한 고찰 반성의 방법은 역시 철학적 사추에 의거해야 할 것은 아닐까. 만약 이 같은 것을 염두에 두는 신학자가 있다고 한다면 그는 이미 철학자로 분하고 있다. 그는 이미 상황 그 자체에 관계하고 있는 것이 아니라 단지 자기 자신의 인간성에 전 관심을 쏟고 있는 것이다. 이러한 방향에 다다를 때에는 성서와 교회는 다시 분리되고, 그 결과 신학은 내적으로도 외적으로도 완전히 해체될 수밖에 없을 것이다. 신학이 성서의 말씀을 낚아채어서, 그것이 절대시하고 있는 하나의 형식에 적용해서, 거기에 출현하는 성과를 교의신학으로서 교회에 부여한다면, 그때 교회에는 불순한 설교가 대두될 수밖에 없다.

거기에서는 신학 자신이 방어해야 할 오류를 스스로 범하고 있는 것이다. 수위자 자신이 적에게 문호를 개방하고 있는 것이다. 어떠한 경우에도 교의신학은 성서의 말씀 이외의 것에 그 사상적 규범을 구해서는 안 된다. 교의학적 건설은 성서의 말씀 위에 고착되어야 하고, 철학적 규범이나 방법의 차용과 같은 것은 스스로의 파멸을 자진해서 초래하는 것으로 이야기되어야 한다.

교의신학은 교회 선교가 하나님 말씀이 될 수 있다는 기대에서 성립한다. 만약 이 전제가 없었다고 한다면 그 제기하는 설문도 교훈도 근거 없는 것이며, 가치 없는 것이 되는 것이다. 교회 선교에 대해서 의심쩍어 하거나 교회에 주어진 약속에 대해서 부정적으로 하는 그러한 것은 교의신학이 할 수 없는 것이다. 그러나 교의신학에는 한 가지 더 전제가 정립되어야 한다. 즉 교회에서 선교를 하는 것은 죄 있는 인간이며, 그가 말하는 것은 완전한 것일 수 없기 때문에 그것은 항상 고침을 필요로 한다는 것이다. 가령 은총의 약속 아래 있다 할지라도 교회 선교가 인간의 사명인 한, 하나님 말씀에 대한 봉사로서 그것이 어느 정도의 타당성을 가질지를 물어야 한다. 여기에서 교의신학의 비판적 태도가 발생한다. 하지만 이 비판은 단순한 개념적 비판이어서는 안 된다. 그것은 비판을 위한 비판이 아니라, 선교의 순수성에 대한 배려를 위해서 이루어져야 한다. 교의학적 비판에는 필연적으로 기도가 동반되는 까닭이다. 교회에서는 모든 사항에 성령이 필요한 것과 마찬가지로, 교의신학에서도 역시 성령의 도움은 불가결한 것이다. 이 신뢰와 비판의 결합 속에서야말로 교의신학적 설문의 엄숙함은 존립한다. 비판 없는 신뢰는 세속적인 신뢰이고, 이러한 것은 교회를 잘못된 자기 신뢰로 이끈다. 신뢰 없는 비판도 또한 세속적 비판이고, 그것은 하나님의 심판을 선취하는 것이고, 신앙의 세계에서는 이러한 것은 허용되지 않는다.

그런데 이 같은 교의신학을 구성하는 자료는 어떠한 것일까? 하나의 개념으로 말하며, 현실의 교회가 인간의 말로 선포하는 곳에서의, 하나님에 관한 일체에 관한 언설이다. 그런데 인간 말의 근저에는 하나의 움직여서는 안 되는 기본 언설과 기본 지표(성서와 전통)가 존재하는 것이고, 이 기본 언설과 기본 지표는 교회에 공통하는 것이며, 어떤 시대에도 반복되어야 할 것이다. 교회 설교의 단일성, 혹은 그 순수성을 물을 수 있는 것은 하나님 자신이 이 기본 언설과 기본 지표를 통해서 스스로 설교를 전적으로 표명하셨기 때문일 수밖에 없다. 이 기본 언설과 기본 지표는 교회에 이야기되기를 원하고, 또한 이야기되어야 할 것이며, 교의신학의 임무는 교회 선교가 이 이야기되어야 할 것이 타당한지를 묻는 것에 존재한다고 할 수 있을 것이다. 따라서 교의신학이 그 의의와 형체를 잃지 않기 위해서는 그 자신이 끊임없이 이 기본 언설 및 기본 지표에 부합되고 있어야 한다. 그리고 이 기본 언설과 기본 지표가 단지 오늘날의 교회만이 접하고 있는 것이 아니라, 모든 시대의 교회 활동이 그것에 의해서 일관되고 있기 때문인데, 교의신학이 오늘날 지고 있는 과제를 통일적으로 사고(思考)하려고 하고, 전통적 교회의 말단에 처하는 것으로서, 그 비관적 임무를 다하기 위해서는 교의신학은 과거의 사실에 대해서도 논의를 해야 한다.

마지막으로 교의신학 과제에 대해서 일괄해 보자. 처음 교의신학이 발생한 것은 교회가 어쩔 수 없이 하나의 불안에 몰려 있었기 때문이다. (이 불안은 교회에서 약이 되는 것이지만) 이 불안이라는 것은 교회 설교가 '적당히'로 이야기되고 있지는 않는지, 그것들에 관계하고 있다 해도 적당한 합치로 끝내 버리고 있지는 않는지에 대한 불안이다. 그 때문에 교의신학의 과제는 그 자료에 대해서 이들 설문을 묻는 곳에 있다. 교회 설교는 끊임없는 변화 속에 행해지는 것이기 때문에 교회는 그 나쁜 방향에 대한 변화를 두려워할 수밖에 없고 또한 동시에 좋은 변화에 대한 희망을 버릴 수가 없다. 어찌되었든 간에 교회는 그 순수한 설교를 막연한 운명이나 명한 내재적 발전 과정의 소치라고 간주할 수 없고, 그것은 어디까지나 교회 자신의 책임인 것을 의식하고 있다. 그 당연한 결과로서 교의학적 자료에 대한 설문이 제기되기에 이른 것이다. 그런데 교회 설교에 헌신적 노력을 하는 자나 성서의 가치를 존중하는 자에게 교의학적 과제를 무시하는 자가 있는 것을 왕왕 보았는데, 이것은 교회 선교에서 하나님께서 스스로 말씀하신다는 신뢰를 저버리거나, 선교의 순수성은 이 기본 언설과 기본 지표에 대한 단순한 형식적 추상적 합치에 있는 것이 아니고, 끊임없는 변화 속에 구해야 한다는 것을 모르는 곳에 일어나는 오류인 듯이 보인다. 이러한 사람들에 대해서는 교의신학은 어디까지나 싸워 나가야 한다.

교의신학의 과제는 그 자료를 음미하는 것이라고도 할 수 있다. 단 음미한다는 것은 파기하는 것이 아니다. 그것은 자료가 있어야 할 것인지, 아닌지를 재고, 헤아리는 것이며, 교회에서는 인간 말이 하나님 말씀에 대한 봉사의 위치에 서 있는지를 확인하는 것이다. 교회 설교는 그 의의와 형체로서 끊임없는 변화를 이루고 또 혼잡한 다양성을 보이는 것이기 때문에, 그것은 이러한 조사를 받아야 하고, 또 단순한 외견적 일치로서 생각하기 쉬운 것이기 때문에 음미를 필요로 하는 것이다. 물론 이 음미로 모두 기진되어야 할 것은 아니다. 나쁜 음미는 설교를 올바르게 하기는커녕 오히려 나쁘게 하고, 잘못된 교의신학은 교회를 좋게 하기는커녕 오히려 나쁘게 한다. 만약 좋은 음미, 좋은 교의신학인 것을 원한다면 교의신학 자신이 그 서야 할 장소에 서 있는지를 우선 음미해야 할 것이다. 그리고 교의신학이 떠올라야 할 음미는 그것이 어떠한 척도로서 음미를 이루고 있는지, 그 척도를 바르게 이용하고 있는지 하는 것이다. 전자는 교의신학 규범의 문제이며, 후자는 그 사고의 문제이다. 교의신학의 규범은 교회 선교의 객관적 가능성이며, 그 사고는 주관적 가능성이고, 양자의 현실은 하나님 말씀 자신이다. 이 규범과 사고의 문제에 대해서는 다음의 II장에서 논할 것이다.

II. 성서와 교의학

1.

로마 가톨릭교회에 의하면 교리를 가르치는 교회와 듣는 교회로 구별된다. 이 구별은 암시 깊은 것이나 사태로 볼 것이 아니라, 동시에 성서적 근거를 가진 것으로 보아야 할 것이다. 그래서 우리 역시 이 구별을 염두에 두면서 논의를 진행하고자 하는데, 그 경우에 우리의 입장은 두 가지 점에 있어서 로마 가톨릭교회와 상이하다. 그 하나는 로마 가톨릭교회는 반대로 듣기만 하는 교회가 교리를 가르치는 교회에 선행되어야 한다는 것이며, 또 하나는 승직제도와는 달리, 교회 회원 전체가 양 개념에 모두 관여한다는 것이다. '공동체'라는 것은 이 사실을 의미하는 것으로 보아야 할 것이다. 건전한 교회에서는 듣는 것을 필요로 하지 않는 '특권 계급'과 단지 수동적 입장에 선 '평신도'의 구별이 있을 리가 없다. 양자 모두 공동적 책임과 관련을 가진 예수 그리스도와 공동체이어야 한다. 이같이 공동체가 해야 할 임무가 선교의 위업인 것은 이미 진술했다. 그리고 교의신학의 출발점이 되며 그 귀착점이 되는 것은 이 선교에서의 인간의 말이다. 선교에 있어서 인간의 말이란 선교자의 진술하는 바의 하나님, 또는 하나님과 인간의 관계에 관한 언설, 또는 성서 강해들이다. 그런데 거기에는 자연히 선교자 자신의 으식, 경험, 또는 정신사적 사정이 동반될 수밖에 없고, 그것들이 그의 언설에 대한 배경 내지는 제약이 될 수밖에 없다. 그 결과 자칫하면 하나님 말씀의 선교 대신에 너무나 인간적인 사설이 행해지기 쉽다. 여기에서 교회 설교의 애매함이 발생하는 것이다. 그럼에도 불구하고 교회 선교에는 하나님의 말씀의 약속이 주어지기 때문에, 거기에는 애매함이 존재해서는 안 되고, 오히려 명철함만을 구하는 것이다. 우리가 슐라이에르마허류의 신앙학에 안주할 수 없는 것은 이 때문이다.

거기에서는 선교 사실을 인간의 내재적 법칙이나 역사적 사정과 같은 것에 근거를 두려고 한다. 하지만 교회 선교는 하나님의 영원의 말씀으로서 예수 그리스도와 예언자와 사도의 증언으로 병치(竝置)되어야 하는 것을 생각할 때에 어떻게 이러한 것이 허락될 수 있을까?

그럼에도 불구하고, 인간이 영향 받고 있는 여러 가지 제한 때문에 교회 선교에서의 인간 말은 애매할 수밖에 없다.

교회 선교가 교의학적 비판을 면할 수 없는 것은 이 때문이다. 이 비판의 의도는 교회 선교를 보다 올바르게 하는 곳에 있는 것은 이미 논술했다. 하지만 인간이 할 수 있는 의도와 개선은 하나님 자신의 의도와 개선 안에 그 가능성을 구해야 한다. 교의신학의 임무는 이 신적 가능성에 교회 선교를 정돈시키는 것이다. 그때, 교의신학은 결코 선교에 대해서 이론을 주창할 수 없다. 설교는 해야 하는 것이다. 그것은 모든 인간적 언설의 입장에서 이야기되어야 할 것은 이미 이야기되고 있다는 것을 교회에 회고시켜야 할 것이다. 이 부여받은 회답을 인지해서 수용하고, 교회 선교를 거기에 부합시켜야 하기 때문에 자연히 선교 내용이 문제시 되는 것이다.

그런데 교회 선교 내용은 인간의 술어가 아니고 그것은 사실 신적 주체자의 술어이다. 인간의 말은 이 신적 주체자에 봉사하는 것에 지나지 않는다. 그리고 교의신학이 지시해야 할 것은 선교자는 외톨이가 아니라는 것, 인간성 위에는 역시 신적 가능성이 존재한다는 것, 즉 올바른 설교의 객관적 가능성이 엄히 존재한다는 것이다. 이 객관적 가능성은 불확실한 것이 아니며 약한 것도 아니다. 왜냐하면 하나님 말씀은 예수 그리스도이며 그 증인이 되시고, 그것은 이미 모든 시대에 사실적으로 이야기되고 있는 것이며, 교회에 의해서 구체적으로 파악되고 있기 때문이다. 따라서 교의신학적 비판과 공허한 인간의 자의적 설문은 아닌 것이다. 그것은 요동칠 수 없는 확실로서, 하나님은 예수 그리스도와 성서의 증언을 통해서 이야기하시듯이, 선교에서도 마찬가지로 말씀하신다는 것을 회상시키는 것이다. 이것이 교의신학의 형식적 과제이다. 이 형식적 과제는 보편적인 것을 할 수 없고 하나님 말씀의 제1형태인 예수 그리스도와 그 제2형태인 성서에 확연히 규정되는 것을 필요로 하며, 그것은 교회 설교로서 성서 안에 증명되고 있는 예수 그리스도에게 듣도록 경고하는 것이다.

교회 선교는 인간적 행위이기 때문에 그것은 아무래도 애매함과 불확실함을 피할 수 없다. 그러기 때문에 교회가 교회이기 위해서는 항상 새롭게, 더욱 일정한 장소와 목소리로 듣는 것을 필요로 한다. 죄인의 교회는 병든 교회이고, 그것이 튼튼하게 되기 위해서는 치료를 요하는 것이다. 그 때문에 교회는 점점 들어야 한다. 말씀으로 들어야 한다. 교회 선교의 견실성은 그 순수성에 존재하고, 그 순수성은 새로운 것을 듣는 것에 있다. 우리가 로마 가톨릭적인 배열을 전도(顚倒)시키고, 가르침을 선포하는 교회 앞에 듣는 교회를 둔 것은 이 때문이다. 교의신학은 이 새로운 것을 듣는 것, 말씀에 대한 회고를 촉구하는 것이기 때문에 인간적 안주성에 고집하려고 하는 교회는 항상 기피되고 적대시되는 것인데, 이것은 실로 어쩔 수 없는 것이다.

이러한 기피와 배제가 있든 간에, 교의신학은 점점 현실의 교회와 긴밀한 연대성을 가지며, 교회의 비참함과 유혹을 짊어지지 않으면 안 된다. 그때에도 교의신학은 자기 자신이나 교회 내의 지식주의에 얽매어서는 안 되고, 그것들을 넘어서 교회의 목인 예수 그리스도에게 복종해야 하며, 교회 본래의 실제와 근원에 연결되어야 한다. 교회는 목인 예수 그리스도로부터 들어야 한다. 문제는 단지 이것뿐이다. 교의신학의 의의도 여기에 관계하고 있는 것이다.

하나님 말씀은 육이 되시고, 예언자와 사도의 말은 전 세계로 퍼졌는데, 이 사실은 교회에 하나의 약속을 부여하는 것이다. 그것은 예수 그리스도는 교회의 한가운데에 서서, 말하는 것을 원하신다는 것이다. 이 약속에 응하는 것이 교회의 필연성이며, 과제이며, 유일의 율법이다. 이 율법이 성취되기 위해서는 교회는 끊임없이 들어야 한다. 만약 듣는 사람이 없다고 한다면, 이 율법은 이미 유린당한 것이며, 교회는 교회인 것을 파기한 것이다. 만약 말씀에 대한 순종에서 일탈한다면 교회 설교는 봉사가 되지 않는 것이다. 어디에 대한 일탈인가. 말할 필요도 없이 인간적 자의성, 공적주의에 대한 일탈이며, 거기에 동반되는 우상숭배에 대한 타락이다. 순종을 거부하는 순간, 인간은 하나님 없는 하나님의 말을 하려고 한다. 거기에는 하나님 말씀을 자기 힘, 자기 발견으로 향하는 일상이다. 그런데 이러한 이교주의도 고의로 이교주의가 된 것은 아니다. 무의식 안에서 순종으로부터 벗어난 곳에서 이교주의는 잉태하는 것이다. 그 때문에 이교주의의 방어는 그 발아에서부터 하는 것이 중요하다. 교의신학이 그 서야 할 입장에 서고, 교회가 그 주장을 허용한다면, 많은 교회의 의견도, 파문도, 교회 분열도, 종교개혁조차도 없이 끝날 것이다. 교회가 끊임없이 받고 있는 위험을 의식하고 새로이 듣는 것을 게을리 하지 않는다면 이들 사실은 충분히 피할 수 있음에 틀림이 없다.

아무리 올바르게 교리를 가르치는 교회이어도 자신이 직접 권력, 지령을 부탁해서는 안 된다. 이 사실이 망각되는 곳에 목이 되시는 예수 그리스도 대신에 인간적 의사와 욕망이 교회 자체를 통치하기에 이른다. 또한 아무리 올바르게 교리를 가르치는 교회이어도 선교를 희롱해서는 안 된다. 만약 하나님의 진리가 결단을 요구하는 것이 아니고, 단순한 감각의 대상이 되는 것에 그친다고 하면, 그것은 하나님의 진리가 아닌 것이다. 우리 자신이 창조자로 인정하는 하나님은 이미 살아 계신 하나님은 아니다. 다음에 교회 선교에서는 나쁜 율법주의도 금물이다. 이것은 선교를 마치 인간 자신의 권리라도 되는 것처럼 펼치는 태도이다. 피상적으로 관찰할 때에는 이 태도는 너무 장렬하다. 거기에는 맹렬한 군대의 출전에도 비할 만한 적전 태세가 구성되어 있어서, 일대 행진을 재촉하는 일도 흔하다. 그러나 이상 세 가지의 경향에는 이미 무언가 이단이 둥지를 틀고 있다(巢喰)는 것을 놓쳐서는 안 된다. 이러한 때에 교회는 조급히 말씀을 들어야 한다.

교의신학의 본원적 과제는 이단적 위반을 방지하는 곳에 존재한다. 그때에 교의신학은 결코 방관적 입장에 선 판단자이어서는 안 되고, 항상 교회와의 긴밀한 연대성 안에 비판해야 한다. 교회 설교에 대해서 의의를 품는 것 없이, 거기에는 올바른 설교가 존재한다는 즉, 하나님의 약속은 과거에 성취되는 것 같이 금후에도 또한 성취될 것이라는 신앙 아래 놓여야 한다. 현실의 교회가 무용한 것이며, 가치 없는 것임에도 불구하고 그것은 항상 좋은 손길 안에 확보되어 올바른 방향으로 향하고 있다는 것을 생각해야 한다. 교회에 이 사실을 상기시키는 것이 교의신학의 제일 임무이다. 이 예상에 기초해서 교회에서의 모든 위업은 잘못될 수 있는 것이며, 위반을 범하기 쉽다는 것을 지적해야 한다.

이 제1의 전제에 서야만 제2의 전제에 대해서 엄격할 수 있다. 그런데 여기에 한 가지 더 전제가 정립되어야 한다. 그것은 교리를 가르치는 교회는 하나님 말씀을 들을 수 있고 또한 들으려고 하는 것을 원한다는 것이다. 만약 이 사실에 대한 신뢰를 깨뜨린다면 '들어라'는 경고는 대개 허망할 것이다. 교리를 가르치는 교회는 그 인간성에도 불구하고 항상 예수의 교회로서 성령으로부터 버려져 있지 않다. 거기에 교의신학은 이 성령의 활동을 믿으면서, 예수 그리스도에게 새롭게 듣도록 경고하는 것이다. 그때 교의신학은 위협적 태도를 가져서는 안 된다. 교의신학은 새로운 신조를 제정할 수 없는 것과 마찬가지로 심판을 할 수도 없기 때문이다.

2.

교의신학자는 설교자와 병립할 수는 있어도 그 위에 설 수는 없다. 설교에 대해서 경고를 할 때에 그는 단지 상대적인, 인간적 비판을 할 수 있을 뿐이고 하나님 말씀 그 자체를 비판할 수는 없는 것이다. 더구나 그 비판을 다하기 위해서는 교의신학자 자신이 하나님 말씀에 복종하고, 그 규범에 규정되어야 한다. 교의신학자 자신이 들으면서 가르치는 것이 아니었다고 한다면 어떻게 해서 교회로 하여금 필요한 것을 듣는 것에 따르게 할 수 있을까. 그 자신이 하나의 형식을 짊어지는 곳에서 그 형식적 과제를 다하는 것이며, 그 자신이 율법에 복종함으로써 비로소 교회 선교로서 그 율법적 과제를 다하게 할 수가 있는 것이다. 하나님 말씀에 대한 신앙과 복종을 달리해서는 교의신학은 교의신학일 수가 없다. 이렇게 교회 선교에서와 마찬가지로 교의신학에서도 역시 하나님 말씀만이 문과 횡목(橫木)이 되며, 또한 법전이 되는 것이다. 교의신학이 할 수 있는 것은 단지 끊임없는 위험에 처해 있는 교회로 하여금 이 법정을 회상시키게 하는 것이며, 교회 언설이 통행권을 가질 수 있는 것은 이 문과 횡목을 통해서인 것을 인식시키는 것이다. 이것이 교의신학이 할 수 있는 가장 비판적이고 동시에 적극적인 활동이다.

선교의 객관적 가능성이 되며, 교의신학의 규범이 되는 것은 하나님 말씀으로서의 계시이다. 그러기 때문에 선교 및 교의신학의 성립에는 신율(神律)적 성격(하나님에 의해서 율법화된 것)이 동반될 수밖에 없다. 그러나 이 신율성이라는 것은 공허한 우연적인 이념이 아니라 인간적 이해 영역에서는 오히려 상대적 형체를 취하는 것이며, 교회에서는 인간적 사고와 언설에 상호 응하는 것이어야 한다. 그것은 구체적으로는 인간에 의해서 사고되며, 들을 수 있는 형체를 취하는 것이다. 교의신학이 성립하는 장소는 아무래도 성서에 나타난 계시 안이며, 하나님 말씀에 대한 복종에서인데, 마치 하나님 말씀으로서의 성서가 절대적 권위를 가지는 것에 대해서 경전이 상대적 권위밖에 가지지 않는 것과 마찬가지로 예언자나 사도의 증언에 대해서 신앙의 절대적 복종이 요구되는 것에 대한 것에 기초한 사고와 언설이란 상대적인 성격밖에 띠지 않는다. 그리고 교의신학의 성서적 태도는 이 상대적 사고와 언설 안에 구해야 한다. 이 성서적 태도라는 것은 말할 필요도 없이, 교의신학이 그 규범과 원형을 성서의 증인들로부터 획득하는 것을 의미하고, 교회가 하나님 말씀을 새롭게 듣는다는 것은, 이 성서적 태도를 새롭게 취한다는 것이다.

구체적으로 말하면, 성서적 태도를 취한다는 것은 하나님 말씀의 증인들이 자기가 가진 역사적·전기적 제한이나 세계관을 넘어서 취했던 것과 같은 사상에 필적하는 언행의 방향을 더듬는 것이다. 흥미 본위의 관찰자나 농설을 좋아하는 비평가나 실제로 또한 반성할 것을 모르는 변증가들과 같이 스스로 정립한 설문에 대해서 답변하는 것 없이 한 심판자의 물음에 대해서 답하는 태도이다. 부름 받은 입장에서 믿고, 이 신앙에 기초해서 말하는 태도이다. 물론 교의신학에도 역시 역사적인, 철학적인, 심리학적인 또는 정치적인 요소가 혼입될 수밖에 없을 것이다. 그렇더라도 교의신학은 결코 그것들에 의해서 제한을 받거나, 그것들에 고착되어서는 안 된다. 교의신학이 무조건적으로 복종해야 할 대상은 단지 하나의 성서뿐이다. 어떠한 장소에 있어도 인간관이나 역사관에서 출발해서 하나님에 대한 추리가 이루어져서는 안 되고, 인간에게 계시된 하나님 말씀과 (우리는 하나님이 아니기 때문에) 그 증언에 기초해서 (우리는 예언자나 사도가 아니기 때문에) 생각하며, 이야기해야 한다. 어느 때라도 누구라도 하나님 말씀과 그 과업을 떠나서 무엇이든 기도(企圖)되어서는 안 된다.

그렇지만 성서에 대한 비판과 회의는 반드시 이것을 금해야 하는 것은 아니다. 왜냐하면, 하나님 말씀은 이러한 것을 통해서 오히려 천명되기 때문이다. 여기에서 주의해야 할 것은 성서적 태도는 결코 어느 확립된 전제에 기초해서 개개인의 문제를 거기에 적용해 가는 것은 아니라는 것이다. 하나님의 실체는 시시각각 새로운 면들을 나타내는 것이고, 그것을 파악하기에는 부단의 추구가 필요하다. 확립된 교의신학 체계만큼 의미

없는 것은 없다고 생각한다. 교의신학의 성서적 태도란 성서 텍스트를 강해하는 것만도 아니다. 그것은 교의신학의 과제가 아니다. 교의신학의 과제는 오히려 스스로 서려고 하는 교회로 하여금 성서의 옳은 해석으로 돌아가게 하는 곳에 존재한다고 할 수 있을 것이다. 교의신학 자신이 성서 내용을 끊임없이 상기해서 그것과 밀접한 교섭을 유지하는 것은 이러한 과제를 수행하기 위해서이다.

이같이 성서의 증언이 우리에 대해서 객관적 권위가 되는 것은 교회에서의 교사의 언설을 통해서이다. 이렇게 교의학적 사고 언설도 역시 현실적 교회의 역사와 신앙고백의 제약을 피할 수가 없다. 교의신학의 주가(住家)는 현실의 교회 이외에는 존재하지 않는 것이다. 이 구체적인 상대적인 교회의 제약을 벗어나서 소위 보이지 않는 교회의 단일성을 생각하거나 분열된 지상 교회의 저편에 보편적 교회를 대망하는 것만큼 의미 없는 것은 없다. 이러한 것은 하나의 환상에 지나지 않는다. 이 의미에서 교의신학은 결코 동시에 가톨릭적이기도 하며, 프로테스탄트적일 수는 없다. 이러한 곳에는 진실한 의미에서의 세계적 교의신학은 성립되지는 않을 것이다. 그렇다고 해서 교의신학은 어느 하나의 입장을 선택할 수도 없다. 교의신학이 교의신학인 것은 단지 하나의 교회적이며, 복음적인 곳에 있어서이고 제2의 길은 존재하지 않기 때문이다. 교회 안에 주인 되신 그리스도에 대한 신앙적 복종이 존재하고 교회가 올바른 교회일 때에는 교회는 복음적인 교회일 수밖에 없을 것이다. 이 복음적 태도는 하나의 특수 문제가 아니고, 오히려 예수 그리스도의 교회 전체의 관심사인 것은 말할 필요도 없을 것이다.

이미 언급했듯이 교회에는 하나의 기본 방향이 자리 잡고 있다. 그것은 곧 교회의 조상들이며, 그 신앙고백이다. 우리가 하나님 말씀의 청취자일 수 있는 것은 개인으로서는 아니고 듣는 교회의 일원으로서이며, 우리가 사고하고 행위하는 것은 자기 자신에 의해서가 아니고 고백하는 교회의 지반에 서서이다. 이렇게 해서 말씀에 듣는 교회는 그것이 곧 고백의 교회가 되는, '성서적 태도'도 사실, 이 고백적 입각점에 서는 것이다. 고백적 태도는 적극적으로 볼 때에는 조상들과 그 신앙고백에 의해서 규정된 하나님 말씀을 충실히 듣는 것이며, 이것을 소극적으로 보면 말씀을 듣지 않는 나쁜 자들로부터 구획을 유지하는 것이다. 거기에는 필연적으로 이교도주의에 대한 대항이 일어날 수밖에 없다. 그러면 같은 복음주의 교회 내에서는 분파 대립은 어떻게 해결해야 할까? 이것은 같은 교회 내에서의 인간적 오해 내지 자의성에 기인된 것으로 말해야 하고, 그 사이에 이루어진 대립 논쟁은 항상 평화적이기를 바란다. 결정적으로 대항해야 할 것은 이교도적 교회이고, 만약 이 대항을 그만둔다면 교회는 교회적인 것을 그만두어야 할 것이다. 하여간, 고백적 태도는 교의학적 노작 내용의 문제가 아니고 그 형식 문제이며, 방법의 문제이다. 따라서 교의신학의 과제는 신앙고백의 저류를 흐르고 있는 교회의 신조를 모사·재현하는 것이 아니라, 그것을 규준적인 주석서로 하면서 선교 말씀을 음미하는 것이다. 교의신학은 단지 조상과 그 신앙고백으로부터 배울 수 있는 것뿐이다. 그렇다고는 하지만 진실한 고백적 태도는 단지 '성령에 따르는' 곳에 존재하고, '육에 의한' 곳에 존재하지 않는다는 것을 명심해야 할 것이다.

교의신학은 교회를 기초 지으며, 성서와 교회를 형성한 조상 및 그 신앙고백에서 듣듯이, 오늘날 가르치고 있는 교회에서도 들어야 한다. 즉 현재 하나님이 의해서 이야기되며, 교회에 의해서 진술되는 하나님 말씀에 복종해야 한다. 오늘날의 교회가 가진 여러 가지 곤궁과 희망에 관계하며, 그것과 연대성을 가져야 한다. 보다 엄밀하게 표현하면, 교의신학은 교리를 가르치는 교회와 함께 과거로부터 현재, 현재로부터 미래에 걸쳐서 공동적인 기도를 가져야 한다. 하나님 말씀을 보다 좋게 들을 수 있는 그런

교회와 함께 성령을 구걸해야 한다. 이것이 교의신학에 구할 수 있는 '교회적' 태도이다.

교회적 태도에서는 미학적 사고가 배제되어야 한다. 미학에서와 같이 대상 그 자체가 구유하는 아름다움 때문에 좋아할 때에는 아무래도 우상예배가 생길 수밖에 없다. 이러한 곳에서는 교의신학은 대상 그 자체를 파악하기는커녕, 오히려 그 부수적 관찰이 관심사가 될 것이다. 완전성이나 원만성을 구할 수 있으며, 대상에 아름다움이 구유되고 있을 때에만 만족함을 쟁취한다고 하면, 거기에서는 관찰하는 주관적 자의와 환상 여하가 상황을 좌우하게 될 것이다. 교회가 가진 곤궁과 희망에 관계없이 흥미 본위의 기쁨은 교의학적 태도는 아니다. 교의신학은 단지 대상 그 자체에 의해서 한계를 받아야 하며, 죽음과 생을 지배하는 하나님 말씀을 추구하는 곳에서만 그 기쁨을 찾아내는 것이어야 한다.

교회적 태도에서는 교회 전통을 무시하는 낭만주의를 경계하는 것과 함께 시대정신에 추종하려고 하는 세속주의를 물리쳐야 한다. 교의신학의 시대성이 시대정신의 제약하에 말씀을 구속하는 것은 결코 아니다. 교의학적 규범은 항상 교회의 내적 활동으로 기대되어야 하며, 하나님의 현전에서 구해야 한다. 그것은 결코 시대의 목소리에 추종해야 할 것이 아니고 시대에 대한 하나님의 소리를 추구해야 한다. 만약 교의신학이 교회에서 세계로 향해서 말하는 것 없이 거꾸로 세계로부터 교회에 대해서 이야기하려고 한다면, 그때 교회가 하는 봉사는 세계 일반인이 하는 사명과 아무런 변함이 없을 것이다. 그 때문에 교의학적 언설은 결코 시대정신의 증언이어서는 안 되고 오히려 시대정신을 교회로부터 들어야 한다.

III. 선교와 교의학

교회가 하나님 말씀에 청취하는 것은 청취 그 자체가 목적이기 때문이 아니라 선교의 위업을 이루기 위해서이다. 그리스도 교회는 듣는 교회임과 동시에 선교의 교회이다. 그 무엇이 부족해도 교회는 교회가 아닐 것이다. 이것과 마찬가지로 교의신학도 역시 단순한 비판적 과제뿐만 아니라, 적극적 과제를 가져야 한다. 선교에 대한 형식적 과제뿐만 아니라 그 실질적 과제를 가져야 한다. 그 어느 것이 모자라도 교의신학은 교의신학이 아닐 것이다. 그것은 단순히 선교의 규범을 회상시키는 데 멈추어서는 안 되고, 그 대상조차 회상시켜야 한다. 이 규범과 대상은 하나인데 양자 사이에는 우선 구별이 존립한다. 그것은 마치 복음이나 율법이 하나이면서도 그 사이에 구별을 가지는 것과 다름없다. 그리고 교의신학의 규범이 되며 대상이 되는 하나가 하나님 말씀인 것은 말할 필요도 없다. 교회에 의해서 듣게 되는 하나님 말씀은 봉사, 올바른 봉사를 바라는 것이며, 알려질 것을 바라는 것이다. 이러한 결과를 초래하지 않으면 하나님 말씀을 올바르게 듣는다고 말할 수 없을 것이다. 그런데 하나님 말씀은 그 자체 안에 힘을 보유하는 것이고, 선교의 가능성은 실은 이 힘 안에 존재하는 것이다. 만약 이 하나님 말씀이 대한 불순종이라고 할 수밖에 없을 것이다. 하나님의 말씀은 교회를 분방하게 하지 않는 것과 함께 무위(無爲)로 떨어지게 하지 않는 그것 때문에, 하나님 말씀을 듣는 자로 하여금 선교에 대한 적극성을 잃거나, 의인(義認)과 구원에 대한 신앙을 갖고 있지 않다고 한다면, 그 때 그는 말씀으로 들은 것이 아니다. 인간이 자기 자신의 사명을 옳게 하고, 우상 숭배에 빠지는 때에는 반드시 자기 선택적 프로그램을 선택한다. 이러한 곳에서는 하나님 말씀은 향락적으로 농락 받는 것이 일상이다. 그렇지만 올바른 듣기는 하나님 말씀을 관념적으로 향락하는 것이 아니고, 들은 말씀을 전해야 한다. 현실적으로 선교의 위업이 운영되고, 그를 위한 결단이 이루어지는 곳이 아니면 바른 듣기는 존재하지 않을 것이다.

교회에는 하나님의 약속이 부여되고 있으며, 하나의 위탁이 과해지고 있다. 만약 이 약속과 위탁을 제쳐 놓고 인간적 궤변만을 즐긴다면, 그때 교회는 큰 오류에 빠진다. 교회에 있어서 긴요한 것은 받은 약속을 서두름과 동시에, 신앙으로 약속에 입귀하는 것이다. 그리고 이 약속이란 주 예수 그리스도가 성서의 증언 안에 임재하신다는 것이다. 이 예수 그리스도는 인간의 신앙을 구하시는데, 그를 위해서는 인간이 진술하여 전해야 한다. 그런데 인간 자신은 공동(空洞)해서 하나님 말씀을 믿을 수도 없다면 그것을 이야기할 수도 없다. 거기에서 선교의 대상이 되는 예수 그리스도 자신이 다가가신다. 그리고 인간의 공동을 메우신다.

교회로 하여금 교리를 가르치는 교회가 되게 하는 것은 하나님 말씀의 이 같은 성격에서이다. 주 그리스도의 현전에서는 교회는 스스로의 무력을 되돌아볼 여유를 갖지 못한다. 주가 원하는 대로 말씀을 전해야 하는 것이다. 이렇게 해서 선교의 위업은 그 대상이 되는 예수 그리스도에 의한 의무를 짓는 것이며, 고무(鼓舞)이다. 그리스도 교회가 정지하려 하고, 죽게 되는 교회가 될 때에, 교의신학은 이 예수 그리스도의 실체를 제시해야 한다. 이것이 교의신학의 실질적 과제이다.

교의신학은 그 실질적 과제, 즉, 하나님 말씀의 내용을 표명하는 데에 어떠한 방법을 취해야 할까? 그것은 교의신학 자신이 교리를 가르치는 교회의 입장에 섬으로서, 교회에 선교의 위업을 재촉해야 한다. 그때 교의신학은 스스로 선교 과제를 모범적으로 받아들여야 하는데, 그것은 교회 선교를 대리하기 위한 것이 아니라, 교회로 하여금 기죽지 않고 죽게 되는 교회를 면하게 하기 위해서이다. 그리고 교의신학의 규범과 마찬가지로 그 방법도 역시 성서에서 하나님 계시와의 합치로 구해야 한다. 이 의미에서 교의신학의 내용은 하나님 말씀 안에 일어나는 하나님 과업의 해명이다. 하나님 과업과 관계를 가질 때, 교의신학은 그 방법에서 올바르게 될 것이며, 그렇지 않을 때에는 올바르지 않을 것이다. 하나님은 성령을 통해서 예수 그리스도 안에 다가가시듯이, 지금은 우리와 함께 걸어가시며, 이후도 마찬가지로 걸어가실 것이다. 이 하나님의 행보 안에야말로 교의학적 방법은 보여지고 있다고 할 수 있다.

위가 되시는 하나님에 의한 일을 아래가 되는 인간의 측면에서 기술하는 데 교의신학의 임무가 존재한다고 하면, 거기에는 자율성과 함께 신율성(神律性)이 동반될 수밖에 없을 것이다. 하지만, 교의학적 신율성은 결코 환상이 아니다. 그것은 오히려 상대적인 형체를 취하고, 인간의 자율적 결단으로 파악되는 것이다. 어떻게 해서일까? 인간 주체자가 하나님 말씀에 대해서 내적 토종, 완전한 복종을 가짐으로써 가능한 것이다. 이 복종은 성령의 하사인데 그것은 동시에 인간의 자유로운 결단이고, 거기에서는 인간의 자율성이 상대적 형태를 취할 수밖에 없다. 이 복종의 결단은 내적으로 보면 어디까지나 인간의 자유 선택인데, 이것을 외적으로 볼 때에는 하나님의 자유로운 명령이다. 이렇게 교의학적 복종은 자유로운 복종이 되는데, 이 자유 안에 복종을 구할 수 있는 것을 잊어서는 안 된다. 교의학적 방법은 실로 여기에 존재한다.

여기에서 하나의 설문을 제기하는 것도 헛된 일은 아닐 것이다. 그것은 하나님 말씀의 내용을 바르게 해석하고 진술하는 것과, 교의신학은 하나의 조직체계를 구성할 수 있을까라는 것이다. 애초 '조직'이란 어떠한 것일까? 그것은 하나의 근본 개념을 전제로 하고 모든 인식 자료를 정리해 가는 것이다, 연역 종합하는 것이다. 그때, 전제되는 근본 개념이 법칙적 성격을 가지는 것은 필연적이고, 조직 체계는 결국 이 법칙의 해명 이전에는 아무것도 아닐 것이다.

그런데 이러한 조직체계의 수립은 하나님 말씀에 대한 복종에 응하는 것일까? 거기에서는 교의학적 자율성이 배제되고, 그 결과 이 자유적 복종, 복종적 자유가 훼손되지는 않는 것인가? 교의신학에서는 조직체계는 불가능하다. 왜냐하면 조직에서는 하나님 말씀 대신에 전제된 근본 개념은 그 대상이 될 수 없기 때문이다. 아무리 훌륭한 근본 개념이라고 해도, 그것이 하나님 말씀을 배제하는 한 교의신학은 교의신학이 아닐 것이다. 교의신학의 전제가 될 수 있는 것은 하나님 말씀 이전에 없는 것이다. 그런데 하나님 말씀의 진리는 스스로 활동하며, 스스로 행위하시는 하나님 과업의 진리이자, 그것은 하나의 이념이나 원리로써 포착할 수 있는 것이 아니다. 그 때문에 '기독교의 본질'과 같이 개념적 조직을 의도하는 곳에서는 교의신학은 이미 그 현실적 대상에서 괴리되고 있는 것이다.

교의신학에서는 하나님 말씀, 단지 이것만이 근본 개념의 위치를 차지해야 하며, 하나님 말씀에 대한 표상은 아니다. 이러한 것은 교의학적 자료의 가치가 없으면 그 대상이 될 수도 없다. 만약 교의신학에 하나의 초점이 존재한다고 하면, 그것은 인간의 임의로 처리할 수 있는 것이 아니라, 오히려 그 초점 자체가 자유로운 처리를 해야 한다. 교의학적 방법이 성립하는 것은 자율성이 타율성을 인식하는 곳에서이며, 하나님 말씀의 주관에 대해서 자유로운 복종을 유지하는 곳에서이다. 따라서 교의학적 방법을 취한다는 것은, 높은 무대 위에 서서 그 전 대상을 내려다보거나, 또는 그들을 지배하는 것을 의미하지 않는다. 교의신학의 대상은 모든 관점을 초월한 유일의 대상이며, 그것이야말로 인간을 내려다보는 것이다. 그것은 하나님 말씀이다. 그렇다고 이러한 신율적인 것을 어떻게 인간이 인식할 수 있을까? 그것은 인간의 사고가 좁혀지는 대상 자신의 힘에 의한 점령이며, 거기에서 얻을 수 있는 새로운 인식의 명백함을 획득함으로써이다. 이 새로운 인식의 명백성 안에서야말로 교의학적 방법은 존립한다. 그 때문에 교의학적 방법의 특징은 대상이 자기 자신에 대해서 말하는 것을 멈추지는 않는가, 또 활동이 인간의 사고에 동반하지 않는가를 배려하는 것이다. 더구나 그러한 때 대상은 말할 수 있으며, 또한 말씀하실 것이라는 신뢰가 떨어져서는 안 된다. 이렇게 대상 자신의 활동이 교의학적 방법의 전제인데, 거기에 대한 신뢰의 각성도 실은 대상의 활동에서 기인하는 것이다. 교의학적 방법의 핵심은 모든 사항에서 하나님 과업을 우러러보고, 두려워하고 사랑하는 곳에 존재한다고 할 수 있을 것이다.

교의신학의 전제를 이루는 것은 자기 자신을 증언하는 하나님 말씀이기 때문에 거기에 조직 체계는 성립하지 않는다. 교의신학은 단지, 그 기초가 잡혀져 있는 것을 생각하고, 금후에도 잡혀져 있을 것이라는 것을 기대할 뿐이다.

이같이 생각과 기대는 조직체계를 정리하기는커녕, 도리어 그 안정성을 파괴한다고 할 수 있다. 왜냐하면 하나님 말씀의 내용은 하나님의 위업과 행위이며, 그 자유하신 은총이기 때문이다. 그것은 인간의 파악이나 처리 안에 수습될 수 있는 것은 결코 아니다.

그렇다면 교의신학의 기저를 이루는 하나님 과업은 어떠한 것일까? 하나님은 자기 자신을 나타냄으로써 행위하신다. 그런데 하나님 계시, 즉 우리에 대한 하나님 과업은 예수 그리스도 외에는 없다. 그야말로 하나님과 인간의 관계이며, 인간에 대한 하나님의 은총적 지배이다. 이 은총적 지배는 인간의 반역과 곤궁을 극복하는 것이기 때문에, 그것은 상황적으로 말하면 화해(和解)이다. 이것이야말로 교회 선교와 교의신학이 주창해야 할 사항이며, 교의학적 과업이란 이 화해의 사실을 해명·진술하는 것이라고 할 수 있다. 교의신학이 필연적으로 그리스도론이 되는 이유는 여기에 있다. 그렇지만 여기에서도 우리는 학적 체계를 외도해서는 안 된다. 하나님의 계시는 반드시 인간의 반역과 곤궁의 극복에 한정되는 것이 아니라, 다른 것일 수도 있다는 것이다. 화해는 예수 그리스도의 사실에서 계기가 되었지만, 그것을 들어서 하나의 조직을 수렴하려고 할 때에는, 우리는 그리스도론을 제한하는 책임을 짊어져야 할 것이다.

다른 일은 제쳐 놓고 이 사실의 주체자인 하나님이 그 사실의 조직 아래 종속할 수 있을까? 만약 하나님이 하나의 사람으로 사건의 내부에 포함되어 버렸다면, 그것은 결코 현실적인 화해는 아닐 것이다. 하나님 주체는 화해만으로 한정되는 것은 아니다. 기타의 행위에서도 하나님 주체는 인정해야 한다. 하나님이 신이라는 것은 자립된 문장이고, 그것은 결코 화해론의 주해는 아닐 것이다. 그 때문에 교의신학은 화해론인 동시에 하나님에 대한 교의학이어야 한다.

이런 화해론에 신권(神權)이 종속되지 않는다면, 기타의 여러 진리도 역시 마찬가지로 독립적 입장을 유지해야 하는 것은 물론이다. 창조자의 신앙에 대해 보아도 하나님은 화해자이기 이전에 이미 창조자로 존재하시고, 인간도 역시 죄인이기 이전에 이미 인간이었다. 이같이 하나님 말씀으로 이야기할 수 있는 하나의 사실을 끄집어내어 자기 입장을 내세우며, 거기에 기초하여 모든 사항을 측정하려고 하는 것은 무리이다. 화해는 오히려 이 창조자의 행위에 지나지 않고, 구제는 그 완성에 지나지 않는다. 그것들은 하나님의 독재적 과업의 현실이나 하나의 조직 아래에 속해야 할 것은 결코 아니고, 각기 독립된 진리인 것이다. 따라서 창조자에 관한 설교와 나란히 하나님에 관한 교리가 진술되고 하나님에 대한 교리와 나란히 화해의 교리가 이야기되어야 한다.

인간을 만들어, 화해시킨 하나님은 인간에게 구제를 약속하신 하나님으로, 이것이 구제자로서의 하나님이시다. 신약성서의 예수 그리스도의 전 부분은 오셔야 할 구제자로서 해석할 수가 있다. 이 종말론적 구제자 안에야말로 우리의 성화(聖化), 의인(義認), 교회는 존재하고 있다. 우리들이 지금 가지고 있는 모든 것은 희망 안에 존재하고 있다. 화해는 와야 할 구제에 의해서 냉각되지 않고, 교회는 하나님 나라에 의해서 소실되지 않는다. 그리스도교적 사고와 언설은 이 지양해서는 안 될 병존 안에 존립한다. 그렇지만 구제론이 조직체계의 중심이 되는 것은 아니다. 이들 4가지는 하나님 말씀 안에서는 하나이다. 단순히 그것들의 단일 통합을 꾀하는 것이 교의신학의 임무는 아니다. 이러한 것은 실체인 하나님의 말씀의 힘을 압박하는 것이라 할 수 있을 것이다. 하나님 말씀의 단일성을 기초 짓는 것은 하나님 자신 외에는 없다. 그 때문에 이 4가지 말씀의 병립을 인간 사고의 불완전함에 의한 것으로 단정해서는 안 된다. 사실 인간의 피조물적인 한계는 교회학적 방법의 규정에서도 무릇하다. 하지만 하나님이 자신의 말씀으로서 자기를 나타내고, 인간으로 하여금 신앙에 눈뜨게 한 것을 즐거워하신다고 하면, 인간은 단지 하나님의 나타내신 대로 받아들여야 하고, 우리의 불완전함을 우려할 필요는 없는 것이다. 이러한 하나님의 말씀 그 자체가 우리로 하여금 질서에 서게 해준다. 우리는 단지 전심전력으로 이 하나님 말씀에 대해서 신뢰를 가져야 할 것이다.

　이상이 교의신학이 말해야 할 말씀의 내용이며, 하나님 과업과 행위의 내용이다. 하나님은 말씀으로서 행위하시기 때문에 교의신학은 이 말씀에 의해서 구속되어야 하고, 실재하는 곳인 과거, 현재, 미래에서의 과업에 대해 알려져야 한다. 그런데 하나님의 말씀은 예수 그리스도이다. 교의신학이 전적으로 그리스도론인 것을 필요로 하는 것이기 때문이다. 그리고 이 하나님 말씀은 선전되는 것을 희망하기 때문에 교의신학은 그 비판적 과제를 다할 뿐만 아니라 교리를 가르치는 교회 측에 서서 하나님 계시를 증언하는 그러한 호소를 해야 한다. 이를 위해서는 교의신학자 자신이 선교의 대상에 복종하는 것을 요하고, 거기에 성서 권의와 밀접한 관련을 가질 필요가 생긴다. 그리고 교의신학에서는 어떠한 경우에도 조직체계가

의도되어서는 안 된다. 만약 이러한 것으로 나아간다면 교의신학 자신은 물론이거니와 선교까지도 그 대상에서 괴리될 수밖에 없을 것이다. 교의신학인 것은 어디까지나 성서와 교회의 제약에 복종하고, 인간적 자율성이 성령에 의한 신율성에 복종하는 곳에서인 것을 잊어서는 안 된다. 요컨대 교회 선교에서와 마찬가지로 교의신학에서도 역시 인간적 사고나 언설이 타당성을 가지는 것은 은총에 의해서이다. 교회에서는 인간 사고에 앞서서 하나님 자신이 사고되고, 인간이 말하기 전에 하나님 자신이 말씀하신다. 우리는 어두운 자이나, 하나님의 빛에 의해서 밝아지며, 우리는 비천하지만, 이 하나님의 힘에 의해서 말할 수 있는 것이다.

- 후기 -

본 소론은 이 봄에 어떤 기회로 원고를 썼던 것이다. 원래 나 자신의 전적인 창작이라고 말하기 어렵고, 여러 명의 신학자 특히 칼 바르트의 것에 힘입었다. 이러한 미숙한 것을 공개화하려고 생각도 못했던 바인데, 십자가의 신학사, 마쯔다니 요시노리(松谷義範) 선생의 간절한 열성과 격려와 마쯔다니 노리히도(松谷憲臣) 형의 호의와 종용을 거부할 수 없어 주저하면서 나온 참이다. 만약 이 부족함을 통해서 교회 선교에 대한 이해를 깊이 할 수 있는 방법이 있다고 하면 이것은 기대 밖의 기쁨이다. 한 가지 더 개인적인 것을 서술하고자 한다. 나는 이 보잘것없는 것을 철하며 오랫동안 부족한 나를 선도되어 양으로 음으로 기도로써 지지해 주셨던 나의 모 교회인 조선복음교회 및 일본 기독상원교회, 또 일본신학교의 여러 선생님께 충심으로 감사의 마음을 잊지 않는다. 하나님께서 허락하시면 금후부터 충실한 깊은 연구로 여러 현인들의 기대에 따르고자 한다.

1941년 부활절 전야
경성(京城)에서 지동식

제4부

성서 강해와 설교

1
마태복음 강해: 6장 5-15절*

I. 기도에의 초대(6:5-8)

"또 너희가 기도할 때에 외식하는 자와 같이 되지 말라. 저희는 사람에게 보이려고 회당과 큰 거리 어귀에 서서 기도하기를 좋아하느니라. 내가 진실로 너희에게 이르노니 저희는 자기 상을 이미 받았느니라. 너희는 기도할 때에 네 골방에 들어가 문을 닫고 은밀한 중에 계신 네 아버지께 기도하라. 은밀한 중에 보시는 네 아버지께서 갚으시리라. 또 기도할 때에 이방인과 같이 중언부언하지 말라. 저희는 말을 많이 하여야 들으실 줄 생각하느니라. 그러므로 저희를 본받지 말라. 구하기 전에 너희에게 있어야 할 것을 하나님 너희 아버지께서 아시느니라."(마 6:5-8)

제2차 대전이 끝날 무렵에 일본 히로시마와 나가사키에 원자탄이 떨어

---

* 마태복음 강해는 「기독교사상」 1965년 2, 3, 5, 6월에 실렸던 글을 모은 것이다.

져서 대지가 깨어지고 지축이 흔들리게 되었을 때, 전 세계 크리스천은 새삼스럽게 "하늘에 계신 우리 아버지여"로 시작된 주기도문을 기억하게 되었다. 왜냐하면 인류가 전쟁의 전화를 입게 된 까닭은 사람들이 아버지 하나님의 뜻을 어기고 서로 미워하며 싸워 온 결과라고 느꼈기 때문이다.

하나님을 떠나서 그의 뜻을 짓밟게 되면 사람과 사람 사이의 접근과 우의가 어렵게 된다. 왜냐하면 거기에서는 서로 사랑하라고 하신 계명대로 살지 못하고 도리어 한없는 이기심과 죄적인 충동대로 살게 되기 때문이다. 거기에서는 또한 서로 믿지 못하는 불신임이 생겨나게 되고, 이 불신임 끝에서는 치열한 논쟁이 전개되다가 그 끝에는 반드시 전쟁이 터지기 마련이다. 그러기에 우리에게 있어서 가장 소중한 것은 무엇보다도 모든 사람이 하나님을 아버지로 모시고 서로 사랑하라고 하신 뜻에 순종하는 일인 것이다.

그러나 우리 자신에게는 하나님에 대한 관심도 없고, 그의 뜻대로 살고자 하는 의욕도 없다. 하물며 하나님의 자녀가 될 만한 자격이 있을 리 없다. 그런데 하나님의 아들 되신 예수 그리스도는 자기 몸소 하나님의 뜻대로 사실뿐 아니라 우리도 하나님을 아버지로 하고 그의 뜻대로 살기 위하여 그에게 기도하라고 가르치신다.

그러므로 하나님을 아버지라 함은 우리 자신이 스스로 깨우친 진리라기보다 그것은 차라리 하나님의 아들이신 예수 그리스도에게서 계시된 진리인 것이며, 우리는 다만 그에게서 계시된 거룩하신 부자 관계를 근거로 하고 하나님을 아버지라고 부르게 된다. 하나님을 아버지 되시게 하고, 우리로 하여금 그의 자녀 되게 하시는 이는 오직 한 분 예수 그리스도다. 그리고 크리스천의 삶이란 다름 아니라 하나님을 아버지로 하고 그의 앞에 순종하는 일인데, 그의 뜻에 순종하기 위해서는 하나님 앞에 기도해야 한다는 것이 예수 그리스도의 교훈인 것이다.

예수 그리스도 이전의 유대교도들이나 이교도들도 하나님 앞에 기도했다. 그러나 예수께서 가르치신 주의 기도는 그들의 기도와는 판이하였다. 왜냐하면 그들은 하나님에게 순종하기 위해서가 아니라 자기들의 요구를 강요하거나 그것을 관철하기 위해서 기도했기 때문이다. 그래서 로마 사람들은 사람들의 극성스러운 기도가 하나님을 피곤하게 만든다고 말했거니와 오늘날에 있어서도 이와 같은 기도가 많은 줄 안다. 그러나 주기도의 배후에는 처음부터 끝까지 하나님에게 순종하시고 아버지 하나님에게 순종하기 위하여 십자가의 고난까지 담당하신 예수 그리스도가 서 계신다.

사람에 따라서는 또한 하나님에게 기도드리기보다 차라리 자기 자신의 종교적 경건성을 자랑하기 위해서 기도하는 이들도 있고, 심한 경우에는 기도 중에서 다른 이와 더불어 언쟁하거나 시비하는 경우도 없지 않은데, 이는 모두 "외식하는 자들이요", "저희는 자기 상을 이미 받은 자들"이다. 그러기에 하나님 앞에 올바른 기도를 드리기 위해서는 기도의 수련을 받아야 하는데, 주기도는 우리에게 이와 같은 수련을 가하기 위한 모범인 것이다.

크리스천이 된다는 것은 곧 이와 같은 의미에서 기도하는 사람이 되는 일이요, 크리스천에게 위대한 점이 있다면 그것은 자기 자신의 덕성이나 창의적인 노력보다도 그것은 차라리 겸손하고 담대한 기도에 있다고 말할 것이다. 그런데 예수 그리스도는 우리를 이와 같은 기도로 초대하시고 우리에게 말씀하신다. "구하라 주실 것이요 찾으라 얻을 것이라."

이에 있어서 우리는 하나님 앞에 간곡하게 기도하면서 모든 것을 구해야 한다. 그러나 우리의 마음속 한구석에는 또한 저 예수 그리스도의 초대에 대하여 망설이는 생각이 없지 않다. 왜냐하면 하나님이 만일 사랑하는 아버지라면 우리를 현재와 같은 심각한 고통 중에 두실 리가 없기 때문이다. 우리가 원하는 아버지는 아버지의 이름만을 차지하는 분이 아니라 아버지다운 일을 행하는 아버지시다. 그런데 하나님은 어찌하여 그의 사랑하는 자녀들에게 이다지도 심각한 고통을 겪게 하는 것일까? 어찌하여 그는 수많은 사람들이 생활고에 허덕이고 질병으로 고생하며 처참한 죽음을 겪게 하는 것일까? 어찌하여 그는 고통과 죽음이 없는 영원한 하늘나라를 기다리게 하실 뿐이요 지금 당장 평화와 기쁨이 넘친 영광의 나라를 허락하지 않으실까? 그리고 우리는 번번이 안타까운 심정으로 간구하지만, 사랑하는 아버지는 우리의 기도에 응하지 않으신다. 이것이 우리의 고충이다.

그런데 예수 그리스도는 도리어 우리에게 말씀하시기를 하나님께서는 "너희가 구하기 전에 너희에게 있어야 될 것을 아신다" 한다. 우리가 간곡하게 구하는 인생고의 해결이랄지 온 세상이 원하고 있는 항구적인 평화 같은 것은 우리가 구하기 전에 이미 아버지 하나님이 알고 계시며, 우리 자신은 무엇을 구할지를 알지 못하나 하나님은 도리어 우리의 필요한 것을 아시고 계시다는 것이다.

치통을 앓는 사람은 간혹 심한 진통이 어디서 오는지를 알지 못하고 다만 심각한 고통만을 겪게 되는데, 치과 의사가 도리어 고통의 원인이 어디에 있는가를 말하여 준다. 이와 같이 우리 자신은 우리의 병근이 어디에 있으며 무엇을 구할 바를 알지 못하나 하나님이 도리어 우리에게 무엇이 필요한가를 알게 하여 주신다는 것이다.

잘못하면 우리는 우리가 겪고 있는 모든 고통이 곁에 있는 악인들 때문이라고 생각하기 쉽다. 다른 이의 모략이나 책략, 또는 여러 모양의 착취나 억압 때문에 우리가 겪고 있는 모든 고통이 비롯되어 온 것이라고 여기기 쉽다. 그러나 모든 불행과 고통의 원인은 실상 우리 자신의 잘못과 죄과에 있는 것이다. 그래서 예수 그리스도는 하나님 앞에 기도할 때에 하나님을 원망하거나 다른 이들을 탓하기 전에 자기 자신의 잘못과 죄과를 회개할 것을 요구하는데, 여기에서 우리는 우리 자신이 구하는 것과는 판이한 것에 접하게 된다.

병석에서 신음하는 어린아이는 자기에게 무엇이 긴요한지를 알지 못한다. 그러나 어린이의 어머니는 무엇이 필요한가를 미리 알고 필요한 것을 조달해 주신다. 이와 같이 하나님은 우리에게 필요한 것을 미리 아시고 없어서 안 될 것을 베풀어 주시는데, 그는 우리 자신이 구하기도 전에 우리 죄를 구하시기 위하여 그의 독생자를 보내 주셨고, 그로 하여금 십자가의 고난까지 담당하게 하심으로 우리에게 영원한 생명을 베푸신 것이다. 왜냐하면 우리에게 가장 소중한 것은 이 죄 문제의 해결이라고 보셨기 때문이다. 그런데 오늘날에도 우리의 실정은 다름이 없다.

알렉산드리아의 교부 클레멘트는 기도의 원리를 설명하면서, 기도는 비유컨대 배에 타고 앉아서 육지에 있는 것을 자기에게로 끌어당기는 것과 같다고 했다. 왜냐하면 우리는 하나님을 자기에게로 끌어오기 위해서 기도하지만 거기어서 도리어 하나님에게로 끌려가게 되기 때문이다. 그리하여 우리는 기도에서 자기 자신이 구하는 것을 얻지 못하나 그 대신 하나님이 예비하신 것보다 더 귀중한 것을 얻게 되는데 이는 곧 사죄 받고 거듭나게 되는 일이다.

그러나 머리털 하나도 헤아리시는 하나님께서 심각한 인생고로 말미암아 고통하고 있는 우리의 실정을 모르실 리가 없다. 한계 정황 속에 처해 있는 우리로서는 하나님께서 죄의 세력을 용인하는 이유를 분명히는 알 수 없으나 아버지 하나님이 그의 자녀들에게 해로운 것을 허락하지는 않을 것이다. 그뿐만 아니라 지금 우리가 경험하는 쓰라린 경험을 이 세상에 강생하신 그의 아들을 통해 자기 몸소 체험하신 하나님이다. 그러므로 우리에게 부딪치는 모든 고통은 우리를 해치기 위한 것이 아니라, 그것들은 마치 연금사의 풀무와 같이 우리를 연단시키기 위한 하나님의 섭리일 것이다. 그래서 가난과 질병은 말할 것도 없고 실로 최후의 원수인 죽음까지도 우리를 그리스도에게로 인도하여 주는 길잡이가 되고 캄캄하고 처참한 이 세상이 도리어 선한 목자가 길 잃은 양을 찾으시는 기회가 된다.

이와 같이 말하면 혹시 하나님이 모든 것을 알고 계시고 모든 것의 모든 것을 섭리하고 계시다고 하면 구태여 기도로써 간구할 필요가 무엇이냐고 할지 모른다. 그러나 기도에 있어서 가장 소중한 것은 우리 자신의 소원 성취나 인생고의 해결이 아니라 자녀다운 심정으로 아버지 하나님과 대화하며 사귀는 일이다. 그러므로 우리가 만일 충정을 갖고 하나님께 대하여 "사랑하는 아버지시여"라고 외치기만 하면 거기에서 이미 기도의 목적은 달성된 것이라고 말할 수 있다. 그래서 하나님의 아들이신 예수 그리스도는 자기 몸소 간단없이 기도할 뿐 아니라 우리에게도 기도하라고 말씀하신다.

우리에게 주어진 주관적 종교성이나 경건한 정서 같은 것은 종교 음악이나 종교 교육을 통해서도 배양할 수 있을 것이다. 그러나 이와 같은 종교성이나 정서 같은 것은 신산(辛酸)한 인생 경험에 부딪치게 되면 안개처럼 사라지고 만다. 그러나 우리 죄를 위하여 십자가에 달리신 예수 그리스도는 영원히 살아 계신 하나님의 말씀으로서 그는 비단 우리가 건강할 때나 평안할 때에만 말씀하지 않고 우리가 약하고 고난 중에 처해 있을 때에도 말씀하시며, 밝고 명랑한 시대에만 말씀하지 않고 캄캄하고 암담한 시대에도 말씀하신다. 그러므로 우리가 앞날에 원자탄의 세례를 받는 일이 생긴다고 해도 우리에게 소중한 것은 생명과 재산을 보존하기 위하여 애원하는 일이 아니라, 아버지 하나님이 모든 일을 알고 계시며 섭리하고 계심을 믿음으로써 그의 뜻에 순종하기 위하여 노력하는 일일 것이다. 왜냐하면 우리에게 있어서 가장 큰 축복은 우리가 구하는 모든 것을 간직하는 일이 아니라, 아버지 하나님과 더불어 인격적인 사귐과 대화를 가지는 데에 있기 때문이다.

하나님의 말씀이신 예수 그리스도를 통하여 아버지 하나님과 더불어 인격적인 대화를 가지지 못하게 되면 거기에서는 하나님과 더불어 대화를 가지는 대신에 하나님께 관한 신관 같은 것이 변론되게 되는데, 이와 같은 신관이 격론되게 되면 될수록 아버지 하나님께로 나아가는 길은 막히게 된다. 그런데 우리의 주변에는 지금 심오한 이론은 많이 있으나 그와의 인격적인 관계는 보기 드물다. 그리고 종교적으로 경건한 사람들이 반드시 아버지 하나님에게 기도하는 사람이라고 보기 어렵다. 왜냐하면 종교적 경건성을 가진 이들은 왕왕 독백의 세계에 머무를 따름이고 아버지 하나님과 더불어 인격적인 사귐을 갖지 못하는 경우가 많기 때문이다. 이와 같이 아버지 하나님과 더불어 인격적인 대화가 멀어지게 되면 사람과 사람 사이도 멀어지게 마련인데, 수많은 교회와 크리스천이 있음에도 불구하고 이 세상이 점점 더 강퍅해지는 까닭은 크리스천에게 하나님과 더불어 인격적인 대화가 줄어듦과 동시에 그의 뜻에 복종하는 기드가 약해진 결과라고 말할 것이다.

그러나 우리에게 기도를 가르치신 예수께서는 사람과 사람 사이의 관계를 중요하게 생각하시고 기도의 단위를 개개인에게 두시는 대신 '우리'라는 복수 위에 두셨던 것이다. 주기도는 '우리'를 단위로 한다. 이 '우리' 속에는, 첫째로 그리스도 교회가 들어가지만 그러나 교회 밖에 있는 모든 사람도 이 '우리'에서 제외될 필요는 없을 것이다. 왜냐하면 예수께서는 비단 그리스도 교회만을 위해서 기도하지 않고 전 인류를 위해서 기도하신 온 세상의 주님이기 때문이다. 이와 같이 기도에 있어서 일치하게 되면 여러 가지 문제성이 있는 그대로 온 세상이 하나를 이룩할 수 있는 것이다. 그런데 이 세대의 약점과 우리의 약점은 지금 이와 같은 공통된 기도를 가지지 못한 데에 있다. 여기에 있어서 우리는 주기도의 지시에 따라 간곡하게 기도할 처지에 있는 것이다.

주기도의 본문을 총괄해 보면 거기에 여섯 가지 기원이 말씀되어 있는데, 처음 세 가지 기원은 하나님에 관한 것이고, 다음 세 가지 기원은 인간에 관한 것이다. 하나님에 관한 것이 말씀되고 나서 그 다음에 인간에 관한 것이 말씀되고 있다는 것은 뜻 깊은 일이다. 왜냐하면 우리 인간은 하나님 없이는 존재할 수 없으며 그가 없이는 먹을 수도, 마실 수도 없고, 서로 미워할 수도, 서로 사랑할 수도 없기 때문이다. 우리에게 슬픔과 기쁨이 있고 실망이나 소망이 있다면, 이 모든 것도 역시 하나님의 허락함이 없이는 있을 수 없는 것이다. 이와 같은 의미에서 하나님 없는 사람은 하나도 없기 때문에 모든 사람은 먼저 하나님의 나라와 그 의를 구해야 한다.

그러나 우리는 또한 뒷부분의 세 기원에 대해서 진지한 생각을 해야 한다. 이 세 가지 문제에 대해 진지한 생각을 하지 않는 사람은 진지한 마음으로 기도하는 사람이라고 보기 어렵다. 왜냐하면 우리에게 이 기도를 가르치신 예수 그리스도는 자기 몸소 우리와 같은 인간이 되셨을 뿐 아니라 지상적인 모든 문제가 엄숙하게 중난한 것임을 자기 몸소 경험하신 분이기 때문이다. 그에게 있어서는 하나님과 사람이 확연하게 구별된 것도 사실이지만 그에게서는 또한 하늘과 땅이 접촉됨과 동시에 하늘 것과 땅의 것이 통일되었다. 그러므로 크리스천인 우리는 한편으로 교회 문제나 신학 문제를 문제 삼음과 동시에 다른 편으로는 정치 문제나 경제 문제 및 사회 문제까지도 문제 삼을 필요가 있는 것인데, 우리는 이와 같은 실정을 주기도를 통해서 배울 수 있다. 그리고 주기도에 있어서는 두 가지 부분을 아는 것도 소중하지만 둘 사이에 통일이 있다는 것을 아는 것이 더욱 중요하다.

II. 회개의 재촉

> "그러므로 너희는 이렇게 기도하라 하늘에 계신 우리 아버지여 이름이 거룩히 여김을 받으시오며 나라이 임하옵시며 뜻이 하늘에서 이룬 것 같이 땅에서도 이루어지이다."(마 6:9-10)

예수 그리스도는 우리를 기도에로 초대하시거니와, 그는 우선 하나님을 "하늘에 계신 우리 아버지여"라고 부르라고 하신다. 그러나 하나님을 아버지라고 부르라고 한 것은 예수만이 아니었다. 호메로스도 일찍이 제우스를 "사람들과 여러 신의 아버지"라고 부르라 하였고, 이스라엘 사람들도 야웨 하나님을 아버지라고 부르는 한편 자기 자신들을 하나님의 자녀라고 자처했던 것이다. 그러므로 "하늘에 계신 우리 아버지여"라는 말은 예수 그리스도 당시에 이미 팔레스타인 지방에 유포되고 있었으리라는 것은 그럴듯한 주장이다. 이와 같은 말은 주로 종교사학파에 속한 학자들의 주장이거니와, 그들의 이해대로 하면 주기도문의 모든 구절은 대개 유대교의 기도문과 서로 통하는 것이라 한다.

유대교에는 18개 항목으로 된 '쉐모네 에스레'(shemoneh esrehe)라는 기도문이 있었는데, 거기에는 "당신의 이름은 거룩하도소이다", "우리들의 아버지여 죄 된 우리를 용서하여 주옵소서", "당신의 이름을 인하여 우리를 구원하여 주시옵소서", "당신의 풍부하신 은총이 이 세상에 충만하게 하시옵소서", "당신만이 왕이 되사 은총과 긍휼로써 다스리시고 심판 중에 우리를 의롭게 하시옵소서"라는 기원들이 있었고, 카디쉬(Kaddisch) 기도문 중에는 또한 "그의 크신 이름이 그의 뜻대로 지으신 세상에서 경배되고 거룩하게 되시며 그의 나라가 이루어지이다"라는 기원들이 있었다.

그러므로 주기도문 중에도 이 모든 기도의 여음(餘音)이 들어 있음은 분명한 일이며, 예수께서는 구약성서의 정신적인 흐름 중에서도 특히 시편에 들어 있는 경건한 기도의 정신을 이어 받은 유대교와 기도의 교훈을 그대로 계승하신 것이다. 그래서 유대인 신학자 클라우스너(J. Klausner) 같은 이는 심지어 주기도문 중에는 보편성과 경건성이 충만하며, 그 한 마디 한 마디가 유대교의 기도와 탈무드 중에서 나온 것이라고 말하고 있다.

그러나 이는 피상적인 관찰일 뿐이요, 주기도문 중에는 유대교의 기도와는 판이한 점이 있으니, 왜냐하면 거기에서 말씀된 모든 기원은 유대교의 기도보다 간결함과 동시에 이 간결한 내용은 무엇보다도 예수 자신의 선교 활동과 그의 행적의 결단을 배경으로 하고 있는 것이다. 다시 말하면 주기도문의 한 마디 한 마디의 기원은 예수 그리스도의 존재적 행적에서 성취된 것이었으며, 우리가 하나님을 '아버지'라고 부르는 까닭도 하나님께서 그의 아들 예수 그리스도의 십자가의 구속을 통하여 우리를 구속하시고 우리와 더불어 화목하여 주신 결과인 것이며, 아버지 하나님께서 우리의 기도에 귀를 기울이시고 우리의 간구를 들으시는 까닭도 오로지 그의 성자(聖子) 예수 그리스도 때문일 것이다.

그런데 예수에 의하면 우리의 아버지는 "하늘에 계신" 아버지시다. '하늘'은 우리 인간으로서는 이해할 수도 없고 도달할 수도 없는 곳을 말한다. 그러나 이 말의 뜻은 결코 흔히 듣는 바와 같은 하나님은 무한하신 존재라거나 영원하신 분이라거나 또는 하나님은 알 수 없는 이요 초월하신 분이라는 뜻은 아니다. 왜냐하면 이 모든 개념들은 결국 추상적이요 관념적인 것일 뿐이요, 그것들은 결국 유한한 것이나 알 수 있는 것들에 대한 반대 개념에 불과한 것이다. 그러나 주기도에서 말씀된 "하늘에 계신 우리 아버지"는 차라리 예수 그리스도의 아버지 되신 하나님을 말한 것으로서 그것은 어디까지나 그에게서 계시된 한없으신 긍휼과 자비를 말한 것이다. 왜냐하면 거기에서 비로소 하나님의 초월성과 영원성이 계시되기 때문이다. 주기도문에서 말씀된 '하늘'은 결코 철학적인 의미의 초월성이 아니다. 따라서 이른바 유신론이나 관념론이나 실존주의 사상으로는 이 '하늘'에 대한 바른 이해를 가질 수가 없는 것이다. 주기도문에서 말씀된 하나님의 초월성은 다만 예수 그리스도에게서 계시되고 표현된 하나님의 한없으신 사랑에서만 증거될 수 있는 것이다. 그러므로 "하늘에 계신"이라는 말을 어떤 이들의 주장과 같이 하나님 아버지를 인간적인 아버지와 구별하기 위한 것이라고 볼 수는 없는 것이다.

그런데 "우리 아버지"에서 '우리'의 개념에는 예수 그리스도 자신은 포함되지 않는다. 왜냐 하면 예수 그리스도 자신은 하나님의 독생자지만(마 11:27; 막 13:32), 우리가 하나님의 아들 됨은 다만 예수 그리스도 안에서만 가능한 일이기 때문이다. 그래서 초대교회 신도들은 하나님을 가리켜서 "우리 주 예수 그리스도의 아버지"(고후 1:3)라고 고백하였거니와 이는 주기도문의 정신과도 부합하는 것이다. 복음서 저자들은 이런 의미에서 예수께서 말씀하신 "나의 아버지"와 "너의 아버지"를 엄밀하게 구분하였고 한 번도 예수님과 그의 제자들을 싸잡아서 하나님을 "우리 아버지"라고 고백하게 한 적은 없는 것이다(마 11:25; 26:39; 눅 23:24). 그리고 이 사실을 가장 선명하게 말해 준 것은 요한복음 20장 17절에 기록된 "내 아버지 곧 너희 아버지, 내 하나님 곧 너희 하나님"이라는 기록일 것이다.

그런데 주기도문의 배치는 십계명의 배열과 비슷한 데가 있다. 처음 세 가지 기원은 그 내용이 십계명의 처음 네 가지 계명에 해당하고 마지막 세 가지 기원은 그 내용이 여섯 가지 계명과 일치한다. 처음 세 가지 기원은 하나님의 영광을 중심으로 하고 있는데 주께서는 여기에서 무엇보다도 하나님의 거룩하신 계획에 대하여 관심을 가지도록 요구하신다. 그래서 우선 하나님의 이름과 그의 나라에 대해서 기도하라고 명령하신다. 왜냐하면 하나님께서는 다만 그의 계획이 하나님 안에 속해 있기를 원하지 않고 그의 계획이 인간과 관련되기를 바라시기 때문이다.

첫째 기원 - "이름이 거룩히 여김을 받으시오며"

이 첫째 기원은 하나님의 영광에 관련되는 것이다. 그런데 학자에 따라서는 이 말씀이 과연 기원하는 말씀인지, 아니면 하나님을 찬양하는 말씀인지 구분하기가 어렵다고 말하는 이들도 있다. 그래서 크리소스토무스는 일찍이 이것은 기원하는 말씀이 아니라 하나님을 찬양하는 말씀이며 "거룩하여지이다"는 차라리 "찬양되어지이다"의 뜻으로 이해해야 한다고 해석했다. 왜냐하면 이 "거룩하여지이다"는 마치 이사야 6장 3절의 "거룩, 거룩, 거룩, 만군의 여호와"라는 말이나 마찬가지로 하나님의 이름을 불러서 그에게 호소하기 위한 말씀이라고 보았기 때문이다. 그러나 이 말씀은 아무래도 다음에 오는 두 가지 기원과 관련이 되는 첫째 기원일 것이다. 또한 이 하나님의 영광에 대한 첫째 기원은 다음에 오는 두 가지 기원을 위한 전제가 된다고 말할 것이다.

종교사학파의 연구에 의하면 '이름'과 '인격'은 거의 같은 것이라고 이해된다. 그러므로 한 사람 한 사람의 이름을 가지고 행하는 사람은 그 사람의 권세를 행사할 수 있으니, 예컨대 왕의 '이름'으로 행하는 일은 곧 왕 자신과 같이 행사하는 결과가 된다. 이와 마찬가지로 하나님의 이름을 사용하는 사람은 거기에서 신적 권세를 행사할 수 있다는 것이다. 그래서 슈니빈트(J. Schniewind)에 따르면, 성서에 말씀된 하나님의 이름은 곧 하나님 자신을 가리키는 것이다.

이와 달리 칼 바르트는 주기도문에 말씀된 '하나님의 이름'은 하나님 자신이 아니라 오히려 하나님의 빛나는 표시라 한다. 그리고 하나님께 지음 받은 이 세상에는 하나님의 이름이 가입되어 있다고 한다. 우주는 하나님의 성호를 노래하고 있고 피조물 전체에는 하나님의 이름이 기록되어 있다는 것이다. 그러나 이 기록은 우리의 눈에 보이고 우리의 귀에 들리는 것이 아니다. 그러므로 하나님의 이름을 거룩하게 한다는 것은 우리의 능력으로는 감당할 수 없는 일이다. 우리 자신의 능력으로 하나님의 이름을 거룩하게 할 수 없으며 인간에게는 하나님의 계시를 받아들일 만한 능력이 없다. 그래서 구약성서 기자들도 하나님께 택함 받은 이스라엘 백성까지도 하나님의 이름을 더럽히고 짓밟았으며 그를 노엽게 하였다고 전하고 있다(신 22:32).

그래서 루터는 말하기를 우리 자신의 실정을 보면 우리는 언제나 하나님의 이름과 그의 영예를 해치고 있으며 다른 신을 섬기지 않으면 자기 자신의 주인공이 되고자 하고 있기 때문에 진정으로 이 첫째 기원을 고백하기 위해서는 우리는 거기에서 회개 받을 수밖에 없다고 하였던 것이다. 아닌 게 아니라 우리 인간은 하나님의 현전에서 강한 심판을 느낀 바 없이는 이 기원을 고백할 수 없는 실정에 있다. 우리는 주기도문의 첫째 기원에서 강한 회개를 재촉 받는다. 왜냐하면 우리는 거기에서 우리 자신 때문에 우리의 주위에서는 하나님의 이름이 더럽혀지고 그의 이름이 짓밟히고 있음을 깨닫기 때문이다. 부끄러운 고백이지만 우리는 하나님 이름보다도 고관대작이나 부유층 사람들을 더욱 귀하게 여기려고 하고 있다. 또한 우리는 번번이 추상적인 일이나 관념적인 일에서는 하나님 이름을 내세우지만, 구체적인 일이나 이해관계에 관련되는 일에서는 하나님 이름보다도 자기 자신의 이름을 내세우기에 힘쓰고 있다. 틸리케(Helmut Thielicke)의 말과 같이 우리는 찬송이나 기도에서는 하나님의 이름을 찬송하지만, 산업이나 무역에서는 우리 자신의 이름을 빛나게 하기에 여념이 없다. 그래서 예언자 이사야도 일찍이 인간들이 짓밟은 하나님의 이름을 거룩하게 하기에 힘쓰는 이는 인간이 아니라 하나님 자신이라고 하였던 것이다(사

29:23; 48:11). 그리고 구약 시대의 사람들은 모두 다 종말의 날에 가서 하나님의 이름이 거룩하게 되기를 희구했던 것인데, 신약 시대의 사람들은 예수 그리스도에서 그것이 성취되었다고 보았던 것이다. 그들이 목격한 바에 의하면, 예수 그리스도는 하나님의 이름으로 오신 분이요(막 11:9; 눅 13:35), 그는 언제나 하나님의 이름을 영광되게 하셨고 그것을 우리에게 계시하신 분이다. 왜냐하면 그는 아버지에게서 성별 받은 자요, 그의 백성을 위해서 자기 자신을 성별하신 분일 뿐만 아니라(요 10:36; 17:19) 그분 자신이 하나님의 성자이기 때문이다(막 1:24; 요 6:69).

인류 역사에는 예수 그리스도 이외에 한 사람도 하나님의 이름을 거룩하게 한 이가 없다. 따라서 주기도문의 첫째 기원은 이상주의자들의 생각과 같이 우리 자신이 하나님의 이름을 거룩하게 하라 하신 당위의 명령은 아닌 것이다. 그것은 차라리 하나님께서 그의 독생자를 통해서 이룩하신 것을 믿음으로 고백하기를 바라시는 부탁인 것이다. 우리에게는 하나님의 이름을 거룩하게 할 만한 힘이 없으나 예수 그리스도가 그것을 완수했기 때문에 그의 이름으로 세례를 받고 그 안에 거하는 그리스도인들은 예수 그리스도 안에서 하나님의 이름을 거룩하게 해야 한다는 것이다.

예수께서는 "나로 하여금 성스럽고 경건한 사람이 되게 하여 주소서"라고 기도하라고 가르치지 않으시고 "당신의 이름이 거룩하여지이다"라고 기도하도록 명령하셨다. 여기에서 알 수 있는 것은, 문제의 소재는 인간 자신의 내적 발전이나 그 수양에 있는 것이 아니라 그의 아버지 되시는 하나님께서 거룩한 분이 되게 함과 동시에 그의 이름을 거룩하게 하여 드리는 데에 있다는 일이다. 루터에 따르면, 태양 빛을 받고 있는 바위에게 따뜻하게 되라고 말할 필요가 없다. 왜냐하면 태양 빛을 받기만 하면 바위 자체가 따뜻하게 되기 마련이기 때문이다. 이와 마찬가지로 거룩하신 하나님 앞에 나가기만 하면 우리 자신의 의무감이나 율법 행위를 강조하지 않을지라도 거기에서 강한 윤리성이 발휘될 수가 있는 것이다. 왜냐하면 예수 그리스도와 함께 아버지와 더불어 내적 관련을 가진 사람은 그의 마음속에 큰 기쁨과 새로운 힘을 경험하게 되기 때문이다. 그러기에 인생 문제를 해결하기 위해서는 언제나 문제가 우리 자신 안에 있는 것이 아니라 우리 밖에 있음을 알아야 한다. 인생 문제는 우리 자신 안에서 해결되는 것이 아니라 하나님과 더불어 인격적인 관련을 가지는 데에서만 이루어진다. 그래서 예수 그리스도는 우리에게 우리 자신의 경건성이나 윤리적 발전 같은 데에 관심을 가질 것이 아니라 전심전력을 기울여서 하나님의 이름을 영광되게 함으로써 하나님께서 우리를 거룩하게 하시며 하나님께서 우리 인생의 중심이 되시도록 기도하라고 가르치신 것이다.

둘째 기원 - "나라이 임하옵시며"

이 둘째 기원은 그 내용에 있어서 첫 번째 기원과 서로 통하는 데가 있다. 왜냐하면 "회개하라 천국이 가까웠느니라"(마 3:2), "때가 찼고 하나님 나라가 가까웠으니 회개하고 복음을 믿으라"(막 1:15)는 말씀과 같이 하나님 나라에서도 강한 회개가 요구되기 때문이다.

하늘 '나라'('바실레이아', basileia)는 본래 하나님의 지배를 의미하는 말이며, 요한계시록 11장 15절과 12장 10절에는 그것이 종말의 날에 가서 성취될 것이라고 기록되어 있다. 그러나 신약성서에는 하나님의 권세가 이미 그의 말씀 중에 이룩되고 있다는 보도도 있고(히 6:5) 하나님에게 순종하신 예수 그리스도가 계신 곳에는 이미 하늘나라가 임했다고 말하는 본문도 많다(마 11:5; 눅 9:60). 그런데 이 신약성서의 증거대로 하면 예수 그리스도와 그의 들씀 사이에는 불가분의 관계도 있고 그의 말씀과 성령 사이에도 유기적인 관계가 있기 때문에, 누가복음의 다른 사본(Codex D)에 기록된 주기도문에는 "성령이 강림하사 우리들을 정결하게 하시옵소서"

라고 되어 있는데(눅 11:2), 이 사본의 원전이 도리어 우수하다고 주장하는 이들도 있다. 그러므로 예수께서는 이 둘째 기원에서 모든 죄를 회개하고 성령의 은사를 받음으로써 의롭게 여김을 받으라고 말씀하신 것이다.

그래서 사도 바울도 하나님 나라는 하나님과 사람이 화목하는 일이요 하나님의 의가 성취되는 일이라고 보았으며(고후 5:19) 이와 같은 의미의 하나님 나라는 우리의 능력을 벗어나는 것이며 우리는 하늘나라가 도래하게 하기 위해서 아무것도 행할 수 없다. 그것은 오로지 천지를 창조하신 하나님만이 이룩할 수 있는 것이며 우리는 다만 기도로써 간구할 수밖에 없는 것이다.

그런데 당신의 "나라이 임하여지이다"라고 기도한 예수 그리스도와 그의 제자들 사이에는 이미 하나님 나라가 성취되었다(눅 17:21). 다시 말하면 하나님께서는 예수 그리스도를 통하여 세상과 더불어 화목하셨다. 예수 그리스도에게서는 이미 최후 심판과 죽은 자의 부활이 성취되었다. 그래서 그를 믿는 그리스도인에게는 언제나 감사와 기쁨이 넘치게 된다. 그리고 예수 그리스도로 말미암는 이 감사와 기쁨을 경험하지 못하고 아직까지도 슬픔과 고통 중에 처해 있는 교회는 그리스도 교회라고 보기 어렵다.

III. 큰 것과 작은 것

"뜻이 하늘에서 이룬 것 같이 땅에서도 이루어지이다. 오늘날 우리에게 일용할 양식을 주옵시고 우리가 우리에게 죄지은 자를 사하여 준 것 같이 우리 죄를 사하여 주옵소서."(마 6:10-12)

셋째 기원 - "뜻이 하늘에서 이룬 것 같이 땅에서도 이루어지이다"

"뜻이 하늘에서 이룬 것 같이 땅에서도 이루어지이다"라는 셋째 기원 역시 암담한 세상을 배경으로 하고 있다. 하늘에서는 하나님의 뜻이 온전하게 이루어지지만 이 세상에서는 그의 뜻이 온전하게 이루어지지 못하고 있으니 우리의 주변과 먼 곳에서 일어나고 있는 외부적인 일들뿐 아니라 우리 자신의 내부에서 되어진 일들을 보더라도 거기에서는 하나님의 뜻이 이루어지기보다는 차라리 그의 뜻에 배치되는 일들이 너무나 많다.

여기서 예수는 우리에게 바리새인들과 같이 자만하면서 우리가 하나님의 뜻을 온전히 성취한 일을 감사하라고 가르치지 않는다. 오히려 머리도 들지 못하고 먼 곳에서 하나님 앞에 호소하던 세리와 같은 심정을 가지고 우리가 살고 있는 이 땅에서도 하나님의 뜻이 이루어지도록 기도하라고 가르치신 것이다. 그러나 하나님의 뜻이 이루어지기 위해서 가장 간곡하게 기도한 이는 예수 그리스도 자신이었다. 그의 겟세마네 동산의 기도는 이를 증거하여 주는데, 그가 피 땀 흘려 기도하신 까닭은 오로지 하나님의 뜻이 이루어지게 하기 위함이었고, 그가 십자가의 극형을 당하신 것도 하나님의 뜻을 이루어 드리기 위함이었다(마 7:21; 막 3:35; 눅 12:47).

이 점에 대하여 가장 뚜렷하게 말한 것은 요한복음 저자이다. 요한복음을 보면 예수께서는 언제나 그를 보내신 하나님의 뜻을 이루어 드릴 분으로 말씀되어 있고 예수 그리스도의 생애와 죽음과 부활은 모두 다 하나님의 뜻을 이루기 위함이라고 증거되어 있다(요 4:34; 5:30; 6:38 이하). 그러나 공관복음서와 요한복음서 사이에는 서로 공통점이 있으니, 모든 복음서는 하나님의 뜻을 둘로 구분한다. 즉 하나님의 뜻은 한편으로는 윤리적인 명령으로 나타나서 사람들로 하여금 그것을 행하게 하고, 다른 한편에서는 구원의 뜻으로 나타나는데, 이 구원의 뜻은 하나님 자신이 행하신다고 보고 있지 않다는 점이다.

그런데 "하나님의 뜻"이란 말은 본래 "하나님의 기뻐하시는 일"을 뜻한 것인데(마 11:26; 눅 2:14), 하나님께서 기뻐하시는 바는 예수 그리스도를 통해서 이루어졌고 예수 그리스도의 뜻은 또한 그의 제자들을 통해서 이루어졌다는 것이 복음서 저자들의 의견이다(마 7:21; 막 3:35). 그리고 원시교회 사도들도 역시 이와 같은 의미에서 하나님의 뜻을 분별하였고(롬 12:2; 엡 5:17; 골 1:9) 그것을 거룩하게 하라고 권면하였다(살전 4:3). 그러나 근본적인 의미에서의 하나님의 뜻은 오로지 예수 그리스도에게서 이루어졌다는 것이 그들의 신앙이었다(갈 1:4; 히 10:10). 그러나 그리스도인은 오히려 어두움의 세력이 지배하는 이 세상에 머물러 있기 때문에 그들은 언제나 어두움의 세력을 극복하신 예수 그리스도와 더불어 하나님 앞에 기도함으로써 하나님의 뜻을 이루어 드려야 하는 것이다(눅 10:18; 19:18; 요 12:3; 계 12:8 이하). 그러므로 이 셋째 기원에서는 "우리를 시험에 들지 말게 하옵시고 다만 악에서 구하옵소서"라고 한 마지막 기원과 비슷한 기원이 기원되고 있는 것이다.

    누가복음에는 이 셋째 기원이 빠져 있는데, 이는 누가 기자가 의식적으로 이 기원을 제외시킨 것이 아니라 그가 이 기원을 알지 못했기 때문일 것이다. 어떤 이들은 이 셋째 기원이 둘째 기원을 보충하는 것이라고 말하기도 하고 또는 거기에 대한 윤리적인 설명을 가하기 위한 것이라고 하기도 한다. 이것이 사실이라면, 셋째 기원을 뺀 누가복음이 도리어 주기도문의 원형을 간직하고 있다고 말할 것이다. 그러나 하나님의 뜻이 이루어지기를 기원한 이 셋째 기원이야말로 주기도문의 중심이요 그 극치라고 말할 것이며, 그것은 우리 그리스도인이 드려야 할 기도의 시작이요 마감이라고 말할 것이다. 왜냐하면 주기도뿐 아니라 그리스도인의 모든 기도는 결국 하나님의 뜻이 이루어지기를 바라는 기원들이기 때문이다. 그러므로 주기도의 제1부와 제2부는 다 같이 이 셋째 기원을 중심으로 한다고 말할 수 있다. 그래서 마태는 이 셋째 기원을 중심으로 주기도문 전체를 통일시키고 있는 것인데, 이 셋째 기원은 또한 구약성서적인 배경을 가진 것이다 (시 40:9; 103:21; 사 55:11; 46:10). 그리고 예수 당시에는 이와 같은 사상이 많은 사람들에게 널리 알려져 있었을 것이다.

주기도문의 둘째 부분은 분명히 첫째 부분과는 구별되는 것이다. 첫째 부분에서는 하나님에 관한 것들이 기원되었는데, 둘째 부분에서는 인간에게 관한 것들이 기원되었다. 그러나 우리는 이 인간적인 것들을 기원할 때에도 하나님에게 관한 기원을 한순간도 잊어서는 안 되는데, 그 까닭은 이 둘째 부분에서도 역시 하나님의 은총과 그의 영광에 소용되는 것들만을 기원해야 하기 때문이다.

넷째 기원 – "오늘날 우리에게 일용할 양식을 주시옵시고"

틸리케에 따르면, 주기도문은 아주 작은 것과 아주 큰 것 사이의 긴밀한 긴장 관계를 마련해 준다. 왜냐하면 거기에서는 크게는 영원하신 하나님 나라와 거기에 부수되는 만물의 변화를 위해서 기원됨과 동시에 작게는 우리의 일상생활을 위한 일용할 양식까지가 기원되고 있기 때문이다. 그러므로 주기도문 중에는 큰 것과 작은 것, 정신적인 것과 물질적인 것, 그리고 그 밖의 모든 것들이 기원되고 있으며, 따라서 그것은 전체적인 기도라고 말할 수 있다. 거기에는 우리에게 필요한 모든 것이 기원되어 있는 반면에 있어서 안 될 것은 하나도 기원되지 않았다.

그러나 일용할 양식은 결코 우리에게 사소한 것은 아니다. 설사 그것이 사소한 것처럼 보일지라도 그것을 무시하고서는 위대한 일이란 아무것도 이룰 수가 없는 것이다. 드높은 이상과 포부를 품고 이것을 위해서 노력하는 사람이나 민족과 국가 내지 온 세상을 위해서 큰 뜻을 품고 있는 사람이 있을지라도 그에게 만일 일용할 양식이 결핍되어 있으면, 그의 품은 모든 포부는 수포로 화할 수밖에 없다. 그뿐만 아니라 우리의 일상생활의 실정을 보면 거의 전부가 큰일보다도 사소한 일로 구성되어 있음을 부정할 수 없기 때문에, 이에 예수께서는 사소한 것들을 위해서 하나님 앞에 간구하라고 가르치신 것이다. 예수께서는 결코 영원한 하늘나라나 세계적인 전망이나 그리스도의 세계 지배와 같은 위대하고 영원한 일만을 위해서 기원하라고 말씀하지 않고 극히 사소한 일용할 양식을 위해서 기원하라고 가르치신다. 왜냐하면 이 사소한 것이 도리어 위대하고 영원한 일들의 뒷받침이 될 뿐 아니라, 우리의 실생활과 깊은 관련을 가지고 있는 이와 같은 문제를 놓고 기원하지 않으면 하나님께서는 우리의 절박한 현실 생활과는 상관이 없는 분이 되기 때문이다. 하나님께서는 결코 예배 시간이나 경축일 같은 때에만 우리와 더불어 관련된 분이 아니라 우리의 전 생활을 보살피시며 돌보시는 하나님인 것이다.

그래서 칼빈은 일찍이 주께서 말씀하신 "일용할 양식"은 하늘에서 내려오는 영적 양식을 말한 것이요, 우리의 식생활을 위한 일용할 양식이 아니라고 한 에라스무스(Erasmus)의 주장을 어리석은 주장일 뿐만 아니라 불신적인 생각이라고 비난하였고, 우리의 모든 걱정을 하나님께 맡기고 세상에서 소용되는 모든 것들을 하나님에게 호소하며 간구해야 한다고 주장했던 것이다. 그런데 최근에 와서 또다시 이 사소한 문제들을 중난(重難)하게 다루게 된 것은 반드시 그릇된 물질주의 사상이라고 비난할 것이 아니라 그것은 도리어 경하(慶賀)할 일이라고 말할 것이다. 예수께서는 다만 위대한 일이나 영원한 문제만을 위해서 일하시지 않고 일상생활에 필요한 것들을 위해서 노력하신 분이다. 예수님 자신이 한 사람의 수공업자로서 온갖 수고를 다했을 뿐만 아니라 다른 이들의 사소한 일을 위해서도 매우 걱정하신 분이다. 예수님이 처음 창조 때의 무한한 과거와 온 우주가 완성될 먼 미래를 전망한 것도 사실이요, 그의 팔은 온 세계를 덮고도 남으며 그에게는 천상과 지상과 지하의 모든 권세가 부여되었다. 그럼에도 불구하고 그는 이 세상의 극히 사소한 일들을 위하여 진지한 노력을 기울이신 분이다. 그는 아들 잃은 어머니와 더불어 슬픔을 같이하였고(눅 7:11이하), 중풍병자를 일으키셨으며(막 2:1이하), 혼인 잔치에 가셔서 모자란 포도주를 보충하여 주시기도 했고, 소경이나 앉은뱅이를 만나면 그들의 고통을 덜어주셨다. 그는 또한 기근과 헐벗음으로 고통당하는 사람들에게 필요한 모든 것을 주시려고 모든 수고를 다했던 것이다.

니체는 기구한 네 운명을 사랑해야 한다고 말했지만, 예수께서는 기구한 운명 중에 신음하는 모든 사람을 구출하는 일에 온 힘을 기울이셨다. 그러므로 예수님의 위대성은 도리어 자기가 친히 낮은 곳에 내려와서 가난하고 병든 자들과 더불어 같이하시면서 그들에게 한없는 사랑을 베푸신 일에서 찾을 수 있으며, 예수님께는 작은 것이 큰 것이었고 비천한 것이 곧 하늘 보좌와 통해 있었다. 그래서 중세기의 화가 중에는 하늘 보좌에 앉으신 승천하신 예수 그리스도의 손바닥에 십자가에 달리신 못 자국을 그대로 남겨둔 이가 있는 것이다.

그러므로 우리가 사소한 일들을 가지고 하나님 앞에 간구함은 부끄러운 일이 아니라, 그것은 어디까지나 떳떳한 일이며 주께서 가르치신 기도와 같이 우리는 여러 가지 요구를 하나님 앞에 간구할 필요가 있는 것이다. 그러나 주께서 갈쏨하신 "일용할 양식"은 반드시 의식주를 중심으로 하는 경제 조건만은 아닐 것이다. 거기에는 우리에게 요구되는 생활 조건 전부가 들어 있다고 볼 수 있으니, 루터는 이 "일용할 양식" 중에 음식물과 의복, 신발과 주택, 논밭과 같은 부동산과 동산이며 좋은 결혼과 자녀, 선하고 충성된 경찰과 바른 정부, 좋은 기후와 건강, 착한 친구와 충성스러운 이웃 등을 포함시켰다. 다시 말하면 그는 16세기의 부르주아 계급이 필요로 했던 생활 조건 전부를 일용할 양식이라고 인정한 것이다. 그러나 우리는 우리에게 필요한 여러 가지 조건을 여기에 추가할 수도 있을 것이다.

그런데 이 넷째 기원에서 말씀된 "일용할"('에피우시온', *epiousion*)이라는 말은 이해하기 어려운 말로서, 이 말이 사용된 곳도 마태복음과 누가복음 이외에 디다케(12사도의 교훈)에 한 차례 나올 뿐이다. 오리게네스나 고데(Godet)에 따르면, 이 말의 뜻은 "없어서는 안 될"것이지만, 클로스터(Kloster), 다이스만(Deissmann) 등은 "내일을 위한"의 의미로 본다. 그리고 다이스만이 지적한 바에 따르면, 독일어의 상스러운 표현 중에 "그들은 아침거리를 마련하지 못했다"라는 말이 있다고 한다. 그러나 "일용할 양식"은 반드시 "내일을 위한 양식"이라고 이해할 필요는 없을 것이다. 왜냐하면 내일을 위한 양식은 또한 마지막 날을 위한 양식도 되니 말이다. 그리고 예수께서는 장차 도래할 미래 세계에 대한 교훈을 식사에 비교한 일도 있고(눅 14:16 이하) 성만찬 제도를 마련하시고 제자들로 하여금 떡을 나누게 하신 일도 있다(막 14:22; 눅 24:30 이하). 그리고 사도 시대에도 성만찬은 실제적인 식사와 서로 관련되어 있었던 것이다. 그러므로 일용할 양식을 위한 기원 중에는 또한 "모든 것이 새롭게 될" 종말의 완성을 위한 소망도 들어 있다고 말할 것이다(계 21:5 이하).

다섯째 기원 – "우리가 우리에게 죄지은 자를 사하여 준 것 같이 우리 죄를 사하여 주옵시고"

예수께서는 누가복음 5장 8절과 7장 48절 등에서 죄가 어떻게 사해지는가에 대해서 말씀하셨으며, 복음서 기자들의 관점에 따르면, 예수에게서 이루어진 하늘나라는 요컨대 죄 사함을 통해서 성취되는 것이다. 그러나 이 죄 사함은 낱낱의 죄행(罪行)을 사면하는 것이 아니라, 오히려 하나님과 인간 사이의 거리감이 지양됨을 뜻한 것이다. 그래서 종교개혁자들은 이 "죄 사함"이라는 외마디 말에서 하나님의 여러 가지 은사를 이해했던 것이다.

그런데 마태복음 18장의 비유에서 볼 수 있듯이, 죄 사함의 기원에서는 단지 하나님과 인간의 관계만이 말씀되는 것이 아니라, 또한 이웃과의 관계도 기원되는 것이다. 그리고 자기 이웃을 용서하지 않는 악한 종은 그 주인의 한없이 너그러운 용서의 은총을 상실하게 된다는 것이다. 그러므로 죄 사함의 은총을 직접 받은 사람은 다른 사람의 죄를 용서해야 하는 것이다. 그래서 마태복음 5장 21절 이하에 따르면, 우리가 다른 사람에게 행하는 그대로 하나님은 우리를 대하시는 것이다.

그러나 실생활에서 우리는 언제나 이웃에 대해서 관심이 없고 다른 사람의 일을 등한시하는데, 그 까닭은 다른 사람에 대한 사랑이 없기 때문이다. 그리고 오늘날 가장 큰 문제는 그릇된 일에 대한 모든 책임을 모조리 다른 이에게 돌림으로써 사람들이 서로 원망하고 비난하며 공격하는 일인데, 언제나 자기 자신의 죄가 아니라 다른 사람의 죄가 문제되고 있을 뿐이다. 그러나 예수께서는 말씀하기를 "우리 죄를 용서하소서"라고 기원하라 하신다. 그런데 이는 결코 우리가 범한 죄를 감싸 달라고 기원하라는 말이 아니라 죄가 사해지기 위해서는 우선 그 죄의 실체가 뚜렷하게 드러나야 한다. 하나님이 하시는 일은 언제나 분명하시지, 모호하거나 애매한 일은 있을 수 없다. 하나님 앞에서는 숨어 있는 모든 죄도 드러날 수밖에 없는 것이다. 그러므로 죄 사함을 받는다는 것은 결코 죄 없는 사람이 된다는 것이 아니라 죄인은 여전히 죄인 그대로 머물러 있으되 이 죄 된 인간과 하나님 사이의 거리감이 없어지는 것을 말할 뿐이다. 이는 마치 부모가 여러 가지 잘못을 범한 자녀들을 사랑으로써 그들의 잘못을 알고 있으면서도 오히려 그들을 용납하는 것과 마찬가지다.

그러나 이와 같은 죄 사함의 은총은 다른 데에서는 기대할 수 없는 것이고 그것은 오로지 예수 그리스도를 통해서만 이룩될 수 있는 것이다. 다시 말하면 그가 우리를 대신하여 십자가의 고난을 담당하신 데에서 죄 사함의 은총은 부여된 것인데, 예수께서는 이 죄 사함의 기원을 가르치실 때에 자기 자신을 가르치신 것임을 알아야 한다. 왜냐하면 하나님은 이 한 분 그리스도 때문에 우리의 모든 죄를 사하시기 때문이다.

VI. 시험의 극복

"우리를 시험에 들게 하지 마옵시고 다만 악에서 구하옵소서. 나라와 권세와 영광이 아버지께 영원히 있사옵나이다. 아멘. 너희가 사람의 과실을 용서하면 너희 천부께서도 너희 과실을 용서하시려니와 너희가 사람의 과실을 용서하지 않으면 너희 아버지께서도 너희 과실을 용서하지 않으시리라."(마 6:13-15)

여섯째 기원 - "우리를 시험에 들게 하지 마옵시고 다만 악에서 구하옵소서"

마지막 기원인 여섯째 기원에서는 시험에 대한 경고가 주어진다. 신구약성서에는 종종 하나님께서 그 백성을 시험하신다는 기록이 있다. 창세기 22장 1절, 출애굽기 16장 4절에 따르면, 하나님께서 그 백성이 자기를 따르는지 따르지 않는지를 시험하신다. 고린도전서 10장 13절에서 바울은 "사람이 감당할 시험밖에는 너희에게 당한 것이 없나니 오직 하나님은 미쁘사 너희가 감당치 못할 시험 당함을 허락지 않으시고 시험 당할 즈음에 또한 피할 길을 내사 너희로 능히 감당하게 하시느니라"고 말하며, 야고보서 1장 12절은 "시험을 참는 자는 복이 있다"라고 말하고 있다.

이 모든 말씀과 같이 얼핏 보면 시험은 우리를 해치는 것처럼 보이지만, 겪고 나면 도리어 우리를 이롭게 하는 경우가 많다. 그러므로 우리는 어려운 시험을 겪고 나서 도리어 모든 것이 합력하여 유익이 된다고 말하게 되며, 실제로 욥이나 다윗 왕 등이 경험한 심각한 시험이 무익한 것이라고 말하기는 어려울 것이다.

그래서 주께서도 이 여섯째 기원에서 시험에 관한 교훈을 가르치는 것인데, 시험을 뜻하는 이 헬라어 '페이라스모스'(peirasmos)는 여러 가지 의미를 갖는데, '시련'이나 '유혹'을 의미한다. 그래서 어떤 이들은 말하기를, 이 말의 뜻은 하나님께서 우리에게 내리는 시련과 연단을 의미하는 것이라고 하고, 또 어떤 이들은 주장하기를 그것은 오히려 인간을 유혹하는 사탄의 유혹을 뜻하는 말이라고 한다.

유혹은 사탄에게서 오고 시련은 하나님에게서 온다는 것은 자명하나, 유혹이든 시련이든 인간은 그 결과를 예측할 수 없는 것이며, 사탄은 하나님에게 시련 받는 사람을 유혹할 수도 있고 하나님께서는 사탄의 유혹을 계기로 하여 그 사람을 연단할 수도 있는 것이다. 그러므로 인간 편에서는 유혹과 시련을 판별할 수는 없는 것이며, 사탄의 유혹이 하나님의 손길과 함께할 때에는 하나님의 시련이 되고, 하나님의 시련도 사람이 그것을 잘못 받아들일 때에는 유혹으로 변할 수가 있는 것이다.

그러므로 우리 인간은 유혹이나 시련에 직면하여 동일한 대비가 필요한 것인데, 루터는 이 시험이라는 단어('페이라스모스')를 독일어 '안페히퉁'(Anfechtung, 공격)으로 번역했다. 왜냐하면 루터는 주께서 말씀하신 이 시험을, 우리를 향한 사탄의 공격으로 보았기 때문이다. 신약성서에는 이 밖에도 사탄의 공격에 대한 기록이 많이 있는데 가령 데살로니가전서 3장 5절, 요한계시록 2장 10절, 누가복음 8장 13절, 마가복음 14장 38절 등이다.

본래 하나님을 섬기기 위해 지음 받은 천사였는데, 도리어 하나님을 배반하고 자기 스스로 하나님의 영광을 누리려고 하다가 타락한 천사다. 그러나 그는 하나님을 정면에서 공격할 만한 힘이 없기 때문에 하나님의 백성들을 측면에서 공격함으로써 하나님 나라에 타격을 입히고자 하는 영적 존재인데, 이 사탄의 측면 공격이 바로 그의 시험인 것이다. 그리고 이 사탄의 시험에 빠진 사람은 하나님과 사람을 사랑하며 섬기는 대신에 시기와 분쟁을 일삼으므로, 시험받는 사람은 단지 잠정적인 위기나 순간적인 부패를 경험하는 것이 아니라, 그의 인간 존재 전부가 타락하고 마는 것이다. 그러므로 이 사탄의 시험이야말로 우리에게 가장 위험한 것이라고 말할 수 있다.

니체에 따르면, 인생은 극히 위험한 것인데, 우리의 삶은 각 방면에서 사탄에게 위협받고 있고 이 점에 있어서 인생은 극히 위험한 것이라고 말할 수 있다. 사탄은 큰일이나 작은 일에서 우리를 끊임없이 시험하고 있다. 사탄은 감각적인 일만이 아니라 드높은 이념이나 포부가 관계된 일에서도 우리를 공격한다. 그리고 사탄은 다만 개개인의 삶의 영역에서만 시험하지 않고 인류의 삶 전체에도 영향을 주고 있으니, 시기와 분쟁은 단지 개인만이 아니라 집단과 사회에서는 더욱 추잡한 분열과 분쟁으로 전개되고 있는 것이다. 그래서 예수께서는 자기가 온 것은 이 세상에 화평을 주기 위해서가 아니라 칼을 주기 위해서라고 말씀하셨고, 그의 제자들을 이 세상에 파견함을 마치 양을 이리 떼 가운데로 보냄 같다고 말씀하셨다. 왜냐하면 그들은 우는 사자와 같이 먹을 것을 구하는 사탄의 공격에 직면하게 되고 한순간도 위험 상태를 면할 길이 없기 때문이다. 그래서 이 사실을 뼈저리게 경험한 사도 바울은 에베소서 6장 12절에서 이르기를, "우리의 싸움은 혈육에 속한 것이 아니라 공중 권세 잡은 자와의 싸움"이라고 했다. 그러나 이 공중의 권세 잡은 자와의 싸움은 우리 자신의 힘이나 결심이나 노력만 갖고는 절대 승리할 수 없는 것이다. 그런 것들로 사탄을 대항하고자 하는 사람은 아직까지도 적의 세력이 어떠한 것인가를 이해하지 못하고 있거나 우리 인간의 이성이나 감정이 얼마나 약한지를 알지 못하고 있다고 말할 수 있다.

여기서 예수께서는 사탄의 공격을 받게 될 때에는 하나님을 향한 기도로써 대할 것을 가르치신다. 왜냐하면 그의 강한 팔로 우리를 붙들어 주시는 하나님만이 우리를 사탄의 시험에서 구하실 수 있기 때문이다. 그리고 그리스도인의 강한 면모는 자기 자신의 경건성이나 진실성에 있는 것이 아니라 끊임없는 시험을 받으면서도 거기에서 오히려 권능으로 가득하신 많으신 하나님을 우러러보며 땅의 것을 보지 않고 하늘의 것을 우러러보는 데에 있는 것이다.

사탄과 더불어 맞서고자 하는 사람은 으레 패배할 수밖에 없다. 하나님의 아들 되신 예수께서도 자기 자신을 '인자'라고 부름으로써 시험에 들지 않기 위해서 끊임없는 기도를 드렸는데, 이것이 바로 예수님의 강한 점이었던 것이다. 사람은 강하다고 생각할 때에는 약하고 약하다고 여길 때에 도리어 강한 것이다. 우리는 이와 같은 좋은 예를 예수와 베드로의 경우에서 볼 수 있는데, 베드로는 호언장담하면서 주를 위하여 목숨을 버리겠다고 주장했으나 세 번이나 주를 모른다고 거부했다. 하지만 피땀 흘려 기도하시던 주 예수께서는 끝까지 사탄의 시험에 굴복하지 않고 하나님의 뜻대로 사신 것이다. 자기를 의지하는 자는 넘어지지만 자기 자신의 무력함을 알고 하나님을 의지하는 사람은 도리어 큰 힘을 발휘하는 것이다.

그런데 우리에게 가장 소중한 것은 예수께서 우리 곁에 머무시면서 언제나 우리를 위하여 기도하여 주신다는 사실이다. 요한복음 17장에서 대제사장이 되시는 예수께서 기도하기를, "아버지여 내가 당신에게 구하옵기는 당신께서 나에게 속한 자들을 세상에서 취하는 일이 아니라 그들을 악한 자들에게서 보호하는 일입니다"라고 하였다. 이 기도의 말씀에서도 엿볼 수 있듯이 예수께서는 우리를 위하여 아무런 시험도 없는 무인고도(無人孤島)를 마련해 준 것이 아니라, 도리어 사탄의 시험이 계속되는 이 세상에서 우리를 구원하여 주시는 것이다.

그런데 간혹 신약성서는 이 사탄의 시험이 종말의 날에 치열하게 될 것이라고 말씀한다. 히브리서 3장 8절은 악한 날이 오면 특별한 시험이 올 것이라고 말하고 있고, 에베소서 6장 13절에서 바울은 종말의 때는 곧 시험의 때라고 말하고 있다. 그래서 슈바이처(A. Schweitzer)는 이르기를 주기도문에서 언급된 이 시험은 종말의 때에 나타날 시험이라고 말했던 것이다. 사실상 주기도문 전체는 장차 올 하나님 나라를 대망하는 것이며 이 하나님 나라에서는 대적자의 세력이 극복되고 하나님만이 홀로 온 세상을 지배하게 되실 것이 분명하다. 이 점에서 슈바이처의 주장은 정당하다고 말할 수 있다. 왜냐하면 모든 기도의 궁극적인 성취는 지금 여기에서 기대할 것이 아니라 죄 중에 빠져 있는 모든 사람이 영원한 자유를 누리게 될 마지막 날에 가서 비로소 기대할 수 있는 것이기 때문이다. 그리고 여러 가지 악에 대한 온전한 승리는 종말의 날이 와야 성취될 것이지만, 지금 우리는 여러 불안 중에 휩싸여, 있는 그대로 마지막 날의 평안을 기다리며 나그네의 길을 계속해서 가고 있는 중이다. 그러므로 이 기원이야말로 우리의 여정과 우리의 싸움에 관한 간구라고 말할 수 있다.

여섯째 기원의 둘째 부분은 "악에서 구하옵시고"라고 되어 있는데, '악'에 해당하는 헬라어 '포네로스'(*ponēros*)가 남성명사인지 중성명사인지 분명하지 않기 때문에 여러 가지 이론이 있다. 마태복음 13장 19절, 에베소서 6장 16절에서는 이 낱말이 남성명사로 사용되고 있으나 누가복음 6장 45절, 로마서 12장 9절에서는 중성명사로 사용되고 있다. 그러나 마태복음 5장 37절, 요한복음 17장 15절 등에서도 주기도문의 경우와 마찬가지로 남성인지 중성인지가 불분명하다. 그리고 "~에서 구하옵소서"라는 말도 로마서 15장 31절에서는 인물의 의미로 사용되고 있으나 디모데후서 4장 18절에서는 사물의 뜻으로 사용되고 있다. 그러므로 주기도문에서는 인물을 말하는지 사물을 말하는지 단정하기가 어렵다.

그러나 신약성서는 대부분의 경우 악을 구체적인 인격 존재로 인정하고 있으므로 그것을 사탄의 뜻으로 이해할 수도 있을 것이다. 그래서 불어성경에서는 이 '악'을 '사탄'으로 번역했고, 종교개혁자 루터나 칼빈은 사탄의 존재와 그 능력을 잘 알고 있었고 그것과 더불어 치열한 싸움을 전개했던 것이다. 그래서 그들은 인간적인 해석뿐만이 아니라 그 이상의 해석을 알고 있었고 인생을 괴롭히며 해치는 것이 공중 권세 잡은 자임을 알고 있었다. 그리고 그들의 이해대로 하면 사탄은 하나님의 적임과 동시에 우리 인간의 적인 것이다. 그러나 사탄에 대한 승리는 우리 인간에게서는 기대할 수 없는 것이고 다만 사탄을 극복하신 예수 그리스도에게서 기대할 수밖에 없는 것이다. 마태복음 12장 28절, 마가복음 3장 27절, 누가복음 4장 13절, 10장 18절, 22장 28절 등에는 이 사탄의 승리가 언급되어 있지만, 마태복음 26장 41절, 누가복음 22장 53절, 요한복음 12장 31절, 14장 30절, 16장 11절, 히브리서 2장 15절, 4장 15절, 5장 7절 등에 의하면 결정적인 승리는 예수 그리스도의 십자가에서 성취되었다. 그러므로 누구보다도 이 기도를 가르치신 예수 그리스도 자신이 사탄과 투쟁하신 분이요 자신의 죽음을 통해 최후 승리를 거두신 분인 것이다.

주기도문 마지막에는 "나라와 권세와 영광은 영원히 당신의 것이로소이다"라는 송영이 첨가되어 있다. 이 송영은 본래 주기도문 중에는 없던 것이고 후대에 첨가된 것이라는 점은 모든 학자가 인정하는 점인데, 이 송영의 형식은 역대기상 29장 11절의 "주여 당신은 엄위로우시고 권능 많으신 주이시며 영광과 존귀를 받으시기에 합당하시며 주여 당신은 하늘과 땅을 주재하시는 분이로소이다"에서 유래된 것일 것이다. 그러나 신약성서에도 이와 비슷한 송영이 많이 있으니 누가복음 2장 14절, 디모데후서 4장 18절, 요한계시록 1장 6절, 4장 11절, 11장 15절, 12장 10절 이하등에 기록된 송영이 그 대표적인 것이다.

그런데 이 송영은 아마 사회자가 주기도문의 여섯 가지 기원을 읽고 난 다음에 회중들이 거기에 회답했던 고백일 것이다. 그리고 5세기의 크리스천들은 이 송영을 노래할 때에 나라와 권세와 영광이 사탄에게 속한 것이 아니라 하나님에게 속한 것임을 의식함과 동시에 자기들을 사탄의 시험에서 구해 주신 하나님에게 이 나라와 권세와 영광이 속해 있음을 감사했을 것이다.

송영 마감에는 또한 '아멘'이 고백되어 있는데 루터는 이 '아멘'을 고백할 수 있어서 행복하다고 인정했다. 왜냐하면 '아멘'은 그대로 이루어지기를 바란다는 뜻인데, 우리가 이와 같이 기도할 때에 의심하지 않고 그대로 믿을 수 있다는 것은 행복한 일이라는 것이다. 기도는 결코 아무렇게나 지껄이는 것이 아니라 확신을 가지고 시작하고 확신을 가지고 마감해야 하는 것이다. 기도에는 언제나 '아멘'의 고백이 필요한데, 여기에는 다만 인간의 갈급한 요구만이 해당되는 것이 아니라 하나님께서 반드시 들어주실 것을 고백하는 것이다. 그러나 하나님께서 우리 기도를 들어주시는 까닭은 우리 자신의 의를 위해서가 아니라 하나님 자신의 영광과 존귀를 위해서인 것이다.

고대 크리스천들은 주기도문의 마감에 하나님의 성호를 노래한 송영을 첨가했으며, 그 결과 주기도문은 "하늘에 계신 우리 아버지시여"로 시작되어 이 하나님의 나라와 권세와 영광을 노래함으로써 마감되었다. 그리고 주기도문의 모든 기원은 이 하나님에 대한 송영 안에 포함되게 되었다. 그러므로 이 하나님의 성호를 찬양할 줄 모르는 사람은 주기도의 정신을 이해할 수 없을 것이며 영원하신 하나님과 그의 나라를 이해하는 사람만이 진정으로 주기도를 기원할 수 있는 것이다. 그러므로 우리에게 가장 소중한 것은 영원하신 하나님이요 예수 그리스도를 통해서 속죄 받은 우리 자신은 극히 사소한 것에 지나지 않는다. 주기도문은 우리에게 이와 같은 진리를 알려준다는 점에서 그것은 기독교의 근본 진리를 말해 주는 것이다. 일찍이 터툴리아누스는, 주기도문은 "전체 복음의 축도"라고 일컬었고 고대 교회의 가난한 신도들 중에는 파피루스나 질그릇 조각에 주기도문만 기록하여 성서 대신 읽음으로써 신앙 양식을 삼은 이들이 있었다 한다.

터툴리아누스의 말과 같이 주기도문은 전체 복음의 축도이며, 마태복음은 복음의 진수인 죄 사함 신앙을 다짐하기 위하여 '너희가 사람의 과실을 용서하면 너희 천부께서도 너희 과실을 용서하시려니와 너희가 사람의 과실을 용서하지 않으면 너희 아버지께서도 너희 과실을 용서하지 않으시리라'고 하신 주의 말씀을 덧붙이고 있다. 이 말씀은 누가복음 6장 39절과 마태복음 5장 22절에 있는 "네 원수도 사랑하라" 하신 말씀과도 일치하는 것이며, 또한 이 말씀은 예수 당시에 널리 알려져 있던 말씀일 것이다. 그러나 예수에게 있어서 소중한 것은 무엇을 말하느냐에 있는 것이 아니라 어떻게 말하느냐에 있었던 것이다. 다시 말하면 그도 역시 그 당시 사람들이 두루 알고 있던 진리를 말했지만 그들이 다만 입으로만 말하고 행하지 아니한 데 반하여 예수께서는 자기 자신의 목숨을 걸고 그 말씀하신 바를 실천했던 것이다. 그래서 우리 자신이 만일 다른 사람의 죄를 용서하지 않으면 아무리 죄 사함의 복음을 말해도 하나님께서는 우리의 죄를 용서하지 않으신다고 말씀하신 것이다.

2
빌립보서 강해*

인사(1장 1-2절)

1 그리스도 예수의 종 바울과 디모데는 빌립보에 사는 그리스도 예수 안에 있는 모든 성도들과 및 감독 집사들에게 편지하거니와 **2** 우리 아버지 하나님과 주 예수 그리스도께로부터 그대들에게 은혜와 평강이 있기 바란다.

1절 신약성서의 모든 서신과 마찬가지로 빌립보서에서도 첫 번째 구절에 이미 서신의 내용과 근본 문제가 암시되어 있다. 고대의 서신 양식에 따라 먼저 발신인의 이름이 씌어져 있는데 발신인은 바울과 디모데 두 사람으로 되어 있다. 흔히 말하기를 빌립보서는 바울의 인간미를 가장 잘 들어내는 서신이라고 한다. 바울은 이 서신을 젊은 동역자 디모데와 공동

---

* 빌립보서 강해는 「기독교사상」에 1957년 8월부터 1958년 8월까지 9회에 걸쳐 실렸던 글을 모은 것이다.

명의로 발송한 것이다. 그러나 바울은 이미 1장 3절에서 자기 혼자 명의로 말하고 있음을 블 수 있으니 이는 빌립보서가 사실상 디모데와 공동 명의로 저작된 것이 아님을 말해 주는 것이다. 바울이 디모데의 이름을 함께 기록한 이유는 디모데가 이 서신의 공동 저자였기 때문이 아니라, 오히려 그가 본서의 내용을 이루는 복음과 그 상황에 관하여 바울과 더불어 불가분의 관련을 가졌기 때문일 것이다. 영웅이나 천재 또는 이른바 종교인이라면 독행 독보할 수도 있을 것이다. 그러나 그리스도의 사도에게는 동료가 있다. 그가 가진 직분은 다른 사람도 가질 수 있는 것이다. 따라서 만일 바울 사도가 넘어지는 일이 있더라도 그의 주님은 넘어지지 않으신다. 왜냐하면 주님에게는 또 다른 종들이 있기 때문이다. 바울은 이런 의미에서 디모데를 존중하였던 것이다. 디모데는 바울과 더불어 같은 고역과 같은 위험을 무릅써 왔고 천신만고를 겪으면서 빌립보 교회의 창설에 가담도 하였으며 한동안은 몸소 빌립보에 체류한 일도 있었다(행 19:3). 이리하여 두 사람은 같은 그리스도의 종이었던 것이다.

그런데 바울은 어찌하여 여기에서 사도로 자처하지 않고 그리스도 예수의 종이라고 말한 것인가? 상상컨대 아마 빌립보 교회를 향해서는 사도직의 권위를 주장할 필요가 없었을 것이다. 바울과 빌립보 교회 상호간의 정의가 유달리 돈독하며 서로 깊은 신뢰를 지니고 있으므로 구태여 사도직의 권위를 주장할 필요는 없지 않았을 것이다. 그러나 바울은 은연중 강한 권위를 주장하고 있다. '그리스도 예수의 종'이라는 발언이 그 증거다. 종이란 말은 사도 이상의 존재이며, 말하는 자 자신의 인격을 넘어서 주의 인격을 가리키는 말이다. 종은 원래 자주 자립하는 자가 아니라 주께 예속된 자, 주의 그늘에서 비호 받으면서 그를 위하여 봉사하는 자다. 그러므로 사도와 종은 결국 같은 사실을 다르게 표현한 것이다. "예수 그리스도의 종 바울은 사도로 부르심을 받았다"(롬 1:1) 함은 이 사실을 실증한다. 바울은 그리스도의 참 종이었기 때문에 다른 이의 종은 될 수가 없었다. 따라서 여기에는 더할 수 없는 권위가 같이하는 것이다.

바울은 빌립보 사람들을 가리켜 그리스도 예수 안에 있는 성도라고 하였다. 그리스도 예수 안에서는 사람 자신의 주관적인 가치는 몰각(沒却)되어 버린다. 인간 자체야 어찌 되었든 그리스도 예수의 이름으로 씻김을 받기만 하면 하나님의 거룩한 손이 그 위에 놓인다. 성도는 사실 성도가 아니다. 그리스도 예수 안에 성도의 신성함이 보류되어 있는 것이다. 따라서 성도를 성도라 함은 오로지 거룩하게 하시는 그리스도 때문인 것이다. 저희가 거룩한 까닭은 그리스도께서 저희에게 신성성을 부여하시기 때문이지 그들 자신에게 거룩한 것이 있기 때문은 아닌 것이다. 바울은 이와 같은 의미에서 "우리의 시민권은 하늘에 있다"(빌 3:2)라고 하였다.

바울이 여기에서 성도의 복수형을 사용한 이유는 빌립보에 있는 성도들 전체에게 이 서신을 보냈기 때문만은 아닐 것이다. 성도는 원래 성도들과의 관련 중에서만 존재할 수 있는 것이요, 성도들을 떠나서는 성도의 존재는 있을 수 없다. 빌립보 교회에는 또한 감독과 집사들이 있었는데 이 기록은 교회의 직제에 관한 가장 오래된 것 중의 하나다. 두 가지 직분은 당시 이방의 사회질서와 유대교의 회당 제도에서 영향 받은 직제일 것이다. 감독은 교회를 관리하되 주로 사무적인 일들을 담당했으니, 예컨대 헌금을 거두는 일과 집회시의 사회 등을 담당하였다. 영적 언사가 풍부한 설교자나 교사가 없을 때에는 그들의 임무까지 대신하였다. 그래서 감독은 말하자면 사도행전 14장 23절, 20장 17절 등에 있는 '장로'와 비슷한 직분이었다. 그러나 이 감독이라는 말은 언제나 이방교회에서만 사용되어 있는데(행 20:28), 이방교회에서는 장로라는 이름이 생소했기 때문일 것이다. 집사들은 그 이외의 직책을 맡았으니, 즉 과부와 고아를 돌보아 주며 빈한한 신도들을 도와주는 일들이었다. 이 두 가지 직분은 초대교회 시대부터 제정되었던 직책들인 것이다. 따라서 여기서 말하는 감득직은 한참 후에 가톨릭교회에서 제정된 감독직과는 다른 것이다.

2절 헬라 민족과 로마 민족은 은혜를 숭상하였고 동양인은 자고로 평강을 즐겨했는데 바울은 문안하는 대신에 빌립보 사람에게 은혜와 평강이 같이하기를 기도하였다. 바울은 헬라식 인사에다 동양적인 인사를 가미한 것인데 그 말한 의미 내용은 물론 달랐다. 그가 말한 은혜란 요컨대 예수 그리스도의 복음을 말함이요, 평강은 이 복음으로 말미암은 마음의 평안이었다. 그런데 이는 모두 주 예수 그리스도를 통하여 우리를 사하시고 구원하시는 아버지 하나님께로 말미암은 것이다.

감사(1장 3-8절)

> 3 나는 매양 너희 모든 사람들을 생각할 때마다 나의 하나님께 감사하고 4 기도할 때마다 너희 모든 사람들을 위하여 기쁨으로 기도하며 5 너희가 첫날부터 오늘날에 이르기까지 복음에 참여하고 있음을 생각하고 감사하거니와 6 이는 너희 중에 선한 일을 시작하신 이가 그리스도 예수의 날까지 그 것을 완성하실 것을 확신하기 때문이다. 7 내가 이와 같이 너희 모든 사람들을 생각함은 당연한 일이다 왜냐하면 나는 비단 복음을 전하고 든든하게 하는 일에 있어서뿐 아니라 나의 감금당한 일에 있어서도 너희를 은총의 동료로 인정하기 때문이다 8 내가 그리스도 예수의 심정을 가지고 너희 모든 사람을 어떻게 사모하고 있는지 이 일에 대해서는 하나님께서 나의 증인이시다.

3-4절 바울은 빌립보 형제들이 그들의 현재와 미래의 운명을 걱정한

나머지 곧 불안 중에 빠져 있음을 잘 알고 있다. 바울은 이러한 그들을 기억하고 그들을 위하여 기도할 때마다 "나의 하나님께 감사한다"고 말한다. 바울이 하나님과 주를 말할 때에는 '우리 하나님', '우리 주'라고 말하는 것이 일반적이다. 그러나 바울은 때때로 '나의 하나님', '나의 주'라고도 표현했다(빌 1:3; 롬 1:8). 이 '나의 하나님', '나의 주'는 기도 양식으로서, 그 유래를 살피면 시편에서 영향을 받은 초대교회 신도들의 개인적인 경건에서 비롯된 것이었다. 그런데 바울이 하나님께 감사한 것은 주님에 대한 바울 자신의 수고보다도 자기를 위하여 걱정하여 준 빌립보 형제들 때문이었다. 믿는 자가 서로 사랑하며 위로할 때에는 먼저 주님 앞에 감사를 드리게 된다. 왜냐하면 감사는 하나님의 은총에 대한 유일한 하나의 응답인 것이며 하나님과의 사귐은 형제와의 사귐 중에서 형성되기 때문이다. 그러므로 이 감사의 유무(有無)는 우리의 기도가 참으로 살아 계신 주께 대한 기도인지 아니면 자기가 만든 사실을 향한 것인지를 구별해 주는 시금석이다.

그리고 감사가 있는 곳에는 반드시 기쁨이 같이한다. 그래서 이와 같은 감사와 기쁨 중에 잠긴 바울은 '모든'이라는 말을 거듭 사용하였다. 이는 아마 바울의 전 인격이 빌립보 사람 전체를 향했다는 표일 것이다. 바울이 빌립보 교회 전원에게 전심전력을 기울였던 결과일 것이다. 여기에는 엄숙하고 정다웠던 둘 사이의 깊은 의가 피력되어 있는 것이다. 바울은 이때에 아는 이, 모르는 이를 막론하고 모든 사람이 빠져 있던 깊은 웅덩이를 응시하면서 오히려 기도하며 감사했던 것이니, 이는 인간에게 나타난 하나님과 그의 역사를 역력하게 보았기 때문이다. "너희 모든 사람을 생각할 때마다 나의 하나님께 감사하고"는 결코 과장이 아니거니와 여기서 언급된 '생각'은 기도 중에 기억함을 말하는 것이다(롬 1:9). 인간과 그 소행만을 보아서는 어느 때나 감사가 있을 수 없다. 빌립보 사람들도 육신 그대로는 심판받고 저주받을 자들이었다. 그들은 모두 다 거지같은 자들이었다. 그러므로 그들에게 하나님의 대속의 은혜가 같이하기를 기도할 필요가 있었던 것이다. 믿는 자는 서로 위하여 기도할 처지에 있는 것이다. 바울은 3장 3절에서도 "내가 이미 얻었다 함도 아니요 온전히 이루었다 함도 아니다"라고 말한 바 있거니와 저는 빌립보 사람들도 이와 같은 미완성 중에 머물러 있으면서 다만 완성되기를 기다리고 있음을 보고 그 일을 감사하고 기뻐했던 것이다. 이 '기쁨'은 빌립보서의 특징을 이루는 기쁨이거니와 이것은 루터의 이른바 '위안 받은 절망'에 비교될 수 있는 역설적인 기쁨이다. 그것은 하나의 늘라운 기쁨이며, 다시 말해 바울이 기도드리며 감사하던 분에게서 비롯된 기쁨이었다. 다시 말하면 그것은 인간이 빠져 있는 깊은 심원을 전망함과 동시에 그 위에 압도적으로 개설하고 있는 하나님의 긍휼을 앙망하는 기쁨이었다. 따라서 그것은 위에서 오는 기쁨, 위의 것을 앙망하는 기쁨, 개가를 부르는 것과 같은 기쁨이었다.

5절 바울이 감사한 데에는 보다 더 구체적인 이유가 없지 않았다. 그것은 빌립보 사람들이 첫날부터 오늘날에 이르기까지 복음 선교에 참여하여 주었다는 일이다. 여기 말한 '참여'에는 물론 헌금으로 도운 일도 암시되어 있을 것이다. 그러나 '복음에 참여'했다 함은 또 다른 원조까지를 말한 것이다. 빌립보 사도들은 첫날부터 오늘날에 이르기까지 굴욕에 참여함과 동시에 복음의 영광에도 참여해 왔던 것이다. 바울이 그들을 생각하며 감사한 까닭은 이 대문인 것이다. 다시 말하면 그들은 다만 바울을 헌금으로단 도운 것이 아니라 교회의 창립 초부터 오늘날에 이르기까지 복음을 선포하고 열성으로 믿으며 바울의 세계 전도를 위하여 기도하여 왔던 것이다. 이 부분에서 츠빙글리는 '복음을 믿는 믿음의 백성'을 언급했다. 이 백성은 고난 받은 반면에 더할 수 없는 고귀성을 가진 사도직의 활동에 동참했던 것이니 이야말로 은총이 그들의 행한 바는 '은총에의 참여'였던 것이다. 그래서 바울이 이 거룩한 성과를 일으키신 하나님께 감사함은 지당한 일이라고 말할 것이다.

6절 6절은 4절의 '기쁨'에 대한 적절한 주석이라고 말할 수 있다. 바울이 기뻐하고 감사한 까닭은 "이는 너희 중에 선한 일을 시작하신 이가 그리스도 예수의 날까지 그것을 완성하실 것을 확신하기 때문이었다." 바울의 감사와 기쁨은 신뢰에서 나온 것이다. 그러나 바울의 신뢰는 빌립보 사람들이 가진 기독교에 대한 신뢰는 아닌 것이다. 사람이 가진 기독교는 언제나 신뢰할 수 없는 것이다. 빌립보 사람들도 바울로 하여금 하나님의 현전에 간구하게 할 따름이었다. 그러기에 바울이 신뢰한 것은 그들이 아니라 끊임없이 베푸시며, 지으신바 피조물을 버리지 않는 하나님이었다. 죽을 수밖에 없는 인간은 이와 같이 진실할 수 없다. 오직 한 분 영원히 살아 계신 하나님만이 이와 같은 신뢰에 해당되신다. 사실상 빌립보에서 선한 일을 시작한 이는 바울도 아니요 빌립보 사람들도 아니었다. 오직 하나님께서 그 일을 시작하신 것이다. 선한 일을 시작하고 지속시키며 그것을 완성할 자는 하나님뿐이다. 사도 바울은 이 사실을 알기 때문에 언제나 사람의 장점과 단점을 문제 삼지 않았다. 인간의 진실 여부는 문제될 것 없는 것이다. 오직 한 분 하나님의 성실이 중요한 것이다. 이리하여 바울은 거룩치 못한 자를 성화시키는 하나님의 성화를 믿었는데 이것이 바로 바울이 말한 '선한 일'이다. 이 선한 일은 그것을 시작하신 이가 또한 완성시킬 것이다.

그런데 우리를 성화시키는 하나님의 역사에는 한 가지 제약이 있었다. 곧 우리에게 온전한 구원을 가져 올 주의 날이다. 우리는 이미 화해를 지나서 구원에 이른 자다. 그러나 이 구원은 그리스도의 날에 가서야 완성될 것이다. 그러므로 인생의 목표가 되는 저 선한 일의 완성은 우리가 이 사바 세계(娑婆世界)를 떠나는 데에 있는 것이 아니라 모든 곤고를 이기시고 새 창조를 수행하실 하나님의 역사에 있는 것이다. 다시 말하면 세상에 대한 그리스도의 승리, 그를 통한 새 창조의 완성에 있는 것이다. 인간까지도 계획과 목적 없이는 아무 일이나 시작하지 않거든 하물며 하나님께서 어찌 계획과 목적 없는 일을 시작할 것인가! 그는 반드시 우리 중에 시작하신 일을 마치실 것이다! 바울은 이와 같은 종말론적 소망 때문에 온갖 체념을 뛰어넘어서 앞에 놓인 미래에 대하여 열정적인 소망을 가질 수가 있었던 것이다.

7절 이상에서 본 바와 같이 바울과 빌립보 사람들 사이에는 감사와 기쁨, 신뢰와 위로가 있었다. 이 모든 것은 이 세상이 아니라 저편 세계에서 비롯된 것들이었다. 그런데 이 저편 세계인 하늘나라에 있어서는 천만리의 거리도 지척지간(咫尺之間)이다. 그러므로 바울이 빌립보 사람들을 생각함은 당연한 일이었다. 바울이 빌립보 사람들을 생각했으니 다행이었지만일 그렇지 않았으면 부당했을 것이다. 그러나 우리는 여기에서 인간적인 면식이나 교분 같은 것은 문제 삼지 말아야 한다. 왜냐하면 바울은 여기에서 단순한 상기를 말한 것이 아니라 교회에 대한 사랑을 그대로 하고 그들을 상기했기 때문이다. 그리고 바울이 그들을 사랑한 까닭은 그들의 인품이 훌륭해서가 아니라 주 예수 그리스도를 섬기기 위하여 같은 은총에 얽혀져 있기 때문이었다. '은총의 동료', 여기에 바울의 사랑의 비밀이 있다.

바울은 지금 에베소 감옥에 갇혀 있는 사로잡힌 몸이다. 그럼에도 불구하고 바울은 이 참담한 정경을 은총이라 부른다. 바울 사도의 입장에서 볼 때에는 자신이 겪은 고된 수난과 바울에게 사랑의 희사를 베풀어 준 빌립보 사람들의 소행은 둘 다 하나님의 은총에서 기원된 것이었다. 만일 하나님께서 은혜로우시지 않았다면 빌립보 사람들의 사랑의 봉사도 없었을 것이며 바울의 고난도 있을 수 없었으리라. 그러나 하나님께서는 은혜로우시므로 그들 사이에 은총의 동료를 허락하신 것이다. 이 동료는 본래 사랑받을 만한 가치를 가진 자가 아니다. 그들은 다만 하나님이 사랑하신 자 같은 은총에 참여하게 하신 자들일 뿐이다. 같이 고난에 참여함과 동시에 같은 은총에 얽혀진 자들일 뿐이다. 그런데 이와 같이 은총 중에 얽힌 이들에게 있어서는 사랑과 기도 사이의 어떠한 차이도 없는 것이다. 그들은 언제나 사랑하면서 기도해 주고 기도하여 주면서 사랑할 따름이니라.

8절 8절은 7절에 대한 필연적인 결론이다. 서로 나뉘어져 있으면서 사랑하면 사모하는 마음과 끊임없는 동경이 솟아날 수밖에 없을 것이다. 바울은 용솟음치는 사모와 동경으로써 빌립보 형제들을 사랑했는데 여기에 대한 증인이 하나님 자신이라는 것이다. 하나님의 은총은 공동체의 미끼가 되고 이 은총 중에 얽힌 이들은 피차간에 예수 그리스도의 심정을 가지고 사모하게 되는 것이다. 여기서 말하는 '그리스도 예수의 심정'은 '그리스도의 사랑'과 같은 말인데, 이 사랑은 그리스도 안에서 새 창조를 받은 자만이 가질 수 있는 사랑이다. 이 사랑을 가진 바울 속에는 바울이 살아 있는 것이 아니라 그리스도가 살아 계셨다. 따라서 바울의 심정 안에는 바울이 있는 것이 아니라 예수 그리스도의 심정 안에 바울이 있었다고 말하는 것이다. 요컨대 바울의 사랑은 인간 사회에서 생기된 것이 아니라 그리스도와의 관련 중에서 생기게 된 것이다. 학자들이 말하는 것처럼 '그리스도 신비'에서 나온 사랑이었다. 그런데 바울은 기도 중에서 이와 같은 사랑을 표명한 것이다.

기도(1장 9-11절)

9 나는 너희와 사랑이 인식과 온갖 감각에 있어서 더욱 더욱 증가되어 10 요긴한 것이 무엇인가를 분별하게 되고 그리스도의 날을 위하여 순결하고 허물없이 됨으로써 11 예수 그리스도로 말미암은 의의 열매가 가득하게 되어 하나님께 영광과 찬양을 돌리게 되기를 비는 바이다.

9-11절 인사 다음에 감사가 오고 감사에 이어서 기원을 말하는 것은 바울서신의 형식인데, 바울은 여기에서도 감사에 이어서 사랑이 풍성해지기를 기원한다

고린도전서 13장에 따르면, 사랑은 모든 사람을 포섭하는 영적 은사요 형제를 사랑함이 곧 하나님을 사랑함이다. 빌립보 교회 형제들 사이에는 이와 같은 사랑이 실현되어 있었다. 그러나 그들은 아직도 땅위에서 육의 생활을 계속하고 있는 중이다. 따라서 그들의 사랑이 더욱 풍성해짐이 필요한 것이다. 그래서 바울은 그들의 사랑이 증가되기를 빌었거니와 여기서 '증가'는 넘쳐흐르는 모양을 의미한다. 그러나 이는 물론 사랑의 양적 증가가 아니라 질적 증가를 말한 것이다. 사랑이 질적으로 더욱더 증가되어 그들의 생의 목표인 그리스도의 날을 위하여 대비해야 한다는 것이다. 사랑이 절대적으로 증가되기 위해서는 '인식과 온갖 감각'이 필요하다. '인식'('에피그노시스', *epignōsis*)은 사물의 원리에 대하여 명석한 지식을 가지는 일이요 '감각'은 구체적인 사물에 대하여 판단을 행하는 일이다. 따라서 인식은 사랑이 증가되기 위해서는 그 근원되시는 하나님께 굳게 사로잡혀 있어야 됨을 깨닫는 일이요 감각은 어떻게 해야 이방 세계에서 사랑을 실천할 수 있는가를 분별하는 일일 것이다. 그러나 그때그때 하나님의 뜻이

무엇인지를 분별하는 지식은 이지적인 지식이 아니다. 그것은 오히려 성령으로 말미암은 새로운 지식이다(롬 3:2).

빌립보 사람들은 아직 "종말의 국맛을 맛보고 있을 뿐이다"(루터). 따라서 바울은 그들을 위해 걱정하지 않을 수 없었다. 바울이 "그리스도의 날을 위하여 순결하고 허물없이 되므로 예수 그리스도로 말미암은 의의 열매가 가득하게 되어 하나님께 영광과 찬양을 돌리게 되기를" 기도한 것은 이 때문이다. '순결'은 인간 자신의 깨끗함을 말한 것이 아니라 저 '하나님의 선한 일'을 믿고 주께 순종함을 말한 것이다.

허물과 수치 중에 처한 그대로 주를 믿고 그에게 순종만 하면 "예수 그리스도로 말미암은 의의 열매가 가득하게" 된다. 이 '의'(義) 역시 인간 자신의 의가 아니라 하나님의 의를 말한 것이다(엡 5:9). 따라서 이 의의 열매를 맺기 위해서는 예수 그리스도와 관련되어 있어야 한다. 그러나 이 의는 주의 날에 가서야 완성될 것이다. 그리고 그때에는 모든 만민이 하나님께 영광과 찬양을 돌리게 되리라. 바울의 기도의 궁극적 목적은 '하나님께 영광과 찬양을' 돌림에 있었다.

I. 그리스도를 존귀케 함(1장 12-26절)

1. 옥중의 형편과 복음 선교(1:12-18)

12 형제들아 너희에게 알리거니와 나의 겪은 바가 인연이 되어 더욱 복음의 진전을 보게 되었다 **13** 곧 나의 사로잡힌 바가 그리스도 안에서 온 법정과 기타 모든 사람들에게 알려졌으며 **14** 나의 감금을 계기로 하고 더 많은 형제들이 주 안에 굳건히 서게 되어 저어한 바 없이

더욱 담대하게 하나님 말씀을 증거함에 이른 것이다 15 어떤 이들은 시기와 분쟁으로 그리스도를 전하기도 하고 또 어떤 이들은 호의를 가지고 전하기도 한다 16 이 호의로 하는 사람들은 내가 이러한 판국에 있어서도 복음 전파에 마련된 줄을 보고 나를 사랑으로 대해 주나 17 불순한 동기에서 야심을 가지고 그리스도를 전하는 자들은 나의 매임에 고통을 더하려고 패하고 있는 것이다 18 그러면 어찌 될 것이냐 발라맞추든, 진정으로 하든 간에 여러 가지 모양으로 전파되는 것은 그리스도니 나는 또한 이 일을 기뻐한다.

바울은 1장 3-11절에서 하나님께 감사하면서 빌립보 교회를 위하여 기도하였다. 말하자면 그것은 저의 고난을 걱정하여 준 빌립보 형제들에게 대한 정감 있는 대답이었다. 그러나 바울은 결코 스토아주의자가 아니다. 따라서 바울은 자신이 겪어온 현실적 정황과 그에 대한 빌립보 형제들의 걱정을 간과할 수 없었다. 그래서 바울은 이제 그의 정황을 사실대로 말하고자 하는데, 이 또한 빌립보 형제들에 대한 사랑에서 나온 생각이었다.

12절 "너희에게 알리거니와"는 신앙적인 의미는 없는 말이다. 그러나 이 말은 고대와 서간문에서 자주자주 쓰이던 말이다. 바울이 이러한 말을 사용하는 것은 드문 경우인데, 먼저 "나의 겪은 바가 인연이 되어"라고 말함으로써 옥중에서 겪은 바울의 상황을 말해 준다. 그러나 이는 바울의 건강 여부나 신변의 일이 아니라 바울 사도에게 있어서 오직 하나의 관심사였던 복음 선교의 상황을 말한 것이다. 다시 말하면 그는 여기에서 자기가 그리스도의 사도로서 겪은 일을 솔직하게 말하려고 한다. 그의 개인 안부에 대해서는 에바브로디도와 디도데 등이 전할 것이다(2:19 이하). 그래서 바울은 여기에서 자기의 신변에 관한 일을 걱정해 준 빌립보 사람들에게 형세가 예상 밖에 호전되어 복음 전도에 진전을 보게 된 것을 전한 것이다. "예수 그리스도께서 이 세상에 오셨기 때문에 참담한 죄인들이 말씀의 고난과 그 승리에 참여할 수 있게 되었다"(Hawthorne). 그러므로 사도 바울은 자신이 겪은 고난을 복된 일로 생각한 것이다.

인간적으로 볼 때에는 바울의 상황은 참담해 보였을 것이며 문자 그대로 목불인견(目不忍見)이었을 것이다(1:25; 2:24). 그러나 사도로서의 바울은 그와 같은 인간적인 차원을 배회할 수 없었다. 바울이 만일 복음의 진전과 분리시켜서 자기의 개인 사정을 걱정했다면 그리스도의 사도가 아닐 것이다. 왜냐하면 사도는 자기 자신을 이미 희생시킨 자이기 때문이다. 자기에게 문안하는 형제들을 향하여 복음의 실정을 말할 수밖에 없는 것이 사도의 입장이다.

바울 자신은 힘든 고초를 당했지만 그것이 원인이 되어 복음 전도에 일대 진전을 보게 되었으므로, 그는 여기에서 행복을 느꼈다. 그야말로 바울은 그리스도의 종이다. 그는 자기의 주체적인 모든 계획을 주의 뜻에 굴종시켰다. 그래서 그의 인간성은 오직 주께 봉사할 때에만 소중한 것이었다. 그래서 사람들이 바울 사도의 발자취를 따를 때에는 복음 전도는 퇴보되지 않고 도리어 전진된다. 그리고 거기서 당하는 모든 고통은 타격이 아니라 도리어 승리로 변하는 것이다.

13-14절 '법정'에 해당되는 헬라어 '프라이토리온'(*praitōrion*)은 원래 로마 장군의 진영을 의미했는데, 이후 지방 장관의 저택 또는 법정을 의미하게 되었다. 과거에는 빌립보서가 로마에서 저작되었다는 학설이 유력했기 때문에 이 말을 대개 '시위대'라고 번역해 왔다. 그러나 빌립보서가 로마에서 저작되었다는 근거는 빈약하며, 최근 고고학자들이 에베소 도시를 발굴한 결과 거기에도 '프라이토리온'이 있었던 것이 판명되었다. 그래서

우리는 최근의 학설에 따라 에베소 저작설을 따르고자 한다. 그리고 그것을 바울이 재판 받던 법정이라고 해석하고자 한다. 그런데 바울이 에베소 법정에서 심문 받은 다음부터 형세가 매우 변하게 되었다. 그가 "사로잡힌 바가 그리스도 안에서 온 법정과 기타 모든 사람들에게 알려지게" 되었다. 동족 유대인들은 바울의 선교 활동을 번번이 방해하였다(행 17:6; 18:3). 그러나 이방의 재판관들은 도리어 그의 선교를 도와준 것이다(행 18:3; 16:31). 그래서 바울은 에베소에서도 이와 같은 도움을 얻게 되어 복음 전도에 큰 성과를 거두었다. 그는 자신이 사로잡힌 바를 가리켜 "그리스도 안에서 알려졌다"라고 말하며, 그리스도야말로 이 죄수의 주로서 저를 사로잡고 계시는 분이다. 바울이 감금당한 직접적 원인도 이 주님 때문이었고 이 사실을 알려준 것도 그리스도의 권능이었다. 그래서 그는 '알려졌다'라고 수동태로 표현한 것이다. 이리하여 주의 역사가 한층 더 광대하게 나타났으니 우리는 그 현상을 "나의 감금을 계기로 하고 더 많은 형제들이 주 안에 굳건히 서게 되어 저어한 바 없이 더욱 담대하게 하나님 말씀을 증거함에 이른 것이다"라는 표현에서 엿볼 수 있다.

당시 에베소에서는 선교 활동이 금지되어 있었고 더구나 바울 사도가 구금된 이래 전도 사업은 거의 정지 상태에 들어가게 되어 겨우 비밀 집회가 지속되고 있었을 뿐이었다. 그러던 중 법정에서 바울 사도가 심문 받게 되자 은밀하게 숨겨져 있던 기독교와 기독교 신자들이 공공연하게 드러나게 된 것이다. 이러한 상황에서 '하나님 말씀을 증거'하는 것은 모험이 아닐 수 없었다. 그럼에도 불구하고 빌립보 교회 형제들은 내일의 운명이 어찌 될지를 걱정하지 않고 과감한 선교 활동을 재개한 것이다. 그러나 이는 그들 자신의 용기라기보다 그것을 북돋아 준 강하신 하나님 말씀의 능동적인 역사였음을 잊어서는 안 될 것이다.

15절 1장 11-14절의 밝은 분위기와는 대조되는 어두운 분위기다. 바울 사도가 전 교회적으로 존경받게 된 것은 사후(死後)의 일이었고 살아 있는 동안에는 교회 안에서도 그를 적대하는 사람이 많았다. 그는 에베소에서도 이러한 무리들에게 커다란 괴로움을 당했던 모양이다. 그렇지 않았던들 빌립보 사람들에게 이와 같은 고백을 했을 리가 없을 것이다. 바울은 도처에서 '나의 복음'을 전파하였다. 그리고 그것과 배치되는 기독교의 가르침에 대해서는 맹렬하게 투쟁했다. 그 결과 그가 전한 '나의 복음'을 거부한 사람들은 바울을 형제로 대하지 않고 오히려 적으로 대했던 것이다.

에베소에도 바울과 대립되는 선교사들이 있었던 것 같다. 말하자면 복음 선교의 이중주. 그러나 에베소 교회에는 로마서 14장에 말씀된 바와 같은 '다른 복음'의 선포자는 없었을 것이다. 그들은 같은 그리스도를 전하면서 바울과 더불어 인간적으로 불화한 사이에 있었으며, 바울과 권세다툼을 했을 것이다. 그러나 에베소 교회에는 다행히도 '호의'로써 그리스도를 전하는 이들이 없지 않았다. 그들은 바울 사도를 "사랑으로 대해 주었다."

16-17절 바울 사도에게는 복음 선교가 운명적인 과제였다. 바울은 옥중에서도 복음을 전할 수밖에 없었다. 에베소 형제들도 이 사실을 목격했다. "내가 이러한 판국에 있어서도 복음전파에 마련된 꼴을 보는"이라는 말은 이러한 상황을 알려준다. '마련되다'('케이마이', *keimai*)는 루터의 해석과 같이 투옥당한 사실을 의미하는 것이 아니라, 바르트나 미카엘리스의 이해대로 하나님의 예정에 따라 선교사로 택함 받은 사실을 말하는 것 같다. 아무튼 이 사실을 인식한 사람들은 바울을 사랑으로 대해 주었다.

그러나 인심은 항상 똑같지는 않다. "불순한 동기에서 야심을 가지고 그리스도를 전하는 자들"이 있었던 것이다. 그들에게는 그리스도를 전하는 일이 유일한 목적이 아니었다. 그들의 내심에는 자기 세력을 위한 당파적인 욕망이 있었던 것이다. 그들은 세력 증식을 위해서 수단과 방법을 가리지 않았다. '나의 매임에 고통을 더하려고 꾀하고 있는 것이다"라는 말은 이러한 사실을 폭로해 준다. 바울 사도가 에베소 옥중에서 겪고 있는 저 처참한 고통도 그들이 보기에는 오히려 불만이었다. 바울이 좀 더 톡톡하게 고생하는 꼴을 보고자 했던 것이 그들의 심정이었다. 그리고 한편으로는 바울이 감금당한 이 기회에 자기 세력을 키워 보자는 것이었다.

18절 그러나 바울 사도의 아량을 보라. 바울은 이렇게 말하지 않는가. "그러면 어찌 될 것이냐 발라맞추던 진정으로 하던 간에 여러 가지 모양으로 전파되는 것은 그리스도니 나는 또한 이 일을 기뻐한다." '발라맞추다'는 속으로는 다른 마음을 품으면서 겉으로 가면을 쓰는 일이요, '진정으로'는 인격적인 성실뿐만 아니라 상황에 대하여 공정한 태도를 갖는 것을 가리키는 말일 것이다. 바울 사도는 상황에 대하여 전심전력을 기울인 사람이다. 따라서 자기 자신에 대한 호의 여부에 개의할 바울이 아니다. 그런 것쯤은 초월한 지 이미 오래다. 어찌 되었던 그리스도가 전파되지 않는가. 그리스도가 전파되는 이상 이해관계나 감정 문제에 얽매일 것이 무엇이랴. 그리스도가 존귀케 된다면 그야말로 기쁜 일이 아니겠는가. 그래서 바울은 '나는 또한 이 일을 기뻐한다'고 말할 수 있었던 것이다.

2. 두 가지 개혹(1:18-26)

> **18** 나는 또한 기뻐하리라 **19** 그 까닭은 이것이 너희들의 기도에 예수 그리스도의 영적 은사로 말미암아 나에게 구원을 가져올 것과

20 나의 간절한 간구와 소망대로 부끄러움을 당할 리는 없을 터이고 이제도 평상시나 다름없이 살든지 죽든지 내 몸에서 버젓하게 그리스도가 존귀케 될 것을 알기 때문이다 **21** 그 까닭은 나에게 있어서 사는 것은 그리스도요 죽는 것도 유익임이다 **22** 그러나 만일에 육으로 더 생존하게 된다면 이는 나의 일의 성과가 되리라 따라서 어느 것을 택했으면 좋을지는 알 수가 없구나 **23** 그렇지만 부득불 양자택일을 하여야 된다면 나의 소원은 속히 떠나 그리스도와 더불어 같이 있고 싶다 그편이 얼마나 더 나을지 모를 테니 말이다 **24** 그러나 육으로 더 생존하게 된다면 이는 반드시 너희들을 위하여 더욱 더 필요할 것이다 **25** 나는 이것을 확신하고 있기 때문에 너희 모든 사람들과 같이 머물러 너희들의 신앙을 건전케 하며 그 기쁨을 얻게 하려는 바이다 **26** 그리하면 내가 또 다시 너희에게 가게 되어 그리스도 예수 안에 있는 너희의 자랑이 나를 인하여 더하게 되리라

18절 하반절 여기서는 장차에 올 기쁨을 말한 것인데 이 기쁨의 동기는 18절 상반절에서 말한 '이 일'이 아니다. 기쁨의 대상에는 변함이 없으나 그 동기가 달라진 것이다.

19절 "나에게 구원을 가져올 것"이라 함은 욥기 13장 16절의 인용이다. 바울은 자기의 신세를 욥의 고난에 비교하였다. 그러면서도 그것을 기뻐하였다. 왜냐하면 "너희들의 기도와 예수 그리스도의 영적 은사로 말미암아" 구원받을 것을 확신하였기 때문이다. 닥쳐 온 고난과 내일의 운명이야 어찌 되었든 바울은 지금 두 가지 커다란 힘으로 지지되고 있는 것이다. 곧 빌립보 형제들의 기도와 예수 그리스도의 영적 은사다. 보혜사 성령께서 이제 바울의 곁에서 저를 도우시고 계심도 사실이며, 빌립보 형제들의

기도 또한 이에 굿지않은 큰 힘이다. 이 두 가지 힘에 도움 받고 있는 이상 어떠한 고난 중에 처할지라도 그의 구원에는 아무런 동요도 없다는 것이다.

20절 넓은 의미에서 '구원'과 '소망'은 동의어이다. 바울은 로마서 8장 19절에서도 같은 말을 사용하였다. 그러나 이것은 미래에 대한 기대만이 아니라 현재성이 충만한 확실한 소망인 것이다. 바울 자신의 사정이야 어찌되었든 그리스도는 여전히 전파되신다. 바울이 기뻐하는 중심은 여기에 있다. 바울 자신의 사정과 내일의 운명 같은 것은 이러한 중심축(軸)에 수렴되는 삶일 뿐이다.

바울이 현재 삶과 죽음의 기로에 있는 것은 사실이다. 그러나 그의 생사는 그리스도를 존귀케 하기 위한 수단일 뿐이다. 죽고 사는 것은 문제될 것이 조금도 없다. 그리스도가 존귀케 되기 위해서는 다 마찬가지인 것이기 때문이다. 그러므로 부활을 믿는 자는 언제나 그 몸에서 그리스도가 존귀케 되기를 바랄 뿐이다. 왜냐하면 그리스도의 영광은 생사 저편의 영광이기 때문이다. 그러나 여기서 말하는 '살든지 죽든지 내 몸에서 그리스도가 존귀케 될 것을 알기 때문"이라는 언급은 디벨리우스(Dibelius)나 로마이어(Lohmeyer)의 생각과 같이 순교자가 되기를 열망하는 순교자의 경건을 의미하는 것은 아니다. '내 몸에서'라는 말은 오히려 바울의 실존을 가리키는 말일 것이다.

21-22절 바울은 20절에서 "살든지 죽든지"라고 하였다. 그것이 배경이라면 21절은 그 전경이라고 볼 수 있다. 도대체 '살든지'와 '죽든지'가 어떻게 교체될 수 있다는 말인가? 여기에 대한 바울의 답은 이러하다. "나에게 있어서 사는 것은 그리스도요 죽는 것도 유익이라." 즉 2장 20절은

이 상반절에 대한 적절한 주석이 된다. 곧 "이제는 내가 산 것이 아니요 오직 내 안에 그리스도께서 사신 것이다"라는 말이다.

바울의 말하는 생명은 예사로운 생명이 아니다. 그것은 생명의 근원 되시는 그리스도 자신이었다. 인간 바울이 생존하고 있음은 사실이다. 그러나 이 사람의 생명은 그리스도에게 빌려온 생명, 바울 대신에 그리스도가 살아 주시는 생명이었다. 이 생명은 바울이 그리스도와 더불어 합한 데에서 생기(生起)된 생명이 아니라 그리스도께서 저와 더불어 합해 주시므로 영위되는 생명이었다. 간단하게 말하면 바울이 말한 생명은 '그리스도 신비'였던 것이다. 이야말로 진정한 생명인 것이다.

이 생명을 가진 자는 생사를 초극한다. 저에게는 "죽는 것도 유익하다." 왜냐하면 그리스도가 존귀케 됨에는 생과 사가 같기 때문이다. 그러나 바울은 천신만고를 겪으면서도 생에 대하여 적극적인 가치를 인정하였다. 왜냐하면 거기에서는 '일의 성과'가 나타날 것을 믿었기 때문이다. 씨 뿌리고 자라게 하시는 이는 주님이시다. 사도와 직분은 곡식 모아 거두는 일이다. 바울은 이것을 가리켜 '일의 성과'라고 말한 것이다.

그러므로 바울은 "어느 것을 택했으면 좋을지는 알 수가 없다"고 말했던 것이다. 즉 "살아도 주를 위하여 살고 죽어도 주를 위하여 죽나니"라고 표명했던 것이다.

23절 '양자택일을 하다'라고 의역한 말은 헬라어로 '쉰에코마이'(syn-echomai)인데, 이는 양자 사이에 끼어 있는 것을 뜻한다. 그러나 바울은 여기에서 두 상황에 얽매어 진퇴양난의 곤경에 처했음을 말하는 것이 아니라, 오히려 쌍방에서 동일한 미혹을 받고 있음을 말한 것이다. 살고도 싶고 죽고도 싶다는 것이다. 다시 말하면 생과 사의 두 가지 미혹을 받고 있기 때문에 어느 것을 택했으면 좋을지 망설이게 된다는 것이다. 자기 일신의 일만을 생각한다면 차라리 이 세상을 떠나서 주와 더불어 같이하고 싶다는 것이 바울의 심정이었다. 그러나 바울이 죽음을 동경한 까닭은 생에 대한 권태 때문이 아니라 거기에는 더할 수 없는 소망이 있었기 때문이다. 즉 "그리스도와 더불어 같이하기를" 바라는 소망이 있었기 때문이다.

바울에게는 특수한 표상이 있었다. 곧 믿는 자는 살아 있는 동안에만 '그리스도 안에' 있는 것이 아니라 사후에는 더욱이 그렇다는 것이다. 그는 죽음과 부활 사이의 중간 상태까지도 '그리스도의 것'으로 인정했던 것이다. 여기서 우리는 바울의 신비주의를 엿볼 수 있다.

24절 바울은 지금 생사의 기로에 서 있다. 그러나 그는 언제나 그 행할 바 본분을 망각하지 않았다. 죽든지 살든지 전파할 것은 그리스도다. 그가 죽기를 원한 것은 생불여사(生不如死)를 느꼈기 때문은 아니다. 살기를 바란 것도 자기 안일을 위해서가 아니다. 그것은 오직 하나, 사도직의 필연성 때문이었다. 그래서 바울은 만일에 생사를 주재하시는 주께서 허락하사 좀 더 생존하게 한다면 정성을 다하여 교회를 봉사할 것을 기약하고 있는 것이다. 즉, "육으로 더 생존하게 된다면 이는 반드시 너희들을 위하여 더욱더 필요할 것이다."

25절 바울은 화제를 돌려 미래의 일을 전망한다. 여기에는 죽음에 대한 걱정은 조금도 없고 생에 대한 확신만이 역력하게 나타나 있다. 생사를 초극한 사도에게는 오직 한 가지 과제가 남아 있었다. 자신을 위해서는 차라리 죽고 싶지만 형제들의 믿음의 건전과 그 기쁨을 위하여 그들과 더불어 머물 수밖에 없다는 것이다.

26절 사도가 생존하게 된다면 "그리스도 예수 안에 있는 너희의 자랑이 나를 인하여 더하게 되리라는 말씀이 이루어질 것이다." 여기서 구체적으로 '자랑'은 용기와 확신, 기쁨과 감사 등을 내포한 것이다. 그런데 이 모든 것은 '그리스도 안에서' 사도로 말미암아 창정(創定)되는 것이다. 바울은 이와 같은 봉사를 하기 위하여 또다시 빌립보로 가는 길이 열리기를 고대하였다. '또다시' 가겠다고 기약한 것을 보면 바울은 교회 창설 이후 빌립보를 심방한 일이 없었던 모양이다. 그런데 그는 이제 또다시 찾아갈 것을 예상하면서 그 마음은 빌립보 사람들로 가득하고 마치 그들 앞에 나선 듯한 느낌을 가졌으리라. 그리고 바울이 이와 같은 심정을 토로했을 때 빌립보 형제들은 비로소 안도의 한숨을 쉬었을 것이다.

II. 교회에 대한 권면(1장 27절-2장 18절)

1. 합심 단결할 것(1:27-30)

27 오직 그리스도의 복음에 합당하게 생활하라. 그리하여 내가 가서 너희들을 만나든지 떨어져 있으면서 너희의 소문을 듣든지 간에 너희가 같은 영 안에 굳건히 서고 복음신앙에 있어서 한 마음으로 단합되어 있음을 들을 수 있도록 하라. 28 그리고 아무 일에든지 저 거슬리는 자들을 두려워 말라 이는 저희에게는 멸망의 빙거가 되고 너희에게는 구원의 빙거가 됨이거니와 이 역시 하나님께도 말미암은 일인 것이다. 29 그리스도를 위하여 너희에게 마련된 것은 다만 그를 믿는 일뿐 아니라 그를 위하여 수고하는 일이다. 30 너희는 나에게서 목도한 바 그리고 이제도 나에게서 들은 바와 같은 그 전투를 전개하고 있는 것이다.

27절 '오직' 이 한 가지만을 지키라 한다. 마치 검지를 높이 들어서 경고하는 듯한 권면이다. 따라서 다음에 오는 모든 권면은 이 '오직'에 연결되는 것이다.

"소중한 것은 생명이 아니라 소중한 것은 항해이다." 이것은 옛날 한자 동맹(Hanseatic League)의 표어였다.

"나의 신변에 어떠한 일이 생기든 간에 너의 갈 길만 곧장 가라." 이는 '오직'에 대한 칼빈의 주석이다. '복음에 합당하게' 행할 일이지 나의 생사 여부에 대해서는 추호도 걱정하지 말라는 것이다. 이 바울의 권면은 대충의 권면이 아니다. 그것은 믿는 자가 평생토록 명심해야 할 중대한 권면이다.

"복음에 합당하게"는 "부름에 합당하게"(엡 4:1)와 같은 뜻이다. 다시 말하면 믿는 자답게 살라는 것이다. 그리고 여기서 '그리스도의 복음'은 그리스도의 교훈이 아니라 그리스도를 내용으로 한 바울 자신의 설교일 것이다. 이 '그리스도의 복음'을 믿는 자는 땅에 있으나 실상은 천국 시민이요 지상이 아니라 천상에 국적을 둔 자들이다(3:20). 보이지 않는 하늘나라의 일원으로서 스스로 하늘의 은총에 지배될 뿐 아니라 남에게는 그것을 전달하는 자이다.

'생활하라'('폴리튜에스테', *politeuesthe*)는 원래 '시민생활을 하라'는 뜻이다. 옛날에는 씨족생활이나 시민생활을 떠나서는 개인 생활을 영위할 수 없었다. 더구나 빌립보와 같이 시민의식이 극도로 발달된 유서 깊은 고장에서는 더욱 그러하였다. 그런데 바울은 여기에서 이미 그리스도 안에서 형성된 하늘나라를 이 시민생활에 비유한 것이다.

이 생활에는 "같은 영 안에 굳건히 서고 한 마음으로 단합됨"이 요청된다. 용기의 영인(롬 8:12) 성령 안에 굳건히 서며 하나 되게 하시는 성령을 (엡 4:3) 힘입어 합심 단결함으로써 복음을 위하여 공동전선을 펴는 일이다. '굳건히 서다'는 원래 군사 용어로서 미동도 없이 늠름한 전투태세를 갖추는 일을 말한다. 교회는 복음의 진지를 지키기 위하여 이와 같은 태세를 갖추어야 한다. 이는 오로지 성령의 은사로 말미암는 일이며, 또한 성령은 한 마음 한 뜻을 이루는 집단적 감정을 북돋아 준다.

때때로 성도들 사이에도 감정적 대립이 있을 수 있다. 그러나 크리스천은 썩을 당파적인 싸움을 하는 자가 아니다. 크리스천은 오직 복음을 위하여 싸우는 자다. 그런데 이 싸움은 개개인의 싸움만이 아니라 또한 교회적인 싸움이 된다. 교회는 원래 전투적인 교회인 것이다. 그리고 이 일을 위해서는 무엇보다도 성령의 규범이 요구되는 것이다.

28절 28절은 27절의 소극적 측면을 말한다. '거슬리는 자'는 유대주의자와 반역자일 것이다. 그들 역시 빌립보 형제들과 마찬가지로 그리스도의 복음을 들었을 것이다. 그런데 그들은 필경 교회 형제들을 배반하고 그들을 적대시하게 된 것이다. 교회는 언제나 승승장구하거나 대왕이 탄 말과 같이 탄탄대로를 갈 수는 없는 것이다. 거기에는 반드시 거슬리는 세력이 같이한다. 그러나 그리스도인은 결코 이러한 자들에게서 위협받거나 위축당해서는 안 된다. 하나님 나라에는 약속이 있으니 말이다. 그뿐만 아니라 이 '거슬리는 자'의 존재에는 깊은 근거가 있는 것이니 저희는 멸망받고 믿는 자는 구원 받게 하시는 하나님의 섭리다. 여기서 말한 '멸망'과 '구원'이 종말론적인 것은 당연하다.

29절 빌립보 사람들에게 주어진 은총은 그리스도를 믿는 일뿐만 아니라 그리스도를 위하여 고난 받는 일이었다. 믿음과 고난 이 둘은 다 같은 은총이다. 고난은 은총의 특별한 형태다. 하나님의 영광을 위하여 희생이 된다면 그야말로 은총이 아니겠는가? 다만 믿을 뿐만 아니라 그리스도를 위하여 고난당하는 데까지 나아가지 않는다면 그리스도와의 완전한 사귐을 가질 수는 없을 것이다.

30절 이와 같은 은총의 실례로 바울은 자기의 경험을 말해 준다. 교회와 바울 사이에 공통된 운명은 복음을 위하여 전투하는 일이며, 거룩한 일을 위하여 전투함은 우리가 영원한 구원에 선별 받게 된 근거(빙거, 憑據)인 것이다.

2. 교회가 취할 태도(2:1-5)

> **1** 그러면 그대에게 그리스도로 말미암은 권면과 사랑의 격려, 영적 사귐과 옐정이나 자비가 다소라도 있거든 **2** 생각을 같이 하고 사랑을 같이 하며 마음을 단합하여 한 가지 일을 지향함으로써 나의 기쁨을 채우게 하라. **3** 무릇 무엇이나 파쟁이나 허영으로 하지 말고 겸비한 마음으로 피차에 자기보다 남을 낮게 여기라. **4** 각각 자기 일만 돌보지 말고 서로 서로 다른 사람의 일도 돌보아 주라. **5** 그리스도 예수 안에서 서로 서로 생각해야 될 바를 생각하기 바란다.

1절 '그러면'('운', *oun*)은 앞에서 말한 것을 직접 받는 말이 아니라 화제를 돌리고자 하는 말이다. 여기에서도 합심 단결이 권면되기는 하지만 1장 28절에서 언급된 바와 같은 '거슬리는 자'가 문제되지는 않는다.

바울은 1절에서 '다소'('티스', *tis*)라는 말을 네 번이나 반복한다. 이는 아마 사도로서의 권면을 의아하게 생각하는 것을 염려한 결과일 것이다. 바울은 우선 '그리스도를 말미암은 권면'을 말하고 있는데 바울에게 있어서는 권면뿐 아니라 모든 윤리가 그리스도 안에서 성립되었다. 따라서 다음에 말하는 '사랑의 격려'도 보통 말하는 격려와는 다른 것이니 그것은 '그리스도의 사랑'으로 하는 격려를 말한 것이다(고후 5:14). 바울은 또한 '영적 사귐'을 말하는데, 바울과 빌립보 교회와의 사귐은 인간적인 교분이 아니라 성령으로 말미암은 사귐이었다. 바울과 교회만이 아니라 형제와 형제간의 사귐 역시 언제나 성령으로 말미암은 결합이었다. 그래서 이 영적 사귐은 바울의 출발점이 됨과 동시에 또한 그의 귀착점이 되었던 것이다. 마지막에 언급된 '열정'과 '자비'는 넓은 의미에서 볼 때 동의어이다. 이것은 원래 인간에게 대한 하나님의 자비를 의미한다. 그러나 여기에서는 교회에 대한 신도들의 심정을 말한 것이다.

2절 빌립보 교회를 불화케 했던 직접적 원인이 무엇이었는지는 알 길이 없다. 혹자는 말하기를 유오디아와 순두게의 반목이 교회 내분의 원인이 되었다 하나 확실치는 않다. 아무튼 단란했던 빌립보 교회에도 분열의 위험성이 닥쳐 온 것이다. 이에 바울은 권면한다. 합심 단결하여 오직 한 가지 것만을 지향하라고 권면한다. 사람과 사람이 마주 설 때에는 알 수 없으나 하나님의 현전에 서게 되면 인간의 분열상이 선연하게 드러나 보인다. 그런데 믿는 자는 여기에서 출발하여 교회의 일치를 추구하는 자다. '거룩한 하나'(*una sancta*)를 도모하는 자다. 이 분열을 의식하지 못하는 자는 일치에 대한 동경도 가질 수가 없을 것이다. 그러나 교회에도 분열이 있는 것은 사실이요 일치는 반드시 와야만 한다. 그런데 저 '거룩한 하나'는 인간 하나 하나의 진리나 집단적인 의가 아니다. 하나의 진리는 오직 하나님에게서만 비롯된다. 따라서 오직 하나님을 우러러보는 자만이 진정한 의미의 하나를 의식하는 것이다. 바울은 이와 같은 하나를 동경하면서 "생각을 같이 하고 사랑을 같이 하며 마음을 단합할 것"을 권면하였다. 우리는 피차간에 한 마음 한 뜻을 돌이켜야 한다. 이와 같이 저 '거룩한 하나'를 위하여 노력하는 자만이 공동체를 이룩할 수 있다. 그렇지 않으면 현실 사태에 대하여 관심을 가질 수 없는 것이다.

3절 '허영'이라는 말은 신약성서에서 여기에만 씌어져 있다. 이는 내용 없는 허세를 말한 것이다. 크리스천은 "겸비한 마음으로 피차에 자기보다 남게 낫을 여겨야" 한다. 그리스도의 은총을 적극적으로 생각하지 않는 자는 이와 같은 겸비를 가질 수 없다. 그리스도의 은총은 겸비를 요구하는 것이다. 그러기에 '남을 낮게 여기라' 함은 자기보다 현명하고 선한 사람을 존경하라는 뜻이 아니라 이유와 조건을 따질 것 없이 모든 사람을 자기보다 낮게 여기라는 말이다. 은총을 우러러보는 주의 명령에 순응하는 자는 이와 같은 태도를 가질 수밖에 없는 것이다. 왜냐하면 주의 명령이 그렇기 때문이다. 은총 앞에서 겸비한 자는 형제 앞에서도 겸비할 수밖에 없는 것이다. 형제는 은총의 의장(議長)이기 때문이다. 그러나 존경할 것은 어디까지나 그 안에 쌓여 있는 은총인 것이다. 추상적인 겸비는 잘못하면 최대의 교만이 될 수도 있다. 그러나 은총에 대한 겸비는 기독교 교회의 기반이 된다. 이 겸비가 없는 곳에는 공동체가 성립될 수 없는 것이다.

4절 그러나 '아전인수'(我田引水)라는 옛말과 같이 인간은 언제나 이기적이다. 그래서 바울은 여기에서도 인간의 이기심을 문제 삼고 있는 것이다. 인간은 번번이 자기 왕국을 세워 자기 자신이 왕좌에 앉으려고 한다. 그래서 바울은 "각각 자기 일만 돌보지 말고 서로 서로 다른 사람의 일도 돌보아 주라"고 말한 것이다. '각각 자기 일만 돌보다'는 말은 비단 일상생활만을 말한 것이 아니라 영적 의미도 들어 있는 것이다. 그리고 '다른 사람'이라는 말도 보통 말하는 타인만이 아니라 은총을 전달하는 '은총의 전달자'를 뜻한다. '다른 사람'은 그리스도를 매개하는 자다. 그러므로 너나 내가 아니라 오직 한 분 지고하신 주님만을 경배함이 없이는 공공한 일을 이룰 수 없는 것이다. 그러나 주님께 나아가기 위해서는 반드시 그 매개자 되는 '다른 사람'을 통과할 수밖에 없으니 다른 사람은 곧 우리의 문호가 된다. 따라서 우리는 그들을 비켜갈 수는 없는 것이다.

5절 다른 이와 더불어 생각을 같이하고 마음을 단합하라 함은 같은 이념을 가지라는 정도의 뜻이 아니다. 거기에는 절대적인 근거가 있으니 곧 그리스도 안에서는 모든 사람이 하나가 될 수밖에 없다는 것이다. 바울이 "그리스도 예수 안에서 생각해야 될 바를 생각하라"고 말한 까닭은 이 때문이다. 말할 것도 없이 빌립보 사람들은 주의 몸 된 교회의 지체들이다. 그들이 서 있는 장소는 다른 장소와는 판이한 장소였다. 그것은 그리스도 예수 안에 있는 하나님의 은총의 장소였다. 그래서 바울은 이 은총의 계명 아래에 서 있는 크리스천이 마땅히 생각해야 할 바를 생각하라고 말한 것이다.

3. 그리스도의 겸비(2:6-11)

6 저는 원래 하나님의 형상을 가지셨던 분인데 하나님과 동등 됨을 고집할 것으로 여기지 않으시고 **7** 도리어 자기 몸을 비우사 종의 형상을 취하시고 인간과 같은 형상이 되사 외양에 있어서는 다른 사람이나 진배없이 되셨으며 **8** 자기 몸을 낮추고 순종하시되 십자가의 죽음에까지 순종하시었다. **9** 이에 있어서 하나님께서 저를 높이사 저에게는 모든 이름 위에 뛰어난 이름을 주시고 **10** 예수의 이름 앞에 하늘과 땅 또한 땅 아래 있는 모든 만물이 무릎을 꿇게 함과 동시에 **11** 모든 혀로 하여금 예수 그리스도는 주시라고 고백케 하사

아버지 하나님께 영광을 돌리게 하신 것이다.

2장 6-11절은 그 문장이 유창하고 음률이 아름답기 때문에 학자들은 이 구절을 송영 또는 찬송이라고 인정하였다. 작게 나누면 이 부분은 두 가지로 나누어지는데 6-8절에서는 그리스도께서 하나님께 끝까지 순종하신 겸비를 노래하고, 9-11절에서는 이에 대하여 하나님께서 그리스도를 높이 올리사 그에게 주의 이름을 베푸셨다고 노래한다.

6절 송영은 '그'로 시작되는데 5절의 그리스도 예수는 벌써 이 '그'와의 관련성이 예비되어 있었던 것이다. 바울은 6절에서 우선 이 '그'에게 대한 소극적인 면을 설명하고 7절의 '도리어' 이하에서 그 적극적인 면을 말하고 있다. 그리고 5절의 그리스도는 승천하신 그리스도였는데 6절의 그리스도 예수는 선재자 예수시다. "저는 원래 하나님의 형상을 가지셨던 분인데"는 이 그리스도의 선재성을 말한 것이다. 그리고 이 '형상'('모르페', *morphē*)은 외양과 아울러 내용까지 겸한 형상이다. 선재자 그리스도께서는 다만 외형만이 아니라 그 본질에 있어서도 하나님이셨다.

선재자는 '하나님과 동등' 되기 위하여 전혀 투쟁할 필요가 없었다. 왜냐하면 그에게 있어서는 '하나님과 동등 됨'은 아직 달성치 못한 미달의 목표는 아니었기 때문이다. 이미 가진 자기 소유를 무엇 때문에 도적 같은 마음으로 가지고자 할 것인가.

선재자께서 하나님과 동등 됨은 확실한 일이었다. 따라서 그와 같은 유혹을 당했을 리는 만무하다. 그는 차라리 사랑하는 두 사람이 아무 염려도 없이 자기의 소유를 상대방에게 내어주듯이 하나님과 대등 됨을 자유롭게 버리신 것이다.

그러므로 우리는 여기서 하나님과 대등하기 위하여 하나님을 반역한 천사와 사탄의 유혹에 빠진 첫 사람 아담, 또는 부당한 요구를 하기 위하여 전전긍긍하던 빌립보 사람들을 상기함이 좋을 것이다. 그들은 모두 다 확실치 않을 뿐만 아니라 부당한 소유를 가지기 위하여 도적 같은 심정을 품었던 것이다. 그러나 그리스도께서는 이에 반하여 응당 가질 수 있는 하나님과 대등 됨을 고집하려 않으시고 하나님께 순종하는 종이 되어 그의 뜻에 충직하게 순종하신 것이다.

7절 선재자께서는 "자기 몸을 비우사 종의 형상을 취하셨다." 그러면 '종의 형상'이란 무엇을 말하는 것일까? 슐라터와 같은 학자는 인간 일반이라고 해석하고 스캇(E. F. Scott)은 이 '종'은 이사야 53장에 나아오는 '고난의 종'을 의미하는 것이라고 한다. 그러나 이는 적절한 해석은 못될 것이다. 왜냐하면 성경에는 인간을 가리켜서 '종의 형상'이라고 말한 곳이 없으며, 동시에 '고난의 종'은 '둘로스'(*doulos*)가 아니라 '파이스'(*pais*)이기 때문이다. 요컨대 '종의 형상'이 되셨다 함은 인간 존재가 되셨다는 뜻이 아니다. 인간 존재가 되신 것에 관해서는 다음에 오는 '인간'이 말하고 있다. 그러므로 우리는 이 '종의 형상을 취하는'을 종 된 자의 본질을 말하는 것이라고 보고자 한다. 다시 말하면 그에게는 하나의 주가 계셨는데 그는 그 주의 뜻대로 살았으며 언제나 그 주의 뜻에 순종했다는 것이다. 자기 의사를 부정하고 주의 뜻에 순종했다는 것이다. 따라서 이 "자기 몸을 비우사 종의 형상을 취하시고"는 8절에 말씀된 "자기 몸을 낮추시고 순종하시되"와 함께 생각해야 한다.

만일 선재자께서 '하나님과 동등 됨'을 고집하려 하였다면 그는 자기 뜻과 주의 뜻을 대립시킬 수밖에 없었을 것이다. 그러나 그는 자기 뜻을 하나님의 뜻에 굴종시킴으로써 하나님의 구원의 섭리를 성취시켰다.

그런데 선재자께서는 이때에 피하지 못할 운명이나 하나님의 강제에 몰려서 순종한 것은 아니었다. 그는 다만 자기 자신의 의지를 가지고 순종하였다. '자기 몸을 낮추다'는 이 사실을 말한 것이다.

그리스도께서는 인간이 되신 다음에도 자기 자신을 땅바닥까지 낮추셨다. 하늘과 땅 아래 있는 모든 만물은 하나님 앞에 자기 자신을 낮출 수가 없었던 것이다. 그런데 오직 한 분 예수 그리스도만이 자기 자신을 낮추셨다. 그리고 이와 같이 자기 자신을 낮추셨다는 이 점에 있어서 그리스도와 인간 사이의 질적 차이가 있는 것이다. "하나님의 아들이 인간이 된다는 것은 저가 비록 왕자가 되었다 할지라도 한없는 굴욕일 터인데" 그는 인간이 되신 다음에도 땅바닥까지 낮아지셨으니 "이는 분명히 고난을 넘는 한없는 고귀임과 동시에 질적으로 보아서 무한한 고난이었다"(키에르케고르).

요컨대 선재자께서 인간이 되심으로써 종이 되셨다 함은 인간 존재가 곧 종의 존재라는 말이 아니라 선재자께서 인간이 되심으로써 하나님께 순종하셨다는 말이다. 그러면 선재자께서는 무엇 때문에 하나님께 순종하신 것일까? 여기에는 다만 그의 순종이 말씀되어 있을 뿐이고 그 이유에 대해서는 언급이 없다. 이 순종은 용이한 일이 아니었을 것이다. 이는 다른 사람이 하나님께 순종하지 못함을 보더라도 충분히 알 수 있다. 그리스도께서는 순종하시되 끝까지 순종하신 것이니 그리스도와 다른 사람 사이의 현저한 차이는 이 순종 여부에 있는 것이다.

8절 자기 몸을 비우신 그리스도께서는 또한 "자기 몸을 낮추시었다." 십자가 죽음은 화육의 설명이요 골고다 사건은 베들레헴에서 일어난 일의 의미를 알려주는 것이었다. 그리스도의 순종은 하나님께 대한 자기 겸비로서의 순종이었는데 그는 지상 생활에서도 끝까지 순종했다. '~까지'('메크리', mechri)라는 헬라어는 시간적 의미보다도 순종의 정도를 말한 것으로, 최고도의 순종을 하셨다는 것이다. 죽음의 공포와 치욕을 이해하는 사람이라면 그리스도의 순종이 어떠한 순종이었던가를 이해할 수 있을 것이다. 바르트에 따르면, "그의 생애는 순종 그것이었다." 그리고 그는 이 순종을 통하여 하나님의 구원의 섭리를 이룩하신 것이다.

9절 "이에 있어서 하나님께서는 저를 높이사 저에게 모든 이름 위에 뛰어난 이름을 주셨다." 종교개혁자들은 '이에 있어서'를 해석하면서 그리스도께서 낮아지시고 순종하신 다음에 하나님이 그에게 보답하사 그를 높이신 것이라고 설명했다. 그러나 바르트는 낮아지시고 십자가에 달리신 그리스도가 바로 높임 받은 그리스도이기 때문에 그러한 해석은 적절하지 않다고 비판한다. 그에 의하면 십자가에 달리신 그리스도가 곧 주되시며 더할 수 없는 고귀성을 가지신 분이다. 그래서 어떤 화가(畵家)는 승천하여 보좌에 앉으신 그리스도의 손에 못 자국을 그대로 남겨두었던 것이다.

그러나 이 구절의 중심은 그리스도의 부활에 있다. 따라서 그리스도의 낮아지시고 높아지심은 인간적인 척도로는 가늠할 수 없는 것이다. 그리스도께서는 인간이 도저히 헤아릴 수 없는 정도의 높이에까지 높임을 받으셨다.

바울은 또한 그리스도의 겸비에 대한 하나님의 은사를 말하였는데 하나님께서 그에게 베푸신 은사는 모든 이름 위에 뛰어난 '주'(主)라는 이름이었다. '주'는 본래 하나님을 가리키는 이름이었다. 따라서 그것은 모든 이름 위에 뛰어난 이름이다.

이름은 내용 없는 빈 것이 아니다. 그것은 충실한 내용과 일정한 가치와 권세를 가지는 것이다. 그런데 하나님께서는 다시 사신 예수 그리스도에게 '주'라는 이름을 부여하신 것이다. 다시 말하면 그리스도는 이제 세계의 지배자가 되시고 주권의 보좌에 오르신 것이다(롬 1:4).

10절 다시 사신 주님의 이름 앞에 "모든 만물이 무릎을 꿇게 되었다." 이는 70인역 이사야 45장 13절을 인용한 것이며, 바울은 여기서 은연중 하나님을 대적하던 모든 권세를 상기했을 것이다. "하늘과 땅 또한 땅 아래 있는 모든 만물"이라 함은 인간과 천사뿐만 아니라 사탄까지를 의미한 것인데 그들은 모두 다 예수께서 그리스도 되심을 고백하는 것이며, 이것을 표명하기 위하여 그 앞에 무릎을 꿇게 된 것이다.

그리스도께서는 죽은 자 중에서 부활하였고 종의 형상 중에서도 하나님과 동등한 '주'가 되셨다. 그런데 이 낮아지시고 겸비하신 주의 권세와 그 영예는 주의 몸 된 교회에도 그대로 해당한다. 교회의 머리 되시는 '주'께서는 자기 몸을 낮추어 땅바닥까지 낮추시었는데, '주'의 몸 된 교회의 지체된 자가 자기보다 남을 높게 여기지 않으면 될 것인가? 그러므로 바울은 기독론 문제보다도 빌립보 교회의 화평을 염려하면서 기독교의 특수한 덕인 겸비의 덕을 강조한 것이다.

11절 모든 무릎이 주 앞에 경배함과 같이 '모든 혀'는 '주'의 이름을 고백해야 한다. 또다시 말하자면, 이 주님은 신앙인 개개인이나 교회의 주이실 뿐 아니라 그는 실제로 온 세계의 주이신 것이다. 만일 예수께서 전 세계의 주가 아니라면 그는 교회의 주도 못 되실 것이다(고전 8:6). 그런데 그리스도는 전 세계의 주권을 행사하는 분이다. 그래서 예수께서 '즈' 되심은 하나님의 '주' 되심과 같은 일이며 그리스도에 대한 경배는 결국은 하나님께 대한 찬송이 된다. 이렇게 하여 초대교회는 '주 예수 그리스도'를 공개적으로 고백하게 되었다.

4. 교회의 목표(2:12-18)

12 그러므로 나의 사랑하는 자들아 너희가 언제나 순종하였음과 같이 내가 너희 곁에 있을 때뿐 아니라 내가 떠나 있는 이제도 더욱 더 순종하여 두려워 떨림으로써 너희의 구원을 완수하게 하라 13 왜냐하면 하나님께서 너희 중에 역사하사 그의 기뻐하시는 뜻을 위하여 너희들로 하여금 이와 같은 일들을 결의하며 실행할 수 있게 하시는 분이심이다 14 범사를 불평이나 타산적인 생각이 없이 하여라 15 그리하면 너희는 책망할 것 없고 순결한 자들이 되며 그릇되고 전도된 세대 중에 있어서 흠이 없는 하나님의 자녀가 되리라 너희는 생명의 말씀을 굳건히 지킴으로써 그들 중에 있어서 세상의 빛과 같이 빛나고 있다 16 이러므로 나는 그리스도의 날에 가서 나의 달린 바가 헛되지 않고 나의 행한 바가 허사가 아니었음을 자랑할 수 있는 것이다 17 그리고 설사 내가 너희들의 신앙의 희생과 제물 위에 나의 피를 쏟는 일이 있을지라도 나는 기뻐하며 너희 모든 사람들과 더불어 기뻐하리라 18 너희도 또한 이 일을 기뻐하며 나와 더불어 기뻐하라.

12절 바울은 독자들에게 권면을 계속한다. 그는 독자들을 향하여 "그러므로 나의 사랑하는 자들아"라고 말한다. '그러므로'는 앞서 말한 것과 연결되는 말이며, '나의 사랑하는 자들아'는 그들이 바울과 더불어 예수 그리스도 안에 머물러 있음과 동시에 예수에게 주어진 '주'라는 이름을 이해하고 있을 것을 전제하는 말일 것이다. 그리고 여기서 언급된 '순종'은 하나님이나 예수 그리스도에 대한 직접적 순종이라기보다 오히려 바울이 전한 하나님 말씀에 대한 순종일 것이다.

바울은 이미 1장 27절에서 그리스도의 복음에 합당하게 생활할 것을 명령하였고 2장 5절에서는 그리스도 예수 안에서 서로서로 생각할 것을 생각하라고 명령한 바 있으며, 여기에서 또다시 "두려워 떨림으로써 너희의 구원을 완수하게 하라"고 명령한다. 그러나 바울의 이 모든 명령은 독자들에게 생소한 것은 아니었을 것이다. 왜냐하면 그들은 이미 이 명령이 나온 곳과 그 권위의 소재가 바울을 쓰시는 주에게 있었음을 잘 알고 있었고 또 언제든지 거기에 순종해 왔기 때문이다.

그래서 바울은 자기가 빌립보 교인들과 함께 있을 때뿐만이 아니라 떠나 있는 상황에서도 더욱더 순종할 것을 요청한다. '너희 곁에 있을 때'는 장차 만나게 될 것을 말하는 것이 아니라 오히려 교회 설립 당시에 만났던 일을 언급한 것이다. 빌립보 사람들은 그때에 처음으로 하나님의 현전에서 그리스도의 구원을 믿는 신앙을 결단한 것이었다. 그러나 바울이 떠나 있는 지금도 그들은 여전히 하나님의 현전에 서 있는 것이다. 유능한 지도자를 곁에 모실 수 있음은 다행한 일임에 틀림이 없다. 그러나 믿는 자가 하나님의 계명과 약속을 준행하는 데에는 반드시 지도자와 더불어 같이할 필요는 없는 것이다. 믿는 자는 언제나 자기 자신의 구원을 이룩하기 위하여 스스로 자신을 걱정해야 하는 것이다. 그리고 그들은 다만 믿기 전에 범하던 모든 죄악을 회개하고 뉘우치는 것으로 충분한 것이 아니라, 종말의 날에 가서 완성될 구원을 위하여 끊임없이 노력을 계속해야 한다. "너희의 구원을 완수하게 하라"고 명령하는 것은 이 때문이다. 그러나 이는 결코 인간의 선행이나 신인협력설(神人協力說, Synergismus) 주장이 아니다.

13절 신앙과 관련해서는, 하나님의 은총과 인간의 행위가 어떻게 관계되는지의 문제가 대두된다. 아우구스티누스의 영향을 받은 개신교 신학에서는 모든 것을 결정하는 것은 은총 중에 역사하시는 하나님 자신이라고 주장했다. 본 절은 이와 같은 사상을 적절하게 말하여 준다. 바울은 여기에서 하나님과 인간과의 관계를 말하면서, 무조건 하나님의 적극성과 인간의 피동성만을 논하지 않는다. 바울이 "하나님께서 너희 중에 역사하사"라고 말한 이유는 구원을 완수하시는 분은 하나님 자신이고 인간은 오직 이 하나님의 도우심으로 구원 받을 수 있을 뿐이므로 인간은 모두 겸손해야 함을 말하는 것이다. 계시와 신앙, 하나님을 찾는 일과 하나님을 뵈옵는 일에 있어서 주체가 되는 분은 언제나 하나님 자신이다. 참된 의미의 크리스천이라면 일상적인 생활에서도 모든 것을 주장하시는 분이 하나님임을 고백할 수밖에 없는 일인데, 하물며 우리의 영원한 구원에 관해서는 더욱이 그러한 것이다. 영원한 구원을 완수하는 분은 하나님밖에 없다. 예수에게 '주'의 이름을 베푸신 이도 하나님이요 우리로 하여금 크리스천이 되게 하신 이도 하나님이다. 이 하나님의 자유로우신 역사만이 모든 것을 결정한다. '그러므로' 사람이 서로 대립하거나 분쟁해서는 안 되며, 인간은 모름지기 서로를 향해 겸비해야 한다는 것이다.

이렇게 생각할 때 12절과 13절 사이에는 밀접한 관련성이 있음을 부인할 수 없을 것이다. 두 절 사이에 있는 이 역설적인 관련성을 무시하고 그것을 분리시키면 펠라기우스(Pelagius)파와 아우구스티누스파, 가톨릭과 프로테스탄트 사이에 전개되었던 저 치열한 싸움의 의미를 이해할 수 없을 것이다.

'결의'는 '실행'에 앞서 가는 마음의 결단을 말한 것이며, 이 마음의 결단부터가 하나님의 역사로 말미암은 것이라고 한다. 하나님은 자신이 기뻐하시는 뜻대로 믿는 자를 선택하신다. 그러나 비록 하나님의 선택이라 할지라도 거기에 인간의 행위가 전혀 불필요한 것은 결코 아니다. 하나님의 선택과 인간의 행위 사이에도 역설적인 관계가 있는 것이니 선택받은 자에게는 그야말로 진정한 의미의 바른 행위가 요청되는 것이다. 그래서 바울은 선택받은 빌립보 사람들에게 "두려워 떨림으로써 너희의 구원을 완수하라"고 명령한 것이다.

14절 이와 같이 하나님의 은총으로 말미암아 구원받게 된 자는 어느 때 어느 곳에서나 '불평'이나 '타산적인 생각'을 가져서는 안 된다. 여기서 말하는 '불평'은 형제를 향한 불평이 아니라 하나님의 요구에 대한 군소리를 말하며, '타산적인 생각' 또한 하나님의 거룩하신 요구 앞에서 단호한 태도를 가지지 못하고 사심(私心)과 이기적인 생각으로 망설임을 말하는 것이다.

15절 크리스천으로 하여금 이와 같은 잘못을 범하게 만드는 것은 환경이다. 이 환경을 가리키는 표현인 "그릇되고 전도(顚倒)된 세대 중에 있어서"는 출애굽기 32장 5절을 인용한 것이다. 모세는 이스라엘 백성이 그릇되고 전도된 자식들임을 충심으로 통탄하였다. 바울은 교회를 싸고도는 이 세상을 가리켜 그릇되고 전도된 세대라고 말한다. 교회는 비록 소수의 무리지만 이 그릇되고 전도된 세대 중에 있으면서 선별 받은 자기 자신을 하나님의 자녀답게 증거해야 하는 것이다. 빌립보 사람들은 이와 같은 쓰임을 담당했기 때문에 바울은 "너희는 그들 중에 있어서 세상의 빛과 같이 빛나고 있다"고 말한다.

크리스천은 마치 태양빛을 받아서 어두운 밤길을 비추는 별들과 같이 빛의 근원되시는 예수 그리스도의 빛을 받아서 그것을 어두운 세상에 반사해야 한다. 여기에 크리스천의 실존이 있음과 동시에 교회의 과제가 있는 것이다(마 5:14).

크리스천은 '생명의 말씀'을 굳건히 지키는 데에서 빛의 기능을 발휘한다. '생명의 말씀'은 생명으로서의 말씀도 되고(요 1:1) 생명을 주는 말씀도 된다(요 5:24; 6:63). 이 밖에도 성서에는 빛과 생명이 상호 관련된 구절이 많이 있는데 여기서 바울은 생명이나 말씀을 분리시키지 않고, '생명의 말씀'을 말하고 있다.

16절 또한 바울은 그리스도의 날에 가서 빌립보 교회를 자랑하게 될 것이라고 하는데, 이는 물론 종말론적인 자랑을 말한 것이다. 필생의 사업이 많은 성과를 거두게 되고 자기의 활동이 허사가 아니었음이 판명된다면 종말의 날에 가서 거두게 될 영광이 크게 될 것은 말할 것도 없는 일이다. 그래서 바울은 빌립보 교회가 있는 힘을 다하여 주께 충성할 것을 간구하는 것이다.

17절 바울은 빌립보 사람들의 충성을 권면할 뿐만 아니라 자기 자신이 몸소 그들과 더불어 동조할 것을 선포한다. '설사 내가……'라는 표현은 이것을 제창한 것이며, 여기서 '설사'는 가정(假定)의 조건을 의미하므로 이 말은 17절에 연결된 것이 아니라 오히려 1장 24절에 연결되는 것이라는 바르트의 견해는 부적절한 느낌을 준다(미카엘리스). 바울은 16절에서도 자기 자신을 문제 삼고 있으므로 17절은 16절에 연결된 것이라고 보아도 무방할 것이다. 바울은 지금까지 선교사로서의 생애가 고난에 넘친 것임을 뼈저리게 경험했다. 앞으로도 어떠한 고난이 닥쳐올지 예측할 수도 없다. 그렇지만 설사 어떠한 곤란, 어떠한 위험이 닥쳐올지라도, 아니 죽음을 겪는 일이 있을지라도 기쁜 마음으로 받아들이고자 하는 것이 바울의 심정이었다. 바울은 빌립보 형제들의 신앙과 빌립보 교회의 발전을 위해서는 이방인의 제사에서 봉헌되는 것과 같은 희생 제물이 필요하다고 여겼다. 그러나 여기서 말하는 '제물 위에'는 반드시 희생의 제물 위에 자기의 피를 쏟겠다는 뜻이 아니라 '제물'의 뜻을 강하게 주장한 것이라고 볼 수 있다.

'제물'의 뜻을 강화하면 거기에서 희생의 뜻이 나오게 된다. 바울은 언제나 자기의 선교 활동을 형제들의 신앙을 위한 봉사의 제물로 인정하였다. 그리고 제사로서의 그의 제물은 언제나 자기 자신이었다(롬 15:16).

'나의 피를 쏟다'는 표현은 임박한 죽음을 의미하는데, 이는 꼭 순교의 날이 임박한 것을 의미하지는 않을 것이다. 바울에게 있어서 죽음은 언제나 먼 장래에 다가오는 것이 아니라 목전에 임박해 있는 것이었다. 바울은 목전에 임박해 있는 죽음을 응시하면서 더할 수 없는 기쁨에 잠긴 것이다. 그 까닭은 자기의 죽음이 그리스도의 날에 가서 큰 자랑이 될 것을 확신했기 때문이다. 그렇기 때문에 이 기쁨은 지상적인 모든 사실을 훨씬 넘어서는 기쁨이었다.

18절 바울은 이 기쁨을 혼자 독점하려고 하지 않았고, 그것을 빌립보 사람들과 더불어 같이하기를 원했다. 즉 바울은 "너희도 또한 이 일을 기뻐하며 나와 더불어 기뻐하라"고 말하면서 형제들을 향한 온정과 친밀한 고분을 표명한다. 이렇게 하여 바울의 옥중서신은 기쁨을 권면하는 기쁨의 서신으로 변한 것이다.

III. 디모데와 에바브로디도(2장 19-30절)

1. 디모데와 바울(2:19-24)

19 그런데 나는 될 수 있는 대로 빨리 디모데를 너희에게 보내게 되기를 주 예수 안에서 바라는 중이다 이는 나도 또한 너희들의 실정을 앎으로써 위안 받기 위해서이다 **20** 내가 디모더를 보내고자 하는

까닭은 디모데처럼 나와 더불어 한 마음이 되어가지고 진정으로 너희의 일을 걱정하는 사람이 없기 때문이다 21 모든 사람은 자기 일을 추구할 따름이요 그리스도 예수의 일은 돌보지 않는다 22 그러나 너희는 이미 디모데의 연단을 알고 있거니와 저는 아들이 그 애비를 섬기듯이 나와 더불어 복음을 위하여 봉사하여 왔던 것이다 23 그래서 나에게 관한 일의 전말을 보는 대로 저를 곧 너희에게 보내고자 한다 24 그러나 나 자신도 곧 가게 될 것을 주 안에서 확신하는 바이다.

19절 바울은 1장 26절에서도 빌립보를 또다시 심방하겠다고 말했다. 그런데 바울은 우선 자기가 가기 전에 디모데를 보내겠다고 말한다.

이와 같이 디모데를 보내는 까닭은 "나도 또한 너희들의 실정을 앎으로써 위안 받기 위해서"라고 한다. 빌립보 교회의 실정을 알고 기쁜 소식을 들음으로써 힘을 얻고 위안을 받자는 것이다.

우리는 여기에서 빌립보 형제들과 바울 사이의 긴밀한 사랑의 연결을 엿볼 수 있다. 빌립보 형제들에게 있어서 바울이 소중한 사람이었음과 같이 바울에게도 빌립보 사람들은 소중한 사람들이었다. 그래서 바울은 빌립보 사람들의 실정을 알고자 하는 것이다.

바울은 이 소원을 '주 안에서' 품고 있었다. 바울에게 있어서 '주 안에서', 또는 '주 예수 안에서'는 결코 수사학적인 용어가 아니었다. 그리스도인으로서의 바울의 실존은 오직 거기에만 있었던 것이다. 그래서 디모데를 보내는 일도 주와 사귐 중에서 실현되는 것이었고 주님에 대한 소망 중에서 계획된 일이었다.

'위안 받다'는 신약성서에서 오직 여기에만 사용된 말이다. 교회의 평강으로 말미암는 이 위안은 바울보다도 빌립보에 파견된 디모데가 먼저 경험하게 될 것이다 그래서 바울은 '나도 또한'이라고 말한 것이다. 바울은 이 일을 위하여 '될 수 있는 대로 빨리' 디모데를 보내게 되기를 원했는데 이는 당분간은 어려울지 모르나 주께서 허락하시면 될 수 있는 대로 속히 보내겠다는 뜻일 것이다.

20-21절 바울의 주위에는 수많은 사람이 있었을 것이다. 그러나 디도데처럼 바울과 더불어 합심하여 교회 일을 걱정하고 바울의 사랑을 받던 사람은 없었다. '한 마음을 가지고'라는 표현도 신약성서에서 여기에만 사용된 말인데, 이는 시편 55편 14절(70인역)을 인용한 것이다.

다음에 오는 '진정으로'라는 표현은 형용사로 사용된 적은 많은데, 여기서만 부사로 사용된다. 이 말의 뜻은 원래 참되고 순결함을 의미하는데, 바르트는 이를 '사태에 충직하게'라고 해석했다. 그런데 이와 같은 심정을 가진 자는 오직 디모데 한 사람뿐이고 그 밖의 사람들은 모두 다 이기적인 생각을 가졌을 뿐이요 진정으로 '그리스도 예수의 일', 다시 말하면 교회의 일을 걱정하지 않는다는 것이다. 예나 지금이나 교회에는 수많은 사람이 드나들지만 '드든 사람'은 교회의 일에 무관심한 죄인들일 뿐이요, 실상 '그리스도 예수의 일'에는 흥미조차 없다. "얼마나 많은 사람들이 이기적인 생각에서 경건을 가장하는가!"(벵엘).

22절 그런데 디모데 한 사람만은 그렇지 않다. 영광스러운 예외자다! 그러나 빌립보 사람들은 바울의 이 말로 놀라지는 않았을 것이다. 왜냐하면 그들은 이디 디모데의 '연단'을 잘 알고 있었기 때문이다. 교회에 대한 디모데의 순결한 충성심은 이미 잘 알려져 있다. 바울이 이와 같이 칭찬하는 디모데의 교회 봉사는 바울이 감금되어 있을 때에만 행해진 것이 아니라, 바울과 함께 수고하던 교회 창설 당시의 노고에 대한 것이다(행 16:12 이하).

디모데는 '아들이 그 아비를 섬기듯이' 바울을 섬겼다. 디모데는 바울의 뜻을 따라 몸소 주의 몸 된 교회를 섬긴 것이다. 그런데 바울은 곧이어 "나와 더불어 복음을 위하여 봉사하여 왔던 것"이라고 부언한다. 그 까닭은 디모데의 봉사는 결코 인간 바울을 위한 봉사가 아니라 그의 동역자의 한 사람으로서 복음을 위하여 봉사한 봉사였기 때문이다. 선후배의 관계에 있던 바울과 디모데는 그리스도의 복음을 전파하기 위하여 공동전선을 폈던 것이다.

23-24절 그러나 디모데가 즉시 파견되었던 것은 아니다. 그래서 바울은 "나에게 관한 일의 전말을 보는 대로"라고 말하는데, 이는 상황이 호전될 것을 기대하는 것이다. 바울은 석방될 가능성이 많다고 보았을 것이다. 범사를 그의 기뻐하시는 뜻대로 주관하시는 하나님께서 자유로운 석방을 허락하시면 하루 빨리 디모데를 보내고자 하였던 것이다.

우리는 바울이 갇혀 있던 장소가 빌립보에서 그다지 멀지 않은 곳이었음을 짐작할 수 있다. 바울은 2장 19절에서도 디모데가 또다시 돌아올 것과 자기도 빌립보에 찾아갈 것을 약속했는데, 바울은 이 계획대로 그 후에 빌립보 교회를 심방했을 것이다(행 19:12; 20:1). 이와 같이 피차간에 빈번한 왕래가 자주 있었던 것을 보면 두 지역의 거리가 그다지 멀지 않았던 에베소 감옥에 바울은 수감되어 있었을 것이다.

2. 에바브로디도(2:25-30)

> **25** 그런데 나는 나의 형제요 동료와 전우 되며 또한 너희들의 사자로서 나를 도와 곤고를 면케 하여 준 에바브로디도를 너희에게 보내야 될 줄로 생각된다 **26** 그 까닭은 저가 너희 모든 사람들을 줄곧 사모

하여 왔으며 자기가 병들었다는 소문을 너희들이 들은 줄 알고 저으 퍽이나 걱정하고 있음이다 27 정말이지 저는 병들었고 자칫하면 죽을 뻔 하였었다 그런데 하나님께서는 저를 긍휼이 여기시고 또 나까지도 긍휼히 여기사 슬픔 위에 슬픔이 중첩되지 않게 하셨다 28 이에 있어서 나는 더욱 기뻐함과 동시에 나로 또한 걱정을 덜고자 29 사세(事勢)가 이러하니 바라건대 주 안에서 온갖 기쁨을 다하여 저를 받아들이며 또 저와 같은 사람을 공대하기 바란다 30 왜냐하면 저는 그리스도의 일 때문에 자기의 목숨까지를 보지 않고 빈사지경에 이르렀던 것이며 이로써 나에게 대한 너희들의 봉사의 부족한 데를 보충코자 하였음이다.

25-26절 바울은 아마 에바브로디도를 통해 이 서신을 전하게 했을 것이다. 에바브로디도는 빌립보 교회에서 파견된 사람이었다. 그가 파견된 이유는 단지 교회의 헌금을 바울에게 전하기 위해서만이 아니라 바울을 곁에서 돕게 하기 위함이었다.

그런데 그는 불행하게도 강한 향수병에 걸리게 되어 그 몸은 객지살이를 하다 쓰러지게 되었고 마음에는 향수심이 가득 차게 되었다. 바울이 지금 생사의 기로에 서 있는 판국에 이는 분명히 보통 일은 아니며, 동시에 바울의 눈에는 민망한 일로 보였을 것이다. 그래서 이 상황을 목도한 바울은 그를 곧 고향으로 돌려보내야 할 필요를 느꼈던 것이다.

그러나 자기의 맡은 바 소임을 다하지 못한 에바브로디도의 길은 결코 금의환향은 아니었다. 잘못하면 그는 탈주병과 같은 푸대접을 받을지도 모른다. 그러므로 바울은 그를 위하여 두사히 건너갈 수 있는 다리를 놓아 줄 필요를 느꼈기 때문에, 에바브로디도를 "나의 형제요 동료와 전우 된" 자라고 말한 것이다. '동료'는 사도행전 16장 12절 이하를 연상하게 하는 표현으로 다음에 나오는 '전우'와 비슷한 말이다. 전도자는 피차간에 뼈를 나누는 '전우'들이므로, 바울은 에바브로디도를 이와 같은 전우로 인정한 것이다.

향수병에 걸려서 쓰러진 에바브로디도를 전우라고 해석하는 바울의 아량도 아량이거니와 우리는 여기에서 물론 누구나 하나님의 권세를 힘입을 때에는 주의 종이 될 수 있음을 짐작할 수 있을 것이다. 그러나 에바브로디도의 병환에 관한 소식은 이미 그의 모(母) 교회에 알려졌기 때문에 이 사실을 알게 된 그의 고충은 그로써 형용할 수 없었던 것이다. 바울이 "자기가 병들었다는 소문을 너희들이 들은 줄 알고"라고 부언(附言)한 까닭은 이 때문이다.

27-28절 에바브로디도의 병 자체가 슬픈 일이었는데 만일 그가 객지에서 죽는다면 이는 설상가상이 될 것이라. "그런데 하나님께서는 저를 긍휼히 여기시고 또 나까지도 긍휼히 여기사" 그에게 구사일생의 은혜를 베푸신 것이다. 바울에게 있어서 하나님의 긍휼은 의심할 수 없는 것이요 하나님은 자비로운 하나님으로 보였던 것이다.

에발트(Ewald)나 바르트 같은 학자들은 에바브로디도 편에서 고향으로 돌아가기를 자원했을 것이라 추측하지만 이는 다소 지나친 생각일 것이다. 에바브로디도 자신보다 바울 편이 도리어 '더욱 서둘러서' 그를 보내고자 했을 것이다. 다시 말하면 에바브로디도가 임의로 돌아가는 것이 아니라 바울이 책임지고 그를 고향으로 보낸 것이다.

따라서 빌립보 사람들은 그를 악평하거나 비난해서는 안 되고 도리어 '더욱더 기뻐해야' 하는 것이다. 이 기쁨은 결코 스토아 학파에서 말하는 무감각한 기쁨이 아니라 오히려 당면한 곤란을 하나님의 은총으로 느낄 수 있는 역설적인 기쁨이었다. '나도 또한 걱정을 덜고자' 함이 바울의 소원이지만 걱정이 전혀 없을 수는 없었을 것이다. 이는 단지 에바브로디도를 만나게 될 빌립보 교회의 기쁨을 예상하는 말인 것이다.

29-30절 바울의 해석에 따르면, 에바브로디도는 또한 '그리스도의 일 때문에' 모험적인 결단을 한 것이니 곧 그는 '빈사지경에 이르기까지' 수고했던 것이다. 이 역시 빌립보 사람들이 에바브로디도를 박대하지 않고 환대하게 하려는 주장이며, 우리는 여기에서 동역자를 아끼는 사도 바울의 심정을 엿볼 수 있다. 그러나 이는 에바브로디도 한 사람의 수고와 고난을 치하한 것만이 아니라 그를 파견한 빌립보 교회 전체에 대한 치하임을 잊어서는 안 된다. 사도 바울은 모든 신도와 모든 교회의 공로를 무시하지 않았다.

VI. 경고와 권면(3장 1절-4장 9절)

1 유대주의자를 경계하라(3:1-11)

1 끝으로 말하거니와 형제들아 주안에서 기뻐하라 앞에 쓴 바와 같은 것을 여기에서 되풀이하거니와 이는 나에게 있어서는 번폐(煩弊)될 것이 조금도 없고 너희에게 있어서는 그 편이 안전할 것임이다 **2** 개들을 삼가라 행각하는 자들을 삼가라 할례로 상처받은 자들을 삼가라 **3** 그 까닭은 우리야말로 할례 받은 자들이니 우리는 하나님의 영으로 예배하고 그리스도 예수를 자랑하며 육을 증거하지 않는 자들임이다 **4** 하기는 육을 증거하기로 든다면 나도 증거할 만하다 만일에 다른 이가 육을 증거할 수 있다고 자처한다면 나는 더욱

그러하다 5 나는 생후 팔일 만에 할례를 받았고 이스라엘 족속 중에 속한 자로서 벤야민 족속 중에 태어난 자이며 히브리인 중에 히브리인이요 율법에 있어서는 바리새인이다 6 열심에 있어서는 모든 교회를 박해하였고 율법의 의에 있어서는 하등의 결격도 없는 자이다 7 그러나 나는 과거의 나에 대하여 유익했던 모든 것을 그리스도 때문에 죄다 손실로 인정하게 되었다 8 뿐만 아니라 나는 실로 나의 주 예수 그리스도를 아는 지식의 절대적인 가치 때문에 모든 것을 손실로 인정한다 나는 그리스도 때문에 모든 것을 잃었으나 그것들로 분토로 여기는 바이다 이는 그리스도를 얻기 위해서이며 9 저의 안에 있는 자로 보여지기 위해서이다 다시 말하면 율법에 의한 나의 의가 아니라 그리스도의 신앙으로 말미암은 의, 믿는 자를 의롭게 하시는 하나님께로 말미암은 의를 얻기 위해서이다 10 이는 곧 그리스도와 그의 부활의 능력을 더 잘 알게 되고 거기에서 저의 죽음에 동참하게 되는 바 저의 고난을 사귀임을 더 잘 알게 됨으로 11 어떻게 하여서나 죽은 자 가운데서 다시 삶을 얻고자 하여서이다.

1절 1절은 서신 마감에 옴직한 말이니까 4장 3절에 연결시켜서 읽으면 좋을 것 같다. 그러나 바울은 여기에서 결론으로 들어가기 전에 잠깐 곁길로 들어간다. 그리고 여기서 언급된 '기뻐하라'는 2장 18절과 비슷한 내용을 가진 말로서 잠정적인 기쁨이 아니라 줄곧 기뻐하라는 뜻이다. 이 기쁨은 우리 스스로 가질 수 있는 것이 아니라 '주 안에서' 주어지는 기쁨이다. 다시 말하면 십자가에 달리시고 다시 사신 예수 그리스도를 기저로 하고 이루어지는 기쁨이다. 따라서 그것은 인간적인 기쁨과 슬픔을 초월한 기쁨인 것이다.

'앞에 쓴 바와 같은 것'은 이미 없어진 다른 편지를 가리키는 것이며 이 편지는 로마서나 갈라디아서와 비슷한 것이었을 것이라고 추정하는 학자도 있다(바르트). 그러나 이 말은 상반절에서 언급된 기뻐하라는 권면과 2장 18절의 기쁨에 관련된다. 바울은 4장 4절에서도 기뻐하라고 권면했는데, 바울에게 있어서 이 권면은 소중한 것이었다. 상상컨대 바울은 아마 같은 말을 반복해도 괜찮을지를 주저하면서도 은연중에 그 점이 걱정되었기 때문에 기뻐할 것을 거듭 권면했을 것이다.

2절 바울이 여기에서 적을 가리키면서 세 번이나 '삼가라'고 반복한 것을 보면 각별한 마음으로 경고했던 것을 알 수 있다. 그러면 그들이 조심해야 할 적은 무엇이었던가? 바울은 그들을 '개, 행악하는 자, 할례로 상처 받은 자'라고 한다. 이방인을 멸시하던 유대인들은 이방인들을 물고 짖고 추잡한 개처럼 멸시했다. 반면 율법을 실천하는 그들 자신은 정결하다고 자처했다. 그런데 바울은 여기서 오히려 율법적으로 정결한 유대인들을 가리켜 개라고 주장하는 것이다.

또한 바울은 유대의 그릇된 교사들을 가리켜 '행악자'라고 말하는데(고후 2:13) 여기에서도 행위의 의(義)를 구하는 자들을 행악자라고 하는 것이다. 언뜻 보기에 그들은 진리에 충성한 것처럼 보이지만 실상은 십자가의 복음에 대적하는 자들이다.

'할례로 상처 받은 자'('카타토메', *katatomē*)는 3절의 '할례 받은 자'('페리토메', *peritomē*)와 대조되는 말이다. 유대인은 할례 받은 것을 자랑했지만 사실상 그것은 그들의 수치였으며 인격을 손상시키는 것이었다. 바울은 그들을 향해 세 번이나 경고한다. 2장 1절 이하에 비추어 볼 때 당시 빌립보 교회는 아직 그릇된 유대주의 사상에 휩쓸려 있지는 않았을 것이다. 그러나 교회를 어지럽히는 그 무리가 도처에서 출몰하고 있었기 때문에 혹시 나중에라도 그와 같은 무리에게 미혹되지 않을까를 염려하면서 이와 같은 경고를 했을 것이다(바르트). 따라서 세 번에 걸쳐 비난을 받은 이 악한 무리는 유대교를 신봉하여 결국 기독교를 대적하게 된 이교도라고 이해할 필요는 없을 것이다(로마이어).

3절 2절이 유명무실한 천국 백성을 지적한 것이라면 3절의 '우리'는 참된 의미의 천국 백성을 가리키는 것이다. 또한 크리스천이야말로 할례 받은 자며, 하나님의 약속은 그들에게만 체결되었다(갈 3:26). 이 '우리' 가운데 바울 자신도 들어 있기 때문에 이는 이방인 신도만을 말한 것은 아닐 것이다.

'하나님의 영으로 예배하고'의 표현에는 목적격이 없으나 이는 하나님께 대한 예배를 말하는 것이 분명하다. 오순절 사건 이래로 바른 의미의 예배를 만드신 이는 성령이었다. 성령 자신이 우리를 경건하게 하시며 그가 우리를 하나님께로 인도하는 것이다. 우리의 모든 일을 참으로 걱정해 주시는 이는 이 성령이시다.

바울은 한 걸음 더 나아가서 '그리스도 예수를 자랑하며'라고 말한다. 바울이 유대주의자들과 대적한 이유는 서로 무엇을 자랑하는가에서 비롯된 일이다. 성령의 은총을 힘입어서 그리스도의 구원의 은혜를 자랑하느냐, 아니면 율법을 준행하면서 그것으로 말미암는 자기의인(自己義認)을 자랑하느냐가 문제였던 것이다. 바울과 유대주의자들은 이 문제 때문에 언제나 대립할 수밖에 없었다. 바울은 단호하게 주장한다. "우리는 그리스도 예수를 자랑한다." 크리스천은 원래 그리스도 예수만을 자랑하는 자다(고전 1:30 이하). 바울은 이미 그리스도와 더불어 죽은 자인데 어찌 자기의 육을 자랑할 수 있을 것인가? 만일 아직도 자기의 육을 자랑하는 자가 있다면 그는 크리스천에 속한 자가 아니라 세상에 속한 자일 것이다. 왜냐하면 참 할례는 육신에서는 성립될 수 없는 것이기 때문이다(롬 2:28). 이렇게 바울은 육의 할례로 돌아가려는 그릇된 유대주의를 경계했던 것이다.

4절 바울은 여기에서 그리스도를 자랑하는 구체적인 예로 자기 자신을 제시한다. 이는 물론 바울 자신의 경험을 말한 것일 것이다. '육'은 인간의 외적인 부분을 의미하는 것이 아니라 오히려 인간의 전 존재를 말한 것이다. 바울은 이와 같은 인간적인 가치를 자랑하지 않는다는 것인데 이는 바울이 인간적인 자랑을 지니지 못했기 때문에 그렇게 말한 것이 결코 아니다. 자기 자신의 순결이나 행위의 의(義)나 할례 같은 것을 자랑으로 삼으려면 바울에게는 자랑거리가 많이 있었다. 그런데 그는 다른 사람보다 더 나은 이 모든 자랑을 포기했던 것이다. 여기서 크리스천인 바울의 품격이 있다.

5절 그런데 그리스도인 된 유대인이 유대인 됨을 자랑하다니 이는 답답한 일이 아닐 수 없다. 바울의 출생지는 소아시아 다소(Tarsus)였고 그 고장은 헬레니즘 문화의 영향을 다분히 받던 곳이다. 그러나 바울은 결코 세속적인 교양을 받은 일이 없었다. 젊은 바울은 무용이나 철학교육과는 상관이 없었다. 그는 순수한 유대교 가계에서 탄생하였고 엄격한 율법의 규정대로 태어난 지 8일 만에 할례를 받았다. 그는 훌륭한 문벌인 벤야민 지파에 속한 자로서 어릴 때부터 조상들의 신앙과 율례를 그대로 준수하였다(롬 11:1; 고후 11:22). 그의 양친은 바울을 그 조상 사울 왕의 이름으로 명명하였고 외부 세상의 영향이 그에게 감화를 끼치기 전에 그를 예루살렘에 있는 율법학교에 유학시켰다. 이리하여 바울은 '히브리인 중에 히브리인'으로 자라났으며 율법에 가장 충성된 바리새인으로 출세함에 이른 것이다(행 23:6절; 26:5).

6절 율법에 대한 이와 같은 열심 때문에 저는 필경에 교회를 박해함에 이른 것이다. 그러나 이 열심은 하나님을 위한 열심(롬 10:2)이 아니라 자기를 위한 열심이었다. 율법 준수에 있어서는 저에게 '하등의 결여도' 없었던 것이니 인간적으로 판단해서 볼 때에는 저의 과거에는 누구만 못지않은 자긍심이 있을 수가 있었던 것이다. 그러나 회심하고 믿게 된 오늘날에 있어서는 이는 다 부끄러운 추억이 되고 말았다.

7절 저는 "유익했던 모든 것을 그리스도 때문에 죄다 손실로 인정하게 되었다." 여기서 말하는 '유익'과 '손실'이 상업적 용어임에는 틀림이 없으나, 그것은 상업주의적인 정신을 말한 것이 아니라 정신적인 의미의 가치 전도를 말한 것이다. 그는 다만 과거의 손실로 인정했던 것이다. 바울에게 있어서 지난날의 지상선이 이제 와서 최악의 것이 되게 되었다. 그에게 있어서는 이제 낮은 것이 높은 것이요, 천한 것이 귀한 것이며, 어두운 것이 밝은 것이다. 이것이 회심한 바울의 심정이거니와 이 회심은 "그리스도 때문이었다." 그의 스승 가말리엘은 위대한 학자였으나 이와 같은 회심이 없었다. 그래서 바울은 그의 회심을 회상할 때마다 과거에 달리던 자기 의인(自己義認)의 길을 뉘우침과 동시에 교회를 박해하던 자기의 소행을 부끄럽게 생각하였다(행 9:5). 이것이 회심한 바울의 모습이거니와 바울의 강점은 이 회심에 있었다.

8절 회심한 바울에게 있어서는 예수 그리스도가 원동력이 되어 모든 가치가 전도되었다. 그래서 세상에 속한 것은 무가치하다기보다 차라리 분토와 같이 인정됨에 이른 것이다. 예수 그리스도만이 절대적인 가치를 소유함에 이른 것이다. 저는 이 예수 그리스도의 절대적 가치와 그를 '아는 지식'과를 관련시키고 있거니와 바울의 말하는 이 그리스도 지식은 합리적인 지식이 아님과 동시에 신비적인 통찰력도 아닐 것이다. 3장 10절, 12절에서 바울은 승천하신 그리스도의 능력에 대한 경험담을 말하고 있거니와 이 능력을 경험케 하시는 이는 그리스도 자신이라는 것이다. 따라서 '그리스도 예수를 아는 지식' 역시 그리스도 자신의 역사에서 주어지는 것이요 바울 자신의 가능성에 속한 것이 아닌 것이다. 그것은 말하자면, "눈으로 보지 못하고 귀로도 듣지 못하고 사람의 마음으로 생각하지 못하는"(고전 2:9) 하나님의 능력이며 "그리스도 안에 있는 지혜와 지식"(골 2:3)이었다 그래서 바울이 말한 지식의 내용은 보통 말하는 지식이 아니라 오히려 사람에게 구원을 부여하시는 신적인 능력이었다.

이 지식은 현재 바울에게 주어진 것임과 동시에 그것은 또한 장차에 획득해야 할 지식이었다. 말하자면 그것은 체험에서 비롯된 약속과 희망의 대상이었다. 이에 있어서 그는 '이는 그리스도를 얻기 위해서'라고 말하거니와 이 '얻다'는 앞에 말한 '손실'과 대조되는 말로서 그리스도와의 사귐을 가리키는 듯일 것이다.

9절 '그리스도를 얻는' 일은 사람의 힘으로 되는 것이 아니라 그리스도에게 사로잡히는 데에서만 이루어진다. 이에 있어서 바울은 '저의 안에 있는 자로 보여지기 위해서'라고 말하는 것이다. 다시 말하면 그리스도 안에 거함으로써 자기가 사는 것이 아니라 그 안에 그리스도가 사시게 되며(갈 2:20) 그리스도 안에서 새 창조가 되기를(고후 5:17; 갈 6:14-15) 바란다는 것이다. 이 그리스도 경험은 헬레니즘의 신비주의 경험과는 판이한 것이었으니 이 사실을 말해 주는 것이 곧 '신앙으로 말미암는 의'인 것이다.

3장 6절에서 본 바와 같이 바울은 과거에 유대교에 머물러 있으면서 율법의 의를 추구하였다. 그러나 그가 그때 생각했던 율법은 자기의 의를 성취시키는 매개물에 불과하였고 바울은 자기의인(自己義認)의 환상 중에 처해 있었다. 그러나 그는 이제 '그리스도의 신앙으로 말미암는 의'를 의거할 수밖에 없게 되었다. 이 의는 인간 자신의 행위나 가치와는 상관이 없이 오로지 하나님의 은총으로 부여되는 것이다(롬 3:24). 인간을 의롭게 하는 것은 인간 자신이 아니라 예수 그리스도로 말미암는 하나님의 은총인 것이다. 그래서 이 신앙의 의를 위해서는 그리스도에게 사로잡히는 일(갈 2:12), 그리스도께서 우리 안에 거하시는 일(갈 1:16)이 요청되는 것이다. 이리하여 그리스도와 신앙 사이에는 밀접한 관련성이 있어 피차간에 나누어질 수 없는 것이며, 바울은 이 절에서 주로 이 사실을 말한 것이 아닌가 한다.

10절 그러나 그리스도는 초자연적인 영적 존재일 뿐 아니라 육이 되셨던 구주이기 때문에 바울은 이어서 그 '부활의 능력'과 '고난의 사실'을 더 잘 알기를 바란다고 말하는 것이다. 믿는 자가 다시 사신 그리스도와 더불어 사귀게 되면 그 부활의 힘을 힘입게 되어 새 생명을 가지게 된다. 그렇기 때문에 여기서 말한 '능력'은 인간 자신의 이해력이 아니라 다시 사신 주에게서 부여된 믿음의 힘인 것이다. 그러나 그리스도와의 사귐은 또한 그의 고난과 죽음에 참여하는 사귐이다. 십자가에 달리신 예수 그리스도를 믿는 자는 '예수의 죽음'(고후 4:10)을 자기 몸소 걸머지는 자이며 그의 죽음에 부합되는 자이다. 이와 같이 믿는 자가 자기 자신의 십자가의 고난을 담당할 때에만(골 1:24) 그리스도를 이해할 수 있는 것이다. 그러기에 '저의 죽음에 동참한다' 함은 이른바 그리스도를 본받는 일이 아니라 믿는 자 자신이 고통과 죽음을 몸소 경험하면서 그리스도와 더불어 같은 고난을 겪는 일인 것이다. 믿는 자는 장차에 그리스도와 더불어 같은 영광을 받게 되겠거니와(롬 8:29) 이 일을 위해서는 우선 그와 더불어 같은 고난에 동참해야 하는 것이다(롬 8:17).

바울은 먼저 그리스도의 부활을 말하고 나서 다음으로 그의 죽음과 고난을 말하고 있다. 언뜻 보면 순서가 바뀐 듯이 보일지도 모르나 이는 바른 순서인 것이다. 왜냐하면 다시 사신 그리스도의 '부활의 능력'을 경험한 자만이 '저의 죽음에 동참하게 되는 바 저의 고난의 사귐을' 경험할 수 있기 때문이다.

11절 바울은 그리스도에 대한 온전한 지식을 가지기를 간구했는데 그 지식은 그가 '죽은 자 가운데서 다시 삶을 얻게 될 날'일 것이다. 그는 '어떻게 해서든지' 그 일이 성취되기를 바랐거니와 '다시 삶을 얻는다' 함은 자력으로 얻는 것이 아니라 하나님의 권능으로 부활하게 될 것을 말한 것이다. 로마이어는 여기서 부활이 단수로 언급되어 있는 것은 순교자 바울의 부활이 다른 이의 부활과 다를 것을 말한다고 주장하지만, 이는 적절한 해석이 아닐 것이다. 왜냐하면 주의 날에 가서는 순교자만이 아니라 모든 신도가 다시 살게 될 것이기 때문이다. 그리고 바울은 여기에서 반드시 순교의 죽음을 동경한 것은 아닐 것이다. 그는 다만 그리스도에 대한 온전한 지식을 가지기를 바랐을 것이다. 그런데 이 지식이 완전하게 될 날은 모든 사람이 '죽은 자 가운데서 다시 삶을 얻게 될 날'이라는 것이다. 바울은 그날에 얻게 될 모든 축복을 상정하면서 이 절의 간구를 말한 것인데 이는 로마서 8장 23절에서 간구한 바와 비슷한 것이다. 곧 "이뿐 아니라 또한 우리 곧 성령의 처음 익은 열매를 받은 우리까지도 속으로 탄식하여 양자 될 것 곧 우리 몸의 구속을 기다리느니라"라는 간구다.

2. 생애의 목표(3:12-16)

12 내가 이미 그것을 얻었다거나 온전히 이루었다는 것이 아니라 다만 그것을 붙잡으려고 추구하고 있는 터인데 이는 내가 그리스도 예수에게 사로잡혀 있기 때문이다 **13** 형제들아 나는 아직도 자기가 붙잡았다고는 생각지 않는다 오직 한 가지 사실만을 노력하고 있는 중이니 곧 뒤에 것을 버리고 앞에 것을 향하여 정신(挺身)하면서 **14** 목표를 향하여 달림으로써 그리스도 예수 안에 소명하시는 하나님의 상을 얻기 위하여 노력하고 있는 중이다 **15** 그러니까 우리 중에서 온전한 자들은 이와 같이 생각하자 그러나 만일에 다른 의견을 가진다 할지라도 그것 역시 하나님께서 너희에게 계시할 것이다 **16** 우리는 다만 도달한 정도에 따라서 행해야 된다.

12절   바울은 종종 자기의 생애를 경기장에서 경기하는 사람들에게 비교하였다(빌 2:16; 고전 9:24; 딤전 6:2). 여기서 말한 '이미 그것을 얻었다거나'와 '다만 그것을 붙잡으려고 추구하고 있다' 역시 경기하는 사람들이 상 타는 광경을 예상하는 말인데, 여기서는 그 목적격이 무엇인지 분명하지 않다. 혹은 그리스도가 목적격이라고 말하기도 하고 또는 '그가 목적격일 것이라고 하는 이도 있다. 그러나 그리스도가 인간에게 붙잡히는 목적이 될 수 있을지는 의문스럽다. 그래서 어떤 이들은 부활이나 종말론적인 구원의 완성을 목적격으로 삼고자 하나 이는 12절 상반절과 배치되는 생각이다. 따라서 이 목적격은 차라리 12절과 가장 가까운 거리에 있는 3장 10절의 '그리스도를 앎'이라고 보는 것이 합당하다. 실제로 그리스도를 아는 지식은 인간의 과제와 목적이 될 수 있으며 어떤 의미에 있어서는 바울은 이미 그 목적에 도달한 사람이라고 말할 수 있다. 그러나 바울은 그 지식을 확고부동한 것이라고는 생각하지 않았다. 그에게 있어서 그리스도 지식은 언제나 불안과 긴장성을 수반한 것이었으며 따라서 그것은 끊임없는 과제와 목적이 되었던 것이다. 자기의인의 길을 걷는 자에게 있어서는 그 한 걸음 한 걸음이 자기 충실과 자기 감화의 길이 될 수밖에 없다. 비유컨대 이는 투자한 자본에서 다소간의 이윤을 추구하면서 안정된 생활을 도모하는 자와도 같다. 그러나 바울은 이미 회심 당시에 그리스도 예수에게 사로잡힌바 되었을 뿐 아니라 지금 당장도 그에게 사로잡혀 있는 것이다. 그래서 그리스도 예수를 '주'라고 고백하는 그의 생애는 언제나 나그네(visitor)의 삶일 뿐이요 온전히 이룬 자(comprehensor)는 아니었던 것이다. 그는 어디까지나 내적으로 생성되는 과정을 경험하여 가면서 앞의 것을 얻기 위하여 끊임없는 노력을 계속하였다. 여기에 신앙의 올바른 경지가 있다.

신비주의자들은 하나님과 명합(冥合)하는 현재에 만족하고 유대주의는 하나님의 은총보다도 종교적인 자기 노력에 도취하고 있었지만 바울은 그리스도로 말미암는 하나님의 은총에 감격함과 동시에 그것에 대한 인식을 새롭게 하기 위하여 끊임없는 노력을 계속했던 것이다.

13절 그러므로 바울은 결코 자기 자신을 남의 사표로 제시하지 않았다. 그는 끝까지 한 사람의 구도자로 머물렀다. 바울을 비굴한 비관론자라고 생각한다면 이는 바울에 대한 인식 부족이라고 말할 수 있다. 왜냐하면 그에게는 색다른 의미의 권위와 가치가 있었으니 곧 그리스도 예수 안에서 소유하는 사도직의 권위와 가치가 있었다. 그는 율법을 준수하던 과거의 일을 잊어버리고 '오직 한 가지' 사도직의 임무를 수행하기 위해 분발하였다. 이를 위해 전진 또 전진이 있을 수밖에 없었던 것이다. 왜냐하면 푯대를 향하는 자는 뒤에 것을 돌아볼 수 없고 오직 앞을 향하여 달릴 수밖에 없기 때문이다.

14절 그러나 바울에게 있어서 목표와 상을 받는 것(受賞)과는 별개의 것이 아니었다. 바울은 하나님으로부터 소명 받은 자인데 이 소명에 대하여 충성하는 일이 곧 자기의 행할 바 본분임과 동시에 그것이 바로 상이라고 생각했다. 왜냐하면 이 소명은 그리스도 예수 안에 소명하시는 하나님의 소명이기 때문이다. 이리하여 그는 막연한 의미의 완성을 기다린 것이 아니라 그리스도 예수 안에서 소명하신 하나님의 소명을 더할 수 없는 권세와 또한 상으로 인정하면서 그것을 추구하려고 노력했다.

15-16절 앞에서 바울은 자기의 소신을 말했는데 여기서는 다른 사람들도 자기와 같은 생각 중에 포섭시킨다. '그러니까'는 새삼스럽게 새로운 명령을 시작하려는 것이 아니라 3장 12절 이하에서 말해 온 바를 '온전한 자들'과 연결시키기 위한 말이다. 그리고 '온전한 자들'은 남다른 수양을 쌓은 자를 말하는 것이 아니라 그리스도 예수를 아는 지식에 있어서 끊임없는 성장을 바라는 그리스도인을 가리키는 말이다. 따라서 그것은 3장 12절 이하에서 이미 말씀된 사람들을 가리키는 것이니 원문에 있는 '이'는 이 사실을 정확하게 지적해 준다. 그리스도인의 완전은 그 불완전에 있고 그 지향하는 목표를 향하여 달리는 데에 그 완전성이 있는 것인데 누구보다도 바울 자신이 이와 같은 걸음을 걸어 온 사람이었다.

'그러나 만일에 다른 의견을 가진다 할지라도'는 바울의 의견과 판이한 의견을 말하는 것이 아니라 각자의 생각에 따라서 생기는 약간의 뉘앙스를 말하는 것이다. 그러나 이 뉘앙스를 무시할 수는 없다. 왜냐하면 그것 역시 하나님께서 계시하신 생각이기 때문이다. 바울 자신에게는 필요하지 않아도 다른 이에게 소용되기 때문에 하나님께서는 그와 같은 생각을 그들에게 계시한 것이다. 그러나 피차간에 잊지 말아야 할 것은 그리스도인의 생활과 그 완전성에 있어서는 서로 통하는 점이 있다는 일이다. 새 창조(고후 5:17)는 원래 새 생명을 가지는 것에서 성립되는 것이며(롬 6:4) 바울 자신이 이 새 생명을 가졌음은 자명한 일이요 그리스도인은 누구나 그것을 가져야 하는 것이다.

3. 바른 길을 걸으라(3:17-4:1)

> **17** 형제들아 너희는 다 같이 나를 본 받는 자들이 되어라 그리고 우리를 모범으로 하였은즉 그와 같이 행해 온 사람들을 우러러 보아라 **18** 그 까닭은 나는 왕왕 그들에게 관하여 말한 바 있었고 이제 또 다시 울면서 말하거니와 그리스도의 십자가를 대적하여 행하는 자들이 많으니 말이다 **19** 그러나 그들의 마지막은 멸망인 것이다 저희는 그 배로 하나님을 삼고 부끄러움을 영광으로 여기는 자들이다 다시 말하면 저희들은 땅의 것만을 생각하는 자들인 것이다 **20** 그러나 우리의 국적은 하늘에 있으며 우리는 거기로부터 구주되시는 주 예수 그리스도가 오시기를 고대하고 있는 것이다 **21** 저는 장차 우리들의 비천한 몸을 변케 하여 저의 영광의 몸과 같이 되게 하시리니 곧 모든 만물을 자기에게 굴복시킬 수 있는 권세로써 그 일을 성취하실 것이다.
>
> **4:1** 그러니까 나의 사랑하는 형제들 또 나의 간절히 사모하는 자들이여 나의 기쁨과 왕관이여 주안에서 이와 같이 굳건히 서라. 나의 사랑하는 자들아.

17절 바울은 독자들에게 "너희는 다 같이 나를 본받는 자들이 되라"고

한다. 그는 교인들의 교육과 훈련을 위하여 특히 이방교회의 훈련을 위하여 그러한 필요를 느꼈을 것이다(고전 4:16; 11:1; 살전 1:7). 그러나 이는 결코 바울에게 남의 사표가 될 만한 신성이나 의가 있어서가 아니라 주의 종으로서 주를 위한 의무를 걸머지고 있었기 때문이다. 다시 말하면 그가 남에게 본이 된 것은 자신의 신성이나 의 때문이 아니라 주의 권위에 대한 그의 순종에 있었던 것이다(고전 11:1). 그런데 이제 그는 빌립보 사람들에게 같은 순종을 권면하는데, 이는 물론 그들을 하나님의 현전으로 인도하기 위함이었다(엡 5:1). 비록 바울 자신이 아닐지라도 하나님과 예수 그리스도에게 순종하는 사람이면 누구라도 그를 본받으라고 바울은 권했을 것이다. 왜냐하면 '말씀은 가르치되 모범을 인도하는 것'이기 때문이다.

18절 그러나 불행히도 교회에는 바울이 실천하면서 권면하던 바와는 판이한 길을 걷는 자들이 없지 않았다. 바울이 '울면서' 호소한 까닭은 빌립보 사람들이 그에게 순종하지 않아서가 아니라 도처에 주를 반역하는 무리가 많았기 때문이다. 그가 "그리스도의 십자가를 대적하여 행하는 자들이 많으니"라고 말하는 것을 보면 당시에 주를 반역하는 무리들이 떼를 이루고 있었던 모양이다. 그러나 그들은 유대주의자나 이방인처럼 예수 그리스도의 십자가를 전적으로 부정한 자들이 아니라 그리스도인으로 자처는 하되 바울이 4-14절에서 말한 것과 같이 거룩하지 못한 것을 분별하지 못한 자들일 것이다. 그들은 그리스도를 위하여 십자가의 고난을 담당하는 대신에 방종한 생활을 영위하던 자들인데 바울은 그들로 말미암아 주의 몸 된 교회가 붕괴됨과 동시에 그의 십자가가 헛된 것이 될 것을 통탄한 것이다.

19절 바울은 마치 종말의 날에 가서 성취될 하나님의 심판을 미리 본 듯이 '그들의 마지막은 멸망'이라고 단언한다. 그 까닭은 그들은 비록 외양에 있어서는 잘 믿는 자처럼 보여도 실상은 그리스도의 십자가를 대적하는 자들이었고 스스로 천국 시민을 자처하는 자들이었으나 '그 배로 하나님을 삼고 부끄러움을 영광으로 여기는 자들'이었기 때문이다. 벵엘, 바르트 등은 '그들의 부끄러움'은 할례라고 해석하면서 바울은 여기에서 단지 유대인만을 나무라는 것이 아니라 결국 경건을 가장하면서 내심으로는 육적인 생활을 영위하는 모든 사람을 가리킨 것이라고 보았다. 바울은 로마서 8장 5절에서도 '육신을 좇는 자는 육신의 일을' 추구한다고 했으니 여기에서도 그와 같은 자들을 가리킨 것이라고 추정된다. 그러니까 이 절에서는 18절에서 주장한 바를 좀 더 강하게 주장한 것이다. 물론 빌립보 교회 신도들에게는 이와 같은 비난이 직접적으로 해당되지는 않았을 것이다. 그러나 그들에게도 이와 같은 경고는 필요했을 것이며 이 바울의 경고를 접한 그들은 가다듬은 마음으로 종말의 날을 대비하면서 흠 없고 순결한 믿음을 갖기 위해 노력했을 것이다.

20절 그리스도인은 아랫것만을 생각하는 이 세상 부자들과 달라서 위에 것을 생각하는 자들이다. 그러므로 바울은 "우리의 국적은 하늘에 있다"라고 말했으며 그가 강조하는 하늘 소유는 우리의 권한이나 수중에 속한 것이 아니라 어디까지나 '하늘'에 속한 것이다. 그러나 여기서 말하는 '우리'는 로마이어의 주장과 같이 순교자만을 의미하는 것이 아니라 오히려 그리스도인 전체일 것이다. 그리스도인은 누구나 하늘 국적을 소유하고 있는 것이다. 이 '국적'은 디벨리우스에 따르면, 원래는 시민으로서의 행동을 의미하는 말로, 후에 '시민권, 국적' 등을 뜻하게 된 것인데 여기에서는 아마 식민지를 암시한 것이라 한다. 다시 말하면 바울은 여기서 "우리는 천국 백성들로서 땅위에서 그 식민지 백성 노릇을 하고 있다"라고 말했다는 것이다. 그러나 바울은 여기서 이 세상을 식민지로 보지는 않았을 것이다. 다만 그리스도인은 이 세상에서 유랑하는 나그네와 같고 그 본적은 하늘나라에 있음을 말한 것뿐이다. 다시 말하면 그리스도인은 그 본향인 하늘나라를 사모하는 자이므로, 이 세상에서도 천국 백성답게 생활해야 한다고 주장한 것이다.

그러나 아담의 후예인 우리는 다른 죄와 비참함의 제약 밑에서 살고 있으며 해결 받아야 할 수많은 문제를 걸머지고 있다. 이 문제의 해결은 오직 하나님께서 그리스도를 통하여 가능하다. 그러므로 우리는 그리스도의 재림을 학수고대할 수밖에 없다. 바울이 "우리는 거기로부터 구주되시는 주 예수 그리스도가 오시기를 고대 하고 있다"고 말한 것은 이 때문이다.

21절 그리스도인은 현재에서도 천국 백성으로서 생활하는 자다. 그러나 우리는 아직도 육으로 생존하는 자이므로 우리의 생활은 나그네 생활인 것이다. 그런데 바울은 이 육을 가리켜 '사망의 몸'(롬 7:24) 또는 '우리의 비천한 몸'(빌 3:12)이라고 한다. 그러나 그리스도께서는 이 비천한 몸을 변화시켜 영광의 몸으로 만드실 것이며 우리는 지금 그날을 기다리고 그 곳을 향하여 달리고 있다.

고린도전서 15장 44절에서 바울은 '신령한 몸'과 '육의 몸'을 구별했다. 그리고 신령한 몸은 죽은 자가 다시 사는 데에서 부여된다고 말한다. 본 절에서 말하는 영광의 몸은 이 신령한 몸을 가리키는 말이므로 '몸'의 개념이 인간 존재를 가리킬 것은 당연하다. 그래서 바울은 몸이 영광을 가진다고 보았던 것이다. 그런데 믿는 자의 운명은 다만 그들 자신에게만 국한되지 않고, 모든 사람뿐만 아니라 우주 만물과 더불어 관련되는 것이다. 그들의 주는 그들 자신의 주님일 뿐만 아니라 우주 만물의 주님인 것이다. 시편 기자는 하나님께서 장차 한 사람의 권세 아래 모든 만물을 예속시킬 것을 노래하였고(시 8:6) 초대교회 신도들은 이 시편의 기록이 예수 그리스도를 예언한 것이라고 보았는데 바울도 같은 생각을 말하고 있다.

4장 1절 '그러니까'로 시작된 4장 1절은 아마 4장 2절 이하에 연결된 것은 아닐 것이다. 오히려 3장 18절 이하에서 말한 타와 연결된 말일 것이다. 간곡한 권면을 말해 오던 바울은 이제 그 마음이 감격한 나머지 연거푸 감격적인 말을 거듭하고 있다. 바울은 빌립보 사람들을 향하여 "나의 사랑하는 형제들 또 나의 간절히 사모하는 자들이여, 나의 기쁨과 왕관이여"라고 말한다. 로다이어는 여기에서도 바울이 순교자의 열정을 토로한 것이라고 해석하지만, 오히려 빌립보 형제들의 실정이 기쁨의 재료가 될 뿐 아니라 장차에도 자랑거리가 될 것을 인정하면서 이 모든 발언을 하였으리라.

바울은 3장에서 그릇된 자들에게 미혹당하지 말 것을 권면함과 동시에(3:18) 천국 백성답게 생활할 것을 권면했으며(3:20) 여기서는 그 모든 걱정을 잊어버리고 크게 환호를 발하게 된다. 왜냐하면 빌립보 형제들의 건전한 생활이 주의 날에 가서 자기 자신의 자랑이 될 것과(1:26) 바울이 달려온 것이 헛된 일이 아니었음을 증거해 줄 것을 믿었기 때문이다(2:15).

바울은 지금 감옥에 갇혀 있는 몸이다. 그러나 빌립보 형제들을 생각할 때에는 기쁨이 넘쳐흘렀고 그들은 마치 경기장에서 승리한 자들이 쓴 월계관과도 같이 그를 빛나게 했던 것이다. 이는 교회로서의 최대의 영예임과 동시에 이 말을 하는 바울의 심정에는 교회에 대한 깊은 사랑이 넘쳐흘렀다.

그러나 바울은 이와 같은 환호 중에서도 교회를 위한 권면을 하고 있는데, "주 안에서 이와 같이 굳건히 서라 나의 사랑하는 자들아"라는 것이다. 이 '주 안에서'는 장소를 가리키는 것이 아니라 저희로 하여금 굳건히 서게 하시는 주님과의 사귐을 말하는 것이다. 그리고 이 마지막 권면은 비록 간결한 것이지만 빌립보 사람들이 바울의 권면을 명심하고 있을 것을 표명해 준다.

4. 마지막 권면(4:2-9)

> **2** 나는 유오디아에게 권하고 또 순두게에게 권하거니와 주 안에서 같은 마음을 품으라 **3** 진실된 동반자여 그대에게 청하노니 이 여인들을 도와주라 저희는 생명책에 이름이 씌어 있는 클레멘과 그 밖에 나의 동료들로 더불어 나와 함께 복음을 위해서 진력했던 것이다.

2절 바울은 2장 2절에서 이미 온 교회가 합심 단결하라고 권했다. 그런데 바울은 여기에서도 또다시 두 여인의 이름을 들어서 같은 권면을 되풀이한다. 흔히 말하기를 마케도니아 지방의 교회에서는 여자들의 세력이 강했다고 한다. 그러나 여기서 언급된 두 여인이 어떠한 사람이었는지는 분명하지 않다. 튀빙겐 학파에서는 유오디아는 유대인 신도들을 상징하고 순두게는 이방인 신도들을 가리키는 것이라고 해석했다. 이는 유대인 신도와 이방인 신도 사이에 분쟁이 있었음을 예상하는 해석일 것이다. 그러나 3절에서 그들을 "나와 함께 복음을 위해서 진력했던 것이다"라고 말한 것을 보면 그들은 오히려 교회 창설 초기에 바울을 돕던 여인들일 것 같다(행 16장). 바울에게는 그 밖에도 두 여인의 동료들이 없지 않았다(롬 16:12). 유오디아와 순두게는 전도와 교회 창설에 기여는 했으나 루디아와 같이 바울을 물질적으로 크게 돕지는 못했을 것이다. 그러나 바울의 목회를 위해서 많은 편의를 주던 동료였을 것이다. 그런데 이 두 사람 사이에 질투가 아니면 세력 다툼 같은 분쟁이 생기게 되어 교회에 부덕이 되게 되었다. 빌립보 교회에 이와 같은 암운이 감돌았던 것은 1장 27절에서도 엿볼 수 있다.

3절 바울은 그의 '동반자'에게 부탁하여 그들을 도와주라고 한다. '동반자'라고 번역한 낱말을 클레멘이나 에라스무스 같은 과거의 주석가들은 바울의 아내라고 주석했다. 그러나 "바울이 어찌 빌립보에서 갑자기 아내를 맞이했을 수 있겠는가!"라고 한 칼빈의 말과 같이 그럴 리는 없을 것이다. 어떤 이들은 그것을 사도행전 16장 27절 이하에 나온 간수라고 해석했다. 그러나 이 역시 분명하지 않다. 이 말은 다른 데에서는 쓰인 일이 없기 때문에 종종 고유명사로 이해되었다. 그러나 최근에 발견된 비문에 따르면, 이 어휘는 보통명사로도 사용될 수 있음을 알게 되었다. 아무튼 바울은 자기의 동반자에게 이 두 여인을 돌보아 달라고 부탁했는데, 상상컨대 바울의 동반자는 이 여인들과 더불어 교회적으로 관련된 사람이었을 것이다. 그들의 이름은 '생명책'에 씌어져 있었으며, 이 생명책은 하나님이 소유하고 있는 천국 시민의 호적일 것이다(출 32:32; 계 3:5; 20:15; 12:27). 토마스 아퀴나스와 칼빈 등은 이 생명책의 기록에서 예정 사상을 읽고자 하였는데 이는 잘못된 생각은 아닐 것이다.

> **4** 주 안에서 항상 기뻐하라고 또 다시 말하거니와 기뻐하라 **5** 너희들의 관용을 모든 사람들에게 알게 하라. 주가 가까우시니라. **6** 무슨 일에나 근심하지 말라. 도리어 범사에 감사하면서 기도와 기원으로써 너희들의 간구를 하나님께 아뢰라. **7** 그리하면 사람의 생각을 초월하신 하나님의 화평이 너희들의 마음과 생각을 지키사 너희를 예수 그리스도 안에 있게 하리라.

4절 2장 17절-18절에서와 같이 바울은 여기에서도 온 교회를 향하여 "주 안에서 기뻐하라"고 권면한다. 바울은 이 기쁨을 특별한 사람만이 누릴 것으로 여기지 않고 모든 그리스도인이 당연히 가져야 할 태도라고 보았던 것이다. 그러나 누구보다도 바울 자신이 충만한 기쁨 중에 살고 있었다 (2:18). 그는 어느 때 어느 곳에서나 기뻐했던 자다. 환경이나 형편이 어떠 하든지 바울에게서 이 기쁨을 빼앗을 수 없었던 것이다. 바울은 문자 그대로 '항상 기뻐했다.' 부활 신앙과 미래에 대한 소망이 없는 자에게는 이 기쁨이 하나의 공상처럼 보였으리라. 그러나 다시 사신 주와 오실 주를 믿는 그리스도인에게 이 기쁨은 막연한 공상이 아니라 당연한 기쁨이다. 왜냐하면 그에게는 그 기쁨이 성립되는 장소가 항상 주어져 있기 때문이다. 곧 '주 안에서'라는 장소다. 주 안에 머무는 자에게는 어느 때 어느 곳이나 기쁨이 같이한다. 기쁨은 곧 주 안에 있는 자의 특권인 것이다. 만일 아직도 기쁨이 무엇인지를 모르는 사람이 있다면 그는 아직도 이 장소에서 있는 자가 아닐 것이다. 그러나 봄이 오면 꽃이 피는 것처럼 주 안에 있는 자는 기뻐할 수밖에 없는 것이다.

5절 주 안에서 기쁨을 누리는 자는 누구에게나 관대하게 대해야 한다. 그래서 바울은 빌립보 사람들에게는 "너희의 관용을 모든 사람들에게 알게 하라"고 권면했다. 불신자는 소포하고 강폭함을 자랑하지만 그리스도인은 온유와 겸비를 중하게 여긴다. 왜냐하면 그리스도인은 모든 불의와 박해를 참음과 동시에 원수도 사랑하신 주 예수의 겸비를 체 받는 자이기 때문이다. 바울이 말하는 '관용'은 이와 같은 온유와 겸비를 말한 것이며 "하나님 앞에서는 언제나 기뻐하고 사람을 대할 때에는 관대하여라!"고 한 루터의 교훈도 같은 정신을 말한다. 바울은 이와 같은 관용을 "모든 사람들에게 알게 하라"고 한다. 이 모든 사람은 교회 안과 밖에 있는 모든 사람일 것이다. 따라서 이 권면은 꼭 교회 안에 특정한 분쟁이 있었기 때문에 나온 것은 아니다. 주 안에 있는 자는 믿는 자와 믿지 않는 자를 막론하고 모든 사람에 대한 관용을 가져야 한다. 왜냐하면 '주가 가까우시기' 때문이다. 바울이 옥중에 있으면서도 기뻐할 수 있었음은 이러한 주의 재림을 임박한 것으로 믿었기 때문이다. 그는 임박한 주의 재림을 몸소 경험하면서 "주 안에서 항상 기뻐하라"고 권면했던 것이다. 주께서는 시간의 시작임과 동시에 그 마감도 되신다. 주 안에 있는 자는 시간과의 영원한 긴장 중에서 사는 자다. "주여 오시옵소서"('마라나타', *maranatha*)를 기원하던 원시교회 신도들은 이와 같은 입장에서 살았으며 바울은 이 종말론적 입장에서 주께서 오실 때에는 믿는 자가 세상을 이기게 될 것을 확신하면서 몸소 기뻐함과 동시에 형제들에게도 같은 기쁨을 권한 것이다. 그러나 로마이어의 말과 같이 바울은 여기서 순교자의 열정을 말한 것이 아니라 종말론적 신앙고백을 말한 것이 아닌가 한다.

6절 주께서 임박하여 계심을 참으로 의식하는 사람이라면 근심 걱정에 싸일 수 없다. 바울은 "무슨 일에나 근심하지 말라'고 한다. 로마이어는 여기에서도 바울의 순교 정신을 읽고자 한다. 그래서 로마이어는 바울이 말하는 '근심'은 무엇을 먹을까 무엇을 입을까에 대한 근심이 아니라 주께서 말씀하신 "너희를 넘겨 줄 때에 어떻게 또는 무엇을 말할까 염려하지 말라. 그 때에 무슨 말할 것을 주시리니 말하는 이는 너희가 아니라 너희 속에서 말씀하시는 자 곧 너희 아버지의 성령이시니라"(마 10:19-20)와 같은 뜻이라고 주장한다. 그러나 바울이 말하는 '근심'이란 물론 무엇이나 하나님께서 예비하신 은총을 생각하지 않고 자기 몸소 탄식하며 괴로워함을 말한 것이 아닌가 한다. 그리스도인은 모든 일에 있어서 걱정 근심에 싸이는 것보다 범사에 기도로써 하나님께 간구하면서 하나님의 축복을 바라야 한다. 그러므로 바울은 "범사에 감사하면서 기도와 기원으로써 너희들의 간구를 하나님께 아뢰라"고 하는 것이다. 기도는 그리스도인의 특권인데, 사실상 이 기도 자체가 하나님의 은총인 것이다. 하나님께서 기도의 영을 보내주셔서 기도하게 하지 않으면 누구도 기도할 수 없는 것이다. 따라서 우리는 이러한 은총 자체를 두고 하나님 앞에 감사해야 한다. 그러나 이와 같이 범사에 감사할 줄 모르는 사람은 기도의 은총을 간직할 수 없을 뿐만 아니라 감사함으로써 그 밖에 모든 은총을 받을 수도 없을 것이다.

7절 바울은 6절에서 기도로써 간구할 것을 말했는데 7절은 이에 대한 하나님의 응답을 다루고 있다. 기도로써 하나님께 간구하는 자에게는 '하나님의 화평'이 임한다. 바울의 서신 시작 부분에는 항상 이 화평에 대한 언급이 나타나는데, 이를 하나님과 관련시켜 '하나님의 화평'이라고 말한 것은 여기뿐이다. 이는 아마 원시 교회의 전승을 그대로 계승한 표현일 것이다. 다시 말하면 그것은 하나님만이 주실 수 있는 화평인데, 바르트는 이 화평을 가리켜 하나님이 우리를 가호하시며 그가 우리의 실존의 중심이 되실 때에 부여되는 은혜라고 했다. 괴테도 "너 하늘에서 오는 달콤한 화평이여! 오라, 내 가슴 속으로!"라고 했는데, 바울의 표현대로 하면 이 화평은 '사람의 생각을 초월해 있는 것'이다. 이는 인간이 전혀 이해할 수도 없고 생각할 수도 없는 것이라는 뜻은 아닐 것이다. 왜냐하면 믿는 자들은 이 화평을 분명하게 의식하기 때문이다. '사람의 생각을 초월해 있는 것'이라 함은 우리 자신이 바라던 것보다 더 큰 것이라는 의미일 것이다. 그래서 바울은 에베소서 3장 20절에서 다음과 같이 말하고 있다. "우리 가운데서 역사하시는 능력대로 우리의 온갖 구하는 것이나 생각하는 것에 더 넘치도록 능히 하실" 하나님이시라고 말이다. 하나님께서 우리와 더불어 같이하시면 우리의 생각보다 더 큰 화평이 임한다는 것이다. 이 화평에는 물론 믿는 자들의 합심 단결과 변함없는 굳은 신념이 함께한다는 것은 분명하다. 그리고 이와 같은 화평의 은혜를 받는 자는 '예수 그리스도 안에' 거하게 된다. 왜냐하면 예수 그리스도는 하나님의 사유의 은총을 매개하는 자이기 때문에 그 사람은 참 화평을 누리게 되기 때문이다.

> 8 형제들아 끝으로 말하거니와 무릇 참된 것, 무릇 고귀한 것, 무릇 바른 것, 무릇 순결한 것, 무릇 사랑스러운 것, 무릇 평판 좋은 것, 또 덕 될 만한 것과 칭찬할 만한 것이 있거든 이를 중히 여기라.
> 9 저희는 나에게서 배우고 받고 듣고 또 본 바는 이를 실행하라. 그리하면 평화의 하나님께서 너희들과 함께 하시리라.

8절 지금까지 하나님을 향하던 바울의 눈은 여기에서 또다시 형제들을 향한다. 그는 '형제들아 끝으로 말하거니와'라고 하면서 마지막 권면을 말하기 시작한다. 흔히 이 8절에 나타난 모든 덕목은 꼭 기독교적인 것이 아니라 일반 윤리의 개념이라고 말한다. 그래서 다이스만 같은 학자는 우리는 여기에서 "시온과 파르테논의 두 원천에서 흘러나온 물결, 합류되는 잔잔한 물결 소리를 듣게 된다"라고 했다. 그러나 여기에 나온 모든 개념은 신구약성서에서 그 흔적을 찾아볼 수 있다. '참된 것'은 요한복음에서 자주 언급되며, '고귀한 것'은 '거룩'의 개념과 통하고, '바른 것'은 유대교서 가장 숭상되는 '의'의 개념과 통하는 개념이다. 그리고 '순결한 것'은 70인역 시편 11장 7절과 고린도후서 7장 11절에도 사용되었고 '사랑스러운 것'은 시락서 4장 7절과 20장 13절에 나와 있으며, '평판 좋은 것'도 신약성서에서는 여기에만 씌어 있으나 이 개념은 유대교의 공동생활과 그 윤리의 원리였다. 다음에 나오는 '덕'이 헬라 사람들이 숭상하던 개념인 것은 분명하지만 여기에서는 오히려 바울적인 의미가 함축되어 있을 것이다. 그리고 마지막에 나오는 '칭찬할 만한 것'이라는 말도 시편 12장 3절과 에베소서 1장 6절, 빌립보서 1장 11절 등에 씌어 있는데 모두 다 하나님과 관련되어 있는 것이다. 이러한 고찰을 통해서 보면 이 모든 개념은 신앙적인 의미로 사용된 것이 분명하다. 따라서 우리는 여기에서 헬라 철인의 말을 듣는 듯한 느낌을 가질 것이 아니라 유대교의 전통을 이어받은 사도의 권면을 듣는 것이 좋을 것이다. 사도 바울은 그리스도인에게 이방인의 좋은 점을 모방하라고 권한 것이 아니라 기독교 진리를 말한 것이다. 왜냐하면 이 특수한 기독교의 진리야말로 모든 사람에게 통용되어야 할 보편적이며 근본적인 진리이기 때문이다.

9절 바울은 위에 말한 모든 개념을 분산적인 것이라며 인정하지 않았다. 그는 오히려 자기 자신의 실천으로써 그 모든 것을 하나의 전승으로 종합했던 것이다. 다시 말하면 신앙적인 전통을 세우고자 한 유대교의 조상들처럼 빌립보 사람들에게 그저 좋은 교훈만을 말한 것이 아니라 거기에 대한 하나의 실례를 보여 준 것이다. 그러므로 '너희는 나에게서 배우고 받고 듣고 또 본 바'를 실행해야 한다고 말하는 것이다.

빌립보 사람들은 바울이 그들과 함께 있을 때 그에게서 듣고 본 바를 그대로 행해야 한다. 바울은 여기에서 은연중 사도의 경전성(經典性)을 말함과 동시에 그리스도인의 소임이 무엇인가를 말하고 있다. 그는 이와 같은 주제를 가리켜 '내 안에 예수 그리스도의 흔적을 가졌다'고 했으며, 따라서 그리스도인은 '그리스도의 전달자'(Christophorus)인 것이다. 그래서 바울은 이와 같은 소임을 자처한 것이다. 하나님의 계시는 인간의 경험과 역사와 더불어 관련되는 것이며 이를 통해 역사적인 전통이 형성되는데 바울은 이 전통을 가장 잘 형성한 사람이었다. 그러나 근본적인 의미에서는 이 전통도 계시 자체의 역사임이 분명하다.

바울은 자신이 듣고 본 바를 준행할 것을 요구한 것인데, 그의 명령을 준행하는 자에게는 '평화의 하나님'을 말한 바 있는데, 여기에서도 같은 말을 되풀이한다. 그는 눈에 보이는 교회의 불화를 예상하면서 보이지 않는 하늘 평화를 약속한다. 바울이 말한 '평화'가 구원에 대한 신도들의 확신과 하나님께서 우리 실존의 중심이 되심은 이미 언급한 바 있는데, 빌립보 사람들이 바울이 세운 전통을 굳게 지키고 동요하지 않을 때에는 그와 같은 은혜가 같이한다는 것이다. 왜냐하면 기독교의 원리가 아니라 전통을 형성하는 인격적인 감화는 진정한 의미의 교회 생활을 형성함과 동시에 이 교회 생활에 충성을 다하는 자에게 참된 의미의 평화가 깃들기 때문이다.

V. 선물에 대한 감사 (4:10-20)

> 10 나는 너희가 나를 위하여 다시금 걱정하여 준 것을 주안에서 크게 기뻐한다. 너희는 나를 위하여 끊임없이 걱정하여 왔으되 좋은 기회를 가지지 못했던 것이다. 11 이렇게 말함은 결코 내가 곤경에 빠져 있기 때문이 아니다. 12 나는 가난에 처할 수도 있고 넉넉한 데에 처할 수도 있다. 배부름과 배고픔 풍부함과 궁핍함, 나는 온갖 처지에 처할 수 있는 비결을 배운 것이다. 13 나는 나에게 능력 주시는 이 안에서 무슨 일이나 할 수가 있다.

10절 바울은 2장 25절에서도 이미 빌립보 형제들의 헌금에 대하여 감사의 인사를 전했다. 그런데 바울은 4장 10-20절에서 또다시 그 일에 대하여 감사하고 있다. 빌립보 교회의 교세는 비록 빈약했으나 스승 된 바울에게 대한 이해와 동정에 있어서는 특별하여서 그의 세계 전도를 돕기 위해 있는 힘을 다하여 헌금을 했던 것이다. 그런데 이에 대한 바울 자신의 의사표시는 감사라기보다는 극히 담담한 어조이기 때문에 바르트와 같은 학자는 '감사 없는 감사'라고 말한다. 그러나 바울이 감사하는 마음이 없었던 것은 결코 아니다. 그는 "나는 너희가 나를 위하여 다시금 걱정하여 준 것을 주 안에서 크게 기뻐한다"고 말하며, 비록 주기적인 헌금이 한동안 중단되었을지라도 이는 결코 스승에 대한 그들의 충성심이 식었던 때문이 아니라 다만 그것을 실천하고 '좋은 기회를 가지지 못한' 것 때문이라는 것이다. 이렇게 바울은 빌립보 형제들의 '끊임없는' 사랑에 대해 감사하고 있으며, 우리는 교역자와 교회 사이의 아름다운 사귐과 주고받는 물질적인 관계가 어떠한 의미를 가진 것인가를 엿볼 수 있다. 빌립보 사람들은 사도 바울의 선교 활동에 동참하기 위해서 그를 물질적으로 원조했고 바울은 그들의 선물을 감사함으로 받았던 것이다.

11절 바울은 결코 '곤경에 빠져 있으면서' 구걸하기 위하여 감사의 뜻을 표한 것이 아니다. 구걸하느니보다는 차라리 죽음을 택하는 것이 사도 바울의 기백이었다(고전 9:15). 바울은 구걸의 필요가 없었는데, '왜냐하면 나는 어떠한 처지에서나 자족할 줄을 배웠기' 때문이다. 디벨리우스는 바울이 여기에서 빌립보 형제들의 원조가 없이도 족히 살아갈 수 있으며, 환경에 좌우되지 않는 내적인 정신의 자유를 가지고 있었음을 말하고 있다고 한다. 그러나 바울의 자족은 스토아 철학에서와 같은 인간의 자기 수양에서 얻어진 자족이 아니라 그리스도 신앙에서 얻어진 그리스도로 말미암은 자족이었다.

12절 예수 그리스도 안에 굳건히 서 있는 바울이 처한 환경은 절대적인 의미를 가질 수 없었다. 물론 무엇이나 그를 해할 수 없으며 모든 것이 합동하여 유익하게 할 것이다. 그래서 그는 "나는 모든 처지에 처할 수 있는 비결을 배웠다"라고 말하는데, 이 '비결을 배우다'라는 말은 밀의종교의 신도들이 제사에서 신비적인 의식을 받는 것을 말한다. 밀의종교에서는 일반 예배에는 누구든지 참석할 수 있었지만, 예배의 내적 비밀 즉 '밀의'에는 훈련받은 극소수의 사람만이 참가할 수 있었는데, 그들은 그 알게 된 바를 누설하지 말아야 함을 굳게 맹세해야 했다. 그런데 사도 바울은 예수 그리스도의 역사를 힘입어 이와 같은 특수한 경험을 축적함으로써 보통 사람은 알 수 없는 비밀을 이해하고 있었다. 곧 '가난에 처할 수도 있고 넉넉한 데에 처할 수도 있는' 비밀이었다. 예수 그리스도 안에서 그는 빈·부·귀·천의 모든 형편에서 평안할 수가 있었는데 그것을 무척이나 소중히 여겼던 것이다.

13절 바울은 그가 처한 환경에 연연하지 않고 당당할 수 있었는데, 이것은 그의 내적인 힘이 아니라 '능력주시는 이 안에서' 가능한 일이었다. 이 '능력주시는 이'가 하나님인지 예수 그리스도인지는 분명하지 않다. 그러나 '능력주시다'와 '안에서'가 직접 연결된다면 그것을 '그리스도 안'이라고 보아도 무방할 것이다.

14 그렇지만 너희가 나의 환난에 동참해 준 것은 참으로 장한 일이다. **15** 빌립보 사람들아 너희도 알다시피 내가 복음을 처음으로 전하던 무렵 마케도니아에서 나오게 되었을 때에 다른 아무 교회도 주고 받는 관계를 통하여 나의 역사에 동참한 일이 없었고 오직 너희들이 있었을 따름이었다. **16** 너희는 또한 내가 데살로니가에 있을 때에는

여러 차례 나의 궁핍을 돕기 위하여 선물을 보내주었다. **17** 나는 결코 선물을 받고자 하는 것이 아니다. 나의 구하는 것은 너희들의 저축으로 불어 가는 열매인 것이다. **18** 나는 모든 것을 넘치게 받아서 충족하다. 에바브로디도 편에 보내 준 너희들의 선물을 받아서 충족하다. 그것은 향기로운 향기요 하나님께서 어여삐 받으실 제물인 것이다.

14절 바울이 빌립보 형제들의 선물을 높이 평가했다는 것을 '그렇지만' 이하가 표명해 준다. 바울이 빌립보 형제들의 원조를 감사하면서도 그것을 직접적으로 표명하지 않은 것은 의미 있는 것이다. 그는 '동참'이라는 말을 통해서 사도가 교회에 책임이 있는 것처럼 교회 편에서도 사도를 위한 책임이 있음을 밝힌다. 그런데 빌립보 형제들은 바울 사도의 '환난'에 동참함으로써 그의 동료가 될 수 있는 자격을 스스로 증명하였다. 바울은 빌립보서 처음에 이미 빌립보 형제들을 '은총의 동료'(1:7)라고 했으며, 그들은 은총뿐만 아니라 환난에 있어서도 피차 연결되어 있었던 것이다.

15-16절 바울은 마케도니아 지방에서 전도하다가 지방민의 반대와 추격을 받아 부득이 그곳을 떠나던 일을 상기하고 있다. 따라서 도움을 주고받는 관계를 통하여 그의 역사에 동참한 일이 없었다는 것은 제1차 선교여행 때 소아시아 지방에 건설된 교회들이 아니라 마케도니아 지방을 다녀온 다음에 건설된 교회들일 것이다. 그런데 빌립보 교회만은 그가 마케도니아를 떠날 때 헌금을 통해 그를 도왔던 것이다(고후 11:9). '주고받는 관계'라 함은 빌립보 사람들은 바울의 전한 복음을 빚으로 알고 헌금으로써 그것을 갚았다는 것이니 바울은 여기에서 교회가 전도자를 위해 공궤함은 당연한 일이라는 것을 인정한 것이다. '주고받는 관계'는 물론 상업적인

용어이다. 빌립보 사람들은 복음의 부채를 망각하지 않고 그것을 헌금으로 청산했다는 것이다. 이는 바울이 고린도에 머물던 때뿐 아니라 '데살로니가에 있을 때에도 여러 차례' 수행된 일이었다.

17절   그러나 바울은 형제들의 선물을 받을 때마다 그 물질적인 면을 보지 않고 오히려 그들의 심정을 통찰했다. 그런데 빌립보 사람들은 특별한 심정을 가지고 있었기 때문에 그들에게서는 다른 아무에게서도 볼 수 없는 열매가 맺혔던 것이다. 그러므로 바울은 그들에게 더 많은 열매가 맺히기를 바랐던 것이니 '나의 구하는 것은 너희들의 저축으로 불어가는 열매'라 함은 그들의 투자한 사랑의 행위에 많은 이자가 증식되기를 빈다는 말이다. 그들은 종말의 날에 가서 그들의 저축한 자본을 가지고 주와 더불어 계산할 때에 착하고 충성된 종이라는 일컬음을 받게 되리라. 그러나 그 종말의 날에 가서 청산될 열매가 지금부터 맺혀지기를 바란 것이다.

18절   바울 개인적으로는 지금까지 받은 것으로 넉넉했다. 그는 그 받은바 선물을 '향기로운 향기'라고 말하는데 이는 출애굽기 29장 18절, 창세기 8장 21절 등에 나오는 말이다. 빌립보 사람들이 바울을 도운 것은 그의 복음 선교에 대한 감사의 표시였다. 그것은 또한 하나님께서 어여삐 여기실 제물인 것이다. 바울이 그들의 선물을 귀하게 여긴 까닭은 이 때문이다. 사도와 교회 사이에 주고받은 물질은 다만 돈질뿐 아니라 신앙적인 내용을 가진 물질이었다. 따라서 거기에는 감사가 있을 수밖에 없었던 것이니 여기에서 '감사 없는 감사'를 논함은 잘못된 것이다.

> **19** 그러나 나의 하나님께서는 그의 영광의 풍부 중에서 너희의 모든 필요를 그리스도 예수 안에서 보충히 주실 것이다. **20** 하나님 우리

아버지에게 세세무궁토록 영광이 있을지어다. 아멘.

19절 바울은 4장 7절에서와 같이 자기의 기원이 반드시 성취될 것을 확신하고 있다. 하나님은 빌립보 형제들이 그의 사자를 위하여 행한 바에 대하여 반드시 보답하실 것이라는 것이다. 그러나 '너희의 모든 필요'라 함은 빌립보 사람들이 바울의 부족을 보충하여 줌을 말한 것이고 그들 자신이 당하고 있는 곤고를 말한 것은 아닐 것이다. 하나님께서는 '그의 영광의 풍부' 중에서 그들의 필요를 보충해 주실 것이고, 하나님의 영광은 본래 미래의 세계에서 드러날 것이며 그때에는 모든 만물이 하나님의 권세에 접하게 될 것이다. 그리고 교회의 부족도 그때에 가면 온전히 보충 받게 될 것이다. 그런데 이 하나님의 풍부가 '그리스도 예수 안에서' 나타날 것이라고 말한 까닭은 종말의 날에 가서도 하나님은 예수 그리스도를 통하여 모든 역사를 행하실 것이기 때문이다(3:21).

20절 여기에 송영을 기록한 까닭은 서신 마감에 장중한 기사를 쓰기 위함이었으리라. '하나님 우리 아버지'라는 표현은 바울에게 있어서 희귀한 표현이다. 하나님의 영광은 우리가 영광을 돌리는 데에서 시작되는 것이 아니라 우리는 다만 그에게 속한 영광을 인정하면서 그것을 찬양할 의무가 있을 뿐이다. 하나님의 영광은 영원무궁한 영광이요(롬 16:27). 바울 사도뿐만 아니라 온 교회가 찬양해야 할 영광인 것이다. 그러므로 바울은 '우리 아버지'라고 말했을 것이다. 바울은 송영을 쓸 때마다 '아멘'으로 마감했는데 여기에서도 아멘으로 마감하고 있다.

VI. 마감(4장 21-23절)

> 21 예수 그리스도 안에서 모든 성도들에게 문안해 달라 나와 함께 있는 형제들이 너희에게 문안한다. 22 모든 성도들 특히 가이사의 집에 있는 이들이 너희에게 문안한다. 23 우리 주 예수그리스도의 은혜가 너희들의 영과 더불어 같이하기를.

21절 바울은 서신 첫 부분에 '모든'이라는 말을 여러 차례 사용했는데 여기에서도 '모든' 성도들에게 문안한다. 그리고 이 문안을 '예수 그리스도 안에서' 했는데 '예수 그리스도 안'은 로마서 16장 22절에서와 같이 '성도들'에게 연결되는 것이 아니라 '문안해 달라'에 붙는 말이다. 그리고 '나와 함께 있는 형제들'은 사도로서의 동료들이 아니라 그 당시 바울 곁에 있던 사람들일 것이다.

22절 '모든 성도들, 특히 가이사의 집에 있는 이들'이 빌립보 형제들에게 문안하였는데, 이 '가이사의 집에 있는 이들'은 로마 황제의 가족이라기보다는 과거에 황제의 집에서 종노릇하던 사람들일 것이다. 에베소 교회에는 그와 같은 사람들이 있었는데 아마도 바울의 감화로 복음을 믿게 되었던 것 같다. 빌립보는 로마의 식민지였으므로 로마에서 파견된 관헌들이 있었을 것이며 그중에는 빌립보 교회의 교인이 된 자도 있었을 것이다. 이것이 사실이라면 '가이사의 집에 있는 이들'의 문안은 그들에게 특별한 기쁨으로 여겨졌을 것이다.

23절 바울은 다른 서신에서와 마찬가지로 '예수 그리스도의 은혜'가 독자들의 '영과 더불어 같이하기를' 축원한다. 이 '영'은 자연적인 영이나

(롬 8:16) 하나님의 복의 영을 말하는 것이 아니라 그의 전 존재가 성령으로 말미암아 새로워진 자의 영을 말하는 것이다(고전 16:18; 고후 7:13). 그리고 데살로니가후서 3장 17절을 보면 2-23절의 이 부분만은 바울 자신이 친필로 쓴 것이 아닌가 싶다.

VII. 빌립보서 개론

편집위원들의 호의에 따라 창간호 이래 수차에 걸쳐서 빌립보서의 번역과 강해를 일단 마쳤다. 독자들도 이미 이해하고 계실 줄 아나 필자는 이 서신을 강해함에 있어서 그것을 '하나님 말씀'으로 해석하려고 노력하였다. 이는 성서를 언어학이나 역사학적으로 해석하여 온 지난 세대의 해석과 색다른 방법이다. 그런데 이 방법을 치중하는 이들은 간혹 성서가 하나님 말씀임을 강조한 나머지 그 성립 사정을 탐구하는 개론 연구를 등한시한다. 그러나 성서가 어떻게 성립되었는가를 연구함은 그 하나님 말씀으로서의 의미를 이해함에 있어서 도움이 된다. 하나님 말씀의 성립 사정을 정확하게 고찰함은 그 영적 의미를 이해함에 있어서 중대한 뜻을 갖는 것이다. 그러므로 우리는 마지막으로 빌립보서의 개론 문제를 더듬어 보고자 하는 바이다.

1. 빌립보 교회

빌립보 교회의 소재지인 빌립보는 마케도니아 동편에 있는 유서 깊은 고장이다. 마케도니아의 왕 필립 2세는 알렉산더 대왕의 아버지며 이 도시를 군사상의 요새로 삼기로 정하고, 기원전 356년에 그가 마케도니아 지방의 장관이 된 지 4년 만에 자기의 이름에 따라 이곳을 빌립보라고 명명했다. 그러나 빌립보가 세계적으로 유명해진 것은 기원전 42년경이다. 이는 로마의 공화주의자들과 세 사람의 과두 정치가 사이에 일대 격전이 이곳에서 벌이진 일과 관련 있다. 이 전쟁에서는 과두 정치가들이 승리를 거두었다. 그 결과 로마 제국의 황제가 된 아우구스투스는 빌립보 도시를 재건하여 연로한 병사들을 이주시켜 이곳을 군사적 식민지로 지정하였다. 그리고 그곳에 특별 권한을 부여함과 동시에 로마식의 풍습과 시설을 그대로 설비했기 때문에 빌립보는 일명 '작은 로마'라는 명칭을 얻게 되었다. 이 도성은 바다에서 멀리 떨어져 있어서 상업의 중심지는 되지 못했다. 그러나 로마로 통하는 군사도로가 통과했기 때문에 수도 로마와는 긴밀하게 연락되었다. 주민의 대다수는 헬라인이었고 소수의 유대인도 살고 있었던 것 같다. 빌립보 교회가 창설되던 정황은 사도행전 16장 9절 이하에 상세하게 기록되어 있다. 이 구절은 이른바 '우리 구절'(we-sections)의 일부분이다. 본문에 따르면, 바울은 49년 또는 50년에 시작된 제2차 전도여행 때 드로아로부터 실라와 디모데를 대동하고 유럽 땅에 처음으로 발을 들여놓았다. 의사 누가가 빌립보를 가리켜 '이는 마케도니아 지경 첫째 성'(행 16:12)이라고 말한 것을 보면 바울 당시에도 이 고장은 상당히 번영했던 것 같다.

누가의 기록에 의하면 바울은 꿈에 '와서 우리를 도우라'는 마케도니아 사람의 환상을 보았다고 하지만, 바울이 이와 같은 환상을 보았다는 것은 그의 마음에 유럽 전도에 대한 열정적인 소망이 있었음을 말한다. 바울은 오랫동안 이 길을 위하여 계획을 세웠을 것이며 그러한 환상을 보자 그것을 하나님의 소명이라고 믿었을 것이다. 이렇게 하여 바울은 빌립보에 유럽 최초의 교회를 건설하게 되었다. 이때 경제적으로 크게 도움을 준 사람은 자색 옷 장수 루디아라는 여성이었다. 그러나 루디아뿐만 아니라 빌립보 사람들은 대체로 순박하고 품위 있는 사람들로서 그들은 스승 된 바울과 더불어 친밀한 사귐을 가짐과 동시에 깊은 우의를 유지했다. 바울이 수많은 교회를 세운 것이 사실이지만 빌립보 교회만큼 그에게 도움이 되고 그 마음을 위안해 준 교회는 없었다. 그래서 바울은 빌립보 형제들을 가리켜 '나의 기쁨이요 면류관인 사랑하는 자들'(빌 4:1)이라고 말할 수 있었던 것이다.

바울이 처음에 얼마 동안이나 빌립보에 머물렀는지는 분명하지 않다. 적어도 몇 주일 동안은 그곳에 머물렀을 것이다. 왜냐하면 바울이 그곳을 떠난 후에도 빌립보 교회가 존속되었고 그리스도 신앙이 유지된 것을 보면 아무래도 한동안 그곳에 머물며 교회를 위하여 상당한 기초를 다졌다고 볼 수밖에 없다. 그런데 바울은 의외로, 점치는 여종을 회심시킨 것이 발단이 되어 부득이 빌립보를 떠날 수밖에 없게 되었다(행 16:16 이하). 그 결과 바울은 데살로니가, 베뢰아 등지에서 전도하게 되었다. 그러나 빌립보 교회와 바울 사이에는 친밀한 사귐이 끊임없이 계속되었다. 빌립보 교우들은 각처에서 고전을 계속하는 스승 바울을 기억하여 헌금으로 도울 뿐 아니라 사환을 보내어 그를 돕게도 하였다. 그들은 바울이 데살로니가에 있을 때 두 차례 송금하였고(빌 4:15, 16) 고린도에 있을 때에도 또다시 송금을 했다(행 18:5).

바울은 몸소 천막을 만드는 수고를 하면서 전도했고, 받는 것보다 오히려 형제들에게 베풀면서 전도를 했다. 그리고 헌금을 거절당한 교회도 있었다(고후 11:7-12). 그런데 이러한 바울이 빌립보 교회에서는 여러 차례 헌금을 받은 것이다. 이는 빌립보 교회의 특권임과 동시에 둘 사이의 남다른 사귐과 신뢰감을 알려주는 것이다. 빌립보를 떠난 지 5년이 지난 다음 바울은 또다시 그곳을 심방하게 되었다. 그동안 바울은 주로 헬라 지방에서 활동하다가 예루살렘을 거쳐 에베소로 이동하여 거기서 3년간 활동했다. 이 3년간의 활동기를 마친 다음 바울은 또다시 마케도니아를 지나서 헬라 지방으로 향했는데 그때마다 빌립보를 방문하여 그곳에 한동안 머물렀을 것이다. 그 후 바울은 다시 고린도로부터 예루살렘에 올라갔다(행 20:1-6; 고후 2:13). 이때에도 빌립보를 지났을 것이다. 그러는 동안에 빌립보 교회는 일취월장 성장했음과 동시에 스승 바울에 대해서는 변함없는 충성을 보였던 것이다.

2. 집필 장소와 연대

바울서신 중에서 에베소서, 빌립보서, 골로새서, 빌레몬서, 이 넷은 옥중서신이라고 칼한다. 빌립보서가 옥중에서 저작되었음은 1장 7, 13, 17절을 통해 알 수 있다. 그러나 이 서신이 어느 감옥에서 씌어졌는지에 대해서는 이론이 많다. 오리게네스나 크리소스토무스 이래로 수많은 학자들은 전통적으로 집필 장소로 로마를 주장해 왔다. 그래서 19세기 말까지는 이 학설에 대해 의심하는 자가 거의 없었고 오늘날에도 이를 지지하는 학자들이 많다. 로마 집필설의 근거가 되는 것은 1장 13절에 나오는 '프라이토리온'(praitorion)과 4장 22절에 기록된 '가이사의 집 사람들'이다. 본문 강해에서도 언급한 바와 같이 '프라이토리온'은 본래 라틴어 '프레토리움'(praetorium)에서 유래된 것으로, 이는 원래 군대지휘관의 군영을 가리키던 말이다. 이후에는 각처의 중요 도시에 배치된 지방장관의 관저 및 법정을 의미하게 되었다. 그런데 최근에는 에베소에도 이 '프라이토리온'이 있었음이 알려지게 되었다. '가이사의 집 사람들' 역시 반드시 로마 황제의 가족만을 말하는 것이 아니라 그를 위해 봉사하던 행정관이나 사무원 또는 경찰관 등을 가리키는 말이다. 따라서 '프라이토리온'이나 '가이사의 집 사람들'이라는 기록 때문에 로마설을 고집할 수는 없다.

로마설이 사실이라면 이 서신은 아무래도 바울의 말년의 저작이라고 볼 수밖에 없다. 그러나 빌립보서는 말년의 저작이라고는 보기 어렵다.

그 문장과 신앙 사상은 로마서와 비슷하고 그 교훈은 갈라디아서나 고린도서신과 흡사하다. 왜냐하면 그것은 갈라디아서나 고린도서와 마찬가지로 그릇된 교사를 배격하도록 경고하고 있기 때문이다. 만일 로마설이 없었다면 이 서신은 고린도서나 갈라디아서와 비슷한 시기에 저작된 것이라 할 수밖에 없을 것이다.

학자에 따라서는 가이사랴설을 주장하는 자들도 있다. 바울이 가이사랴의 감옥에 2년간 감금당한 것은 사실이다. 그러나 가이사랴에 감금되었을 당시에는 에베소에서와 같이 심한 고생을 하지 않았을 것이다.

에베소에서는 이와 달리 '짐승과 싸우고'(고전 5:32) '죽음을 각오할' 수밖에 없었다(고후 1:8-10). 에베소에는 '프라이토리온'과 '가이사의 집 사람들'이 있었을 뿐만 아니라 바울은 이곳에서 막심한 고생을 했다(행 19장). 그래서 리스코와 다이스만 등은 바울이 빌립보서를 에베소 감옥에서 발신했을 것이라고 주장했고, 이후 알베르츠와 파이넷, 미카엘리스 등도 이 설을 지지했다.

빌립보에서 로마까지의 거리는 약 8백 마일임에 비해서 에베소와 빌립보 사이는 불과 수일간의 여정에 불과하다. 빌립보서에 나타나 있는 에바브로디도의 왕복과 바울 자신과 디모데 등이 손쉽게 왕래한 것을 보면 바울이 투옥되었던 곳은 빌립보에서 그다지 먼 곳은 아니었을 것이다. 여행이 극도로 불편하던 과거에 빌립보와 로마 사이를 이처럼 빈번하게 왕래할 수는 없었을 것이다. 그러므로 나는 고구엘, 미카엘리스 등의 학설에 따라 에베소설을 지지한다. 내가 이 설을 지지하는 데에는 몇 가지 이유가 있는데, 이는 다음과 같다.

(1) 빌립보서 중에는 로마설에 대한 분명한 기록이 없다.
(2) 고대 교회의 로마설 주장은 로마 교회의 영향을 받은 것일 수 있다.

(3) 빌립보서의 용어와 문장도 바울의 로마 체류 시기를 반영한다고는 보기 어렵다.
(4) 빌립보서의 내용, 즉 그 신앙 사상을 보아도 로마설과 부합되기 어렵다.

또한 다음 몇 가지 점을 보아도 빌립보서가 멀리 있는 로마에서 발신된 것이라고 보기 어렵다.

(1) 빌립보 교회는 사도 바울이 투옥된 사실을 곧 알게 되었다.
(2) 그들은 헌금과 아울러 에바브로디도를 사환으로 보냈다.
(3) 에바브로디도가 병들게 되자 그 소식이 즉시로 본 교회에 전달되었다.
(4) 에바브로디도 자신이 또한 교회가 자기 때문에 걱정하고 있음을 알게 되었다.

로마와 빌립보 사이를 여행하려면 적어도 6, 7주의 시간이 필요했을 것이다. 따라서 네 차례 왕복하려면 쉴 새 없이 왕래해도 8, 9개월은 걸렸을 것이다. 그런데 빌립보서에 의하면 서신 이전에도 빈번하게 왕래했고 서신이 발신된 다음에도 디모데와 바울이 빌립보를 심방했다는 것이다. '속히'(2:19, 24)라고 한 것을 보면 바울이 빌립보를 찾아간 것은 발신한 지 일 년이나 반 년 이후는 아닌 듯하다. 거리로 보더라도 로마설에는 여러 측면에서 무리가 있는 것이다. 가이사랴설도 마찬가지다. 왜냐하면 가이사랴에서 빌립보로 가려면 40여 일의 시간이 필요하기 때문이다.

이 서신에 나오는 여정 계획을 보아도 로마설을 지지하기는 곤란하다. 로마서 15장 23절에 의하면 바울은 아직 스페인 여행을 시작하지 않았다.

따라서 이때 빌립보 여행을 계획하지는 않았을 것이다. 또한 가이사랴에서 그 계획을 세운 것 같지도 않다. 그때에는 그럴 정도로 석방에 대한 희망을 갖기가 어려웠을 것이기 때문이다(행 25장). 바울은 이때에 가이사랴에서 빌립보로, 이어서 로마로의 여정을 계획하지는 않았을 것이다. 그러므로 우리는 바울이 에베소에서 빌립보행을 계획했다고 추정하고자 한다. 에보소설에도 몇 가지 약점이 없지는 않다. 첫째, 사도행전에는 바울이 에베소 감옥에 감금되었다는 분명한 기록이 없다. 그러나 사도행전은 반드시 사도들의 투옥 사실을 빠짐없이 기록하지는 않았을 것이다. 사도행전 19장 일화는 바울의 에베소 경험을 상세하게 전한 것은 아닐 것이다. 사도행전 저자가 바울의 에베소 경험을 빠짐없이 기록할 의무는 없었던 것이다.

에베소설에 대한 가장 강력한 반대 이론은 바울이 그 무렵에 주력하던 모금운동에 대한 기사가 빌립보서에는 없다는 일이다. 하지만 이는 디모데에게 구두로 부탁했을지도 모른다. 따라서 이 역시 에베소설을 부정할 만한 근거는 되지 못한다. 이 모든 점을 고려할 때 로마설보다는 오히려 에베소설이 신빙성을 가진 이론이라고 볼 수 있다. 만일 에베소설이 확실하다면 이 서신이 저작된 것은 기원 54년 또는 55년이라고 볼 수 있다. 왜냐하면 바울이 에베소 감옥에 투옥된 때는 54년 가을부터 55년 초겨울이라고 여겨지기 때문이다.

3. 빌립보서의 특징

다이스만은 일찍이 바울서신이 공개서신이냐 사적인 사신(私信)이냐를 논하면서 공개서신이 아니라 사신이라고 규정했다. 그런데 바울의 모든 서신 중 사신으로서의 성격을 가장 잘 들어내는 것은 빌립보서라고 볼 수 있다. 바울 자신도 말하기를 '나의 겪은바'를 전한다고 말하고 있음과 같이(빌 1:12) 이 서신에서 자기 신변에서 이루어진 일을 보고함과 동시에 독자들에 대한 애정과 감사의 뜻을 표하고 있다. 그러나 이 서신이 발신되게 된 직접 동기는 스캇 등이 지적하듯이 빌립보 형제들이 파견한 에바브로디도가 그 소임을 다하지 못하고 고향을 그리워한 나머지 병들었을 때 저를 무사하게 돌려보내기 위함이었다. 다시 말하면 에바브로디도로 그 모(母) 교회에서 오해받지 않게 하려는 실제적인 문제 때문에 이 서신을 발신한 것이다. 그러므로 바울은 이때에 임박한 박해를 직감하면서 순교자의 열정을 토로한 것이라고 해석한 로마이어의 주장은 빌립보서의 내용과 부합된 것이라고 말할 수 없다.

그러나 빌립보서를 사신이라고 보아도 이를 기록한 사도 바울은 결코 개인이 아니었으며 따라서 그가 작성한 이 편지 역시 그저 개인 소식은 아니었음을 잊어서는 안 된다. 이 서신을 발신한 바울은 개인이 아니라 그리스도의 '사도'였다. 다시 말하면 하나님의 종이었다. 그러므로 그가 비록 자기의 신변에 발생한 일을 전할 때에도 그가 봉사하던 복음의 문제로 전개되고 있는 것이다. 이러한 면모가 없었으면 바울은 결코 예수 그리스도의 사도가 될 수 없었을 것이다. 따라서 우리는 이 사사로운 서신 중에서 오히려 공적인 것을 살펴보아야 한다. 바울이 자신의 사신을 디모데와의 공동 명의로 발신한 이유는 모든 일에 있어서 자기 자신과 디모데가 공동 책임이 있었음을 암시하는 것이다. 바르트도 지적하는 것처럼, 이 서신에서 진술된 복음과 상황은 바울 한 사람에게만 관련된 것이 아니라 그와 더불어 같이 부름 받은 다른 이들에게도 관련된 것이었다. 그러므로 빌립보서는 비록 사신이지만 사도적인 실제의 문제가 취급되어 있으므로 이 서신을 해석할 때에는 사도가 증거한 하나님 말씀으로서 해석해야만 하는 것이다.

# 3
갈라디아서 강해*

I. 천국의 침입(1장 1-5절)

사람들에게서 파견되거나 사람으로 말미암은1) 것이 아니라 예수 그리스도와 저를 죽은 자들 가운데서 다시 살리신 하나님 아버지의 창시로 말미암아 사도 된 바울과 및 나와 함께 있는 모든 형제들이 갈라디아 여러 교회에 편지한다. 바라건대 우리 하나님 아버지와 주 예수 그리스도께로부터 너희에게 은혜와 평강이 있기를 그리스도께서 우리의 죄 때문에 그 몸을 희생하신 것은 하나님 아버지의 뜻을 좇아 이 악한 세대에서 우리를 구해내시기 위함이었다. 하나님 아버지께 영원무궁토록 영광이 있을지어다. 아멘.

---

* 갈라디아서 강해는 「신학논단」(연세대학교 신과대학)에 1954, 1957, 1958, 1959, 1964년 총 5회에 걸쳐 실렸던 글을 모은 것이다.
1) 창시자를 의미한다(막 14:21; 고전 1:9 참조).

1. 천국 지체인 사도

바울은 여기서 냉정한 어조로 자신의 사도직의 신적 권위를 강조한다. 바울이 사도 된 것은 사람들의 뜻으로 파견되었거나 또는 어떤 사람으로 말미암아 비롯된 것이 아니라 하나님의 특별하신 창조로 말미암아 되었다는 것이다. 따라서 바울이 작성하고 있는 이 편지 역시 저 자신의 사신이 아니라는 것이다. 즉 바울이 사도직의 권위를 가지고 쓴 편지이기 때문이다. 사도 바울과 그의 편지를 거절하는 사람은 그를 보내신 이, 곧 하나님을 거절하는 것과 같은 결과에 이를 것이다. 왜냐하면 하나님을 믿는 자는 하나님의 보내신 자와 그의 증언을 받아들이는 자이기 때문이다(롬 10:14). 바울이 갈라디아서에서 가장 고심하고 있는 것은 어떻게 하면 신적 권위로 된 자기의 사도직을 친지지간(親知之間)인 갈라디아 교인들에게 알릴 수 있을까 하는 것이었다. 물론 그의 사도직이 하나님의 권위에서 왔다는 것은 바울은 내적으로 확신할 수 있지만 다른 사람들은 납득할 수 없는 일이었다. 그러나 그것은 결코 바울의 주관적 소신이 아니라 예수 그리스도와 그의 교회에 관계되는 엄연한 하나님의 일임을 잊어서는 안 된다. 기독교는 예수 그리스도의 사실과 사도 바울의 증언 위에 서 있는 것이다. 바울 없이 기독교는 성립될 수 없었다고 말할 수 없을 것이다. 그러나 바울이 현재 하나님의 사도로 우리 앞에 서 있는 것은 엄연한 사실이다. 따라서 기독교가 바울에게만 의거되어 있는 것은 아니지만 사도 바울을 무시한 기독교 신앙이란 있을 수 없다. 그래서 바울의 사도직에 관하여 신뢰할 것인가 불신할 것인가 하는 문제는 그저 바울 한 사람에게 해당된 문제가 아니라 하나님의 거룩한 권위에 관한 문제요 교회의 운명을 좌우하는 문제였던 것이다. 바울과 그의 가르침의 전략은 기독교의 위기가 될 수밖에 없었다. 바울이 자신의 사도직의 신적 권위를 강조한 것은 바로 이러한 배경 때문이었다. 바울의 이러한 강조는 결코 자기 자신의 권위와 가치를 위함이 아니었으며, 오직 자기가 맡은 사도직의 사명을 다하려고 소리치는 '소리'에 불과했던 것이다.

원래 소리의 가치를 규정하는 것은 소리치는 사람에게 있지 소리 자체에 있는 것은 아니다. 그러므로 만일 소리치는 그분에게서 유리된다면 소리로서의 바울에게는 아무런 가치도 없게 될 것이다. 그래서 여기에 사도직의 존엄과 겸비가 있다.

이렇게 주장하는 바울 사도는 우리가 견문(見聞)하는 이 세상과는 판이한 세계에 있는 것이다. 다시 말하면 저는 불원간에 소멸될 이 세상과는 전혀 다른 영원히 존속될 하늘나라에 입각하고 있는 자다. 물론 이 세상 내에서 타당성을 지닌 그 어떤 것도 하나님 나라에서는 타당성을 갖지 못한다. 하늘나라는 우리가 알 수 없는 나라이기 때문이다. 바울의 사도직은 알 수 없는 이 하늘나라에서 기원된 것이므로 이 세상에 속한 우리는 도무지 추측할 수 없는 일이다. 바울이 사도 된 것은 땅에서 된 일이 아니라 오로지 그리스도에게서 비롯된 그리스도의 창조 곧 하나님의 창조인 것이다.

정통주의 신학자들이 축자신언설을 제창한 것은 이 알 수 없는 하늘나라의 비밀을 표명하고자 한 것이었다. 정통주의 신학의 통찰은 분명히 근대 비판주의 학자들보다 탁월하였던 것이다. 그런데 18, 19세기의 비판주의 학자들은 성경을 일반 서적과 동일한 계열에 놓고 연구했다. 곧 다른 서적과 비교하여 보아 성경의 우월한 점이 어디 있으며 또 그 가치는 어떠한 것인가, 그들의 관심은 오직 여기에 있었다. 그러나 옛 교부들은 이와 반대로 성경에는 알 수 없는 세계가 전개되어 있다고 보았다. 이와 같이 보는 것이 도리어 성경의 세계를 바로 이해한 것이었으니 우리는 이들에게 깊은 경의를 표하는 바이다. 그러나 이 정통주의 신학자들도 한 가지 미흡한 면이 있었다. 그것은 그들이 천국의 침입인 성경을 전혀 알 수 없는 세계로 인정하면서도 그들 자신에게 있어서는 자명한 것인 양 생각했다는 점이다. 성경은 그들 자신에게도 전혀 알 수 없는 세계임을 간파하지 못한 것은 가차한 일이 아닐 수 없다.

우리가 출생한 이 세상은 사도의 세계와는 판이한 세계다. 그러므로 이 세상에 소속된 우리로서는 알 수 없는 저 하늘 것을 자취하여 내 소유를 삼는다거나 또 자기를 높여서 하나님의 측근자로 세울 수는 없는 것이다. 우리가 태어난 이 세상은 하나의 완결된 세상이어서 우리는 이곳을 떠나 다른 세계로 옮겨갈 출구를 갖고 있지 않다. 비록 신자나 신학자일지라도 도저히 이 세상의 한계를 넘을 수는 없는 것이다.

그리스도의 사도는 이 세상이 아니라 저 세상에 소속된 자이다. 즉 그는 하늘나라의 지체다. 그런데 그는 자기 자신만이 하늘나라의 지체된 데 그치지 않고 우리마저 하늘나라의 지체가 되게 하려는 자인 것이다. 그러므로 사도를 다만 지적으로 이해하는 데 머물러 있고 몸소 하늘나라의 지체 되기를 원하지 않는 자는 결국 그리스도의 사도와는 아무런 관련도 가질 수 없을 것이다. 그런데 사도는 우리의 전 존재에 기저(基底)를 주며 우리를 전적으로 개혁하여 새 창조를 만들고자 하는 자다. 그는 결코 사람의 부분적 개선이나 지적 만족을 주는 것으로 만족하지 않을 뿐더러 주를 의하여 우리의 전 존재를 요구한다. 그러므로 주와 그 나라를 전망함이 없이는 사도의 참뜻을 이해할 수 없는 것이다.

이 세상 규범으로써 기독교와 다른 종교를 비교하면서 거기에서 기독교를 변론하고자 하는 자는 사도를 바로 인식할 수 없고 도리어 오해할 수밖에 없을 것이다. 그런데 자고로 많은 사람들이 이와 같은 과오를 범했는데 소위 형식주의자들이 그 좋은 모본이라 할 것이다. 이들은 형식과 소재를 구별하면서 하늘 지체인 사도를 이지적으로 설명하려고 한다. 미리 기본원칙이 될 이지적인 형식을 설정해 놓고 신앙의 모든 소재를 거기에 맞춰 보는 것이다. 그래서 잊어서 안 될 것은 신앙의 세계에는 형식원리와 소재원리의 구별이 있을 수 없다는 일이다. 신앙의 세계에 있어서 형식원리가 곧 소재원리이어서 형식이라고 생각하는 것까지가 소재에 불과하다.

2. 하늘과 땅의 접촉

사도에게는 아무러한 형식도 타당치 않다. 그는 죽은 자들 중에서 다시 사신 예수 그리스도에게서 창조된 자이다. 저는 다만 예수 그리스도만을 가치 있는 존재로 인정하는 자, 예수 그리스도에게 있어서 하나님께 완전히 사로잡힌 자, 그리스도의 소유된 자이다. 그러므로 자기 자신의 가치에 대해서는 아무런 관심도 갖지 않을 뿐 아니라 가질 수도 없게 된 자다. 그의 행할 직분은 다만 이것뿐이니 곧 하나님이 예수 그리스도를 죽은 자들 가운데서 다시 살리셨다는 사실을 전파하는 일이다.

이 사도, 다시 말하면 성경에 대하여 바른 태도를 가짐이 없이는 부활을 바로 이해할 수 없을 뿐 아니라 그리스도께 대해서도 바른 관계를 가질 수가 없는 것이다. 왜냐하면 사도는 그리스도의 대리자, 우리의 안전에 그리스도를 매개하는 매개자인 까닭이다. 그러므로 이 사도의 말씀을 바로 듣지 않고는 그리스도와 동시적일 수가 없는 것이다.

우리가 태어난 이 세상은 부활의 세계가 아니다. 이 세상을 아무리 변명한다 할지라도 이것을 변하게 하여 부활의 세계로 만들 수는 없는 것이다. 우리가 처해 있는 이 세상이 부활과 합치되지 않는 만큼 우리 자신은 부활을 이해할 수 없는 것이다. 그러나 사도는 본시 부활의 세계에 속한 자로서, 그는 도리어 이 세상과 하나 될 수 없게 된 자다. 그는 부활과 마찬가지 하늘에 속한 자로서 이 세상을 향하여 부활을 전파하는 자다. 여기에 사도직의 의의가 있다.

사도가 전하는 말씀의 내용은 우리가 처해 있는 이 세상과는 아주 모순되는 것인데 그는 이것을 '복음'이라고 부른다. 그런데 이 복음을 전하는 바울 사도는 하나님의 창조로 말미암아 사도가 되었을지라도 결코 혈혈단신으로 복음을 전하지 않았고 그의 주위에는 언제나 몇 사람의 동료들이 수반하였다. 사람이 보기에는 그들의 모임은 우연한 회합처럼 보였겠지만 사실 그들은 예수 그리스도의 부활에 기저를 둔 형제였던 것이다. '형제'라는 말은 '교회'의 개념과 상통되는 것이어서 이는 마치 사도와 부활처럼 자연 질서 중에서 생기(生起)된 것이 아니라 하늘에서 기원된 것이다. 그러므로 형제와 교회의 기저를 자연 중에서 찾으려고 하는 자는 아직도 복음의 참뜻을 식별치 못하고 있는 자라고 말할 수밖에 없다.

복음을 믿는 사람은 이 세상에서 저 세상으로 옮겨진 자다. 신앙의 결단이란 생틸(生滅)의 나라를 버리고 하나님의 새 나라로 옮아가는 일이다. 그런데 예수 그리스도의 부활과 교회의 근원은 이 새 나라에 있는 것이다. 이 새 나라에 있어서는 모든 것이 동시적이니 예컨대 사도, 부활, 형제, 교회 등은 그 선후를 가리거나 순차를 따질 수 없는 것이다. 그러므로 먼저 사도를 이해한 다음에 교회를 설명하려고 한다거나 부활이 무엇임을 깨달은 뒤에 신앙생활을 시작해 보겠다는 생각 등은 천국 진리에 대한 몰상식이다. 이것은 마치 내가 가기 전에 내 뼈를 앞서 보내주겠다는 주장과 같은 어불성설인 것이다.

3. 두 세계의 접촉점

하나님께서 하늘과 땅이라는 판이한 세계, 도저히 혼동할 수 없는 두 세계 사이에 한 접촉점을 창정(創定)하시고 거기에 우리의 전 관심을 쏟게 하였다. 이 점을 인식하지 못한 사람은 하늘나라와는 아무런 상관도 없을 것이다. 그러면 이 접촉점이란 무엇인가? 우리의 죄 때문에 그 몸을 십자가에서 희생하신 주 예수 그리스도시다. 그리스도께서 무가치한 우리에게 주신 것은 금이나 은이 아니라 바로 자기 자신이었다. 그러면 무엇 때문에 그 몸을 주셨던가? 영예나 존귀를 위해서였던가? 아니다. 실로 가중한 우리의 죄 때문에 그 몸을 무대가(無代價)로, 무조건으로 희생하신 것이다. 그러므로 이 예수 그리스도에게서 죄 사함을 받음이 없이 아직도 불신(不信) 중에 머물러 있는 자에게 어찌 하늘 가는 밝은 길이 열릴 것인가? 전 기독교 사신의 중심은 그리스도와 죄라는 이 두 가지에 있다. '그리스도'와 '죄', 이 둘은 하나님의 구원에 있어서 불가분의 관계를 가진 것이다. 이 둘을 떠나서는 우리의 구원이 성립되지 못한다. 그리스도께서 우리의 죄를 맡아 주시고 우리의 죄가 그리스도와 관련되지 않았던들 우리의 머리 둘 곳이 어디겠는가? 이 두 가지 중에 한 가지 것만 생각하는 자는 그리스도의 구원을 거절하는 결과에 이를 것이다. 기독교는 그리스도와 죄를 중심으로 한 하나의 타원형인 것이다. 그리고 하나님의 창정(創定)하신 저 접촉점에는 하늘과 땅의 모든 만물이 포섭되어 있는 것이다. 그러므로 그리스도와 죄를 바르게 이해하면 천지 만물을 바르게 이해한 셈이 된다. 죄는 우리의 모든 것이다. 거기에는 우리의 재덕(才德)과 부덕(不德), 가능성과 불가능성 등 모든 것이 들어 있다. 그러나 그리스도는 이와 달라서 하나님 자신이요 창조자요 지배자시다. 그는 또한 천국의 현재와 영원이시며 만물의 결말과 새 세계의 가능성이다. 그리고 이 그리스도께서 우리의 죄 때문에 그 몸을 희생하시고 우리의 죄가 그리스도와 하나 된 데에서 형제와 교회가 생기된 것이다.

그런데 갈라디아 교회의 실정은 칭찬하고 감사할 상태에 있지 못하고 도리어 걱정할 수밖에 없는 형편이었다. 그들의 그릇됨이 그리스도의 사려와 평강으로 인하여 극복되기를 빌 수밖에 없는 실정이었다. 바울은 갈라디아인의 신앙 상태에 반발을 느끼면서 그들을 위하여 은혜와 평강을 빌었던 것이다. 은혜란 요컨대 예수 그리스도의 복음이요, 평강은 은혜로 인하여 오는 영혼의 평안을 의미한다. 그런데 갈라디아 사람들은 이 은혜와 평강을 떠나 율법에 의거했기 때문에 그들은 하나님과 예수 그리스도를 찬양하며 감사하지 않고 도리어 자기 자신을 자찬(自讚)함에 이른 것이다. 그들은 자기의 죄가 주 예수 그리스도의 대속을 필요할 정도로 절대 치명적인 것임을 깨닫지 못하고 아직도 그들의 행위로써 하나님의 현전에 서려고 하는 오만불손한 자들이었다. 그러나 그리스도께서는 우리를 새 나라로 옮기시기 위하여 우리가 처했던 낡은 세계의 죄의 뿌리를 뽑아 주신 것이다. 그리하여 우리는 이제 은혜와 평강 중에 들어 있게 되었고 악한 세대인 이 세상에서 떠나게 되었다. 이 일이 있게 하신 하나님께 영광을 돌리려 함은 우리가 이미 천국 백성 된 증거이거니와 우리가 지금은 믿음 중에서 하나님의 영광을 노래할 따름이며, 하나님의 영광을 목도할 날도 불원간에 올 것이다.

II. 복음의 성격(1장 6-12절)

나는 제군이 이다지도 쉽사리 제군을 그리스도의 은총 안에 부르신 이를 떠나 딴 복음으로 옮아가고 있음을 괴상하게 여기는 바이다.[2] 허나 그것은 복음이 아니라 다만 어떤 자들이 저군을 교란시키어 그리스도의 복음을 현혹시키려고 꾀하고 있는 것뿐이다.[3] 그러나

---

[2] '타케오스'(tachēos)는 과정의 속도나 간격의 짧음을 의미하는 것이 아니라 도적같이 임할 주의 날을 기다리지 않고 쉽게 포기함을 뜻한다. '그리스도의 은총 안에 부르신'의 의미는 행위를 부과하는 유대주의적 기독교를 반대하는 말이다. '다른 복음'에서 '복음'은 구체적 명사(a gospel)다. 따라서 두 가지 복음은 있을 수 없다.

설사 우리든 또는 하늘에서 내려온 천사든4) 간에 우리가 제군에게 전한 바와 배타되는 복음을 전한 자가 있다면 저주를 받을지어다. 방금도 말한 바를 또다시 말하거니와 무론 누구든지 제군이 이미 받은 바와 배타되는 복음을 전한다면 저주받을 지어다. 그러면 이제 내가 사람들을 추종하고자 하는 것일까 하나님을 따르고자 하는 것일까?5) 또는 사람들의 환심을 사고자 하는 것일까? 내가 만일 상금도 사람들의 환심을 사려고 한다면 나는 그리스도의 종이 아닐 것이다. 형제들아 나는 제군에게 언명한다. 제군에게 전파된 복음은 결코 인간적인 것이 아니다. 왜냐하면 나는 그것을 인간에게서 받거나 배운 것이 아니라 전혀 예수 그리스도의 계시로 말미암아 받았기 때문이다.6)

1. 복음의 배타성

바울은 여기에서 복음의 배타성을 날카롭게 주장한다. 복음은 원래 모든 것의 모든 것이 아니면 아무것도 아닌 것이다. 그것은 언제나 긍정이 아니면 부정을 요구한다. 그러므로 사람은 모름지기 복음을 받아들이거나 그렇지 않으면 그것을 물리쳐야 하는 것이다. 다른 말에 대해서는 간혹 의혹도 가져보고 태도를 고칠 수도 있을 것이다. 그러나 복음에 대해서는 시종일관 거기에 전적으로 청종(聽從)하거나 그렇지 않으면 전적으로 거절해야 하는 것이라고는 할지라도 복음의 정당성을 이론적으로 판명할

---

3) 그리스도에 대한 바울의 설교를 말한다. 왜냐하면 바울의 설교는 살아 계신 예수 그리스도의 말씀이기 때문이다.
4) '파라'(*para*) 전치사는 여기서 배경을 의미한다.
5) 바울에 대한 적들의 비난임과 동시에 바울 자신의 심각한 자기반성이다.
6) '아포칼립시스'(*apokalypsis*)는, 비몽사몽 중에 경험한 바울의 체험을 드러낸다.

수는 도저히 없다. 왜냐하면 사람이 논정(論定)하는 정당함이나 부당함은 복음에 대해서는 해당하지 않기 때문이다. 이론이란 언제나 비인격적인 것이다. 모든 인생관과 세계관은 그것 자체가 독립적인 것이어서 그것들은 살아 있는 인격과는 상관이 없다. 그러나 그리스도의 복음은 이와 같은 이론이나 사상과는 판이하다. 복음은 살아 계신 하나님의 말씀이며 하나님과 더불어 불가분의 관계를 가진 것이다. 이에 있어서 복음은 복음이다. 그런데 하나님께서는 이 복음으로써 우리를 그리스도의 은총 안에 불러 주셨다. 따라서 그리스도의 은총 안에 머물기 위해서는 그의 복음을 떠나서는 안 된다. 그리스도의 복음을 버리는 자는 필경 그의 은총을 떠나게 될 뿐 아니라 살아 계신 하나님을 배반하게 될 수밖에 없을 것이다.

그런데 갈라디아 사람들은 바울이 전한 복음을 도적같이 닥쳐올 주의 날이 이르기까지 꾸준하게 믿지 못하고 어느덧 고의하기 시작하였다. 그러나 짐작컨대 그들은 그때에 비록 바울의 가르침은 버려도 살아 계신 하나님을 배반할 생각은 아니었을 것이다. 그리고 구원받기 위해서는 복음신앙간으로는 부족하고 거기에 더하여 행위의 보충이 있어야 한다고 주장하여 갈라디아 사람들을 설득시킨 유대인들도 그들을 타락시킬 의도는 아니었을 것이다. 그러나 그리스도의 복음을 인간 행위로써 보충해야 한다고 하면 이는 분명히 하나님의 무한하신 자비와 구원의 은총에 제한이 있음을 인정하는 일일 것이다. 아니 인간이 자기의인(自己義認)의 분담으로써 만대(萬代)하신 하나님의 구원의 은총을 회수해 보겠다는 엄청난 망상을 일으키는 일일 것이다. 그러나 복음의 보충은 도리어 그 왜곡이 되며 복음신앙의 수단과 방법은 본시 인간 자신이 고안할 성질의 것이 아니다. 이와 같이 자제경건은 불경건에 불과한 것이며, 언뜻 보면 하나님을 위한 것처럼 보일지 모르나 사실은 하나님의 은총을 거스르는 것이며 하나님께 대한 더할 수 없는 반역인 것이다. 그러나 이와 같은 자제경건을 사주 받은 갈라디아 사람들도 주의 몸 된 교회를 떠나거나 밖으로 나타나는 악덕 행위를 자행하지는 않았다. 그들은 여전히 교회 안에 머물러 있었고 몸가짐도 더욱 얌전하여 갔던 것이다. 그러나 그들은 이미 예수 그리스도의 구원의 은총만을 믿는 통일된 복음신앙에 머물지 않았고, 그들의 복음주의 신앙에는 질적인 변화가 생기게 되었던 것이다. 그런데 교회의 가장 큰 위기는 언제나 이와 같은 상태에서 발단되는 것이다. 왜냐하면 교회 안에 행위를 중시하는 율법주의가 지배하느냐 은총신앙이 승리하느냐 하는 문제는 기독교의 사활 문제이기 때문이다. 따라서 바울은 순수한 복음신앙에 균열이 생긴 갈라디아 교회의 실상을 듣고 평안한 마음을 가질 수 없었으며, 경고하는 말로써 그들의 행위를 질책하기에 이른 것이다.

2. 복음이 선포하는 축복과 저주

복음에는 두 가지 복음이 있을 수 없다. 오직 믿음으로 의롭게 되며 예수 그리스도로 말미암아 죄 사함을 받는다는 하나의 복음이 있을 뿐이다. 우리를 구원하시는 하나님의 복음은 이것밖에 없다. 따라서 '다른 복음'을 말하는 것은 바울 사도에 대한 반론인 것이다. 그런데 갈라디아 교회에는 이 하나님의 복음을 훼손시키려는 일대 세력이 물밀듯이 밀려들었다. 곧 구원받기 위해서는 복음신앙만으로는 부족하고 거기에 인간 행위를 부가해야 한다는 율법주의를 사주한 광태(狂態)의 유대주의 세력이었다. 그런데 이와 같은 모함과 선동으로 교회를 어지럽히는 장본인은 알고 보면 사탄인 것이다. 둔한 사람은 이 사실을 식별치 못하고 사탄의 앞잡이 노릇을 하고 있던 유대인의 사주에 어리둥절했을 것이다. 그리고 예사로운 심정으로 그들이 주장하는 율법주의 사상에 찬동의 뜻을 표했을 것이다. 그러나 바울 사도의 예리한 안목은 사태의 깊은 내용을 간파하고 말았던 것이다. 그래서 바울은 유대인의 배후에서 그들을 조종하는 사탄의 정체를 청천백일(靑天白日)에 드러나게 했다. 사탄은 본래 아무것도 아닌 것이 하나님의 보좌를 노려보는 자이며 자기 스스로 하나님이 되기를 바라고 하나님을 '시기하는 자'다. 그러나 사탄에게는 계시가 없고 천국의 침입이 없다. 그러므로 이따위 것들에 선동되어 그리스도의 은총을 배반하는 자가 있다면 그는 분명히 가엾은 자인 것이다.

바울이 전한 복음은 그야말로 하나님의 말씀이니까 그것을 거역하는 자는 곧 하나님을 거역하는 자인 것이다. 어떤 이가 뻔뻔스럽게 말하기를, "나는 다만 바울과 그의 선교를 배척했을 뿐이요 하나님을 거역한 적은 없노라"고 한다면 그는 이미 사탄의 미혹 중에 빠져 있는 자일 것이다. 그래서 바울은 격분한 어조로 하나님께 버림받으라고 저주를 선포하기에 이른 것이다. 세계관에 머무는 사상가라면 남을 저주할 수 없을 것이다. 그러나 은총의 사도인 바울에게는 저주할 수 있는 당당한 권한이 부여되어 있는 것이다. 왜냐하면 바울은 하나님 편에서 하나님을 위하여 하나님의 입이 되어서 하나님의 말씀을 말하는 자기 때문이다. 그런데 단지 바울만이 아니라 예수 그리스도가 보내신 자에게는 언제나 이와 같은 권세가 부여된다. 곧 열 수도 있고 닫을 수도 있으며 죄를 사할 수도 있고 기억할 수도 있는, 즉 하나님의 주권을 대리하는 권세가 부여된다. 그러기에 바울이 갈라디아 사람들을 저주한 것은 그들에 대한 편협한 반감이나 바울 자신의 책망이 아니라 사도로서의 단호한 선언임을 잊어서는 안 된다.

한국 교회는 점점 저주 없는 교회로 변하여 간다. 그러나 저주하지 못하는 교회는 축복할 수도 없는 교회다. 왜냐하면 그와 같은 교회는 하나님 편에서 하나님의 말씀을 선포하는 교회가 아니기 때문이다. 그와 같은 교회에서는 그 이하의 일들이 성행하고 있을 뿐이다. 그러나 하나님께서 하나님으로 머무시는 교회에서는 축복과 함께 저주가 선포될 수밖에 없다. 그리고 이와 같이 교회에서 선포되는 축복과 저주에 대하여 감각이 없는 자는 이미 신앙 생명이 죽어 버린 자다.

'하늘에서 내려온 천사'라는 표현은 단순한 시적(詩的) 과장이 아닐 것이다. 왜냐하면 이단을 유포시킨 것은 본시 천사 루시엘이었으니 말이다. 이 천사가 이단을 유포시킨 이유는 하나님의 보좌에 측면 공격을 가하기 위해서였다. 그에게는 하나님을 정면에서 공격할 자신이 없기 때문에 비겁하게도 하나님의 자녀를 미혹시킴으로써 하나님의 보좌를 동요시키고 그들을 자기에게 굴종시키려고 꾀한 것이다. 이것이 오늘날에도 교회 안에서 성행되는 사탄의 술책들이다. 그래서 이와 같은 술책에 농락된 자를 향해서는 단호한 저주를 발할 수밖에 없는 것이다.

3. 선교의 비밀

모르는 사람들은 간혹 반문할 수도 있을 것이다. 똑같은 사람이 어찌 남을 저주할 수 있겠느냐고 반문할 수 있을 것이다. 상식적으로 볼 때 어디까지나 당연한 말이다. 그러나 이는 아직도 복음의 특수성을 식별하지 못한 자의 말이다. 바울은 여기에서 다른 사람만을 저주하고 있는 것이 아니라 깊은 차원에서는 자기 자신까지도 저주하고 있는 것이다. 따라서 바울은 교만한 마음으로 높은 자리를 차지하고 있는 것이 아니다. 도리어 바울은 하나님의 현전에서 땅바닥까지 낮아졌기 때문에 그와 같은 지대한 저주를 발할 수 있었던 것이다.

사람들은 사람의 눈앞에서는 의례히 퍽이나 겸손하지만 하나님의 현전에서는 대단히 교만해진다. 그러나 바울 사도는 이와는 정반대였다. 그는 하나님의 눈앞에서는 용감하게 항복하였고 그 대신 사람들을 대할 때에는 언제나 강직하였다. 왜냐하면 그는 하나님께 사로잡힌 하나님의 종이었기 때문이다. 그는 자기 스스로 말한 자가 아니며, 그를 통하여 하나님 자신이 말씀하셨다. 여기에 복음 선포의 비밀이 있다. 복음 선포에 있어서는 죄

된 인간들에게 하나님 자신이 부딪쳐 오신다. 살아 계신 하나님이 명확하게 처음과 끝이 되신다. 인격적인 하나님이 직접적으로 나타나신다. 그러므로 만일 복음을 전파하고 믿는다고 하면서 뚜렷하게 나타나는 인격적인 하나님을 대하지 못한 자가 있다면 그는 아직도 살아 계신 하나님을 접한 자가 아니라 자연성과 역사 중에 배회하면서 거기에서 자아와 다른 사물을 하나님으로 섬기고 있거나, 아니면 하나님과 피조물을 혼동하고 있는 자일 것이다. 이것이야말로 우상 숭배다. 그리고 이와 같은 우상 숭배자에게는 인간에 대한 관대성과 겸비는 있을지라도 하나님께 대한 겸비와 신실은 있을 수가 없는 것이다.

그러나 바울 사도는 살아 계신 하나님을 섬기는 자요 우상 숭배자가 아니었다. 따라서 그는 철두철미 하나님 앞에 겸비하였고 사람들의 안색을 엿보지 않았다. 오로지 하나님이 부탁하신 복음 선포에 충직할 수 있었음은 이 때문이다. 그러므로 바울을 가리켜, 바울이 준엄한 율법을 제쳐놓고 그리스도의 복음만을 믿으라고 권한 이유가 쉬운 길을 원하는 사람들의 환심을 얻기 위한 것이라고 말하는 사람이 있다면 이는 억설(臆說)일 것이다. 그런데 율법주의자들이 바울을 그렇게 비난하였다. 하기는 바울도 과거에는 사람들 좋은 대로 행동하였다. 그러나 복음의 사도로 소명을 받은 이후부터는 바울의 안중에는 오직 은혜르우신 하나님이 계실 뿐이요, 사람들의 방해는 문제가 아니었다. 또한 그리스도의 복음만을 믿으라는 바울의 주장이 사람들의 인기를 끌기 위한 것인지 하나님의 뜻을 준행하려는 것인지는 일고(一考)해 보면 자명한 일이다. 그리스도의 복음을 믿는다고 하면서도 오히려 재래의 유대교적 경건과 그 우월성을 자긍할 뿐만 아니라, 자기 자신을 자긍하여 보지 않는 유대인 앞에 내심 보존되기를 원하는 저 율법주의자들이야말로 간사한 자들이 아니겠는가? 그러므로 바울을 비난한 저 율법주의자들은 자기 허물을 남에게 전가시키는 자들이겠지만,

바울은 여기에서 남에 대한 반발만을 말하는 것이 아니라 오히려 사도로서의 자기 자신을 엄정하게 비판하고 있는 것이다. 상상을 해보면, 바울의 심정은 이러했을 것이다. '나는 대체 사람들의 환심을 사려고 하는 것일까? 또는 하나님께 용납되고자 하는 것일까? 나는 지금 사리사욕을 도모하고 있는 것일까? 아니면 거룩하신 하나님의 뜻을 이루려고 하는 것일까?' 바울은 무엇보다 이러한 점을 자문하고자 했던 것이다. 그런데 이러한 질문에 대한 대답은 이러하였다. '내가 만일 지금도 사람들의 환심을 사고자 한다면 나는 그리스도의 종이 아닐 것이다.' 그래서 이와 같은 사도 바울의 말씀은 단지 복음을 왜곡하고 교회를 교란시킨 거짓 교사만을 저주하고 있는 것이 아니라, 아마도 통일성 있게 복음을 전하지 않는 자기 자신까지도 저주하고 있는 것이다.

그러나 사실상 바울 사도는 하나님께 충직하려고 했으며, 인간을 추종하지 않았다. 그럴 수밖에 없는 것이 그가 받은 복음 자체가 어느 사도로부터 전수받거나 사람으로 말미암아 받은 것이 아니라 직접 하나님에게서 위탁받은 것이기 때문이다. 교회 내에도 가르치는 자와 배우는 자의 관계가 있을 수 있다. 그러나 세상에는 우리에게 복음신앙을 가르칠 수 있는 스승은 하나도 없다. 복음신앙은 다만 하나님의 직접적인 역사에서만 생기(生起)되는 것이지 교육적으로 가르치고 배우는 것에서 알려지는 것이 아니다. 이는 모든 신자에게 해당되는 일이지만, 특히 바울 사도의 경우에는 더욱 그러하였다. 여기서 바울은 다만 하나님에게 복종했을 뿐이요, 사람에 대해서는 자유로운 태도를 가질 수밖에 없었던 것이다.

III. 사도직의 기저(1장 13-17절)

제군은 내가 유대교에 있을 때에 행한 바를 이미 들었거니와 나는 그때에 하나님의 교회를 지나치게 박해하고 박멸하였으며[7] 나의 동족[8] 중 허다한 동배들보다 유대교에 있어서 훨씬 앞서 있었고 조상들의 유전에 대해서도 월등하게 열중했던 것이다. 그런데 나의 어머니의 므태로부터 나를 선별하시고 그의 은총으로 부르신 이가 이방인에게 증거하게 하시려고 그의 아들을 나에게 계시하는[9] 일을 기뻐하시자 나는 혈육과[10] 더불어 협의하거나 또는 예루살렘에 있는 선지 사도들에게 가지를 않고 곧 아라비아로 갔다가 다시 다메섹으로 돌아왔던 것이다.

1. 복음과는 무관한 과거

바울은 그가 전한 복음을 앞선 사도들에게서 배운 것이 아니라 예수 그리스도의 계시에서 직접 받았다. 무엇보다도 바울의 과거 경력이 이 사실을 증명해 준다. 그의 과거 경력에 대해서는 새삼스럽게 설명할 필요조차 없을 정도로 이 서신을 발신할 무렵에는 그에 대한 소문이 이미 각 지방에 널리 전파되어 있었다. 따라서 갈라디아 사람들도 이 서신을 받기 전에 이미 바울에게 관한 일을 잘 알고 있었다. 그는 회심 직전까지 율법에 대한 열광자였으나 복음에 대해서는 무서운 적개심을 품고 있었다.

---

7) '포르테오'(*portheō*) 동사는 무생물을 파괴하는 것을 의미하지만 여기에서는 사람을 살해하는 것을 말한다.
8) '게노스'(*genos*)와 '파트리코스'(*patricos*)는 모두 유대인을 가리킨다.
9) '유도케센'(*eudokesen*)과 '아포칼립사이'(*apokalypsai*)는 동시적인 상황을 말하는데, '아포칼립사이'는 바울의 내면에 근본적인 혁명을 일으킨 객관적 사실의 역사를 말한다.
10) '사르키 카이 하이마티'(*sarki kai haimati*)는 아무것도 아닌 인간을 가리키는 말이다.

이와 같이 율법을 숭상하는 사람이라면 누구나 마찬가지겠지만 바울도 과거에는 인간의 자연성을 무척 소중하게 여긴 사람이었다. 그래서 그는 하나님의 율법까지를 자기 지혜와 경건으로써 수행하려 했던 것이다. 그러므로 선민 이스라엘 사회에서도 지혜 있는 자와 경건한 자가 패왕으로 인정되었다. 따라서 유대인 중의 유대인이요 전형적 유대인인 바울이 이 패왕 중의 패왕이 되고자 원했음은 가히 짐작할 수 있는 일이다.

그러나 아무리 지혜 있고 경건하다 해도 어느 누가 하나님 보시기에 완전하게 보일 정도로 하나님의 율법을 완수할 수 있을 것인가. 사람은 도리어 하나님의 거룩하신 요구 앞에 깊은 환멸을 느낄 수밖에 없는 그릇된 죄인들인 것이다. 초대교회 신도들은 이와 같은 확신 때문에 하나님이 부여하신 율법을 완수할 수 있는 이는 사람이 아니라 강보에 싸인 아기, 십자가에 죽으시고 사흘 만에 다시 사신 주 예수 그리스도라고 굳게 믿었다. 그런데 그들의 신앙 내용이 이와 같은 것임을 알게 된 바울은 이를 수수방관할 수 없었던 것이다. 왜냐하면 이는 분명히 율법을 부여하신 하나님을 모독하는 일이며 이스라엘의 희망을 좌절시키는 음모라고 보였기 때문이다. 그래서 바울에게는 일개 목수에 불과한 예수에 대한 반발심이 불 일 듯 일게 되었고 그에 대한 북받쳐 오르는 분격을 억누를 길이 없었던 것이다. 그는 마음에 극도의 분격을 느낀 나머지 미친 듯이 이론과 실천으로써 교회를 박해했을 뿐만 아니라 심지어는 질그릇 부수듯이 모조리 박멸하려고 혁명적인 노력을 다했던 것이다.

2. 대전환

또다시 말하지만 전도양양한 이스라엘의 젊은이들은 서로 경쟁하여 율법을 준수하기에 매진했다. 이 중 바울은 으뜸이었다. 율법에 대한 이와 같은 열정을 가졌기 때문에 바울은 극도로 그리스도의 복음을 미워할 수밖에 없었다. 그 당시 바울의 안목에는 율법은 곧 하나님의 길이요 그의 가납도 율법일 뿐 아니라 하나님의 은사 역시 율법이었다. 아니 율법이 바로 하나님과 바울 사이의 중보자였다. 그러니까 율법이면 그만이지 복음은 무엇이며 신앙은 무엇이냐라는 것이 바울의 심정이었다. 그런데 이와 같은 심정을 가진 자를 그리스도의 복음으로 감화시키다니 이는 도저히 있을 수 없는 일이다. 있다면 그것은 인력이 아니라 이적일 것이다. 오직 하나님의 역사만이 그와 같은 이적을 행할 수 있을 것이다. 그런데 보라, 저 불타던 열정으로 율법을 숭상하던 열광자 바울이 다메섹으로 가는 길에 율법에 대한 그 열정을 순식간에 잃어버리고, 근절을 도모하던 복음의 사도로 오히려 돌변해 버린 것이다.

역사가는 말하기를 바울의 회심은 그의 내적 발전의 결과라 한다. 그리고 그의 회심을 하나님의 돌발적인 기적에 돌리려고 하는 것은 기독교 신앙인들의 속임수라고 말한다. 그래서 그들은 성(聖) 아우구스티누스와 루터의 회심과 더불어 바울의 회심도 그들 자신의 내적 발전의 결과라고 보는 것이다. 그러나 이와 같은 주장은 무엇보다도 성서의 증거를 왜곡하는 것이니 이는 신앙의 바른 길을 이해하지 못한 자들의 주장인 것이다. 회심 이전에 바울이 만반의 준비를 갖추고 있었다고 해도, 그리스도에 대한 신앙 결단과 사도로서의 소명 자체는 하나님의 이적에서만 생기게 된 것이지 인간 바울의 내적 발전의 결과는 아닌 것이다.

억측을 삼가고 바울 자신의 솔직한 고백에 귀를 기울여 보라. 바울 자신의 증언에 의하면 회심의 궁극적 근거는 하나님의 영원하신 예정에 있었고 이는 하나님의 자유로우신 섭리가 성취된 것이다. 율법을 떠나서 그리스도의 복음을 들으면 곧 하나님의 진노를 입게 될 것이라고 회심 직전까지 두려워했다는 것도 그러한 증거가 될 것이다. 그가 그리스도의 교회를 박해하며 파괴한 까닭도 그렇게 하는 것이 하나님의 명령이라고 확신했기 때문이었다. 즉 바울은 이때에 창조와 섭리는 믿었으나 예수 그리스도로 말미암은 의인(義認)신앙을 모르고 있었던 것이다. 그러나 만일에 예수 그리스도를 알지 못하고 창조와 섭리를 믿는 자가 있다면 그는 결국 자기 의사를 믿는 것에 불과한 자임을 알아야 한다. 왜냐하면 하나님의 뜻은 그의 아들 예수 그리스도에서만 계시되었고 하나님께서는 예수 그리스도를 통해서만 우리를 지배하시기 때문이다. 그러므로 하나님의 뜻을 분별하여 그에게 충성하기 위해서는 예수 그리스도의 종이 되어 그의 십자가의 복음을 믿고 전파함으로써 주의 몸 된 교회를 정성으로 섬기는 길밖에 없는 것이다.

그런데 돌이켜 생각해 보면 바울의 과거는 그리스도 신앙으로 인도하시기 위한 하나님의 준비였다. 바울 자신도 자기의 과거가 그러한 의미를 지닌 것이라고는 꿈도 꾸지 못했다. 그러나 목적지에 다다른 이제와 보니 하나님께서 자기의 전체 과거를 인도하여 오신 것이 너무나도 명백하다. 하나님의 시선이 바울과 끊임없이 같이했고 그가 걸어온 한 걸음 한 걸음은 하나님의 팔에 의해 인도되어 왔던 것이다. 그러므로 바울의 사도직은 인간 바울의 내적 발전의 결과가 아니라 그를 모태로부터 작정하신 하나님께서 그의 영원하신 작정을 성취시키신 결과였던 것이다. 만일에 이 객관적인 하나님의 역사가 없었으면 바울의 회심은 있을 수 없었을 것이다.

3. 활동 개시

특별하게 소명 받은 바울에게는 즉시로 특수한 사명이 부과되었다. 전 세계를 주님 앞에 바치기 위하여 온 세상에 그리스도의 복음을 전파하라는 이방 선교의 사명이다. 바울에게 이 소명과 사명이 동시에 임하였다. 그리고 이 중대한 사명을 받은 바울은 그 마음속에 하나님의 아들이 계시되자 그 즉시로 전도를 시작하였다. 그리스도의 사도로 소명 받은 이상 무엇을 할 것인가를 생각하거나 실제로 전도를 할까 말까를 망설일 필요는 없었다. 이미 예수는 그리스도요 그를 믿는 믿음만이 의와 생명이 됨을 인식하게 되었고 이 소식을 만민에게 전하라고 하신 사명까지 받은 바에야 주저할 것이 무엇이랴. 예루살렘 교회 지도자들을 찾아가서 나의 받은 하나님의 계시가 과연 하나님의 계시냐고 물어볼 필요는 없는 것이며 이방 선교를 명령하신 하나님의 명령에 순종할 필요가 있겠는가를 문의할 필요도 없는 것이다. 이는 모두 헛된 시간 낭비일 뿐이며, 잘못하면 계시의 순수성을 흐리게 만드는 결과를 가져올 수도 있다. 그래서 바울은 사람과의 접촉을 일절 피하고 소명을 받자마자 곧 선교 활동을 개시했던 것이다.

그런데 바울이 이와 같이 소명 직후에 선교 활동을 개시한 데에서는 초대교회에서 이미 움트고 있던 하나의 커다란 잘못이 시정되었던 것이니 그것은 곧 인간 신화의 잘못이었다. 어떻게 생각하던 초대교회 신도들만은 그리스도의 복음을 순수하게 믿었을 것이라고 생각할 수도 있을 것이다. 그러나 실지에 있어서는 반드시 그렇지도 않았다. 사람들은 그때에 벌써 인간을 신으로 섬겨 그들을 경배하려 하였던 것이다. 그 결과 그들은 베드로와 요한 그리고 주의 형제 야곱을 소중히 여겼지만, 그들보다 뒤져서 소명 받은 바울 사도 같은 이는 가볍게 다루고자 하였던 것이다. 그러나 하나님의 현전에 있어서는 인간은 모두가 아무것도 아닌 혈육일 뿐이다. 이에 있어서 바울은 베드로, 요한, 야곱뿐 아니라 예루살렘 교회 전체를 가리켜 혈육이라 부르는 것이다. 그러나 이는 결코 그들의 명예를 손상시키려는 뜻이 아니라 저는 다만 베드로나 요한 등이 우상화되는 일을 방지하고 오직 한 분 살아 계신 하나님만이 더욱더 높여지기를 바랐던 것뿐이다. 뿐만 아니라 다 같이 한 하나님의 소명을 받은 바에야 자기의 사도직과 그 사명에 대하여 선진 사도들의 승인을 받을 필요는 없을 것이다. 이에 있어서 바울은 그들의 찬동 여부를 묻는다거나 인간적인 지도를 기다릴 것 없이 담대하게 하나님의 말씀을 전파하기 시작한 것이다. 혹은 이 바울의 태도를 신비주의적이라고 논란할 수도 있을 것이다. 그러나 신비주의 여부를 막론하고 바울은 인간들의 개입을 일체 피하고 다만 하나님의 직접 계시에 추종했을 따름이었다.

IV. 독거와 회합(1장 18-24절)

그 후 삼년 만에 게바를 만나려고[11] 예루살렘에 올라가 저의 곁에 십오 일간 유한 일이 있었다. 그러나 주의 형제 야고보외에는 다른 사도를 만난 일이 없었다. 하나님이 아시거니와 내가 이제 제군에게 쓰는 것은 결코 거짓말이 아니다. 그 후 나는 수리아와 길리기아 지방으로 들어갔다. 그러나 나는 그리스도 안에 있는[12] 유대인의 교회를 친히 접하지를 않았다. 다만 저희가 지난 날 우리를 박해하던 자가 이제 와서는 전자에 파괴하던 신앙을 전한다는 말을 듣고 나 때문에 하나님께 영광을 돌렸던 것이다.

1. 독거의 의의

성도가 서로 서로 사귀며 의견을 교환함은 더할 수 없이 귀한 일이다. 그러나 이 성도의 사귐이 기독자의 실존을 창정(創定)하는 것은 물론 아니다. 바울이 바울된 것은 사람과의 접촉에서 된 것이 아니라 그것은 오로지

---

11) '히스토레사이'(*historesai*)는 아직 가 본 일이 없는 도성을 가보고 싶어 하는 심정을 말한 말이다.
12) '엔 크리스토'(*en christō*)는 신비적인 그리스도 경험보다도 종말론적인 장소를 의미할 것이다.

하나님의 이적으로 된 것이었다. 뿐만 아니라 저는 실지 전도를 시작한 후에도 삼 년이 경과하도록 다른 사도들을 만난 일이 없었다. 이리하여 수 삼년의 독거 생활에서 저의 생애의 중대 의의가 결정되었다. 그러다가 저에게 대한 그 지방 사람들의 증오심이 극도에 달하게 되어 저를 잡으려고 성문을 지키게 되자 저는 부득이 구사일생 성문을 넘어서 근근이 피신했던 것이다. 말하자면 지금까지의 활동 구대에서 쫓겨난 다음에야 베드로와 야곱을 심방하기로 작정함에 이른 것이니 이 또한 하나님의 주신 기회라고 말할 수밖에 없을 것이다.

그러나 전자에는 예루살렘에 상경하지 아니한 것을 강조했던 바울이 이제 와서 또다시 예루살렘에 올랐다고 말한다 하여 저의 사도직의 자주성이 약화될 것은 조금도 없다. 저가 게바와 야고보를 간나기 위하여 예루살렘에 올라간 것은 회심하고 나서 삼 년간의 세월이 흘러간 다음이었다. 저가 예루살렘에 올라간 목적도 게바를 수반으로 한 예루살렘 교회에 가서 그리스도의 복음을 전해 받거나 사도직을 승인 받기 위해서는 아니었었다. 저는 다만 새로운 활동 무대가 생기기 전에 못 가본 도성을 구경하듯이 가벼운 심정으로 잠깐 예루살렘에 올라가 보기를 바랐던 것이다. 그래서 저는 어디까지나 대등한 권위를 가진 자로서 게바와 주의 형제 야고보를 만나 보려 하였던 것이다.

그러면 하나님께서 바울에게 이와 같은 기회를 주신 까닭은 무엇을 위함이었을까? 그것은 바울로 하여금 베드로의 지도를 받게 하거나 야고보의 인품과 그의 신앙사상을 더욱 상세하게 알게 하기 위함은 아니었을 것이다. 그보다는 차라리 다메섹 도상에서 특수하게 소명 받은 이방 사도 바울로 하여금 주의 형제 야고보와 그의 수제자 베드로를 만나 보게 하심으로써 영적 그리스도에게 부름 받은 바울이 그들의 입을 통하여 역사적 예수께 대한 귀중한 지식을 얻게 하시며 이로써 바울이 전한 영적 그리스도가 결코 가공적인 환상이 아니라 확실한 역사적 근거를 가지신 분임을 확인케 하시기 위함이었으리라. 바울의 소명과 그의 전한 복음의 내용이 게바의 소명과 그의 전한 역사적 예수의 인상과는 상관이 없이 별도로 전파된 것은 사실이었다. 그러나 게바와의 인터뷰에서 바울은 역시 자기의 확신하던 그리스도 해석이 정당한 것이었음을 가일층 공고하게 믿게 되었을 것이다.

이리하여 소명 직후 바울은 예루살렘 교회와 더불어 아무런 관련도 없이 삼 년간의 선교 활동을 계속하다가 천여(天與)의 기회를 타서 잠시 동안 게바와 주의 형제 야고보를 만나게 되었다. 그러나 저의 사도직은 그들과는 상관이 없이 다시 사신 주 예수 그리스도의 소명에서 기원된 것이었다. 바울은 여기에서 이 점을 끝끝내 주장하고 있거니와 잘못 생각하면 이와 같은 바울의 생각은 극도의 개인주의, 독선주의처럼 인정될 수도 있을 것이다. 그러나 바울은 결코 개인주의적이거나 독선주의적인 생각에서 자기의 독자성을 주장한 것은 아니었다. 저가 사람들을 멀리한 까닭은 하나님과 더불어 멀어지지 않기 위함이었고 저가 사람 앞에 강직한 까닭도 차라리 하나님의 현전에서 겸비하기 위함이었다. 이상주의자들은 이르기를 강한 사람은 홀로 있을 때에 가장 강하다고 말하지만 죽음의 괄호 속에 들어 있는 우리 인간이 강하면 얼마나 강할 것이냐. 그러기에 바울은 언제나 자기 홀로 자행자지(自行自止)하지 않고 전능하신 하나님과 더불어 동행했던 것인데 저의 독거 생활의 의의는 여기에 있었다.

2. 사귐의 길

바울은 예루살렘에서 두 주일을 보낸 다음에 출생지인 소아시아로 행하였다. 시리아는 안디옥을 중심으로 한 지방이었고 길리기아는 바울의 출생지인 다소를 수도로 한 고장이었다. 그래서 바울의 소아시아 전도는 이 두 도성을 중심으로 전개되었거니와 저는 말하자면 자기의 고향까지를 복음 선교의 대상지로 삼은 셈이다.

그러나 유대인은 재래에 피와 신앙과를 동일시하였다. 저희가 율법을 완수함으로써 하나님을 섬기고자 한 것은 이 때문이다. 바울도 과거에는 그들과 더불어 다름이 없었다. 그러나 이제 와서 돌이켜보니 이는 다 그리스도 예수께 대한 반역이었다. 왜냐하면 하나님을 아는 길은 오직 그리스도 안에만 있을뿐더러 그리스도를 떠나서는 형제와 더불어 사귈 수 있는 길도 없기 때문이다. 하나님은 다만 그의 아들 예수 그리스도에게 있어서만 알려지실 뿐이요 형제가 형제 됨도 오직 그리스도에게 있어서인 것이다. 이 사실을 깨닫게 된 바울 사도는 새삼스럽게 그의 일가친척까지를 그리스도를 통하여 사귀기 위하여 그 고향에 들어갔던 것이다.

저의 행한 이 모든 소행은 그리스도의 복음과 그의 몸 된 교회와 더불어 깊은 관련이 있었으므로 저의 소행은 교회 전체의 관심사가 되었으리라. 그래서 당시의 기독자 사회에는 바울의 소문이 자자하게 떠돌았을 것이다. 따라서 유대 지방 여러 교회도 바울에게 관한 소문을 상세하게 들었을 것이다. 이에 있어서 바울은 유대 땅 교회들이 자기가 전자에 파괴하던 신앙을 전함을 듣고 하나님께 영광을 돌렸다고 말하거니와 자기 때문에 교회가 하나님께 영광을 돌렸다 함은 대담한 말임에 틀림이 없다. 그러나 바울은 이 말을 태연스럽게 말할 수 있었다. 그 까닭은 저는 결코 저 자신의 인간성을 자랑한 것이 아니라 그리스도의 복음을 증거한 저의 사도직을 자랑한 것이며 비천한 인간에게서 생기된 하나님의 역사를 자랑한 것이다. 다시 말하면 저를 지지하시고 인도하여 주신 하나님의 긍휼과 그의 자비를 자랑한 것이다.

이에 있어서 갈라디아 사람들은 진실하고 철저한 복음의 사도 바울의 참모습에 깨닫게 되었으리라. 그리고 저와 더불어 주 안에서 사귀면서 바울을 그리스도의 사도로 받아들였으리라. 그들의 교회는 여기에서 비로소 참 복음 위에 설 수 있었고 저를 물리치고 그릇된 교사들을 추종할 때에는 갈라디아 교회는 그리스도의 복음 위에 터전을 둘 수가 없었던 것이다. 따라서 그와 같은 교회는 그리스도의 교회라고 말할 수는 없었다. 그리스도의 종을 물리치는 교회는 그리스도를 물리치는 교회인 것이니 바울이 갈라디아서를 발신한 동기가 이와 같은 잘못을 교정하려는 데 있었다 함은 이미 언급한 바와 같다.

V. 교설과 실천(2장 1-5절)

그 후13) 십사 년 만에 바나바와 더불어 또다시 예루살렘에 올라갔는데 (그때에는) 디도까지 데리고 갔었다. 내가 올라간 것은 계시14) 때문이었다. 나는 저희들에게 이방인에게15) 전한 복음을 제시하였고 특히 저명한 분들에게 사사로이 제시하였었는데, 이는 나의 현재 달리는 바와 이미 달린 바가 허사가 되지 않기 위함이었다. 그러나 나의 동행 디도까지도 저가 헬라인이었음에도 불구하고 할례를 강요받지 않았다. 그런데 몇 불량한 형제들이16) 들어와 그리스도 예수 안에 있는 우리의 자유를17) 정탐하여 우리를 또다시 구속코자 하였으나 우리는 촌시도 저희에게 굴복치 않았으니 이는 너의 중에

---

13) '에페이타'(*epeita*)는 연대와 논리적인 '이후'를 뜻한다.
14) '아포칼립시스'(*apokalypsis*)는 착각이 아니라 하나님의 명령을 가리킨다.
15) '헬렌'(*hellēn*)은 유대 이외의 백성을 가리킨다.
16) '프슈다델포스'(*pseudadelpho*s)는 내심은 그렇지 않으면서 겉으로만 형제 된 자를 말한다.
17) '엘류테리아'(*eleutheria*)는 율법에서의 자유를 가리킨다.

복음의 진리가[18] 존속하게 하기 위함이었다.

1. 이론보다 중한 사실

앞에 말한 바와 같이 바울은 예루살렘 교회의 중진들을 만나고 나서 또다시 실지 전도에 투신하였다. 이번에는 십삼 년이라는 기나긴 세월을 오직 하나님 한 분만을 우러러보면서 독립전도자로서 분투하였다. 그러나 바울은 처음에 예루살렘 사도들과 자기 사이에 어떠한 차이점이 있으며, 이 차이점이 장차 그리스도 교회에 큰 영향을 끼치게 될 것인가를 예측하지 못하였다. 그런데 십개성상(十個星霜)의 오랜 시일이 흐른 다음에 저가 또다시 예루살렘을 향하게 되었을 때에는, 이 차이점 때문에 그리스도 교회에는 수습하기 어려운 구열이 생기게 되었던 것이다. 바울이 실지 전도를 시작한 이디 안디옥을 비롯하여 시리아와 소아시아 일대에는 점차로 그리스도 교회가 서게 되었다.

그런데 이 모든 교회들은 처음부터 고세의 율법을 도외시하였다. 이 모든 교회들도 이스라엘의 역사 중에 자기를 계시하신 하나님을 신봉하였다. 그러나 그들은 유대인과 달라서 율법을 하나님의 최고 은사로 인정하지는 않았다. 도리어 바울 사도의 전한 바대로 율법은 다만 성전 예배와 윤리 행위만 가지고는 하늘나라에 들어갈 수 없음을 가리키는 것이라고 이해하였다.

그리고 예수 그리스도께서는 율법의 성취와 극복이시며, 저로 말미암아 새로운 자유의 나라가 성립되었다고 믿었다. 이에 반하여 예루살렘 교회는 비록 그리스도의 구원을 믿기는 믿었으되 여전히 할례를 하나님께 대한 계약의 표적으로 인정함과 동시에 광휘로운 율법의 광채를 그대로

---

18) '헤 알레테이아 투 유앙겔리우'(*hē alētheia tou euangeliou*)는 복음의 순수성을 말한다.

인정하였다. 이리하여 예루살렘 교회와 이방교회 사이에는 현격한 차이가 생겼던 것이다. 따라서 예루살렘 사도들과 바울 사도는 피차에 대적적인 활동을 전개할 수밖에 없었던 것이다.

그러나 언제까지나 이와 같은 대적적인 자태를 계속함은 교회를 위하여 상서로운 일은 아닐 것이다. 저도 나도 마찬가지 그리스도의 사도인 바에야 환담일석(歡談一席) 피차간에 흉금을 헤치고 전도 활동의 협의를 꾀할 필요가 있을 것이다. 더욱이 바울에게는 그 전한 복음의 내용을 선진 사도들 앞에 펼쳐 놓고 교회적인 판정을 받을 필요가 있었던 것이다. 그가 전한 복음의 진리가 비록 바르다 할지라도 저는 그것을 하나님의 특별하신 계시에서 받았을 뿐이지 그가 몸소 예수 그리스도의 역사적 사실에 접한 일은 없었을 것이다. 그러나 예루살렘 교회의 중진들은 이와 달라서 갈릴리 시대로부터 겟세마네에 이르기까지 그들은 시종여일 주님의 발자취를 추궁하였고 주의 부활과 성령 강림까지를 목격한 사람들이다. 그러므로 만일에 바울의 전도지대가 예루살렘 교회에서 완전히 유리된다면 혹은 저의 행한 모든 수고가 수포로 돌아갈지 모른다. 그런데 마침내 때가 왔다. 근 이십 년을 기다리게 하시던 하나님께서 이제 특별하신 계시로써 저에게 명령하여 예루살렘 사도들을 방문케 하시고, 두 사이의 차이점 때문에 주의 몸 된 교회가 양단되는 일이 없게 하신 것이다.

바울은 십 수 년간의 전도 생활 중에 동료 두 사람을 얻게 되었다. 유대인 바나바와 헬라 사람 디도다. 그래서 저는 예루살렘으로 올라갈 때에 이 두 사람을 대동하였다. 여기에서 우리는 바울의 치밀한 주의를 잊어서는 안 된다. 저가 바나바를 데리고 가서 이방인에게 복음을 전한 것은 자기 한 사람이 아니라 동료가 있었음을 증거하기 위함이었고, 디도를 대동한 까닭은 할례 받지 않은 헬라 사람도 그리스도인이 될 수 있음을 증거하기 위함이었다. 이 두 사람의 존재야말로 이방교회의 가능성과 그 의미를 웅변으로 말하여 준다. 이방 전도의 시시비비를 논할 것이 아니라, 뚜렷한 이 사실은 목도하라. 이 엄연한 사실만은 어찌할 수 없을 것이다.

2. 억압과 자유

위와 같은 혼신을 가진 바울 사도는 자기 몸소 온전한 자유를 소유하고 있었을 뿐 아니라 그 자유를 교회에도 전달한 사람이었다. 여기서 말하는 자유란 율법에서의 자유를 말한 것이다. 다시 말하면 그것은 자연성의 지배를 일체 버리고 그리스도 안에서 영원한 생명을 믿으며, 시간적인 목적을 위해서 전전긍긍하지 않고 순수하게 하나님을 위해서 사는 일이다. 그런데 이와 같은 자유는 인간 자신이 가질 수 있는 것이 아니라, 그리스도에게서 주어지는 것이다. 따라서 이 자유를 막고자 하는 자는 실상인즉 예수 그리스도를 막는 자라고 말할 것이다.

그런데 안디옥 교회에는 이 자유를 억압하는 자들이 들어오게 되었다. 저희는 자유인 바울을 율법적인 노예로 되돌아가게 하기 위하여 노력하였다. 그러나 저희는 예수 그리스도를 믿는 자도 아니요, 그리스도 교회에 속한 자도 아닐뿐더러, 주와 더불어 사귀는 자도 아니었던 것이다. 저희가 이와 같이 그리스도를 알지도 못하고 믿지도 않으면서 양의 옷을 입고 교회 안에 잠입한 까닭은 실상인즉 그리스도인의 자유 때문에 침해 받게 된 자기들의 권리를 회복하기 위함이었다. 이에 있어서 저희는 온갖 권모술수를 농락했던 것이다.

그러나 만일 이와 같은 무리에게 한 걸음을 양보한다면 복음의 진리는 전적으로 와해될 것이다. 그러나 천지는 폐할지언정 하나님 말씀에 이상이 있어서는 안 된다. 그래서 바울은 단호히 서서 그들에게 한 걸음도 양보하지 않았다. 바울은 저 그릇된 무리들과 타협하거나 부끄러운 굴복을 형하지 않고 도리어 자기의 행한 바가 하나님의 뜻에 부합됨을 확신하면서 치열한 전투를 감행하였다. 마귀의 계궤(計詭)가 제아무리 교묘하여도 믿음으로 신을 바라보면서 주께 대한 충성을 관철만 하면 복음의 자유를 장해할 수는 없는 것이다.

VI. 교회정치(2장 6-10절)

그러나 저 저명한 분네들은 저희가 어떠한 사람이든 나에게는 하등 상관이 없다. 왜냐하면 하나님께서는 사람의 외양을 보시지 아니하니까 나에게 아무것도 더한 것이 없었다. 그뿐더러 할례 받은 자들을 위하여 베드로에게 복음이[19) 위탁되어 있음과[20) 같이 나에게는 할례 받지 아니한 자들을 위하여 복음이 위탁되어 있음을 보고 (왜냐하면 베드로에게 역사하사 유대인의 사도가 되게 하신 이가 나에게도 역사하사 이방인의 사도가 되게 하셨으니까) 나에게 주어진 바 은총을[21) 인식하자 기둥처럼 인정받던 야고보와 게바 및 요한 등이 나와 바나바에게 오른손을 내밀어 악수하였다. 그리고 우리는 이방인에게로 가고 저희는 유대인에게로 가자는 합의를 보게 되었다. 단 우리가 빈한한 사람들을 돌보아 주기로 작정되었는데 이는 내가 기왕에도 성의껏 수행코자 힘써 오던 바이다.

---

19) '유앙겔리온'(*euangelion*)은 복음의 내용이 아니라 그 전달을 뜻한다.
20) '피스튜에스타이 토 유앙겔리온'(*pisteuesthai to euangelio*n)은 로마서 1장 5절의 '아포스톨렌 람바네인'(*apostolēn lambanein*)과 같은 뜻이다.
21) '텐 카린'(*tēn charin*)은 부과된 사명과 그 성과를 말한다.

1. 여러 가지 은사

예루살렘 사도들은 저 그릇된 형제들과 판이한 판단을 내렸다. 저희는 바울의 사도됨과 그 전한 복음을 완벽(完璧)으로 여겼을 따름이요 거기에 대하여 추호도 흠잡으려 하지 않았다. 하기는 유대인으로서 율법을 짓밟는다는 일은 어려운 일 중에도 어려운 일이었을 것이다. 그럼에도 불구하고 저희는 율법에서 이탈된 이방 사도를 자기들의 동료로 영접함과 동시에 이스라엘 교회와는 성격이 전혀 다른 이방교회를 그리스도의 몸 된 교회로 선선하게 인정하였다. 그리고 이방 사도의 전도 활동과 그 성과를 충심으로 치하했을 뿐이요, 그에게 율법의식의 무거운 짐을 부과하려고 하지 않았다. 그런데 이는 다만 바울의 인품이나, 이방교회의 과거에 대한 용인일 뿐 아니라 깊이 보면 그 안에서 역사하시는 하나님의 권세를 용납하는 일이었다.

인간은 언제나 하나님의 쓰시는 그릇일 뿐이요 저 자신에게 적극적인 중요성은 없는 것이다. 이에 있어서 바울은 기둥처럼 인정받던 예루살렘 교회의 고명한 사도들을 은연중 야유한다. 왜냐하면 진정한 의미에서 경외할 권위를 가지신 분은 하나님 이외에는 없으심이다. 이와 같은 심정을 소유한 바울이 자기 자신의 가치를 인정받고자 하였을 리는 만무할 것이다. 저에게 인정받기를 바란 것이 있다면 자기 안에 역사하는 하나님의 은총이었다. 그런데 예루살렘 사도들은 바울 안에 역사하는 이 하나님의 은총을 인정하였다. 이는 저희가 성령의 계도를 받았던 때문일 것이다. 성령의 계도를 받은 자의 눈에는 그릇된 형제들의 잘못이 보임과 동시에 바른 형제들의 바른 모습도 보이는 것이다.

2. 약진(躍進)의 계기

이와 같이 성령께서 자유롭게 역사하는 교회에 있어서는 생생한 복음신앙만이 모든 문제를 해결해 준다. 이와 같은 교회에서는 십자가의 복음을 믿느냐 안 믿느냐에서 모든 문제가 해결된다. 사람의 덕성이나 명성 또는 그 경력 같은 것들을 기준으로 하고 모든 문제를 해결하려 함은 복음주의 교회에서는 용납할 수 없는 일이다. 그래서 예루살렘 교회의 선진 사도들은 그런 것을 가지고 판단하지 않고 다만 계시된 하나님의 말씀으로써 사리를 분별하였다. 그 결과 그들은 분열을 일으키느니보다 차라리 이방교회를 용납하는 일이 현명한 일이요 이미 터 닦아 놓은 이방교회를 확장해야 한다고 굳게 믿었다. 그들이 바울과 바나바에게 악수를 청한 까닭은 이 때문이다.

이리하여 초대교회 사도들 사이에는 원만한 일치를 보게 되었고 이로써 기독교의 기반은 가일층 공고하게 되었다. 생각하면 이는 예루살렘 사도들의 일대 영단이었다. 왜냐하면 율법에 열중하던 유대인 사회에서는 율법을 무시하거나 그것을 경시할 수는 없었기 때문이다. 그런데 예루살렘 사도들은 이방 사도 바울을 용납하고 저와 더불어 악수함으로써 저희 역시 율법을 경히 여기고 복음을 중히 여기며, 율법적인 제정을 무시하고 할례 없는 신앙을 인정함을 표명하였다. 이는 결코 용이한 일은 아니었을 것이다. 저희는 그때에 전 이스라엘의 분격을 개의치 않고 물 끓는 듯한 여론을 짓밟아 가면서, 그 일을 단행했을 것이다. 그렇지만 초대교회 사도들이 서로 용납하면서 뜨거운 악수를 교환하던 저 순간은 실로 기독교의 세계 진출이 공공하게 약속되던 굉장한 순간이었다.

그런데 예루살렘 사도들은 다만 바울과 이방교회를 용인한 데에 멈추지 않고 바울이 이방 전도에 열중한 나머지 예루살렘 교회를 망각할까를 저어하였다. 그래서 저희는 저로 하여금 예루살렘 교회를 기억함과 동시에 빈한한 형제들을 위해서 의연금을 모아 달라고 청탁하였다. 이와 같이 예루살렘 사도들이 유대와 이방과를 분별하지 않은 데에 호응하여 바울 편에서도, 예루살렘 교회 일을 자기 일처럼 생각하고 그 교회의 궁핍을 구제하기 위해서 진력하기로 작정하였다. 그러므로 바울 사도의 의연금 모집은 흔히 보는 빈민 구제라기보다 차라리 그것은 성도들의 거룩한 구체적인 사귐인 것이다.

VII. 책략의 잘못(2장 11-14절)

그런데 게바가 안디옥에 왔을 때에 괘씸한 일이 있기에 나는 저를 면책하였다. 그 까닭은 야고보에게서 어떤 사람들이 오기 전까지 저는 이방인들과 더불어 식사를 같이하고 있었는데 그들이 오자마자 할례 받은 이들이[22] 두려워서 자리를 떠나 소원한 태도를 가졌기 때문이다 그러니까 그 밖에 유대인들도 저와 더불어 행동을 같이하게 되었고 심지어는 바나바까지가 휩쓸려 들어가 그들과 같은 위선을 범하게 되었다. 그러나 나는 저희가 복음의 진리에 어그러지게 행함을 보고 모든 사람 앞에서 게바에게 내놓고 말하였다. 유대인 된 너는 이방인처럼 생활하고 유대인처럼 살지 않으면서 어찌하여 이방인에게 강요하여 유대인처럼 행하게 하느냐고.

1. 존재와 행위

사도 시대에 이미 교설과 실생활을 유리시키는 이단이 대두되는 한편 그것을 막기 위한 치열한 투쟁이 전개되었다. 그것도 주의 수제자요 부활의 증인인 베드로와 이방인 대 사도 바울 사이에 이와 같은 싸움이 벌어졌

---

[22] '페리토메'(*peritomē*)는 일반 유대인 신도를 말한다.

다는 것은 놀라운 일이 아닐 수 없다. 그런데 바울이 전한 이 에피소드에 대해서는 그 해석이 구구하다. 대체로 보아서 중세기 학자들은 베드로의 실수에 대해서 관대하였고 루터는 베드로의 죄과를 죄과대로 인정하면서 베드로는 하나님 앞에서 또다시 사유 받아야 한다고 주장하였다. 그러면 베드로가 실수한 동기와 그 결과는 무엇이었던가?

으레 율법의식을 준수하던 예루살렘 교회에 있어서는 율법 행위 때문에 교회 질서가 문란케 된 일은 거의 없었다. 그러나 유대인과 이방인이 섞여 살던 안디옥 교회에서는 반드시 그렇지도 않았다. 안디옥 교회에 있어서는 율법적인 모든 규정을 제거하고 번거로운 의식 절차를 폐기하자는 것이 바울과 예루살렘 사도 사이의 협정이었다.

베드로는 다만 말로만 이방교회를 용납지 않고 자기 몸소 안디옥까지 내려와서 그곳 형제들과 더불어 사귀어 주었다. 저도 역시 복음주의적인 믿음을 가졌는지라 저는 아무러한 구해도 느낀 바 없이 혼합 교회의 찬란한 생활 속에 뛰어 들어가 이방 형제들과 더불어 식탁을 같이하였다. 때마침 야고보에게서 그의 측근 몇 사람이 안디옥에 내려와 소문이 자자한 안디옥 교회를 찾게 되었다. 그런데 그들이 나타나자 베드로의 태도가 돌변하였다. 이제껏 이방인과 더불어 떡과 포도주를 나누던 저가 예루살렘 형제들 앞에서는 그 일을 기피함에 이른 것이다.

인간적으로 볼 때에는 베드로의 처사는 영리하였다. 하기야 율법의식은 기독교의 중심 문제가 아니므로 수시응변에 태도를 달리함도 무방할 것이며 경우에 따라서는 약간의 책략을 씀도 무방할 것이다. 그러나 베드로가 이와 같은 애매한 태도를 가지게 되자 안디옥 교회에는 순식간에 유대주의의 세력이 물밀 듯이 밀려들었다. 아니 안디옥 형제들이 미혹당했을 뿐 아니라 바울의 수반자까지 저희 뒤를 따르게 되었다. 베드로는 진리 자체와 저촉되지는 않는다 해서 감정적인 책략을 쓴 것이지만 거기에서 미쳐 오는 파문은 의외로 컸던 것이다.

　이에 대하여 바울은 베드로의 위선을 면박함과 동시에 그것은 복음의 진리에 어그러진 일이라고 공박하였다. 허나 이는 인간 바울의 감정만이 격화된 것은 아니었고 그것은 복음의 아성을 굳게 지키고자 한 사도적인 열성이었다. 바울로서도 자기의 과격한 언사가 잘못하면 교회의 일치를 깨트릴 것을 모를 리 없었을 것이다. 그러나 예수 그리스도의 사죄의 은총은 우리의 전 존재와 밀접한 관계를 가지는 것이다. 이 사실을 다소라도 인식한다면 신앙과 행위와 분리시킬 수는 없을 것이다. 믿는 자는 사건을 대할 때마다 기도로써 대해야 하는 것이다.

2. 인간의 혼란과 하나님의 섭리

　대사도 베드로에게도 인간다운 면이 얼마든지 있었다. 그래서 저는 사태적(事態的)으로 보아서 있을 수 없는 일을 몇 번이고 범행하였다. 그러나 베드로의 인간적인 약점이 노현되어도 안디옥 교회는 의연히 존속되었다. 그리스도의 몸 된 교회는 하나님의 사태다. 따라서 이 교회에 있어서는 인간들의 결단보다도 하나님의 결단이 선행되는 것이다. 베드로 자신은 알지 못한 가운데서 사특(私慝)한 책략에 빠졌었으나, 하나님께서는 저를 책략에서 구원하기 위하여 바울의 강경한 면박을 받게 하신 것이다. 따라서 바울의 면책은 인간적인 모욕이나 공박만이 아니라 하나님의 크나큰 자비였던 것이다.

VIII. 오직 믿음(2장 15-18절)

　우리는[23] 본래부터 유대인이요 죄 된 이방인이 아니다. 그러나 사람이 의롭게 되는 것은 율법행위로 말미암는 것이 아니라. 예수 그리스도를 믿는 믿음으로 말미암는 것임을 알고 율법행위에서가 아니라 그리스도를 믿는 믿음으로 의롭게 되기 위하여 그리스도를 믿게 된 것이다. 그런데 그리스도 안에서 의롭게 되기를 바라는 우리가 아직도 자기를 죄인으로 인정한다면 그리스도께서 죄 섬기는 자가 되셨단 말이냐? 그럴 리는 없을 것이다. 만일에 내가 이미 부수었던 것을 다시 세운다면[24] 나는 나 자신을 위법자로 나타내는 셈이 된다.

1. 실존 문제

유대인들은 하나님의 현존에 있어서 자기들과 이방인 사이에 현격한 차이가 있다고 자인하였었다. 하나님의 율법을 가지고 그것을 행하는 자기들은 본래부터 의인이고 율법을 알지도 못하고 그것을 행하지도 않는 이방인들은 죄인이라 하였다. 저희는 이와 같이 율법 행위를 치중하고, 자기의인에 도취했기 때문에 그리스도의 구원을 믿게 된 후에도 오히려 신앙과 행위를 밀접하게 연결시켰다. 그래서 그들은 행위는 신앙의 표징이요, 그 필연적인 보충이라고 보았던 것이다.

그러나 사도 바울은 이 유대인과 이방인 사이의 구별뿐 아니라, 율법 행위로 말미암는 자기의인을 모조리 부정한다. 구원받기 위하여 하나님 앞에서 의롭게 되어야 할 것은 말할 것도 없는 일이다. 그러나 사람이 의롭게 되는 길은 율법 행위나 자기의인에 있는 것이 아니라, 오로지 우리를 구원하신 예수 그리스도의 은총을 믿는 데에 있다는 것이다. 따라서 예수 그리스도를 믿게 된 이방인이 일단 재래의 생활태도를 버린 다음에 또다시

---

23) '헤메이스'(hēmeis)는 바울과 베드로를 포함한 유대인 신자를 말한다.
24) '카탈뤼오'(katalyō)와 '오이코도메오'(oikodomeō)의 목적어는 율법이다.

유대인의 생활방식을 따라갈 필요는 없다는 것이다.

이리하여 하나님 앞에서 의롭게 되는 길은 예수 그리스도를 믿는 것밖에 없거니와 이 그리스도 신앙은 다만 기분 전환이나 지식의 문제가 아니라, 사람이 일정한 존재 형태를 갖추는 일이다. 따라서 예수 그리스도의 사도로서는 유대인과 이방인을 가리지 않다가, 율법의식을 보전하기 위해서는 또다시 유대인과 이방인을 가려낸 베드로의 소행은 기독교 신앙에 대한 오해일 뿐 아니라, 그 본질에 저촉되는 일인 것이다. 따라서 바울이 이때에 단호하게 베드로의 소행을 막고자 한 것은 기독교의 교리만이 아니라 그리스도인의 실존까지를 지키기 위함이었다. 만일에 안디옥에서 베드로의 행한 바를 기독교적인 것이라 하면 사도 바울의 설교는 물론이요 그리스도인의 실존까지 무너질 수밖에 없는 것이다.

복음신앙은 이것 아니면 저것을 택하는 일이다. 율법이면 율법이고 복음이면 복음이지 "율법도 복음도"는 있을 수 없다. 복음과 율법의 관계는 마치 물과 불의 관계와 같다. 따라서 율법 행위를 지키려는 자가 복음신앙을 관철할 수는 없는 것이다. 만일에 율법준행과 복음신앙을 조화시키려는 자가 있다면 그의 말하는 율법과 복음은 추상적인 교리일지 모르나 생명을 창정하는 하나님의 권세는 못될 것이다.

2. 율법은 무엇인가

그러면 율법은 무엇이며 어찌하여 율법 행위로서는 구원받지 못하는가. 또 그리스도 신앙은 어떠한 것이며 예수 그리스도를 믿으면 어느 정도로 의롭게 되는가 하는 것이다. 이것은 갈라디아서의 중심 문제일 뿐 아니라 전 성서의 핵심적인 문제인 것이다.

그런데 안디옥 교회에서 만나게 된 바울과 베드로의 태도를 보면 복음신앙과 율법 행위와의 구별이 분명하게 드러나 있다. 바울은 그때에 신앙적인 태도를 지킨 데에 반하여 베드로는 율법주의로 전락하고 말았다. 그러나 율법 행위로써 하나님에게 어여삐 여김을 받을 수가 있다면 그리스도께서 십자가에 못 박힐 필요는 없었을 것이다. 그리스도께서 십자가에 달리신 까닭은 일점일획도 폐할 수 없는 율법의 준엄한 요구 때문에 죽게 된 우리를 대신하여 죽으심으로써 율법을 폐하신 것이다. 만일에 율법 행위로써 의롭게 되어 거기에서 구원받을 수 있는 길이 남아 있다면 예수 그리스도를 믿을 필요는 없을 것이다. 아니 율법 행위로써 크나큰 구원의 은혜를 사고자 하는 자가 있다면 이야말로 하나님 앞에서 교만의 죄를 범하는 자일 것이다. 그러나 율법은 다만 준엄하신 하나님의 요구를 행치 못하는 우리에게 심각한 죄의 인식을 일으킴으로써 우리를 멸하고 망하게 하는 강한 권세인 것이다.

3. 복음신앙과 타락

그런데 이제 우리를 은혜로써 구하는 길이 생기게 되었다. 그리고 그것을 전하는 것이 바로 복음인 것이다. 그런데 이 복음에 있어서는 의가 앞서 가고 행위가 뒤따라간다. 그리고 이 의를 우리의 행위에서 생겨진 행위의 산물이 아니라, 위에서 주어지는 의인 것이다. 바울은 이 위에서 주어진 의 중에서 행하고 생활하면서 우리에게 대해서도 같은 의 중에서 살기로 권하고 있는 것이다.

복음신앙대로 말하면 의인은 원천이요 행위는 거기에서 흘러가는 물줄기와 같다. 따라서 복음신앙은 일반 도덕과는 같이할 수 없는 것이다. 그리고 그리스도인이 그리스도인 되는 일은 윤리적인 결단에서 되는 것이 아니라 회개를 통해서 되어지는 것이다. 그리고 이 회개는 다만 뉘우침이 아니라, 난 대로의 사람이 생의 기반을 파열당하고 그의 전 존재를 정복당하는 일인 것이다.

그러므로 이와 같은 회개를 거쳐서 복음신앙에 들어온 자가 또다시 옛 방식에 의해서 의롭게 되고자 함은 있을 수 없는 일이다. 그런데 베드로는 이와 같은 잘못을 범했던 것이다. 그러나 그리스도께서는 우리의 죄를 자기의 것으로 삼으신 반면에 자기의 의를 우리에게 주심으로써 우리의 죄를 극복하신 것이다. 그러니까 만일에 그리스도 안에서 의인 받은 자가 자기 자신을 죄인으로 인정한다면 예수 그리스도의 구원의 은총보다 죄의 세력이 더욱 크다고 보는 셈이 된다. 아니 그리스도를 죄 섬기는 자나 죄의 선동자로 인정할 수밖에 없을 것이다. 그러나 이는 예사로운 죄가 아니라 하나님을 거스르는 극악의 죄라고 할 수부에 없다. 그래서 베드로가 빠져 간 율법주의는 확실히 복음신앙에서의 타락이었다. 이리하여 죄는 언제나 불신에서 기원되는 것이며 율법주의의 결과인 것이다.

IX. 죽음과 삶(2장 19-21절)

그러나 나는 하나님 안에서 살기 위하여 율법을 통하여 율법에서 죽은 자이다.25) 나는 그리스도와 함께 십자가에 못 박혔다. 그래서 이제 살아 있는 것은 내가 아니라 내 안에 그리스도께서 살아 계신다.26) 내가 지금 육으로 사는 것은 나를 사랑하사 나를 위하여 그 몸을 버리신 하나님의 아들의 믿음으로 사는 것이다. 나는 하나님의 은총을 헛되게 하지 않는다. 만일에 율법을 통해서 의롭게 된다면 그리스도의 죽음은 허사일 것이다.

---

25) 나와 세상과 율법이 다 같이 죽었다는 것이다.
26) 바울의 경건의 절정을 말한다.

1. 그리스도와 함께 십자가에

기독교에 있어서는 삶과 죽음이 문제되는데 바울 사상의 중심도 여기에 있었다. 그리고 그의 전한 복음은 윤리도덕의 권면이 아니라 난 대로의 사람이 죽고 새 생명을 받아야 한다는 것이었다. 그런데 이 신앙적인 죽음에 비하면 생리적인 죽음은 아무것도 아닌 것이다. 왜냐하면 신앙적인 죽음은 다만 육체적인 죽음이 아니라 삶과 죽음의 주재자 앞에서 우리의 전 존재가 죽게 되는 것이기 때문이다.

신앙적인 죽음은 다시 말하면 율법을 통하여 율법에서 죽는 죽음이다. 따라서 율법을 가볍게 여길 수는 없는 것이다. 그러나 난 대로의 사람이 율법의 요구를 채울 수는 도저히 없다. 그가 채울 수 있는 것은 다만 자신의 욕심뿐이요 율법적인 도구는 아닌 것이다. 사람이 관심할 수 있는 것은 거룩하신 하나님이 아니라 자기 자신의 요구뿐이다. 이것이 죽음을 경험치 못한 자의 실정이 있다.

비근한 예로 우리는 번번이 나라를 사랑하며 동포를 사랑한다고 한다. 그러나 우리가 생각하는 나라의 동포는 왕왕 추상적인 이념인 것이다. 그래서 그것은 현실적인 나라나 동포가 아니라 아름답게 치장한 우리 자신의 욕심인 것이다. 그러므로 나라를 사랑하며 동족을 사랑한다고 자인하는 사람은 현실적인 나라나 동족이 아니라 자기의 욕심 안에 잠겨 있는 추상적인 것을 사랑하지 않는지 반성해 볼 필요가 있다. 민족 국가의 문제도 이러한지라 거룩하신 하나님의 요구에 대해서는 더욱 그렇다.

그러나 그리스도인은 이미 율법을 통하여 율법에 죽은 자이다. 왜냐하면 그는 이미 예수 그리스도의 십자가에서 죽은 자이며 그의 죽음에서는 이미 율법의 요구가 끝났기 때문이다. 이리하여 그리스도인은 시간을 초극하고, 이천 년 전의 그리스도와 더불어 같은 시간에 처하게 된다.

예수 그리스도로 말미암아 영원히 시간 속에 침투하였다. 그래서 우리의 현재는 이 영원하신 그리스도에게 있어서 축복받은 현재다. 그리고 이것이 그리스도인의 구원인 것이다.

2. 과거와 현재

바울도 과거에는 예수 그리스도를 반역하였다. 그에게 십자가에 달리신 이가 하나님의 성자라고는 보이지 않았다. 그런데 하나님께서 그의 권능으로써 이 일을 증거하신 것이다. 그래서 십자가에 달리신 예수 그리스도께 반역하던 바울이 도리어 십자가의 권능에 사로잡히고 십자가에 달리신 이가 도리어 그의 주가 되신 것이다.

겉으로 볼 때에는 바울의 과거와 현재 사이에는 별로 다를 것이 없었을 것이다. 그러나 그의 과거와 현재는 전혀 다른 것이다. 왜냐하면 모든 것을 주관하는 주격이 바뀌었기 때문이다.

바울도 과거에는 스스로 생각하며 스스로 행하던 사람이었다. 그러나 이제 와서는 "내가 생각하니 내가 존재한다"고는 말할 수 없게 된다. 왜냐하면 그는 이미 그리스도에게 사로잡힌 자가 되고 그의 안에 그리스도가 살아 계시기 때문이다.

이와 같이 그리스도인의 안에서는 그리스도께서 주재하고 계시다. 그는 이미 자기 자신이 주격이 아니라 그리스도의 지배에 순종하면서 그의 주재에 순응하는 것이다. 그리고 이와 같이 자기 자신의 생각과 행위로 살지 않고 그리스도에게만 의존해 사는 데에 그리스도인의 실존이 있다.

그리스도 신앙은 결코 인생 생활의 부록이 아니다. 그것은 또한 자연생활을 윤택케 하기 위한 재료도 아니다. 그리스도인의 존재가 있은 다음에 그리스도의 구원이 있는 것이 아니라 도리어 그리스도인의 존재가 그리스도의 구원에서 비롯되는 것이다. 그래서 그리스도 신앙에 있어서는 여러 가지 가치판단이 전도되는 것이다.

그리스도인은 그리스도께서 모든 만물을 주재하신다고 믿는다. 따라서 우리 한 사람 한 사람뿐 아니라 민족 국가 역시 그리스도께서 주재하신다고 보는 것이다. 그러나 그리스도인은 결코 민족 국가를 섬기는 일이 바로 그리스도를 섬기는 일이라고 보지 않는다. 왜냐하면 거기에서는 예수 그리스도의 십자가가 무시되기 때문이다.

우리가 만일에 이 세상일에 직접적으로 관련된다면 예수 그리스도의 십자가의 죽음은 허사가 될 것이다. 그러므로 믿는 자는 모든 것을 일단 그리스도를 거쳐서 접해야 한다. 민족이나 국가뿐 아니라 그 밖에 모든 것을 직접적으로 접해서는 안 되고, 예수 그리스도가 그것을 위하여 나시고 사셨으므로 십자가의 고난을 받으신 것으로 대해야 하는 것이다. 만일 그렇지 않으면 예수 그리스도는 목적도 의미도 없이 죽으신 셈이 되고, 하나님께서는 그의 외아들 예수 그리스도의 죽음에서 거짓을 행하신 셈이 될 것이다. 그러나 바울의 본 바대로 하면 이와 같은 생각을 하는 자는 불의한 자요, 죄와 죽음을 면할 수 없는 자이다.

X. 역사와 신앙(3장 1-5절)

오! 분별없는 갈라디아 사람들아, 너희 눈앞에서는 십자가에 달리신 예수 그리스도가 그려져 있는데 누가 너희를 마취케 하여 진리에 순종치 못하게 하더냐. 나는 너희에게 이 한 가지만을 묻고자 한다. 너희가 성령을 받은 것은 율법행위에서냐 그렇지 않으면 신앙의 설교에서냐. 너희는 그렇게도 분별이 없느냐. 영으로 시작하고 나서 육으로 마치고자 한단 말이냐. 그러면 저 많은 고난은 모두 허사였단 말이냐. 그럴 리는 없을 것이다. 너희에게 성령을 베푸시고, 너희 중에·권능의 역사를 행하신 것은 율법행위로 말미암은 것이냐 그렇지 않으면 신앙의 설교로 말미암는 것이냐.

1. 생의 전환

사도 바울뿐 아니라 그리스도인은 누구나 그 생(生)에서 큰 전환을 경험하는 것이다. 그리고 한 차례 이 전환을 경험한 사람은 또다시 과거의 생으로 돌아갈 수 없음과 동시에 그 경험을 지나가서 인생의 더 큰 진전을 꾀할 수도 없는 것이다. 세상에는 그리스도 신앙을 능가할 수 있는 더 높은 생의 단계란 있을 수 없다. 믿음 이외는 다른 길에서 하나님께 나아갈 수가 없기 때문이다.

그런데 갈라디아 사람들이 그리스도 교회에 모이게 된 것은 성령을 받은 결과였다. 그들이 하나님을 인식하고 그의 뜻을 준행한 것은 성령의 역사를 힘입은 결과였다. 그들은 성령의 역사를 힘입어서 진리에 순종하며 충성을 다한 것인데, 여기에 말하는 진리란 다름 아니라 말씀 중에 임하시는 그리스도 자신이시다. 따라서 이 진리는 수학공식이나 천문학의 경제와는 달라서 믿는 자에게 순종을 요구하는 것이다. 그런데 갈라디아 사람들은 처음에 이 진리에 전적으로 순종하였다. 왜냐하면 그들은 그때에 성령으로 임재하시는 예수 그리스도의 존재에 접하였기 때문이다.

그런데 이제 그들은 이 진리를 떠나서 허망한 욕망을 품게 되었다. 다시 말하면 그들은 이제 그리스도를 믿는 데에 머물러 있지를 않고, 하나님에게 좀 더 가까이 나아가며 더욱더 거룩한 사람이 되어 보려고 노력함에 이른 것이다. 그들은 유대인의 사촉(唆囑)을 받아서 신앙을 저급한 계단으로 인정함과 동시에 그보다 더 높은 완성을 기다림에 이른 것이다.

그러나 이는 분명히 망상일 뿐 아니라 그들은 이때에 신앙 생명이 병들게 되고 신앙 의식이 흐리게 되어 바른 판단을 못 하게 되었던 것이다.

그런데 바울은 이에 대하여 단 한 가지 것만을 지적한다. 너희의 눈앞에는 십자가에 달리신 예수 그리스도가 광고판의 광고와 같이 뚜렷하게 계시되어 있다는 것이다.

그런데 예수 그리스도께서는 이천 년 전에 십자가에 못 박혔을 뿐 아니라 지금도 그의 몸 된 교회에 임재하시며 우리를 위하여 변함없는 고난을 겪고 계시다. 그리고 이 고난은 주께서 마지막 날에 가서 완전한 승리를 거두기까지 계속될 것이며 그리스도인은 이 그리스도와 더불어 영원한 현재를 사는 것이다.

2. 설교와 성령

신앙 문제에 있어서는 모든 문제가 한 군데에 귀결된다. 대체 어디에서 성령을 받았느냐 하는 문제다. 갈라디아 사람들이 그리스도인 된 표적으로 세례를 받은 이상 그들이 성령을 받은 것은 확실한 일이다. 그런데 그들은 과거에 할례나 율법을 몰랐으므로 그들은 신앙의 설교를 듣는 데에서 성령의 역사에 접했던 것이다. 그들 자신이 여기에 대한 분명한 의식을 가지지 못했을 것이다. 그러나 그들의 생에 있어서 가장 굉장한 사건은 그들이 이 신앙의 설교를 들었다는 일이다.

그럼에도 불구하고 유대계 사람들은 유대교를 기독교의 모체처럼 생각하고 기독교는 마치 유대교의 충족이나 되는 듯이 생각하였다. 그리고 그리스도인이라 할지라도 유대교의 율법의식을 밟아야만 바른 그리스도인이 될 수 있다고 주장했던 것이다.

그러나 기독교는 결코 지난날의 역사적 관련 중에서 생기된 것이 아니라, 성령으로 말미암아 새롭게 생기된 것이다. 그러므로 이 영적인 새 출발을 잊어버리고 낡은 율법 행위로써 신앙의 완성을 꾀하려 함은 바른 신앙의식을 흐리게 하는 것인 것이다. 그러나 분명한 신앙의식을 가진 자라면 일단 시작한 일을 버리고 스스로 시작한 일을 조롱할 수는 없을 것이다. 또한 인간적인 진전은 도리어 신적인 시작을 그르칠 뿐 아니라 하나님의 권능을 모욕하는 것이다.

그래서 성령 받은 사람은 이 세상의 모든 운동에 휩쓸려 들어가서는 안 된다. 차라리 세상과 더불어 거슬러서 살아야 한다. 그리스도인이 고난을 겪는 까닭은 여기에 있다. 그러나 그리스도인의 그난은 소극적인 것이 아니라 적극적인 것이다. 그리고 복음 설교를 듣는 중에서 하늘 권세를 힘입게 되는데 그리스도인이 신앙 생명을 유지하기 위해서는 순수한 복음 설교에 귀를 기울이면서 닥친 고난에 직면해야 하는 것이다. 왜냐하면 거기에서만 신앙의 승리를 확보할 수 있기 때문이다.

XI. 믿음의 조상 아브라함(3장 6-9절)

예컨대 "아브라함이 하나님을 믿었기 때문에 의롭게 여김을 받았다" 함과 같다. 그러니까 믿는 자는 누구나 아브라함의 후예임을 알아야 된다. 성경은 하나님께서 이방인을 믿음으로 의롭게 하실 것을 미리 알고 아브라함에게 예고하기를 "모든 이방인들이 너로 말미암아 축복받을 것이다"라고 하였다. 이와 같이 믿음을 가진 아브라함과 함께 축복받는 것이다.

1. 믿음의 의

말할 것도 없이 바울은 대표적인 이방 사도다. 그러나 그가 이방 사도가 된 까닭은 유대교의 관례를 따르던 예루살렘 사도들을 이반한 때문이 아니다. 그는 누구보다도 이스라엘에 대한 하나님의 역사를 잘 알고 있었고 참된 의미의 이스라엘인 그리스도 교회에 대하여 믿음의 조상 이스라엘이 어떠한 의미를 가졌던가를 알고 있었다.

새 계약을 가진 그리스도 교회가 영적 의미에 있어서 참 이스라엘에는 틀림없다. 그러나 하나님께서는 끝까지 이스라엘 사람을 신실로써 대하여 주시고 그들 위에서 그의 뜻을 이룰 것이다. 유대인, 이방인을 막론하고 사람은 누구나 약한 자이다. 그래서 그들은 다 같이 예수 그리스도에게서 심판 받고 그의 복음을 듣는 데에서 구원 받게 되는 것이다. 그런데 하나님께서는 믿음의 조상 아브라함의 역사를 통하여 그리스도 교회와 온 세상을 구원할 것을 경륜하셨다.

아브라함이 만백성의 조상이 된 까닭은 그에게 특별한 종교적인 소질이 있어서가 아니라 하나님께 대하여 순수하게 순종한 결과였다. 신앙이란 요컨대 하나님에게 순종하며 그를 신뢰하는 일이다. 그런데 믿음의 조상 아브라함은 이 점에 있어서 모든 사람의 수범이 되었다. 그는 인류 역사 있은 이래 처음으로 하나님 말씀에 전적으로 순종하던 사람이었다. 그는 하나님의 말씀에 따라 정든 산천을 뒤에 두고 정처 없이 유랑의 길을 떠났었으며 자기 자신의 생명보다도 더 귀중한 외아들까지를 바치려고 하였던 것이다. 그러나 이와 같이 순수한 신앙은 인간 자신의 결단에서만 되는 것이 아니라 그의 안에서 역사하시는 하나님의 권능에서 유래된 것이다.

그런데 하나님의 약속에 전적으로 신뢰하던 아브라함은 조국의 역사를 의롭게 본다거나 그 역사와 더불어 타협하지 않았다. 그는 다만 조국의 역사를 계시의 장소로 인정하고 거기에 나타난 하나님의 말씀에 대해서 순종할 따름이었다. 다시 말하면 그는 다만 역사 중에서 자연적인 생활을 영위한 것이 아니라 거기에서는 들을 수 없는 딴 음성에 순종하는 생활을 하였던 것이다.

아브라함은 하나님 말씀을 듣고 난 다음부터 자연계의 모든 요구를 평범하게 생각하였다. 그래서 그에게 있어서는 하나님의 요구가 긴급한 것이요, 이 하나님의 명령에 순응하는 데에서 의롭게 여김을 받게 되었다. 그래서 아브라함이 의롭게 된 것은 수많은 공적과 선행을 쌓은 결과가 아니라 도리어 의롭게 된 다음에 선을 행함에 이른 것이다. 그래서 그가 신뢰하던 하나님의 말씀이 그의 의가 되었던 것이다.

2. 이방인의 축복

아브라함을 계기로 인류 역사에는 두 가지 조류가 흐르게 되었다. 하나는 저 그릇된 교사들의 가르침과 같이 율법 행위를 중히 여기는 길이요 또 하나는 아브라함이 받은 바 신앙의인의 길이다. 그러므로 아브라함의 후예 된 자가 그 의무를 행위로써 나타내려 한다면 이는 일반 역사와 하늘나라를 혼동하는 일이라고 말할 것이다. 그러나 우리가 만일에 아브라함의 후예라면 약속 받은 약속에 굳게 머물러야 하고 역사적인 실존은 일단 버려야만 하는 것이다.

아브라함에게 주어진 약속은 분명히 피의 관계를 넘는 것이었다. 왜냐하면 성경이 예고하고 있음과 같이 그를 통하여 이방인까지 축복 받아야 하였기 때문이다. 그리고 여기에서 이스라엘의 역사는 넓은 의미를 가지게 되고 아브라함이 받은 약속은 세계적인 의미를 가지게 되었으며, 모든 족속이 가까워지게 되었다. 이리하여 하나님께서는 모든 족속을 가납하시고 그들을 축복함에 이른 것인데 축복이란 다름 아니라 하나님께서 말씀하여 주시며 행위에 앞서서 믿음으로 의롭게 되게 하는 일이다.

XII. 삼위일체의 복음(3장 10-14절)

율법을 행하는 자는 저주 아래에 있는 것이다. "율법 책에 기록된 것을 모조리 지키고 행하지 않는 자는 저주받게 된다"고 기록되어 있으니까, 그래서 물론 누구나 율법으로 말미암아 하나님 앞에서 의롭게 될 수 없을 것은 분명하다. 왜냐하면 "의인은 그 믿음으로 말미암아 살 것이다"27) 하였음이다. 율법은 믿음에서 나온 것이 아니다. "율법을 행하는 자는 율법으로 말미암아 살게 될 것이다." 그러나 그리스도께서는 우리 때문에 저주를 받으심으로써28) (왜냐하면 '나무에 달린 자는 모두 다 저주받은 것이라'고 하였으니까) 우리를 율법의 저주에서 속량하신 것인데, 이는 예수 그리스도에게 있어서 아브라함의 축복이 이방인에게 미쳐 가며, 우리도 또한 믿음으로써 말미암아 성령의 약속을 받게 되기 위해서이다.

1. 율법과 복음

그리스도를 모르는 사람들은 자기 스스로 정해 놓은 생의 의의를 실천하는 데에서 자족한 생각을 가지려 한다. 그래서 그들은 자기 자신의 전 운명을 자기의 행위에 걸고자 한다. 그런데 율법을 행하고자 하는 이들도 이와 같은 심정에서 스스로 율법을 행하려 하였던 것이다. 그러나 아무리 선한 일을 행한다 할지라도 사람의 행위를 가지고는 하나님 앞에서 가납 받을 수는 없는 것이다.

그런데 이와 같은 심정을 가진 사람은 하나님의 영광보다도 자기 자신

---

27) 랍비들은 신앙만을 요구하면 인간성이 약화된다고 보았다.
28) 이 저주('카타라', *katara*)로 말미암아 '죄'와 '의'의 구별이 생기게 된다(고후 5:21).

의 일을 생각하고 있는 것이다. 다시 말하면 그것은 자기 자신을 하나님의 자리에 세우려는 일인 것이다. 그러나 이와 같은 방식으로써 율법주의 빠지는 사람은 결국 하나님에게 저주받을 수밖에 없을 것이다. 하나님께서는 그와 같은 자들에게 자기 자신을 나타내지 않으신다.

율법주의에는 회개가 없다. 그리고 회개하지 아니한 사람은 언제나 자기 자신과 세상의 일을 구할 뿐이요, 주 하나님의 일을 구하지 않는 것이다. 그들에게 있어서는 눈에 보인 사람과 행의가 중할 뿐이요, 보이지 않는 하나님 앞에서 해결 받는 일이 없는 것이다. 그래서 율법의 세계에 머무는 한 내가 무엇을 믿는가는 중대한 문제가 아니다. 다만 내가 어떻게 행하는가가 소중할 뿐이다.

아닌 게 아니라 구원에는 두 가지 길이 있는 것이다. 하나는 자기의 죄를 의식하고 그것을 사하시는 하나님의 은총을 믿는 길이요, 또 하나는 자기 스스로 한없는 노력을 함으로써 하나님의 율법을 행하는 일이다. 그래서 "의인은 그 믿음으로 살 것이라"고 하신 하나님께서 "율법을 행하는 자는 율법으로 말미암아 살게 될 것이라"고 하신다. 그러니까 믿음으로 얻는 생명과 행위로 얻는 생명은 다 같이 하나님의 말씀에서 유래된 것이다. 그러나 죄에 빠진 우리는 하나님의 율법을 행할 수 없으며 여기에서 우리는 살리시는 하나님께서 죽이는 하나님임을 알게 되는 것이다.

하나님께서는 모든 피조물에 대하여 yes와 no를 말씀하신다. 어떻게 보면 이 말은 이치에 맞지 않는 말로 보일 것이다. 그러나 본래 하나님에게 멀리 떨어진 우리에게 있어서는 하나님에 관한 모든 말씀이 이치에 맞을 리가 없는 것이다. 만일에 하나님께 관한 말씀을 합리적으로 말하는 이가 있다면 그는 하나님의 사람처럼 만드는 사람이라고 말할 것이다. 그러나 바울이 말한 저 역리는 인간 바울의 말이 아니라 삼위일체의 증언이었다. 이 삼위일체 되신 하나님에게 있어서는 율법과 복음이 선포됨과 동시에 진노의 하나님이 구원의 하나님으로 나타는 것이다.

2. 그리스도의 십자가

세상에는 예수 그리스도의 십자가를 역사 중에서 나타난 인간적인 충돌의 결과라고 보는 이들이 많다. 그러나 그리스도의 십자가는 원래 하나님의 자기 반발인 것이다. 하나님께서는 자기에게 대한 사람의 반발을 걸머지고 자기 몸소 그것을 진압하셨다. 다시 말하면 그의 바다 같이 넓은 자비로써 치열한 저주의 불꽃을 끄신 것이다. 그래서 종교개혁자들은 말하기를 십자가는 하나님의 의와 자비가 반발한 것이라고 하였던 것이다.

율법과 복음에서 서로 배치되는 하나님이 증거된다. 따라서 이 배치되는 율법과 복음을 억지로 종합하려 할 때에는 그것들을 그르칠 수밖에 없는 것이다. 그러므로 성경에 있어서는 두 가지 하나님이 말씀된다는 것을 알아야 한다. 그런데 예수 그리스도의 십자가에서 이 두 가지 하나님이 한 하나님으로 나타나셨다. 따라서 예수 그리스도의 십자가야말로 삼위일체론의 근거라고 말할 것이다.

하나님께 대한 사람의 대적과 사람에게 대한 하나님의 진노는 금방 폭발하려는 분화구와 같다. 그런데 이 하나님의 진노가 예수 그리스도의 십자가에서 폭발된 것이다. 그리고 그리스도께서 우리 대신 저주를 받으심으로 우리를 위한 축복을 회복하신 것이다. 그리고 은총으로 말미암는 구원의 축복은 유대인에게서 비롯되어 온 이방인에게까지 미쳐 가게 되었다.

3. 성령의 역사

예수 그리스도의 십자가에서는 하나님의 자기 반발이 조정되었다. 그런데 하나님께서 성령을 보내신 까닭은 하나님 자신 안에 이 화해가 우리에게까지 미쳐지게 하기 위함이었다. 성령 강림은 하나님 자신이 사람과 더불어 관련되는 일이며 성부와 성자께서 우리와 더불어 동거하는 일이다. 하나님께서는 이 성령을 통하여 우리와 더불어 사귀어 주시는데, 성령으로 오시는 하나님께서는 사람이나 물건보다도 친숙하신 분이다.

그런데 이 삼위일체의 복음은 배워서 알려지는 것이 아니다. 하기는 율법과 복음을 이해하기 위해서는 배우는 일도 필요할 것이다. 그러나 삼위일체의 복음을 믿게 하는 것은 성령 자신의 역사인 것이다. 내 안에 예수 그리스도가 탄성되게 하여 나는 죽고 그리스도가 내 안에 계시게 할 수 있는 이는 오직 한 분 성령이 있을 뿐이다.

XIII. 율법과 약속(3장 15-18절)

형제들아 나는 사람의 법식대로 말해 보겠다. 사람의 계약만29) 해도 일단 체결된 다음에는 이것을 없이 하거나 첨가할30) 수가 없는 것이다. 그런데, 아브라함과 그 자손에게는 약속이 언약될 때에 여러 사람에게 대해서 말하듯이 "자손들에게"라고 말하지 않고 한 사람에게 대해서 말하듯이 "너희 후손에게"라고 하였으니 이는 곧 그리스도를 가리킨 것이다. 그러니 사백삼십 년 후에 생겨 난 율법 때문에 하나님께서 미리 정하신 계약이 무효가 되거나 그 약속이 헛된 것이 될 리는 없는 것이다. 만일에 유업이 율법으로 말미암는 것이라면 약속으로 말미암지 않을 것이다. 그런데 하나님께서는 약속으로

---

29) '디아테케'(*diathēkē*)는 일반 계약을 뜻한다. 유언이라는 뜻도 있으나 영원하신 하나님에게는 유언이 있을 수 없다.
30) '에피디아탓소마이'(*epidiatassomai*)는 법률상의 용어다.

써 아브라함에게 그것을 베풀어 주셨다.

1. 믿음의 조상과 그 계보

바울은 여기에서도 한 사람의 사상가나 신학자의 입장에서 말하지 않고 하나님께 부름 받은 그의 종으로서 말하고 있다. 다시 말하면 그는 자기 사상이나 자기 의사. 또는 자기감정으로 말한 것이 아니라 성경에 기록된 하나님 말씀과 그의 하신 일을 해석하는 입장에서 말하는 것이다. 무릇 인간의 사상이나 그 지식은 단편적인 것일 뿐이나 하나님 말씀과 그 지혜는 온전하기 때문이다.

바울도 과거에는 그 당시의 유대교들이나 마찬가지로 자기 몸소 율법을 행함으로써 하나님에게 가납 받음과 동시에 사람들에게도 고임 받고자 하였던 것이다. 말하자면, 그도 하나의 이상주의자였다. 그러나 그가 높은 이상을 위하여 힘쓰면 힘쓸수록 그 결과는 도리어 자기모순에 빠지게 되었고 흔히 보는 가증한 유대인들처럼 자기의 행한 바는 온전치 못하면서 오히려 유대인 된 자기는 하나님께 선택 받은 시민이요, 의로운 백성이라고 자부하는 그릇된 자기만족에 도취하게 되었던 것이다.

그러나 하나님께 사로잡혀서 이방 사도로 부름 받은 바울에게는 이 모든 것이 기만으로 여겨질 뿐 아니라 더할 수 없는 죄악으로 알려지게 되었다. 그는 이미 자기 민족의 우월성을 자부하는 민족 종교에 머무를 수가 없게 되었고 도리어 자기 자신의 흉악한 죄를 회개하고 고백하면서 십자가에 달리신 예수 그리스도를 둘도 없는 구세주로 증거함에 이른 것이다. 왜냐하면 하나님 말씀이 성경에 기록된 바에 의하면 만백성을 구원하실 아브라함의 자손이 여러 사람처럼 복수로 증거되지 않고 단 한 사람을 가리키듯이 단수로 증거되어 있는데 이는 곧 예수 그리스도를 증거한 것이라고 믿었기 때문이다. 바울이 새삼스럽게 깨달은 바는 아무리 경건하고 정결한 유대인이라 할지라도 그들 자신으로서는 만백성에게 구원을 끼칠 수는 도저히 없고 오직 한 분 예수 그리스도만이 만백성을 구할 수 있다는 사실이었다. 이리하여 바울에게 있어서는 그리스도가 성서 이해와 하나님 인식의 열쇠가 되었고 이 그리스도에게 속한 자야말로 하나님의 백성이요, 그 자녀라고 보게 되었다. 그리고 오늘날에 있어서도 그리스도 교회와 그 신도들은 이 예수 그리스도 한 분만을 둘도 없는 구세주로 믿고 그이 한 분이 온 세상의 소망이라고 고백하고 있는 것이다.

그런데 어떤 이들은 주장하기를 비록 예수 그리스도만을 구세주로 믿는다손 치더라도, 그에 대한 여러 모양의 신앙고백과 그 위에 터전을 둔 수많은 교회들은 역시 일종의 민족 종교적인 형태를 가져야 한다고 말하기도 하고, 또 어떤 이는 말하기를 우리 민족의 조상에서도 삼위일체 하나님의 흔적을 찾아볼 수 있을 듯하다고 말하기도 한다. 아닌 게 아니라 같은 그리스도 신앙과 교회라고는 말하지만 독일에는 독일다운 루터 교회가 발전되었고 스코틀랜드에서는 스코틀랜드다운 칼빈 교회가 발전되어 왔으며, 스페인에서는 스페인다운 가톨릭교회가 번성하여 왔고 미국에서는 미국다운 교회 제도와 그 의식이 시행되고 있는 것이 사실이다. 그리고 이 모든 교회들과 그 신앙고백의 바닥에는 그 나라의 역사와 문화가 깔려 있는 것이 사실인 만큼 그 모든 교회들은 언뜻 보기에 기독교적으로 발전된 민족 종교의 일종과 같이 보일지도 모른다. 그러나 이 모든 교회들은 결코 그 나라의 민족성이나 역사에서 발전된 결과가 아니라 도리어 그것을 불태워서 지양시키고 성화시킨 성신의 역사와 그 열매임을 잊어서는 안 된다. 독일 교회나 영국 교회는 결코 그 나라의 민족성이나 그 문화를 기독교적으로 개화시킨 것이 아니라 차라리 그것들을 그리스도 신앙으로 지양시키고 재창조한 성과인 것이다. 따라서 각 나라의 그리스도 교회에서는 그 나라의 민족성이나 문화가 중심 문제가 될 수도 없으려니와 더구나 그 민족의 조상이나 혈통이 경배될 수는 없는 것이다.

하기는 그리스도 교회에도 숭상하는 조상과 한 줄기의 계보가 없지 않으니, 이는 곧 믿음의 조상 아브라함과 그에게서 비롯된 영적인 계보다. 그리스도께서도 이 계보를 이어 받은 아브라함의 후손으로 태어나셨거니와 믿음의 조상 아브라함과 그에게서 비롯된 이 영적 계보 이외에도 그리스도 신앙과 더불어 관련될 수 있는 조상이나 혈통은 있을 수 없는 것이다.

2. 형식과 내용

예수 그리스도가 이 세상에 강생하시기 전에 유대인의 역사에는 두 가지 중대한 사건이 있었으니 아브라함의 선별과 시내산에서 율법판이 주어진 일이다. 그런데, 아브라함이 선별 받고 그에게 약속이 언약된 것은 율법이 주어지기 전 430년의 일이다. 그래서 유대인들은 생각하기를 약속은 첫 번째 계약이요, 율법은 둘째 번 계약이니만큼 율법이 주어진 이상 약속은 쓸데없는 것이 된 것이라고 하였던 것이다. 이는 그들이 하나님의 약속을 마치 인간의 유언처럼 생각하고 오랜 시일이 경과하게 되면 무효가 된다고 보았기 때문이다. 그러나 영원히 살아 계신 하나님에게 유언이 있을 리가 없으니 하나님의 계약에는 영원한 의미가 있는 것이다. 따라서 하나님의 첫 번째 계약이 율법으로 말미암아 폐기될 수는 없는 것이며 시간적으로 앞선 것은 도리어 등차의 우월성을 의미할 수도 있는 것이다.

그런데 죄인 된 인간이 율법 행위를 가지고 하나님 앞에 가납 받고자 함은 무모한 일이라고 말할 것이다. 왜냐하면 율법에서는 도리어 하나님의 준엄한 진노와 저주가 나타나기 때문이다. 그러나 이 진노와 저주는 하나님의 본의가 아닌 것이니 하나님께서 율법을 통해서 진노와 저주를 발하는 까닭은 우리들로 하여금 그의 은총의 유업을 받게 하기 위해서인 것이다. 유업은 본시 받는 자 편에서 마련할 수는 없는 것이고 그것을 베푸는 편에서 넘겨주는 것이다. 하나님의 유업은 어디까지나 하나님 자신의 자유로우신 은총으로 주어지는 것이지 인간의 행위에서 마련되는 공적이 아닌 것이다. 아브라함에게 약속된 유업이 만일에 인간의 공적에서 마련된 것이었다면 그것을 하나님의 은총이라고 볼 수는 없을 것이다. 그러나 아브라함에게 약속된바 구원의 은총이 예수 그리스도에게서 성취된 것은 넘쳐흐르는 하나님의 은총의 결과였고 인간의 공적은 아닌 것이다.

언뜻 보면 인간의 율법 행위와 그리스도를 내용으로 하는 복음신앙과는 서로 배치되는 듯이 보일 것이다. 그러나 율법과 복음 사이에는 불가분의 관계가 있는 것이 율법이 만일에 복음과 더불어 긴밀한 관계를 가지지 않는다면 그것은 사람을 살리는 것이 되지 못하고 도리어 죽이는 것이 되고 말 것이다. 그러나 실제에 있어서는 율법은 언제나 복음에 대해서 보충이 되고 복음으로부터 그 의미를 획득하는 것이다. 율법과 복음과의 관계는 마치 형식과 내용과의 관계와 같다. 형식 없는 내용도 있을 수 없으려니와 내용 없는 형식은 무의미하다. 그래서 율법과 복음 사이에는 유기적인 관련이 이루어지거니와 사도 바울의 경우를 볼지라도 그가 참다운 민족국가를 사랑함으로써 율법을 성취할 수가 있었던 것이다.

이와 같이 그리스도인은 언제나 복음신앙과 사랑의 실천을 통해서 율법의 봉사자가 되거니와 이 신앙과 사랑은 어디까지나 그리스도 안에서 행해져야 하고 그를 떠나서는 그리스도인다운 신앙과 사랑은 있을 수 없다. 기독교적으로 말하면 사랑은 어디까지나 그리스도 신앙에서 기원되는 것이다. 따라서 우리는 언제나 신앙의 명제에서 사랑의 명제를 끌어내야지 반대로 사랑의 명제에서 신앙의 명제를 끌어내서는 안 될 것이다. 사도 바울은 인간의 공적 위에 기초를 둔 율법주의를 배격하였거니와 우리도 역시 그리스도 신앙과는 상관이 없는 온갖 사랑의 실천을 삼가야 할 것이다. 왜냐하면 거기에는 반드시 하나님의 뜻대로 하는 희생적인 사랑이 아니라 사랑을 가장하는 빛나는 악덕이 시행되기 때문이다.

XIV. 율법의 목적과 위치(3장 19-22절)

그러면 율법은 무엇인가. 그것은 여러 가지 죄 때문에[31] 첨가된 것으로서 천사들을 통하여 중보자의 손에서 주어진 것이며, 약속된 바 후예가 올 때까지 존속된 것이다. 중보자는[32] 하나님의 약속과 배치되는 것일까? 결코 아니다.[33] 만일 살릴 수 있는 율법이 주어졌다면 율법으로 말미암아 의롭게 되었으리라. 그러나 성경은 모든 사람을 죄 아래에 가두었으니 이는 예수 그리스도를 믿는 믿음으로 말미암아 믿는 자들에게 약속이 주어지게 하기 위해서이다.

1. 동시적인 배치

그러면 율법은 무엇을 위한 것이며 그 의의와 목적은 어디에 있을까. 바울은 여기에 대해서 대답하기를 그것은 죄 때문에 첨가된 것이라 한다. 다시 말하면 율법 이전에 벌써 중대한 약속이 주어졌으나 거기에 덧붙여서 율법이 첨가된 까닭은 그것을 통해서 죄를 깨닫고 자각하게 하기 위해서라는 것이다. 아닌 게 아니라 율법 이전에도 죄악이 있었지마는 율법에서 비로소 죄가 죄로 알려지게 되었다. 그러나 유대인들은 이 바울의 말에 대해서 분격했을 것이다. 왜냐하면 그들은 생각하기를 율법은 세계 창조

---

[31] '카린'(*charin*)은 원인과 목적을 말한다.
[32] '메시테스'(*mesitēs*)는 본래 브로커나 중개인을 뜻한다.
[33] '메 게노이토'(*mē genoito*)는 경쟁할 수 없다는 뜻이다.

이전부터 있던 것이며 죄에 대한 방패가 되고 악의 충격에서 이스라엘을 막아 주는 것이라고 하였기 때문이다. 그리고 그들은 또한 율법이 주어질 때에는 천사들이 임석(臨席)한 것인데 이는 더할 수 없이 영광스러운 일이라고 보았던 것이다. 그러나 바울은 말하기를 그것은 하나님께서 직접 베푸신 약속만 못하다고 한다.

그러면 율법과 복음은 서로 배치되는 것일까? 바울은 21절 상반절에서 율법과 복음은 서로 배치되지 않는다고 주장하고 나서 하반절에서는 율법과 복음이 서로 배치된다는 것을 지적해서 이르기를 율법은 의와 생명을 창조하지 못하지만 복음에서는 그것들이 창조된다고 말하고 있다. 그런데 칼빈주의자들과 일부 루터주의자들 사이에도 율법과 복음에 대한 이 두 가지 의견이 있는 듯하다. 왜냐하면 칼빈주의자들은 주장하기를 율법과 복음은 서로 배치되는 것이 아니라 그것들은 차라리 한 하나님 말씀의 두 면과 같다고 주장하는 데 반하여, 루터주의자들은 주장하기를 율법은 말하자면 복음의 전 단계와 같은 것이라고 주장하기 때문이다. 그러나 율법과 복음 사이에 서로 배치된 데가 있다고 하면 그것은 같은 하나님 안에서의 배치인 것이며, 율법은 단지 약속이 성취되기까지의 통로나 에피소드만은 아닌 것이다. 왜냐하면 두 사이의 배치는 창조하시는 하나님의 역사와 구원하시는 하나님의 역사 사이의 배치임과 동시에 하나님께서는 지금도 여전히 우리 인간을 율법으로 낮추시고 복음으로 높여 주시며 율법으로 죽이시고 복음으로 살리심과 동시에 율법으로 정죄하시는 반면 복음으로 의롭게 하시기 때문이다.

그러므로 복음신앙에 있어서는 율법을 숭상하고 복음을 경히 여길 수도 없음과 동시에 복음을 중히 여기는 나머지 율법을 무시할 수도 없는 것이다. 왜냐하면 성경에 기록된 바와 같이 율법으로서는 생명을 창정할 수 없는 것이 사실이지만 그리스도께서 율법의 내용이 되실 때에는 율법에서도 새로운 생명이 창조되기 때문이다. 율법은 언제나 진노만을 발하는 것이 아니라 그리스도께서 그 내용이 되실 때에는 율법에서도 기쁨과 평화 및 새 생명이 이룩되는 것이다.

2. 이차적인 것과 궁극적인 것

바울은 이르기를 율법이 주어진 것은 죄 때문이라고 말하거니와 이 죄의 지배는 궁극적인 것이 아니라 잠정적이며 이차적인 지배에 불과한 것이다. 그런데 율법은 말하자면 이 이차적인 죄의 지배에 대한 하나님의 대답이라고 말할 수 있다. 그러나 그리스도께서는 궁극적인 분이심과 동시에 그의 역사도 궁극적인 역사요, 그의 말씀도 궁극적인 말씀인 것이다. 그래서 그리스도가 계시고 그가 말씀하시며 행하시는 한 그 밖의 다른 말들과 역사들은 있으나마나다. 그리고 그를 믿는 자는 이미 자기 자신이 사는 것이 아니라 그 안에 그리스도가 사는 것이며 그리스도께서 행하시는 일이 곧 그리스도인이 행하는 일이 된다. 뿐만 아니라 기독교의 생명 역시 종교로서의 기독교 자체의 교설에 있는 것이 아니라, 그리스도의 말씀 안에 그 생명이 있는 것이다. 그러므로 율법 행위와 복음신앙과는 같은 수준 위에서 대립되는 것이 아니라 복음신앙 편이 월등하게 우월한 것이며 복음을 영원한 세계를 위한 기본 요소라고 말할 수 있다면 율법은 과도적인 세계에 대한 기본 요소라고 말할 것이다.

그러나 율법과 복음의 관계를 선후관계라고 이해하거나 율법은 복음의 전 단계라고 볼 수는 없는 일이다. 이것이 사실이라면 그리스도인은 우선 율법을 행하고 나서 그 다음에 비로소 복음신앙을 갖게 된다고 말할 것이다. 그러나 그리스도 신앙에서는 율법 행위가 마감된다고 말하는 까닭은 이미 율법시대는 지나가고 복음시대가 왔다는 의미는 아닌 것이다. 율법이나 복음은 결코 문예부흥이나 산업혁명과 같은 이른바 역사적인 사건은 아닌 것이다. 율법과 복음은 지금도 여전히 생생한 현실성을 소유하고 있으니 하나님께서는 지금도 변함없이 율법으로 낮추시고 복음으로 높이시는 한편 율법으로 죽이시고 복음으로 살리시는 것이다.

XV. 몽학선생(3장 23-29절)

신앙이 오기 전까지 우리는 율법 아래에 감시되어 장차 계시될 신앙의34) 때까지 갇혀 있었다.35) 그러니까 율법은 우리가 신앙으로 말미암아 의롭게 되게 하려고 우리를 그리스도께로 인도한 몽학선생이36) 된 것이다. 그러나 신앙이 온 이상 우리는 이미 몽학선생 아래에 있지 않다. 너희는 모두가 그리스도 예수를 믿음에 있어서 하나님의 자녀들이다. 그리스도와 합하는 세례를37) 받은 너희는 그리스도를 입은 것이다. 이제 와서는 유대인도 헬라인도 없고,38) 종도 자유인도 없으며 남자와 여자도 없다. 왜냐하면 너희는 다 같이 그리스도 안에 있어서 하나이기 때문이다.39) 너희가 만일에 그리스도의 것이라면 아브라함의 후예요 약속에 의한 상속자인 것이다.

1. 율법의 소임

그러면 율법의 소임은 어떠한 것일까? 바울은 이어서 말하기를 그것은

---

34) '피스티스'(*pi:tis*)는 객관적인 의미에서의 기독교를 뜻한다.
35) 보호받기 위해서 감금된 것을 말한다.
36) 6세로부터 16세까지의 어린이를 돌보아 주던 종의 직분이다.
37) 세례는 그리스도와의 사귐이다.
38) 신앙적인 의미에서 하는 말이다.
39) 그리스도는 우주적인 몸이다.

마치 몽학선생과 비슷한 것이라 한다. 몽학선생은 옛날 헬라 사회에서 여유 있는 가정의 자녀를 맡아 6세로부터 16세에 이르기까지 감독하여 양육하던 종의 직분이다. 그러나 이 몽학선생에게는 친부모와 같은 애정이 있을 리가 없으니, 그들은 다만 아이들을 엄격하게 다루었을 뿐이다. 그래서 옛날 그림에는 간혹 몽학선생이 매를 가지고 있는 모습이 그려져 있거니와 하나님께서는 이와 같이 이스라엘 백성을 율법 아래에 두심으로써 그들을 감시받게 하셨다는 것이다.

몽학선생은 또한 직접 가르치는 교사는 아니었다. 그들은 다만 아이들을 교사에게 인도하여 주는 안내자가 되었을 따름이다. 그런데 율법도 이와 같은 사람들을 직접으로 가르치는 것이 아니라, 그것은 다만 사람들을 올바른 신앙으로 인도하는 것이라는 것이다. 그러므로 자기 몸소 율법을 행함으로써 하나님과 가까워지려 함은 어리석은 일이다. 율법을 통해서 하나님과 더불어 가까워질 수는 도저히 없고 도리어 사람이 하나님의 현전에 있던 본디 자리를 떠나 있음을 깨달을 따름이다. 그러니까 율법의 소임은 예컨대 수술 받은 깊은 상처를 헤쳐 주는 가재와도 같은 것이라고 말할 수 있다. 그것은 하나님과 우리를 접근시키기는커녕 도리어 두 사이를 헤쳐 놓는 것이다. 그러나 깊은 상처를 헤쳐 주는 가재가 도리어 새살이 나는 데에 소용 되듯이 율법도 역시 우리에게 새로운 생명을 마련하여 주는 것이니 우리는 거기에서 십자가의 복음 이외의 다른 것으로서는 하나님과 우리 사이의 머나먼 거리를 메울 수가 없음을 깨달음과 동시에 그를 믿는 믿음에서 새 생명을 얻게 되는 것이다.

이스라엘 사람들은 그리스도가 오시기 이전에도 하나님께 대한 신앙적인 경건과 충성을 가지고 있었다. 그들은 거기에서 있는 힘을 다해서 하나님의 뜻을 이룸과 동시에 자기들의 구원을 마련하고자 하였던 것이다. 그러나 바울이 여기에서 강조하는 신앙은 이와 같은 신앙이 아니라 그리스도로 말미암은 사죄의 의인을 내용으로 하는 새로운 의미의 신앙이었다. 그래서 그는 특히 신앙이란 말 앞에 정관사를 붙임으로써 '이 신앙'이라고 말하는 한편 그리스도가 오신 이상 마치 어린이들이 몽학선생을 두려워하듯이 율법의 구속을 두려워하거나 자기 스스로 자기의 구원을 이루기 위하여 걱정할 필요는 없다고 한다. 왜냐하면 우리의 구원은 우리 스스로 이룰 수 있는 것이 아니라 그리스도를 통하여 하나님께서 이루시는 것이며 하나님께서는 이미 이 구원을 이루어 놓으시고 그리스도를 믿으라고 말씀하신 것이다.

2. 우주적인 몸

그리스도께서는 하나님과 더불어 온전한 사귐을 가지신 분이다. 그래서 그를 통하여 죄 없는 상태로서의 구원이 성취되었거니와 이 그리스도와 더불어 하나가 될 때에는 우리도 하나님과 더불어 하나가 된다. 그리스도의 하나님은 우리의 하나님이 되고 그리스도의 아버지는 우리의 아버지가 된다. 그리스도인은 이리하여 그리스도로 말미암아서 하나님의 자녀가 되는 것이다.

계몽주의자들도 인간은 하나님의 자녀라고 주장하였다. 그러나 거기에서는 인간은 누구나 하나님의 자녀라고 주장되었고, 꼭 그리스도를 통해서 하나님의 자녀가 된다고는 하지 않았다. 그러나 바울의 주장은 이와 다르니 그에 의하면 사람이 하나님의 자녀 되기 위해서는 주의 이름으로 세례를 받고 그리스도를 힘입어야 되는 것이다. 다시 말하면 예수 그리스도의 죽음에 참여함으로써 낡은 자기의 죄적 실존을 벗어나야 되는 것이다. 세례는 낡은 자기의 죄적 자기를 부정하고 그리스도로 말미암는 새로운 생명에 참여하는 일이거니와 이와 같이 세례를 받고 그리스도를 힘입는 일이 없이는 그리스도와 더불어 반열을 같이하는 하나님의 자녀가 될 수는 없는 것이다.

이와 같이 그리스도와 더불어 하나 되고 그와 더불어 하나님의 자녀가 될 때에는 사람과 사람 사이의 구별이나 등차는 모조리 지양되고 모든 사람 사이에 하나님의 공동체가 이루어진다. 그래서 바울은 이제 와서는 유대인도 헬라인도 없고, 종도 자유인도 없으며, 남자와 여자의 구별도 없다고 말하거니와 이 바울의 선언은 그 당시에 사회적으로 차별 대우를 받던 약소민족이나 노예 계급이며, 부인 사회를 위해서는 더할 수 없는 기쁜 소식이 되었을 것이다. 그러나 이는 다만 고대 사회를 위해서 중대한 발언이 될 뿐 아니라 현대 사회를 위해서도 모두 여러 가지 어려운 문제를 해결해 주는 원칙이라고 말할 것이다.

그러나 바울은 여기에서 국경이나 남녀의 구별을 철폐해야 한다고 주장한 것은 결코 아니다. 그는 다만 이 세상에 있어서는 여러 가지 구별과 등차가 있을지라도 그리스도 안에 있는 모든 사람은 믿음으로 하나 될 수 있음을 말한 것뿐이다. 그리고 그가 말한 이방인과 유대인은 어디까지나 신앙적인 의미에서 말한 것이지 민족적인 구별이나 등차를 말한 것은 아니다. 그는 요컨대 그리스도께서는 우주적인 몸이요 모든 신도는 거기에 연결된 지체이니만큼 그리스도인은 모두가 민족 국가의 한계를 넘어서 하나의 몸을 구성해야 한다고 주장한 것인데 이는 분명히 예수 그리스도로 말미암은 일대 변혁이라고 말할 것이다.

4
에베소서 강해*

I. 감격과 노래(1장 1-14절)

주석의 대왕인 존 칼빈은 에베소서를 네 차례나 강해하였고 영국의 종교개혁자 존 낙스는 임종 직전에 이 칼빈의 에베소서 강해 설교를 경건하게 경청했다.

미국의 프린스턴 신학교는 칼빈의 정신을 이어받은 신학교이다. 이 학교의 교장을 역임한 존 맥카이 박사에 따르면, 바울의 에베소서는 바울 신학의 왕관일 뿐 아니라 그것은 또 전 성서의 핵심이며 거기에는 기독교 진리의 요람이 진술되어 있다고 한다.

에베소서는 개교회에 보낸 것이 아니라 모든 교회에 발송된 돌림 편지였다. 그래서 가장 낡은 사본에는 에베소 교회에 대한 기사는 볼 수가 없고 다만 "그리스도 예수 안에서 신실한 성도들에게 편지합니다"라고만 기록되어 있다.

---

* 에베소서 강해는 「기독교사상」에 1974년 총 5회에 걸쳐 실렸던 글을 모은 것이다.

고린도전서를 보면 거기에는 고린도 교회의 특수 사정이 잘 나타나 있다. 불미스러운 일이지만 당파 싸움과 음행이며 빈부간의 격차가 역력하게 드러나 있다. 그리고 갈라디아서도 갈라디아 지방의 지방색을 드러내고 있다. 율법 행위를 숭상하던 유대계 신도들과 순수한 십자가의 복음만을 믿어 오던 복음주의 신도들 간의 갈등이다.

그러나 에베소서에는 이와 같은 지방색이나 개체 교회의 특수 사정이 보이지 않는다. 바울은 거기에서 기독교의 보편적인 진리와 역사적이면서도 역사를 넘는 항구적인 진리만을 진술하였다.

천문학자들은 최근 반세기가 지난 후에 완전히 고갈되게 될 지하자원을 보충하기 위하여 달세계를 비롯하여 화성과 금성 등 우주 개발을 서두르고 있다. 그러나 사도 바울은 에베소서에서 이미 우주계를 말하는 공간의 변두리까지를 말하고 있고 시간을 훨씬 넘는 '때의 충만'을 말함으로써 영원에서 종말까지를 말한 바 있다. 그리고 예수 그리스도는 다만 지구 중심의 이 세상뿐 아니라 온 우주의 주이심을 증거함으로써 '우주적 그리스도론'을 전개하였다.

바울은 그리스도 신앙의 극치에 이를 때마다 북받쳐 오르는 감격을 억제하지 못하고 감격적인 노래로 표현하였다. 우리는 이와 같은 실례를 로마서 8장과 빌립보서 2장 6-11절의 그리스도 찬가에서 엿볼 수 있다.

기독교는 노래하는 종교다. 기독교 사상은 노래하는 사상이다. 그리스도 사건에 감격한 헨델과 바하는 그리스도의 탄생과 십자가의 고난을 '메시아'와 '마태수난곡'으로 노래하였다.

그러나 성스러운 음률이 깨끗하고 경쾌함에 있어서는 모차르트를 당할 이가 없다. 그래서 키에르케고르는 이 모차르트를 최대의 위인으로 인정하는 한편 이 사실을 부인하는 교회가 있다면 자기는 그 교회를 탈퇴하고 그 교회의 신앙고백과도 결별할 것이며 모차르트만을 존경하는 또 하나의 교단을 창설하겠다고 선언하였다.

칼 바르트는 여섯 살 나던 해에 그 아버지의 연주로 모차르트의 음악을 듣고 영적 은사에 사로잡혔고 종생토록 모차르트 음악을 통해서 그의 신앙 인격을 수련 받았다. 그는 생존 시에 이르기를 이 다음에 천국에 가게 되면 맨 먼저 모차르트를 찾아보고 그 다음에 아우구스티누스와 토마스, 루터, 칼빈, 슐라이어르마허를 찾겠다고 말한 적이 있었고 심지어는 하나님께서도 천사들로 하여금 모차르트 음악을 연주하게 하고 그것을 즐기실 것이라고까지 말한 바 있다.

그러나 사도 바울은 바하나 모차르트보다도 훨씬 앞선 음악가였고 에베소서는 그 전폭이 음악서이고 거기에서 주장된 모든 진리는 음악에 있어서의 악보와 같다.

여기에 대한 실증을 우리의 본문에서도 접하게 된다. 바울은 3절 이하에서 거듭 "찬양하다"고 말하고 있고, 하나님을 찬양하는 데에 인생의 최고 목적이 있을 뿐 아니라 거기에 하나님의 창조목적이 있다고 한다(3, 6, 12, 14절).

1-2절

많은 학자들은 에베소서가 사도 바울의 저서가 아니라 그를 사사하던 후대인의 저작이라고 한다. 그러나 이 서신의 용어와 문체 및 사상 내용은 바울의 그것과 별로 다름이 없다. 따라서 이 서신을 바울의 것이 아니라고 단정할 필요는 없을 줄 안다.

이 서신이 발송된 수신 교회에 대해서도 사람들의 의견은 구구하다. 맨 처음으로 기독교의 경전을 제정했던 마르키온(Marcion)은 이 서신이 본래 라오디게아 교회에 발신된 것이라고 주장하였다. 그리고 최근의 학자들은 대개 이 서신이 여러 교회로 보낸 돌림 편지였다 한다. 그러나 슐라터의 말과 같이 어느 지방에 보냈던가는 주석학적으로 보아서 그다지 중대한 문제가 아니라, 중요한 것은 차라리 사상 내용인데 바울은 수신인을 가리켜서 "그리스도 예수 안에서 신실한 성도들"이라고 일컫는다. 신약 원전에 있어서는 '신실'과 '신앙'은 어원이 같다. 그리고 이 신실과 신앙은 본시 그리스도 예수 안에서 성취된 것이요, 우리는 다만 이 그리스도 예수의 지체일 뿐이다. 따라서 그리스도 예수 안에 있을 때에는 우리 모두가 성도(聖徒)이지만 그리스도 예수를 떠날 때에는 속도(俗徒)로 떨어질 수밖에 없는 것이다.

바울은 2절에서 그리스도 예수를 다만 하나님에게서 보냄 받은 사자라고 일컫지 않고 아버지 하나님과 더불어 '은혜와 평안'을 베푸시는 분이라고 증거하였다. 은혜를 비는 것은 헬라인의 인사였고 그런데 바울은 여기에서 이 두 가지를 아울러 기원함으로써 이방 사도의 소임을 담당하고 있는 것이다.

3-5절

벅찬 감격에 잠긴 바울은 하나님 아버지를 찬양한다. 이는 그가 넘쳐흐르는 하나님의 축복에 감격했던 때문인데 헬라어에 있어서는 '찬양'과 '축복'도 어원이 같다. 우리는 찬양은 하나님 아버지와 그리스도 예수의 축복에 대한 산울림이다.

히브리인의 사상대로 하면 인간은 그를 지켜보시는 하나님의 시선에 의해서 거룩해진다. 그런데 바울은 여기에서 하나님께서는 창세 이전에 이미 우리 그리스도인을 지켜보셨다고 한다. 그리고 하나님의 창조는 다만 창조를 위한 것이 아니라 우리를 사랑하기 위한 창조였다고 한다.

우리는 이미 창세 이전에 하나님의 사랑이신 그리스도 안에서 선별된 하나님의 아들딸이다. 그런데 이 영원하신 하나님의 사랑이 이 세상에 강생하셔서 참사람 그리스도 예수로 나타나셨고 그의 죽음과 부활이 있은 다음에는 주의 톰 된 교회가 형성되었다. 우리는 우리 자신의 부족함과 죄 됨을 잘 알고 있다. 바울의 말과 같이 거룩하신 하나님의 현전에 있어서는 의로운 사람은 하나도 없다. 그러나 우리는 죄 된 이래로 창세 전부터 하나님께 택함 받은 성도들이다. 거룩하신 하나님께서 그의 기뻐하시는 뜻대로 우리를 그리스도 안에 택하셨으니 이 막중하신 축복을 변경시킬 수는 없는 것이다. 천지는 변할지언정 우리를 그리스도 안에서 그의 자녀로 예정하신 하나님의 경륜은 일점일획도 변할 수 없다. 인간들의 불신은 필경 하나님의 영원하신 예정의 반석에 부딪혀서 깨어질 수밖에 없을 것이다.

"그의 기뻐하시는 뜻대로"는 에베소서에서 애용되는 단어의 하나며, 이 말은 하나님의 자유를 뜻하는 말이다. 바울에 의하면 우리가 하나님의 자녀된 것은 하나님의 자유에서 연유된 일이다. 그리스도 예수의 아버지 되시는 하나님께서는 그의 안에서 그의 자녀가 되게 하셨다. 우리에게 어찌 아버지 하나님과 주 예수 그리스도께 더한 찬송과 노래가 없을 수 있겠는가?

6-10절

바울은 여기에서도 창세 이전의 예정론을 재론한다. 그러나 우리 인간은 독수리처럼 창공을 날아 올라가 하늘 보좌에 이를 수는 없는 자이다. 그런데 하나님께서 그리스도 예수를 통하여 이 세상에 강생하시고 죄 된 우리를 구속하신 것이다. 그래서 여기에서 지상적인 하나님의 예배가 이루어지고 그의 망극하신 구원의 은총에 대한 인간들의 찬양이 찬미되기 시작한 것이다.

하나님의 구원의 은총은 다만 하나님의 독생 성자 예수 그리스도에서만 이루어진다. 그를 떠나서 하나님의 은총을 받으려는 자는 하나님에게서 버림받는다. 하나님의 은총은 방사선과 같다. 거기에는 빛과 영광이 충만하다. 이 은총을 받은 자는 그것을 찬양해야 한다. 왜냐하면 하나님께서 우리를 그의 자녀로 택하신 까닭은 우리로 하여금 그의 성호를 찬양하게 하시기 위함이었다.

루터는 일찍이 죄는 피부에 붙어 있는 것이 아니라 심장 깊이 파묻혀 있다고 말한 적이 있다. 죄는 본시 인간 존재 전폭이 상실됨을 말한 것이요, 국부적인 시행착오를 말한 것이 아니다. 죄가 만일 인간 존재 전폭을 망치는 것이라고 하면 그 사유 역시 인간 존재 전폭과 관련되는 것일 것이다. 그런데 교회에 따라서는 이 죄를 마치 심리적인 범행이나 율법적인 과오처럼 오해하는 교회도 있는데 이는 복음주의 신앙과는 다른 것이다.

사도 바울은 구속과 사죄를 대등하게 다루고 있다. 그러나 인간의 죄가 제아무리 끔찍할지라도 그리스도의 대해 같은 사죄의 은총에 비하면 그것은 비유컨대 새 발의 피와 같다. 사도 바울이 에베소서에서 '거룩한 하나'를 제창할 수 있었던 까닭은 그가 이와 같은 폭넓은 사죄의 구속의 은총을 믿었기 때문이었다.

아버지의 뜻을 깨치지 못한 사람은 그를 사랑할 도리가 없다. 이에 있어서 하나님께서는 우리에게 그의 뜻을 깨쳐 주시기로 예정하신 것이다. 이 하나님을 아는 지식은 각자 각자의 주관적인 인식이 아니라 거룩한 하나를 깨치게 되는 교회적인 인식이다. 에베소 교인들의 그리스도 이해는 각 개인 개별적인 인식이 아니라 그것은 차라리 사도들에게서 깨침 받은 교회적인 이해였다.

하나님께서 그의 뜻을 깨쳐 주시지 않으시면 우리로서는 하나님의 뜻을 알 길이 없다. 설사 우리가 하나님의 뜻을 깨치게 되었다 할지라도 이는 결코 우리 자신의 총명이나 인식 능력의 결과가 아니다. 이는 오로지 하나님의 빛에 비추인 결과요, 가려져 있던 하나님의 비밀이 알려진 결과다. 이에 있어서 바울은 하나님의 비밀을 알아낼 지혜와 총명을 하나님의 은사라고 고백한다. 왜냐하면 하나님의 영이신 성령의 감화가 아니고서는 하나님의 비밀을 깨치게 되는, 이 영적 지혜와 총명을 얻을 수가 없기 때문이다.

하나님의 영원하신 경륜을 깨친 사람은 지혜 있고 총명한 사람이다. '경륜'은 일정한 가계를 세워가지고 집안 살림을 그대로 꾸려 가는 것을 말한다. 그런데 지나간 세대에는 하나님의 경륜이 만고의 비밀로 가리어져 있어서 알 길이 없었는데 그리스도의 강생으로 말미암아 이 비밀이 알려지게 되었다. 이에 있어서 바울은 "하나님께서 그의 비밀을 알게 하셨습니다"라고 말한 것이다.

헬라 철학이나 인도 사상의 이해대로 하면 시간과 역사는 되풀이되는 순환이요 윤회다. 거기에는 시작도 없고 마감도 없다. 이 시간관과 역사관대로 하면 인류사에서 되어진 모든 일은 같은 일의 반복일 따름이요 거기에는 새로운 것이란 하나도 없다. 그러나 신구약성서의 이해대로 하면 시간과 역사에는 여러 가지 구분이 있고 이 시간과 저 시간의 내용이 서로 다르듯이 이 시대와 저 시대의 성격도 서로 다르다.

사도 바울의 시간관대로 하면 꽃피는 때가 있듯이 하나님의 비밀이 가려진 때가 있고 그 비밀이 알려진 때가 있다. 그러나 열매가 익은 다음에는 꽃피던 때는 이미 지나간 과거다. 그리스도가 강생하시기 이전까지는 인생의 근본 목적이 무엇인가를 알 길이 없었다. 그러나 이와 같은 암흑시대는 이미 지나고 때가 차게 된 이제 와서는 만유의 존재 의미와 그 목적이 선명하게 알려지게 되었다. 다시 말하면 하늘 천사와 땅위에 사는 인류 전체가 그리스도 예수 안에서 한결 같은 화해를 이루고 일대 조화를 이룸으로써 만세 전부터 천지 만물이 하나 되게 하시려면 하나님의 오묘한 경

4. 에베소서 강해 549

류이 성취됨에 이른 것이다.

사도 바울의 사상대로 하면 하늘 천사까지가 그리스도 예수 안에서 이루어진 인류의 구원을 위하여 협조해야 할 처지에 있고 그 일을 게을리 할 때에는 하나님께 버림받을 수밖에 없는 것이다. 그리고 지음 받은 모든 피조물이 하늘 천사와 더불어 화답해야 하고 인간 봉사를 위해서 그 맡은 바 소임을 다해야 한다는 것이다. 이 일을 위해서 하나님께서는 그리스도 예수를 통하여 천지 만물이 서로 화목하고 통일되게 하신 것인데 그리스도 예수께서는 무엇보다도 하나님의 오묘하신 경륜과 비밀을 계시한 것이다.

11-14절

추첨하는 사람은 제 마음대로 좋은 것을 뽑거나 다른 것으로 바꿀 수가 없고 뽑히는 그대로 가져야 한다. 이와 같이 우리가 그리스도 예수 안에서 하나님의 자녀가 된 것도 모든 일을 경륜하신 하나님의 경륜의 결과일 뿐이지 우리 편에서 자랑할 것은 조금도 없다.

그리스도 교회는 기틀을 오로지 하나님의 경륜과 섭리에 있고 인간 자신의 종교적 경건이나 그 공적에 있는 것이 아니다. 그러나 창세 이전에 예정된 하나님의 예정이, 믿는 우리에게 더할 수 없는 위로와 힘이 되는 것은 엄연한 사실이다. 하나님께서 창세 이전에 우리를 그의 자녀로 택했던 만큼 우리들이 형성한 주의 몸 된 교회는 이미 하나님의 영원하신 예정에서 마련된 것이었고 창세 전에 이미 교회의 전도가 축복되어 있었던 것이다.

유대인은 이방인보다 한 걸음 앞서서 그리스도의 구원을 믿었고 이방 세계에 그리스도의 십자가의 복음을 전한 것도 유대인들이다. 그리고 그리스도 대망으로 일관되었었다. 하나님께서 이스라엘 백성을 선민으로 택하신 까닭은 그들 자신의 자부심이나 편견을 위해서가 아니라, 오로지 그들을 선별하신 하나님의 영광을 찬양하게 하시려는 경륜이었다. 그리스도 신앙은 하나님에게서 비롯된 것일 뿐 아니라 그것은 또한 하나님을 위한 것이다.

13절에 말씀된 '여러분'이 유대인이냐 이방인이냐에 대해서는 학자들의 의견이 구구하다. 랑케는 그것이 유대인이라 하고 스캇(E. F. Scott) 같은 이는 이방인을 가리키는 말이라 한다. 그러나 진리를 듣는 점에 있어서는 유대인과 이방인의 구별이 있을 수 없다고 하여 쌍방을 겸해서 말하는 것이라고 브는 학자들도 있다. 여기 말한 '진리의 말씀'은 육이 되신 영원하신 하나님의 말씀으로서 그야말로 모든 사람의 궁극적인 실재요 구원의 복음이시다. 그리고 이 복음을 믿는 것이 그리스도 신앙일 것은 말할 것도 없는 일이다.

바울은 그리스도를 다만 그리스도 신앙의 창시자로만 보지 않고 우리가 그 안에서 그리스도 신앙을 가지게 되는 장소로 인정한다. 이는 우리의 그리스도 신앙이 그리스도를 떠나서는 있을 수 없기 때문인데 독일의 다이스만은 일찍이 그리스도와 그리스도인의 관계를 물과 물고기의 관계에 비교하였다.

바울은 또한 "여러분은 구원하는 복음을 듣고 믿었기 때문"이라고 덧붙이고 있다. 신앙은 결코 우리 자신 안에서 생겨지는 것이 아니라 거기에 선행되는 복음의 말씀이 필요하다. 신앙은 첫 번 말이 아니라 두 번째 말이다. 그것은 말하자면 복음의 말씀에 대한 응답이다. 그리고 이 응답에 대하여 확신을 가지는 것도 우리 자신의 신념이 아니라 그것은 차라리 주께서 약속하신 보례사 성령이 역사하신 결과다. 이에 있어서 바울은 또다시 말하기를 "여러분은 약속된 성령의 인 치심을 받았습니다"라고 한다. 하나님 말씀을 하나님 말씀으로 인식케 하시는 이는 하나님의 영이신 성령이시다. 우리에게 듣는 귀와 보는 눈을 마련해 주시는 이는 바로 이 성령인 것이다.

성령께서는 우리에게 미래의 삶을 약속하심과 동시에 그 약속하신 바를 현재에 누릴 수 있는 힘까지를 마련해 주신다. 여기에 우리 그리스도인만이 가질 수 있는 한없는 위안이 있다.

소망은 산소호흡과 같고 절망은 마치 질소호흡과 같은 것이다. 소망의 주되시는 성령께서 우리와 더불어 같이하시면 사나운 세파와 쓰라린 고통 중에서도 오히려 기쁨의 노래를 부를 수 있다. 그러나 우리의 처지는 아직 미래의 기업 전부를 누릴 수는 없는 처지다. 루터의 말과 같이 우리의 현재는 부엌에서 음식을 장만하는 아낙네가 손수 만든 요리를 입맛 다셔 봄과 같은 시식의 단계다. 그래서 바울은 성령을 가리켜서 "우리의 상속에 대한 보충"이라고 말했던 것이다. 그러나 이 보증은 장차에 받게 될 전액에 대한 보증금이다. 온전한 구원에 대한 담보물이다. 그런데 크리소스토무스가 말한 바와 같이 이미 이 성령의 보증금과 담보물에서 미래에 받을 기업에 참여하고 있는 것이다.

II. 월등한 권세(1장 15-23절)

예수 그리스도 안에서 모든 만물이 하나 되게 하시려는 하나님의 경륜에 감격하여 노래하였던 바울은 본문에서 에베소 형제들이 예수 그리스도에게서 나타난 하나님의 권세가 얼마나 큰 것인가를 인식할 수 있도록 위해서 기도한다.

그의 이해대로 하면 이 권세는 이 세상 권세와는 비교할 수 없을 정도로 아주 월등한 권세인데 교회는 이 무한대의 권세를 가지신 그리스도를 머리로 하는 그의 몸이다.

따라서 이 교회에 반열을 같이한 그리스도인에게는 어떠한 판국에도 불안이나 공포가 있을 수 없음이 당연할 것 이다. 그들에게는 다만 어떠한 판국에도 불안이나 공포가 있을 수 없음이 당연하다 할 것이다. 그들에게는 다만 어떠한 낙관주의보다도 가장 강한 낙관주의가 있을 따름이다.

15-16절

사도 바울을 존경한 나머지 바울로 분장한 자화상을 여러 차례 그렸던 네덜란드의 화가 렘브란트는 예수 그리스도의 한없으신 사랑과 만물을 감싸 주시는 그의 따뜻한 온정을 묘사하기 위하여 바울의 자신을 수없이 탐독하였다. 그런데 우리는 이 귀결에서 예수 그리스도의 사랑으로 형제를 사랑하고 그들의 마음속에 예수 그리스도의 형상이 이루어지기를 간구하는 바울의 정다운 모습에 접하게 된다. 에베소서는 일종의 기도문이라고도 볼 수 있는데 맥카이 박사는 이 서신을 소리 내어 읽어 가노라면 원시 교단이 남겨 준 기도문의 의미가 저절로 알려진다고 했다.

바울이 전해들은 형제들의 믿음과 사랑에 관한 15절의 기사는 성령의 보증을 말한 14절에만 연결되는 것이 아니라 1절 이하의 모든 기사와 관련되는 것이다. 사본에 따라서는 15절에서 형제들의 믿음만을 말하고 있고 그들의 따끈한 사랑에 대해서는 아무런 언급도 없는 사본들이 있기는 하나 그렇다고 해서 거기에서 사랑이 무시된 것은 결코 아니다. 왜냐하면 루터의 말과 같이 그리스도 신앙은 나무의 뿌리와 같고 이웃 사랑은 가지에서 맺히는 열매와 같은 것이어서 그리스도 신앙에는 반드시 형제에게 대한 사랑이 따르기 때문이다.

바울은 그리스도 앞에는 '안'이라는 전치사를 쓰고 형제들 앞에는 '향한'이라는 전치사를 쓰고 있는데 그 까닭은 그리스도 신앙은 일정한 장소와 같고 형제 사랑은 동적인 행동이라 보았던 때문이다.

헬라어에도 '감사'라는 말이 있기는 하였으나 그들의 실생활에는 감사가 전연 없었다. 문화 민족 헬라인에게 있어서는 '감사'가 죽은 말이 되어 버렸다. 그런데 그토록 기복 많은 생활을 계속하던 이스라엘 사람들에게는 끊임없는 감사가 용솟음쳤다. 그들에게는 창조신앙이 있었기 때문이다. 이 정신을 이어 받은 바울도 감사로 기도를 시작하는데 헬라어에서 감사와 은혜는 어원이 같다. 감사는 은혜의 산울림이다. 은혜로우신 하나님께서 우리를 위해서 역사하시면 거기에 대한 반응으로서 감사의 기도가 상달되기 마련이다. 기도가 우리 자신의 행위임에는 틀림이 없다. 그러나 그것은 또한 우리 안에서 성령으로 역사하시는 하나님의 행위이기도 하다.

    신약의 교회는 서로서로 위해서 기도하는 성도들의 교제이다. 원시교단은 바울과 그 일행이 세계 전도를 위해서 기도하였고 바울도 그들을 위해서 기도하였다. 그리스도인은 서로 기억하고 기도하는 데에서 힘을 얻는데 이 힘은 그 크기가 하나님의 권능에 버금할 만하다. 그래서 신학자 칼 바르트는 일찍이 말하기를 그리스도인은 두 가지 능력을 덧입고 사는데, 그 하나는 형제들의 기도의 힘이라고 말하였던 것이다. 서로 기억하고 기도하는 내부적인 마음은 외부적인 행동보다 오히려 크다. 그리고 형제를 생각하며 기억하는 이 마음은 먼 거리와 긴 시간을 지양시켜 준다.

17-19절

    영원하신 하나님께서는 사람의 아들 예수 그리스도의 아버지이시기에 그는 또한 우리의 아버지도 되신다. 바울이 이미 6절에서 말하였듯이 하나님께서는 영광 중에 계시는 하나님이시기에 죄 중에 처해 있는 우리에게는 가려져 계셨다. 그를 알게 하신 이는 '지혜와 계시'의 영이시다. 그래서 바울은 이 지혜와 계시의 영으로 하여금 에베소 형제들에게 하나님을 알게 하시도록 기원하는데 그가 말한 지혜와 계시는 같은 영의 양면이다. 성서에서 말하는 지혜는 본시 하나님과 세상 및 인간에 대한 바른 지식과 이해를 말한 것인데 이는 모두 하나님의 계시에서만 알려지는 것이다. 하나님의 계시는 다만 보이지 않던 것이 보여짐을 말하는 것이 아니라 그것은 또한 인간을 사로잡는 하나님의 강한 역사를 말하는 것이다.

그의 계시에서 이루어지는 하나님 인식은 하나님께 대한 객관적인 지식과는 다르다. 역사가 슈펭글러는 산상봉에서 계곡을 굽어보거나 구름 위에서 대지를 내려다봄과 같이, 관찰하는 이가 그 관찰하는 대상에서 동떨어져 있는 지식이 객관적인 지식이라고 설명하였다. 그러나 하나님 인식은 이와 같은 객관적인 지식이 아니다. 하나님을 인식한 이는 하나님께 사로잡히고 그의 뜻에 복종할 수밖에 없게 된다. 예수 그리스도를 통해서 자기 자신을 계시하신 하나님은 그를 인격적으로 인식한 이를 그의 종으로 사로잡으시고 종으로 부르신다. 이와 같은 하나님 인식이 바로 지혜의 근본이요 이 슬기로운 지혜를 가진 사람은 하나님과 더불어 인격적인 교섭을 가짐으로써 그의 뜻을 이룩할 뿐 아니라 이웃과 더불어서도 성도의 교제를 마련하는 것이다.

헬라 사람들은 지성적인 지식을 숭상하였으나 히브리 사람들은 사람의 마음성을 소중하게 여겼다. 구약에 있어서는 사람의 마음은 감정의 자리라기보다는 차라리 의지의 자리였고 선악을 구별하고 죄를 회개하며 하나님과 더불어 친교를 도모하는 영역이었다. 이러한 의미에서 예수께서는 "마음이 가난한 사람들은 복이 있다. 하늘나라가 그들의 것이다"(마 5:3)라고 말씀하셨는데 그의 해석자 바울은 18절에서 하나님께서 형제들의 마음눈을 밝혀 주시기를 기원하고 있다. 영적 세계를 바라볼 수 있는 창문은, 밖에는 없다. 안으로 마음눈이 밝아져야만 하나님을 볼 수 있게 되고 부름받은 자의 '희망'이 어떠한 것인가를 깨닫게 된다. 슐라터의 말과 같이 육체의 눈이 빛을 받아야 볼 수 있듯이 마음의 눈도 역시 하나님의 빛을 통해서만 볼 수 있게 된다. 그런데 여기 말한 희망은 미래를 내다보는 전망단이 아니라 지금 당장 우리의 미래까지를 주관하고 계시는 시간의 주관자를 말한 것이다. 다시 말하면 바울이 여기에서 말한 희망은 하나님께서 그에게로 우리를 이끌어 주신 희망의 대상을 말한 것이다. 그리스도인은 주 안에서 현재에 이미 미래로 통하는 길을 거닐고 있는 것이다.

이 희망 중에 살고 있는 성도들에게는 영광스러운 약속의 분깃이 허락되어 있고 그의 영광은 한없이 크다. '성도의 분깃'은 신명기 33장에서의 인용이다. 그러나 이 인용구 역시 신약성서의 다른 인용구처럼 구약 원전에서는 변모되어 있다. '성도들'은 천상에 있는 신도들이 아니라 아직 지상에 있는 신도들이다. 거룩하신 하나님의 아들 예수 그리스도 안에 사는 사람은 이 세상에 있어서도 이미 성도들인 것이다. 그들에게는 장차 하늘나라에 가서 누리게 될 풍부한 분깃이 약속되어 있다. 그러나 그들에게 다만 이 미래적인 분깃만이 있는 것이 아니라 현재 이미 그리스도의 몸된 교회 안에서 누릴 수 있는 천국 분깃을 가지고 있다. 하나님께 영광을 돌리지 못하는 이방인들은 그 마음이 어두워졌지만(롬 1:21) 마음눈이 밝아진 성도들은 그 속사람이 하나님의 진리의 빛으로 차고 넘친다. 그 결과 그들은 살아 계신 하나님을 역력히 보고 그를 위한 정성 어린 봉사를 수행하는 것이다.

성도들이 부름 받은 자에게 허락된 희망과 그들에게 약속된 분깃의 영광이 얼마나 풍부한가를 인식하게 되기를 간구한 바울은 이어서 그들 중에서 일하는 하나님의 권세가 얼마나 큰가를 깨닫게 되기를 위해서 기원한다. 부름 받은 자의 희망과 그들에게 약속된 분깃의 영광과 하나님의 월등하신 권세와는 서로 통한다. 그래서 바울은 이 세 가지를 '그리고'라는 접속사로 연결시켰다. 이는 그가 같은 사실을 세 가지 측면에서 말하였기 때문이다. 그렇지만 이 세 가지가 그 비중이 다른 것도 사실이다. 그리고 하나님의 월등하신 권세가 이 구절의 정점이다. 그래서 바울은 소명 받은 자의 희망과 여광의 붇깃을 가진 자를 인도하여 그들로 하여금 이 세상 권세와는 비교할 수 없을 만큼 월등한 하나님의 무한대의 권세를 찬양하게 하는 것이다.

여기 말한 '권세'는 헬라어에 있어서는 다이너마이트의 힘을 뜻한다. 바울이 만일에 20세기 후반기에 생존하였다면 '원자력의 힘'이라고 하였을지도 모른다. 이는 말과 글로 표현할 수 없는 천국 진리를 나타내기 위한 상징적인 말씀이었다. 이 하나님의 권세가 "강한 힘으로 일한다"는 것은 정복자나 통치자 또는 지배자나 승리자의 강한 지배를 의미한다. 바울은 여기에서 하나님의 무한 권세가 우리들의 신앙생활과 관련된다고 봄과 동시에 하나님께서는 우리 안에 그리스도 신앙을 일으키기 위하여 그의 무한 권세를 가지고 일한다고 말한 것이다. 그러나 칼빈의 말과 같이 이 하나님의 권세로 지배 받는 사람들은 죽음에서 영원한 생명으로 옮아가지만 어리석은 자들에게는 이 하나님의 권세가 도리어 걸림돌이 되는 것이다.

20-23절

바울은 20절에서 그리스도를 부활하게 하시고 그를 승천하게 하사 우주적인 지배를 담당하게 하신 하나님의 권세가 바로 그리스도인 안에서 역사하는 그 권세라고 주장한다. 다시 말하면 그리스도 부활에서 역사하신 하나님의 월등하신 권세가 계속적으로 역사하셔서 그리스도인과 그 교회를 다스린다는 것이다. 교회는 이와 같은 하나님의 권세가 역사하는 장소이다. 현대 신학자들은 역사적 예수에게 대한 관심이 많지마는 사도 바울과 그 시대 신도들에게는 부활 승천하신 영적인 그리스도에 대한 관심이 더욱 많았다. 그들에게 있어서는 역사적 예수보다는 차라리 신앙의 그리스도가 소중하였다. 그런데 부활과 승천은 나눌 수 없다. 승천은 부활하신 주님을 우주 지배의 자리로 인도하셨다. 그래서 바울은 여기에서 주의 몸 된 교회까지를 우주 지배의 관점에서 다루고 있다. 슐라터의 해석과 같이 그리스도의 부활 승천은 결코 편안히 쉬기 위한 것은 아니었다. 그것은 차라리 우주 지배의 막중한 책임을 걸머지게 한 것이었다.

승천하신 그리스도는 하나님의 '오른편'에 앉게 되셨다. 이 말은 "네 원수로 네 발등상이 되게 하기까지 너는 내 우편에 앉으라"고 한 시편 110편 1절의 인용이다. 그러나 이 말은 결코 하늘나라에 공간적인 장소가 있다는 뜻이 아니다. 그것은 칼빈이나 슐라터의 해석과 같이 하나님께서 그리스도에게 주신 천지 만물을 지배하며 관할할 수 있는 하늘 권세를 뜻한 것이다. 왜냐하면 부활 승천하신 그리스도는 천상에 있는 다른 피조물과는 달라서 하나님과 더불어 만물을 통치할 수 있는 월등한 권세를 소유하시기 때문이다.

바울은 빌립보서 2장 6-11절에서 하나님께서는 예수 그리스도를 높이 올리셔서 모든 이름 위에 뛰어난 이름을 주시어 하늘에 있는 자나 땅위에 있는 자나 땅 아래 있는 모든 사람을 그 앞에 무릎을 꿇게 하셨다고 말한 바 있는데 여기에서는 "모든 권력과 권위와 주권과 또 이 세상뿐 아니라 오는 세상에서까지 모든 이름 위에 뛰어나게 하셨다"고 말하고 있다. 여기 말한 '권력'과 '권위' 및 '권세'와 '주권'은 신약성서의 세계상을 특징짓는 낱말들이다. 그것들은 모두 다 하늘 천사들의 세력과 활동을 표현하기 위한 표상들이다. 여기 말한 권세는 지음 받은 피조물이기는 하나 그것은 또한 다른 피조물과는 유다른 것으로서 월등한 기능을 발휘하여 지상세계에 많은 영향을 끼치는 영적 권세이다. 퀸터의 해석대로 하면 국가는 이 하늘 천사의 권세를 대행하는 기관인데 그리스도 교회는 이 국가의 권세 앞에 마주서는 것이다. 그리스도께서는 천사의 권세를 관할해야 하고 정권으로 나타나는 천사들의 권세도 그리스도 앞에서는 복종해야 한다는 것이 신약성서의 사상이라 한다.

정치세력은 그것 자체의 영역에서는 자기 자신을 비판할 수 없다. 여기에 정치세력의 제약과 맹점이 있다. 정치가 올바른 정치가 되기 위해서는 정치적인 영역을 떠나서 윤리와 종교적인 비판을 받아야 한다. 그래서 네덜란드 교회의 기도문 중에는 다음과 같은 대목이 있는데 이는 성서적인 정치관을 고백한 것이다. "정부는 모름지기 왕 중 왕이신 예수 그리스도로 하여금 통치자와 신자들까지를 다스리게 해야 한다"는 고백이다.

이름이란 빈 것이 아니라 내용을 말하는 것이다. 그런데 하나님께서는 부활 승천하신 그리스도에게 이 세상뿐 아니라 오는 세상에까지 모든 이름 위에 뛰어난 이름을 주셨는데 곧 '주'라는 이름이었다. 여기에서 말한 '세상'은 시각적인 세대를 의미한다. 그러나 그리스도인은 무릇 어떠한 세대를 만나든 간에 두려워하여서는 안 된다. 왜냐하면 무릇 어떠한 때나 예수 그리스도의 부활과 승천에서 역사하신 하나님의 무한대한 권세가 그들 위에 역사하고 계시기 때문이다.

인도의 간디는 그 무서운 영국의 학정 끝에서도 조금도 두려워하지 않고 언제나 여유 있는 마음으로 해학을 즐겼다 한다. 이는 그가 마음속에 진리를 간직하였던 때문일 것이라는 이들이 있다. 그러나 그가 학살당한 직후에 발견된 사실은 그가 생존 시에 드나들던 밀실에 성경 한 권이 놓여 있다는 사실이었다. 이 사실과 견주어 볼 때 그가 생존 시에 언제나 태연자약할 수 있었던 까닭은 그 마음속에 추상적인 진리가 아니라 진리의 화신이신 살아 계신 주님을 모셨던 결과라고 생각한다.

하나님께서는 만물을 예수 그리스도의 '발아래'에 굴복하게 하셨다. 그리스도는 다만 천지 만물보다 높은 위치에 계실 뿐만 아니라 그 만물을 지배하시는 처지에 계시다 이 '발아래' 하는 말은 시편 8편 6절의 인용이다. 시인은 거기에서 창조의 월계관인 인간의 영광을 감사한 마음으로 노래하였다. 그런데 바울은 이 노래를 빌려서 창조 당초의 인간의 모습을 회복시켜 주신 예수 그리스도를 찬양한 것이다 그는 다만 하늘에서 내려온 하나님의 아들만이 아니라 세상에서 태어나신 사람의 아들이었다. 그는 인간의 존엄성을 철저하게 숭상하였다. 이에 있어서 하나님께서도 천지 만물이 그의 발아래에 굴종하게 하신 것이다.

이러한 예수께서 바로 '교회의 머리'라는 것이다. 그리스도와 교회는 하나이다. 여기에 교회의 역사적 의미와 우주적인 의미가 있다. 교회는 이 세상 권세 밑에 눌릴 것이 아니라 도리어 이 세상 모든 권세를 위하여 막중한 소임을 걸머져야 한다. 온 세상과 우주를 위한 하나님의 경륜을 담당한 기관은 교회밖에 없다. 그리스도의 몸 된 교회는 우주를 주관하시는 그리스도를 도울 처지에 있다. 그래서 그리스도의 가장 큰 관심은 그의 몸 된 교회에 있었다. 그의 관심은 결코 문명이나 문화 또는 정치 경제를 중심으로 하지 않았다. 그의 관심은 오로지 그의 몸 된 교회에 있었다. 왜냐하면 교회야말로 역사 중에서 하나님이 쓰시는 가장 성스러운 기관이기 때문이다.

현대와 같은 혁명 시대에도 이 세상 나라는 그리스도 교회를 억압하지 못하고 그 활동을 견제하지 못한다. 주의 몸 된 교회는 도리어 사탄으로 인해 타락한 이 세상 권세를 주의 이름으로 심판한다. 그래서 600만의 유대인을 학살하였던 독일의 나치 정권이 극악한 일을 감행하였을 때에도 독일 교회는 바르멘 선언을 선포하고 "우리는 그릇된 교리를 배격한다"고 항거하였고 일본 제국이 그들의 천왕을 신격화시키기 위한 황도 철학을 제창하고 기독교를 거세시키려 하였을 때에 주기철 목사님을 선두로 한 한국 교회는 죽기로써 신사참배를 거부하였던 것이다.

바울은 끝으로 교회는 "모든 것을 충만케 하시는 이의 충만이라" 하였다. 이 말에 대한 학자들의 해석은 일정치 않다. 렌토르프의 해석대로 하면

이 말의 뜻은 그리스도께서 교회로 하여금 그 본연의 자세로 돌아가게 하셨다는 뜻이라 하고 에발트(Ewald)의 해석에 의하면 교회가 그리스도로 하여금 그의 본디 뜻을 충복하게 하였다는 뜻이라 한다. 그러나 바울은 여기에서 아마 교회는 모든 만물을 충만하게 하시는 그리스도의 충만이요 그리스도와 더불어 우주적인 구속 사업에 동참하는 기관이라고 말하였을 것이다. 온 우주의 구주되시는 그리스도에게는 교회가 없어서는 안 된다. 주의 돈 된 교회가 그 기능을 발휘함이 없이는 그리스도께서 그 고귀하신 소임을 행할 수 없는 것이다. 여기에 그리스도 교회의 한없는 영광과 막중한 책임이 있다. 선교의 신학자 에밀 브른너의 말과 같이 이 세상 모든 나라 중에서 교회의 원리를 터전으로 하는 나라들이 물심양면으로 축복받고 있다는 것은 해외를 다녀온 우리 위정자들도 한결같이 간증하고 있는 바이다.

III. 어제와 오늘(2장 1-10절)

엄동설한은 지나가고 양춘가절이 되었으니 오랫동안 자태를 감추었던 꾀꼬리도 오라잖아서 봄 동산을 누비면서 노래할 것이다. 오랫동안 무화과나무 밑에서 지내던 율법학자 사울은 이방 사도로 부름 받고 나서 이와 같이 지중해 일대를 누비면서 노래했던 것인데 우리의 본문에서도 그는 예수 그리스도께서 마련하신 인생의 새봄을 노래하고 있다. 그는 여기에서 예수 그리스도를 알지 못하고 냉혹한 세력에 사로잡혀 있던 지난날의 생활과 그리스도에게서 창조 받은 오늘날의 온정적인 삶을 견주어 보면서 그의 넘쳐흐르는 창조의 은혜를 노래하고 있는데 버클리의 말대로 하면 이 구절은 하나님의 사랑에 대한 서정시로서 바울은 여기에서 문법을 따질 만한 여유조차 없이 기쁨의 노래 가락을 노래하고 있다고 한다.

1-3절

인간이란 무엇인가? 여기에 궁극적인 문제가 있다. 유명한 스핑크스의 이야기가 이 사실을 증명하고 있을 뿐 아니라 실상인즉 모든 문화와 사상 체계도 인간관을 바탕으로 하고 있다. 그런데 역사가 토인비의 말대로 하면 평균인은 역사적 시간 안에서 아무런 변화도 일으킬 수 없다고 한다. 평균인도 역사 중에서 여러 가지 경험을 한다. 그러나 거기에서 영적 변화가 생기는 것은 결코 아니다. 그래도 토인비는 이르기를 "우리가 역사 중에서 배울 수 있는 것은 역사에서는 아무것도 배울 것이 없다는 사실이다"라고 하였던 것이다.

그런데 사도 바울은 1절 이하에서 말하기를 "여러분도 우리나 마찬가지로 어제까지는 허물과 죄로 죽었던 사람들인데 자비가 풍부하신 하나님께서 이와 같은 우리를 그리스도와 함께 살리셨다"라고 말하고 있다. 여기서 '여러분'은 이방인을 가리키고 '우리'는 유대인을 말한 것이다. 유대인이나 이방인을 가릴 것도 없이 전 인류는 역사적인 생에서 아무러한 소망도 찾지 못했다. 그들은 모두 다 허물과 죄로 인하여 죽음 속에 잠겼던 사람들이다. 여기서 '허물'은 '미끄러짐'이나 '넘어짐'을 뜻한 말이고 '죄'는 화살이 과녁을 맞히지 못하고 빗나감을 말한다. 전 인류는 과거에 바른 길을 가지 못하고 곁길을 갔으며 마땅히 해야 할 일은 하지 못하고 도리어 해서는 안 될 일을 행했다는 것이다.

아버지의 품 안을 벗어나 먼 곳으로 유랑의 길을 떠났던 탕자와도 같이 우리는 모두 다 아버지 하나님을 떠나서 살고자 했다. 여기에 '이 세상 풍조'가 있다. 일본의 문필가 기꾸지 깡(菊池寬)은 일찍이 "석양 길을 가다가 하나님이란 분을 만나게 되면 할 말이 있는데 나는 여태껏 당신의 신세를 져본 일이 없다"라고 말하고 싶다고 한 적이 있다. 기꾸지 깡뿐 아니라 여기에 현대인의 자랑이 있다. 그러나 신구약성서의 사상대로 하면 그들은 이미 하나님을 거역한 악령들에게 사로잡혀 있는 것이다.

합리주의자들의 해석대로 하면 성서가 말하는 '악령'은 이 세상에 편재해 있는 악의 세력을 설명하기 위한 신화적 표상이라 한다. 그러나 예리한 통찰력을 가졌던 밀턴의 실낙원에 의하면 모든 죄는 하나님을 시기하고 반역한 사탄에게서 비롯된 것이었고 죽음은 죄의 결과로 생겨난 것이며 이 죄와 죽음이 지옥문을 지키는 문지기라 한다.

성서의 인간관대로 하면 인간은 본디 하나님의 형상대로 지음 받은 인격적인 존재다. 성부 성자 성신 삼위일체의 성스러운 교제를 본받고 위에 계신 하나님과 곁에 있는 형제를 사랑하면서 살 수 있는 존재다. 우리말에서도 '사람'과 '사랑' 및 '삶'은 어원이 서로 통한다. 그러나 역사적인 인간은 사랑이신 하나님을 알기를 원치 않았고 그의 뜻을 체 받아 살기를 바라지도 않았다. 그들은 도리어 하나님을 시기하고 하나님을 물리치고 자기 자신이 하나님이 되기를 바랐던 것인데(창 3:5) 여기에 인간이 저질렀던 끔찍한 죄과가 있다.

죄가 깃들이는 장소는 인격의 낮은 곳이 아니라 높은 곳이다. 하나님의 법도를 어길 뿐만 아니라 하나님을 무시하고 자기 자신이 하나님이 되려는 데에 죄악의 마력이 있다. 사람이 저지를 수 있는 일 중에서 가장 굉장하고 엄청난 일은 죄 짓는 일이다. 그러나 하나님이 되고자 한 하늘 천사가 사탄으로 타락했듯이 하나님이 되고자 한 인간도 역시 죄 중에 빠질 수밖에 없었던 것이다. 그들은 "공중의 권세를 잡은 통치자, 곧 지금 불순종의 아들들 속에서 활동하는 영"을 따라 살게 되었다. 그 까닭은 천국에서 종사하느니보다는 차라리 지옥에서 지배자가 되기를 바랐기 때문이다.

사탄은 예수를 시험하기를, 하나님을 거부하면 온 천하를 주겠다고 하였다. 그러나 예수에게 있어서 소중한 것은 무엇을 소유하느냐에 있지 않고 어떠한 사람이 되느냐에 있었다. 그리고 그의 본 바대로 하면 하나님을 사랑하고 사람을 사랑하는 데에 인생의 지상선이 있었던 것이다. 그런데 하나님을 중심에 모시지 않고 인간 자신이 모든 것의 중심이 될 뿐 아니라 신적 지배자가 되고자 하는 데에 "이 세상 풍조"가 있고 "불순종의 아들들"의 이상이 있다. 그러나 "공중의 권세를 잡은 통치자"에게서 지배받는 이 세상에는 끊임없는 혼란과 무질서가 계속된다는 것은 현실의 역사가 역력하게 보여줌과 같다.

민족 사회가 인류 사회와 통일과 조화를 이루지 못하고 혼란과 무질서를 거듭하는 까닭은 모든 사람이 '육적인 욕심'을 따라서 살고 '몸과 마음이 원하는 대로' 생활한 결과라는 것이 바울의 주장이다. '육'은 자연인 전체를 가리키는 말이고 '마음'은 우리의 인격과 성향을 뜻한 말인데 바울은 여기에서 우리의 행위와 의욕 사이에 분열이 있음을 암시하고 있다. 그리고 이와 같은 인격 분열에 빠진 사람은 "하나님의 진노를 받아 마땅하다"는 것이다. 그러나 하나님의 진노는 우리에게 대한 강한 관심을 보여 주는 것이요 그릇된 자를 돌보시는 강한 사랑의 표적인 것이다. 만일에 죄인에게 대한 하나님의 진노가 없을 것이면 인생 생활에는 끝끝내 죄와 죽음만이 깃들일 수밖에 없을 것이다.

4-7절

"허물과 죄로 죽었던" 어제까지의 삶을 회고했던 바울은 이제 예수 그리스도로 말미암은 새로운 삶을 증거하기 위하여 '그러나'를 가지고 말문을 연다. 이 '그러나'는 로마서 3장 21절의 그것과 같이 강한 의미를 가진 말이다. 어제의 생활과 오늘날의 생활 사이에는 판이한 등차가 있단 것이다.

바울은 하나님을 가리켜서 "자비가 풍성하신 하나님"이라고 말하고 있는데 "자비에 있어서 풍성하시다"는 뜻이다. 이는 은혜와 자비는 같으면서도 서로 다르다. 은혜는 우리들이 그것을 간직할 수 있지만 자비는 오직 하나님만이 간직하신다. 자비에 있어서 풍성하신 하나님께서는 "사랑의 하나님"이시다. 이에 있어서 바울은 "하나님께서는 우리를 사랑하신 그 크신 사랑으로 허물 가운데 죽은 우리를 그리스도와 함께 살리셨다" 한다. 우리의 과거는 허물과 죄로 죽은 것이었다. 그런데 하나님께서는 그리스도를 다시 살리신 데에서 우리까지를 살리신 것이다. 바울의 이 말은 우리 자신의 시간 개념이나 경험과는 배치되는 것이다. 그러나 그리스도로 말미암은 구원의 은총은 우리 자신의 시간 개념과 모든 경험을 하나님 은총이 지양시킨 데에서 주어진 것이다. 그래서 바울은 "여러분이 구원받은 것은 은혜로 된 것입니다"라고 덧붙인 것이다. 구원은 값없이 주시는 하나님의 은사로 온 것이요 우리는 다만 그것을 믿을 수 있을 뿐이다.

인류의 죄는 율법에 대한 죄라기보다는 차라리 하나님의 사랑에 대한 죄였다. 법을 범한 죄는 벌금이나 체형으로 탕감될 수 있으나 사랑에 대한 범죄는 속량할 길이 없다. 오직 거저 주시는 하나님의 은총만이 이 죄를 구할 수가 있는 것이다. 우리의 선행으로써는 하나님의 구원의 은총을 구할 수 없다. 우리는 다만 거저 주시는 구원의 은총을 믿을 뿐이다. 그렇다고 해서 우리 편에 서는 아무것도 할 필요가 없다는 말은 결코 아니다. 우리의 선행으로써 구원을 얻을 수는 없다. 그러나 루터의 말과 같이 그리스도를 믿는 믿음의 선행이 있어야 한다.

사도 바울은 여기에서 죄 중의 죽음과 그리스도 안의 새로운 생명과를 분명하게 대립시켰다. 예수 그리스도께서 무덤을 헤치시고 부활하신 획기적인 사실에서 그리스도인의 새 생명이 이루어졌다. 이에 있어서 바울은 "그리스도 예수 안에서 그와 함께 우리를 일으키셔서 함께 하늘의 자리에 앉게 하셨습니다"라고 말한다. '살리시다'와 '일으키시다'와 '앉게 하다'의 세 동사는 모두 '함께'라는 한마디 말에 연결되는데 그 까닭은 그 모든 동작이 그리스도의 사건과 더불어 동반된 것이기 때문이다.

역사 안에서는 영적 변화가 생겨나지 않지만 예수 그리스도 안에서는 그것이 확실하게 생긴다. 그리스도 안에 사는 이는 새 힘과 새 모습을 갖추게 된다. 그리스도인은 어제까지의 모든 과거를 청산하고 회개의 관문을 거쳐서 새로운 삶을 출발한다. 그리스도 안에서 부름 받고 그의 은총에 접한 사람은 새로운 삶의 원리를 깨닫게 되고 대중과는 다른 삶의 방향을 달리게 된다. 그리스도는 그가 성장하는 토양이요 그가 호흡하는 대기며 그가 달려가는 생의 목표다. 그래서 바울은 "내게 있어서 사는 것이 그리스도요 죽는 것도 유익합니다"(빌 1:21)라고 외칠 수밖에 없었던 것이다.

도스토예프스키의 말과 같이 만일 하나님이 계시지 않다고 하면 아무 짓이나 하여도 무방할지 모른다. 이런 생각에서 히틀러는 큰 창고에 "하나님은 없다"는 현판을 걸어 놓고 그 안에서 수백만의 유대인을 학살했던 것이며 오늘날 소련의 공산주의자들이 매 십 년마다 인간 혁명을 단행함으로써 앞으로의 10년은 지난 10년보다도 더욱더 잔인하고 무자비할 것을 다짐함도 역시 그들의 무신론 사상을 전제로 하는 것이다. 그러나 그리스도 안에서 새로운 자아를 발견한 그리스도인은 모든 사람을 간접적인 그리스도로 섬겨야 한다. 왜냐하면 거기에 '사랑의 계명'을 말씀해 주신 주님의 뜻이 있고 그리스도를 추종하는 그리스도인의 거룩한 소임이 있기 때문이다.

하나님의 축복의 목적이 이미 창세 전에 세워졌듯이 그 결과도 영속되는 것인데 바울은 7절에서 "지극히 풍성한 하나님의 은혜를 장차 올 모든 세대에 보여 주기 위한 것입니다"라고 말하고 있다. 다시 말하면 예수 그리스도에게서 나타난 하나님의 한없으신 은총이 영원무궁토록 계속된다는 것인데 '장차 올 모든 세대'는 영원을 분류해서 말한 것이다.

8-10절

슐라터는 이 구절을 사도 바울의 중심 교리라고 일컬었는데 바울은 여기에서 그리스도인의 구원은 '믿음을 통해서' 주어진다고 말하고 있다. 그는 여기에서 '신앙의인'의 교리를 말한 셈이다. 그에게 있어서 구원의 은혜와 신앙은 나누어질 수 없는 것이었다. 이 바울의 논조대로 하면 하나님의 은혜가 올 때에는 그것을 믿을 수밖에 없느니만큼 하나님의 은혜는 신앙을 통해서 주어지는 것이며 그 구원은 신앙을 통해서 수행된다고 볼 수밖에 없다. 이와 같이 말하는 신앙은 하나님을 향해서 마음을 여는 일이다. 하나님의 은혜를 받아들이는 마음의 결단이다. 하나님을 생명의 주로 모시고 그의 사랑의 계명에 전폭적으로 순종하는 일이다. 이 신앙을 통하여 하나님의 새로운 질서가 수립됨과 동시에 그의 새로운 세계가 형성되는 것이다.

신앙을 강조한 바울은 이어서 구원의 은혜는 "행위에서 난 것이 아니므로 아무도 자랑할 수 없습니다"라고 덧붙인다. 사도 바울의 본 바대로 하면 비단 유대인만이 아니라 이방인들까지가 자기 자신의 행위를 통하여 구원 받고자 하였던 것이다. 이에 있어서 그는 "구원은 행의에서 난 것이 아니므로 아무도 자랑할 수 없습니다"라고 말한 것인데 아닌 게 아니라 예수 그리스도의 십자가를 믿는 그리스도인에게 있어서는 모든 종류의 자화자찬은 있을 수 없다. 그는 다만 예수 그리스도의 십자가만을 자랑해야 한다. 왜냐하면 거기에서 우리의 모든 것이 성취되기 때문이다.

옛날 헬라 사람들은 생각하기를 인간은 그 지식을 통해서 이해대로 하면 인간이 그 이상을 실현함에 있어서 가장 소중한 것은 바른 보도와 명석한 사색과 진리에 대한 열정이었다. 그리고 근대 문화가 발전된 이면에는 이와 같은 사조가 저류를 이루었다. 이 사조대로 하면 인간은 진지한 탐구를 통해서 궁극적인 진리를 깨닫게 됨과 동시에 자기 자신에 관한 진리는 자신과는 상관이 없는 객관적인 진리 탐구에서 성취된다고 보았던 것이다.

지식의 길과 대조적인 길은 덕의 길이다. 그런데 옛날 이스라엘 사람들은 이 덕의 길을 걸었던 것이다. 그들은 선을 숭상하고 율법을 준수하면서 거기에서 윤리적인 이상을 실현하기에 안간힘을 다했다. 그런데 이 율법 수련과 그 실천에 있어서 으뜸갔던 사도 바울은 지난날의 생활을 완전히 청산하고 새로운 삶을 결단하면서 다음과 같이 외쳤던 것이다. "그러나 우리는 사람이 의롭다함을 얻는 것은 율법을 행함으로가 아니라 그리스도 예수를 믿음으로 되는 것임을 알고 우리도 그리스도 예수를 믿는 믿음으로 의롭다함을 얻으려는 것이었습니다. 율법의 행위로는 아무도 의롭다함을 얻을 수 없는 것이기 때문입니다"(갈 2:16).

마르크스주의자들은 생각하기를 혁명을 단행한 무산대중에게만 영광이 있다고 한다. 그래서 그들은 무산대중 이외의 모든 사람을 성분이 나쁘다 하여 투쟁의 대상을 삼는 것이다. 그러나 그들에게는 겸손의 덕이 없고 "의인은 없다. 단 한 사람도 없다"(롬 3:10)고 한 바울적인 신앙이 없다. 그런데 그리스도인이 된 사도 바울은 이에 반하여 십자가에 달리신 예수 그리스도만이 영광을 받으시기에 합당하다고 봄과 동시에 그리스도인은 이에 자기 자신을 위해서 살 자가 아니라 그를 위해서 십자가에 달리신 예수 그리스도를 위해서 살 자라고 믿었던 것이다. 그리고 그리스도인이 수행할 선행은 중세 교회가 요구했던 바와 같은 공로 세우기 위한 선행이 아니라 종교개혁자 마틴 루터가 말한 바와 같은 그리스도 신앙의 선행인 것인데 이 선행은 요컨대 물론 무엇이나 예수 그리스도의 뜻대로 하면 그것이 바로 선행이 되는 따위의 선행인 것이다.

바울에게 있어서 선행은 그리스도 신앙의 원천이 아니라 그리스도 신앙의 목표였다. 이에 있어서 그는 "선한 일을 하게 하시려고 그리스도 예수 안에서 하나님이 우리를 만드셨습니다"라고 말한 것이다. 그리스도인은 예수 그리스도 안에서 지어진 새로운 피조물이다(고후 5:17). 그리스도 안에서 새로운 피조물로 지음 받은 그리스도인에게는 선을 행할 새로운 과제가 부과된다. 그리스도 신앙에는 원인성과 활동성이 병행되는데 원인성인 구원의 은혜는 그리스도인에게 활동성인 선한 행위를 요청한다. 그런데 그리스도인들은 허다한 경우에 이 사실을 분명하게 인식하지 못했을 뿐 아니라 때로는 본말 전도의 시행착오를 범했던 것이다.

그리스도 신앙은 결코 도덕적으로 무관심한 것이 아니다. 거기에는 강한 윤리성이 요구된다. 그러나 여기서 말한 윤리는 결코 한 개인이나 씨족 또는 민족 사회에서 형성된 관습적인 윤리가 아니다. 그와 같은 윤리는 고작해야 개인의 행복이 아니면 집단적인 이기심을 추구하기 위한 상대적인 윤리에 불과하다. 그러나 '우리가 이렇게 살도록 하나님께서 미리 준비해두신 것'은 그와 같은 관습이나 습속에 적응하는 '적응의 윤리'가 아니라 그것과는 동떨어진 하나님의 계명에 복종하기 위한 '결단의 윤리'다. 그리고 물과 불을 헤아리지 않고 오직 하나님의 뜻에만 복종하는 이 결단의 윤리는 예수 그리스도께서 남기신 고난의 사업을 담당하는 그리스도인만이 실천할 수 있는 특수한 윤리다.

로젠베르크의 『20세기의 신화』에서는 독일 민족이 메시아적인 민족이라고 주장되었고 독일 민족으로 산다는 사실 자체가 절대 가치를 지닌 것이라고 인정되었다. 그리고 8·15 이전의 일본의 황도 철학은 일본 백성만이 오직 하나의 신의 후손이요 일본이라는 나라 이름이 말해 주듯이 전 세계를 밝힐 수 있는 빛의 근원은 일본에 있다고 자부했다. 그래서 그들은 자국민이 번영함은 그것이 바로 신의 뜻이요 자기 나라가 융성하기 위해서는 다른 나라를 해쳐도 나쁜 일이 아니라고 단정했던 것이다. 그러나 이는 모두 만백성을 아버지 하나님의 자녀로 보고 인류 사회에는 오직 하나. 인간 가족이 있을 뿐임을 가르쳐 주신 예수 그리스도와 그의 교훈에 배치되는 것이었다.

그래서 3·1운동을 영도했던 우리 겨레의 영도자들은 이조 500년간의 문벌 중심의 파벌 싸움을 지양하는 한편 '민족지상주의'를 표방하는 좁은 의미의 민족주의도 초극하고 세계만방을 우방 국가로 인정하면서 그 일환으로서의 조국 광복을 이룩하기 위해서 투쟁했던 것인데 우리는 여기에서 작은 나를 버리고 큰 나를 살리는 그리스도인의 숭고하고 폭 넓은 기상에 접하게 된다.

IV. 화평의 기틀(2장 11-22절)

불행한 일이지만 인류 사회는 지금 민주 진영과 공산 진영으로 양분되어 있다. 그래서 우리가 오랫동안 염원해 온 하나의 세계와 세계 국가의 실현은 요원한 느낌이 들 뿐 아니라 그와는 반대로 인심도 다르고 역사도 다른 두 개의 세계가 형성되고 있다. 그러나 이와 같은 세계의 분열은 이제 와서 처음으로 된 것이 아니라 예수 당시의 이스라엘과 이방도 역시 이와 같은 분열이 되어 있었던 것이다.

헬라의 피타고라스 학파는 고전 헬라의 철학 사상이나 마찬가지로 영계에 대해서는 아무런 이해도 갖지 못했었다. 그들은 다만 자연계의 현상만을 이해하고 있었을 뿐이다. 그래서 그들은 자연계의 모든 현상에서 조화의 원리를 찾음으로써 삶에 대한 통일된 이념을 얻으려고 힘썼던 것이다. 그러나 20대 청년 대왕 알렉산더는 아리스토텔레스를 사사하였음에도 불구하고 강한 무력을 행사함으로써 세계 통일을 이룩하려 하였던 것이다.

오늘날에 있어서도 세계 통일을 위하여 이 두 가지 방안이 시도되고 있는 중인데 그 하나는 자연과학의 성과인 기술과학을 통하여 세계를 통일시키려는 방안이요, 다른 하나는 여러 전체주의 국가들이 감행하고 있음과 같은 무력통일의 방안이다.

그러나 사도 바울은 우리의 본문에서 이 두 가지 방안과는 아주 다른 보다 높은 방안을 제시하고 있다. 이는 곧 예수 그리스도의 십자가와 부활신앙을 통한 통일의 방안이다. 그는 하나님께서 예수 그리스도를 통해서 성취하신 평화의 기틀을 증거하는 것인데 그의 증언과 같이 이스라엘과 이방 사이의 저 심각한 균열은 예수 그리스도의 십자가와 부활에서 지양되었고 전 인류는 지금 다시 사신 예수 그리스도를 머리로 하는 유기적 공동체인 그의 몸 된 교회에 연결되어 있다. 그래서 인류는 지금 예수 그리스도를 터전으로 하는 하나님의 공화국 백성이 되어 있는데 오늘날에 있어서도 세계 통일의 올바른 길은 이 교회의 원리 이외에 없는 줄 안다. 왜냐하면 기술과학은 사람들을 기술자 되게 할 수는 있을지 모르나 그 마음속에 감돌고 있는 서로 미워하는 감정을 정화시킬 수는 없기 때문이다.

11-12절

바울은 여기에서 에베소 교인들에게 그리스도에게서 구원받기 이전의 과거를 회상하여 보라고 권면한다. 그들은 그때에 손으로 육체에 할례를 받은 이스라엘 사람들에게 '무할례자'라고 불리던 이방인이었다. '할례'는 번식을 위한 종교의식의 하나인데 이스라엘 사람들은 이 종교의식을 아들 낳는 일에 관련시켰다. 그리고 아들에 대한 그들의 강한 집념은 메시아 대망과 관련되었다.

그러나 이방인인 에베소 사람들은 과거에 할례와는 상관이 없는 '육'의 생활을 영위하였다. 이 육은 인간의 자연적인 존재양식을 말하는 것으로서 거기에는 정신과 아울러 물질적인 생활이 수반되었다. 그런데 에베소 사람들의 생활은 과거에 정신적으로나 물질적으로나 이와 같은 자연적인 모습을 가졌을 따름이었다. 그들은 개인적으로나 민족적으로나 자연적인 생활을 영위했을 뿐이요 하나님을 믿는 영적 생활을 전혀 알지 못했다.

로마 제국은 인류사가 있은 이래 가장 강대한 제국이었다. 그러나 이 로마 제국 역시 하나의 거대한 자연인의 집단이었다. 대 로마 제국의 주민들은 모두 다 걷잡을 수 없는 허무감과 무상감에 사로잡혀 있었고 그들에게는 아무런 소망도 없었던 것이다. 이는 그들에게 소망의 하나님이 없었기 때문이다. 헬라 문화의 용기(容器)에 불과했던 로마 제국은 그 사상에 있어서도 헬라적이었다. 헬라 사상은 한 마디로 말해서 '우울'이었는데 로마 사람들의 마음 상태도 우울했고, 헬라 철학의 조상 소크라테스는 철학을 '죽음의 학문'이라고 보았는데 로마 사람들도 이와 같은 사상을 탈피할 수가 없었던 것이다. 그리고 헬라 사람들과 로마 사람들의 황금시대는 언제나 과거에 있었고 그들은 미래에 대해서는 아무런 소망도 갖지 못했는데 에베소 사람들도 마찬가지로 아무런 소망도 없었던 것이다. 그런데 하나님께서는 이와 같은 이방인들을 기억하시고 그들에게 예수 그리스도를 통한 구원의 은총을 베풀어 주시고 재림하실 주님을 대망하게 하심으로써 그들로 하여금 하늘의 별에 소망의 닻줄을 맬 수 있게 하신 것이다.

13-18절

사도 바울의 이해대로 하면 인류 사회의 분열은 다만 자연계나 인간 세계에서 기원되는 것이 아니라 실상인즉 그것은 하늘 세계에서 기원된 것이었다. 따라서 분열된 세계의 통일 역시 인간 자신의 옅은 지혜나 그 권력 행사에서 이룩되는 것이 아니라 더 높은 차원에서 성취되는 것이었다. 인간 사회의 분열은 하나님께 순종하는 하늘 천사와 하나님을 거역하는 사탄과의 대립에서 유래되었고 그 반역을 지양시키고 세계를 통일시킬 수 있는 길도 하나님의 아들이시요 하나님과 인간 사이의 중보자 되시는 예수 그리스도의 십자가와 그의 부활에서 성취되었다는 것이 사도 바울의 외침이었다.

예수 그리스도의 십자가에 대해서는 여러 가지 해석이 있을 수 있다. 그런데 오늘날 대다수의 학자들은 그의 십자가의 비극은 인류 역사상 최대의 비극이었고 그의 극형은 로마 제국의 관리들이 정당한 법적 질서도 밟지 않고 그릇된 오판을 내린 불의의 결과라고 주장한다. 아닌 게 아니라 이 세상 위정자들은 왕왕 겉으로는 정의를 표방하면서도 오히려 내실에 있어서는 불의를 감행하는 수가 허다하게 있고 로마 총독 빌라도도 자기 자신의 결백을 표명하기 위하여 그 손을 냉수에 씻었지만 그도 역시 간교한 거짓을 범했다는 일은 누구나 아는 일이다.

그러나 예수 그리스도의 십자가 사실은 결코 인류 역사 안에서 일어난 하나의 역사적인 우연만이 아니라 거기에서는 하나님의 엄위로운 뜻이 성취되었던 것이다. 신약학자들은 한동안 복음서의 내용이 무엇인가에 대하여 진지한 연구를 거듭했다. 그런데 루터교 신학의 본산지인 에어랑엔 대학의 신약학 교수 슈타우퍼는 말하기를 복음서는 단적으로 말해서 예수 그리스도께서 아버지 하나님의 뜻에 따라 십자가의 고난을 담당할 수밖에 없었음을 증거하여 준다고 말한 적이 있었다. 그리고 빌립보서 2장 6-11절에 증거된 사도 바울의 증언대로 하면 하나님께서 다시 사신 예수 그리스도를 하늘 보좌에 앉히신 까닭은 그가 십자가의 고난을 담당하셨기 때문이라고 한다.

이 바울의 해석대로 하면 십자가의 비천과 하늘 보좌의 영광은 서로 통한다. 그리고 예수 그리스도의 죽음은 패배가 아니라 승리였다. 거기에서는 우리의 모든 죄가 청산됨과 동시에 하나님의 공의가 수립되었다. 그리고 그의 부활에서는 우리의 마지막 원수인 죽음이 죽임당했고 죽음 대신 영원한 생명이 축복되었다.

에베소 교회에 십자가의 복음을 전달한 바울은 에베소 형제들에게 "전에 멀리 있던 여러분이 지금은 그리스도 예수 안에서 그의 피로 가까워졌습니다"라고 말한다. 로마서 3장 21절에서도 그러하지만 여기에서도 '지금'이란 말은 대단히 소중한 뜻을 가진다. 왜냐하면 거기에서는 저 이방인의 위대한 전향이 말씀되고 있기 때문이다. 그래서 옛 교회는 이 위대한 전향을 중대하게 여겼던 것인데 오늘날에 있어서도 그리스도인은 누구나 성령의 감화로 된 위대한 전향과 거기에서 관련되는 신적인 새로운 질서를 소중하게 생각하는 것이다.

"멀리 있던"과 "가까워졌습니다"는 이사야 57장 19절 인용문이다. 그래서 디벨리우스는 말하기를 사도 바울은 여기에서 구약성서를 석의하고 있다고 한다. 바울의 주장대로 하면 이방인이었던 에베소 사람들도 이제는 낡은 계약에서 약속되었던 구원의 은총 중에 거하게 되었으며 이 구원의 은총 중에서 이스라엘과 더불어 한 몸이 되었다고 한다. 그러나 바울은 여기에서 다만 신도 한 사람 한 사람의 구원을 말한 것이 아니라 이방사람 전체의 구원을 말한 것이다.

예수 그리스도의 십자가와 부활에서는 이스라엘과 이방 사이에 화평이 이루어졌다. 그런데 디벨리우스는 세계적인 화평에서 그리스도 교회의 화평을 이해하려고 시도하였다. 그러나 이는 분명히 본말전도라고 말할 수 있다. 사도 바울이 증거한 화평은 분명히 먼저 그리스도 교회에서 성취되었고 그 다음에 온 세상에 파급되는 화평이었다.

아무튼 사도 바울의 증거대로 하면 예수 그리스도는 온 세상의 화평이었고 그는 이스라엘과 이방 사이에 가로막혔던 담을 허신 분이다. 이 중간에 막힌 담은 쌍방이 사로잡혀 있던 적개심을 가리키는 말이다. 그런데 그리스도께서는 서로 미워하던 적개심을 해소시켰다. 그리고 이 적개심을 논한 바울은 이어서 '계명의 율법'을 말하는데 이 율법은 계명과 동일한 것은 아니지만 계명에서 율법이 나왔던 것이며, 이 계명은 또한 의문과 같은 것은 아니지만 이 의문에서 계명이 나온 것이 사실이다. 그런데 예수 그리스도께서는 이 계명의 율법을 폐기시킴으로써 이스라엘과 이방 사이에 화평을 이룩하셨다.

슐라터의 해석대로 하면 율법이 이스라엘과 이방 사이를 양분시켰으므로 이 율법이 지양되기 전에는 이스라엘과 이방이 하나 될 수가 없었다 한다. 그런데 예수 그리스도께서는 이 율법을 고발하심으로써 이스라엘의 구주가 되시고 그 율법을 폐기시킴으로써 이방인의 구세주도 되셨다 한다. 다시 말하면 그의 십자가의 죽음에서 율법을 성취시킴으로써 이스라엘과 이방의 구원을 이룩하시고 둘 사이에 원만한 통일이 이룩되게 하셨다는 것이다.

예수 그리스도 안에서는 유대인이나 이방인 구별이 없이 모든 사람이 하나의 새사람으로 창조되었다. 이는 마치 창조 당시에 하나의 인간이 창조된 것이나 다름없는 일이었다. 그리고 이 새사람 사이에는 원만한 화평이 깃들게 되었는데 오늘날에 있어서도 예수 그리스도로 말미암는 새 창조가 진행되는 곳에서는 꼭 같은 화평이 이룩되는 것이다.

이 화평은 다만 개인과 개인 사이의 화평만이 아니라 그것은 또한 유대주의와 이교주의 사이의 화평이었다. 그리고 이스라엘과 이방과를 화평하게 한 예수 그리스도의 몸은 다만 십자가에 달리신 몸만이 아니라 오늘날 교회에서 분배되는 성만찬의 몸이기도 하다. 십자가에 달리신 몸이 인류 사회의 화평을 위한 근거라고 하면 성만찬에서 분배되는 몸은 지상에 현재하는 주의 몸인 것이다. 이와 같이 그리스도의 몸을 이중적으로 이해하지 않으면 바울이 어찌하여 여기에서 이스라엘과 이방인 사이의 화평을 증거함과 동시에 그들이 새사람이라고 말하는 까닭을 이해할 수 없을 것이다.

바울이 말한 "그는 오셔서 화평의 기쁜 소식을 전하셨습니다"라고 한 것은 아마 다시 사신 주께서 성령으로 말씀 중에 임재하심을 의미한 말일 것이다. 왜냐하면 화평의 설교는 언제나 다시 사신 주님의 내림과 더불어 같이 말씀되기 때문이다. 그러나 예수님 자신은 이방인에게 화평을 말한 적이 없었다. 그것은 그에게 택함 받은 사도들의 소임이었다. 사도들은 다시 사신 주님의 손이요 발이었다. 그래서 사도 바울이 이방인에게 나간 것은 곧 예수 자신이 이방인에게 나감이었다. 이와 같이 예수 그리스도는 지금도 그의 사자들을 통하여 세계만방에 왕림하고 계시는 것이다.

이스라엘과 이방인을 하나님에게 매개하는 매개자는 성령이시다. 이 성령은 처음부터 모든 민족을 사로잡으신 것이 아니라 다시 사신 주님께 사로잡힌 개개인을 통하여 역사하시는데 이 성령의 감화에는 국경선이 없다. 왜냐하면 성령의 감화는 마치 불어오는 바람결과 같이 어디로나 불어가기 때문이다. 그래서 성령으로 말미암는 통일의 역사 앞에서는 민주주의와 공산주의 사이의 경계선까지가 지양되게 되는 것이다. 우리는 여기에 대한 실증을 전 세계의 공산주의 국가들이 아직까지도 기원 연대를 사용하고 있는 일과 사회주의 두목은 나사렛 예수라고 말한 사회주의자 카우츠키(K. J. Kautsky)의 말에서 찾을 수 있다. 이리하여 예수 그리스도께서는 오늘날에 있어서도 모든 계급과 전 인류를 화평하게 하시는 화평의 기틀이신 것이다.

19-22절

세계의 화평은 그리스도 교회의 화평을 기반으로 함과 동시에 하나의 세계도 하나의 교회의 원리 위에서만 가능하다. 그래서 바울은 마감에 가서 온 세상의 통일의 기틀이 되는 교회의 통일을 말한다. 그러나 예수께서 지상 생활을 하시던 동안에는 아직 교회가 건설되지 않았다. 12제자를 택하신 점으로 미루어보아 주께서도 교회를 세우실 계획을 하신 것은 확실하다. 그러나 현실의 교회는 예수 그리스도의 부활과 오순절의 성령 강림이 있은 연후에 건설되었던 것이다.

부활 사건과 오순절의 성령 강림은 하나님의 권능에 의한 신적 사건이니만큼 그 이면을 들추어 볼 수도 없으려니와 그 경로에 대해서도 논리 정연한 서술을 할 수가 없는 것이다. 그래서 부활 설화와 오순절의 성령 강림에 대한 증언을 보면 거기에는 논리적인 모순이 많은 것이다.

만일에 시간과 역사의 한계를 깨트린 예수 그리스도의 부활 사건이 없었더라면 예수께서 생존 시에 가르치신 교훈과 행하신 모든 행적은 허사가 되고 말았을 것이다. 그리고 그도 역시 공부자(孔夫子)나 마찬가지로 고대 사회의 지도자의 한 사람으로 인정되고 호된 비판을 받았을 것이다. 그런데 예수 그리스도의 부활 사건에서는 인류 사회에 새로운 기원이 이루어졌고 세계사에 궁극적인 목표가 주어졌으니 천지 만물은 부활 승천하셔서 하늘 보좌에 앉으신 그리스도를 '주'라고 고백하면서 그에게 영광과 존귀를 돌리는 데에서 그 존재 의의를 얻게 되었고 다시 오실 주님을 대망하면서 마지막 날에 가서 선하고 착한 종이라는 일컬음을 받기 위하여 현재의 삶을 단정 하게 마련하는 데에서 생의 목표를 찾게 된 것이다. 그리고 이와 같은 교회생활에서는 하나님께 영광과 존귀를 돌려드리는 하나님의 공화국이 이루어지고 이 공화국에서는 무르녹는 성도의 교제가 전개됨으로써 세계 평화의 기틀이 마련되는 것이다.

이에 있어서 바울은 에베소 사람들도 이제는 외국 사람이나 나그네가 아니라 성도들과 같이 시민이요 하나님의 가족이라고 말했던 것이다. 시민과 권속 사이에는 등차가 있다. 시민은 권속보다 권한이 적다. 그런데 이방 사람들은 과거에 하나님의 권속이 아니었다. 그러나 예수 그리스도를 구주로 믿게 된 이제 와서는 그들도 이스라엘이나 다름없는 하나님의 권속이 되게 된 것이다.

플라톤은 일반 서민과 종들 및 부녀자들을 철학자들보다 저급한 계급에 소속된 족속이라고 인정하고 그들에게는 인권을 인정하지 않았다. 그리고 동양의 성현 공부자(孔夫子) 역시 이와 같은 귀족주의 정신을 가졌기 때문에 그의 제자들에게도 귀족주의 정신을 함양시켰다. 그러나 나사렛 예수는 그분 자신은 거룩하신 하나님의 성자임에도 불구하고 창기와 세리의 벗이 되어 그들의 발을 씻겼을 뿐 아니라 마감에 가서는 만백성의 죄를 구하기 위하여 십자가의 극형을 담당했던 것이다.

그리스도인에게 무슨 자랑거리가 있다면 그것은 오직 하나 예수 그리스도의 십자가요 그리스도인에게 무슨 자격이 있다면 그것은 오직 하나 죄인의 자격이 있을 뿐이다. 그래서 바울은 오직 하나 십자가만을 자랑하였고 죄인의 괴수인 자기까지를 구원해 주신 구주 예수의 은총에 대하여 전폭적인 감사를 드렸던 것이다. 그러나 자기 자신을 죄인으로 인정치 않는 사람은 의인으로 자처할 뿐 아니라 십자가에 대해서 아무런 흥미도 갖지 않는다.

그래서 정의를 표방하고 나서는 공산주의자들은 언제나 자기 자신을 의인으로 자부할 뿐만 아니라 자본계급이나 지식계급만을 불의한 자들이라고 정죄함과 동시에 무자비한 투쟁을 벌이기도 하고 마감에 가서는 강한 무력으로 세계 통일을 기도하는 것이다. 따라서 이와 같은 사람들에게 올바른 화평이 있을 수 없고 올바른 세계 통일이 있을 리 없다.

그러나 사도 바울이 본 바대로 하면 헬라의 마라톤 선수들도 죄인이었고 로마의 제왕들도 죄인이었으며 오늘날 공산주의자들은 오직 그들에게만 영광을 돌리는 무산대중도 죄인들이다. 그래서 그는 의인은 없나니 하나도 없다고 외쳤던 것이다.

그러므로 세계 통일을 위해서는 인류 전체가 서로 엉키고 한 몸이 될 수 있는 방도 이외에 다른 길이 없는데 이 길은 다만 만백성의 구원을 위해서 십자가에 달리신 예수 그리스도를 구주로 믿고 그분이 바로 나의 죄를 구속하신 주이심을 고백하는 데에 있는 것이다. 그러나 이 죄악의 문제를 문제 삼고 예수 그리스도에서 그것이 해결되었다고 믿는 집단은 그리스도 교회밖에 없는 것이다. 그러므로 오늘날도 바울 당시나 마찬가지로 참 평화의 기틀은 오직 예수 그리스도이심을 고백할 필요가 있다.

V. 계시된 비밀(3장 1-13절)

실존주의자 까뮈의 『이방인』을 보면 이방인의 모습이 아주 상스러운 사람으로 묘사되어 있다. 그에게 있어서는 오랫동안 전해 오던 윤리도덕이나 종교 신앙 같은 것은 무가치한 것이요 그런 것은 모두 다 헌신짝과 같은 것들이었다. 그러나 하나님의 선민 이스라엘 백성들은 이와 달라서 하나님의 율법을 숭상하였고 그것을 준수하기 위하여 독실하고 경건하며 성스러운 생활을 영위하였다.

청년 사울은 그 당시의 모든 청년 중에서 율법 수련에 있어서나 그 실천 생활에 있어서 으뜸가는 청년이었다. 그에게 있어서는 율법은 이스라엘 백성의 소망일 뿐 아니라 그것은 실로 하나님과 이스라엘 백성을 매개해 주는 중보자였다. 이에 있어서 그는 예수 그리스도의 십자가의 공로를 믿기만 하면 율법 행위를 거치지 않고도 구원을 받을 수 있다고 외친 원시교단과 그 신도들을 적개시하였고 그들을 해치고 박멸하는 데에서 자기 나름의 사명감을 느꼈던 것이다. 그래서 그는 당시의 유대교 지도자들과 협의한 끝에 그리스도 교회를 적개시하고 박멸하던 그가 다메섹으로 가는 길에 갑자기 회심한 다음 넓고 넓은 이방 세계에 그리스도 교회를 세우기 위한 이방 사도로 재출발하였고 십자가의 복음만을 오직 하나의 자랑으로 삼는 복음 전달의 기수가 되었을 뿐만 아니라 이름까지 바꾸어서 바울이라 일컬었다. 그 결과 든든하게 구축했던 그의 유대교 기반은 모두 무너지게 되고 그에게 대한 지난날의 촉망과는 반대로 멸시 천대와 심한 박해가 시작되게 되어 에베소서를 집필하던 무렵에도 암담하고 처참한 옥고를 겪었던 것이다. 그러나 그는 이 옥고까지를 복음 전달의 기회로 삼고 거기에서 감사 감격을 느꼈던 것이다.

1-4절

중국 사람들은 자기들의 나라는 전 세계의 중앙에 있는 중원이라고 부르는 반면 그 밖의 모든 나라는 오랑캐라고 일컬었고 헬라 사람들도 자기 나라 외의 모든 나라를 비문화적인 야만국이라고 얕잡아 보았다. 그러나 이 점에 있어서 이스라엘 사람들은 한 걸음 더 나갔다. 왜냐하면 그들은 자기들만이 하나님께 택함 받은 선민이요 이방 사람들은 모두 다 하나님께 버림받은 백성이라고 간주했기 때문이다. 그런데 이 이스라엘 백성의 좁은 마음을 넓혀 준 이가 바로 나사렛 예수요 그의 뜻에 따라서 세계만방이 한결 같은 하나님의 백성임을 증거한 이가 이방 사도 바울이었다.

나사렛 예수를 그리스도라고 해석했던 바울은 이스라엘의 해방자였다. 그의 스승 예수와 사도 바울의 민족 해방 운동이 없었던들 강원도보다도 더 좁은 고장에 갇혀 살던 이스라엘 백성은 아마 수많은 고대 민족이나 마찬가지로 역사의 표면에서 그 자취를 감출 수밖에 없었을 것이다. 그러므로 비단 이스라엘 민족만이 아니라 이 세상 모든 민족을 하나님의 백성이 되게 하고 그들로 하여금 예수 그리스도를 중심으로 하는 일대 인간 가족을 이루게 하신 데에 하나님의 숨은 비밀이 있었다고 말한 이방 사도 바울의 주장은 이방인을 위해서는 말할 것도 없고 이스라엘을 위해서도 그야말로 복음이었다.

그럼에도 불구하고 이스라엘 백성은 바울의 전한 소식을 못마땅하게 여겼을 뿐만 아니라 그의 활동을 방해하기에 여념이 없었고 걸핏하면 그를 구금하여 체형을 가했고 필경에는 거꾸로 십자가에 못 박혀 죽게 하는 함정으로 몰아넣었다. 그러나 바울 자신은 자나 깨나 하나님께서 자기에게 계시해 주신 기쁜 소식을 전달하기에 분주하였고 죽으나 사나 이 소식을 전하는 데에 하늘 사명이 있다고 확신함과 동시에 이방 사도로 부름 받고 부림 받는다는 것은 더할 수 없는 하나님의 대접이요 영광임을 굳게 믿었다. 이어 있어서 그는 언제나 감격과 감사에 사무쳐 있었는데 우리의 본문에서도 그는 참혹한 옥고까지를 하나님의 특별하신 은혜라고 고백하고 있다. 그런데 여기에 실상인 즉 계시 신앙의 특성이 있다.

'계시'는 본래 가려졌던 것이 열려짐을 뜻한다. 그러나 하나님의 계시에 접한 사람은 과거에는 모르던 하나님의 비밀을 깨치게 될 뿐만 아니라 하나님의 강한 손아귀에 사로잡히게 된다. 우리는 여기에 대한 실증을 사도 바울에게서 볼 수 있다. 그는 하나님의 계시에 접하고 나서 전 생애를 하나님께 바칠 수밖에 없었던 것이다. 그런데 바울이 이 사실을 고백한 것은 이 구절이 처음이 아니다. 그는 전에도 거기에 대해서 적어 보낸 일이 있었던 것이다. 적어 보낸 일이 있었다는 말은 이미 에베소에서 언급한 바를 가리킨다고 볼 수도 있으나 그것은 또한 에베소서를 발송하기 전에 또 다른 서신을 발송했던 사실을 말한 것이라고 볼 수도 있다. 그래서 크리소스토무스와 굿스피드 같은 이들은 이 후자에 가담하고 있다. 그러나 바울이 다른 편지를 보냈다는 확증이 없는 바에는 전자에 가담하는 편이 무난할 줄 안다. 왜냐하면 바울은 본서 1장 9-10절에서 이미 때가 차면 그리스도 안에서 천지 만물이 하나 되게 하시려는 데에 하나님의 오묘하신 비밀이 있다고 말한 바 있었고 "적어 보내다" 위에 붙은 접두어 '프로스'(*pros*)에는 '앞서'라는 뜻과 아울러 '위에서'라는 뜻도 있기 때문이다.

5-10절

또다시 말하거니와 사도 바울은 지금 옥중에 갇혀 있는 몸이다. 그러나 그는 이때에 외롭지 않았고 괴롭지도 않았다. 그는 도리어 평상시에는 경험할 수 없었던 성도의 교제와 거기에서 우러나오는 기쁨과 감격을 경험할 수 있었다. 평상시에는 너무나도 분주해서 조용한 중에 명상과 사색에 잠길 수도 없었고 원근 각처에 흩어져 있던 신앙의 벗들을 기릴 수도 없었던 그다. 그런데 외적 활동에서 완전히 차단된 옥중 생활에서는 도리어 모든 제약을 벗어 버리고 흩어져 있던 믿음의 식솔들을 기억하면서 그들을 위하여 정성어린 기도를 드릴 수가 있었던 것이다. 그래서 학자들은 우리의 본문 내용이 기도의 형식을 갖추고 있다고 말하여 준다.

사도 바울은 옥중에서 금석지감(今昔之感)을 느꼈을 것이다. 돌이켜 생각하면 하나님의 비밀이 계시되기 이전에는 바울 자신의 마음도 역시 동족들의 마음이나 마찬가지로 너무나도 좁았다. 그는 그때에 독선적인 생각과 고답적인 생각에 사로잡혀 있었고 만백성의 아버지 되시는 하나님을 마치 자기 민족의 독점물처럼 오해했다. 형제를 위하여 발 씻는 수고를 담당한다기보다는 차라리 정신적 귀족을 자부하면서 그들을 높은 자리에서 지배하고자 하였다. 그러나 그리스도에게서 계시된 하나님의 비밀대로 하면 하나님의 지배는 결코 높은 지위나 강한 강권으로 행해지는 것이 아니라 낮은 자리와 발 씻는 봉사에서 이룩되는 것이다. 왜냐하면 오직 거기에서만 사람들이 진심으로 순종하는 지배가 성취되기 때문이다. 그래서 세인트헬레나 섬에서 만년을 보낸 세기적인 영웅 나폴레옹은 이 신비스러운 그리스도의 지배를 못내 부러워했던 것이다.

그리스도에게서 계시된 하나님의 비밀대로 하면 만백성이 그리스도 예수 안에서 함께 상속자가 되고 함께 지체가 되며 함께 약속에 참여하는 자가 된다는 것이 바울의 주장이다. 우리말 번역에 있어서는 '함께'가 따로 떨어져 있지만 헬라 원전에서는 '함께'가 '상속자'와 '지체' 및 '참여하는 자' 앞에 붙어 있다. 기전에는 이와 같은 낱말이 없었던 것인데 그리스도 예수에게서 성취된 새로운 사태를 목도한 바울이 이 새로운 사태를 증거하기 위해서 새로운 복합명사를 만든 것이다. 그리스도 예수 안에 있어서는 이스라엘과 이방 사이에 등차가 있을 수 없고 헬라와 토마 사이에도 균열이 있을 수 없다는 것은 다만 사도 바울의 구호만이 아니라 실지로 실현된 역사적 사실이었다. 바울은 고대 사회에서 계급 제도를 타파하는 한편, 이 나라 저 나라 사이의 국경선까지를 초극시켰다. 왜냐하면 그런 것은 모두 다 창조주 하나님이 마련하신 것이기 때문이다. 그러나 고대 사회에서 계급 제도를 타파하고 국경선을 초극시킨 것은 바울 자신의 지혜나 능력은 아니었다. 그것은 역사의 주 되시는 창조주 하나님의 권능의 역사에 열매 맺힌 성과였다. 그래서 바울은 자기 자신은 모든 성도 중에서 가장 작은 자라고 겸손해 한다. 우리는 여기에서도 죄인의 괴수요 만삭되지 못해서 나온 팔삭둥이로 자처하던 바울의 겸비를 엿볼 수 있다. 그러니 에베소서가 바울 이외의 다른 이의 저작이라고 주장할 필요는 없을 줄 안다.

사도 바울이 깨치게 된 하나님의 비밀대로 하면 인류 사회는 결국에 가서 하나의 유기적 공동체로 형성될 것이었다. 그런데 이 유기적 공동체의 기틀이 그리스도의 몸 된 교회로 출발한 것이다. 이 그리스도의 교회의 소임은 다만 이 세상과 이 세대에만 국한되는 것이 아니라, 그것은 실로 공간적으로는 하늘과 땅에 펼쳐지는 것이요 시간적으로는 영원에까지 미쳐 간다는 것이 사도 바울의 주장이다. 이에 있어서 그는 하나님께서는 그리스도의 몸 된 교회를 통하여 하늘에 있는 통치자들과 권위자들까지가 하나님의 오묘하신 지혜를 깨치게 하신다고 주장하는 한편, 하나님께서 그리스도 안에서 세우신 경륜은 영원한 경륜이라고 말했던 것이다. 그러므로 그리스도 교회를 섬기는 봉사자로서 특수 계급이나 정신적 귀족주의를 자부하거나 근시안적인 생각을 가지고 이 세대의 요청에 영합해서는 안 될 것은 말할 것도 없는 것이다.

바울 이전의 헬레니즘 시대에도 만백성을 하나의 백성으로 보고자 하는 '세계 국가론'이 제창되었다. 그러나 헬레니즘 시대의 세계 국가에는 인류 사회에 강력한 구심력 운동을 일으킬 만한 뚜렷한 중심이 없었다. 그 당시의 세계 국가는 중심도 없고 초점도 없는 망망한 대해와 같은 드넓은 국가였다. 사람들은 당시에 삶의 마지막 터전을 자기 자신에게서 찾을 수밖에 없었고 모든 사람은 골똘한 이기심과 실용주의 사상에 사로잡혀 있었다. 그러나 사도 바울이 주장한 세계 국가에는 확고부동한 중심이 있었고 만백성은 이 중심을 중심으로 하고 힘찬 구심력 운동을 전개했던 것인데 이 중심은 말할 것도 없이 교회의 머리 되시는 그리스도였다. 예수 그리스도는 교회의 머리요 그리스도인은 모두 다 거기에 연결된 지체다. 이 그리스도 교회를 터전으로 하면 인류 사회는 끊으려야 끊을 수 없는 유기적 공동체가 될 수밖에 없다.

오늘날에 있어서도 그리스도 교회는 주 예수 그리스도를 오직 하나의 소망이라고 고백하거니와 원시교단에 있어서는 더더구나 그러했다. 그런데 헬레니즘 시대에 살던 사람들은 마음의 불안과 그 공포를 면할 길이 없었다. 그들에게는 마음의 안정과 소망이 없었다. 그래서 그들은 마음의 안정과 만족을 얻기 위하여 여러 가지 일을 시도했는데 에피쿠로스 학도들은 인생의 고상한 향락을 누비는 데에서 그것을 구하려고 하였고 스토아 사상가들은 엄격한 의무를 수행하는 데에서 행복을 구하고자 하였다. 그러나 사도 바울은 이와 달라서 십자가에 달리신 예수 그리스도의 사죄의 은총을 믿는 데에서 마음의 안정과 평안을 얻었을 뿐만 아니라 벅찬 감격과 감사까지를 느꼈던 것이다.

바울 이전의 헬라인들과 로마 사람들이 세계 국가를 구상한 것은 사실이었다. 그러나 그들은 실지에 있어서 같은 가족끼리도 인화(人和)를 조성하지 못했던 것이다. 그들 사회에는 부모 된 자가 자녀를 남의 집 종이나 소실로 파는 자들도 있었던 것이다. 그래서 사회 윤리와 가정 윤리는 말할 수 없이 어지러웠다.

그런데 교회의 머리 되시는 예수 그리스도께서는 엄격한 일부일처 제도를 세움으로써 순결한 가정 윤리를 마련하셨고 그의 해석자 바울 사도는 원만한 노사 문제를 제창함으로써 사회 윤리의 기틀을 세웠던 것이다. 그리고 사도 바울의 고백대로 하면 그가 창조주 하나님의 오묘하신 비밀을 깨치고 그것을 이방 사회에 전달한 것은 자기 자신의 지혜나 능력으로 행한 것이 아니라, 하나님의 영이신 성령의 감화로 된 일이라 한다.

사도행전 2장에 기록된 바와 같이 그리스도 교회는 애당초에 성령의 감화로 창설된 기관일 뿐 아니라 오늘날에 있어서도 교회는 오로지 성령의 역사를 힘입어서 그 기능을 발휘하게 된다. 교회가 전달하는 선교의 말씀이 하나님의 들씀이 되게 하는 것도 성령의 역사요, 강포한 자의 마음을 부드럽게 하고 약한 자의 마음을 위로하시는 이도 역시 성령이시다. 성령의 역사를 힘입음이 없이는 아무 누구도 하나님의 역군으로 일할 수 없고 성령의 역사를 힘입기만 하면 물론 어떠한 사람이나 하나님의 뜻을 이룰 수가 있는 것이다. 모든 사람 중에서 가장 약한 사도 바울이 세계 전도의 막중한 과업을 수행할 수 있었던 것도 역시 성령의 역사를 힘입은 결과였었다. 그러므로 바울에게 있어서는 하나님의 영이신 성령께서는 없는 것을 있게 하시는 창조자였다.

11-13절

김활란 박사는 일찍이 그녀의 제자들에게 하나님이 우리에게 주신 것은 두려워하는 마음이 아니라 능력과 사랑과 근신하는 마음이라고 말한 적이 있었다. 그녀는 또한 그 동료들에게 사람은 교만해서는 안 되지만 자존심만은 가져야 한다고 당부한 적이 있었다 한다. 김 박사의 이 말씀은 아마 이 고장에서 오랫동안 억압당하고 소외되어 온 여성들의 처지를 마음 아프게 생각하면서 발언하신 발언일 것이다. 그리고 그녀의 마음속 한구석에는 이 고장에도 그리스도께서 찾아오신 이상 한국 여성들도 이제부터는 저 종교개혁자 마틴 루터의 아내와 같은 담대한 여성이 되어야 한다는 생각이 감돌았을 것이다.

그런데 사도 바울은 우리의 본문에서 그리스도인은 모름지기 그리스도 안에서 신앙적인 확신을 가지고 담대하게 하나님께로 나아가야 한다고 당부하고 있다. 바울은 이때 아마 자기들만이 하나님의 선민이라고 뽐내던 이스라엘 백성과 로마는 하루아침에 된 것이 아니라고 외치면서 세계 정복의 야욕을 채우던 로마 제국의 위정자들에게 억압당하고 착취당하던 피압박 계급을 염두에 두고 이 말씀을 하였을 것이다. 권세의 교만도 꼴사나운 것이지만 신앙의 교만은 더더욱 꼴사나운 것이다. 그런데 로마 사람들은 권세의 교만에 도취해 있었고 이스라엘 백성들은 신앙의 교만에 도취해 있었다. 그래서 하나님을 배경으로 한 이방 사도 바울은 이 두 가지 교만 앞에 담대하게 항거하였고 바울 사상을 투철하게 연구했던 루터도 역시 중세 교회의 강한 권세 앞에 담대하게 맞섰던 것이다. 루터의 초기 저작 『그리스도인의 자유』에 따르면, 그리스도인은 모든 사람의 발을 씻어주는 그들의 종이기도 하지만 그는 또한 모든 사람을 지배할 처지에 있는 왕인 것이다.

문예부흥을 일으켰던 인문주의자들은 헬라의 고전을 연구한 끝에 인간을 재발견하였다고 자랑했다. 오늘날에 있어서도 대다수의 문화인들은 이 문예부흥운동에 찬동하면서 이 사상을 계승하는 것이 인도주의라고 구가하고 있다. 그러나 문예부흥에서 재발견된 인간은 고작해야 사회적인 동물이 아니면 예지의 동물로서의 인간이었다. 그래서 이 동물들은 지금도 그 본색을 드러내면서 서로 물고 먹으면서 싸우고 있다. 아니 모든 동물 중에서 가장 잔인하고 끔찍한 싸움을 하는 것은 인간이라는 동물이다. 왜냐하면 다른 동물들은 고작해야 발톱으로 할퀴거나 이빨로 물어뜯음으로써 한두 마리의 동물을 해치는 정도이지만 인간이라는 동물은 그들이 자랑하는 군명의 이기를 가지고 순식간에 수단, 수십만의 인명을 살해하고 있으니 말이다.

그러나 이와 같은 싸움을 계속하는 인간을 가리켜서 용감하고 담대하다고 칭찬할 사람은 하나도 없다. 그리고 이러한 싸움에 이용되고 있는 찬란한 문명과 문화를 예찬할 수도 없는 일이다. 심리학자 제임스의 말과 같이 인간 사회는 무엇인가 잘못되어 있다. 그러므로 우리에게 있어서 화급한 것은 경제의 강화가 아니라 야비하고 추잡한 만용을 버리고 하나님과 사람 앞에서 가납 받을 수 있는 참다운 용기를 돌이키는 길인데 이 일을 위해서는 무엇보다도 오직 한 분 선하신 아버지 하나님의 뜻 그리스도와 그의 뒤를 추종하기 위해서 생애 전폭을 바쳤던 사도 바울을 체 받아 사나 죽으나 하나님의 뜻에만 복종할 필요가 있다.

5
설교문, "그리스도는 세상의 빛"*

"예수께서 또 이르시되 나는 세상의 빛이니 나를 따르는 자는 어두움에 다니지 않고 생명의 빛을 얻으리라."(요 8:12)

요한복음에는 예수 그리스도의 자기 증거에 관한 기사가 자주 나온다. "나는 포도나무요 너희는 가지라"든가, "나는 양치는 목자요 너희는 양이라"고 하신 말씀들이다. 우리의 본문에 기록된 "나는 세상의 빛이라"는 말씀도 예수 그리스도의 자기 증거의 하나이거니와 예수께서는 여기에서 자기가 세상의 빛이 되겠다거나 빛이 될 것이라고 말씀하지 않으시고 '나는 세상의 빛'이라고 잘라서 말씀하고 계시다. 다시 말하면 그는 여기에서 세상의 빛이 되고자 하는 욕망이나 요구를 말한 것이 아니라 자기가 세상의 빛이라는 엄연한 사실을 말씀하신 것이다.

이 복음서의 서사에 보면 예수 그리스도께서는 본래 영원하신 하나님의 말씀으로서 하나님과 더불어 같이하던 분이었는데 화육하여 우리와 같은

---

*「기독교사상」(1961. 10), 34-37에 실린 글이다.

인간 존재가 되신 분이다. 그리고 모든 만물은 하나님의 말씀이신 그를 통해서 창조되었고 창조된 것으로 그가 없이 창조된 것은 하나도 없다. 그런데 이와 같이 천지 만물을 창조하시고 우리의 눈까지를 창조하신 그이가 그의 날카로운 눈초리로 세상을 바라보면서 하신 말씀이 세상은 어두운 세상이요, 자기 자신은 이 어두운 세상을 비치는 빛이라고 하신다.

그러나 세상 사람들은 대개 나사렛 예수께서 온 세상을 비추는 빛이라는 이 사실을 인정하지 않고 도리어 거기에 대하여 항거한다. 그리고 여기에 대해서 항거하는 것은 다만 과학주의를 신봉하는 현대인이나 재빠른 문학도들만이 아니라 예수 당시의 종교인들이 거기에 대해서 항거했던 것이다. 그래서 바리새교인들과 사두개교인은 거기에 대하여 항거하는 하나의 수단으로서 간음하다가 현장에서 붙잡힌 여인을 데리고 와서 예수님에게 질문하였다. 이 여인을 모세의 율법대로 돌로 쳐 죽여야 하는지. 예수께서는 "너희 중에 죄 없는 자가 먼저 돌로 치라"고 말씀하신 다음, 한동안 허리를 굽혀서 땅에 글을 쓰다가 일어나 보시니 질문하던 무리는 다 물러가고 잡혀 온 여인만이 남아 있었다. 예수님의 말씀에서 그들의 숨은 죄가 드러나게 되고 그들의 양심에 가책을 받게 된 때문이다.

이와 같이 예수 그리스도께서는 사람들의 숨은 죄까지를 밝히시는 빛이거니와 그가 말씀하신 암흑과 광명은 물리적인 현상을 말한 것이 아니라 윤리적인 의미를 가진 것이며 그의 말씀하신 세상은 자연계가 아니라 인격자의 세계를 말한 것이다. 예수께서 보신 바와 같이 인간 세계는 윤리적인 의미에서 예나 이제나 어두운 세상이다. 빛 없는 밤중에는 고운 색깔도 아름다운 형상도 볼 수가 없고 우리의 처할 처소와 나아갈 방향을 분별하기가 매우 어렵다. 이와 같이 우리의 눈에는 지금 사랑하는 형제자매의 얼굴도 보이지 않고 자기의 설 자리와 나아가는 방향이 바르지를 못하다. 세상에는 다만 한없는 분열과 피비린나는 투쟁이 전개되고 있을 뿐이다. 우리나라에서 가장 크게 염려되는 것은 인화의 문제라고 말하지마는 인화를 이루지 못한 것은 비단 우리나라만이 아니다. 전 세계는 지금 두 갈래 세 갈래로 분열되어 서로 미워하며 싸우는 중이다. 자본주의 국가는 자본주의 국가대로 자기 이익을 추구하기에 급급하고 있는 중이요 계급투쟁을 하는 이들은 계급투쟁을 하는 이대로 자기 계급의 이익만을 도모하기에 겨를이 없다. 그리고 자기 목적을 달성하기 위해서는 수단과 방법을 가리지 않는데 최근에 또다시 재개되는 핵무기 실험 같은 것은 여기에 대한 좋은 실례다. 그러나 서로 미워하고 싸우는 것은 자본주의 국가와 무산계급을 대표하는 진영만이 아니다. 실상인즉 우리나라도 싸움터가 되어 있고 화락(和樂)해야 할 가정이나 학원까지가 싸움터로 변하고 있다. 여기에 어두운 세상의 구체적인 모습이 있다.

그런데 이와 같이 미워하고 싸우는 모든 사람은 언제나 세상을 해치는 잘못을 범하는 것은 자기 자신이나 자기편이 아니라 상대방이라 하여 모든 책임을 상대방에 돌리는 것이 보통이다. 마치 옛날의 바리새교인들이 간음한 여인을 규탄하기에 바쁜 나머지 자기 자신의 죄상에 대해서는 무관심한 것처럼 오늘날에 있어서도 모든 사람은 다른 이의 죄상을 규탄하기에 바쁠 뿐이요 자기 자신의 모든 잘못은 불문에 부치고 있는 것이다. 그뿐더러 그들은 대개 자기 자신을 의로운 사람으로 자처하고 상대적인 의미에서 자기 절대화를 꿈꾸고 있다. 그래서 세상에서 벌어지는 모든 싸움은 악인과 악인과의 싸움이 아니라 의인과 의인과의 싸움인 것이다. 사람들은 지금 남을 미워하고 싸우면서는 자기 자신만은 의로운 사람으로 자처함과 동시에 자기들이 행하는 모든 투쟁은 정의를 위한 것이며 자기들은 모두 다 정의의 투사라고 자인하는 것이다. 그래서 이 세상은 지금 의인들과 정의의 투사들 때문에 암담하게 되었고 그들이 표방하는 이른바 정의 때문에 소란하고 혼란한 세상이 되고 말았다.

그러나 예수 그리스도의 빛은 다만 저 간음한 여인만을 비추지 않고 의인으로 자처하던 바리새교인들과 사두개교인의 죄까지를 밝혀 주었다. 간음한 여인인 죄인임에는 틀림이 없다. 그러나 여인을 천대하던 바리새교인들도 빛 되신 예수 그리스도 앞에서는 죄인으로 드러날 수밖에 없었던 것이다. 태양 빛이 아무리 밝다 하여도 땅위에 뿌리 깊이 깃들여 있는 죄의 뿌리를 뽑아낼 수는 없는 것이다. 그러나 세상의 빛 되신 예수 그리스도 앞에서는 모든 죄악이 그대로 드러나게 되는 것이다.

예수 그리스도의 빛에 비추어 볼 때에는 세상에 죄 없는 사람은 하나도 없다. 어떤 이는 부모에게 효도를 하지 못한 죄를 지었고, 어떤 이는 형제를 미워하는 잘못을 범하였으며 또 어떤 이는 이웃 것을 탐내는 죄악을 범하고 있다. 설사 이 모든 점에 있어서 잘못이 없다손 치더라도 예수 그리스도의 말씀과 같이 주 하나님을 위하여 몸과 마음을 온전히 바쳤다고 장담할 사람은 없을 것이다. 이리하여 우리는 위에 계신 하나님과 곁에 있는 이웃을 사랑하라고 하신 예수 그리스도 앞에서는 하나님의 뜻을 준행하지 못한 죄인으로 드러남과 동시에 그것을 요구하는 그의 말씀을 통하여 강한 심판을 느끼게 된다. 그러나 예수 그리스도께서는 사람들이 죄로 인하여 멸망하기를 원치 않는다. 그는 도리어 모든 사람이 그의 십자가의 구속을 통하여 구속됨과 동시에 사죄 받기를 바라신다. 이 일을 위하여서 자기 몸소 십자가의 고난을 담당하셨거니와 그리스도의 빛은 다만 가려진 죄를 밝힘으로써 그것을 심판하지만 않으시고 한 걸음 더 나가서 죄인들을 의롭게 하고 그에게 사죄로 말미암는 새 생명을 주시는 것이다. 그래서 그는 "나를 따르는 자는 어두움에 다니지 않고 생명의 빛을 얻으리라"고 말씀하셨다.

사람이 자기 자신을 의롭게 보이고 자신의 힘으로 살고자 함은 장한 일임에 틀림이 없다. 그런 의미에서 "네 운명의 별은 네 가슴 속에 있다"는 쉴러의 말은 명언이라고 할 수 있을 것이다. 그러나 이와 같은 생각은 인생에 대한 예수다운 해석은 아닌 것이다. 세상의 빛 되신 예수 그리스도께서는 상대방의 죄만을 규탄하거나 그것을 고발하기에 여념이 없는 사람들에게 네 자신의 죄를 뉘우침과 동시에 사죄 받은 감격으로써 상대방의 모든 잘못을 용서하라고 말씀하신다. 예수께서는 결코 사회개혁이나 선한 사업을 힘쓰라고 말씀하지 않는다. 왜냐하면 아무리 사회를 개혁하고 선한 사업에 힘을 기울인다 할지라도 거기에 빛 되신 예수 그리스도가 같이 함이 없이는 세상은 여전히 어두운 세상이 되고 사람들이 자리를 바로 잡고 올바른 길을 갈 수가 없기 때문이다. 그래서 그는 빛 되신 자기 자신을 따르라고 말씀하거니와 신약성서의 증거대로 하면 그에게는 이와 같이 말씀할 수 있는 권한이 있음과 동시에 그는 그와 같이 말씀하셔야 하실 분이다.

어두움의 세력이 광명을 꺼려하고 할 수만 있으면 그것을 해치려고 함은 분명한 사실이다. 그러나 우리를 결코 암흑과 광명 사이에 끼어서 판가름을 못한다거나 어두움의 세력이 최후적인 승리를 거두리라고 생각해서는 안 된다. 왜냐하면 빛 되신 예수 그리스도께서는 이미 무덤을 헤치고 부활하심으로써 어두움의 권세를 이기셨고 그의 빛은 마치 동천에 떠오르는 태양과 같이 온 세상을 두루 비추고 있기 때문이다. 세상 자체가 어두운 세상임에는 틀림이 없다. 그러나 마치 캄캄한 방 안에 전등이 켜지듯이 온 세상에는 지금 예수 그리스도의 빛이 두루 비추고 있다. 이 미워하고 싸우는 세상에서 하나님을 사랑하고 이웃을 사랑하라고 하신 예수 그리스도 때문에 온 세상은 밝은 세상이 되어 있다. 우리는 어두운 세상에서 빛 없이 사는 자가 아니다. 예수 그리스도의 빛이 어제나 오늘이나 우리를 두루 비추고 있다. 예수 그리스도께서 빛으로 비추시는 이 세상에서 산다는 일은 다행한 일이요, 그가 빛으로 비추어 주시는 이 세상보다 더 좋은 세상은 없을 것이다. 다만 문제는 온 세상 사람들과 우리 자신이 마음 문을 열고 이 빛을 받아들이느냐 않느냐에 달려 있다.

6
설교문, "섬기는 자유"*

"형제들아 너희가 자유를 위하여 부르심을 입었으나 그러나 그 자유로 육체의 기회를 삼지 말고 오직 사랑으로 서로 종노릇하라."(갈 5:13)

미국 독립전쟁 때에 어떤 이가 외치기를 "우리에게 자유를 달라, 그렇지 않으면 죽음을 달라"고 하였다지만 인류 역사는 어떤 의미에서 인간의 자유 발전과 그 진전의 역사라고 할 것입니다. 왜냐하면 인류는 과거에도 자유를 획득하기 위해서 투쟁하여 왔고 지금도 역시 그것을 위해서 싸우는 중이기 때문입니다.

그러나 자유가 무엇이냐에 대한 정의는 일정치 않아서 이 사람의 자유는 저 사람의 구속이 되고 저 사람의 자유는 도리어 이 사람의 지장이 되는 수가 없지 않습니다. 우스운 이야기지만 전차 안에서 한 승객이 계속해서

---

* 대학기독교서회 편저, 지동식, "섬기는 자유", 『한국의 강단: 오늘의 현실과 십자가』(서울: 대한기독교서회, 1964), 212-220에 실린 글이다.

담배를 피우는 것을 보고 다른 손님이 그에게 담배를 삼가 달라고 부탁했더니 담배 피던 손님이 대답하기를 "담배를 피우는 것은 나의 자유라"고 주장했을 때에 삼가 달라고 부탁하던 이가 그 사람의 입에서 담배를 뽑아서 창 밖에 내던지면서 하는 말이 "이것은 나의 자유라"고 응수했다는 이야기가 있습니다. 이는 물론 하나의 우스운 이야기지만 오늘날 우리의 주변에서도 정치 문제나 사회 문제를 중심으로 하고 이런 종류의 자유 논쟁이 전개되는 경우가 없지 않습니다. 그러면 진정한 의미의 자유란 어떠한 것이며 특히 그리스도인이 누려야 할 자유는 어떠한 것인가를 생각하여 보십시다.

인간이 향유하는 자유 중에서 가장 기본적인 자유는 신체적인 자유와 정신적인 자유일 것은 말할 것도 없는 일이며 이 신체적인 자유와 정신적인 자유의 기초 뒤에 정치적인 자유나 경제적인 자유, 그 밖에 여러 가지 자유가 수립되게 될 것입니다. 만일 이 신체적인 자유와 정신적인 자유가 보장되지 못할 때에는 인류는 자유로운 생을 이룩할 도리가 없을 것입니다. 그래서 인류는 과거에 전제 국가가 그 권력으로써 자유를 침해하거나 무고한 백성들을 감옥에 투옥하거나 폭력으로써 신체의 고문을 감행했을 때에는 거기에 대하여 강력한 항거를 계속하여 왔고 그 결과 근세 이래의 입헌국가에서는 인민의 신체적인 자유와 정신적인 자유가 한결같이 보장됨과 동시에 사상의 자유, 종교 신앙의 자유, 언론 출판의 자유가 보장되게 되었습니다. 그리고 이와 같은 신체적인 자유와 정신적인 자유가 백성에게 보장되는 국가는 민주주의 국가라고 일컬어지지마는 그것이 보장되지 못하는 국가는 민주주의 국가라고 말할 수 없다는 것은 누구나 아는 일입니다.

그런데 백성들에게 이와 같은 기본적인 자유를 허용하지 않는 국가는 비단 옛날의 전체주의 국가만이 아니라 새 세대의 민주정치 체제와 그 조직체를 마련한 나라 중에도 간혹 강한 조직망을 마련하여 가지고 그것을 통하여 백성들의 의사를 압제하거나 그 신체를 구속하는 나라들이 없지 않습니다. 그리고 이와 같은 나라에 거주하는 백성들은 또다시 그 개성의 창의성이나 인격의 자주성을 발휘하지 못하고 거기에서는 새로운 형태의 노예 상태가 벌어질 뿐 아니라 마치 악화가 양화를 구축하듯이 거짓된 민주주의가 백성들의 의사를 짓밟고 그 인격성을 중히 여기는 참다운 민주주의를 구축하는 일이 비일비재합니다.

그러나 우리는 다만 우리를 외부에서 지배하는 이와 같은 통치자의 잘못만을 탓할 것이 아니라, 우리 자신이 자기에게 주어진 자유와 은사를 올바로 사용하고 있는가를 반성할 필요가 있는 줄로 압니다. 아무리 약하고 부족한 백성이라 할지라도 그들에게는 자유스럽게 먹고 마시며 자유롭게 생각하고 말할 수 있는 기본적인 자유가 허락되어 있는 것입니다. 그런데 인간은 왕왕 가장 기본적인 자유마저도 정당하게 사용하지 못하고 어떤 때에는 그것을 잘못 사용하여서 일을 그르치는 수도 있고 또 때로는 자기에게 허락된 자유권을 포기하고 사용하지 않음으로써 작고 큰 모든 일들을 망치는 수가 없지 않습니다.

비근한 예를 들어서, 음식을 먹을 때에는 때로는 과식이나 과음을 하여서 건강을 해치거나 가정을 어지럽히는 수가 있는가 하면 모처럼 주어진 자유로운 선거권의 행사를 막걸리 한두 잔에 팔음으로써 나라 일을 그르치는 사람들도 없지 않습니다.

그러기에 우리가 올바른 의미의 자유를 누리기 위해서는 우리를 억압하는 외부적인 세력에서 자유해방을 받을 필요가 있을 뿐 아니라 우리의 인격을 안에서 구속하는 내부적인 잘못에서 자유함을 얻어야 하는 것입니다. 그런데 신구약성서의 증언대로 하면 우리 인간은 모두 다 죄 중에 사로잡혀 있는 죄의 종이요 이 죄의 지배와 그 구속을 벗어나기 전에는 인격의 자유를 누릴 수가 없는 것입니다. 이와 같이 말하는 죄란 다름 아니라 서로 서로 섬기며 사랑하라고 하신 하나님의 뜻을 거역하는 교만을 말하거니와 인간은 언제나 이 하나님의 거룩하신 뜻을 짓밟고 자기 자신의 실현과 확장을 위하여 형제를 수단과 도구로 부리고자 하는 그릇된 생각을 가지고 있습니다. 인류는 과거에도 이와 같은 그릇된 경향을 가지고 있었지만 특히 근세 이래의 과학적 유물론의 영향을 받은 현대인에게 있어서는 이 점이 더욱더 철저합니다. 왜냐하면 이 과학적 유물론에서는 비단 인간 이외의 물질적인 존재만이 아니라, 인간 존재까지를 자기 이익을 도모하기 위한 수단과 도구로 사용할 것을 가르쳤기 때문입니다. 현대인은 자기 이익을 도모하기 위해서는 모든 사람을 이용 도구로 부리고자 함과 동시에 거기에 거리낌이 되는 사람은 무조건 적대시할 뿐 아니라 더 나아가서는 그들과 더불어 무자비한 투쟁을 전개하는 것입니다. 그리고 자기 자신의 지혜와 힘이 부족할 때에는 선전과 조직을 통한 집단 세력을 형성하여 가지고 동시적인 집단을 통하여서 자기 이익을 추구하는데 이 집단적 이기심은 개인적 이기심보다도 더욱더 무서운 것입니다. 왜냐하면 거기에서는 인류 사회나 민족 국가를 위한다고 하는 구실과 변명이 가장되기 때문입니다. 그러나 사람들이 오늘날 강한 조직망을 펴고 집단적인 세력을 형성하는 까닭은 그렇게 함으로써 자기 이익과 자기 편의를 도모하기 위함이라는 것은 너무나도 분명한 일입니다. 우리가 처해 있는 오늘날의 사회 구조는 이와 같은 실정에 있기 때문에 어떤 사회학자는 이르기를 현대인의 처지는 마치 천근만근의 무게를 가진 바윗덩이 밑에 깔려 있는 껍질 없는 게의 처지와 비슷하다고 말하고 있습니다. 아닌 게 아니라 현대 사회의 이면에는 도처에 이와 같은 현상이 벌어지고 있는데 들을 줄 아는 귀가 있는 사람이라면 우리의 주변에서도 무거운 바윗돌 밑에 깔려가지고 비명을 발하는 게와 같은 군중들의 비명을 들을 수가 있을 것입니다.

그러나 이상에서 말해 온 위정자의 자유는 자유가 아니라 횡포인 것이며 자기 자신의 기본 권리까지를 함부로 남용하는 일반 대중의 자유 행사는 자유 행사가 아니라 방종인 것입니다. 그런데 자유는 잘못하면 이와 같은 횡포와 방종으로 변질되기 쉬운 것인데 바울은 이와 같은 위험성을 예측하면서 "자유로 육체의 기회를 삼지 말라"고 경고했던 것입니다. 다시 말하면 자유를 빙자하면서 천박한 사리사욕을 도모하지 말라는 것입니다. 왜냐하면 하나님께서 우리에게 자유로운 인권을 허락하신 까닭은 무궤도한 횡포나 방종한 생활을 위해서가 아니라 '사랑으로 서로 종노릇 하게' 하시기 위함이기 때문입니다. 바울은 여기에서 자유는 요컨대 형제를 사랑하며 그를 위하여 섬기는 일이라고 말하거니와 성서적인 이해대로 하면 이와 같이 형제를 사랑하며 섬기는 것이 곧 참된 의미의 자유인 것입니다. 루터는 그의 저명한 『그리스도인의 자유』 중에서 이와 같은 자유를 역설한 바 있었거니와 그에 의하면 그리스도인은 자유로운 사람이기 때문에 남을 위하여 봉사할 수 있고 자유를 향유하지 못한 사람은 참된 의미의 봉사 생활을 영위할 수가 없는 것입니다.

그러나 아무리 '사랑으로 서로 종노릇 하라'고 경고함과 동시에 거기에 참다운 의미의 자유가 있다고 외칠지라도 인간 자신대로는 이와 같은 자유를 이룩할 수가 없는 것도 사실입니다. 왜냐하면 인간은 본시 남에게 섬김을 받기를 원할지언정 남을 섬기기를 원치 않기 때문입니다. 그래서 옛날 로마 제국에서는 열 사람의 로마 시민이 행복해지기 위해서는 백 사람의 종을 부렸고 백 사람의 로마 시민이 행복하기 위해서는 천 사람의 노예를 사용했던 것이며, 저 위대한 플라톤이나 아리스토텔레스 같은 철인들도 어디까지나 종을 부리던 귀족 계급에 대해서는 인권을 인정했으나 노예 계급에 대해서는 인격적인 가치를 인정하지 않았던 것입니다. 그러므로 헬라 사람들이 "남을 위하여 섬기는 사람들이 어찌 행복할 수 있겠느냐"고 부르짖었다는 것은 지극히 당연한 일이라고 할 것입니다. 이 점에 있어서는 우리 겨레도 꼭 같은 생각을 가지고 있었습니다. 그래서 얼마 전에 한국 사상사를 연구하기 위하여 우리나라에 왔던 모 교수는 말하기를 한국 사상사에서는 '희생'이나 '봉사'에 대한 개념을 찾아볼 수가 없었다고 지적한 바 있었거니와 우리 겨레 역시 남에게서 섬김을 받을지언정 남을 위하여 봉사할 줄 모르던 백성입니다. 그러므로 우리도 역시 진정한 의미의 인격적인 자유를 향유하지 못하던 백성임에 틀림이 없습니다.

그래서 니그렌이나 브룬너와 같은 현대 신학자들은 사랑이나 봉사의 정신은 본시 자기 이익을 도모하기에 급급해 하는 우리 인간에게서 기원된 것이라 합니다. 그것은 차라리 만백성의 구원을 위하여 십자가에 달리신 예수 그리스도를 주어로 하는 것이요 그리스도인은 다만 그 술어의 위치에 놓일 수밖에 없다고 보았던 것입니다.

그러나 예수 그리스도를 통하여 구속의 은총을 받은 사람에게는 그의 은총에 보답하기 위한 책임이 부과됩니다. 그래서 그리스도인의 자유는 무궤도한 자유나 법칙 없는 자유가 될 수 없는 것이고 그것은 어디까지나 십자가에 달리신 예수 그리스도의 발자취를 따르기 위한 자유인 것입니다. 다시 말하면 그리스도인의 자유는 사랑의 자유와 봉사의 자유입니다. 아니 형제를 위하여 자기의 목숨까지를 버리는 희생적인 자유입니다. 이에 있어서 사도 요한은 "내 계명은 곧 내가 너희를 사랑한 것 같이 너희도 서로 사랑하라 하는 이것이니라"(요 15:12)고 기록하였고 사도 바울도 증거하기를 "오직 사랑으로 서로 종노릇하라"고 우리의 본문에서 말하고 있는 것입니다. 그리고 이와 같이 서로 사랑하는 곳에 참다운 의미의 자유가 있으니 성 아우구스티누스는 이르기를 "우선 사랑하라, 그리고 나서 네 마음대로 행하라"고 외쳤던 것입니다.

사랑이 무엇인가에 대해서는 여러 가지 설명이 있을 수 있으나 그것은 요컨대 피차간의 분열과 항쟁을 없이 하고 서로 화목하는 일이라고 말할 수 있을 것입니다. 왜냐하면 사랑의 원천이신 예수 그리스도의 십자가의 고난에서는 하나님과 인간이 화목하게 되었을 뿐 아니라 인간과 인간의 모든 분열도 종식되었기 때문입니다. 사랑이란 다름 아니라 인간과 인간이 서로 화목하지 못하고 분열과 항쟁을 계속했을 때에 그것을 없이 하고 서로 화목하게 만드신 하나님의 역사입니다. 그래서 예수 그리스도에게서 계시된 하나님의 사랑을 체 받아 사는 사람은 형제를 위하여 종살이 하며 그를 섬길 수밖에 없게 되는데, 그 까닭은 형제의 배후에는 그를 위하여 십자가에 달리신 예수 그리스도가 서 계시고 "지극히 작은 소자 하나에게 냉수 한 그릇을 베푸는 일이 곧 나에게 행한 것이라"고 말씀하고 계시기 때문입니다. 이런 의미에서 형제는 간접적인 그리스도는 그를 위하여 섬기는 일이 곧 그리스도를 위한 봉사가 되는 것입니다. 또한 예수 그리스도로 말미암아 형제와 우리와의 거리가 가까워지고 어제까지 원수였던 사람이 친밀한 벗이 될 뿐만 아니라 그를 위하여 봉사하며 섬길 수밖에 없게 됩니다. 그러므로 이웃과 우리와의 관계는 오로지 예수 그리스도와 우리와의 관계가 멀어지고 가까워지는 데에서 좌우된다고 할 것입니다.

그러므로 우리는 무엇보다도 먼저 예수 그리스도를 주로 믿고 그의 뜻을 준행하기 위한 순종의 결단이 필요한데 이와 같이 예수 그리스도에게 순종하는 자는 사리사욕에 물들지 않고 그의 뜻을 체 받아 사는 사랑과 봉사를 수행함과 동시에 참다운 의미의 인격의 자유를 누릴 수가 있는 것입니다. 그러므로 그리스도인의 자유는 어디까지나 섬기는 자유가 되는 것입니다.

7
설교문, "위대한 꿈"*

> "하늘에 있는 것이나 땅에 있는 것이나 다 그리스도 안에서 통일되게 하려 하심이라."(엡 1:10)

마틴 루터가 바울의 로마서에서 '신앙인'의 진리를 깨침으로써 중세 교회를 바로 잡았고 칼 바르트가 『로마서 강해』로 인간 중심적이던 근대 신학을 극복하고 현대 신학의 창시자가 되었다 함은 하나의 상식화된 이야기이다. 그러나 이 두 사람은 다만 곁길을 가던 그리스도 교회만이 아니라, 주지주의적이며 인본주의적인 중세와 근대 사상 전체에 큰 전환점을 야기했던 것이다. 사도 바울의 영향을 받은 신학자나 신도들은 이 밖에도 수천 수만으로 헤아릴 수 없고, 고금동서를 통한 모든 신도들은 모두다 그의 제자였다고 말할 수 있다. 그러나 바울의 영향은 다만 신학자나 경건한 신도들에게만 미친 것이 아니라, 각 시대의 예술인이나 철인들에게도 미

---

* 이 글은, 기독교도서출판연구회 편저, 『날마다 주와 함께: 기독교방송 개국 18주년 기념 77인 공동 설교집』(대구: 형성출판사, 1972), 207-210에 실린 글이다.

쳤던 것이다.

우리나라에서도 국립공보관에서 네덜란드가 낳은 최고의 화가 렘브란트 300주년을 기념하는 복사판 미술전이 개최된 일이 있었는데, 존 매카이 박사의 말씀에 의하면 렘브란트는 그의 그림 속에 예수 그리스도의 무한한 사랑과 만물을 감싸 주시는 그의 따뜻한 은정으로 묘사하기 위하여 그의 해석자였던 사도 바울을 흠모한 나머지 자기 자신이 사도 바울로 분장한 자화상까지 그렸다고 한다. 같은 종교개혁자였지만 루터는 특히 바울의 갈라디아서를 좋아하였고, "갈라디아서는 나의 아내와 같은 책이다"라는 말까지 남기고 있으나, 존 칼빈은 바울의 모든 서신 중에서 에베소서를 가장 숭상하였고, 그것을 네 번이나 강허했던 것이다.

이상한 것은 이 에베소서가 철학자 칸트의 마음을 사로잡았고, 피히테가 칸트의 모든 저서 중에서 가장 훌륭한 책이라고 평가했던 칸트의 『영구평화론』은 실상인즉 이 에베소서를 대본으로 한 것이라는 사실이다. 칸트는 젊었을 때에 기독교 대학에 봉직하고 있었던 관계로 매년 졸업예배 행렬에 참여하였으나, 그리스도 주를 믿지 않았던 그는 예배당 입구에서 언제나 발길을 돌리고 말았던 것이다. 그리고 그의 제자 중에서 성서를 읽는 이가 있을 때에는 문화가 고도로 발달된 현대의 청년이 무엇 때문에 그런 진부한 책을 읽느냐고 꾸중하기도 했다 한다. 그러나 그가 만년에 이르러서, 인간 문제를 깊이 탐구하게 되자, 그는 할 수 없이 기독교의 '원죄' 교리를 철학적인 용어로 바꾸어서 '근본악'이라고 말할 수밖에 없게 되었고, 그의 『영구평화론』에서는 '세계 시민'으로 자처하면서 국법 이외에 '국제법'과 '세계공민법'을 제창했던 것인데, 이 칸트의 『영구평화론』을 대본으로 한 것이 바로 '국제연맹'의 정신이었고, 오늘날 유엔이 '국제연맹'의 뒤를 이은 것 또한 현대인의 상식이다.

칸트는 그의 저서 중에서 "전쟁은 악인을 제거하는 이상으로 악인을 만들기 때문에 악한 것이다"라는 헬라의 격언을 인용하고 있지만, 그는 『영구평화론』을 '몽환곡'이라고 일컫고 있다. 이는 그가 인류 역사를 돌이켜 볼 때 마치 전쟁하기 위해서 살아온 듯한 인류 사회에 영구적인 평화가 수립되기를 바란다는 것은 '잠꼬대'같은 일이라고 보았기 때문일 것이다. 그러나 사도 바울은 그보다도 2,000년 전에 벌써 온 세상이 하나가 되고 인류 전체가 한 몸이 될 것이라는 '큰 꿈'을 꾸었던 것인데, 에베소서 1장 10절에는 이 꿈에 대한 기사가 실려져 있다. 칸트의 『영구평화론』을 대본으로 한 유엔의 헌장에는, ① 전 세계 인류를 파멸에서 구원하고, ② 인간의 기본 인권을 인정함으로써 남녀의 평등과 주권 국가의 동등권을 인정할 것과, ③ 정의를 수립하고 모든 백성의 생활수준을 높일 것이 주장되어 있는데, 이는 모두 바울이 2,000년 전에 민족주의를 지양하고 세계 시민을 자처하면서 세계 전도에 정진하던 때에 품었던 숭고한 뜻이었다.

바울은 이 꿈을 빌립보서 2장 6-11절에서도 노래하고 있지만, 특히 에베소서에서는 예수 그리스도의 인격과 여가는 우주적인 의의를 가진 것이며, 그리스도 안에서는 이미 온 우주가 하나로 통일되어 있다고 강조하고 있다. 그래서 에베소서에는 지방색이나 인종의 차별도 없고 유대주의자들의 갈등도 볼 수가 없다. 이럴 때에 바울은 급기야 그의 뜻을 이루어 세계의 수도 로마에 입성하게 되었던 것이며, 로마에 입성한 바울은 마치 세계를 제패한 제왕이나 된 듯이 의기양양했다. 그 까닭은 그는 호화찬란한 외적 문화에 미혹되지 않고, 그것과는 차원이 다른 성령의 제도를 받아가면서 세계를 구원하시려는 하나님의 크신 뜻을 이루었다고 믿었기 때문이다.

존 메카이시는 에베소서는 바울 신학의 클라이맥스요, 거기에는 기독교 진리의 진수가 말씀되어 있다고 말하고 있다. 이 서신에 나타난 사도 바울의 관심의 대상에는 하나님께서 인류를 구하기 위하신 일체의 사실이

포섭되어 있는데, 그는 다만 현재의 구원뿐만 아니라 영원 전부터 영원히 끝까지를 전망하고 있고, 창조 전부터 시작하여 유구한 시간을 넘어가서 '때의 충만'까지를 말하고 있다. 그는 또한 공간의 변두리까지를 사색했던 것인데 4장 9-10절을 보면 그의 상상의 날개는 천상과 지상에 있는 것을 지나 훨씬 넘는 것과 땅 아래까지를 그리스도의 발아래에 굴복시키고 있는 것을 볼 수 있다.

바울은 요컨대 예수 그리스도를 중심으로 한 천지를 통한 일대 연합국을 구상했던 것인데 이야말로 하나님의 공화국이요, 우주적인 영원한 나라였던 것이다.

우리는 바야흐로 우주 시대를 맞이하였고, 달나라를 다녀온 세 우주인은 이 땅에도 그 발자취를 남기고 갔다. 그러나 자연계의 지식은 장족진보를 보게 된 것이 사실이지만, 인류 사회의 기반이 되는 정신문화는 구태의연하여 지금 개인 개인은 조직사회와 기계문명 아래에서 남모를 소외감과 허무감에 압도되고 있을 뿐 아니라, 반석 같은 단결을 자랑하던 공산 진영까지가 그 넓은 국토를 보유하고 있음에도 불구하고 손바닥만한 영토 문제 때문에 총부리를 겨누고 있는 것이다. 그러므로 만일에 상대성 원리를 제창했던 아인슈타인이 오늘날의 이 참상을 보았다면 이 시대의 물리적 현상이 대조화를 이루고 있는 데 반하여 정신적인 부조화가 너무나도 심함을 지적해 주었을 것이다. 우리의 시대는 무엇보다도 교회의 통일과 국가의 통일이며 더 나아가서는 세계와 우주의 통일을 갈구하고 있는 시대다. 그러나 실지에 있어서 각자 각자가 제 위치를 유지하면서 서로 돕고 하나될 수 있는 길이란 주의 몸 된 교회밖에 없다는 것은 사도 바울이 이미 간파한 바이다. 그러면 우주 시대를 당하여 우주인들을 맞이했던 우리 한국 교회가 할 일은 무엇일까? 저는 생각하기를 옛날의 사도 바울이 그러했듯이 있는 정성을 다 모아서 예수 그리스도를 중심으로 하는 세계적이요,

우주적인 하나님의 공화국과 연합국을 건설하기 위하여 능동적이며, 전투적인 태세를 갖추는 일이 우리의 과제라고 생각한다. 그러기 위해서는 우리도 사소한 이해관계나 감정관계를 뛰어 넘어 바울처럼 '위대한 꿈'을 꾸어야만 할 줄로 믿는 바이다.

제5부

기독교대한복음교회의 목회자 지동식

1
내가 영향 받은 신학자와 그 저서*

영국의 칼라일은 자기 자신으로서는 자기가 철학자라고 자처한 일이 없었지만, 세상 사람들이 그를 철학자의 한 사람처럼 인정하여 주었기 때문에 늘 마음속에 송구한 생각이 있었다는 기록을 읽은 적이 있다. 그런데 이 글을 쓰게 된 나의 심정에는 이와 비슷한 느낌이 감돌고 있다. 왜냐하면 솔직하게 말해서 나는 목회에도 실패를 하고 신학계를 위해서도 이렇다 할 만한 공헌이 없느니만큼 신학자로 자처할 수도 없는 처지이다. 말하자면 속담에 이른바 '중도 소도 못 된 자'라고나 할까? 그런데 이러한 내가 한 사람의 신학자처럼 인정 받아 가면서 이와 같은 글을 쓰게 된 것이다. 우리말에 '쑥스럽다', '멋쩍다'는 말들이 있거니와 이는 아마 내가 지금 느끼고 있는 바와 같은 느낌을 두고 하는 말이 아닌가 한다.

내가 아는 일본의 아까이와(赤岩榮) 목사는 "신앙은 복음적으로, 실천은 마르크스적으로"라고 하는 이른바 '아까이와 테제'를 내걸고 마치 옛날의 사도 바울이 넓고 넓은 이방 세계에 십자가의 복음을 전한 것처럼 자기

* 「기독교사상」(1963. 8), 19-21에 실린 글이다.

는 광대한 공산주의 진영에 들어가서 거기에 복음의 씨를 뿌리겠다고 뽐내 가면서 공산당에 가입까지 하였으나 결과적으로는 여지없는 실패를 하고 말았다. 그러나 그의 동료들은 그를 여전히 성직자의 한 사람으로 인정하여 줄 뿐 아니라 그가 목회하던 교회에서도 그를 한결같이 목회자로 추앙하고 있기 때문에 아직까지도 그 교회를 그대로 섬기고 있다. 그런데 나도 지금 나 자신이 교우들과 학우들에게서 이와 같은 너그러운 대접을 받아 가면서 이 글을 쓰고 있는 느낌을 금할 길이 없는 것이다.

내가 나의 선배 최태용 선생의 권면에 따라서 만학의 길을 떠나 신학 공부를 시작한 것은 약 30년 전의 일이니까 때는 바야흐로 2차 대전이 터지려던 전야였다. 내가 6년간의 신학 공부를 계속하던 도중에 급기야 2차 대전은 터지고야 말았거니와 이 2차 대전 중에 유럽을 여행한 바 있는 미국의 홀튼 교수의 여행기에 의하면 그 당시 유럽 사람들의 정치사상은 두 갈래로 갈려져 있었다고 한다. 한 갈래는 독재자 히틀러를 덮어놓고 추종하였고 또 한 갈래는 히틀러를 전적으로 배격하였다. 말하자면 그 당시 유럽의 정치사상은 히틀러에 대한 찬반양론으로 양분되어 있었다는 것이다. 그런데 당시에 있어서는 신학계에도 이와 같은 현상이 있었던 것이다. 왜냐하면 유럽의 신학자들은 그 전체가 바르트의 신학사상에 대하여 찬동하는 집단과 그것을 반대하는 집단으로 구분되어 있었기 때문이다. 내가 신학생으로 공부하던 시대적인 배경이 이와 같은 시대였던 만큼 남의 것을 받아들이기에 재빠른 일본의 신학계에서 가장 많이 소개되던 신학사상은 역시 바르트의 사상이었다. 내가 공부하던 학교에서 교편을 잡고 있던 늙은 교수 중에는 아무리 바르트 신학이 위대하다 할지라도 우선 슐라이에르마허를 이해해야 한다고 강조하는 이도 계셨지만, 그런 말은 학생들의 귀에 전혀 들어가지 않았고 학생들은 다만 바르트 신학을 숭상하였으며 심지어는 자기는 수많은 음악가들 중에서 모차르트를 가장 좋아하는데 그 까닭은 바르트 선생이 모차르트를 좋아하시기 때문이라고 말하는 학생까지 나타나게 되어서 오늘날에 이르기까지 하나의 에피소드로 전해지고 있다.

이와 같은 분위기 속에서 자라나고 있었으니만큼 나에게도 바르트의 영향이 미치게 되었던 것은 말할 것도 없는 일이거니와, 내가 맨 처음에 접한 그의 저서는 저명한 『로마서 강해』였다. 신학교 예과에서 하디와 슈톰의 영어 내지 독일어의 단편들을 배우고 나서 칼라일의 영웅숭배론과 하르트만의 철학적 단편들을 읽어는 보았으나 아즈도 영어와 독일어에 능숙치 못하던 나로서 딱딱하고 심각한 바르트의 『로마서 강해』를 읽는다는 것은 무리였다. 그래도 한 페이지를 읽는 데에 거의 반나절을 소비하면서 애써서 읽어 가던 그 당시의 일들이 그리워진다. 그리고 예과 3년이 올라가서 기념 삼아 구입한 책이 슐라터(Schlatter)의 『신약성서 강해』였는데, 바르트의 교의학 책과 이 슐라터의 신약성서 강해서만은 무슨 일이 벌어져도 보관해야 한다고 해서 8·15허방 이후 이북에서 지고 왔고, 1·4후퇴 시에도 이 책들과 더불어 부산으로 피난 갔다가 9·28수복 이후에 또다시 이 책들과 더불어 서울로 돌아왔던 것이다. 이는 마치 위급할 때에 다른 것은 다 버려도 첫 사랑을 약속했던 약혼반지만은 버리지 못하고 끼고 다니는 심정과도 같은 심정일지 모른다. 그러므로 나의 신학 순례는 처음에 신정통주의와 성서주의에서 출발된 셈인데 나는 아직까지도 이 첫 출발을 뉘우치지 않는다. 나는 처음 만난 첫 사랑을 변함없이 사랑한다. 그래서 해방 이후에 가다듬은 마음으로 신학 공부를 재출발하게 되었을 때에 맨 처음이 시작한 일이 슐라터의 갈라디아서 강해와 에베소서 강해를 우리말로 옮기는 일이었다. 그 까닭은 나는 평소에 이 학구적이면서도 은혜로운 슐라터의 강해서를 번역 출판했으면 하는 소원을 품고 있었기 때문이다. 바르트의 교의학에 대해서는 감히 그와 같은 생각을 품을 수가 없었지만은 그의 교의학 요강은 흥미진진하게 읽을 수 있는 저작이기에 그것을 우리말로 옮기기를 시작했으나 전경연 박사께서 이미 번역을 완료했다는 소식을 듣고 모든 것을 그분에게 양보하고 말았던 것이다. 그리고 내가 학생 시절에 발행했던 「영과 진리」에 바르트의 "복음과 율법", "그리스도인의 생활"과 그 밖의 설교 몇 편을 우리말로 옮겨서 실은 일이 있었는데 이는 모두 나에게 대한 그의 영향이라고 말할 수 있고, 내가 신학교 도서관에서 이따금 칼빈의 주석서를 빌려서 읽던 일이나 칼바 출판사의 맵시 있는 루터 선집을 구입하여 가지고 그의 갈라디아서 강해와 초기 저작들을 탐독한 것도 역시 종교개혁자들에게 대한 바르트의 예찬에서 영향 받은 결과였다.

그러나 내가 신과대학 교수나 그 학장직을 역임하리라고는 전혀 예상치 못한 일이다. 그런데 의외에도 연세대학교 총장이시던 백낙준 박사의 관대하신 처사로 말미암아 이 학교에서 그와 같은 요직을 맡게 되었다. 그러나 돌이켜 생각하면 내가 학생들을 가르쳤다기보다 도리어 내 편에서 배운 것이 너무나 많다. 물론 신학적인 면에서는 바르트나 슐라터가 나에게 더 많은 영향을 주었을지 모르나 신학 교사로서의 수련은 연세대학교에서 비로소 처음으로 쌓은 셈이다. 그래서 나는 신학자시요 교육자이신 백 박사에게 일종의 학은(學恩)을 느끼는 바이며 그 밖에도 수많은 교수들에게 고마운 마음을 금치 못한다.

신학교를 졸업할 때에는 바르트 신학을 소개하는 변변치 못한 저작을 남긴 일이 있거니와 나에게 전문 분야랄 것이 있다면 자연스럽게 이론신학 방면이 될 뻔하였다. 그러나 연세대학교에는 이미 신학계의 대선배이신 장석영 선생께서 이론신학을 담당하고 계셨고, 그의 뒤를 이어서 한영교 박사께서 조직신학을 강의하신 관계로 나는 부득이 신약학을 담당하게 되었는데 이 일 역시 나에게는 더할 수 없는 유익이었다. 왜냐하면 이와 같은 과정이 없었던들 나는 전혀 성서적인 근거도 없이 추상적인 이론만을 주장할 뻔하였기 때문이다. 지금 와서는 연세대학교에 유력한 신약학자가 많이 계시나 그 당시에는 나 홀로 신약학의 모든 과목을 담당했는데 신약개론은 미카엘리스의 개론 책에서 배운 것이 가장 많았고, 주석서 중에서는 바르트와 미카엘리스의 빌립보서 주석과 호스킨스, 다드(C. H. Dodd), 불트만 요한복음 주석 및 욉케(A. Oepke)와 슐리어의 갈라디아 주석이며 아스무센의 에베소서 주석을 가장 많이 참고하였다. 그리고 신약신학은 저명한 불트만의 서적보다도 나는 도리어 구속사학파에 속하는 슈타우퍼(E. Schtauffer)와 헌터(A. M. Hunter)의 저서들을 더욱 많이 사용하였다.

그러나 내가 신과대학에 자리 잡은 것은 8·15 이후의 혼란기였고 그 후에는 신약의 모든 과목을 후진 학도들에게 넘겨주고 학생 때에 공부해 보던 이론신학 방면으로 돌아가게 되었다. 그래서 나는 또다시 칼 바르트의 교의학 서적과 더불어 씨름하는 한편 그의 동료인 브룬너의 서책뿐 아니라 그들과는 입장을 달리하는 알트하우스(P. Althaus)나 틸리히의 저작까지도 더듬을 필요가 생기게 되었다. 그러나 지금 나의 처지는 말하자면 해는 이미 저물었는데 갈 길은 먼 격이다.

2
앞으로 십 년간의 나의 계획*

    태양이 하늘 높이 떠 있을 때에는 사람의 눈에 보이지 않지만 서산을 향하여 기울어지기 시작하게 되면 모든 사람의 눈에 뜨이게 된다. 사람의 일생도 이와 같아서 청년기, 장년기를 지나는 동안에는 그때가 가장 왕성한 시기임에도 불구하고 아무도 그것을 눈떠 보지 않지만 장년기를 지나서 노년기에 들어가게 되면 그때에 도리어 사람들의 이목에 뜨이는 모양이다. 나 같은 사람에게 남의 이목을 끌만 한 점이 있을 리가 만무하건만 앞으로 십 년간의 계획을 묻는 것을 보니 나의 앞날도 머지않았다는 것이 남들에게 벌써 알려진 모양이다.

    여러분들이 같은 말씀을 한 바도 있거니와 솔직하게 말해서 나에게도 앞에 가로놓인 십 년간을 위하여 그럴듯한 계획이 서 있지 않다. 어떤 외국 선교사는 이 땅에 들어와서 교육기관을 세울 때에 그 창설기에 이미 백 년 후의 설계도까지를 마련해 놓았다고 하지만 나에게는 백 년 후의 설계도는 고사하고 십 년 후의 설계도조차 마련한 것이 없으니 생각하면 나의

---

*「기독교사상」(1961. 6), 30-37에 실린 글이다.

일생은 정말 무모한 일생임에 틀림이 없다. 그러나 나는 과거에도 그렇게 살아왔고 지금도 그렇게 살고 있으며 또 앞으로도 그와 같이 살 수밖에 없을 듯하다.

그러나 나는 아직까지 나의 지나온 과거를 돌이켜 보고 후회하거나 불만한 느낌을 가져 본 적은 거의 없었고 언제나 거기에서 기쁨과 감사를 느낄 따름이다. 왜냐하면 이상하게도 알지 못할 어떤 분의 손이 나의 과거를 한 걸음 한 걸음 인도하여 오셨고 그의 뜻을 받아 사는 수많은 선진들과 벗들이 이 어른의 뜻을 이루기 위한 성스러운 사업에 나같이 부족한 사람까지를 참여시켜 주셨기 때문이다. 정말이지 나의 과거는 나 자신의 계획보다도 그분들의 계획에 따라서 인도된 것이었고 나의 현재도 거기에 따라서 움직이고 있을 뿐 아니라 나의 미래 역시 거기에 따라서 움직일 수밖에 없을 줄 안다. 돌이켜 생각건대 내가 신학교를 마치고 교회를 섬기게 된 것도 나 자신의 의사보다도 선진들의 뜻에서 비롯된 것이었고, 8·15해방 후에 신학교에 드나들기 시작하여 십 수 년을 지나 온 것도 나 자신의 설계도에는 전혀 들어 있지 않았던 것이다. 나로서는 감히 그런 것을 생각조차 못하였고 또 할 수도 없는 일이었는데 일을 이렇게 마련해 주신 이들의 인도와 도우심으로 말미암아 모든 일이 이와 같이 된 것이다. 그러기에 나에게 앞날을 위하여 무슨 바라는 것이나 계획하는 일이 있다면 그것은 오로지 나를 이와 같이 인도해 주시고 이끌어 주신 그분들의 뜻을 약간이라도 이루어 드리고자 하는 것뿐이다.

나의 선배들과 친구 중에는 간혹 그만 하면 되었으니 이제는 그 직장을 떠나 보는 것이 어떠냐고 권면하는 이들도 없지 않았다. 그러나 나에게는 그런 일을 결단할 만한 용기도 없었거니와 그보다는 차라리 나에게는 나로서의 속짐작이 있었던 것이니 그것은 저 산을 넘어 가면 별세계가 있으리라고 생각함은 부질없는 생각일 뿐이요, 그곳이나 이곳이나 인간 세계는 어디나 다를 것이 없으리라는 생각과, 좋든 낫든 내가 속해 있는 기관이면 그것이 바로 나 자신의 기관인 만큼 거기에서 충성을 다하는 것이 옳다는 생각이었다. 그래서 나는 들고 나는 수많은 일꾼들과는 달리 한 고장에서 나의 반생을 보내 온 것이다.

이리하여 나는 신학교를 나온 이후 꾸준하게 같은 교회를 봉사하였고 십 수 년이 지나도록 한 학교에서 극소수의 젊은이들을 접해 온 것이다. 그러나 워낙 배운 것이 적고 역량이 부족한 사람인지라 교회를 위해서나 학교를 위하여 드러난 공로를 끼친 것은 거의 없고 다만 빈자리 하나를 꾸준하게 채워 온 셈이다. 그런데 십 년이 지나면 강산이 변한다는 옛말과 같이 십 년, 이십 년의 세월이 흐르는 동안에 우리 교회와 학교에도 약간의 변화가 생기게 되었다. 거기에서 자라난 젊은이들이 이제 와서는 자기 구실을 하게 된 것이다. 교회에서는 나를 대신하기에 넉넉한 젊은 전도자들이 배출되어 교회 일을 위하여 수고하고 있고 학교에서도 혼란기에 진공상태를 메우기 위하여 내가 담당하던 강의과목을 거기에서 자라난 젊은이들이 대신 담당한 지 이미 오래될 뿐만 아니라 금년에 새로 생긴 박사학위 과정에는 지금 세 사람의 졸업생이 공부하고 있는 중이다. 그래서 나는 이제 와서는 교회에서나 학교에서나 있으나마나한 존재가 되어 버렸고 적당한 시기에 가서 거취 문제를 지혜롭게 결단해야 할 단계에 이른 것 같다. 그러나 나는 이 일을 조금도 괴로워하거나 슬퍼하지 않을뿐더러 이것이 도리어 나에게는 더할 수 없는 기쁨이요 오직 하나의 자랑인 것이다.

주제 넘는 이야기 같으나 나에게 무슨 앞날을 위한 계획이 있다면 그것은 나 자신을 위한 계획이라기보다 차라리 자라나는 다음 세대를 위한 계획이어야 될 줄로 안다. 그러나 자기 자신을 위해서조차 설계도 한 장을 그려 보지 못한 나로서 다음 세대를 위한 훌륭한 설계도를 마련했을지 만무하다. 다만 구차한 살림에 시달린 아버지가 자라나는 자식들이 어서 자라서 자수성가를 하여 가지고 온 집안이 융성하게 되기를 바라는 것과도 같은 실없는 생각을 해보는 것이 나의 우직한 생각이다. 그리고 새 세대를 담당할 젊은이들이 나보다 앞서 가신 선진들이 전해 주신 좋은 전통을 이어 받아 그것을 간직함과 동시에 새 세대를 위하여 더 좋은 창업을 이룩하여 가기를 바랄 뿐이다.

내가 섬겨 온 조그마한 교회는 비록 교세는 약하고 교인 수는 적으나 교회는 모름지기 모든 면에서 한국인 자신이 자주적으로 봉사해야 한다고 주장해 온 그 기본 정신만은 떳떳한 정신이 아닌가 한다. 그리고 내가 섬기는 신학교 역시 특정한 교파가 배후에서 강하게 떠받쳐 주는 교파신학은 아니지만 그 대신에 여러 교파가 유기적인 관련을 가지면서 폭넓은 협조를 아끼지 않는 협동기관이므로 온 세상이 하나의 세계를 지향하는 이 세대에 있어서는 뜻 깊은 기관이 아닌가 한다. 연세대학교에는 현재 개신교에 속하는 여러 교파 사람들이 가르치며 배우고 있을 뿐 아니라 성공회와 가톨릭에 소속된 교사와 학생까지가 드나들고 있다. 그러므로 이 기관을 섬기는 우리 자신이 신앙에 있어서나 학력에 있어서 힘이 부족한 것이 걱정일 뿐이지 이 기관과 그 기본 정신에는 탓할 것이 없는 줄 안다. 그래서 나는 이 기관에 관련된 젊은이들이 이 기관이 표방하는 에큐메니칼 정신을 깊이 체득함과 동시에 거기에 순응하는 충성된 봉사를 하기 바라며 나 자신도 용납되는 날까지 이 정신을 퍼뜨리기에 남은 힘을 기울여 보고자 한다.

이와 같이 말하면서도 나의 마음속에는 한 가지 거리끼는 것이 있으니 그것은 중도 소도 못 된다는 우리나라 속담과 같이 나는 뚜렷한 목회자도 못 되고 올바른 신학자도 못 될 뿐 아니라 학문에 있어서도 전공하는 과목이 분명치를 못하다는 점이다. 학창 시절에는 한동안 칼 바르트의 교의학 책을 읽기에 가장 많은 시간을 보낸 것은 사실이지만 정작 신학교에 자리 잡은 다음부터는 다른 분들이 그 분야를 담당하고 계셨기 때문에 오랫동안 신약학 방면을 담당하게 되었다. 그러다가 이제 와서는 또다시 사정이 달라져서 교의학 과목을 담당하고 있는 중이다. 그러나 나는 이 일에 대해서도 뉘우치는 마음은 조금도 없고 도리어 그것이 다행한 일이었다고 생각하고 있다. 왜냐하면 내가 만일 과거 몇 년간 신약학을 담당하지 않았다면 그만큼이라도 계통 있는 성서 연구에 종사할 기회를 가질 수가 없었을 것이며 그 일이 없었던들 성서를 터전으로 하는 기독교의 이론신학을 연마할 길이 없었을 터이니 말이다. 그런데 다행하게도 과거 몇 년간을 두고 친구들과 더불어 신약 연구에 관련되어 왔기 때문에 나의 현재의 소임도 담당하게 되었으려니와 앞날을 위한 약간의 전망을 가질 수도 있게 된 것이다. 그래서 나는 지난 몇 해 동안 신약 연구에 참예하게 된 것을 더할 수 없는 복된 일이라고 생각하거니와 앞서 가신 학자들 중에는 같은 길을 가신 이들이 적지 않게 있는 듯하다. 멀리 옛날로 소급할 것도 없이 근자에 활동하신 독일의 슐라터나 알트하우스 같은 이들만 볼지라도 그들은 충실한 성서 연구를 거친 다음에 그것을 기반으로 하고 이론신학 연구에 공헌한 학자들이 아닌가 한다. 그러나 나 같은 사람이 이런 석학들과 같은 위대한 학적 성과를 올릴 수 없다는 것은 누구보다도 나 자신이 더 잘 아는 일이지마는 다만 내가 걸어온 걸음과 그 방향에 대하여 후회할 필요가 없다는 말이다. 그러나 나 자신으로 말하면 해는 이미 서산을 향하여 기울어졌고 아직도 갈 길은 먼 감을 면치 못하는 처지에 있으나 내가 가다가 못 가는 길은 나의 뒤를 따르는 이들이 달려 주기를 바라는 마음 간절하다.

　사람이 하는 일은 무슨 일이나 하나의 시도에 불과한 것이며 학문도 하나의 시도라고 말하거니와 나도 할 수 있는 데까지 해보는 수밖에 다른 도리는 없는 줄 안다. 그래서 나는 할 수 있는 데까지 하고 난 다음에 다음 일은 다음 사람이 하여 주기를 바라고 있다. 나는 나의 뒤를 이어서 성서 연구에 몰두한 이들이 그것을 근거로 하고 충실한 이론신학을 연마하여 주기를 바라는 중이며 나 자신은 그 일을 위하여 길잡이와 거름이 될 수 있다면 이런 다행은 없을 줄 안다.

    이 길잡이 노릇을 하기 위해서는 나로서도 신약학이나 이론신학 방면에 응분의 봉사를 하여야 할 것인데 이 일을 위해서는 이미 동학의 벗들이 맡겨 준 일들이 있기 때문에 당분간은 더 큰 계획을 세울 필요가 없을 듯하다. 앞으로 십 년의 세월이 나에게 허락된다면 나는 우선 선배들과 친구들의 기대에 응하기 위하여 이미 관련되어 있는 신약성서 새 번역과 요한복음 주석이며 기독론에 관한 신학교 교재를 마쳐보고 싶다.

    그러나 나에게는 또 한 가지 긴급한 요구가 있는데 그것은 이미 믿는 그리스도인이나 신학도들을 위한 저서 이외에 일반 대학생들을 위하여 성서의 진리를 풀이해 주며 기독교의 기본 교리를 설명해 주는 평이하면서도 학적인 무게를 가진 안내서를 내는 일이다. 이 일을 위해서는 이미 동료들과 더불어 변변치 못한 저서를 내 본 일도 있으나 그것은 필요에 몰려서 창졸간에 마련한 것이기 때문에 만족할 만한 것이 되지 못한다. 그래서 내게 만일 앞으로의 십 년이 허락된다면 이 방면을 위해서도 좀 더 힘을 기울여 보고 싶다. 그러나 이 모든 일들이 성사되지 못하는 것은 나 스스로서도 알 수 없는 일이다. 다만 그 일들이 허락될 수 있기를 바랄 뿐이다.

3

최태용의 시, 평론, 신학*

I. 청년 최태용의 학력과 신앙 인격의 형성

1. 수원 농림학교와 연희 전문학교 시절

최태용은 1897년 함남 영흥에서 태어나서 16세 청년기에 말을 타고 상경했다가 때마침 조선 총독부에서 관리 양성을 위하여 수원 농림학교에 관비생을 모집하자 거기에 입학이 되어 고(故) 장면 및 이덕봉과 더불어 3년간의 학업을 마쳤다.

그가 기독교 신자가 된 것은 이 농림학교 시절이었다. 그 계기가 된 것은 같은 기숙사에서 공동생활을 하던 수 명의 학생들이 새벽마다 조용한 곳에 가서 겨레와 나라뿐 아니라 인류 사회 전체 위에 하나님의 축복이 깃들기를 기도함을 보고 크게 감명 받은 일이 있다. 그는 입신양명을 인생의 목표로 삼아 온 자기 자신을 뉘우침과 동시에 자기도 숭고한 뜻을 품은 기독 신자가 되기로 작정하고 당시에 감화력이 컸던 현순 목사와 전계은 목사의

---

*「현대와 신학」(연세대학교 연합신학대학원, 1970), 123-143에 실린 글이다.

지도를 받고 입신하였다.

수원 농림학교를 졸업하고 난 그는 민족주의와 애국정신의 온상이 되어 있던 연희전문학교 농과학생들의 농업실습 지도원으로 약 2년간 근무한 바 있었는데 이 2년간이 그의 인격 형성을 위하여 큰 도움이 되었던 것은 말할 것도 없는 일이요 고(故) 이묘목 박사는 이때 사귄 친구였다.

2. 쿠교회주의자 우찌무라 간조의 감화

일본에 건너가 영어 공부에 힘쓰는 한편 무교회주의자 우찌무라 간조에게 사사하면서 성서 연구에 몰두하게 되었다. 그곳에서 만나게 된 신앙 동지 중에는 일생의 반려자로 운명을 같이한 백남용 씨와 「성서조선」의 김교신, 함석헌, 유석동 등이 있다.

그러므로 최태용의 신앙 인격의 형성은 삿포로 농업학교 학생 시절에 입신하게 된 우찌무라 간조의 경우나 마찬가지로 교회 안에서 시작되었기보다는 차라리 학교 기숙사에서 출발되었고 그 성장 역시 학교생활에서 전진되어 갔던 것이다. 그래서 교회에 대한 그의 태도는 처음부터 방관적이며 비판적이었다.

우찌무라의 말에 의하면 "무교회주의는 결코 무정부주의나 허무당(虛無黨)과 같은 파괴주의가 아니다. 그것은 말하자면 교회 없는 자의 교회인 것이다. 다시 말하면 그것은 집 없는 자의 합숙소라고 말할 수 있다. 또다시 말하면 그것은 심령상의 양육원이나 고아원 같은 것이다. 무교회의 '무'자는 결코 없앤다거나 무시한다는 뜻이 아니다. 그러므로 무교회주의의 지도자는 부드러운 마음을 가진 할아버지 같아야 한다. 그런데 이 무교회주의가 세월이 흐름에 따라서 애당초의 정책과는 달리 점차로 공세를 취한 것은 슬픈 일이 아닐 수 없다"고 한다.

그런데 일본에서 돌아온 최태용 역시 우찌무라의 일본 제자들이나 다름

없이 교회에 대하여 비판적이며 공격적이었다. 이는 그들이 '하나님과 자기 이외는 믿을 것이 없다'고 본 예언자적인 기백을 자부했던 때문일 것이다.

II. 문서 전도와 종교시 저작

1. 기독교창문사의 「신생명」과의 관련

최 선생은 일본을 떠나기 전에 신앙 없는 물질문명에 도취하고 있는 일본의 화를 보고 그 나라가 구원받아야 되겠다고 외치기 위하여 「일본에 보낸다」라는 소책자를 남기고 와서 기독교창문사에서 발행하던 종교잡지 「신생명」지에 투고하기 시작하였다. 이 「신생명」의 창간호의 필진을 보면 전영택, 채필근, 이관용, 김억, 방인근, 김일홉, 김창영, 김영고, 양주삼 등으로 되어 있다. 그런데 청년 최태용은 이 모든 문필가 학자들과 더불어 어깨를 겨누면서 '제도냐 신앙이냐', '사업이냐 생명이냐', '선행이냐 생명이냐' 등 비판적인 글들을 게재하였다.

최 선생이 「신생명」에 투고한 기간은 반년의 짧은 기간이었다. 그 짧은 기간에 그는 18편의 주옥같은 글을 거기에 게재하였다. 그래서 그 분량이 상당한 양에 이르렀기 때문에 고 김한준이 그것을 모아서 등사판 단행본으로 재판하여 『생명신앙』이라는 이름으로 펼친 일이 있었다.

2. 개인잡지 「천래지성」의 창간

그러나 최 선생은 동인잡지보다도 개인잡지를 제각기 발간하는 무교회주의자들의 풍조에 따라 반년 후에 자기의 개인잡지 「천래지성」을 창간함에 이르렀으니 때는 1925년 6월 10일의 일이었다.

이 「천래지성」은 2년간 속간되었는데 그 창간호에 실린 '조선아 들으라' 를 비롯하여 '조선의 구원', '교회 제상', '조선을 위하여', '교직의 위험', '신앙 혁명의 완전', '전도하지 말라', '아! 믿음이 없는 세대여' 기타 수많은 비판적인 글들이 거기에 게재되었는데, '조선아 들으라' 한 편만을 요약해 보면 그 요지는 대략 다음과 같다. 곧 조선인은 망국의 유해로서 그 도덕은 오만으로 남아 있고 실은 없으면서 허세를 부리기를 칠면조같이 한다 하였고 젊은 조선인은 신문화에 도위(徒爲)하고 신사상에 뛰놀고 있으나 그들은 윤리도덕을 무시하고 방탕 무도하여 음란이 성하고 사회를 혼란하게 만드는 자들이며, 조선 교회는 인간이 주인이 되고 세상 사조를 영접하기를 마치 창기가 잡놈을 영접하듯 하여 무생명한 해골이 되어 버렸다는 것이다.

「신생명」과 「천래지성」에는 약 20편의 경건한 신앙시가 실려 있는데 예컨대 '암흑과 신앙', '암상소송', '부활', '영원한 생명', '초동', '죽음의 권세', '승리의 미광', '나는 하나님의 기업'과 같은 것들이다. 이 모든 시들은 각박한 이 땅에서 독립 전도자로 나선 최 선행의 기복 많은 처지를 비관하거나 절망하지 않고 도리어 명랑하고 꺼끗한 심정으로 미화시켜 가면서 하나님의 은총과 권세를 간구한 애절한 노래들이다.

그러나 지면 관계로 그 모든 시들을 소개할 수는 없는 일이기에 그의 심정을 가장 잘 읊었다고 보이는 한 수의 시를 들어 보면 다음과 같다.

암흑과 신앙

1. 빈들에 유리해 갈 바 몰라
   앞길이 망연해 캄캄하나
   아무 염려 말라 하나님 계시니
   그의 좋을 대로 인도하리

2. 멀리로 가는 길 당한 터널
　암만 길다한들 얼마 되리
　아무 불평 없이 길이 참음으로
　그의 뜻에 맡겨 지나가리
3. 헛되이 경영해 요동하며
　스스로 정하고 고통 말라
　암흑 중 할 일은 믿을 것뿐이니
　잠자코 네 주만 쳐다보라
4. 밤바람 일어나 둘러쳐서
　이웃이 다수히 넘어지나
　믿음의 방패로 모든 것 이기고
　돋는 아침 해에 목욕하리

III. 명치학원 신학부 입학과 일본신학교 졸업

1. 「영과 진리」 창간과 교회 평론 및 성서 주석

　우찌무라는 제도적인 교회와 논리적인 신학이나 조직적인 신조나 교리보다는 차라리 정서적인 입장에서 문학적인 필치로써 성서만을 해석하였다. 그러나 우리의 최 선생은 이와 같은 낭만적인 경건주의에 머물지 않고 한 걸음 더 나아가서 올바른 교리 신조를 탐구하기 위한 신학 연구에 뜻을 두었다. 이는 그가 신비삼매에 도취하고 있던 한국 교계를 바른 길로 인도하기 위함일 것인데 그가 명치학원 신학부에 입학한 것은 1928년 8월의 일이었다. 그는 이해 12월에 「영과 진리」를 창간했는데 이 개인잡지는 약 10년간 속간되었다.

최 선생이 명치학원 신학부가 병합된 '일본신학교'를 졸업한 것은 1932년 3월이었고 「영과 진리」지에는 도중에서 중단되고 말았지만, 요한복음과 로마서 주석이 연재되는 한편 교회 비판에 관한 수많은 글들이 게재되었다. 예컨대 '기독교 비판의 기준', '신앙 혁명', '나의 비판주의', '신비주의 비판', '부흥회적 신앙 행위', '비판적 성경관', '생명을 가졌느냐', '사이비한 신앙', '조선인의 죄', '조선인의 신앙', '조선 교계', '우리가 교회를 공격하리라', '믿는 줄 아느냐', '천국 문을 막는 자들이여', '신학 상으로 본 조선 교회'와 같은 글들이다.

이 모든 글에서 최 선생은 당시의 한국 교회를 날카롭게 비판했는데 그에게 있어서 '비판의 기준'이 되는 것은 '성령'이었다. 이에 대해서 그는 말한다. "우리는 신약의 종교를 한 교의로 총괄 할 수는 도저히 없다. 그러나 우리는 거기에서 다만 한 가지의 일치를 볼 수 있다. 성령이다. 신약의 사람들은 다 성령을 받은 사람들이요 저희의 말하는 바는 다 성령으로 말미암은 것이었다. 그 말하는 바는 각각 저희가 인식하는 분야를 따라서 다르게 되는 것이었으나 그 말이 있게 한 동력은 성령이었다(마 10:20 참조). 저희는 그 말하는 바가 서로 다르나 그러나 한 성령에 있는 자들이어서 서로 형제요 교회였다. 곧 신약의 사람들의 근본 특징이 되는 것은 성령이다. 그리하여 성령, 이가 크리스천의 진부(眞否)를 가려내는 기준이다"(「영과 진리」 34호).

이리하여 최 선생은 신앙에 있어서의 성령의 역사를 중요시하거니와 그에 의하면 "바울의 성령 충만, 그리스도께 합하는 죽음과 부활은 그것이 인간의 주관적인 신비 경험이 아니라 하나님의 계시인 그리스도 사실의 파악이다. 이를 바꾸어 말하면, 그것은 하나님의 일에 잡힌 경험이다." 그리고 잉그의 말과 같이 "두뇌와 성격에는 깊은 종교적 경향을 가졌음에도 불구하고 유대인은 신비주의에는 문외한이었다"고 지적하고 나서 "히브리인의 종교는 차라리 신비주의와는 대조되는 구체적 종교였으며, 그것은 결코 불분명한 피안 의식의 산물이 아니고 하나님께 대한 역사적 실험이었다"고 지적한다(「영과 진리」 40호). 그런데 한국 교회에는 이와는 배치되는 신비주의가 성행되고 있음을 최 선생은 못내 걱정하였다. 이에 대해서 그는 또한 말한다. "신비주의는 끝없는 바다를 정처 없이 헤매는 것 같은 종교 만유(漫遊)다. 그것은 개인주의요, 주관주의요, 그 얻은 바는 안개와 같은 것이어서 바람이 불면 사라지고 마는 것이다. 이런 신비주의가 부흥회 같은 것으로 조선 교회를 지도하려 하니 조선 교회가 건전하게 발달할 까닭이 없다"고(「영과 진리」 93호).

2. 근본주의 사상과 바르트 신학에 대한 태도

그러나 최 선생의 날카로운 비판은 다만 무생명한 한국 교회의 신앙 형태나 그릇된 신비주의에 대해서만이 아니라 한국 교회가 치중해 오던 근본주의 사상과 새롭게 대두되기 시작한 칼 바르트의 신학사상에 대해서도 자기 나름의 비판을 가했던 것이다. 이 두 가지 신학 사조에 대한 최 선생의 비판은 대략 다음과 같다. "조선 교회의 기저가 되어 있는 것이 이 근본주의니 우리는 이 근본주의 비판, 근본주의와의 대질에 상당한 노력을 하지 않으면 안 되는 것인데, 이에는 지면 관계로 단적으로 두어 마디를 말함에 그치기로 한다. 지식이 인식적 과제를 통과함이 없이 다만 간단히 권위로의 것을 승인함으로써 결정된다면 우선은 이런 편리한 일은 없다. 그렇지만 그리하여서는 그 지식은 죽은 지식이다. 마찬가지로 신앙이 만일 성경을 외적 권위로 하여 거기에의 복종으로 다한다면 이도 이처럼 편리한 일은 없으나 그러나 신앙은 죽은 신앙이 된다. …… 성경의 사람들에게 있어서 예수를 하나님의 아들이라고 부름에는 거기에 상당한 진리 내용과 감격이 들어 있었다. 그런데 이제 사람들이 예수 믿는 일을 다만 성경에 그러하니 그렇게 믿는다고 해버리고 그 이상의 아무것도 가짐이 없으면 이렇게 믿는 것이 예수를 바로 믿는 일일까? 근본주의처럼 신앙을 천박한 데 이르게 하는 것은 없고 그것은 필경은 신앙을 사각화(死角化)시키고야만다"고.

이와 같이 주장하는 최 선생은 신구약성서를 절대적인 권위로 삼는 근본주의나 오직 예언자와 사도의 터전 위에서만 신학의 규범을 찾는 바르트의 신학과는 달리 신구약성서에 대한 비판까지 시도할 뿐 아니라 심지어는 자기는 '성서와 교회에서 해방되었다'고까지 주장하는데 그 이유는 다음과 같은 데 있다.

> "성경에 하나님의 계시가 있는 것은 사실이나 성경도 종교이어서 거기에는 역시 인간 성분이 들어 있고 그 문구 그대로가 하나님의 말씀은 아니다. 그러나 우리가 성경에 대하여서도 비판을 갖지 않으견 성경에 실상 들어 있는 실재, 진리, 하나님의 말씀을 그 참 모양대로 볼 수는 없는 것이다. 더구나 후세 사람이 성경을 생각한 그 개념은 성경 그것과 얼마나 다름이 있는 것인지 모른즉 우리는 전통적 성경 관에 대하여서는 충분한 비판을 가하지 않으면 성경의 실재를 접견하기 곤란하다."(「영과 진리」 37호)

그러나 최 선생의 주장은 다만 여기에 머물지 않는다. 그는 보다 더 과격한 주장을 했던 것이니, "나는 무교회주의를 배워 교회에서 해방되었다. 나는 근대의 비판학에 접하여 성경에서 해방되었다. 교회, 성경에서 해방되어 나는 과거의 전통의 일체에서 해방된 것이다. 이리하여, 이제 나는 나의 기독교 의식을 벌거벗은 나의 영혼과 주 예수 그리스도와의 직접 관계에 가지지 아니치 못한다. …… 나는 일체의 전통에서 벗어나서 나 자신의 문제로, 하나님, 그리스도로 더불어 교섭을 가질 생각이다. 그래서 이런 자가 기독교를 말하면 그것은 전통적 교의를 말하는 것도 아니고 누구의 신학사상을 말하는 것도 아니다. 나의 기독교 주장은 독립적이다.

나는 나의 확신을 말하고 저의 사상을 말한다. 그리하여 나의 기독교 주장이 만일 신약성서의 종교와 그 정신에 있어서 틀리는 바가 있으면, 곧 내가 성령으로 말미암아 그 새로 창조함을 받은 생명 이외의 것을 말하면 나의 기독교는 이단이다. 그런데 나는 나의 정신이나 생활은 이를 다 주께 드려 죽임을 받고 나에게서 오직 그리스도만이 살게 하자는 신앙을 가졌다. 내가 이 신앙을 가진 이상 적어도 나는 나의 말하는 바가 성령의 새 창조 이외의 것이라고 생각지 못하여 나는 나의 말하는 바를 바른 기독교라고 확신한다. 나는 바울의 신앙을 운반하는 자가 아니고 요한의 말을 전하는 내가 아니다. 그러나 나는 내가 바울, 요한과는 한 영에 있는 친화감을 가지는 자이다."

이와 같이 교회와 그 전통만이 아니라 기독교의 경전인 성서에서까지도 해방되었다고 확신한 최 선생이 어떤 한 사람의 신학사상에 대하여 전폭적인 추종을 할 리가 만무하다. 그래서 그는 루터의 종교개혁을 연구함에 있어서도 그것은 "루터의 영혼에 예수 그리스도의 아버지 하나님이 직접적으로 접촉한 결과였다"고 봄과 동시에 그것은 또한 "20세기의 현재의 우리의 문제를 충분히 해결하는 하나님의 실재의 나타나심을 요구하는 것이었다"고 주장하였다(「영과 진리」 35호). 그리고 근대 신학의 조상 슐라이에르마허의 신학사상을 소개함에 있어서도 "'저가 대담하게 전통에의 신뢰를 그만두고' 또한 오직 사색적인 지식을 배격하고, 기독교 신앙이 직접적인, 경건한 마음 사실이요, 사색에 앞선 감정 경험임을 간파하고, 그리고 신학자로서의 독립한 사색을 가미하여 기독교를 당시의 지식 세계에 가능하게 하며 살리게 한 공적은 인정치 않으면 안 된다. 기독교를 직접적인 경험 사실이라고 하고 신학자의 독립된 사색을 한 점에 있어서 저는 근대 신학의 조상이다"라고 말하고 나서 그 결론에 가서는 "나는 슐라이에르마허, 릿츨의 경험 신학이 있은 후 근자의 바르트의 초연 신 주장이 나타난 일을 주장한다. 이후의 신학은 바르트의 초연 신관을 넘어서 초연 신의 은총의 역사가 다시 완전히 사람의 경험적인 생명이 되는 신학주장이 일어날 일을 나는 바란다"고 말하고 있다(「영과 진리」 63호).

최 선생이 바르트의 신학사상에 대하여 만족감을 가지지 못한 까닭은 "거기에 신앙의 자리가 성경만큼 힘 있게 인정되지 아니함에 있다. 신앙은 그것이 하나님의 일, 성령의 은혜스러운 역사로 사람에게 일어나는 일이지만은 그것은 사람의 의식적인 의지 결단으로 사람의 것이요, 그리고 그것은 하나님편의 구원 행위에 대등되는 사람편의 제공으로 하나님께로부터 인정되어 있는 것이다." 그런데 "바르트 신학이 하나님의 행위의 구원을 고창(高唱)하여 그것이 근대 신학의 환경에 처한 한 그것은 의의 있는 일이다. 나와 같은 자도 이를 인하여 나의 종래의 주장에 대하여 반성할 바 있음을 느낀다. 나는 실로 다른 데에서는 얻지 못하던 좋은 충고를 여기에서 얻었다. 그러나 그것이 배타적인 하나님 행위를 주장하여 사람의 경험에 있어서의 하나님의 일을 무시하려고 하는 한 그것은 또한 편벽된 주장이다. 그래서 내 생각 같아서는 바르트의 초연한 하나님이 사람의 기독교적 경험의 창조자이면 좋겠다"는 데에 그 이유가 있었던 것이다(「영과 진리」 49호).

IV. 독창성을 자부한 '영적 기독교'

1. '영과 진리'와 '생명신앙'의 의미

최 선생은 자기 자신의 독창적인 신학사상을 주장하기 위하여 '나의 신학'이라는 제목 아래에 다음과 같이 말하고 있다. "나의 신학이 만일 내 이론이고 내 조직이고 하여 그것이 만일 내 세계일 것 같으면 나는 내 신학에 갇혀 망할 것이다. 내가 만일 이와 같은 신학을 가졌을 때에는 나는 나의 신학을 회개하여야 한다. 그러나 나에게 있어서 신학은 나 자신의 철저한 비판이다. 그것은 나의 종교의 비판이다. 나는, 나대로는 기독교를 아는 자이지 못하고, 나는, 나대로는 불교를 하며 보천교를 하자는 자이다. 그래서 내가 기독교를 함에는 신학이 필요하니 신학으로써 나는 나의 종교를 철저히 비판하여 나로 하여금 이교를 하지 못하게 하지 않으면 안 된다. 그리고 다른 면에 있어서는 신학은 나에게 있어서 실재를 실재대로 개념화 하려는 일인 것이다"라고(「영과 진리」 60호).

여기에서 알 수 있는 것은 최 선생의 신학은 말하자면 올바른 '생명 신앙'을 갖기 위한 자기비판의 신학'이었는데 그가 자기의 독창성을 강조하던 '영적 기독교'는 주로 기독론과 신앙론으로 구분되어 있고 거기에는 전통적인 신학에서 으레 주장해 온 신관이나 삼위일체론, 성서론, 창조론, 교회론, 종말론 같은 것들은 분명하게 언급되지 않았다. 그리고 그는 이 '영적 기독교'를 주장하기 위하여 '영과 진리'의 표상을 자주 사용했는데 그의 말한 '영'은 때로는 "하나님의 근원적인 반사"이기도 하였고 또 때로는 "그리스도 자신에게서 발하는 말씀이 아니라 그리스도께 대한 성령의 증거가 사람의 영적 양식"이기도 하였으며, "영의 나타남으로 사람의 충분한 지식으로 주장되는 기독교가 진리이고, 이 진리는 곧 영의 나타남인 것이며, 진리, 이것이 하나님과 사람의 접촉점이요, 진리를 영의 나타남임과 동시에 사람의 확신이다. 진리에 있어서 하늘의 것은 땅이 와서 불이 붙는다. 진리에 있어서 사람은 사람의 세계에서 하나님의 세계에 옮겨 서 있다." 그리고 "영이 진리로 나타나니 그것은 현재적이요, 또한 직접적이요 또 생명이요 권능이라"는 것이다(「영과 진리」 62호).

여기에 최 선생이 자부하던 독창성이 있거니와 이 독창성에 대해서 그는 다음과 같이 주장하고 있다. "나는 믿는다. 하나님은 사람에게 기독교를 주시기를 신약성경이란 한 번 부어 만든 철판을 그 사람의 영혼에 찍음으로써 하는 것이 아니고, 그는 영원히 살아 계셔서 자유로 사람 안에 역사하셔서 새로이 새로이 기독교를 산출하시는 일을, 바울에게 속죄 진리를 나타내게 하시고 요한에게 일하여 영원한 생명을 말하게 하신 성령께서는 또한 이때에 만삭되지 못하여 태어난 자와 같은 나에게 일하여 영적 기독교를 주장케 하신 것이다." "나는 사람이 좋아하는 겸손이 반드시 최상의 가치를 가진 것이라고 생각지 못한다. 겸손으로써 그 주장의 진부를 판단코자 하는 일에 나는 반대한다. 나는 겸손을 위하여 사실을 은폐할 수는 없다. 나는 겸손치 않으므로 사람에게 싫어하는 바 되더라도 확신을 확신대로 말하여 본다. 영적 기독교는 이것이 새 것이라고"(「영과 진리」 27호).

최 선생의 독창적인 사상을 이해하기 위하여 그의 주장을 좀 더 더듬어 보면 「영과 진리」에는 다음과 같은 기사도 있다. "그리스도가 영임에 대하여 우리는 '육'인 자이다. 우리가 그리스도의 생활을 영의 범주에서 생각한 것은 그것이 결코 내재적인 의미의 것은 아니었다. 그리스도가 영이 되었다고 하여도 그것은 역시 그의 신앙 행위로 그리 된 것이지 그 안에 있는 것의 발전으로 도달한 것 같은 것이 아니다. 그렇게 되어서는 그가 육이었다는 일이 의미 없게 된다. 그렇지 않고 그는 역시 육인 자가 되어서 알지 못하는 세계에의 모험과 비약으로 영 됨을 얻은 것이다."

최 선생의 이와 같은 주장 때문에 한국 교계에서는 한동안 그의 주장을

'순육설'이라 하여 물의를 일으킨 일도 있었거니와 그런 각도에서 최 선생은 하나님은 하늘에 계시고 사람은 지상에 있으며, 하나님은 인간에게 있어서 '절대 타자'라고 주장했던 바르트의 초기 사상에 반대했는데 그 이유는 다음과 같은 데에 있었던 것이다. "바르트의 하나님 말씀의 신학은 다만 초연한 하나님의 사실을 말하려고 하는 것인데 그리하여 그는 내재적인 세계관으로부터 기독교를 구원하여 그것을 하나님께로의 것으로 말하게 된 공적은 대단하다. 그러나 그런 신학으로 신앙생활은 주장되지 못한다. 그래서 신앙생활을 알지 못하고 초연한 하나님 사실만을 말하고 있으면 그것이 내재적인 세계관과의 싸움을 계속하는 한에 있어서는 불꽃이 튀는 논의가 될 것이다. 그러나 그 논의가 끝나면 그것은 역시 한 관념론에 떨어져서 무생명한 것이 되고 말 것이다. 우리는 신앙을 영원히 생명적인 것으로 하여 가지지 않으면 안 된다. 신앙이 생명이라면 그것은 생활하는 신앙이 아니면 안 된다. 그래서 영의 심판으로 말미암은 육의 부정의 진리 행위로의 신앙생활은 그것이 영원히 신앙을 생명적인 것으로 하리라"(「영과 진리」 102호).

2. 최태용의 그리스도 이해

위에서 우리는 최 선생이 주장한 '영'은 곧 살아 계신 그리스도요, 그와의 직접적이며 현재적인 사귐에서 '생명 신앙'이 형성됨을 고찰하였다. 그런데 최 선생의 신학사상에 있어서 또 한 가지 특이한 점은 그의 그리스도 이해에 있어서 '삼위일체론'을 부정한다는 점이다. 이는 그가 삼위일체론을 바르트와는 달라서 성서적인 근거를 가진 것이 아니라 후세 교회가 제창한 관념론의 하나였다고 보기 때문이다. 바르트에 의하면 "삼위일체론은 기독교의 기본 교리요 그것은 성서의 해석이요 번역"이지만 최 선생에 의하면 "신약성서에는 신자의 단체가 고백하는 교리 혹은 교의도 없었고 거기에는 헬라적인 형이상학적 사변도 있지 않다. 예컨대 거기에 아버지 하나님이 말씀되었고 하나님의 아들이 말씀되었고 보혜사 성령이 말씀되었으나 거기에는 아직 유일신관 또는 헬라적 신관으로 하여서의 세 신적 존재에 대한 이론적 고찰이 생각되어 있지 않다. 그리하여 신약성경에는 아직 후세의 교회가 교리로 받게 된 바 삼위일체론 같은 것이 없었다. …… 거기에는 종교적 직감과 경험이 있을 따름이요, 그것의 학적 계통적 표현은 있지 않다. 곧 모든 것이 실험적이요 실제적이다. 그래서 이것이 금일의 우리의 신약성경관이다."

여기에서 우리는 그리스도 교회의 역사와 그 전통을 뛰어넘어서 직접 신약성서를 향해 가는 무교회주의의 영향을 보게 된다. 그러나 최 선생은 결코 예수 그리스도의 신성을 부정하거나 그가 영원하신 하나님의 아들임을 거부하지 않는다. 그는 다만 '위에서 아래로의 기독론'이 아니라 '아래에서 위로의 기독론'을 주장하고 있는 것이다. 이에 대해서 그는 주장하기를 "그는 특별한 의미의 하나님 아들이시다"(막 1:1; 마 11:27 등). 그러나 그는 또한 사람이다. 그는 마리아의 아들이요, 나사렛 사람이다. …… 어떻게 하나님의 아들이 육인 인격에 있어서 의식되는가? 나는 이를 말하기를 그것은 저가 육인 인격으로의 생성 발전에 있어서 그 종교적 경험으로 잡힌 확신이라고. 저는 사람으로 신앙하여, 신앙 인식에 있어서 저가 하나님의 독생자임을 밝히 안 것이다. 그래서 저가 이 확신, 이 지식에 이르렀음은 '저가 근본 하나님의 독생자임이다'라고 하였던 것이다.(「영과 진리」 36호) 그러나 최 선생께서는 하나님의 계시는 다만 이 예수 그리스도에게서만 나타난 것이라고는 말하지 않고 그것은 역사를 통하여 나타난다고 봄으로써 자연신학적인 사상을 주장하였다. 이에 대해서 그는 주장하고 있는 것이다. "인류를 향한 하나님의 일은 아무래도 그 역사의 창조라고 하지 아니치 못할 것이다. 하나님의 일은 인류에게 있어서 역사로 진행하는 것이다"

라고(「영과 진리」 48호).

V. 복음교회의 창건과 감독 취임

1. 8·15 이전의 서울교회 목회와 신학적 설교

위에서 언급한 바와 같이 최 선생이 일본신학교(동경신학대학의 전신)를 졸업한 것은 1932년 3월의 일이었고 그의 졸업 논문 제목은 '제4복음서 구원관'이었는데 그는 이 논문의 결론 부분에서 다음과 같이 말하고 있다. "요한의 세상에 있어서 구원을 요구하는 사람의 상태는 그것이 바울주의에 있는 것 같은 죄가 아니다. 난 대로의 사람에게는 생명이 없다. 그것은 아래로부터 난 것, 육으로부터 난 것, 이 세상의 암흑 중에 갇혀 있는 것이어서 그것은 위의 세상에서는 전혀 떨어져 있는 것이다. 그래서 이런 상태의 사람에게 구원은 윗 세상의 것, 생명, 빛, 진리를 주는 일이지 않으면 안 된다. 그래서 그리스도는 곧 생명, 빛, 진리를 가지고 윗 세상에서 온 구주시다. 그래서 여기에서 우리는 요한의 '화육' 사상을 알고, 따라서 그의 그리스도 관을 알 열쇠가 있는 것이다"고(「영과 진리」 47호).

신학교를 졸업한 최 선생은 그가 속해 있던 장로교회에서 용납받게 되기를 바랐다 한다. 이에 대해서 그는 「영과 진리」 43호에 "조선 교회에 관용을 바람"이라는 글을 발표한 일도 있었던 것이다. 그러나 평양에 자리 잡고 있던 당시의 장로교 신학교는 '근본주의'를 고수하는 정통 신학만을 묵수(墨守)하고 그 밖의 신학은 일체 용납하지 않았다. 따라서 '무교회주의자'의 낙인을 받은 데에다가 성서와 교회 및 그 전통에서 해방되었다고 주장할 뿐 아니라 칼빈 신학에 있어서 기본 교리를 이루고 있는 삼위일체론을 부정한 최 선생을 용납할 까닭이 없다. 장로교는 도리어 최 선생과 그의 추종자들을 법적으로 다스려 이단자로 규정했던 것이다. 그 결과 최 선생은 '교회 평론'의 정도를 지나 '교회 공격'을 시작함에 이른 것인데 그의 소신대로 하면 이는 진리를 위한 투쟁이었다. 이에 대해서 그는 말했다. "진리를 나타내어 거기에 부딪혀 부서질 것이 부서지면 그 부서진 자에게는 미안한 일이나 또한 어쩔 수 없다. 교회가 만일 진리에, 생명에 있는 것일진대 저희는 우리를 포용하여 우리의 '말씀'으로의 역사가 교회 중에 자유로 행케 할 것이다. 그런데 교회는 이제 진리를 말하는 필부를 법망으로 방어하려 하니 저희와 우리가 다른 것이 분명하다. 우리가 생명이면 저희는 사각이다. 교회와의 전쟁은 그렇게 원하는 바도 아니지마는 교회가 그렇게 우리를 대적하는 한 우리의 교회 공격도 쉴 수 없는 것이다. 그래서 이 싸움은 진리 대 비진리의 전쟁이다. 진리가 양자 간에 승하여질 때 양자 간의 싸움은 없어진다. 현재 교회는 비진리의 존재로 진리를 대적하고 있는 것이다. 우리는 진리 편에 서서 교회와 싸우지 아니치 못한 것이다"라고(「영과 진리」 47호).

이와 같은 투쟁 끝에 최 선생과 「영과 진리」의 독자들은 기도 중에 상의한 결과 그들이 속해 있던 장로교와 감리교나 성결교회를 떠나 '복음교회'를 창건함에 이른 것인데 이 교회의 탄생은 1935년 12월 22일 서울에서 개최된 그 창립 예배 때였다. 최 선생은 이때에 교파 생성의 대의명분을 밝히기 위하여 다음과 같은 '신앙고백'과 '우리의 표어'를 공포했는데 이는 물론 초대 감독과 서울교회 담임 목사로 취임하게 된 최태용 감독이 주동이 되고 그분을 위하여 안수해 주신 윤치병 목사와 그 후에 제2대 감독이 되셨던 백남용 선생의 협조를 얻어 제정된 것인 줄 안다.

우리의 신앙고백

1. 우리는 천지의 창조자, 홀로 하나이신 참 하나님을 믿음.

2. 우리는 우리의 구주요, 하나님의 독생자인 예수 그리스도를 믿음.

3. 우리는 성령의 사귐을 믿음.

4. 우리는 사람은 하나님의 현전에서 죄인임을 믿음.

5. 우리는 하나님 아버지의 은총과 예수 그리스도의 공로를 믿음으로써 구원 얻고 하나님은 성령으로 말미암아 우리를 다시 나게 하며 우리를 거룩하게 하며 우리를 창조하는 일을 믿음.

6. 우리는 하나님의 말씀의 자리요, 믿는 자가 그 사귐에서 하나님을 찬송하며 서로 덕을 세우는 장소요, 복음 전도의 기관인 교회를 믿음.

7. 우리는 장차 하나님의 심판을 통하여 나타날 하나님의 나라를 지망함.

우리의 표어

1. 신앙은 복음적이요 생명적이어라.

2. 신학은 충분히 학문적이어라.

3. 교회는 조선인 자신의 교회이어라.

이 두 가지 선포에서 우리는 우찌무라 간조의 무교회주의보다도 차라리 일본의 장로교회의 창설자 우레무라의 영향을 엿볼 수도 있을 줄 안다. 왜냐하면 우레무라 씨는 명치학원 신학부 교수로 봉직하고 있었으나 선교사들이 자유로운 신학 교육을 용납하지 않았던 까닭에 자기 홀로 '동경신학사'(후일의 일본신학교)를 창건하였고 그것이 모태가 되어서 독립 정신을 특색으로 하는 일본의 장로교회가 성립되었으니 말이다.

새로 출발된 복음교회 신도들은 고(故) 최종선 씨의 작사로 된 '신앙혁명가'와 아울러 최 감독의 필생의 반려자였던 백남용 감독이 제작한 '복음교회가'를 즐겨 불렀는데 그 가사는 다음과 같다.

복음교회가

1. 암운은 천지 덮었고 사망의 세력이
   모든 생명 삼켜서 썩히는 세대라
   하나님이여 말하소서 권능 베퍼 줍소서
   우리도 믿음으로써 응답하오리다
2. 한국에 있는 교회들 부패코 말았네
   참 씨를 못 뿌렸던가 그 맘이 나쁜가
3. 전해 온 교회 말씀은 참 양식 못 되네
   우리는 성경증거를 다시 살피려네
4. 죄인이요 망한 백성인 우리는 믿으되
   옛 소유 모두 팔아서 주 만을 사려라
5. 죄인이요 육인 우리가 부절의 회개로
   주와의 거래잦으니 생명 신앙일세
6. 그래서 복음교회가 조선에 되었네
   전능자 우릴 가지고 그 뜻을 행하리

그런데 최 감독이 서울복음교회에서 목회한 것은 약 10년간의 일이었다. 그가 강단에서 외친 설교에 대해서는 다른 이가 연구 발표하기로 되어 있고 그의 설교집도 출판되게 되어 있기에 여기에서는 거기에 대한 자세한 소개는 않겠으나 최 감독의 설교는 대체로 보아 딱딱한 '신학적 설교'였다고 말할 수 있다. 그래서 그의 설교를 듣는 이들은 대개 그의 설교를 노트하기에 노력하였고 두고두고 그것을 익히기에 힘썼던 것이다. 따라서 복음교회의 교세는 언제나 약세를 면치 못했고 풍성풍성한 왕성한 분위기를 조성할 수는 없었던 것이다.

2. 8 · 15 이후의 구민훈련원과 농회장 취임

8 · 15해방은 민족 국가를 위해서는 크나큰 경사였으나 약체를 면치 못한 복음교회를 위해서는 큰 손실이었다. 왜냐하면 이때를 계기로 하여 이 교회의 창설자 두 분이 교역자의 자리를 떠나 정치계에 진출했기 때문이다. 최 감독은 이승만 박사를 배경으로 하고 경향 각지의 청년들에게 '반공사상'을 주입시키기 위한 '국민훈련원'을 설립하고 신익희, 안호상, 김범부와 더불어 활약하다가 6 · 25 직전에 농회장에 취임하였고 백 감독은 해방 직후에 설립되었던 '입법의원'의 의원이 되었던 것이다. 그런데도 불구하고 노련한 최봉희 전도사와 필자가 목회하게 된 서울복음교회는 전에 없던 부흥을 보게 되어 회당 증축이 논의된 바 있었고 삼각지와 도화동 및 갈매와 군산시 흥남동에는 새 교회가 서게 되었다. 이는 물론 하나님의 권세와 축복으로 말미암는 일이었으나 인간적으로 말한다면 필자가 8 · 15해방 직후부터 연세대학교 신과대학에서 새삼스럽게 '연합정신'을 깨침으로써 최 감독의 독점 무대이던 서울복음교회의 강단에 각 신학교 교수들과 각 교단의 유능한 교역자들을 등장시키는 한편 타 교회나 교우들을 비판하거나 공격하느니보다는 그들과 더불어 대화하며 사귄 결과가 아닌가 한다. 그리고 복음교회가 오늘날 기독교연합회의 한 회원 교파가 되게 된 것도 이와 같은 '연합정신'이 공인된 결과가 아닌가 한다. 그리고 8 · 15해방 이후에 전 민족과 국가를 위하여 걱정하시게 된 최 감독과 백 감독께서도 복음교회의 이와 같은 움직임에 대하여 은연 중 찬동의 뜻을 표했을 뿐 아니라 그분들 자신들도 새 세대를 위해서는 '포(包)세계적인 사상'이 필요함을 역설했던 것이었다.

그런데 복음교회 역시 민족 국가와 더불어 운명을 같이할 수밖에 없었는지라. 1950년에 6·25동란이 폭발되자 더할 수 없는 타격을 입게 되었으니, 이는 곧 두 감독을 잃은 일이다. 솔직히 말해서 복음교회는 모든 여건이 갖추어진 짜임새 있는 교단이라기보다는 이 두 분을 중심으로 한 하나의 타원형과 같은 소규모의 공동체였는데 6·25동란 때에 백 감독은 그의 고향 김제군 닥괴에서 성스럽게 순교하였고 서울에서 이리저리 은신하고 있던 최 감독은 현지에서 피살되었는지 그렇지 않으면 이북으로 납치되었는지 아직까지도 그 생사를 모르고 있다. 그러나 그들이 일으킨 복음교회는 9·28수복 이후에 그 헌장을 개정하여 감독제 대신에 이사회 제도를 채택하여 한동안 필자가 이사장직을 역임하다가 현재는 14명의 이사의 협조를 받아 가면서 장성환 목사가 서울교회를 목회하는 한편 이사장 서리 직을 담당하면서 남한에 남아 있는 11개의 복음교회를 영도하고 있는 중이다.

VI. 맺는 말

이상에서 우리는 청년 최태용의 입신 동기에서 비롯하여 그가 54세 때에 터진 6·25동란 때까지의 그의 생애와 신앙 편력을 고찰하였거니와 필자의 생각 같아서는 그의 신앙 사상의 경력은 크게 나누어서 세 단계로 구분할 수 있을 줄 안다. 곧 수원 농림학교 시절로부터 「천래지성」 발간 시기까지의 '경건주의 시기'와 명치학원 신학부 입학 시기로부터 복음교회 창건 이전까지의 '신학 수련 시기' 및 복음교회 창건으로부터 6·25동란까지의 교회와 국가를 위한 '행정 담당 시기'이다. 「신생명」과 「천래지성」에 게재된 그의 글들은 경건하고 은혜스러운 글들로서 그 표현 방법은 정서적인 문학적 필치로 표현되어 있으나 제2단계인 '신학 수련 단계'에 들어서면 그의 표현 방식은 철학적이며 논리적인 표현으로 변화되어 있다. 그러나 그의 변화는 다만 그 형식적인 표현 방식만이 아니라 그 사상 내용까지가 변화되고 있음을 볼 수 있으니 경건주의 시기에는 그래도 복음 전달을 위한 선교적인 글들이 많았다고 하면 신학 수련을 시작한 다음부터는 그보다는 차라리 한국 교계를 저편에 놓고 허황한 신비주의에 들떠 있던 일반 신도와 고정된 교리 신조에 얽매여 있던 지도자들의 '근본주의' 신학을 비판 또는 공격하고 있는 것이다.

그런데 최 감독의 신학사상은 존 칼빈이나 칼 바르트의 경우와는 달라 하나님이나 예수 그리스도를 대상으로 하는 교리나 신조의 형성에 있어서는 비교적 단순하며 소박하였고 그보다는 차라리 '신앙 자체'의 형성 과정을 규명하는 데에 더욱 주력을 하였던 것이다. 이에 있어서 그는 자기 자신 '경험적 신앙'을 언표하기 위하여 '영적 기독교'를 제창함에 이른 것인데 말하자면 그는 장로교회에 소속된 신자였음에도 불구하고 '신관'이나 '예정론'보다는 차라리 '신앙론'을 치중했던 것이다. 그가 만일 오늘날까지 생존해 계셨더라면 그는 아마 바르트보다는 차라리 불트만의 신학사상에 대하여 더 많은 찬사를 보냈을 것이다. 왜냐하면 그는 그의 개인잡지 「천래지성」과 「영과 진리」를 통합한 140권의 월간잡지 중에서 거의 매호마다 '신앙' 문제를 다루고 있을 뿐만 아니라 개중에는 '존재 운동의 신앙'(「영과 진리」 88호), '구체적 실존인 기독교'(「영과 진리」 90호)를 주장한 일도 있으니 말이다. 이런 점에 있어서 우리는 최 감독을 한국 신학계의 선각자의 한 분이라고 말할 수도 있을 것이다.

그러나 최 감독이 신앙의 '확실성'을 주장하기 위하여 '영적 기독교'와 '생명 신앙'을 주장함에 있어서 그것을 마치 바울의 '속죄 신앙'이나 요한의 '생명 신앙'이나 진배없는 것이라고 주장한 것은 '예언자와 사도들의 터전' 위에서 신학을 해야 한다고 보는 신학계의 상식에서는 용납되기 어려운 주장이라고 볼 수밖에 없다. 또한 그가 일종의 '신앙의 영웅'처럼 자처하면서 진리를 진리대로 주장하고 굽히지 않기 위해서는 겸손을 버릴 수밖에 없다고 주장한 것, 최 감독과 그의 추종자들은 진리 편에 서 있으나 그 밖에 한국 교회 신도들은 모두 다 비진리 편에 서 있으니 그들과 더불어 싸워야 한다고 주장한 것은 지나친 것이 아닌가 한다. 그가 예리한 통찰력과 성실하고 강한 기백을 구유하고 있었음에도 불구하고 그에게 추종하던 극소수의 신도들에게 알려졌을 뿐이요, 한국 교회 전체를 위하여 덕을 세우지 못한 까닭은 이와 같은 극단적인 발언의 결과가 아닌가 한다. 여기에서 우리는 "기독교는 하나도 겸손이요 둘도 겸손이며 셋도 겸손이라"고 말한 성 아우구스티누스와 자기 자신의 신학은 "역대 교회의 위대한 신학자들의 위대한 사상에 대한 약간의 주석에 불과하다"고 한 바르트의 겸비의 덕이 아쉬움을 느끼게 된다.

그리고 최 감독이 자기의 '영적 기독교'에 대해서 그 독창성을 강조한 데에도 재고할 여지가 있는 줄 안다. 왜냐하면 종교개혁자 루터에게도 이미 그와 비슷한 사상이 있었을 뿐 아니라 그리스도인의 경험은 거의 다 비슷한 데가 있기 때문이다. 그러나 여기에서는 하나의 본보기로 루터의 말 한두 마디를 예로 들어 보면 그는 다음과 같이 말하고 있다. "우리 안에 살아 계신 그리스도는 성령의 부여와 같은 것이요 이것이 바로 하나님의 은사이다." "종교는 산 실재의 체험이요 이 체험에서 생기는 자아의식에서는 이 두 가지를 엄밀하게 분리시킬 수 없는 것이다." 이 루터의 주장에서 우리는 최 감독이 말씀한 '생명 신앙'과 별로 다를 것이 없는 신앙 사상에 접하는 것이다. 그리고 최 감독께서 성서에는 삼위일체의 기록이 없다고 하여 역대 교회가 숭상해 온 삼위일체론을 부정함도 과격한 주장이라고 본다. 그 까닭은 성서는 본시 신학 교본이 아니기 때문에 거기에서 신학 이론을 찾을 수는 없는 일이고 신학 이론은 차라리 성서를 근거로 한 후세 교회의 제창이기 때문이다.

그러나 최 감독께서는 한 가지 주장을 끝까지 고집하는 성격의 소유자가 아니라 그에게 새로운 확신이 왔을 때에는 서슴지 않고 과거의 사상을 폐기해 버리는 새로운 소신을 밝히는 분이었다. 따라서 그가 만일 좀 더 오랫동안 신학 연구에 전념하면서 폭넓은 연구를 계속했다면 반드시 과거의 자기주장을 재삼재사 수정했을 것이다. 그러므로 우리는 그분이 교회와 신학계를 떠나 정계로 나가신 일과 6·25사변에서 희생되신 일을 안타깝게 생각할 따름이다.

그러나 우리가 끝으로 한 가지 기억할 것은 그가 8·15해방 직후에 경향 각지에서 모여 온 청년들에게 '국가론'을 강의한 것이 토대가 되어 신흥 대한민국의 초창기에 젊은이들에게 건실한 국가 이념을 넣어 준 일과 그의 친구 고(故) 장면 박사가 주미대사로 가 있을 때에 일단 유사시에는 미국을 비롯한 민주국가들이 한국에 출병할 수 있도록 여론을 조성해 두라고 당부한 것이 인연이 되어 고(故) 원한경 박사가 장면 박사의 부탁을 받고 48주의 교회를 역방하면서 "여러분이 만일 한국을 사랑하거든 여러분의 사랑하는 자제들을 한국에 출전하게 해달라"고 호소한 결과 UN군이 이 땅에 파견되게 되었다는 사실이다. 그래서 그는 여기에서 기독교를 처음 믿을 때에 염원했던 민족 국가를 위한 숨은 봉사를 하였던 것이다.

제6부

세상 속의 기독교: 시론

1
현대적 성격과 전도*

니체는 하나님까지를 배격한 '철인'을 자처하다가 그 말년을 퍽이나 고독하게 지낸 사람이다. 그러나 그는 우리에게 다음과 같은 말을 남겨 주었다. "인류 역사를 자기 자신의 역사로 알고 거기에서 같이 걱정하고 같은 행복을 누리는 데에 참다운 인간성이 있다"라고. 그리고 저는 모든 사람이 이와 같은 실정에 있지 못했던 19세기를 미증유(未曾有)의 위기라고 보았던 것이다.

그런데 이와 같은 위기의식은 지금까지 그대로 계속되고 있음을 볼 수 있으니 야스퍼스(K. Jaspers)는 현대 사회의 위기성에 대하여 다음과 같이 말하고 있다. "현대 사회에 있어서는 기술이나 기계와 조직 등이 지배적인 지위를 차지하게 되었고 공동적인 문화는 파멸될 수밖에 없게 되었다'라고.

근세에 뒤를 이은 현대의 성격은 이 심각한 위기의식에 있다고 말할 수 있다. 그리고 현대의 이와 같은 성격은 철인들의 개념적인 표현에서드

* 「기독교사상」(1959. 1), 16-23에 실린 글이다.

엿볼 수 있고 문인들의 문학작품과 예술가들의 예술적 작품에서도 그 모습을 선연하게 엿볼 수 있다.

그러면 이와 같은 심각한 위기의식은 어디에서 비롯된 것일까. 야스퍼스의 말한 바대로 흔히 그것을 현대인이 형성한 그릇된 사회구조에서 기원된 것이라고 보고자 하나 그것은 차라리 하나님을 떠난 현대인의 자율성에서 유래된 것이라고 말할 것이다.

현대인도 근대인의 뒤를 따라 하나님을 떠난 자율성을 가지고자 한다. 그들의 소신대로 하면 인간이 참 인간이 되기 위해서는 다른 이로서의 하나님의 도움을 받을 필요가 없다는 것이다. 인간은 자기 자신을 중심으로 하고 자기의 쓸 것을 자기 스스로 마련하면서 마음대로 자기 자신을 실현해야 한다는 것이다. 이리하여 현대인은 하나님과의 관계를 단절하여 버리고 저희끼리 구성한 사회와 역사에만 어울리려 한다. 그들은 사회와 역사를 형성하기 위하여 거기에서 부과된 기능을 담당하기를 바랄 뿐이요, 하나님 신앙의 필요를 느끼지 않는다.

그러나 이와 같은 입장을 고집할 때에는 인간의 인격성이 경솔히 되고 기능으로서의 인간이 지나치게 중시될 수밖에 없을 것이다. 다시 말하면 인간은 하나님의 자녀로서의 그 인격적인 가치 때문에 귀한 것이 아니라 새 사회를 형성하기 위한 그의 기능 때문에 소중한 것으로 평가됨에 이를 것이다. 그렇게 되면 인간 자신의 존엄성은 점점 더 감소되고 다만 그 이용가치와 수단으로서의 기능만이 더욱더 귀중한 것으로 인정될 수밖에 없을 것이다. 그리고 이 세상에서 이렇다 할 만한 기능을 발휘할 수 없는 분이나 이미 그 발휘할 바 기능을 발휘해 버린 사람은 무가치한 존재로 화할 수밖에 없을 것이다. 그런데 우리는 이와 같은 실정을 도처에서 볼 수 있으니 이 점에 있어서는 자본주의 사회와 사회주의 사회가 다름이 없다. 그래서 사회주의 사회에서와 마찬가지로 자본주의 사회에서도 비인간화가 왕성하게 진행되고 있는 것이다.

　이와 같이 고찰해 볼 때에 현대는 아무래도 과학적 유물론의 영향을 다분히 받은 세대임에 틀림이 없다. 현대인은 근대 과학에 의지하면서 과학적인 계획으로써 사회적인 혼란을 제거하여 버리고 명랑한 미래 세계를 수립하고자 하였던 것이다. 그러나 거기에서는 인간이 다만 기계와 수단으로 인정될 따름이었고 그 결과 인류 사회의 윤리 문제가 몰각(沒却)된 것이다.

　현대의 인도주의 역시 이 유물주의 사상으로 말미암아 많은 영향을 받은 듯하다. 그래서 인간은 피차에 유기적인 공동 사회를 구성은 하되 저희는 다만 사회에서 담당하는 그 기능적인 소임에서 결합되기를 바랄 뿐이요 상대방의 인격의 존엄성에 대해서는 별 관심이 없는 것이다. 따라서 사회적 기능에 있어서 자기와 대립적인 처지에 있는 이들은 인격적인 존재로 인정하기를 원치 않는다. 그래서 상대방에게 자기편의 입장을 주장할 따름이요 상대방의 주장에 귀를 기울이기를 원치 않는다. 이리하여 현대인 사이에는 피차간에 대화관계가 두절되고 말았다. 오늘날 사람들은 상대방의 주장에 대하여 귀를 막을 뿐만 아니라 심지어는 덮어놓고 그것을 자기에게 해로운 것이라고 단정하여 버린다. 그래서 자기편에서도 침묵을 지키려니와 상대방의 주장도 묵살하여 버린다. 이와 같이 피차간의 대화관계가 두절되게 되면 막판에 가서 나오는 것이 권력이나 폭력일 것은 말할 것도 없는 일이다. 그런데 인류 사회는 이제 이 막판에 이른 것이다. 사람들은 이제 피차간에 대화관계가 두절되니까 주먹과 주먹을 가지고 대하고 있다. 실지에 있어서 현대는 피차간에 말이 통하지 않는 세대다. 이 구역과 저 구역 사이에 말이 통하지 않고, 이 나라와 저 나라 사이에 말이 통하지 않으며, 이 계급과 저 계급 사이에 말이 통하지 않는다. 아니, 같은 나라에 있어서도 이 당파와 저 당파 사이에 말이 통하지 않고, 이 사람과 저 사람 사이에 도무지 말이 통하지 않는다. 그래서 어떤 이는 분통이 터지니까 장기단식을 단행도 하고 성급한 젊은이가 할복자살을 꾀하기도 하였다. 그와 같은 극단적인 일은 저지르지 않을지라도 절대 다수의 사람들은 지금 디오니우스적인 인생관을 가지고 강한 독주에 자기의 몸을 내어주거나 자극적인 무용(舞踊)과 오락에 도취하지 않으면 이른바 문화 형성을 위하여 실생활을 떠난 시간 소비를 일삼고 있는데 이는 모두 대화관계에서 두 절당한 고독과 불안감을 메우기 위한 방편일 것이다.

그러나 인간은 예로부터 말하는 동물이라고 일컬어진다. 대화관계를 떠나서 인간 사회는 있을 수 없다. 이 색은 저 색으로 인하여 자기 존재를 가지게 되고 저 색은 이 색으로 말미암아 자기 존재를 향유한다는 포이에르바흐의 말과 같이 이 사람은 저 사람과 더불어 관계될 때에 자기 자신의 존재를 향유하게 되고 저 사람은 이 사람과 더불어 어울릴 때만 그 존재를 향유할 수가 있는 것이다. 아버지와 더불어 대화관계를 가지지 않은 아들이나, 지아비와 더불어 대화관계를 가지지 않는 지어미의 존재를 생각해 보라. 이는 참다운 의미의 인간 존재라고 말하기는 어려울 것이다. 인간 존재는 대화적인 존재다. 따라서 피차간에 말이 통하지 않는 사회는 인간 사회라고는 말하기 어려울 것이다. 이에 있어서 우리는 현대인에게는 무엇보다도 말씀과 대화관계를 중히 여기는 그리스도교의 사신(使信)이 요긴하다고 보는 바이다.

유물주의는 인간을 물질에서 이해하고 관념론에서는 인간을 그 정신에서 이해하려 한다. 그러나 기독교는 인간을 하나님 말씀에서 이해한다. 기독교의 사신(使信)대로 하면 인간은 본시 천지 만물과 더불어 하나님 말씀으로 인하여 창조된 자이다. 루터는 일찍이 "나는 자기가 모든 만물과 더불어 하나님께 지음 받은 자임을 믿으며 동시에 있어서 하나님께 감사하고 찬양하며 그를 섬기고 순종해야 될 것으로 믿는다"라고 하였거니와 기독교의 사신(使信)대로 하면 인간은 그 존재와 행위 전폭(全幅)으로써 하나님의 말씀에 응종(應從)해야 하는 것이다.

이와 같이 말하는 응종이란 요컨대 사랑을 말한 것인데 기독교 사신(使信)에 의하면 사랑은 인간 존재의 근원과 의미인 것이다. 인간은 본시 사랑을 위한 존재다. 인간이 인간되기 위해서는 사랑하며 살아야 한다. 저는 첫째 조물주 하나님을 사랑해야 하고 다음으로는 그 형제를 사랑해야 하는 것이다. 이 사랑의 정도 여하가 인간의 인간됨을 규정짓는다. 그리고 사랑에서 멀어지면 멀어질수록 인간의 비인간화가 진전되는 것이다.

이와 같이 하나님의 말씀에 응종하면서 그를 사랑하게 되면 하나님으로 말미암는 제약 대문에 우리의 인간성이 좁혀지고 부자유한 구속을 받게 된다고 인정할 수도 있을 것이다. 앙드레 지드 같은 이는 이와 같은 의미에서 인간의 자유와 그 책임감이 인간의 자율적인 정신에서 나온 것이라 하며 그것을 찬양하였다. 그러나 하나님 말씀에 응종하는 믿음은 도리어 우리에게 참 자유를 주는 것이며 우리는 거기에서 다른 이에게 대한 책임감까지를 걸머지는 것이다. 거룩하신 하나님과 더불어 대화관계를 가지게 되면 다만 기계적인 기능을 발휘하는 물건이 아니라 피차간에 인격의 존엄성을 인정하는 인격적인 존재가 되는 것이다. 오늘날 수많은 실존주의자들과 인도주의자들이 인간의 주체성과 자주성에 대하여 여러 가지 이론을 전개하고 있음을 우리는 본다. 그러나 우리가 만일에 하나님의 말씀에 응종하면서 그와 더불어 대화관계를 가지지 않는다면 우리에게는 기계적인 인간으로서의 주체성과 자율성은 주어질지 모르나 존엄성을 가진 하나님의 자녀로서의 인격적인 가치는 인정될 수 없을 것이다.

키에르케고르의 말과 같이 하나님께서는 그 말씀으로써 인간을 창조하실 때에 특수한 개인으로 창조하심과 동시에 인류로도 창조하신 것이다. 하나님께서는 우리를 응답적인 존재와 대화적인 존재로 창조하셨고 나와 당신 사이에 사귐을 가질 자로 창조하셨다. 고립적인 개인을 이성적으로 고안할 수도 있을지 모르나 이는 하나님 말씀에 의한 인간 해석은 아닌 것이다. 우리는 하나님을 '당신'으로 하고 그와 더불어 대화관계를 가짐과 동시에 이웃과 더불어도 그와 같은 관계를 가져야 한다. 이와 같은 대화관계를 떠나서는 우리는 참다운 인간성을 가질 수 없다. 설사 땅위의 모든 사람이 죽어 버리고 나 혼자만이 남게 되는 경우가 생긴다 하자. 나는 그 경우에도 반드시 로빈슨 크루소와 같은 처지에서 동경(憧憬)과 회상 중에서 대화관계를 계속할 수밖에 없을 것이다.

이와 같은 대화관계를 중히 여기는 기독교의 사신(使信)은 결코 우리의 실생활과 관련이 없는 추상적인 것이 아니다. 그것은 도리어 인간의 존엄성이 말살된 이 세대에 있어서 우리의 인격적인 가치를 북돋아 주며 왕성하게 진행되는 비인간화에 대하여 저항하는 것이다. 그것은 이웃을 인격적인 존재로 인정하는 데에서 자기 자신까지도 인격적인 존재로 인정받게 하는 것이다.

오늘날 인류 사회에는 대화관계가 두절되고 사람들은 생의 의미를 찾지 못하여 허무감 속에 잠겨 있는 것이 사실이다. 그러나 현대인이 숭상하는 과학적 교양과 도덕적인 수양을 가지고서는 대화관계와 생의 의미를 돌이킬 수는 없을 것이다. 대화관계를 돌이키자면 인격과 인격이 부딪쳐야 하고 피차간에 막혔던 말문이 열려야 한다. 그러나 인류 사회에서는 아무데에도 그와 같은 서광(曙光)이 보이지를 않는다. 그런데 예나 이제나 변함없이 우리에게 말씀하시고 우리와 더불어 인격적인 사귐을 가지고자 하신 이가 계시니 그의 말씀을 통하여 우리에게 부딪쳐 오시는 하나님이다.

우리는 거룩하신 하나님을 직접적으로 볼 수가 없다. 하나님은 영적인 존재자요 우리는 육적인 존재이기 때문에 하나님과 우리 사이에는 넘을 수 없는 균열(龜裂)이 가로놓여 있는 것이다. 그런데 하나님께서는 그의 말씀을 통하여 우리와 더불어 부딪쳐 주시고 우리와 더불어 사귀어 주신다. 이와 같이 말하는 하나님 말씀은 세 가지 형태를 가진 것인데, 첫째는 육이 되신 하나님 말씀으로서의 예수 그리스도요, 둘째는 그에게 대한 증언으로서의 신구약성서요, 셋째는 그것을 전달하는 교회의 전도이다. 그리고 예수 그리스도에 대한 증언인 신구약성서가 교회에 부여(賦與)되어 있다는 것은 하나님 말씀 자체가 교회에 위촉되어 있음을 뜻하는 것이며 바울의 말과 같이 전도의 미련한 것으로 하나님 말씀을 전달하게 하려는 하나님의 뜻인 것이다.

우리는 전도자의 말에서 문자 그대로 하나님 말씀을 접하거니와 이는 마치 성서의 말씀에서 하나님 말씀을 접하는 것이나 마찬가지다. 하나님께서는 예수 그리스도와 신구약성서에서 이미 결정적으로 말씀하셨다. 그런데 저는 이제 전도자를 통해서도 말씀하시는 것이다.

구체적인 교회의 전도가 하나님 말씀으로 들려진다면 이는 전도자 자신의 능력에서 생기된 일이 아니라 저를 그릇으로 쓰시는 하나님의 능력의 발로라고 말할 것이다. 하나님 말씀을 말할 수 있는 이는 하나님 이외에 없다. 따라서 전도의 말씀이 하나님 말씀이 된다고 하면 이는 하나님 자신이 전도의 주체자가 되어서 자기 자신의 말씀을 말씀하신 결과일 것이며 하나님께서 성령의 역사를 통하여 인간에게 들을 수 있는 귀와 볼 수 있는 눈을 지어주신 결과일 것이다. 전도자의 전하는 바가 하나님 말씀이 된다는 것은 자연발생적인 일이 아니라 그것은 오로지 우리의 전도를 하납(賀納)하시는 하나님 은총의 역사(役事)인 것이다. 그러므로 전도자는 자기 자신의 이상이나 소신을 말함으로써 하나님 말씀을 왜곡시켜서도 안 되지만 자기의 전한 바가 하나님 말씀이 될 수 없다고 하는 비굴한 생각을 가져서도 안 된다. 저는 어디까지나 말씀이 육이 되신 화육(化肉)의 진리를 믿음으로써 위탁받은 하나님 말씀을 담대하게 전달해야 하는 것이다.

그러나 하나님 말씀의 전도에 있어서는 우리의 인간성을 정복할 수는 없을 것이다. 인간의 말은 어디까지나 인간의 말이요 인간의 말이 곧 하나님 말씀은 아닌 것이다. 만일에 인간 자신이 직접적으로 하나님 말씀을 말할 수가 있다면 우리는 이미 하나님의 은총이나 그의 이적(異蹟)을 바랄 필요가 없을 것이다. 교회는 여전히 죄인의 교회요 우리의 전도는 여전히 인간의 말에 불과한 것이다. 그러나 우리는 이 죄 된 인간의 말을 성별하시는 성령의 역사를 믿음으로써 겸비한 마음으로 위탁받은 하나님 말씀을 전달해야 되는 것이다. 우리가 전도자로 부름 받은 까닭은 우리에게 하나님 말씀을 말할 수 있는 가능성이 있어서가 아니라 그 일을 위하여 봉사하기 위해서인 것이다.

하나님 말씀을 말하고 그것을 듣게 하시는 이는 하나님 이외에 없다. 인간은 다만 그 일을 위하여 봉사할 수 있을 뿐이다. 그러므로 전도자는 자기 자신의 생각을 듣게 하려는 자가 아니라 저를 증인으로 쓰시는 하나님에게 듣게 하려는 자이다. 이에 있어서 저는 자기의 소신을 말하지 않고 하나님의 말씀인 성서를 전달하면서 사람들이 같이 성서학교의 동창이 되기를 권면할 수 있을 뿐이다. 하나님께서 직접적으로 말씀하기를 기다리면서 위탁받은 성서의 말씀을 간접적으로 전달하는 데에 전도자의 소임이 있다. 이리하여 전도자는 언제나 자기 자신을 무(無)에 돌리고 하나님 말씀이 자유롭게 역사할 장소를 제공해야 하는 것이다. 그러므로 그리스도 교회의 전도는 객관적으로 볼 때에는 인간의 행위에서 이루어지는 하나님의 역사요 주관적으로 볼 때에는 하나님의 역사요, 하나님의 역사에 대한 인간의 신앙에서 생기되는 사건이라고 말할 것이다.

전도자는 고독한 자가 아니라 하나님과 더불어 같이하는 자이며 저에게는 하나님의 은총과 기적이 약속되어 있는 것이다. 그러나 저는 아직도 회상과 대망 사이에 처한 중간 시대에 사는 자이므로 자기 자신의 소행을 검토할 필요가 있는 것이다. 그리고 교회의 전도가 다만 인간적인 것이 아니라 하나님 말씀의 자기 전달이라는 이 점 때문에 전도자는 도리어 자기소재(自己所在)의 엄숙성(嚴肅性)을 이해할 필요가 있는 것이다.

만일에 하나님의 은총이 인간의 약함을 가려 주고, 그것을 싸 주지 않으시면 전도자는 그 맡은 바 소임을 감당할 수 없을 것이다. 그러나 이와 같이 말하는 하나님의 은총은 결코 마술(魔術)은 아닌 것이다. 그것은 차라리 인간의 봉사를 요구하는 것이며 온전한 봉사에 주력하는 자에게 비로소 하나님의 은총은 약속되는 것이다. 인간은 속수방관(束手傍觀)할지라도 하나님의 은총이 모든 것을 이루는 것은 결코 아니다. 우리의 행할 바를 다하고 나서 우리는 무익한 종이라고 고백해야 하는 것이다.

우리의 전도는 인간적인 것이기 때문에 거기에는 아무래도 애매성(曖昧性)과 불확실성이 따를 수밖에 없다. 따라서 올바른 전도를 위해서는 전도자 자신이 일정한 장소에서 거듭거듭 일정한 말씀을 들어야 한다. 하나님의 말씀인 신구약성서에서 들어야 한다. 전도의 결실성(結實性)은 그 순수성에 있고 그 순수성은 이와 같은 결청(潔淸)에 있다. 만일에 이 결청이 없을 것이면 전도자의 말씀은 하나님 말씀에 대한 봉사가 되지 못하고 그때에는 하나님 없는 하나님 말씀이 말씀될 수밖에 없을 것이다. 다시 말하면 하나님 대신에 인간 자신의 뜻과 그 욕망이 주장될 수밖에 없을 것이다.

그러면 신구약성서는 우리에게 무엇을 말씀하여 주는가? 이미 언급한 바와 같이 그것은 거룩하신 하나님께서 예수 그리스도를 통하여 우리에게 말씀하시고 우리와 더불어 대화관계를 맺어 주심을 말하여 준다.

우리는 이 세상에 머무는 한 인생의 고독함과 허무함을 뼈저리게 느낄 수밖에 없을 것이다. 그러나 예수 그리스도를 통하여 하나님과 더불어 대화관계를 가지게 되면 거기에서 비로소 고독과 허무를 극복하게 되고 하나

1. 현대적 성격과 전도 651

님과 더불어 인격적인 관계를 가지게 되매 사회에서 다만 기능으로서의 존재가 아니라 온 세상을 가지고도 바꿀 수 없는 인격적인 가치를 가지게 된다. 하나님과 더불어 인격적인 관련을 가지는 자는 물건이나 수단으로서의 가치를 가지는 데에 멈추지 않고 하나님의 자녀로서의 더할 수 없는 고귀성을 가지는 것이다.

우리는 하나님의 말씀되시는 예수 그리스도에게서 참 인간성이 어떠한 것임을 깨닫게 된다. 예수 그리스도께서는 지극히 작은 소자 하나를 대접하는 것이 곧 자기 자신을 대접하는 것이라고 말씀하였고 형제와 더불어 사귐과 사랑에 철(徹)하는 것이 인생의 극치라고 가르치셨다. 그리고 하나님의 사랑에 근거를 둔 사랑의 행위는 허무감과 불안감을 극복하면서 참다운 인간성을 발휘할 수 있는 유일한 길임을 보여 주셨다.

현대의 사회는 개인과 집단적인 이기심 때문에 말할 수 없이 왜곡되었다. 그런데 우리는 이와 같은 세대 중에서 하나님의 말씀을 전달할 소임을 맡게 되었고 형제를 사랑하라는 계명을 받고 있는 것이다. 하나님을 사랑하는 자는 형제까지를 사랑해야 한다. 하나님 사랑에서는 형제애가 열매 맺힌다.

인간은 단독적으로는 인간일 수 없는 자이다. 인간은 대화관계와 사귐 중에서만 인간이 된다. 참 인간성은 사귐 중에 있는 것인데 이 사귐은 대화관계에서 성립이 된다. 인생을 인생답게 만드는 것은 이성적인 활동이 아니라 사람끼리 사귀는 사랑의 관계이다. 이 사랑이야말로 참 인간성의 내용이요 사랑에서 결합된 인간성은 하나님의 본질과도 통하는 것이다.

그런데 현대인에게 영향을 준 이상주의 사상은 인간을 이성적인 존재로 보고 저는 자율적으로 자기 자신을 결정할 자로 보았던 것이다. 그러나 이성은 본래 들음(聽取)을 의미하는 말이다. 그러기에 듣는 기관을 가지지 않은 이성이나 대화할 대상을 가지지 않은 이성은 올바른 의미의 이성이 아닌 것이다. 그런데 현대인은 이와 같은 이성주의에 영향을 받아 자율성을 숭상하다가 이제 와서는 자기 자신의 자율성에 대하여 확신을 가질 수가 없게 되었다. 아무리 과학의 힘을 자율적으로 사용하기를 바랄지라도 그것이 내일의 운명을 위협할 것이라는 불안에서는 떠날 수가 없게 된 것이 현대인의 모습인 것이다.

그러기에 현대인에게 소중한 것으로서 대화관계와 사랑을 주장하는 하나님 말씀 같은 것은 없을 것이다. 이 기독교의 사신대로 하면 인간은 사회 중에서 창정(創定)되고 사회를 형성하도록 창정되었다. 다시 말하면 인간은 사랑 중에서 창정되고 사랑하면서 살도록 창정되었다. 그리고 여기에 인간 존재의 의의가 있다.

우리는 이웃에 대한 사랑에서 비로소 자기의 인간성을 발휘할 수 있는 것이다. 그래서 예수 그리스도를 통한 하나님의 사랑을 느끼는 자는 형제를 사랑하기 위하여 결단하는 것이다. 예수 그리스도에게서 성취된 하나님의 구원의 역사는 결코 우리의 자유로운 결단을 폐기시키지 않는다. 그것은 도리어 우리 자신의 주체성과 자유성을 북돋워 준다. 그래서 예나 이제나 하나님의 은총에 무조건 순응하는 이들이 도리어 역사상에 있어서 가장 강력한 활동을 전개하고 있는 것이다. 그리고 예수 그리스도에게서 나타난 하나님의 사랑에 응종(應從)하는 자는 도리어 이웃에 대한 사랑의 결단으로써 허무와 불안을 극복하면서 기쁨의 생활을 영위하며 인간다운 생활을 영위할 수가 있는 것이다. 이에 우리는 허무감과 불안에 잠겨 있는 현대인에게 그리스도의 복음 전달이 소중하다고 보는 바이다.

2
남녀관계에 대한 위기신학자들의 이해*

기독교가 한국 사회에 끼친 가장 큰 공헌 중의 하나는 그 경전인 신구약 성서를 우리말로 옮김으로써 과거에 천대받던 한글을 숭상하게 한 일이라 한다. 그러나 이보다 더 큰 공헌이 또 하나 있으니 그것은 기독교의 전달을 계기로 하고 수천 년간 짓밟히고 억압되어 오던 이 나라의 여성들이 과거의 억압과 구속에서 해방을 받았다는 일이다. 한 나라의 문화 수준을 알기 위해서는 그 나라에 있어서의 여성의 위치를 살피는 것이 첩경이라고 말하거니와 고대 사회에서는 공공연하게 일부다처주의가 시행됨과 동시에 여성에 대해서는 인격적인 가치와 존엄성이 인정되지 않고 여자는 마치 남자에게 예속된 소유물처럼 인정되어 왔던 것이다. 그러던 것이 남자와 여자 사이에 하등의 등차도 있을 수 없다고 한 기독교의 등장으로 말미암아 여성에게도 인격의 가치와 존엄성이 인정됨에 이른 것인데, 이 점에 있어서 한국 사회도 예외가 될 수는 없었던 것이다.

반세기 전만 해도 우리나라에서는 "남녀 7세 부동석"이 문자 그대로

* 「기독교사상」(1962. 8), 14-21에 실린 글이다.

묶인되고 있었다. 그런데 기독교의 영향을 받게 된 이제 와서는 학교에서는 남녀가 공학을 하고 교회나 극장에서는 남녀가 혼석할 뿐 아니라 거리를 거니는 청년 남녀는 손에 손을 붙잡고 다니는 광경을 자주 보게 된다. 그런데 올바른 기독교 정신을 이해하지 못한 이들은 간혹 여성 해방을 마치 '성의 해방'처럼 오해도 하고 남녀평등을 성적 무질서와 혼동하는 폐단도 있는 듯하다. 그래서 우리 사회는 또다시 성적 문란과 결혼의 위기에 봉착하게 되었거니와, 이 결혼 문제를 바로 잡지 못할 때에는 경제 문제나 사회 문제가 해결된다 하더라도 가정 비극과 그 파탄을 면할 도리는 없을 것이다. 그런데 우리의 주위에는 지금 이와 같은 비극과 파멸 때문에 환멸을 경험하는 이들이 너무나 많다. 그리고 이는 비단 일반 사회에서만 일어나는 일이 아니라 교회 안에서도 비일비재하게 일어나고 있는 일이다. 그러면 올바른 남녀관계는 어떠한 것이며 여기에 대한 기독교의 진리는 어떠한 것일까? 다음에서 필자는 여기에 대한 위기신학자들의 사상을 고찰하려 하거니와 이 문제에 대하여 가장 큰 업적을 남겨 준 이는 바르트와 그의 동료들이 아닌가 한다. 그래서 필자는 주로 그들의 주장을 더듬어 가면서 이 문제를 다루어 보고자 한다.

 에밀 브룬너가 지적하고 있음과 같이 기독교 사상에는 여성을 멸시하는 경향이 거의 없으나 철학에는 자고로 그와 같은 전통이 있다. 일찍이는 소크라테스에게 그러한 경향이 있었고, 근자에 와서는 쇼펜하우어나 니체에게도 그와 같은 흔적이 보인다. 그들이 이와 같이 여성을 멸시한 까닭은 여성에게는 문화를 형성하는 능력이 남자보다 못하기 때문일 것이라 하나, 실지에 있어서는 그들 자신이 남녀관계에서 실패한 결과가 아닌가 한다. 그러나 성서는 문화 형성을 위한 남녀 간의 능력의 차이를 논하기보다 차라리 남녀 간의 성적 구별을 문제 삼고 있는 것이다. 창세기의 소박한 표현대로 하면 하나님께서는 태초에 인간을 남자와 여자로 창조하셨고(창

1:27) 인간이 홀로 있는 것을 불가하게 여기셨다 한다(창 2:18). 이 창세기의 기사대로 하면 여자는 다만 남자와 구별되는 이성일 뿐이요 그 인간성이나 능력이 남자만 못한 것은 결코 아니다. 하나님께서는 인간을 지으시되 남자와 여자로 지으심으로써 남녀가 대등한 자리에서 서로 돕고 협조할 자로 지으신 것이다.

인간은 본래 다른 이와 더불어 구별되면서 서로 어울려서 살 수밖에 없는 존재이다. 아버지는 아들과 더불어 구별되면서 어울려 살고, 어머니는 딸과 더불어 구별되면서 어울려 살며 스승은 제자와 더불어 구별되면서 서로 어울리기 마련이다. 그러나 사람과 사람이 가장 뚜렷하게 구별되면서도 가장 긴밀하게 관련되는 관계는 남자와 여자와의 관계라고 할 수밖에 없다. 사람과 사람 사이의 어떠한 구별도 남녀 간의 구별만큼 뚜렷한 구별은 없고, 사람과 사람 사이의 관련성에 있어서도 남녀 간의 관련성처럼 긴밀한 것은 없는 것이다. 그래서 바르트는 말하기를 원시인이나 문화인을 막론하고 사람은 누구나 이 남녀관계에서 가장 신비로운 경험과 황홀한 경험을 하게 될 뿐 아니라 심지어는 상대방을 우상처럼 경배하는 경우가 많다고 한다.

그런데 인간은 이 신비롭고 황홀한 경험에 있어서도 남녀끼리만 있는 것이 아니라 창조주 하나님과 더불어 같이하는 것이며 거기에서 하나님의 계명을 들어야 한다. 그렇지 않으면 저는 어느덧 길 없는 밀림 속을 헤매는 나그네와 같이 남녀관계에 있어서 무질서와 혼란 중에 빠질 수밖에 없을 것이다. 그런데 투르나이젠(Thurneysen)이 말하고 있음과 같이 오늘날 결혼의 위기는 무서운 악이나 방탕에 있다기보다는 차라리 이 무질서에 있는 것이다.

원리로서의 질서를 무시함은 위험한 일인데 현대인에게는 이와 같은 경향이 많고 그들은 결혼 전뿐 아니라 결혼 후에까지도 무질서한 생활을 그대로 영위하는데 이는 분명히 현대인의 가장 큰 비극이라고 할 수밖에 없다.

그러나 하나님의 계명은 남녀관계에 대하여 일정한 질서를 요구하는데 거기에서는 남자와 여자가 그 타고난 성에 더하여 충실하기를 바랄지언정 남자나 여자가 그 성을 등한히 여기거나 거기에 대하여 부실하기를 원치 않는다. 하나님의 계명대로 하면 남자는 어디까지나 남자의 구실을 하고 여자는 여자구실을 하여야 한다. 그리고 이와 같이 양성이 서로 제구실을 하는 데에서 양성의 가치와 권리가 보장되는 것이다.

그런데 세상에는 간혹 남성적인 일이나 여성적인 일에 치우치지 않고 남성과 여성의 중간에 서서 한 몸으로써 남녀의 하는 일을 감당해 보려는 이들이 있다. 그들은 대개 독신 생활을 함으로써 남녀를 합한 인간성 전부를 자기 홀로 실현하고자 하는 것이다. 우리는 이와 같은 실례를 신부나 수녀들의 생활에서 볼 수 있는데 그들은 성생활을 마치 죄악의 온상처럼 보는 것이다. 그러나 인간은 본시 남성이 아니면 여성으로 살기 마련이지 어중간한 입장을 취할 수는 없는 것이다. 남자나 여자가 보다 높은 인간 생활을 영위하기 위하여 그 성에 대하여 냉정하거나 그것을 경하게 여길 때에 남녀관계는 도리어 혼란해지고 인간답지 못한 일이 벌어질 수밖에 없을 것이다. 그래서 사도 바울도 일찍이 남자와 여자가 서로 어울려 살기를 바라면서 다음과 같이 말했던 것이다. "주 안에 있어서는 남자 없는 여인은 있을 수 없고 여자 없는 남자도 있을 수 없다." 그런데 이는 비단 이미 결혼한 남녀에게만 해당하는 말은 아닐 것이다. 왜냐하면 결혼을 했든 안 했든 간에 남녀는 서로 어울려 살기 마련이기 때문이다. 남자가 남자 됨은 여자와의 관련에서요 여자가 여자 됨도 남자와의 관련에서다. 그리고 이와 같이 남자가 남자 되고 여자가 여자 되는 데에 비로소 양성 간의 질서가 유지될 수 있는 것이다.

세상에는 또한 남자와 남자끼리 어울리고 여자와 여자끼리 어울리기 위하여 수도원을 세우거나 동성 간의 결사를 맺음으로써 동성끼리 외로운 생활을 하는 이들도 있고 남자만이 집결된 군대 사회를 굉장한 사회처럼 과장하는 이들도 있다. 그러나 그런 곳에서는 흔히 인간답지 못한 일이 생겨날 뿐 아니라 육체적으로나 정신적으로 보아서 병적 현상이라고 볼 수밖에 없는 동성연애 같은 것이 유행하는데 이는 분명히 하나님의 계명을 어기는 타락이라고 할 수밖에 없다. 그래서 사도 바울도 로마서 1장 25절 이하에서 그것은 하나님의 뜻에 어긋나는 일이라고 했던 것이다.

여성에게서 해방된 남자나 남자에게서 해방된 여자의 이상에서는 잘못하면 이와 같은 결과가 나타나기 쉽다. 그러나 이성에서의 해방을 놓은 이상이라고 말할 수는 없는 것이며 거기에서는 드디어 저속한 정신적인 욕망이 아니면 육체적인 타락까지가 부수될 수 있는 것이다. 그러므로 이성과 더불어 접촉함이 없이 자기 홀로 만족을 누리려고 꾀할 것이 아니라 남녀가 피차에 어울려야 하는데, 남자는 언제나 여자와 더불어 어울릴 때에만 참된 의미의 남자가 되고 여자도 남자와 더불어 어울릴 때에만 참된 의미의 여자가 된다. 이 사실을 이해하는 사람이라면 동성연애를 가하게 여길 수는 없을 것이다.

남자와 여자와의 관계는 A와 A와의 관계가 아니라 차라리 A와 B와의 관계인 것이다. 따라서 남녀를 같은 반열에 놓을 수는 없는 것이다. 인간으로서의 가치와 권리에 있어서는 남자와 여자 사이에 등차나 구별이 있을 수 없다. 그러나 남자와 여자 사이에는 또한 엄연한 구별이 있는 것이다. A는 B가 아니라 A요, B는 A가 아니라 엄연히 B거니와 여기에 남녀 간의 질서와 구별이 있다. 그리고 이 질서를 떠나서는 남자는 남자 될 수 없고 여자도 여자 될 수가 없는 것이다. 만일에 이 질서를 무시하거나 경시할 때에는 남녀관계는 반드시 문란하게 될 수밖에 없을 것이다.

그런데 이 남녀관계에 있어서는 남자는 여자보다 앞서가고 여자 위에 놓이는 것이 사실이다. 하나님께서는 남녀 간에 상하와 선후 관계를 허락하신 것이다. 그러나 남녀 간에 이와 같은 상하관계와 선후관계가 있다고 해서 남자에게 특권이 있는 것은 결코 아니다. 창조주께서는 비록 남녀 사이에 엄연한 질서를 허락했을 지라도 남녀에게 각각 다른 의무를 부과함과 동시에 꼭 같은 권한을 부여하신 것이다. 그러므로 남자가 여자보다 나을 것도 없고 여자가 남자보다 못할 것도 없다. 남자가 여자보다 위에 서고 앞서는 것은 봉사를 위해서이고, 여자가 남자보다 뒤서고 아래에 서는 까닭은 여자에게 부과된 특별한 봉사를 위해서이다. 그리고 이 특별한 봉사의 소임이 도리어 귀중한 것이다.

기독교적으로 말하면 지도자의 소임은 지배하는 일이 아니라 봉사하는 일인 것이다. 그래서 예수 그리스도께서는 희생적인 사랑으로써 전 세계를 지배하고 계시거니와 남녀 간에 있어서도 이와 같은 지배가 행해져야 되는 것이다. 그러기에 남자가 앞서 간다고 해서 그가 우월한 위치에 놓인 것은 결코 아니다. 남자는 다만 그 자리에서 봉사의 소임에 충성해야 하는 것이다. 여자가 남자보다 뒤서는 것도 남자보다 못해서가 아니라 남자와는 다른 봉사를 위한 것이다. 그리고 이 봉사적인 질서를 무시할 때에는 남자는 일종의 폭군으로 변하기 쉬운데 여기에서 말하는 폭군은 물론 난폭한 것을 하는 폭군만은 아닌 것이다. 왜냐하면 이 폭군은 도리어 여자에게 대하여 극히 정답고 친절하게 대할 수도 있기 때문이다. 그럼에도 불구하고 그는 여전히 폭군으로 임할 수가 있는 것인데 그 까닭은 저는 왕왕 남자로서 행할 바 본분을 잊어버리고 제 마음대로 행하기 때문이다.

세상에는 마치 칠면조가 부풀어 오르듯이 부풀어 오름으로써 내놓고 교만을 부리는 남자들도 있다. 그런데 세상에는 또한 이와 같은 꼴사나운 남자들에게 아첨하며 빌붙는 여자들도 있는 것이다. 그러나 남자의 횡포와 여자의 아첨은 다 같이 하나님의 계명에 대한 불순종인 것이다. 겉으로 볼 때에는 여자는 극히 온순하고 약한 듯이 보일 것이다. 그러나 내심에 있어서는 여자가 도리어 남자를 사로잡고 농락하고 있는 것이다. 이리하여 바른 질서가 무너진 곳에서는 언제나 남자는 폭군 행세를 하고 여자는 간교하게 그것을 역이용하면서 도리어 남자를 지배하는데 만일에 남자 편에서 먼저 질서를 유린한 것이라면 저가 여자에게 농락당하는 것도 피치 못할 운명일 것이다. 남자 자신은 여전히 자기편이 우월하다고 자찬할지 모르나 실지에 있어서는 여자 편이 도리어 더 많은 성과를 거두는 수가 많다. 그러므로 남자의 우월성이란 결국 내용 없는 허풍이요 약한 듯이 보이는 여자의 연약성도 실지와는 부합되지 않는 그럴듯한 연극인 것이다. 그러므로 남녀는 언제나 하나님의 계명을 지켜야만 하는 것이다.

남녀관계는 반드시 연애나 결혼 관계만은 아닐 것이다. 거기에는 더 많은 영역이 있다. 그러나 결혼은 여러 가지 남녀관계에 있어서 중심이 되고 그 밖에 남녀관계는 주변에 속한 것이다. 마태복음 19장 4절 이하에 보면 예수께서 말씀하기를 "사람을 지으신 이가 본래 저희를 남자와 여자로 만드시고 말씀하기를 이러므로 사람이 그 부모를 떠나서 아내에게 합하여 그 둘이 한 몸이 될지니라"고 하였거니와 여기에서 우리는 결혼이 모든 남녀관계의 중심이 됨을 엿볼 수 있다. 그런데 이 중심된 결혼에 대하여 바르트는 말하기를 결혼은 첫째로 한 남자와 한 여자가 결합되는 일로서 그것은 오직 한 차례밖에 있을 수 없는 일이며 두 번 되풀이할 수는 없는 것이라 한다. 다시 말하면 결혼은 배타적인 성격과 영속성을 가진다는 것이다.

결혼한 남녀도 여러 사람 사이에서 살기 마련이고 그들은 수많은 남녀들과 더불어 상종할 수밖에 없을 것이다. 그러나 결혼 생활은 언제나 배타적인 것으로서 다른 남녀가 거기에 개입할 수는 없는 것이다. 좋든 말든 간에 결혼 생활은 결혼한 두 사람만이 참예할 수 있는 일로서 결혼의 비밀과 그 과제를 다른 이와 더불어 같이할 수는 없는 것이다. 그래서 바르트는 말하기를 결혼은 언제나 한 쌍의 결혼이요 그 밖에 다른 길이 없기 때문에 일부일처제는 불가피한 것이라고 말하고 있다. 그러나 그도 역시 현실 사회를 모르는 바 아니기 때문에 오늘날 유럽에서는 전쟁의 피해로 말미암아 남자 수가 부족하기 때문에 일부에서는 일부다처주의가 주장되고 있음을 지적한다. 그러나 하나님의 계명을 따르는 그리스도인으로서는 그와 같은 미혹에 빠져서는 안 된다는 것이다. 그리고 사랑이란 다름 아니라 한 사람이 다른 한 사람을 택하는 일이니만큼 여러 사람을 사랑하거나 이 사람 저 사람을 돌아가면서 사랑할 수는 없다는 것이다. 결혼 생활이 만일에 확실한 사랑 위에 놓인 것이라면 거기에서는 반드시 이와 같은 선택이 확인되며 실증될 수밖에 없을 것이다.

미개한 지대에서는 아직까지도 일부다처주의가 그대로 용인되고 있으나 이것이 하나님의 뜻에 어긋날 것은 말할 것도 없는 일이다. 그러나 일부다처주의와 대립해가지고 일부일처 제도를 주장함은 무익한 일이고 차라리 일부다처주의 제도 밑에 살고 있는 사람들에게 두 사람이 한 몸이 되라고 하신 하나님의 계명을 외침으로써 그들의 생활이 근본적으로 변화되기를 재촉할 수밖에 없다는 것이 바르트의 생각이다. 왜냐하면 제도에 대하여 제도를 주장함은 무의미한 일이고 다만 하나님의 계명을 선포하는 데에 그리스도 교회의 소임이 있기 때문이다.

하나님의 뜻대로 결합된 결혼관계는 잠정적인 것이 아니라 영속적인 것인데, 이 영속성은 두 사람이 이 세상에 사는 날까지 계속되는 것이다. 그래서 투르나이젠은 결혼을 가리켜 '종신협동체'라고 일컫고, 바르트는 그것을 하나님과 우리 사이의 비유라고 말하고 있다. 왜냐하면 하나님께서 계약 대상으로 택정하신 이스라엘을 버리지 않고 끝까지 돌보시듯이 결혼한 남녀들도 끝까지 상대방을 위하여 성실해야 하기 때문이다. 주께서도 일찍이 "하나님이 짝지어 주신 것을 사람이 나누지 못할지니라"(마 19:6)고 하셨거니와 이 말씀은 결혼의 영속성을 말씀하신 것이다. 그런데 "짝지어 주시다"는 두 마리의 짐승을 같은 멍에에 맨다는 뜻이거니와, 남녀 간의 결혼은 마치 산간벽촌에서 힘든 돌짝밭을 경작하는 농부가 한 멍에 밑에 두 마리의 짐승을 매어가지고 밭을 갈듯이 하나님께서 결합된 남녀에게 무거운 소임을 맡기시는 일이라는 것이다. 그러므로 결합된 남녀는 그들 자신의 편의나 이익을 구할 것이 아니라 두 사람을 결합시키신 하나님의 뜻을 이루어 드려야 하는 것이다.

하나님께서는 일단 결합된 남녀가 헤어지는 일을 허락지 않으신다. 그래서 예수께서는 "하나님이 짝지어 주신 것을 사람이 나누지 못한다"라고 말씀하였거니와 신약성서 전체를 볼지라도 이혼의 자유는 허락되지 않은 것이다. 그러므로 성서적인 의미에서는 시험 결혼이나 일시적인 결혼은 있을 수 없다. 시험 삼아 하는 사랑이 사랑일 수가 없고 일시적인 결혼이 결혼일 수도 없는 것이다. 그래서 기독교에서는 일단 결합된 남녀에게는 원칙적으로 이혼을 허락하지 않거니와 남녀 간의 애정이나 결의만 가지고서는 결혼의 영속성을 지탱하기는 어려울 것이다. 이 일을 위해서는 하나님의 계명에 순종할 필요가 있는 것이다. 그러나 하나님의 계명은 인간의 눈에는 보이지 않고 그것은 다만 믿을 수밖에 없는 것이다. 따라서 하나님의 계명에 대한 신앙이 없이는 정당한 결혼 생활을 이룩할 수는 없는 것이다. 하나님의 계명에 대한 신앙이 없이 출발된 결혼 관계는 처음부터 파탄될 위험성을 내포하고 있었다고 말할 것이며, 하나님의 뜻 안에서 결합된 남녀라면 종신토록 헤어질 수는 없는 것이다.

그러기에 결혼에 있어서는 하나님이 짝지어 주신 데 대한 굳건한 믿음이 필요하거니와 하나님이 짝지어 주신다는 것은 기계를 맞추듯이 맞추는 것이 아니라 두 사람의 선택과 사랑을 매개로 하고 짝지어 주시는 것이다. 마치 하나님께서 그의 기뻐하시는 뜻대로 그 백성 이스라엘을 택하사 그들과 더불어 계약을 체결하듯이 결혼도 역시 남녀 간의 자유로운 선택과 사랑에서 성취되는 것이다. 남녀 간에 서로 사모하고 사랑하는 애정이 없이 다른 이유 때문에 결합되는 결혼이 있다면 이는 올바른 결혼이라고 보기 어렵다. 예컨대 군중을 위해서 결혼한다든지 사회적인 공익을 위해서 결혼한다거나 또는 상대방의 인격을 존경한 나머지 그와 더불어 결혼하는 경우들이다. 신앙적인 공명 때문에 결합된 경우도 마찬가지다. 이런 의미에서는 루터가 토마 법황을 반대하기 위해서 결혼했거니와 칼빈이 그의 친구가 구해 준 여인과 더불어 결혼했다는 것은 반드시 본받을 만한 일은 못 되는 것이다. 결혼 성립의 기초가 되는 것은 두 사람 사이에 오가는 자유스러운 애정이어야 하는 것이다.

그러나 하나님의 계명대로 된 결혼은 또한 주위의 사람들에게도 인정되어야 하는 것이다. 두 사람 사이에 돈독한 애정이 있기만 하면 그것으로 족한 것은 결코 아니다. 왜냐하면 결혼이라는 것은 본시 사회성을 띤 것으로서 거기에는 주위에 대한 책임이 부과되기 때문이다. 결혼에서 결합된 두 사람은 이미 두 사람의 개인이 아니라 공동 사회의 가장 작은 단위로 등장하고 있다. 예컨대 가족 공동체와 법률 공동체랄지 또는 교회적인 공동체이다.

이상에서 우리는 남녀관계에 대한 위기 신학자들의 생각을 약간 더듬어 보았거니와 투르나이젠의 말과 같이 세상에는 왕왕 남자만이 사는 듯이 행동하는 사람도 있고, 또 때로는 여자만이 사는 듯이 뽐내는 여인들도 있는 것이다. 그러나 남자와 여자는 어울려 살기 마련일 뿐 아니라 남녀관계의 중심이 되는 결혼 관계는 천지창조 당초에 이미 결정된 어길 수 없는 길인 것이다. 따라서 우리는 언제나 남녀가 어울리기를 바라시는 하나님의 계명을 준행해야 하거니와 이 하나님의 계명 앞에 있어서는 사람은 누구나 죄인으로서 하나님의 현전에서 순결하다고 자부할 수는 없는 것이다. 그러나 하나님의 계명은 반드시 완전무결한 깨끗한 사람만을 구하지는 않으신다. 그것은 차라리 죄 많은 현실적인 인간들에게 자기 죄와 더불어 싸우기를 재촉하는 것이다. 우리는 이와 같은 실례를 간음하다가 현장에서 잡혀 온 여인에게 대한 주 예수의 태도에서 볼 수 있으니 그는 여인에게 말씀하기를 "나도 너를 정죄하지 아니하노니 가서 다시는 죄를 범하지 말라"(요 8:11)고 당부하셨다. 우리에게는 온전한 결혼 생활이란 있을 수 없다. 그러나 보다 나은 결혼 생활을 위하여 노력하며 정진할 것을 재촉 받고 있는 것이다.

3
평화의 왕, 예수 그리스도*

　실증주의 철학자 존 스튜어드 밀(J. S. Mill)은 일찍이 인류는 소크라테스라는 한 인물이 지상에 있었다는 사실을 잊을 수 없을 것이라고 말한 바 있다. 이에 반하여 교리사가 하르낙은 이르기를 인류는 나사렛 예수라는 분이 역사상에 계셨다는 것을 영구히 잊을 수 없을 터인데 그에게 대하여 등한한 데에 현대 교육의 맹점이 있다고 지적했던 것이다. 그는 또한 그의 명저『기독교의 본질』마감 부분에서 고백하기를 자기는 수십 년간 학문 연구에 정진했지만 학문 연구 자체에서는 인생의 보람과 의의를 느껴 본 적은 거의 없었고 예수 그리스도의 교훈에 따라서 하나님의 자녀다운 심정으로 사는 데에서 인생의 의의와 보람을 느꼈다고 하였던 것이다.
　하르낙의 말과 같이 인류는 그 역사가 계속되는 날까지 나사렛 예수의 사실을 기억할 수밖에 없을 것이다. 왜냐하면 세계는 변천하고 역사는 흘러가도 인간 세계와 그 역사 중에는 예수 그리스도의 역사와 같은 특수한 사건은 없었기 때문이다. 인류는 그의 유일무이한 특수한 탄생을 계기로

* 「기독교사상」(1970. 12), 24-28에 실린 글이다.

하고 그 역사를 앞과 뒤로 양분하였다. 그리고 인류가 지금까지 형성해 온 모든 문화는 나사렛 예수를 중심으로 하는 강한 구심력 운동이라고 말할 수 있다. 밀턴의 『실낙원』과 단테의 『신곡』과 같은 최고급의 시문학을 비롯하여 모차르트와 바하의 음악이랄지 로댕과 미켈란젤로의 조각이며 렘브란트와 다빈치의 그림과 도스토예프스키와 지드의 문학작품은 모두 나사렛 예수와 그의 정신을 소재로 한 작품들이다.

역사 철학자 슈펭글러의 말대로 하면 나사렛 예수에게서 완성되게 된 신성성의 가치는 모든 가치 중에서 최고의 가치였고 그가 지적한 서구 문명의 몰락 과정은 유럽 사람들이 예수 그리스도께 대한 흥미를 잃기 시작한 결과였다는 것이 도스토예프스키의 주장이었다. 그래서 서구에서 이름을 떨쳐 온 위대한 인물들은 한결같이 예수 그리스도께 대하여 놀라움을 느꼈던 것인데, 예컨대 세인트헬레나 섬에서 고적한 생애를 마친 나폴레옹을 비롯하여 최고도의 교양을 몸에 지녔던 괴테와 니체는 물론이요, 인도 사상을 서양 철학에 도입시켰던 쇼펜하우어와 사회주의의 선구자 카우츠키까지가 예수 그리스도에게 경탄의 뜻을 표했던 것이다.

오늘날에 있어서도 현대인이 당면한 인종 문제와 동서 문제, 남북 문제를 해결하기 위해서는 인류 전체가 나사렛 예수를 추종해야 한다는 것이 양식 있는 사람들의 외침인 것이다. 그러므로 1970년 전에 베들레헴의 말구유 위에 어린 아기 예수가 탄생했을 때 그에게서 이미 인류의 운명은 결정되었다고 말할 수 있고 인류가 깃들어 왔던 오직 하나의 삶의 터전인 지구는 어린 아기 예수의 손아귀에 잡힌 탁구공과 같은 처지에 놓였던 것이다.

그런데 어린 아기 예수가 탄생했을 때 인류 사회는 로마 제국의 압제 아래에서 신음하고 있었고 로마 제국의 제국주의는 모든 백성을 강압하고 있었다. 그럼에도 불구하고 하늘 천사는 그들에게 "두려워하지 말라. 내가 만민에게 미칠 큰 기쁜 소식을 너희에게 전해 준다. 오늘 다윗의 동네에서 너희 구주가 나셨으니 그가 곧 그리스도 주님이시다. 너희는 강보에 싸여 구유에 누인 아기를 보게 될 것인데, 이것이 너희에게 보여주는 표적이다"라고 외쳤던 것이다(눅 2:8-10).

그러면 나사렛 예수는 과연 누구였던가? 사도 요한의 증거대로 하면 그는 다음과 같은 존재자였다. "그는 태초에 하나님과 함께 계셨습니다. 모든 것이 그를 통하여 생겨났으며 그를 통하지 않고 생겨난 것은 하나도 없습니다. …… 일찍이 하나님을 본 사람이 없으나 아버지의 품속에 계신 외아들이신 하나님께서 그를 나타내 보이셨습니다"(요 1:2-3, 18).

나사렛 예수는 천지 만물의 창조를 매개하신 하나님의 말씀으로서 창조로부터 구원에 이르기까지 모든 만물은 그를 통해서 창조되었고 폐쇄적인 이 세상에 잠겨 있던 우리 인간으로서는 알 수 없던 하나님의 신비가 그를 통해서 알려지게 되었다. 이 사실을 믿었던 마틴 루터는 일찍이 "예수 그리스도에게는 시간과 공간의 제약이 없었고 그는 시간 안의 영원이요 영원 안의 현재"라고 말하는 한편 "그는 모든 질서의 창시자요 전 우주의 후사"라고 고백했던 것이다.

그런데 예수 그리스도의 해석자였던 사도 바울은 다음과 같이 말하고 있다. "하나님이 그의 계획을 그리스도 안에서 미리 세우시고 때가 차면 그 계획을 시행하여 하늘과 땅에 있는 모든 것이 그리스도 안에서 하나가 되게 하시려는 것입니다"(엡 1:10). 여기서 말한 '때의 참'에는 이중적인 의미가 있었다. 바울은 때를 단수로 말하지 않고 복수로 말하고 있다. 이 두 가지 때는 비유컨대 꽃피는 때와 열매 맺히는 때와 같다. 그리고 바울이 말한 '모든 것'은 하나님께서 창조하신 천지 만물을 가리킨 말로써 거기에는 이 세상과 인류만이 아니라 하나님의 보좌 앞에서 수종드는 하늘 천사까지가 포함되었다. 그런데 이 모든 만물이 나사렛 예수를 주로 하고 그의 지배와 통치를 받는다는 것이다. 바울은 또한 하나님께서는 "모든 것이 그리스도 안에서 하나 되게 하셨다"고 말하고 있는데, 이 말 역시 교회의 머리 되시는 예수 그리스도께서는 천지 만물을 주관하시는 왕권을 가지고 인간과 세계를 주관할 뿐 아니라 하늘 천사까지를 지배하심을 뜻한 말이다. 이 '만물' 중에는 또한 물질까지도 함축되어 있었던 것인데 그 까닭은 예수 그리스도에게 쓰여질 때에는 물질까지가 그 존재의 의미를 가지게 되기 때문이다.

이리하여 지상과 천상에 있는 모든 만물은 예수 그리스도 안에서 통일과 조화를 이루고 그에게 있어서는 하늘 천사까지가 인류의 구원을 위하여 협조해야 한다는 것이다. 이와 같이 말하는 사도 바울의 사상대로 하면 예수 그리스도는 전 우주의 초점이요 모든 존재의 중심이시다. 그에게서는 모든 만물이 일대 조화를 이루게 되고 모든 사람이 화해함으로써 아름다운 협화음을 발하게 된다. 만물은 예수 그리스도 안에서 총괄적인 화합을 이루게 되는데 여기에 우주 생성의 목적이 있다. 거기에서는 또한 하나님의 위대한 계획이 성취됨과 동시에 그의 영광이 드러나는 것이다.

그러나 오늘날에 있어서도 인간 사회는 여전히 소란하고 요란스럽다. 어떻게 보면 "지극히 높은 곳에서는 하나님께 영광이요 땅에서는 주께서 기뻐하시는 사람들에게 평화로다"(눅 2:14)라는 외침은 이 세대의 양상과는 배치된 듯하다. 그러므로 이와 같은 세계에서 크리스마스를 올바르게 경축하기 위해서는 위장 평화로 참 평화를 가장하고 있는 이 세대의 실정만을 보고 거기에서 불안과 공포를 느껴서도 안 되고, 그와 반대로 위급한 현실을 도외시하고 호화로운 연극이나 학예회 같은 들뜬 축제를 벌여서도 안 된다. 크리스마스 밤을 그와 같은 기분으로 지새는 사람은 마약중독자나 다름이 없는 환멸과 파탄을 면할 길이 없을 것이다.

그러면 어떠한 것이 크리스마스의 올바른 의미의 경축일까? 여기에 대해서는 다음에 드는 바울의 말이 좋은 권고가 될 줄도 안다. 곧 "기한이 찼을 때 하나님께서는 그의 아들을 보내셔서 여자에게서 나게 하시고 율법 아래 있게 하셨습니다. 그것은 율법 아래 있는 사람들을 속량하시려는 것이었으며 우리에게 아들이 되는 자격을 얻게 하시려는 것이었습니다"(갈 4:4-5)라는 말이다. 하나님께서 그의 독생 성자를 이 세상에 강생하게 하신 까닭은 하나님을 배반하고 저주 아래에 놓이게 된 우리 인간을 대속하시기 위하여 죄 없는 그의 아들을 희생시키기 위함이었다. 그러므로 예수 그리스도의 성탄은 그의 십자가의 고난과 연결되는 것이요 고난절과 상관이 없는 성탄절은 무의미하다. 왜냐하면 나사렛 예수가 구세주가 되셨다는 것은 그의 십자가에서 비로소 완성된 일이었기 때문이다. 그러므로 크리스마스의 기쁨은 결코 희희낙락한 한가한 기쁨이 아니라 거기에는 더할 수 없이 고가한 대가가 지불되었다. 곧 하나님의 독생 성자가 십자가 위에서 피 흘리신 대가다. 만일에 우리 인간이 이와 같은 대가를 지불하기 위해서 오신 예수 그리스도의 탄생을 벅찬 기쁨으로 노래하지 않는다면 길가의 돌멩이 돌이 고함치며 노래할 것이다.

　인간의 시간은 죄의 결과 악해진 시간이다. 그런데 예수께서는 이 악한 시간을 몸소 걸머지시고 우리에게는 그 대신 영원을 획득하게 하여 주셨다. 바울은 이 사실을 가리켜서 "기한이 찼다"라고 말했던 것이다. 이때에 하나님의 아들이신 예수 그리스도는 우리 대신 저주를 받으셨고 우리는 하나님의 자녀 되는 자격을 얻게 되었다. 예수께서는 본시부터 하나님의 아들이었다. 그는 영원하신 하나님의 아들이시다. 그러나 우리는 그의 십자가의 대가로 그가 우리의 마음속에 탄생하신 데에서 그의 형제가 되게 된 것인데 여기에 크리스마스의 중대한 의의가 있다. 그래서 17세기의 어떤 독일 시인은 노래했던 것이다. "그리스도께서 너의 안에 탄생함이 없다면 베들레헴의 탄생에 무슨 의미가 있겠느냐?"

그런데 진정한 의미의 혁명가는 나사렛 예수였다. 프랑스 혁명이나 공산 혁명에서는 인간 자체는 혁명되지 못했다. 거기에서는 인간의 죄악이 문제되지 않았고 다만 외적 혁명이 수행될 따름이었다. 그러나 예수께서는 인간의 근본악인 죄악을 개혁시킨 혁명가였다. 그래서 그의 증언인 신약성서는 베들레헴에서 탄생하신 예수님의 성탄과 인간의 중생 사이에 깊은 관련을 인정한 것이다. 그리고 우리 안에 예수 그리스도의 형상이 이루어지고(갈 4:19) 우리가 그의 뜻을 받드는 데에 크리스마스의 참뜻이 있다. 이와 같은 중생이 없을 것이면 화려하고 거창한 크리스마스 행사도 내용 없는 감상에 불과할 것이다.

그의 마음에 예수 그리스도의 탄생을 경험한 그리스도인에게 있어서는 만백성의 구주 되시는 주 예수를 머리로 하는 오직 하나의 인간 가족이 있을 뿐이요, 자기 민족의 번영을 위해서는 다른 민족의 고통을 돌보지 않는 민족지상주의나 집단적 이기심을 정당화시키려는 이른바 사회주의나 공산주의의 계급투쟁이 용납될 수 없다. 진정한 의미의 크리스마스를 맞이한 사람은 창고같이 깜깜한 폐쇄적인 골방을 뛰쳐나와 광명한 태양 빛을 받아 가면서 명랑한 크리스마스 캐럴에 귀를 기울이던 저 스크루지와도 같이 빛 되신 예수 그리스도를 맞이하게 될 것이다.

그런데 사도 요한은 다음과 같이 말하고 있다. "빛이 어두움 속에 비치니 어두움이 빛을 이기지 못했습니다"(요 1:5). 그가 말한 빛은 사랑이요 어두움은 미워함이다. 어두움이 빛을 이기지 못한 것처럼 미워함은 사랑을 이길 수 없다. 그러기에 예수 그리스도의 말씀과 같이 원수까지를 사랑할 수 있는 뜨거운 사랑을 가지기만 하면 민족 통일과 세계 평화는 반드시 성취될 것이다. 이 일을 위해서는 먼저 그리스도 교회와 제 성도 사이의 무르녹는 사랑과 화평이 요청되는데 스위스가 하나의 나라를 이루게 된 것은 거기에 있는 그리스도 교회가 하나이기 때문이라고 말한 투르나이젠 목사의 말과 같이 민족 통일과 세계 평화의 저력은 그리스도 교회의 화평에 있음을 알아야 한다.

4
방황하는 한국의 젊은 지성*

 기원전 43년에 이 세상을 떠난 로마의 웅변가요 정치가였던 키케로는 말하기를 인류 역사를 살펴보면 아무 종교도 없을 만큼 미개한 민족은 없었다고 하였다. 키케로의 말과 같이 동서고금의 모든 민족은 여러 모양의 민속종교를 믿어왔고 그중에서 탁월한 것들은 오늘날에 있어서도 여러 나라의 국민생활과 사상체계를 지배하고 있다.

 지난해 우리나라 문화공보부에서 발간한 종교편람에 의하면 우리 겨레가 현재 신봉하고 있는 종교 수만 하여도 15종파에 달하고 있고 그 분파까지를 헤아린다면 80여 파에 달한다. 따라서 종교가 무엇이며 그 진리 내용이 어떠한가를 단적으로 말하기란 어려운 일이다.

 학자에 따라서는 간혹 이 종교와 저 종교 사이에 긴밀한 관련성을 보고 종교 간의 공통점과 유사점을 탐구하기에 전력하는 일이 있다. 인도 사상을 서양 철학에 도입하기에 힘썼던 쇼펜하우어는 일찍이 인도 종교는 세계에 대한 논리적 사색에서 산출된 것인 만큼 논리성이 빈약한 기독교보다

---

* 1970년 11월 30일 「연세춘추」 590호에 실린 글이다.

우월한 종교라고 인정한 바 있었고 나사렛 예수가 속해 있었던 유대교의 에세네파는 인도 사상에 통달한 종파였다고 주장하는 이들도 있다.

아프리카의 원시림 속에서 일생을 보내면서 토착민을 위하여 의료사업에 헌신한 슈바이처는 유교 사상은 기독교 사상과 동일한 것이라고 인정함과 동시에 공자나 맹자도 하늘의 뜻에 따라서 선한 생활을 해야 한다고 가르쳤으며 그들의 사상은 실천적인 사랑을 요구함에 있어서 예수의 사랑과 일맥상통한 데가 있었다고 말하였다. 이에 있어서 그는 나사렛 예수가 이 세상에 오시기 전이 이미 사랑에 의한 지상천국을 건설하려던 공자나 맹자의 교훈을 과소평가해서는 안 된다고 경고하였다.

그러면 이와 같이 말한 슈바이처는 종교를 무엇으로 인정했던가? 그에 의하면 종교란 요컨대 우리 인간이 이 세상과 하나님 앞에서 어떻게 살 것인가에 대한 해답을 주는 것인데 이 해답은 종교에 따라서 각각 다르다 한다. 동양 종교는 주로 하나님과 세계에 대한 논리적인 해석을 전개하는 데에 그 특색이 있다는 것이다.

비단 슈바이처 한 사람만이 아니라 학자들은 대개 종교의 가치를 평가함에 있어서 그 발휘하는 윤리성을 근거로 하고 평가하는데 이는 극히 당연한 일이라고 말할 것이다. 그런데 동양 종교는 윤리적 순결성을 발휘함에 있어서 낙제하였고 논리성이 빈약한 기독교가 도리어 순결한 윤리성을 발휘했다는 것이 슈바이처의 주장이었다.

만일 기독교가 불교, 유교에 비하여 월등한 윤리성을 발휘한다면 거기에는 이유가 있을 것이다. 슈바이처는 이에 대하여 이르기를 그 까닭은 기독교가 생명에 대한 경외감을 가르치기 때문이라 한다. 그러나 그는 오히려 생명에 대한 이 경외심의 원인이 무엇인가를 지적하지 못했었다. 그런데 신학자 바르트는 말하기를 우리 그리스도인이 인간 생명을 정의하는 까닭은 하나님의 말씀은 그 계시되시는 예수 그리스도께서 우리 인간의 구원을 위하여 십자가의 고가한 대가를 지불하신 결과라 한다. 그래서 종교개혁자 마틴 루터도 일찍이 그리스도 신앙은 강한 윤리성의 뿌리가 되고 순결한 윤리 행위는 그리스도 신앙에서 열매 맺히는 열매라고 하였던 것이다. 그리고 기독교는 요컨대 이 예수 그리스도를 중심으로 한 하나의 원추와 같은 종교다.

원시불교는 신 없는 종교였었고 유교에서 말하는 하늘이 과연 인격적인 신적 존재를 말한 것인지는 분명치 않다. 이리하여 세상에는 여러 모양의 종교가 있고 그 신관도 형형색색이어서 모든 신관을 조화시키거나 통일시킬 수는 도저히 없다. 그러나 모든 종교의 잡다한 신관에서 하나의 공통점을 찾아본다면, 첫째로 인격적인 신관이 있고 둘째로는 비인격적인 신관이 있다고 말할 수 있다. 저급한 종교들은 대개 비인간적인 신관을 가지고 있고 고상한 종교들은 대체로 인격적인 신관을 가지고 있다.

기독교는 다른 어떤 종교보다도 뚜렷한 인격적인 신관을 가지고 있는데 이 점에 있어서 철학적 신관이나 유·불교의 신관과는 다른 점이다. 철학적 신관은 요컨대 인간 자신의 사상에서 발견된 신관으로서 고대의 플라톤과 아리스토텔레스를 비롯해 근세의 스피노자와 칸트나 헤겔에 이르기까지 철학자의 신관은 모두 다 비인격적인 신관이었다. 그래서 인격적인 기독교의 하나님을 신봉했던 파스칼은 그의 영적인 유언에서 이르기를 자기가 믿는 하나님을 철학자의 하나님이 아니라 아브라함과 이삭과 야곱이 믿던 인격적인 하나님이라고 밝혔던 것이다. 따라서 그가 믿던 하나님은 결코 실재자를 설명하기 위해서 주장된 원리가 아니었던 것이다.

기독교의 경전인 신약성서의 증언대로 하면 하나님은 다만 그의 계시인 예수 그리스도에게서 계시되었을 뿐 아니라 하나님의 계시인 예수 그리스도와 하나님 자신은 동일한 분이시다. 그래서 예수 자신도 말씀하시기를, 나를 본 자는 하나님을 본 자라고 하였고, 그리스도인은 이 예수 그리스도의 사랑에 접하는 데에서 하나님의 사랑에 접하는 것이다.

예수 그리스도에게서 하나님의 신성과 그의 사랑이 계시되었다. 그에게서 하나님의 생명과 본질이 계시되었다. 신약성서의 증언에 의하면 예수 그리스도의 객관적이며 역사적인 계시를 우리 그리스도인이 주관적으로 이해할 수 있게 하시는 이는 하나님의 영이요 예수 그리스도의 영이신 성령의 영이다. 다시 말하면 하나님께서는 성령을 통하여 자기 자신과 그의 계시자인 예수 그리스도 사이에 유기적인 일치가 있음을 계시하시는데, 신약성서의 이와 같은 증언을 근거로 하여 교회의 이론인 삼위일체론이 제창되었다.

기독교의 신관은 삼위일체론이다. 이 점에 있어서 그것은 모든 종류의 철학적 신관이나 다른 종교의 신관과 근본적으로 다른 것이다. 이 삼위일체론은 기독교의 기본적인 교리로서 거기에는 요컨대 성서적인 신관과 예수 그리스도 사이에 유기적인 일치가 주장된다. 신약성서에서는 이 관계를 고백하기 위하여 하나님을 우리 주 예수 그리스도의 아버지라고 증거하고 있는데 여기에서 우리는 인간 자신이 생각해 낸 형이상학적 신관과는 판이한 신관에 접하게 된다. 왜냐하면 거기에서 알려진 하나님은 인간의 사상에서 산출된 하나님이 아니라 자기 자신을 역사 중에 계시하신 살아 계신 하나님이기 때문이다.

하나님께서는 거룩하시고 의로우신 하나님이심에도 불구하고 죄 많고 불의한 우리 인간을 용서하시고 하나님을 반역했던 우리들과 더불어 사귈뿐만 아니라 우리를 구원하기 위하여 십자가의 고난을 담당하신 하나님이다. 이에 있어서 하나님께서는 우리 인간을 구하시기 위하여 자기 자신을 희생하셨거니와 거룩하신 하나님께서 죄 많은 인간을 구원하시기 위하여 십자가의 고난까지를 담당하셨다는 진리는 오직 신약성서만이 전해 주는 진리다.

회회교와 조로아스터교는 준엄한 도덕적인 행위를 요구하는 종말론을 주장하는 율법주의적 종교로서 거기에서는 율법에 대한 무조건 복종이 요구되고 있을 뿐이다. 그리고 유대교에서는 예수 그리스도를 기다리던 메시아로 인정하지 않고 아직까지도 메시아가 오시기를 대망하고 있다. 이리하여 사도 바울이 이미 말한 바와 같이 십자가에 달리신 예수 그리스도의 사건은 유대인에게 걸림돌이 되었던 것이다.

그러나 예수 그리스도의 십자가를 부끄럽게 생각한 것은 비단 고대인들만이 아니라 현대인들도 거기에 대하여 무관심하다. 근세 의미적 생활에 있어서 전형적인 인물이었던 괴테는 말하기를 십자가에 달린 나사렛 예수의 이야기는 듣기도 싫다. 그야말로 추악한 일이었는데 어찌하여 십자가에 매달린 범죄자를 보아야 되느냐 외쳤던 것이다. 그리고 자기 자신의 선한 의지와 노력으로써 자기 앞길을 개척하려는 현대인 역시 예수 그리스도의 십자가의 구원을 기피하는 것이다.

죄책감정이 없는 자에게는 예수 그리스도의 십자가는 무의미하다. 그런데 근대인과 현대인들에게는 심각한 죄의식이었기 때문에 그들은 한결같이 예수 그리스도의 십자가에는 무관심하다. 그러나 예수 그리스도께서는 근대인과 현대인들의 근시안적인 생각이나 피상적인 관찰과는 달리 인간 심리의 심층부를 꿰뚫어 보았고 우리의 심장부를 썩히고 있는 죄악상을 파헤치는 한편 우리로서는 감당할 수 없는 모든 죄책을 십자가상에서 대속했던 것이다. 우리들이 이 사실을 이와 같이 해석하면서 하나님을 떠나서 자행자지(自行自止)하던 인간의 소외상과 자기의인에 도취되어 있는 우리들의 죄 된 모습을 노정시켜 주신 것이다.

하나님의 은총을 믿기에는 현대인은 너무나 교만하다. 그러나 아무리 자존심과 자부심에 사로잡혀 있을지라도 한없는 분열과 알력을 일삼고 있고 불안과 공포에 사로잡혀 있는 현대인의 처량한 심경을 부인할 수 없을 것이며 이 불화와 증오심이 가득 차 있는 현대 사회를 개혁하기를 바라지 않는 이는 없을 줄 안다. 그런데 예수 그리스도의 위대한 해석자였던 바울의 해석에 의하면 예수 그리스도의 십자가에서는 모든 불화가 제거되고 원만한 화해가 성취되었던 것이다.

아무리 위대한 사상이라 할지라도 우리 자신이 당면한 문제에 대한 해답을 주지 못하는 사상이라면 그것은 이미 우리와는 상관이 없는 낡은 사상이라고 말할 것이다. 그런데 기독교의 중심 교리의 하나인 화해론은 착잡한 생활 중에 허덕이고 있는 우리에게 한 줄기의 서광을 비춰주는 것이다. 인류는 지금 고도의 과학문명과 그 응용의 결과에서 온 이익을 거두고는 있으나 이념의 차이로 말미암은 동서간의 분열과 빈부의 격차에서 온 남북의 대립으로 인하여 도처에서 치열한 투쟁이 전개되고 있고 동일한 문화권 안에 사는 동일 민족도 혹은 동서로 양단되고 혹은 남북으로 분열되고 있어서 피차간에 균열과 불화가 파묻혀 있고 심한 경우에는 동족상잔의 유혈의 참극까지를 빚어내고 있는 중이다.

그리스도 교회는 일찍부터 이와 같은 문제를 해결하기 위하여 성서를 바탕으로 하고 화해론을 제창하여 왔었고 그것을 근거로 하고 어지러운 세태를 정신적으로 수습하기에 힘써왔던 것이다. 여기에서 우리는 인간 사회에 참다운 평화가 깃들기 위해서는 먼저 인간 이상의 주체자이신 창조주 하나님과 인간 주체 사이에 궁극적인 화평이 성립하여야 한다는 것을 이해할 필요가 있다.

우선 구약성서의 증거를 살펴보면 그 기자들이 바랐던 평화는 내적 세계와 외적 세계에 긍한 평화임과 동시에 그것은 또한 정신과 물질을 통일적으로 파악한 개념으로서 말하자면 그것은 모든 사물 사이에 아무런 분열도 없는 벅찬 힘이 넘쳐흐르는 데에서 이룩되는 화평이었다. 이스라엘 백성들은 자기들과 하나님 사이에 체결된 계약을 이 화평과 밀접하게 관련시

컸다. 그들의 소신대로 하면 하나님과의 계약을 지키면서 화평하게 살기 위해서는 분열과 무질서를 경계해야 되며 이 일을 위해서는 하나님의 계명과 율법을 준수해야 한다는 것이었다. 이에 있어서 그들은 하나님과 인간의 관계를 근거로 하고 집단생활을 원활하게 하기 위하여 법률적으로 화평을 유지하기에 끊임없는 노력을 기울였던 것이다. 그러나 그리스도 교회가 고백하는 화해의 진리는 이 구약성서의 증언보다도 차라리 예수 그리스도의 증인들인 신약성서의 저자들에게 한층 더 선명하게 증거되었다.

신약성서의 증언대로 하면 하나님께서는 그의 독생자 예수 그리스도의 십자가를 통하여 인간의 모든 죄를 사유하셨고 여기에서 하나님과 인간의 인격적인 교섭이 재개되게 되었다. 신약성서에서 사죄는 화해로 들어가는 입문이 되고 예수 그리스도의 속죄는 화해의 조건을 충족시켜 주는 결과인 것이다. 이와 같은 구원의 길을 증거하며 약속해 주는 것이 십자가의 복음을 또한 평화의 복음이라고도 일컬어 왔다.

신약성서에 수록된 4복음서는 모두 다 이 평화의 복음을 증거한 것이라고 말할 수 있다. 거기에 증거된 화해란 낱말의 뜻은 '바꾸다, 교환하다'라는 것이다. 그리고 마태복음 5장 24절에서는 그것이 '화해하라'고 씌어져 있고 누가복음 12장 58절에서는 '화해하도록 힘쓰라'고 되어 있으며 마가복음 8장 37절에서는 '대가'의 뜻으로 사용되고 있다. 이 모든 표현들은 요컨대 하나님과 인간 사이에 화해가 성립되기 위해서는 그 내적 조건으로서 예수 그리스도의 십자가를 통한 사죄와 속죄가 필요함을 말한 것이다. 그러나 이는 결코 하나님의 진로를 진정시키기 위해서는 우리 인간 편에서 제물을 바쳐야 한다고 보았던 일반 종교의 주장 같은 것이 아니다. 신약성서에는 도리어 하나님 편에서 사죄의 은총을 베푸시고 거기에서 화해가 성립되게 하였다고 말하여 준다.

신약성서에 증거된 이 화해는 어디까지나 하나님의 은총에서 기원하는 것이니만큼 거기서는 하나님과 인간이 대등한 위치에 서지 못할 것은 말할 것도 없는 일이다. 이에 있어서 바울은 "이렇게 믿음으로 의롭다 함을 얻게 된 우리는 우리 주 예수 그리스도를 통하여 하나님과 화평함을 얻었습니다"(롬 5:1)라고 말하고 있는가 하면, "하나님은 그리스도를 통하여 우리를 자기와 화해하게 하시고 또 우리에게 화해의 직분을 맡겨 주셨습니다"(고후 5:18)라고 말함으로써 하나님의 은총을 받은 자는 거기에 응답해야 되는 과제가 있음을 말하고 있다. 그러나 이는 다만 바울 한 사람에게만 부과된 과제가 아니라 그리스도인은 누구나 하나님이 맡기신 화해의 소임을 다하기 위하여 필사의 노력을 다해야 한다. 그러므로 우리 그리스도인은 말하자면 화해 공작을 위한 일꾼들은 이를 대적하는 자들과 힘차게 싸워야 되는 병사들인 것이다. 독일의 독재자 히틀러가 화해에 배치되는 난폭한 정치를 시행했을 때 신학자 칼 바르트를 선두로 한 전 세계 그리스도인들은 잔인무도한 히틀러에게 도전함과 동시에 전 인류가 주 예수 그리스도 안에서 화해해야 한다고 외침으로써 세계교회 연합운동의 튼튼한 기반을 닦았던 것이다. 화해론은 본시 하나님과 인간 사이의 불화를 제거하기 위한 하나님의 역사를 믿는 종교적인 개념이지만 그것이 동서양의 모든 교회 사이에 유대관계를 조성해 주고 한 걸음 더 나아가서 인류 사회 전체를 위한 한 방향을 제시해 주는 결과를 가져온 것이다.

그러나 화해는 결코 인간 편의 죄로 인하여 유발된 우연적인 사건이 아니라 그것은 어디까지나 하나님 자신의 기뻐하시는 뜻 중에서 비롯된 하나님 편의 역사인 것이다. 그래서 바르트는 이 화해론을 주장함에 있어서 "여기에서는 전폭적인 은총의 역사로서 하나님께서 인간과 교제됨과 동시에 인간이 하나님과 교체된다. 하나님과 인간이 서로 교체된다고 하는 있을 수 없는 일이 곧 화해인 것이다"라고 말하고 있다. 이는 요컨대 예수 그리스도라는 하나의 역사적 인물의 생과 사와 그의 부활에 얽힌 바된 하나님과 인간과의 대립과 교환 및 교통과 합일을 말한 것인데 여기에 화해의 사실 면이 있다.

하나님과 인간 사이에 위와 같은 화해를 조정할 수 있는 이는 하나님의 독생자 예수 그리스도 이외에 없다. 그래서 그리스도인은 언제나 예수 그리스도의 인격을 체 받는 데에서 새로운 인격사회를 건설하여 가는 것이다. 왜냐하면 그는 한편에서 하나님과의 본질적인 동일성을 보여주시고 다른 편에서는 인간과 똑같은 역사적인 인물로 자기 자신을 보여주심으로써 하나님과 우리 사이에 꼭 같은 관련성을 마련하여 주셨기 때문이다.

이에 있어서 일찍이 말하기를 예수 그리스도는 시간 안에 들어오신 영원자로서 그에게는 시간과 공간의 제약이 있을 수 없다고 말한 바 있고 칼빈도 말하기를 예수 그리스도에게서는 하나님과 인간의 참 모습이 계시되었는데 그 중에 어느 것이 먼저라고 말하기는 곤란하다고 하였던 것이다. 그리고 그리스도인은 지상에 있으면서 오히려 부활 승천하신 예수 그리스도와 더불어 영적 교제를 계속하고 있고 주께서 재림하실 종말의 날을 기다리고 있는 중인데 실상인즉 여기에 그리스도인의 소망이 있다.

그러므로 신학에서 말하는 종말론은 소망론이라고 말할 수 있는데 역대 교회의 실정을 보면 이 종말의 신앙 때문에 큰 과오를 범한 일이 더러 있었다. 기원 2세기 중엽 소아시아 지방에서 활약하던 몬타누스는 종말의 날을 열망한 나머지 예수께서 프리기아 지방에 재림하신다고 선동하였고 명치 시대의 일본의 한 목사는 예수가 후지산 기슭에 재림한다고 선포했던 것이다. 이와 같은 주장은 대개 열광주의의 결과라고 볼 수 있는데 현대 신학에서는 이와는 반대로 그리스도인의 주체적인 신앙결단을 가리켜 종말이라고 말하기도 하고 불안정한 신앙심에다 실존적인 근거를 두는 것을 가리켜 종말신앙이라고 말하기도 한다. 그러나 이는 모두 신약성서에 증거되어 있는 종말신앙과는 상관이 없는 실리주의 사상이라고 말할 것이다.

성서적인 의미의 종말신앙은 말할 것도 없이 장사한 지 사흘 만에 다시 사신 예수 그리스도의 재림을 기다리는 신앙이다. 그러므로 종말신앙은 어디까지나 죽음과 사후 문제를 문제 삼는 신앙이요 그것은 결코 우리의 현실 생활을 뒷받침해 주는 영원자에 대한 신뢰만은 아닌 것이다. 그러나 거기에서는 부활 승천하신 예수 그리스도와 우리의 현재와의 결합이 공고해지고 다시 사신 주의 영광이 우리의 전 존재를 덮게 될 하늘나라가 실현되기를 대망하는 희망임에는 틀림이 없다. 이와 같은 종말신앙은 결코 현실도피나 패배주의와는 다른 것이다. 거기에서는 또한 윤리도덕이 무시되거나 향락주의가 용납될 수 없다. 그리스도인은 이 종말신앙에서 도리어 풍파 많은 이 세상에서 살아 계신 하나님을 든든한 피난처로 하고 단정한 윤리생활과 과감한 사회정의에 참여하기에 힘쓰게 되고 거룩한 성공회와 무르녹는 성도의 교제를 마련하기에 노력하는 것이다. 만일에 이 거룩한 성공회와 성도의 교제를 떠나서 종말신앙을 논한 이가 있다면 그는 종말신앙을 가진 그리스도인이 아니라 유토피아 사상을 가진 자라고 말할 것이다.

이상에서 필자는 주로 기독교의 진리 내용의 일단을 소개하였거니와 이는 결코 모든 사람이 수긍할 수 있는 정설이 아니라 필자 나름의 시론임을 말하여 둔다. 그리고 학생들을 위하여 한 마디 덧붙이고 싶은 것은 위대한 교리사가 하르낙의 말인데 그는 다음과 같이 말하고 있다. "인류가 영원히 잊을 수 없는 인물이 있다면 그것은 나사렛 예수일 터인데, 현대 교육이 그에 대해서 무관심함은 현대 교육의 맹점이다."

5
현대 신학의 비종교화와 세속화*

I.

"만일 십자가가 예수에 대한 최후의 말이었다면 세계는 아무런 희망도 없이 죽음과 멸망 중에 상실되어 버렸을 것이며 세상이 하나님께 대해서 승리를 거두게 되었을 것이다." 이 말은 2차 대전 때 히틀러를 암살하려다가 들킨바 되어 2년간의 옥고를 겪다가 사형당한 본회퍼 목사의 부활절 메시지의 한 토막이다.

그에 의하면 예수 그리스도의 부활에서는 그리스도와 그의 행한 모든 행적이 하나님께 긍정되었고 거기에서는 또한 우리 자신과 하나님께 지음 받은 모든 피조물도 하나님께서 긍정 받게 하셨다. 다시 말하면 예수 그리스도의 부활에서는 하나님께 새롭게 지음 받은 피조물과 더불어 이 세상이 버림받지 않고 도리어 회복되고 긍정되었으며, 이 사실을 믿는 그리스도인들과 그 교회는 염세가가 되거나 비판론자가 될 것이 아니라 종말의 날

* 1971년 4월 12일 「연세춘추」 600호에 실린 글이다.

에 가서 모든 사람을 심판하기 위하여 주께서 눈으로 볼 수 있고 모습으로도 다시 오실 때까지 주의 몸 된 교회와 그 지체된 그리스도인들은 이 세상 모든 일에 성스러운 봉사를 담당해야 한다는 것이다.

한동안 현대 신학계에 큰 파문을 일으켰던 그의 세속화론은 이와 같은 사상에서 기원된 것이었다. 구미 교회의 실정을 보면 1950년대까지의 목회자들은 대개 교회 안에 머물러 있으면서 교회에 모여 오는 신도들을 상대로 복음을 전하기에 전념했다. 그러나 1960년 이후부터는 복음을 세속 사회에 전파하기에 진지한 노력을 계속하여 왔다. 그래서 현대 교회를 영도하는 선구자들은 모두 다 교회의 세속화를 구가하고 있을 뿐이요 그것을 경계하거나 배척하는 사람은 없게 되었다.

그러나 여기 말한 '세속화'는 '세속주의'와 분명히 다른 것으로서 그것은 결코 거룩한 것을 떠나서 저속한 방향으로 그리스도 교회를 인도하라는 말이 아니라 십자가의 복음을 교회 밖의 일반 사회에까지 침투시키려는 숭고한 정신을 말한 것이며 이 사상을 제창한 장본인도 인류사가 있은 이래 가장 저속한 세력과 항쟁하다가 그 일을 위하여 목숨까지를 희생시킨 20세기의 성스러운 순교자였음을 잊어서는 안 된다.

잔인무도한 히틀러의 세력에 끝까지 굴하지 않고 항거한 이들은 대개 순수한 복음주의 신앙을 고백한 고백교회 신도들이었다. 그런데 그들은 또한 '비종교화론'을 제창했는데 이 역시 기독교 진리를 왜곡시키거나 그것을 말살하기 위해서가 아니라 도리어 그 순화와 승화를 위한 주장이었다. 왜냐하면 본회퍼의 솔직한 고백대로 하면 칼 바르트는 종교를 비판하기 시작한 최초의 신학자일 뿐만 아니라 유일한 신학자였다고 한다. 이에 있어서 그는 바르트 신학을 평가함과 동시에 그의 공적이 컸다고 칭송하였고 그는 종교와 기독교를 구별함에 있어서 바르트 추종자였다.

바르트는 그의 『교회교의학』 제1권 제2부에서 이 문제를 상세하게 다루었는데 그에 의하면 '종교'는 인간 편에서 신을 탐구하는 것임에 반하여, '계시'는 하나님 편에서 인간을 탐구하는 것이므로 양자는 판이한 것임을 논하고 있다. 그리고 인간이 종교에서 발견하는 신은 자기 욕망을 충족시키기 위한 것이므로 종교에서는 참 하나님을 찾아볼 수가 없다는 것이다. 그에 의하면 인간은 종교 없이 구원 받지 못함은 말할 것도 없고 그의 종교를 통해서도 구원 받지 못한다. 그러므로 우리가 구원 받기 위해서는 종교를 초극해야 하는데 사람들은 신비주의와 무신론을 가지고 종교를 초극하려고 노력했었다. 그러나 신비주의는 종교의 미온적인 상태를 불만하게 여긴 나머지 열광적인 자기 노력으로 자기 구원을 얻으려고 노력하다가 신과 인간 사이의 경계선을 넘어가는 과오를 범하고 무신론자들도 얼핏 보기에는 종교를 부정하는 듯하나 기성 종교 이상으로 자기들의 신념만을 관철하려는 광태를 연출할 뿐만 아니라 자연이나 역사 및 문명과 윤리성을 유지하기에 노력하는 것이다. 이에 있어서 바르트는 그들의 모든 노력은 죄 중에 빠져 있는 인간이 율법 행위로써 자신의 구원을 이룩함과 같다고 보는 것이다.

그러나 인간의 죄악과 그 종교를 의롭게 할 수 있는 것은 예수 그리스도의 사죄의 은총밖에 없으며 예수 그리스도에게서 나타난 하나님의 계시만이 죄인도 의롭게 할 수 있고 거짓 종교를 참 종교 될 수 있게 한다는 것이다.

이리하여 바르트는 '계시신앙'과 '종교'를 구분함과 동시에 '참 종교'와 '거짓 종교'를 구분했을 뿐이요, '비(非)종교화'까지는 주장하지 않았다. 그러나 그도 역시 그리스도인은 비단 교회만이 아니라 인간 사회의 모든 영역에서 하나님을 섬겨야 하며 그는 마땅히 하나님의 소유인 이 세상을 사랑해야 한다고 주장하였다.

그리고 세속적인 영역인 학문적 영역이나 미학적 영역 및 정치적 영역이나 경제적 영역에서도 하나님의 봉사를 행해야 한다고 주장하였다.

그러나 '비종교화'의 문제를 가장 뚜렷하게 제창한 이는 그에게서 영향을 크게 받은 본회퍼였고 특히 '세속화' 문제를 현대 신학계에 큰 파문을 일으킨 것도 본회퍼였다. 그는 바르트의 종교 비판을 높이 평가하면서도 그가 이 문제에 대하여 철저한 사색을 하지 못한 결과 종교 대신에 계시 실증주의를 제창했을 뿐이라고 주장하였다. 그러나 거기에서는 궁극 이전의 세계가 등한시되고 곧장 궁극적인 것만이 제창된 결과 그리스도 신앙이 하나의 율법으로 화했다는 것이었다.

그리고 바르트가 인간은 무신론을 주장하는 경우에도 종교적이라고 본 데 반하여 본회퍼는 현대인은 종교를 극복하고 한 걸음 전진했다고 본다.

바르트는 하나님의 은총이 새 사람을 창조하듯이 그의 계시에서는 참 종교가 창조된다고 본 데 반하여 본회퍼는 기독교는 종교를 초극해야 한다고 보는 것이다. 그러나 바르트가 말한 종교가 궁극적이며 절대적인 하나님 앞에서 자기 자신을 의롭게 보이려는 인간의 노력이었음에 비하여 본회퍼의 '종교'가 무엇이었는지는 분명치 않다. 그는 다만 종교적인 언어는 기도와 동포에게 대해 수행하는 데에서만 나타난다고 말하고 있는데 이는 그가 나치당이 게르만 민족과 향토적인 잡신을 악마적인 종교 운동으로 선동했을 때에 착상한 생각인 듯하다.

II.

본회퍼는 '비종교화론'과 '세속화론'을 제창하기 위하여 종교 신앙의 대상이 된 '신관' 비판을 시도하였다. 그에 의하면 '초월적인 신'은 사색을 게을리 한 종교적인 인간의 자기 자신의 인식능력이 다했을 때에 그 한계 정황에서 말하는 것일 뿐이요 신구약성서에서 증거된 하나님은 그와 같은 신이 아니라고 한다.

그에 의하면 하나님은 결코 인간의 약점이나 죄나 죽음과 같은 한계성을 계기로 일하지 않으시고 인생의 한복판에서 그의 선한 일을 터전으로 일하시며 그가 피안적이심도 역시 인간 자신의 인식능력의 피안을 의미하는 것이 아니라 인생의 중심에 계시면서 오히려 피안적인 존재라 한다. 다시 말하면 성서에서 증거된 하나님이 알려지는 장소는 죽음이 아니라 삶의 장소며 병약이 아니라 건강과 힘에서 알려지기를 바라시는 하나님이라는 것이다. 이런 의미에서 하나님은 결코 인간의 불완전한 인식의 보충물이 아닌 것이다. 하나님이 만일에 그러한 분이라면 인간 자신의 인식 한계가 확대됨에 따라서 하나님은 후퇴일보를 밟을 수밖에 없을 것이다.

본회퍼는 다음으로 성서가 증거하는 하나님은 결코 인간이 급히 맞을 때에 도움을 주거나 실패하거나 난문제에 부딪혔을 때에 해결해 주는 분이 아니라고 한다. 이 점에 있어서 그는 마르크스주의자들의 종교비판과 유사한 점이 있기는 하나 그의 종교비판은 마르크스주의 공리에서 나온 것이 아니라 어디까지나 신구약성서를 터전으로 한 자기 자신의 소신을 말한 것이다.

본회퍼에 의하면 '궁극적인 것'과 '궁극 이전의 것' 사이에는 분명한 차이가 있는데 궁극적인 것이란 다름 아니라 신약성서가 증거하는 '그리스도를 통한 사죄'를 말하는 것이요 '궁극 이전의 것'은 그리스도를 대망하면서 살던 '이 세상의 삶'을 말한다. 그러므로 그것은 '인간성'을 가리키는 것이다. 종래의 신학에서는 '하나님의 은총'과 '자연'은 대립되고 '궁극적인 것'과 '궁극 이전의 것' 사이에는 먼 거리가 있다고 보았던 것이다. 그리고 인간적인 것과 자연적인 것은 모두 다 '비인간적인 것과 부자연스러운 것'이다. 마찬가지로 불신적인 것이요 죄적인 것이라고 주장되어 왔다. 그 결과 인간의 자연적인 생활은 붕괴되고 인간이 도리어 비인간적인 생으로 추방이 되어 궁극적인 것과의 결합이 단절되고 말았다.

그런데 본회퍼는 '기독교의 세속성'과 아울러 '비종교화론'을 제창함으로써 "그리스도인이 된다는 것은 곧 사람이 되는 일이요 종교적인 행위가 그리스도인을 만드는 것이 아니라 이 세상 생활 중에서 하나님의 고난에 동참하는 데에서 그리스도인이 창조된다"라고 외쳤던 것이다.

본회퍼의 견해대로 하면 종교의 신은 '전능하신 신'이지만 신구약성서가 증거하는 하나님은 인간을 위해서 고난을 담당하시고 이 고난을 담당하신 데에서 인간에게 도움을 주신 하나님이라 한다. 이리하여 그는 고난을 통해서 도리어 그 힘을 발휘하신 성서의 하나님을 증거하는데 그에 의하면 '성숙한 현대인'을 위해서는 이 성서의 하나님을 볼 수 있는 시선이 필요하다고 한다.

본회퍼가 현대를 '성숙한 세계'라 함은 비종교화되고 세속화된 현대 세계를 역사적으로 고찰하고 신학적으로 고찰한 결과였다. 그러나 그가 이 문제를 다룬 까닭은 이 세상에 대한 객관적인 분석을 위해서가 아니라 현대에 있어서 기독교는 무엇이며 '예수 그리스도는 누구신가'를 탐구하는 한편 '성숙한 세계와 인간들에게 유효적절한 선교는 어떠한 것일까'를 깊이 깊이 사색한 결과였다.

'성숙한 세계'에 복음을 전달하자면 그 일을 담당해야 할 그리스도인들과 그 교회가 현대적인 소임을 감당할 수 있도록 개혁되어야 한다는 것이 그의 소신이었다. 왜냐하면 성숙한 그리스도인과 성숙한 교회가 아니고서는 '성숙한 세계'에 대응할 수가 없기 때문이다. 이에 있어서 그는 그의 신학사상을 대략 다음과 같이 요약했던 것이다.

1) 성인이 된다는 것은 첫째, 다른 이에게 의존하지 않는다. 그래서 성숙한 그리스도인과 그 교회는 그리스도 이외에 아무것도 의지하지 말아야

하는데 이 점은 우선 경제적인 면에서 그러하다. 이에 있어서 그는 목사는 마땅히 교인들의 자유로운 헌금에 의해서만 생활해야 하고 경우에 따라서는 세속적인 직업에 종사하여도 가하다고 보았다. 왜냐하면 교회가 만일에 모든 재정을 국가공무원의 하나로서 신분 보장을 받을 때에는 그런 교회는 성숙한 교회라고는 말할 수 없기 때문이다.

  2) 본회퍼는 한걸음 더 나아가서 성숙한 교회는 다른 이를 위해서 존재하는 교회라고 한다. 그에 의하면 "교회는 다른 이를 위해서 존재할 때에만 교회인 것이다." 왜냐하면 그것은 "다른 이를 위한 존재이신 인간 예수와 만남으로써 그의 전 존재가 전환된 경험을 가진 이들의 집단이기 때문이다." 이에 있어서 그는 "교회는 인간의 사회생활에 있어서 지배가 아니라 봉사하는 집단이요 모든 직업에 종사하는 이들에게 그리스도와 더불어 동행함이 어떠한 일인가를 알려주며 다른 이를 위해서 존재한다는 것이 어떠한 의미를 가지는가를 알려야 한다"고 말하고 있다. 그러나 우리가 여기에서 잊지 말아야 할 것은 세상을 위하고 다른 이들을 위하는 교회가 되기 위해서는 교회는 모름지기 그 머리 되시는 주 예수 그리스도에게 모든 정성을 다해야 한다는 것이다. 이 성숙한 사람은 그 자녀에게 대해서는 어디까지나 자녀이듯이 종교적인 의미의 신에게서 해방된 현대인도 하늘에 계신 아버지 하나님 앞에 있어서는 겸손한 아들 구실을 담당해야 한다는 것이 본회퍼의 주장이다. 성인된 사람에게는 부모가 없는 것이 아니라 그야말로 부모를 부모로 공경할 줄 아는 사람이다. 그래서 사도 바울은 로마서 8장에서 '하나님의 자녀'다운 자유를 누리라고 말씀했던 것이며 이 하나님의 자녀들은 이 세상을 위해서 충성해야 한다고 외쳤던 것이다.

  그러면 이 성숙된 세상에 대한 성숙한 교회의 선교전략은 어떠한 것일까? 본회퍼는 다음과 같이 그 선교전략을 제시하고 있다.

가) 인간의 '한계'가 아니라 인생 생활의 중심지에서 하나님께 대해서 선교해야 한다. 그러나 그리스도 교회는 종래의 인간의 불행이나, 병이나, 실패나 죽음과 같은 인간의 '관계'에 사람들의 시선을 모으게 하고 거기에서 구제받게 되는 것을 복음이라고 말했던 것이다.

그러나 이와 같은 선교는 고작해야 인간의 약점을 지적함으로써 이른바 종교를 가지고 인간성을 학대하거나 협박하는 결과를 가져올 것이다. 그러나 이와 같은 선교는 종교 없이도 건강하고 자신 있게 사는 행복한 사람들에게는 무용지물이 될 수밖에 없다.

이에 있어서 본회퍼는 인간의 선성에서 하나님을 증거하려는 그의 본 말대로 하면 예수께서는 애당초부터 사람을 죄인이라고 공격하거나 사람들이 누리고 있는 건강이나 행복 같은 것을 썩은 과일처럼 무시하지 않으시고 모든 종류의 인간성과 인간 전체를 하늘나라에 필요하다고 보셨다 한다.

이리하여 본회퍼는 그리스도 안에서 '세상살이'를 하는 데에서 하나님의 구원이 성취되게 하는 것이 성숙한 세계를 위한 복음 선교라고 보는 것이다. 왜냐하면 교회는 머리 되신 "예수 그리스도는 종교의 대상이 아니라 온 세상의 주이시기 때문이다."

나) 그리스도인과 그 교회는 다른 이의 문제성과 과제에 동참함으로써 "다른 이와 함께 살고 다른 이를 위해서 살아야 한다." 본회퍼에 의하면 하나님께서는 신화론적으로나 존재적으로가 아니라 우리들이 영위하는 세상살이 중에서 초월적인 존재이시다. 다시 말하면 하나님께서는 우리의 손이 닿는 이웃에게 있어서 초월적이시다.

그러므로 그리스도인과 그 교회를 마땅히 협박하는 선교는 유대교나 세례 요한의 선교일지 모르나 예수 그리스도의 선교는 교회 밖에 나아가서

길 잃은 이를 '찾고', '발견하는' 선교였음을 알아야 한다.

본회퍼에 의하면 복음 선교는 또한 '신념이나 인생 문제에 대한 해답'을 가지고 상대방에게 시원한 답변을 주는 일도 아니다. 그리고 인생고에 해답을 주는 종교는 이 세상에 얼마든지 있다.

그러나 예수 그리스도는 결코 우리가 해결하지 못한 문제를 풀어주기 위해서 이 세상에 오신 것이 아니라, 그는 오히려 인생의 중심으로 오셨고 다른 이와 더불어 동행함으로써 그들과 더불어 공동 과제를 담당하기 위해서 오신 것이다.

그러나 기독교가 이 세속적인 세상 속에 해소되지 않기 위해서는 그리스도인들과 그 교회에 특별한 훈련이 필요한데 그 일을 위해서는 '비밀 보존의 훈련'이 소용된다고 간파하였다. 이에 있어서 그는 외적 봉사를 위해서는 우선 내적으로 파고드는 집중생활이 필요하다고 보는 한편 그의 지향했던 목표는 말하자면 막스 베버(Max Weber)가 말한 '세속의 금욕정신'이었던 것이다.

III.

이상에서 더듬어 온 바르트와 본회퍼의 '비종교화론'과 '세속화론'은 여러 나라 신학계에 많은 파문을 일으켜 왔고 미국의 콕스(H. Cox) 같은 이는 이 세속화론을 도시화 문제와 결부시켜 가면서 『세속도시』를 저술한 바 있는데, 이 콕스의 저서 역시 많은 파문을 일으켰던 것이다. 이에 있어서 우리는 독일인 본회퍼가 미국의 현대 교회에 끼친 영향이 컸음을 알 수 있게 되었는데 그가 끼친 영향과 공헌을 요약하면 다음 몇 가지만 간추릴 수 있을 것이다.

1) 본회퍼는 시종일관 세계교회운동에 깊은 관심을 표시했다. 그는 수많은 국제회의에 참석했고 독일 교회가 세계 교회에서 이탈되는 일을 막기 위해서 많은 수고를 담당하였다. 그가 만일 아직까지도 생존해 있었더라면 그는 반드시 미국 교회를 비롯한 동서양의 모든 교회에 가일층 왕성한 연합정신을 감화시켜 주었을 것이다.

2) 히틀러의 횡포에 대해서 맨 먼저 항거한 신학자는 바르트였다. 그런데 본회퍼는 2차 대전이 치열했을 때 바르트의 권유에 다라 전란 중에 처해 있던 독일로 돌아가 나치의 세력에 정면충돌하다가 법적 절차도 밟음이 없이 교수대로 올랐던 것이다. 이는 그가 교회는 일반적이며 추상적인 원리가 아니라 특수하고 구체적인 발언을 해야 한다고 확신하고 과감히 투쟁한 결과였는데 그의 이 과감한 행동의 결과 현대 신학계는 신학의 정치적 관심이 성행하게 되었다.

3) 본회퍼와 바르트의 견해대로 하면 교회는 고정적인 제도나 구조가 아니라 변화무쌍한 이 세상과의 연대 관계를 지속하는 데에서 그 생명을 유지해 간다. 그런 의미에서 본회퍼와 바르트는 교회의 체질 개선을 강조한 바 있는데 이와 같은 움직임은 비단 개신교만이 아니라 현대의 천주교회 안에서도 성행하고 있는 중이다.

4) 복음은 기쁜 소식이니만큼 그것은 본시 일정한 종교적 전제 없이 어느 때 어디서나 전달되기 마련이다. 신학적으로 말하자면 할례에서의 자유는 종교에서의 자유였고 역사적으로 말하면 현대는 비종교적이며 세속적인 시대이니만큼 오늘의 교회는 십자가의 복음을 비종교적으로 해석해야 한다.

바르트는 중립국 스위스 사람이요, 본회퍼는 옥고를 겪는 동안에 무신론자와 공산주의자들과도 상봉한 바 있었다. 그런데 그들도 역시 인도적인 사람이었고 '성숙한 사람들'임을 보았던 것이다. 이에 있어서 바르트나 본회퍼는 하나님의 은총은 비단 민주진영이나 그리스도 교회만이 아니라 이 모든 비종교적인 사람들에게도 미쳐 간다고 보았던 것인데 그들의 경험은 또한 인류사의 미래를 담당할 여러 젊은이들의 경험이 될지도 모른다.

바르트는 필생의 과업이었던 『교회교의학』을 완성하지 못한 채 세상을 떠났다. 그는 생존 시에 모차르트 음악을 아침마다 감상하였고 천당에 가면 누구보다도 먼저 모차르트를 만나겠다고 말했으므로, 지금은 아마 모차르트와 더불어 조석 상대하고 있을 것이다.

본회퍼도 그가 제기했던 "예수 그리스도는 누구시며 오늘날 우리에게 있어서 기독교는 무엇인가?"라는 설문에 대한 명확한 대답을 주지 못하고 단두대에 오르고 말았다. 그러나 사나 죽으나 그리스도를 중지하기로 결단했던 그인지라 그도 지금은 끊임없이 그리던 주님과 더불어 사귀면서 후세 교회가 그 문제를 해답해 주기를 기대하고 있을 것이다.

6
한국 정세와 한국 교회*

I.

우리나라 교계에는 간혹 우리 겨레도 이스라엘 민족이나 다름없는 하나님의 선민이라고 주장하는 이들이 있다고 한다. 그러나 기독교 신앙의 진리성 여부는 그 경전인 성경을 터전으로 하고 판가름할 것이니만큼 이 문제는 역시 성서적 근거 위에서 논해야 할 줄로 안다.

이스라엘과 우리나라 사이에는 유사한 점이 있다면 그것은 차라리 두 나라가 처해 있는 지리적인 위치와 거기에서 빚어진 한 많은 민족사가 아닌가 한다.

이스라엘의 국토는 극히 좁아서 강원도의 면적을 넘지 못하고 그나마도 아라비아 사막의 연장지대여서 거의 불모지이기 때문에 한 그루의 나무를 심기 위해서는 사방에 부드러운 표토를 모아 와야 한다. 그럼에도 불구하고 그 나라 사람들은 지금 해외에 흩어져 있는 무수한 교포들이 보내준

---

*「새생명」121호(1972. 2), 32-37에 실린 글이다.

엄청난 희사금을 가지고 지하수를 뽑아 올려서 사막을 옥토로 만드는 기부츠 운동을 전개하고 있다. 그리고 광막한 사막의 한 귀퉁이가 녹화된 것을 보면 마치 우리가 금수강산의 옛 모습을 그대로 지니고 있는 설악산이나 해인사의 계곡을 볼 때와 같은 감격을 느끼면서 경탄하는 소리를 발하고 있다.

그러나 사실대로 말하면 젖과 꿀이 흐르는 땅은 이스라엘의 국토가 아니라 우리나라의 삼천리강산이라고 말할 수 있다. 그런데 식물학자들의 고증에 의하면 여호수아가 모세의 뒤를 이어 동족을 인솔하고 처음 들어갔을 때에는 가나안 땅도 기름진 옥토였는데 이스라엘 사람들이 식물을 지나치게 학대한 결과 오늘날 같은 불모지가 되었다는 것이며 우리나라 강산도 이대로 가다가는 100년이 못 되어서 불모지로 화할 수밖에 없다고 한다.

이스라엘 민족과 우리 겨레가 정주해 온 양국의 국토는 그 지리적인 여건에 있어서 비슷한 점이 너무나 많다. 이스라엘의 국토는 동서양의 문물이 교류되던 교차점에 놓여 있고 낙타를 탄 대상들이 남북으로 상거래하던 관문을 이루고 있었기에 학자들은 그 고장을 '육교'라고 일컬었다. 그런데 우리나라 국토 역시 대륙 문화를 바다 건너 섬나라에 건너보내고 서구 문명을 앞서 받은 일본에서 서구 문물을 받아다가 대륙으로 전해 주는 '교두보' 구실을 담당하여 왔던 것이다.

그러나 이는 무사태평한 평화 시의 이야기이고 두 나라를 둘러싸고 있는 강대국 사이에 각축전이 벌어지게 되면 두 나라는 언제나 본의 아닌 전화를 입을 수밖에 없었던 것이다.

II.

이스라엘의 민족사는 고난 많은 수난의 역사였기에 제2이사야는 그것을 '고난의 종'이라고 표현했다. 그런데 한반도에 이와 비슷한 수난사가 되풀이되게 되어 우리 겨레는 900회 이상이나 외적의 침략을 받아야만 했다. 그래서 지금 독립문이 서 있는 곳에는 종주국으로 섬겨 오던 중국 사신에게 아첨하기 위한 '사은문'이 서 있었고 우리가 항상 쓰는 말 중에는 '사대주의'라는 말까지가 생겨났던 것이다. 최근에도 이와 같은 정신이 작용을 하여 백제의 고도였던 부여 근처에는 침략자들의 전몰 용사를 위로하기 위한 위령탑까지 섰다고 한다.

이스라엘 사람들은 강대국의 전화를 입을 때마다 씨름판 송아지처럼 이 나라 저 나라로 끌려가서 그들의 산업과 번영을 위해서 노동력을 제공했었다. 그러나 잡초처럼 짓밟히고 기생충 같은 구차한 생활을 하였을망정 그들의 품은 뜻은 언제나 드높고 깨끗했기에 타 민족과 더불어 피를 섞는 일은 거의 없었고 언제나 순결한 혈통을 지켜 왔으며 이것이 뒷받침되어서 이 민족은 어디에서나 명철한 두뇌와 정결한 몸으로써 숭고한 문화 형성에 기여했다. 그리고 어디를 가거나 자기들의 글과 말을 간직하기에 진력함과 동시에 후손들에게 조상들이 경배해 온 야웨 하나님을 경배할 것을 가르쳐 왔다.

더러는 말하기를 한국 사람은 중국 사람이나 일본 사람과 같은 조상의 후손이라고 말하지만 알고 보면 반드시 그렇지 않고 우리 겨레가 이 강산에 정착한 것도 반만년에 달하는 유구한 역사라고 전해 왔지만 최근 손보기 박사가 발굴한 고고학적 고증대로 하면 우리 겨레가 이 고장에 정주한 때는 적어도 3만 년을 넘는다는 것이다. 그리고 우리 겨레가 중국이나 일본과는 다른 글과 말을 써온 것도 사실이지만 그보다도 더 한층 뚜렷한 것은 저 이스라엘 민족이나 다름이 없이 깨끗한 혈통을 고스란히 지켜 왔다는 사실이다.

III.

　8·15해방 이후 수많은 이북 동포가 남하했기 때문에 이제 와서는 이북 사람과 이남 사람을 구분하기가 어려워졌다. 그러나 그 이전의 실정을 아는 이들은 종종 이북 사람들은 이남 사람보다 더 진취적이고 씩씩하였으며 그 체구가 컸을 뿐만 아니라 가정이나 사회적 풍습에도 상당한 차이가 있었으며, 이북에는 이남과 같은 계급 간의 등차나 빈부 간의 격차가 없었다고 말한 적이 있다.

　그러나 이와 같은 남북 간의 차이는 지리적인 여건이나 풍토와 기후관계에서 연유된 것이었고 이북 사람과 이남 사람의 조상이 달랐기 때문이라고는 보기 어렵다. 풍토학적인 견해대로 하면 사람이 거주하는 처지 환경과 그 기후 여하의 차이에 따라 사람의 생리적인 신체만이 아니라 그 정신적인 성격까지가 제약을 받을 뿐만 아니라 그들이 형성하는 문화의 성격까지도 좌우된다 한다. 그래서 더위를 못 이겨서 노상 나무 그늘에 누워 있는 남양 군도 사람들은 불상을 조각하면 누워 있는 모습으로 조각하고 기후가 온화한 일본 사람들은 앉아 있는 불상만을 조각한 데 반하여 북풍한설이 나부끼는 한반도 사람들은 좀 더 활동적인 서 있는 불상을 무수하게 조각했던 것이다.

　이북 사람이 키가 크고 건장했던 까닭은 백미보다도 영양분이 풍부한 잡곡밥을 먹어 온 탓이었고 그들의 성격이 진취적이며 씩씩했던 까닭은 오랫동안 찬바람을 쐬면서 태산준령을 오르내린 결과인 줄 안다.

IV.

중국 대륙에서는 남과 북이 말이 달라서 피차간의 대화를 위해서는 통역을 세워야 하고 필리핀 사람들은 이 섬과 저 섬에서 서로 다른 말을 사용하고 있기 때문에 영어로 대화를 한다. 그러나 우리 겨레는 한 피 받고 한 몸 이룬 단일 민족이요, 같은 말과 같은 글을 사용해 온 한민족이다. 그리고 민족성에 있어서도 중국이나 일본과 다른 점이 많이 있는데 중국 사람들은 개인주의가 지나쳐서 중공이 강제적인 통일을 단행하기 이전에는 원만한 통일국가를 형성해 본 역사가 없고 일본 사람들은 상부의 명령에 무조건 복종할 따름 거기에 대한 비판이나 항거를 할 줄 모르는 백성이었다. 이에 반하여 우리 겨레는 한 사람 한 사람이 뚜렷한 개성을 지니고 있을 뿐만 아니라 가문과 문벌을 소중하게 여기면서도 거기에서 멈추지 않고 국왕을 중심으로 하는 통일국가를 형성할 줄 알던 백성이다. 그런 의미에서 한국 민족은 동양에서 가장 먼저 민주주의 정신에 깨어 있었을 뿐만 아니라 낡은 봉건주의 정신을 타파하고 근대화에 앞장섰던 백성이라고 말할 수 있다.

우리 겨레가 유구한 역사적인 전통을 지녀 온 한편 찬란한 문화의 꽃을 피웠다는 것도 역연(歷然)한 사실이다. 또한 한국 문화는 중국이나 일본 문화와는 그 성격이 아주 다르다. 이 점에 대해서는 수년 전에 이 고장을 다녀간 독일 철학자 보르노프 박사가 지적한 바 있었다. 제국 시대의 일본 사람들은 우리나라 문화가 일본의 문화권 아래에 예속된 것이라고 해외에 선전했기 때문에 보르노프 박사도 그런 줄 알고 약 2개월간 일본 문화를 연구한 다음 돌아가는 길에 이 고장에 왔다가 예상과는 달라서 우리 겨레가 고유하고 특색 있는 찬란한 문화를 형성해 온 발자취를 보고 자기 자신의 여행일정을 잘못 정했다고 뉘우치면서 돌아갔던 것이다. 대륙 문화와 화려한 프랑스 문화가 있는데 그 사이에 특수한 독일의 문화권이 있듯이 한국의 문화권은 이 독일 문화권과 비슷한 위치에 놓여 있다는 것이다.

그런데 동서양을 막론하고 찬란한 문화는 대개 윤리도덕의 기반이 되는 종교 신앙의 터전 위에서 형성된 것이었다. 저 유명한 헬라 문화는 알고 보면 주신(酒神) 디오니소스를 경축하는 명절을 중심으로 하고 발달된 것이었고 시인이 시를 읊고 가수가 노래하며 무용사가 춤춘 것은 말할 것도 없고 연예인이 희극과 비극을 멋있게 연기하면서 사람들을 울리고 웃긴 일과 올림픽 경기에서 여러 가지 모양의 운동 경기에 출전한 운동선수들도 모두 디오니소스를 경축하기 위함이었다.

우리 겨레가 형성해 온 문화재 역시 우리의 선조들이 신봉해 온 종교심의 발로였는데 우리는 지금도 여기에 대한 실증을 경주나 합천 등지의 사찰에서 엿볼 수 있고 부산 근처의 통도사와 범어사에서도 목도할 수 있다. 그런데 위에서 말했듯이 종교를 신봉하던 형태와 거기에서 형성된 문화재를 보면 거기에도 중국 대륙이나 일본의 그것과는 색다른 점이 있을 뿐만 아니라 독특한 한국만이 가지고 있는 팔만대장경이 목각도 되고 혜초대사와 원효대사와 같은 고승들이 나오기도 했으며 율곡과 퇴계와 같은 인간문화재도 산출된 것이다.

V.

그런데 이다지도 찬란하고 아름다운 문화를 형성하여 왔을 뿐만 아니라 수만 년에 달하는 유구한 역사를 자랑하는 우리나라가 옥에 티와 같은 흠점을 가진 것이 있다면 그것은 이 나라의 지배자나 해외의 폭군들의 권력의욕의 희생이 되어 국토가 양단되거나 3분 4열 되는 국토 분열을 겪었다는 일이다. 강원도의 면적을 넘지 못한 이스라엘 나라가 남과 북으로 분단된 것도 비극 중의 비극이지만 한 피 받고 한 몸 이룬 우리 겨레가 단일 민족만이 누릴 수 있는 오붓하고 단란한 한 살림을 못 하고 미·소 양국의 세계 정책의 희생이 되어 지금도 남과 북으로 갈려서 있을 뿐만 아니라 극한 투쟁까지를 벌리고 있음을 생각하면 생각할수록 기가 막힌 일이라고 할 수밖에 없다.

8·15해방 이래 우리나라에서는 반공 사상을 마치 국시나 되는 듯이 외쳐 왔다. 그런데 최근에 이르러서 미·소가 접근되고 미국과 중공 사이어 새로운 화해 무드가 조성되게 되자 우리나라 정부에서도 국제적인 다원화 현상에 순응하여 비적대적인 공산국가와 통상을 개시하겠다고 선포하는 한편 무력 남침의 흉계를 버리기만 하면 이북과도 더불어 대화를 시도할 것을 천명하였다. 이리하여 급변하는 국제 정세에 순응하면서 UN정신을 근거로 하는 남북통일을 시도하겠다는 것이 위정자들의 정견인 듯한데 이 일을 위해서는 UN헌장의 기본정신인 칸트의 '영구평화론'에 있고 이 칸트의 영구평화론의 대본이 된 것은 사도 바울의 에베소서인 것을 상기할 필요가 있는 것이다.

해방 직후에 우리나라에 찾아왔던 UN본부의 한 직원은 UN기구가 그 기능을 발휘하기 위해서는 모든 나라 백성들이 예수 그리스도를 머리로 하고 그 지체 지체로 연결이 되는 일대 유기적인 공동체를 형성해야 한다고 말한 일이 있었다. 그러므로 UN정신을 터전으로 한 남북통일을 기하기 위해서는 우선 UN헌장이 교회의 원리를 터전으로 한 것임을 온 겨레가 이해함과 동시에 5천만 동포가 예수 그리스도를 머리로 하는 하나의 몸을 이루는 일이 급선무인데 한국 교회에는 이 일을 성취시킬 막중한 사명이 부과되어 있는 줄 안다.

VI.

　나는 수일 전에 어떤 젊은이 한 쌍을 위한 결혼식을 주례하면서 두 분이 앞으로 원만한 가정생활을 하기 위해서는 하나님 한 분만을 중심으로 하는 원주를 그려 가야 되고 부부가 서로 자기 자신을 중심으로 삼을 때에는 두 개의 중심을 중심이 생겨 타원형과 같이 일그러진 생활을 할 수밖에 없을 것이며, 아들딸이 자라서 그들 나름의 주장을 관철하게 되는 날에는 수많은 중심과 여러 가지 원주가 그려진 결과, 혼선과 혼란이 오게 될 것이라고 말한 적이 있다. 그러나 이는 비단 젊은이 한 쌍의 가정생활에만 해당되는 말이 아니라 민족 사회나 인류 사회에도 그대로 타당성을 가진 말이다.

　우리나라가 완전한 통일을 보고 온 겨레가 원만한 사회생활을 즐기기 위해서는 하나님 한 분만을 이 나라의 중심으로 하고 민족 국가 전체를 감쌀 수 있는 큼직한 원주를 그려야 할 것이며, 인류 사회는 모든 혼란과 무질서를 제거하기 위해서도 그리스도 교회의 원리에 따라 창조주 하나님만을 중심으로 하는 인간 가족을 형성해야 할 줄로 안다.

　그런데 1월 13일자 조선일보에는 우리 겨레의 종교관에 대한 흥미 있는 통계가 발표되었다. 그 통계는 25개의 도시 주민과 25개의 농촌 사람 3,509명을 대상으로 한 여론조사의 결과인데 이에 의하면 70.3%의 20대 청년 남녀들은 종교 신앙의 필요성을 인정한 데에 반하여 47.7%에 달하는 60대 노인층은 그 필요성을 인정하지 않는다는 것이다. 그리고 가장 인상 좋은 종교단체는 천주교이고 거기에 흥미를 가진 이들이 28.5%인데 비하여 둘째로 호감을 주는 종교는 불교로서 23.3%의 통계 숫자를 차지하고 있고 3위인 개신교의 통계는 19.8%의 비율로 되어 있다.

　이 통계 숫자의 비율대로 하면 우리나라에서 지금 국민들의 마음을 끌고 있는 종교는 기독교와 불교라고 볼 수 있는데 그 끼치는 영향력으로 보아 신구교를 합한 기독교의 세력이 불교의 배로 되어 있으나 개신교만을 별도로 계산해 보면 종교에 관심을 가진 이들의 3분의 1에게 영향을 끼치고 있는 정도다. 이리하여 설교 위주의 개신교에 비하여 오랜 전통과 장엄한 종교의식을 행함과 동시에 사회 복지에 기여한바 많은 천주교와 불교 편이 더 많은 관심을 끌고 있는데 우리는 여기에서 한국 개신교가 앞으로 나아갈 방향 제시를 받을 수도 있을 줄 안다.

7
기독교 변증론*

학문의 바다는 넓고 깊어서 한 가지 학문과 한 가지 방법만 가지고서는 진리의 전모를 밝힐 수 없고 같은 연구대상을 연구함에 있어서도 여러 가지 방법과 여러 가지 학문이 소용되는 수가 많다. 그래서 같은 종교를 연구함에 있어서도 어떤 이들은 그것을 현상학적으로 연구하고 어떤 이들은 역사학적으로 연구하며 또 어떤 이들은 심리학이나 사회학적으로 연구하는데 여기서 종교학과 종교사학이며 종교 심리학이나 종교 사회학과 같은 중요한 학문들이 생기게 된다. 그런데 예루살렘 입성기 『막간산책』을 집필해 오신 민영규 박사께서는 역사가인 만큼 이 글에서 기독교의 성경과 불

* 이 글은 민영규, 『예루살렘 입성기』(서울: 연세대학교 출판부, 1976), 231-265에 실린 것으로, 이 책은 민영규(閔泳珪) 교수가 1965년 9월부터 2년에 걸쳐 연세대학교 주간신문 「연세춘추」에 성지 여행기를 연재한 글에 바탕을 두고 있다. 민 교수는 한국 불교학과 동양사학과 한국 서지학(書誌學)의 일인자로 알려져 있던 분이었다. 그가 일반 성지 순례자들과는 다른 안목으로 성지의 사정을 관찰하고 기록하여 주었기 때문에, 연재 도중 당시 연세대학교 김찬국 교수가 3회에 걸쳐서, 그리고 지동식 교수가 7회에 걸쳐서 의견을 교환했고, 이 연재물이 단행본으로 나온 것이다. 지동식 박사에 대한 민영규 교수의 답변은 이 책에 싣지는 않았다. "기독교 변증론"이라는 본 제목은 편집자가 정한 것이다. 출처에 대한 정보는 '대한기독교서회'의 홈페이지에서 얻었다.

경과의 관계를 고증하기 위하여 역사학의 방법을 사용한 것은 극히 당연한 일이라고 말할 것이다.

필자의 견문이 넓지 못한 탓인지는 알 수 없으나 필자는 아직까지 우리나라 학자의 저작 중에서 자료비판과 아울러 성경과 불경과의 관계를 밝혀준 글을 읽은 적이 없었다. 그러므로 필자는 민 박사의 이 발표에 대하여 고마운 마음을 금치 못한다. 그러나 서구학자들은 종래부터 이와 같은 연구방법을 많이 사용하여 왔고 그 결과 신학계에도 종교사학파까지 생겼던 것이다. 그래서 신약학자 바이넬(Weinel)은 그의 저명한 『신약신학』을 저술함에 있어서 전 종교사의 발전을 배경으로 하고 저술했던 것이며 그는 거기에서 기독교뿐 아니라 모든 종교와 그 경전들을 공정하게 평가하였다. 왜냐하면 모든 종교의 역사적 발전과정을 무시하고서 기독교의 계시 개념에만 집착될 때에는 공정하고 건전한 학문을 수립할 수 없다고 보았기 때문이다.

종교학이나 종교사학이 훌륭한 학문임에는 틀림이 없고 학문으로서의 의미와 가치가 크다는 것은 말할 것도 없는 일이다. 그러나 거기에서는 종교의 보편적인 진리가 탐구되거나 그 역사적 발전과정이 밝혀질 따름이지 특수 종교의 신앙생명과 그 신앙고백에 들어갈 수는 없는 것이다.

그래서 릿츨은 19세기에 이미 종교사학파의 학설에 반대하고 집중적으로 그리스도 교회의 진리와 그 역사에만 관심을 기울이면서 거기에서 기독교의 본질을 밝히기에 전력하였다. 그리고 제1차 대전을 계기로 한 새로운 신학운동을 일으킨 바르트는 기독교와 일반종교는 이질적인 것이며 하나님의 계시는 모든 종교를 지양하는 것이며 계시 종교인 기독교를 종교라고 부를 수는 없는 일이라고 주장하였다.

그러나 흰 갈은 말이 아니라고 말할 수 없는 것처럼 기독교는 종교가 아니라고 말할 수는 없을 것이다. 다만 한 가지 말할 것은 기독교는 본시 종교 일반의 개념에서 생겨난 종교가 아니라 "나는 길이요 진리요 생명이라"(요 14:6)고 말씀하신 예수 그리스도의 인격을 근거로 하고 그 위에서 성장된 종교요 그 경전도 오로지 이 한 분의 인격을 증거하기 위한 증언이라는 것이 신학적인 입장이라는 말이다. 구약성서는 본시 예수 그리스도가 탄생하기 이전의 기록이니만큼 거기에는 바벨론의 창조 설화도 들어 있고 이스라엘의 민족사도 들어 있으며 이방에서 발전된 지혜문학도 들어 있다. 그리고 신약성서의 천국 개념도 본시는 이란종교에서 유래된 것이며 신약성서에 자주 나오는 '말씀'의 개념이 스토익 철학에서 유래된 것이요 바울이 가장 많이 사용한 '주' 개념이 헬레니즘 시대의 이방종교에서 흔히 쓰던 용어라 함은 의심할 수 없는 일이다. 이런 의미에서 민 박사께서 누가복음 15장에 나오는 탕자의 비유를 법화경에서 유래된 자료일 것이라고 추론한 것은 그럴듯한 추론이 아닌가 한다.

그러나 역사가가 아니라 신약학과 신학에 뜻을 둔 필자로서 한 마디 말하고자 하는 것은 신약성서에 사용된 모든 자료들은 결코 이방종교나 철학사상을 주장하기 위해서가 아니라 오로지 예수 그리스도 한 분의 인격을 증거하기 위한 것이라는 일이다. 신약성서의 저작자들은 결코 불교도도 아니요, 철학도도 아니었다. 그들은 모두가 예수 그리스도의 증인이었다. 그러기에 신약성서에서는 오로지 예수 그리스도의 증언을 읽어야 되고 종교 일반의 역사보다도 그리스도를 중심으로 하고 이루어진 구원의 역사(Heilsgeschichte)를 읽어야 한다. 왜냐하면 신약성서 자체가 거기에 대한 증언이니까.

신약학자 맥닐(McNeile)의 말에 의하면 신약성서는 결코 다채로운 걸작집이 아니라 오직 한 분 예수 그리스도께 대한 증언인 것이다. 그래서 헌터도 이르기를 신약성서를 연구함에 있어서는 이란 종교나 헬라 철학을 두루 살피는 원심력 운동을 일으켜서는 안 되고 그것이 증거하는 예수 그리스도를 중심으로 하는 구심력 운동을 일으켜야 한다고 말하고 있는데 루터도 일찍이 이와 같은 의미에서 성서는 비유컨대 어린 아기 예수가 누워 있는 말구유와 같고 성서의 왕은 예수 그리스도라고 말한 적이 있다. 그러므로 신약학자나 신학자들은 길 잃은 양이나 탕자의 비유가 어떠한 자료에서 유래되었느냐를 탐구하는 데에 머물지 않고 한 걸음 더 나가서 거기에서 예수 그리스도가 어떻게 증거되어 있는가를 탐구하는데 그리스도인의 입장에서는 여기에 신구약성서의 중심 문제가 있다고 본다.

그러나 이와 같은 실정은 비단 기독교의 경우만이 아니라 불교의 경우에도 있는 줄 안다. 어떤 유대교 학자의 연구에 의하면 예수께서 말씀하신 모든 교훈은 구약성서와 유대교 문헌에서 나온 것이라고 하지마는 석가여래의 모든 교훈도 전해오던 인도 종교의 교훈들을 터전으로 한 것이라 함은 널리 알려진 사실이다. 그럼에도 불구하고 기독교와 불교라는 새로운 종교가 탄생된 까닭은 마치 역사의 바다에 인격의 힘이 움직이고 있는 것처럼 종교 탄생의 배후에도 위대한 인격의 힘이 강하게 작용하고 있음을 말해 주는 것이라고 말할 것이다. 이에 있어서 필자는 민 박사께서 종교사적 입장에서 고찰하신 바를 신약학과 신학적 입장에서 해석해 보고자 하는데 이는 물론 신약학이나 신학의 우월을 말하기 위해서가 아니라 종교와 그 경전의 연구에는 이와 같은 면도 있음을 제시하기 위해서다.

예수께서는 그의 천국복음을 증거할 때에 언제나 평이한 비유를 사용하셨다. 착한 사마리아인과 어리석은 부자와 거지 나사로의 비유나 달란트와 열 처녀의 비유 등이다. 어찌하여 이와 같은 비유들을 사용하였던가에 대해서는 여러 가지 학설이 있으나 프리스턴 대학의 파이퍼(O. Piper)의 견해대로 하면 예수의 모든 비유는 윤리교훈을 위한 것이 아니라 그것을 말씀하신 예수 자신의 인격의 비밀을 말하기 위한 것이다. 그리고 베른 대학의 미카엘리스(Michaelis)의 말대로 하면 예수님의 비유에서는 그분 자신과 그 제자들의 실정이 드러난다 한다.

그러나 예수께서 말씀하신 모든 비유는 그가 비로소 처음으로 사용하신 것이 아니라 구약의 예언자들과 그 당시의 랍비들도 사용하던 것이다. 그런데 예수가 말씀하신 모든 비유 중에서 가장 인상적인 것은 누가복음 15장에 나오는 '탕자의 비유'인데 민 박사의 지적한 바에 의하면 이 비유와 법화경의 '궁자(窮子)의 비유' 사이에는 깊은 관련성이 있는 듯하다. 그러나 법화경에는 몰락한 궁자 한 사람이 말씀되어 있음에 반하여 누가복음에는 탕자와 그의 장형이 말씀되어 있고 법화경에 나오는 궁자의 아버지는 50년간 아들을 기다린 후에 아들을 구하기 위하여 그와 더불어 20년간을 거름치기로 지냈다 하나 누가복음에는 이와 같은 어색한 대목이 없다.

누가복음 15장 11-32절의 비유를 탕자의 비유라 함은 하나의 상식처럼 되어 버렸다. 그러나 거기에는 다만 탕자 한 사람만이 아니라 그의 장형의 이야기도 나와 있다. 그러므로 그것을 탕자의 비유라 함은 적당치 않다. 그래서 독일의 슈니빈트(Schniewind)는 그것을 '잃어진 두 아들의 이야기'라고 일컫고 있다. 아닌 게 아니라 탕자와 그의 형은 둘 다 잃은 아들들이다. 얼핏 보면 정직하고 근면했던 맏아들은 나무랄 것 없는 도덕군자처럼 보인다.

그러나 그는 도리어 그의 도덕적인 결백성 때문에 아우가 돌아 온 일조차 기뻐할 수 없었던 것이니 그도 하나의 잃어진 아들이었다. 그러므로 예수가 말씀하신 이 비유는 부질없는 두 아들을 주인공으로 하였다기보다 차라리 그들을 끝까지 돌보시고 사랑해 주신 그 아버지의 사랑을 말하기 위한 것이라 함이 하임(K. Heim)의 제안이다.

이 이야기의 중심은 탕자나 그의 장형에게 있다기보다는 그들의 '아버지'에게 있다고 할 것이다. 따라서 이 비유의 제목은 차라리 '아버지와 아들'이라고 일컫는 것이 좋을 듯하다. 아버지에게는 큰 저택과 많은 전토가 있었다. 그래서 농사지을 때에는 많은 종들과 품꾼들이 동원되었다(눅 15:17). 그런데 하루는 둘째 아들이 와서 자기 받을 분깃을 나누어 달라고 요구하였다. 신명기 21장 15절에 의하면 두 아들이 있을 경우에 유산 분배의 비율은 큰 아들이 3분의 2요 둘째 아들은 3분의 1이었다. 그러나 신약학자 예레미아스의 주장대로 하면 예수님 당시의 법대로 하면 아버지 생존 시에는 유산을 분배할 수 없었고 그 대신 유산 외에 임시로 나눠 주는 재산 제도가 있었다 한다. 아무튼 둘째 아들은 그의 분깃을 요구했는데 이것을 보면 그에게는 독립심과 모험심이 있었을 것이다. 그리고 그가 집을 떠나게 된 직접 동기는 변화 없는 농촌에 그대로 머물기보다는 차라리 도회지에 진출하기 위해서였을지도 모르며, 자유에의 충동과 자율적인 생활에 대한 강한 욕구를 이루기 위함일지도 모른다. 어쨌든 앞으로의 그의 생활은 '아버지를 떠난' 생활이었다. 그러나 그가 일단 도회지에 떨어지자 그의 생활에는 소비가 늘게 되었고 주변에 모여드는 친구들도 반드시 건실한 생활을 하는 이들만은 아니었다. 그러므로 15장 30절에서 그의 형이 지적하고 있는 것처럼 그는 그의 돈을 창기들과 함께 썼을지도 모른다. 이에 있어서 그는 아버지를 떠난 생활과 거기에서 누리는 자유가 어떠한 것임을 뼈저리게 경험하게 되었다. 그 자유는 결국 탈선의 자유요. 그 생활은 낭비와 향락의 생활이었다.

그런데 때마침 그가 유하던 고장에 흉년이 들어 기아선상에서 허덕이게 되었다. 모든 것을 낭비한 그는 체면 불구하고 그 지방 주민의 집에 가서 돼지 치는 일을 맡아 보았고 돼지 먹이 '쥐엄나무 열매'로 배를 채웠다.

그러나 다행이도 그에게는 돌아갈 '아버지의 집'이 있었다. 아버지는 한순간도 집을 떠난 아들의 일을 잊은 적이 없었다. 그의 형이 보기에는 되돌아 온 탕아는 경멸의 대상이었고 그에게 대한 후한 대접은 불만의 원인이었다. 그러나 아버지 마음은 그와 달랐다.

아버지가 없었던들 집에 돌아와도 탕자에게는 아무 위로도 없었을 것이다. 이 아버지가 계셨기 때문에 탕자에게는 돌아갈 장소가 있었고 '회개'도 탕자 자신보다는 차라리 그의 아버지 때문에 일어난 변화였었다.

그러나 아버지 집을 향하던 탕자의 심정은 침울하고 처량하였다. 그는 속으로 생각하였다. 나는 '하늘과 아버지 앞에 죄를 범한 자이니 아들이라고 자처할 수 없고 다만 아버지의 집에 한 사람의 품꾼으로 일해 보겠다고. 그런데 그가 아직 '먼 곳'에 있을 때에 그의 아버지는 그를 보고 '달려가서' 그의 목을 안고 그에게 입 맞추었다. 고대 동양풍습대로 하면 점잖은 사람이 달려간다는 일은 품위를 손상시키는 일이었다. 그럼에도 불구하고 탕자의 아버지는 책망이나 중벌은커녕 달려가서 그 아들을 환영하였다. 그는 도리어 남루한 옷을 입고 발을 벗은 그의 아들에게 제일 좋은 옷과 신을 가져오게 하였다. 손에는 '가락지'를 끼웠는데 이것은 아버지가 도장으로 사용하던 것으로서 앞으로는 아들이 그 도장을 사용하라는 뜻이었다. 그는 또한 살찐 송아지를 잡아서 큰 잔치를 베풀었다. 그러나 이 기쁜 장면을 보고 불쾌감과 분노에 잠긴 이는 오히려 밭에서 일하다가 돌아온 맏아들이다. 그는 돌아온 아우를 아우라고도 일컫지 않고 '이 당신의 아들'이라고 지목하면서 아버지에게 항의한다. 무엇 때문에 그 탕아를 위해서 이와 같은 연회를 베푸느냐고. 이리하여 그도 역시 잃어진 자임을 스스로 증거한다. 그러나 아버지께서는 아우의 소생을 같이 기뻐하지 못하는 그의 일그러진 마음을 측은하게 여긴다.

이 맏아들의 이야기가 없었던들 이 비유는 극히 평범한 이야기가 되었을 것이다. 그런데 예수께서는 이 맏아들의 이야기를 가함으로써 '의인은 없나니 하나도 없음'을 가르침과 동시에 만백성을 구하시기 위해서 오신 자기 자신의 사명과 그를 이 세상에 보내신 하나님을 증거하는 것이 '아버지와 아들'의 비유인 것이다.

필자는 조각에 대한 깊은 조예가 없기 때문에 전문적인 평가는 할 수 없으나 지금까지 구경한 조각 중에서는 석굴암의 불상만큼 우아하고 아름다운 조각을 본 적이 없다. 그런데 이 아름다운 조각이 옛날 헬라에서 발달된 조각술의 영향을 받은 것이라 함은 거의 결정적인 학설인 줄 안다. 여기에서 우리는 민 탁사가 말씀하신 "문화는 이 민족에서 저 민족으로 가까운 곳에서 먼 곳으로 전파되고 이동하는 것이라"는 말씀을 긍정하게 되거니와 기독교의 독자성을 강조하는 바르트까지도 성공회나 천주교 성당에 안치된 모든 초상은 헬라 조각의 영향을 받은 것임을 인정하고 있다.

초상의 유래는 불교의 경우나 기독교의 경우가 다를 것이 없다. 모세의 십계명을 보면 제2계명에 이미 어떠한 형상이나 만들지 말고 그 앞에 절하지 말라고 금단되어 있다.

그런데 마치 정신적인 인도 문명과 구상적인 헬라 문명과의 결합에서 불상이 조각된 것처럼 영적인 이스라엘 종교와 구상적인 헬라 조각이 결합된 데에서 기독교의 여러 가지 초상이 조각된 것이다.

민 박사께서는 또한 더트(R. C. Dutt)의 학설에 따라 기독교의 세례의식이 불교의 관정과 목욕재계에서 유래된 것임을 암시하고 계시는데 이 주장 역시 부정할 수는 없을 것이다. 왜냐하면 '물'이 종고의식에 사용된 것은 고대 종교사에서 보편적인 현상이었고 기독교의 세례가 생기기 전에 이미 물세례 역사에는 오랜 역사가 있었기 때문이다.

신약학자 웹케의 연구에 의하면 원시 기독교가 탄생되기 이전 200년 전에 이미 헬레니즘 지대의 이방종교에서는 마치 세례 요한이 요단강 유역을 신성한 장소라 하여 거기에서 세례를 베푼 것처럼 나일강 유역을 성스러운 곳이라 하여 거기에서 세례를 베풀었을 뿐 아니라 심지어는 "나일강 물을 마시는 사람은 신과의 관계에 들어가게 되고 나중에는 신이 된다"고까지 하였다 한다.

그러나 아무리 같은 기술로 조각을 하고 같은 의식으로 물세례를 베풀지라도 그 초상과 물세례에 대한 신앙적인 의미 내용에 있어서는 모든 종교가 동일할 수는 없는 것이다. 불교에서는 헬라의 조각술을 배워다가 불상을 조각하였고 기독교에서는 그리스도와 성모 마리아 및 제 성도의 초상을 조각하였다. 그러므로 여기에서 우리가 생각할 것은 조각이나 세례 의식의 외형보다도 거기에 담겨 있는 의미 내용을 고찰할 필요가 있다는 일이다. 그런데 종교사가 라이첸슈타인(Reizenstein)에 의하면 동방의 만다교에는 '물'의 기능이 발휘되게 되면 거기에서 마귀가 쫓겨난다는 생각이 있었다 한다. 다시 말하면 물에서 마법적인 위력이 나타난다고 보았다는 것이다. 그러나 이 마법적인 위력이 인격적인 힘일 수는 없는 것이다.

그런데 기독교의 세례는 민 박사께서 지적한 바와 같은 제왕의 직위나 태자를 세우기 위한 것도 아니요, 어린 탄생불의 머리에 붓기 위한 물이 아니라 어디까지나 그리스도 신앙을 의미하는 것이며 불교나 헬레니즘 지대의 이방종교보다는 차라리 구약성서와 세례 요한에게서 영향 받은 세례인 것이다.

물은 구약성서에 있어서도 종교적인 의미를 가지고 있다. 터툴리아누스의 해석대로 하면 창세기 1장 2절에 기록된 "하나님의 신은 수면에 운행하시니라"부터 벌써 물세례의 기원을 말해 주는 것이라 한다. 그런데 구약에 있어서는 물은 다만 마법적인 기능이나 윤리적인 의미만을 가진 것이 아니라 그것을 사용하시는 하나님의 인격적인 역사를 나타내는 것이다.

그런데 세례 요한의 세례는 이 구약성서적인 배경을 가진 것이었다. 그래서 그는 세례를 베풀 때에 하나님께 대한 인격적인 '회개'를 재촉했던 것이다. 그러므로 세례 요한의 세례에 있어서는 '물' 자체가 독립적인 힘을 가진 것이 아니라 그것을 통해서 하나님의 역사하시는 세례였다. 이에 있어서 바르트는 세례에서는 '물의 기적'(Wasser-Wunder)이 아니라 '물의 표적'(Wasser-Zeichen)이 나타난다고 주장한다. 왜냐하면 그것은 하나님의 역사를 매개하는 하나의 표적에 불과하기 때문이다.

마태복음 28장 19절에는 예수께서 그 제자들에게 세계 전도를 당부하신 장면이 기록되어 있는데 거기에는 "그러므로 너희는 가서 모든 족속으로 제자를 삼아 아버지와 아들과 성령의 이름으로 세례를 주라"고 말씀하고 계시다. 그래서 그리스도 교회는 당초부터 성부 성자 성신의 이름이 아니면 예수의 이름으로 세례를 베풀었는데 로마이어(Lohmeyer)의 말과 같이 궁극적인 의미에서 세례를 베푸시는 이는 삼위일체 하나님과 주 예수 그리스도시라는 것이 그리스도인의 고백인 것이다.

그래서 사도 바울은 로마서 6장 4절에서 이르기를 "우리가 그의 죽으심과 배합하여 세례를 받음으로 말미암아 그리스도를 죽은 자 가운데서 살리심과 같이 우리로 또한 새 생명 가운데서 행하게 하려 함이라"고 말하고 있다. 다시 말하면 그리스도인은 그의 세례를 통하여 예수 그리스도의 십자가의 죽음과 그의 부활에 동참하게 되었음을 믿는다는 것이다. 그러나 이는 다만 사도 바울의 신앙만이 아니라 그것은 또한 예수 그리스도 자신의 소신이었다. 그는 요단강에서 세례 요한에게 세례를 받으셨는데 그때에 벌써 만백성의 구원을 위하여 십자가의 고난을 담당하실 것을 의식하셨다. 그래서 공관복음 저자들은 다음과 같이 전하고 있다. "예수께서 가라사대 너희 구하는 것을 너희가 알지 못하는도다. 너희가 나의 마시는 잔을 마시며 나의 받는 세례를 받을 수 있느냐"(막 10:33), "나는 받을 세례가 있으니 그 이루기까지 나의 답답함이 어떠하겠느냐"(눅 12:50).

이 말씀과 같이 그리스도인은 그의 받는 세례를 통하여 예수 그리스도의 역사적인 죽음과 그의 부활에 연결되는 것이다. 따라서 그리스도의 세례는 다만 외관상적인 것이 아니라 예수 그리스도와 합해지는 역사적인 사건인 것이다. 그래서 미셸(Michel)은 이르기를 세례는 '일회적'이며 '운명적'인 사건이라고 말하고 있다. 그리그 스웨덴의 신학자 니르겐(Nygren)의 견해대로 하면 예수 그리스도의 이름으로 세례 받은 그리스도인은 그와 더불어 사사로운 관계를 맺는 것이 아니라 그의 몸 된 교회와 더불어 관계를 맺느니만큼 거기에는 반드시 '공동체'가 이루어지며 여기에서 세례의 교회적인 의미를 깨닫게 된다고 한다. 그리고 세례는 반드시 교회에서 베풀어지고 교회를 떠나서는 베풀 수 없는 이유가 여기에 있다.

사람의 신체구조는 대단히 오묘하고 거기에 붙어 있는 지체 지체가 발휘하는 기능도 퍽이나 신비스럽다. 그런데 모든 지체 중에서도 특히 손가락의 기능은 유난하게 눈에 뜨인다. 음악 하는 학생들이 빠르게 피아노의 건반을 칠 때에나 사무실에서 여사무원의 부드러운 손끝이 타자기를 칠 때에 신비스러운 느낌을 가지게 됨은 나 혼자만의 느낌은 아닐 것이다.

그런데 손가락 중에서도 특히 둘째손가락은 심각한 기능을 발휘한다. 왜냐하면 어떤 때에는 그것이 방아쇠를 당김으로써 실탄을 쏘기도 하고 또 때로는 실탄이 아닌 지탄을 가함으로써 소리 없는 총으로 멀쩡한 사람을 죽일 수도 있기 때문이다. 그러나 검지는 다만 세상에서 되어지는 어수선한 일들만을 저지르는 것이 아니라 하늘과 땅에 관한 심오한 진리를 가르치는 데에도 사용되는 수가 많다. 그래서 기독교와 불교계에는 이 검지의 이야기가 많이 나오는데 세례 요한은 나사렛 예수를 보자마자 "보라 하나님의 어린 양이라"고 지적하였다. 그래서 미켈란젤로의 그린 '세례 요한'을 보면 그의 검지가 하늘을 가리키고 있고 고대교회는 하나님의 영이신 성령을 가리켜 '하나님의 손가락'이라고 말한 일이 있는데 그 까닭은 하나님을 올바르게 가리켜 주시는 이는 실상인즉 이 성령이기 때문이다.

검지의 이야기는 불교에서도 볼 수 있으니 불교계의 전승대로 하면 석가는 낳자마자 세 발자국을 떼고 나서 "하늘과 땅에서 오직 나 홀로만이 존귀하다"고 말했다고 한다. 그리고 그는 이때에 오른손으로는 하늘을 가리키고 왼손으로는 땅을 가리켰다고 전해지거니와 이때 석가가 사용한 손가락도 역시 검지였던 것이다.

그래서 탄생불의 조각을 보면 위아래를 가리킨 두 검지가 인상적으로 조각되어 있다. 하지만 이 탄생불이 가리킨 하늘과 땅을 둘 다 안에 있는 내부 세계를 가리키는 것이었고 위에 있는 초월의 세계는 아니었다. 그러나 예수께서 가리키신 하늘은 이와 달라서 그는 하늘에 계신 하나님 아버지를 가리켰을 뿐만 아니라, 생사관두에 섰을 때에도 "내 뜻대로 마시고 당신의 뜻대로 하시라"고 호소했던 것이다. 불타에게는 검지로 가리킬 수 있는 아버지가 없었지만 예수에게는 모든 일을 그의 뜻대로 행해야 하는 아버지가 계셨다. 불타는 인생고의 해결을 위하여 자기 홀로 명상하다가 중생을 구할 수 있는 길을 스스로 깨쳤지만 예수께서는 하늘에 계신 아버지의 뜻에 따라 이 세상에 오셨고 이 세상에 오신 다음에도 모든 일을 기도로써 호소하면서 아버지의 뜻대로 행했던 것이다.

그러므로 불교의 세계는 사색과 명상의 세계요 깨달음과 독백의 세계가 될 수밖에 없다. 그러나 예수께서 가리키신 하늘 세계는 부버(M. Buber)의 이른바 '나와 당신의 대화'의 세계요 신학자 브룬너가 재치 있게 말해 준 '만남'의 세계다. 그러나 아버지와 아들이 만나는 이 만남은 집 떠났던 탕자와 그를 맞아들이는 아버지와의 만남이기 때문에 바르트는 그것을 '화해'라고 부른다. 그런데 불교에서는 본시 사색과 명상을 통한 '깨달음'과 '앎'의 세계는 풍부하지만 인격과 인격이 맞부딪치는 '만남'과 '사귐'의 세계라든지 '화해'의 세계는 희박한 듯하다.

우리는 이와 같은 실정을 민 박사께서 지적하신 선종의 '지월'(指月)의 교훈에서 뚜렷하게 엿볼 수 있다. 이 지월의 교훈이란 다름 아니라 "불성이란 마음속에 깊이 잠긴 달과 같은 것, 내 마음을 거울처럼 밝힐 때 비로소 비쳐지는 것이다"라는 것이다. 따라서 거기에서는 공중에 높이 뜬 둥근

달이 아니라 '마음속에 깊이 잠긴' 자기 자신의 깨달음을 '거울처럼 비치는 달'이라고 가리키게 되는 것이다. 그러나 여기에서는 분명히 나와 당신의 대화의 세계나 화해의 세계보다도 자기 홀로 사색하고 명상에 잠기는 독백의 세계가 전개될 수밖에 없는 것이다.

이와 같이 주장하면 혹자는 그렇다면 우리에게 예수께서 가리키신 하나님 아버지를 보여 달라고 요구할지 모른다. 그러나 이와 같은 요구는 이제 와서 시작되는 것이 아니라 예수 당시의 바리새파나 사두개파뿐만 아니라 12제자의 한 사람인 도마까지도 원했던 요구다. 그리고 이 도마는 또한 예수가 부활했다는 소문을 듣고 "내가 그 손의 못 자국을 보며 내 손가락을 그 못 자국에 넣으며 내 손을 그 옆구리에 넣어 보지 않고는 믿지 않겠노라"고 말했던 것이다(요 20:25). 여기서 우리는 현대 과학이 숭상하는 실증주의의 단서에 접하게 된다. 그러나 이 실증주의 정신에서 확인된 확실성과 신앙의 확실성과는 다른 것이다. 왜냐하면 실증주의 정신은 모든 것에다 손가락을 넣어 보라고 요구하지만 그 실증주의 정신 자체에 대해서는 손가락을 넣을 수가 없는 것인데 이와 같은 확실성이 바로 신앙의 확실성인 것이다.

사도 바울도 그가 회심하기 이전에는 하나의 실증주의자였다. 그래서 나사렛 예수가 하나님의 아들이라든지 그가 만백성의 구원을 이룩하실 구세주시라는 것을 완강하게 거부함과 동시에 그와 같은 허무한 소식을 퍼뜨리는 그리스도인이나 그들의 교회를 질그릇 부수듯이 부셨던 것이다. 그러던 사울이 회심하여 바울이 되고 어제까지 박해하며 부수던 그리스도 교회를 세울 뿐만 아니라 그리스도를 증거하기 위하여 현명적(懸名的)인 노력을 계속한 까닭은 그의 생애에 획기적인 변화가 생겼던 결과인데 이는 고대교회가 말한 '하나님의 손가락'인 하나님의 영이 그에게 하늘에 계신 아버지의 뜻을 가리켜 주셨을 뿐 아니라 그에게 이방 사도의 사명을 맡겨 주신 결과라는 것이 사도행전과 바울서신의 주장하는 바다. 이에 있어서 그는 그의 서신을 시작할 때마다 자기의 사도직은 '사람에게서 난 것이 아니라 다시 사신 예수 그리스도와 아버지 하나님의 소명에 의한 것이라'고 강조했던 것이다(롬 1:1; 고전 1:1; 고후 1:1; 갈 1:1 등).

여기에서 우리는 하나님의 손아귀에 사로잡힌 한 사람의 모습을 보게 되거니와 실상인즉 구약의 예언자와 신약의 모든 사도는 자기의 생각이나 느낌을 말해 주는 사상가나 그런 의미의 종교가가 아니라 그들을 부르시고 부리신 하나님과 그의 아들 예수 그리스도의 증인이었다. 그런 의미에서 그들은 역시 하나님과 예수 그리스도를 가리키던 손가락이었다는 것이 그리스도인들의 신앙고백이다. 그러나 예언자와 사도들 사이에는 한 가지 구별이 있으니 예언자들은 장차 오실 예수 그리스도를 가리키던 '대망의 손가락'인 데 반하여 사도들은 이미 오신 예수 그리스도를 가리킨 '회상의 손가락'이라는 점이다. 그러나 '하나님의 손가락'이 그들을 한결같이 쓰신 것이다.

박종화 씨의 『삼국풍랑』을 보면 이런 이야기가 나온다. 궁예 왕이 자기의 불성의 권위를 인정받기 위해서 불경을 저작하여 가지고, 당시의 고승에게 그 경전성을 인정할 것을 강요하는 한편, 그의 두 아들을 보살로 만들어 그들을 언제나 그의 좌우에 거느렸으나, 고지식하고 깐깐한 늙은 고승이 끝까지 그의 저작에 대하여 경전의 가치를 인정하지 않았기 때문에 필경에는 그를 해쳤다는 이야기다.

여기에서 우리는 불교의 경전은 기독교의 경전과 달라서, 석가나 그 당시의 고명한 고승들의 저작만이 아니라, 후세 사람들의 저작도 역시 경전으로 인정될 수 있다는 것과, 그러므로 해서 불교에는 팔만대장경이라는 엄청난 분량의 경전이 생기게 되었다는 사연을 짐작할 수 있다. 그러나 이렇게 되고 보면 나중에는 퍽 딱한 일이 생길 듯하다. 왜냐하면, 거기에서는 이것만이 원래의 경전이라고 주장할 수 있는 권위 있는 불교의 경전과 그 바탕이 성립될 수 없음과 동시에 때에 따라서는 지난날의 경전과 바탕이 모조리 폐기될 수도 있을 테니 말이다.

선불교에 대한 민 박사의 말씀에 따르면, "선불교에서 요구되는 것은 기성 종교가 가져다주는 일체의 기반으로부터 초탈하는 일이다. 예배를 요하는 대상이 있어서도 안 되고, 아침저녁으로 지켜야 할 의식이 있어서도 안 되고, 죽어서 간다는 내생의 약속도 물론 있어서는 안 된다." 여기에서 우리는 저 편에 계신 신앙대상도, 그를 믿던 신도들의 남긴 전승도, 아니 신앙의 터전이 되는 경전조차도 모조리 부정해 버리고 자기 홀로 명상과 사색에 잠겨 있는 좌선하는 도승의 모습에 접하게 되거니와, 자세히는 알 수 없으나 이것이 아마 '모든 형식'을 떠난 '무아와 고절'의 경지이리라.

그러나 기독교의 경우는 이와 다르다. 왜냐하면, 기독교의 창시자인 예수 그리스도부터가 기성 종교인 유대교의 경전을 기독교의 경전으로 받아들였고, 그의 해석자인 사도들 역시 그의 탄생이 구약의 예언이 성취된 것이라고 봄과 동시에(마 1:22-24; 2:5-6; 3:3; 4:4,14-16; 15:17-18 등) 그들 자신은 언제나 "주께서 받은 것을" 전한다고 자처했기 때문이다(고전 11:23). 그리고 후세 교회는 또한 그리스도를 증거한 이 사도들이 저작까지를 경전으로 인정하고 있는 것이다.

경전에 대한 최종 결정을 보기까지에는 몇 세기의 시일과 적지 않은 기복이 있었던 것이며 이 문제 때문에 경건하고 감화력이 컸던 마르키온(Marcion)이 '이단자의 조상'으로 몰리기도 하였다. 그러나 일단 결정된 경전의 범위에 대해서는 '더할 수도 없고 덜 수도 없다'는 것이 아타나시우스(Athanasius, 295-373) 이래의 경전관이다. 그래서 그리스도 교회는 지금도 이미 편성된 신구약성서 66권만을 그 정경으로 인정하고 있다.

그리고 사도직후의 교부시대로부터 오늘날에 이르기까지 그리스도 교회의 문필가들은 모두다 신구약성서의 터전 위에서 저작했을 뿐이고 그들 자신이 경전을 저작하거나 그것을 무시하지는 않았다. 그리고 그리스도인들은 예나 지금이나 신구약성서만을 신앙 생명의 양식으로 하고 그것을 먹고 마시면서 자라 왔던 것이다. 그러나 그리스도 교회가 이와 같이 성서를 소중하게 여기는 까닭은, 그 글자나 문장이 훌륭해서가 아니라, 거기에 담겨 있는 내용 때문인데, 그 내용인즉 어두움의 세상에 빛으로 오셔서 그것을 비추어 주신 예수 그리스도의 사건이다. 그래서 사도 요한은 예수 그리스도의 사건을 다음과 같이 증거하였다. "그 안에 생명이 있었으니 이 생명은 사람들의 빛이다. 빛이 어두움에 비취되 어두움이 깨닫지 못하더라"(요 1:4-5).

성서가 말하는 어두움은 서로 미워하는 일이요 빛은 서로 사랑하는 일이다. 그래서 사도 바울은 같은 진리를 증거하기 위하여 그리스도인은 코름지기 서로 사랑해야 한다고 역설함과 동시에, "내가 사람의 방언과 천사의 말을 할지라도 사랑이 없으면 소리 나는 구리와 울리는 꽹과리와 같고. 내가 예언하는 능이 있어도, 모든 지식을 알고 또 산을 옮길만한 믿음이 있을지라도 사랑이 없으면 내가 아무것도 아니다"라고 주장한 것이다(고전 13:1-2). 왜냐하면 그리스도를 체 받는 사랑이야말로 모든 은사 중에서 "가장 좋은 은사요, 제일 좋은 길"이라고 믿었기 때문이다(고전 12:31).

그리고 그가 바리새교인들의 율법주의를 배격한 것도 율법 자체를 무시한 것이 아니라, 그들의 그릇된 율법주의를 배격한 것이다. 왜냐하면 율법은 본시 몽학선생과 같이 '우리를 그리스도에게로 인도하는 것'인데, 율법이 가리키는 그리스도는 믿지 않고 율법 행위만을 자랑하는 것이 바리새교들의 율법주의였기 때문이다(갈 3:24).

보기에 따라서는 그리스도를 믿는 이상 율법은 이미 폐기된 것이라고 보일 것이다. 그러나 이 바울의 논조대로 하면 율법이 없이는 그리스도에게로 나아갈 길이 없고, 율법과 복음 사이에는 밀접한 관계가 있는 것이다. 그래서 바르트는 율법과 복음과의 관계를 '형식과 내용'의 관계라고 주장함과 동시에, 내용 없이는 형식이 무의미하고, 형식이 없이는 내용이 보존될 수 없다고 말하고 있다. 그리고 그리스도 교회는 예로부터 율법을 주장하는 모세 5경을 그대로 경전으로 인정하여 왔거니와 위에 말한 마르키온이 이단자의 낙인을 받게 된 것은 실상인즉, 그가 기독교의 경전을 최초로 편성하였음에도 불구하고, 율법적인 요소를 가진 모든 서책을 빼어 버리고 십자가의 복음만을 순수하게 말해 주는 바울서신과 그의 수반자였던 누가의 복음서만을 경전으로 제정하였기 때문이다.

이에 있어서 그리스도 교회는 언제나 신구약성서를 같은 하나님 말씀으로 믿고 그것을 터전으로 하고 신앙생활을 하는 것이다. 그러나 이는 결코 신구약성서의 문자적인 기록이 곧 하나님 말씀이라는 뜻이 아니라, 살아계신 하나님께서 그 문자적인 기록을 통해서 영적으로 말씀하심을 믿는다는 말이다. 왜냐하면 원본적인 의미의 하나님 말씀은 물론 그의 아들이요 계시이신 예수 그리스도이지만, 그에게 대한 기록된 말씀은 성서 이외에 없기 때문이다. 그래서 바르트는 성서를 '기록된 하나님 말씀'이라고 주장하는데, 이는 결코 성서의 문자 그것이 하나님 말씀'이라'(sein)는 말이 아니라 그것을 통해서 하나님의 말씀하신 때에 성서가 하나님 말씀이 '된다'(werden)는 것이다.

그리고 이 하나님 말씀에 순종하는 데에서 그리스도인의 영적 생활과 니버(Reinhold Niebuhr)의 이른바 '빛의 자녀'의 기능이 발휘되는 것이다.

"금강산을 보기 전에는 산에 대해서 말하지 말라" 함은 한국 사람이면 누구나 아는 말이다. 그런데 필자는 이와 같은 의미에서 "신라 문화를 보기 전에는 한국 문화를 논하지 말라"고 느낀 적이 있었다. 학생들과 더불어 흙 한줌 돌멩이 하나하나가 불교적인 체취를 발하고 있는 경주 시내를 거쳐 그 동편에 있는 불국사와 석굴암을 구경하고 다시 서편으로 돌아서 합천 해인사를 찾았을 때의 일이다.

그런데 최근의 신문 보도에 의하면 석굴암 부근의 동해에서는 인류 역사에 전례가 없는 바다 속에 안장된 문무대왕의 능이 발견되었고 미소를 띠이고 있는 석굴암의 불상은 알고 보니 이 문무왕의 능소를 바라보고 있다는 이야기다.

솔직하게 말해서 필자는 이 보도를 읽고 적지 않게 당황함과 동시에 일제 강점기에 나의 고향에 있는 해월암에 갔었던 일과, 수년 전에 도봉산에 있는 천축사를 찾았던 기억이 되살아났다. 왜냐하면 일제 강점기의 해월암 불상 앞에는 '천황폐하 만세'라는 팻말이 세워져 있었고 천축사의 천정에는 이 왕가에서 사용하던 낡은 용상이 매달려 있었기 때문이다.

조그마한 암자의 승려나 천축사의 도승이 집권자를 추앙하고 그들의 세도 앞에 굴종했다는 것은 불교의 근본정신을 터득하지 못한 탓이라고 변명할지 모르나 신라 문화의 정수를 이룬 석굴암의 불상까지가 지배자의 유적을 칭송하기 위해서 조각된 것이었다면 불교와 기독교는 다른 점에 있어서는 몰라도 그 정치관에 있어서는 상당한 거리가 있는 듯하다.

기독교도 문화나 사회 내지 경제면에 대해서는 많은 관심을 기울여 왔고 그 결과 기독교 문화와 기독교 사회 내지 기독교 경제를 이룩한 적이 더러 있었다. 서양 문화 전체가 대체로 보아서 기독교 문화임에는 틀림이 없고 칼빈이 지배하던 제네바의 사회는 분명히 기독교적인 사회였으며 청교도가 이룩한 자본주의 경제는 아무래도 기독교 경제였다고 볼 수밖에 없다. 그러나 정치면에 있어서는 이와 같은 의미의 기독교 정치는 없었던 것이니 교회와 국가와는 간단없이 충돌하였고 때에 따라서는 서로 대적까지 하였던 것이다. 그러나 이것은 다만 그때그때의 시국 때문만이 아니라 기독교 신앙의 바탕이 되는 그 경전과 기독교 신앙의 방향을 제시해 주는 그 교리로 말미암은 결과였다.

사도 바울의 에베소서에 의하면 정치와 권력 및 그 지배자는 근본적으로 그리스도와는 배치되는 것이요(엡 1:21) 사도 요한의 본 바대로 하면 정치세력은 하나님을 거스리는 '짐승'이라고 인정되어 있다(계 13:2). 그리고 예수께서 광야의 시험에서 물리치신 유혹의 하나는 정치권력이었고(마 4:8-10), 네로 황제 시대는 말할 것도 없고 최근의 제2차 대전 때에 바르트나 틸리히와 같은 위대한 신학자들이 독일에서 추방될 뿐 아니라 본회퍼 목사가 법적 수속을 밟지도 않고 피살된 것은 그들이 히틀러 정권과 더불어 치열한 투쟁을 계속했던 때문이었다.

신구약성서의 증언과 역대 교회의 신앙고백대로 하면 주권자의 권세는 절대적인 것이 아니라 상대적인 것이며 그들의 지배권이나 통치권은 실상인즉 극히 애매한 것인 것이다. 왜냐하면 궁극적인 의미의 통치자와 지배자는 살아 계신 하나님과 그의 아들 예수 그리스도요. 이 세상 지배자와 통치자들은 다만 이 하나님과 예수 그리스도에게 종살이 하는 봉사자에 불과하기 때문이다.

그리고 기독교 신앙이란 다름 아니라 오직 한 분 예수 그리스도만이 주이심과 동시에 영원하신 하나님의 아들이라는 것을 고백하는 것인데 이 단순하고 분명한 신앙고백 안에 기독교의 본질이 온전하게 드러나 있다. 이리하여 기독교 신앙은 요컨대 만백성의 주시요 구주되시는 예수 그리스도에게 대한 신뢰와 복종이요 지금도 그의 말씀을 통하여 그와 더불어 사귀는 일이다.

325년에 제정된 니케아 신조대로 하면 예수 그리스도는 '인간이 되신 하나님'(enmaned God)이시요, 451년 공정된 칼케돈 신조대로 하면 그는 '참 하나님이요, 참 사람'(*vere deus vere homo*)이시다. 그리고 이 분이야말로 하나님의 지배를 집행하는 자요 모든 제왕을 다스리는 '왕중왕'이시다. 이에 있어서 그리스도인은 그를 향하여 예수 그리스도는 주 되시고 주는 곧 그리스도(Kyrios Christos)라고 고백하는데 왜냐하면 기독교의 경전인 성서 자체가 그와 같이 증거하고 있기 때문이다.

사도 요한은 그의 복음서들 머리에서 "태초에 말씀이 계시니라 이 말씀이 하나님과 함께 계셨으니 이 말씀은 곧 하나님이니라"(요 1:1)고 하였거니와 요한에 의하면 예수 그리스도는 무엇보다도 우리에게 말씀하시는 하나님 말씀이시요, 하나님께서는 그를 통하여 그의 뜻과 세계 계획을 나타내시며 그의 사랑을 보여주신다. 다시 말하면, 그분 자신이 인간을 찾아오신 하나님의 심방이시요. 우리와 같이하시는 하나님이시다(Immanuel). 이에 있어 중세기의 토마스 아퀴나스는 그를 향하여 "내 주, 내 하나님"이라고 고백하였고, 역대 교회 신도들도 같은 고백을 고백하여 왔던 것이다.

민 박사께서는 『막간산책』 제6회의 기사에서 복음서에는 예수께서 바다 위를 걸으셨다는 기사가 있고 불교의 전승에는 불타가 물 위로 걸으셨다는 기사가 있음을 고증함으로써 불교도는 석가를 숭상한 나머지 그를 신격화하였고 그리스도인들은 그들이 추종하던 나사렛 예수를 신격화시켰다고 암시하고 계시다. 그러나 기독교의 경전과 역대 교회가 제정한 교리는 결코 인간 예수를 신격화시킨 것이 아니라 도리어 영원하신 하나님 편에서 그의 아들 예수 그리스도를 통하여 자기 자신을 계시하셨다고 믿는 것이다.

그래서 현대 신학자 틸리히는 예수 그리스도의 모든 이적은 그분 자신이 신적 존재이심을 표현하는 표현이라고 말하고 있고 신학자 브룬너는 또한 그리스도인들이 나사렛 예수를 그리스도라고 믿는 까닭은 그분 자신이 그리스도이시기 때문이라고 주장하고 있다. 그리고 그리스도인들이 이와 같은 신앙을 고백하기 시작한 것은 예수 그리스도의 부활을 경험한 이후부터의 일이거니와 부활하신 주님에게 사로잡힌 사도 바울의 다음 고백은 또한 현대 교회의 신앙고백도 되는 것이다. "하나님이 그를 지극히 높여 모든 이름 위에 뛰어난 이름을 주사 하늘에 있는 자들과 땅에 있는 자들과 땅 아래 있는 자들로 모두 무릎을 예수의 이름에 꿇게 하시고 모든 입으로 예수 그리스도를 주라 시인하여 하나님 아버지께 영광을 돌리게 하였느니라"(빌 2:9-11).

필자가 아직 신학생의 한 사람으로서 학교에서 배우고 있을 때에 한 교수가 말하기를 불교학자 중에는 간혹 기독교에 대해서 말할 수 있는 이가 있지만 기독교인으로서 불교에 대해서 말할 수 있는 이는 거의 없다고 말한 적이 있다. 모처럼 주어진 이번 기회에 필자가 민 박사와 더불어 충분한 대화를 하지 못한 것은 오로지 불교에 대한 이와 같은 무식의 소치인 줄 안다.

일반적인 이야기나마 필자가 지금까지 말해 온 바는 요컨대 기독교 진리는 그 경전인 신구약성서를 터전으로 하는 한편, 거기에서 증거된 예수 그리스도를 구주로 믿는 그리스도론을 중심으로 하는 진리임을 말해 왔었다. 바르트의 말대로 하면 성서는 기독교의 기본적인 가르침이요, 그리스도론은 기독교의 기본적인 교리거니와 기독교 진리는 이 경전과 그리스도론에서 규정되어 있는 진리다. 그리고 유럽 사람들의 정신사는 지금까지 이 신구약성서와 그리스도론을 배경으로 하는 역사의식을 매개로 하고 전개되어 왔다고 말할 수 있다.

구약의 예언자나 신약의 사도들은 모두 다 종교가였고 역사가는 아니었다. 따라서 그들의 저작에서는 민족국가의 흥망성쇠나 영웅호걸들의 권력 교체 같은 것은 읽어볼 수 없다. 그러나 그들은 종교적인 면에서 오히려 이 세상의 기복을 통한 하나님의 세계 계획과 그가 섭리하시는 역사 과정을 통찰하면서 하나님의 경륜을 가르쳤던 것이니 이런 의미에 있어서 그들은 역시 경세의 역사였다고 말할 수 있다.

예언자와 사도들의 본 바대로 하면 역사는 하나님의 활동무대요 그가 바로 인류 역사의 주인공이다. 그리고 그리스도 교회는 이와 같은 역사관에 따라서 창조주 하나님과 구세주 예수 그리스도가 근본적으로 통일성을 가지신 분임을 믿었던 것인데, 여기에서 독특한 역사관이 시작되었다. 그리스도 교회는 예수 그리스도를 중심으로 하고 세계사를 그 앞과 뒤로 구분함과 동시에 그에게서 인류 역사의 마지막 구원이 성취되었다고 믿는 것인데 영국의 신약학자 헌터에 의하면 신약성서의 모든 진리를 한마디 말로써 표현한다면 '구속사'(Heilsgeschichte)라는 독일어 어휘가 가장 적절하다고 한다. 그리고 에어랑엔(Erlangen) 대학의 슈타우퍼 교수도 이르기를 신약성서에는 예수 그리스도의 사건을 중심으로 하고 창조로부터 천국의 완성까지가 말씀되어 있는데 이 성서적인 이해대로 하면 시간과 역사의 궁극적인 내용은 오직 한분 예수 그리스도요, 그야말로 창조주 하나님의 시간 계획과 역사 섭리의 중심과 내용이라 한다. 스위스의 신약학자 오스카 쿨만(O. Cullmann)의 말대로 하면 신약성서의 시간관은 과거에서 미래로 향하는 구속사의 선이요, 이 선의 중심에는 예수 그리스도가 서계시며 우리가 살고 있는 현재의 시간은 그의 강림과 재림 어간에 끼어 있는 중간시간이라 한다.

이상에서 옮겨해 온 신약학자들이 지적한 바와 같이 그리스도 교회의 신앙대로 하면 세계사는 그 중심이 되시는 예수 그리스도를 향해서 진행되어 왔음과 동시에 이 예수 그리스도를 기점으로 하고 또다시 새로운 출발이 시작되었다. 그리고 구약 시대는 예수 그리스도를 맞이하기 위해서 준비하던 시대요, 현대는 예수 그리스도로 말미암은 구속의 시대이며 장차 올 시대는 이 구원이 완성될 시대다. 따라서 예수 그리스도의 사건은 비단 앞서간 모든 일들을 충족시키는 것일 뿐만 아니라 거기에서는 또한 장차에 되어질 모든 일들이 미리 결정되어 있는 것이다.

바르트는 시간과 역사를 말할 때에는 언제나 예수 그리스도와의 관련에서 말하고 있다. 그에 의하면 참 시간은 예수 그리스도에게서 성취된 시간이다. 이에 있어서 바르트는 추상적인 시간이나 역사를 말하지 않고 신구약성서에 증거되어 있는 하나님의 시간과 역사를 말하는데 이는 요컨대 하나님께서 그의 아들 예수 그리스도 안에서 역사하시는 현실적인 시간과 역사를 말하기 위해서이다.

바르트에 의하면 하나님의 계시가 역사 안에 돌입해 오고 영원이 시간 속에 침투할 때에는 시간과 역사가 변혁되고 거기에서는 낡은 세대가 사라지고 새 세대가 시작된다 한다. 이에 있어서 그는 세계사에 대해서 독자적인 의미를 인정하지 않고 세계사는 어디까지나 예수 그리스도를 중심으로 하는 구속사를 근거로 하고 진전되는 역사라 한다. 따라서 그도 역시 세계사의 목표는 결국 예수 그리스도를 중심으로 하는 데에 있다고 본다. 이에 있어서 그는 말한다. "인간성과 인류 역사는 그것 자체 안에는 아무러한 의미도 없는 것인데 그 안에서 이루어진 하나님과 그 백성 사이의 원역사(Urgeschichte)를 바라보는 데에서 그 의미가 주어지는 것이다"라고.

자세히는 알 수 없으나 불교사상대로 하면 역사는 간단없이 반복되는 것이라 보고 여기에서 이른바 윤회사상이 나온 듯하다. 그러나 세계사와 민족사가 만일에 동해의 파도와 같이 간단없이 같은 운동을 되풀이하거나 생겼다가 꺼져 가는 물거품과 같이 생성과정을 반복한다면 역사는 결국 자연 속에 해소될 수밖에 없을 것이며 거기에서는 역사의 출발점과 그 귀착점을 찾아보기가 어려울 뿐 아니라 역사의 핵심과 그 의미가 무엇인지를 알아보기 어려울 것이다.

그러나 그리스도 교회는 예수 그리스도의 사건에서 역사의 핵심과 궁극적이며 영원한 의미를 찾음과 동시에 세상 끝날 때까지 그의 뜻을 이룩하기 위하여 끊임없는 노력을 계속하는 것이다. 이에 있어서 아우구스티누스도 일찍이 세계사는 하나님의 정의가 반영되는 장소요 하나님의 창조 목적이 달성되는 고장이라고 주장함과 동시에 인간 세계는 구원을 요하느니만큼, 이 구원이 성취되기 위해서는 세계사에 일정한 목표가 있어야만 한다고 주장하였다. 그리고 그의 저명한『천국론』은 이와 같은 진리를 밝히기 위한 것이었다.

철학자 야스퍼스에 의하면 헤겔이나 마르크스나 니체 등이 세계사를 통일적인 것으로 이해함과 동시에 거기에 일정한 목표와 의미를 부여하기에 노력한 까닭은 기독교의 역사관을 소화시킨 결과라 한다. 그러므로 그리스도 교회가 주장하는 '구속사'의 개념은 비단 그리스도 교회 자체만이 아니라 서양 사상 전체의 기반을 이룩하고 있다고 말할 것이다.

제7부

후학의 글

1
봄샘 지동식 박사의 사상 세계*

이양호**

I. 서언

봄샘 지동식 박사는 겸손한 신학자였다. 그는 겸손을 강조한 아우구스티누스의 말을 강의나 글에서 자주 인용하였다. "나는 인류사 있은 이래 처음 보는 조화와 통일을 보게 하여 준 성 어거스틴의 정신이 우리에게 절실히 요구된다고 보는 바인데 그는 그리스도 교회의 근본정신을 요약해서 말하기를 〈하나도 겸손이요 둘도 겸손이며 셋도 겸손이라〉고 말했던 것이다."[1] 이처럼 그는 겸손을 가르쳤을 뿐만 아니라 겸손을 실천하였다. 그는 남을 자신보다 낫게 여기고 양보하는 분이었다. 그는 겸손하였기 때문에 다른 학자들을 존중하고 그들의 주장에 귀를 기울였다. 그래서 그는 서양 사상뿐만 아니라 동양 사상에 대해서도, 현대 사상뿐만 아니라 고대

---

* 이양호 교수가, 연세대학교 신과대학동창회 엮음,『겸손, 휴밀리타스: 봄샘 지동식 박사 소천 30주기 기념논문집』(서울: 한우리, 2007)에 발표한 글이다.
** 이 글의 저자 이양호 교수는 연세대학교 신과대학 교수, 진리복음교회 담임목사를 맡고 있다.
1) 지동식,『돌세개』(서울: 대한기독교서회, 1971), 17.

사상에 대해서도 깊은 이해를 가진 박학다식한 학자였다. 그는 박학다식하면서도 칼 바르트의 신학을 존중하고 그의 입장을 견지하였기 때문에 초지일관한 신학자였다. 그는 폴 틸리히를 연구하여도, 에밀 브룬너를 연구하여도, 루돌프 불트만을 연구하여도 항상 칼 바르트의 입장과 비교하여 연구하였다. 그래서 그들의 사상이 바르트의 사상과 어떻게 다른지를, 그래서 그들의 독특성이 무엇인지를 분명하게 지적하여 주었다.

그는 감사하는 신학자였다. 섭리 신앙이 그의 사상 밑바닥에 깔려 있었다. 그는 조직신학을 전공하였음에도 불구하고 연세대학교 신과대학에서 신약학을 가르치게 된 것을 감사하게 생각하였다. "신학교를 졸업할 때에는 발트 신학을 소개하는 변변치 못한 저작을 남긴 일이 있었거니와 나에게 전문 분야랄 것이 있다면 자연스러히 이론신학 방면이 될 뻔하였다. 그러나 우리 학교에는 이미 신학계의 대선배이신 장석영 선생께서 이론신학을 담당하고 계셨고, 그의 뒤를 이어서 한영교 박사께서 조직신학을 강의하신 관계로 나는 부득이 신약학을 담당하게 되었었는데 이 일 역시 나에게는 더할 수 없는 유익이었다. 왜냐하면 이와 같은 과정이 없었던들 나는 전연 성서적인 근거도 없이 추상적인 이론만을 주장할 뻔하였기 때문이다."[2] 그러나 그는 제자들이 신약학 교수로 신과대학에 들어왔을 때 신약학 과목을 제자들에게 양보하고 본래의 전공인 조직신학을 가르치게 된 것을 만족해했다. "그러나 내가 신과 대학에 자리 잡은 것은 8·15 이후의 혼란기였고 그 후에는 신약의 모든 과목을 후진 학도들에게 넘겨주고 학생 때에 공부해 보던 이론신학 방면으로 돌아가게 되었다. 그래서 나는 또다시 K. 발트의 교의학 서적과 더불어 씨름하는 한편 그의 동료인 브룬너의 서책뿐 아니라 그들과는 입장을 달리하는 알트하우스와 틸리히의

---

2) 지동식, "내가 영향받은 신학자와 그의 저서", 「基督教思想」, 1963년 8, 9월호, 21.

저작까지도 더듬을 필요가 생기게 되었다."3)

그는 1935년 25세 때 최태용 선생으로부터 신학 공부를 하라는 권유를 받았을 때 장고 끝에 다음과 같은 편지를 썼다. 이 편지에서 그는 하나님의 섭리에 대한 절대적 순종을 표명하고 있으며, 하나님의 섭리를 따르는 것이 행복과 기쁨이라고 말하고 있다. "日前에 下送하옵신 惠書와 規則書 接受하였읍니다. 其間에 小生은 每日 各樣으로 꾀하고 혀아려보며 今般의 일이 人間의 智識이나 自己意識으로 由來된 것이나 아닌가 祈禱해 보았읍니다. 告白하오면 내 智識대로 하여서는 小生은 神學校 志願을 不可하게 녁였읍니다. …… 然이나 祈禱해 보오매, 聖靈께서는 指示하사 肉을 버서난 딴 心情에 小生을 引導하야, 주의 뜻은 오히려 이 그릇된 것을, 不足한 것을 굿게 잡고 게셔서 强한 自己의 뜻대로 統治하시는 대에 있음을 믿게 하오니, 思索도 計算도 다 버리고 聖靈의 敎示대로만 順從키로 했아옵니다. …… 主의 뜻이면, 成敗가 없아옵고 모든 것이 小生의게 취하야 幸福이오, 기쁨일 것뿐이오니 모든 것을 主께만 들니고 있아오면, 그의 自由로우신 뜻대로 取扱'게 될 줄 밎읍니다. 그러므로 今後의 일은 오즉 主의 뜻如何에 依하야 展開되여 갈 줄 믿읍니다. 가장 큰 念慮는 小生의 不足이 主의 恩寵과 矜恤을 堪當치 못하는 데에 있아오니 加禱하야 주옵소서."4) 그는 또 지나온 날을 회고하면서 이렇게 말하였다. '나는 아직까지 나의 지나온 과거를 들이켜 보고 후회하거나 불안한 느낌을 가져 본 적은 거의 없었고 언제나 거기에서 기쁨과 감사를 느낄 따름이다. 왜냐하면 이상하게도 알지 못할 어떤 분의 손이 나의 과거를 한걸음 한걸음 인도하여 오셨고 그의 뜻을 체 받아 사는 수많은 선진들과 벗들이 ㅇ˙ 어른의 뜻을 이루기

---

3) Ibid.
4) 「靈과 眞理」, 7권 73호 (1935. 4. 16), 88-89.

위한 성스러운 사업에 나같이 부족한 사람까지를 참여시켜 주셨기 때문이다."5)

II. 그리스도의 겸비와 자기희생에 대한 강조

봄샘 지동식 박사는 칼 바르트처럼 그리스도 중심적 신학자였다. 그는 무엇보다도 하나님으로서 인간이 되신 그리스도의 겸비와 인류를 위해 희생하신 그리스도의 자기희생을 강조하였다. "칼 바르트는 그의 초기의 설교집에서 인간들은 모두 온 세상이 자기 자신을 중심으로 하고 돌아주기를 바라고 있는데, 이는 마치 옛날 요셉이 해와 달이 자기 앞에서 큰 절을 하던 꿈을 또다시 꾸는 것이나 다름이 없는 일이라고 말한 바 있다."6) 그리고 그의 동료 에밀 브룬너는 인류 사회가 이렇게도 혼란하고 무질서한 것은 인간 세계가 오직 하나의 중심을 중심으로 운행되지 않고 모든 인간이 자기 자신을 중심으로 생각하고 있기 때문이라고 말했다.7) "이는 모두 역사의 주시요 만백성의 아버지 되시는 창조주 하나님을 망각하고 인간 자신이 우주와 세계의 주인공인 양 착각하고 있는 인간의 타락상을 말한 것이다. 하늘 천사도 하지 못했고 우리의 시조 아담과 하와도 하지 못했던 조물주 하나님께 대한 철저한 복종을 관철하시므로 우리를 위하여 구원의 길을 마련해 주신 주 예수께서 오셨다는 것은 인류에게 있어서 더할 수 없는 축복이었다."8)

---

5) 지동식, "앞으로 十年間의 나의 計劃", 「基督敎思想」, 1961년 6월호, 30.
6) 지동식, 『神學의 오솔길』(서울: 대한기독교서회, 1976), 97.
7) Ibid.
8) Ibid.

기독교가 로마를 석권하게 된 것은 바로 그리스도의 이 희생정신 때문이었다고 한다. "소수공업자의 한사람으로 이 세상에 태어나신 나사렛 예수가 창기와 세리까지를 친구로 대했을 뿐 아니라 그들을 위해서 희생 봉사를 실천하신 히브리적인 인도주의에서 봉사와 희생정신이 움터나게 되었고, 사도 바울이 전달한 십자가의 복음이 로마의 병거보다도 더 빨리 전파된 까닭은 거기에서 주장된 희생 봉사의 정신이 고대 사회의 봉건주의 사상과 귀족주의 사상을 극복하며 석권한 결과였었다."9)

행복을 윤리의 목적으로 삼았던 그리스 사람들은 사람이 행복하기 위해서는 다른 사람의 섬김을 받아야 하며 다른 사람을 섬기는 사람은 행복할 수 없다고 생각했고, 한국의 정신사를 탐구하고 간 어떤 서양 학자에 의하면 한국인의 전통적인 사고방식 중에는 남을 섬기고자 하는 봉사정신이 전혀 없었다고 한다.10) 이것은 그리스나 한국 사람만의 일이 아니라 모든 다른 나라 사람들도 마찬가지였다. 희생과 봉사를 최고의 가치라고 가르친 것은 예수 그리스도가 처음으로 한 일이었으며, 여기에서 가치 판단의 전도가 일어나고 인류 역사의 새로운 기원이 시작되었다.11) "실증주의 철학자 존 스튜어트 밀은 '역사상에 소크라테스라는 인물이 있었다는 사실을 인류는 영원히 잊을 수 없을 것이다'라고 말한 적이 있었다. 그러나, 교리사가 아돌프 폰 하르낙은 이에 반하여, '인류가 영원히 잊어서는 아니 될 인물은 나사렛 예수인데, 이 나사렛 예수를 등한히 여기는 데에 현대 교육의 맹점이 있다'고 말했던 것이다."12)

대한예수교장로회 제13회 평신도 전국 대회 축사에서 그는 봉사정신을

---

9) 『돌세개』, 247.
10) Ibid., 325.
11) Ibid.
12) 종교교재편찬위원회 편, 『宗敎現象과 基督敎』(서울: 연세대학교 출판부, 1975), 226.

이렇게 강조하였다. "우리가 다음으로 생각할 것은 인류 사회에 포괄적인 인도주의를 심음으로써 거기에 희락과 화평이 깃들게 하여 주는 이 봉사정신은 어느 때 어느 곳에서나 소중한 것이지오만, 특히 세상이 어지럽고 인심이 강[퍅]해진 나머지 유기적 공동체가 해체되고 수많은 사람들이 소외감에 사로잡힌 결과 도처에 〈인간 부재〉의 현상이 노정되는 난세에 있어서는 그것이 더욱더 긴요하다는 사실입니다. 신학자 칼·바르트는 2차대전 때에 저 잔인무도했던 히틀러가 무자비한 투쟁을 자행했을 때 독일과 전 세계의 그리스도인들에게 무엇보다도 이 봉사정신의 발휘를 호소했던 것인데 그는 그때에 다음과 같이 외쳤읍니다. 〈이제 봉사를 위한 걱정만큼 긴급한 걱정은 없고 또 이 봉사에 대한 희망만큼 감격적인 희망은 없으며 이 봉사로써 우리를 돕는 이들만큼 사랑할 만한 사람들은 다시없고 이 봉사를 방해하는 자들만큼 미워할 원수는 또다시 없다〉고."13)

그는 갈라디아서 1장 16절 "내가 곧 혈육과 의논하지 아니하고"라는 말씀을 주석하면서 이렇게 말하였다. "이에 있어서 바울은 베드로 요한 야곱뿐 아니라 예루살렘 교회 전체를 가리켜 혈육이라 부르는 것이다. 그러나 이는 결코 그들의 명예를 손상시키려는 뜻이 아니라 저는 다만 베드로나 요한 등이 우상화되는 일을 방지하고 오직 한 분 살아 계신 하나님만이 더욱더 높여지기를 바랐던 것뿐이다."14)

---

13) 『돌세개』, 257.
14) 지동식, "갈라디아서 강해 (2)",「神學論壇」, 제3집 (1957. 3), 17.

III. 화해자로서의 그리스도에 대한 강조

봄샘 지동식 박사는 화해자로서의 그리스도를 강조하였다. 그러나 처음부터 화해론을 강조한 것은 아니었다. 바르트 신학의 전개에 따라 그도 화해론을 강조하게 된 것이다. 주지하는 바와 같이 바르트의 『교회교의학』은 하나님 말씀론, 신론, 창조론, 화해론 등 네 부분으로 구성되어 있으며, 마지막 화해론은 미완성으로 남아 있다. 그는 1959년에 출판된 『宗敎와 基督敎』에서는 "基督觀"이라는 큰 항목 아래 "1. 예수 그리스도", "2. 참 하나님 · 참 사람", "3. 仲保者"라는 소항목들을 두었다.15) 그러나 1975년에 출판된 『宗敎現象과 基督敎』에서는 "和解者 예수 그리스도"라는 큰 항목 아래 "1. 예수 그리스도와 世界史", "2. 歷代敎會의 그리스도論", "3. 和解者"라는 소항목들을 두었다.16) 이를 보면 그는 1959년 이후에 화해론을 강조한 것이다.

그는 화해론이 나타난 배경을 다음과 같이 설명하였다. 제1차 세계 대전 직전까지는 이상주의 사상이 온 세상을 풍미하고 있었기 때문에 사람들은 인간의 선한 의지와 힘찬 노력만 계속해 가면 인류 사회는 한없는 발전을 이룩할 수 있고 머지않아 지상 천국이 실현되리라고 믿었다. 일반 교양인들은 말할 것도 없고 심지어 그리스도인들과 신학자들까지도 성서에 대해서는 거의 무관심하였고 가치 형성과 이상 사회 건설에 열중하고 있었다. 따라서 성서가 증거하는 인간의 타락이나 죄에서의 구원에 대해서는 언급하기를 꺼려하였고 그것에 대한 이해를 가진 사람도 드물었다. 그러나 제1차 대전은 그 이상주의 사상의 꿈을 깨뜨렸고 그 후에 다시 발발하게

---

15) 김하태, 한태동, 지동식, 『宗敎와 基督敎』(서울: 연세대학교 출판부, 1959), 260-74.
16) 『宗敎現象과 基督敎』, 226-37.

된 제2차 대전을 경험함 인류는 인간의 선한 의지와 노력으로 인간 문제 해결을 기대할 수 없게 되었다.17) "1차 대전 직후부터 신학자 칼 바르트는 마치 종교개혁자 마틴 루터가 그러했듯이 신구약성서로 되돌아 가야되겠다는 것을 깨치고 그의 방대한 신학체계를 오로지 성서를 근거로 하고 저술함과 동시에 이와 같은 풍조를 전 세계 교회에 일으켰던 것입니다. 그 결과 오늘날에 이르러서는 창조주 하나님과 인간과의 관계는 말할 것도 없고 인간의 소외상과 그 비본래적인 정황이며, 인간과 인간 사이의 모든 불화는 인간 생활을 좀먹고 있는 죄의 결과라고 봄과 동시에 인간 사회에 참다운 평화가 이룩되기 위해서는 먼저 인간 이상의 주체자이신 하나님과 인간 주체 사이에 궁극적인 화평이 성립되어야 된다는 것을 재인식하게 되었읍니다. 우리가 지금 문제삼고 있는 화해론의 문제도 실상인즉 이와 같은 성서 연구의 결과에서 밝혀진 진리입니다."18)

이제 이 화해의 노력은 신학계의 영역을 넘어 큰 영향을 미치고 있다. "20세기에 신학적 르네상스를 일으켰다고 일컬어지는 칼 바르트는 1차 대전 이후의 세계 대세를 응시하면서 화해론 중심의 신학체계를 대성하였고, 지금 세계를 영도하고 있는 미국의 연합장로교회는 수백 년간 행해져 오던 웨스트민스터 신앙고백을 폐기시키고 1967년에 화해론을 중심으로 한 신앙고백을 새로이 제정하므로 모든 신도들에게 그것을 고백하게 하였던 것인데, 오늘날 미국 정부가 만난을 해치고 화해 공작을 서둘고 있는 이면에는 화해론을 중심으로 하는 신앙을 고백하고 있는 미국 교계의 여론이 상당한 영향력을 미치고 있는 줄 안다."19) 또한 2차 대전 때에 큰 과오를

---

17) 『돌세개』, 334-35.
18) Ibid., 335.
19) 『神學의 오솔길』, 92.

범했던 독일 민족이 그 전과를 뉘우치는 뜻으로 각 나라에 대화의 광장인 '아카데미 하우스'를 건설하여 줌으로써 개인과 집단은 물론이요, 민족과 진영 사이에도 원만한 대화와 사귐이 성립되기를 바라고 있다.[20]

이러한 화해의 노력에도 불구하고 이 세계에는 진정한 화해가 이루어지지 않고 있다. "현대인은 바야흐로 세계 국가를 꿈꾸고 있고 우주 개발을 서둘고 있다. 그래서, 이 나라와 저 나라 사이에 온정적인 대화가 오가고 이 계급과 저 계급 사이에 친숙한 사귐이 절실히 요청되고 있다. 그런데, 실제에 있어서는 이 나라와 저 나라 사이는 고사하고 한 나라가 동서로 갈라지거나 남북으로 양단되어 있고 이념을 달리하는 이 진영과 저 진영이며, 이해를 달리하는 이 지역과 저 지역 사이에는 양극화 현상과 극한 투쟁이 벌어지고 있다."[21] 이리하여 현대인에게 있어서 절실히 요구되는 것은 순결한 성도덕과 가정 윤리, 그리고 이 진영과 저 진영 사이의 화해와 온정적인 대화관계이다.[22] "실제에 있어서 일부일처 제도를 확립시킴으로써 순결한 가정 윤리를 수립한 이는 교회의 머리되는 예수 그리스도였고, 바울 사도의 해석대로 하면 예수께서 세상에 오신 것은 원수되었던 하나님과 인간 사이를 화목하게 함과 동시에 유형무형의 장막으로 가로 막혀 있는 인간과 인간들 사이를 화해시키기 위함이라 했다."[23] "바울은 요컨대 예수 그리스도를 중심으로 한 천지를 통한 일대 연합국을 구상했던 것인데 이야말로 하나님의 공화국이요 우주적인 영원한 나라였던 것입니다."[24]

우리 한국의 그리스도인들은 예수 그리스도를 중심으로 하는 세계적인

---

20) Ibid.
21) Ibid., 91.
22) Ibid., 91-92.
23) Ibid., 92.
24) 『돌세개』, 194.

요 우주적인 하나님의 공화국과 연합국을 건설하기 위하여 노력해야 한다. "우리의 시대는 무엇보다도 교회의 통일과 국가의 통일이며 더 나아가서는 세계와 우주의 통일을 갈구하고 있는 시대입니다. 그러나 실지에 있어서 각자각자가 제 위치를 유지하면서 서로 돕고 하나될 수 있는 길이란 주의 몸 된 교회밖에 없다는 것을 바울 사도가 이미 간파한 바입니다. 그러면 우주 시대를 당하여 우주인들을 맞이했던 우리 한국 교회가 할 일은 무엇이겠읍니까? 저는 생각하기를 옛날의 바울 사도가 그러했듯이 있는 정성을 다 모아서 예수 그리스도를 중심으로 하는 세계적이요 우주적인 하나님의 공화국과 연합국을 건설하기 위하여 능동적이며 전투적인 태세를 갖추는 일이 우리의 과제라고 생각합니다. 그러기 위해서는 우리도 사소한 이해관계나 감정관계를 뛰어넘어 바울처럼 〈위대한 꿈〉을 꾸어야만 될 줄로 믿는 바입니다."25)

UN의 평화 운동은 칸트의 항구 평화론의 영향을 받았고 칸트의 항구 평화론은 에베소서의 영향을 받았다. "피히테는 일[찍이] 임마누엘 칸트의 모든 저작 중에서 소책자인 그의 『항구 평화론』이 최대 걸작이라고 말한 적이 있었다. 그런데, 이 『항구 평화론』은 실상인즉 바울의 에베소서를 대본으로 한 것이었는데, 사도 바울은 거기에서 예수 그리스도는 다만 믿는 자의 가정이나 그리스도 교회의 머리일 뿐 아니라 전 세계와 우주의 중심이라고 증거"했다.26) 칸트는 만년에 이르러서 인간 문제를 깊이 탐구하게 되자 "그는 할 수 없이 기독교의 〈원죄〉의 교리를 철학적인 용어로 바[꾸]어서 〈근본악〉이라고 말할 밖에 없게 되었고 그의 〈항구 평화론〉에서는 〈세계시민〉으로 자처하면서 국법이외에 〈국제법〉과 〈세계공민법〉을 제

---

25) Ibid., 195.
26) 『宗教現象과 基督教』, 237.

창했던 것인데 이 칸트의 〈항구 평화론〉을 대본으로 한 것이 〈국제연맹〉의 정신이었고 오늘날의 유엔이 〈국제연맹〉의 뒤를 이은 것임은 또한 현대인의 상식입니다."27) "칸트는 그의 저[서] 중에서 〈전쟁은 악인을 제거하는 이상으로 악인을 만들기 때문에 악한 것이라〉는 희랍의 격언을 인용하고 있습니다만 그는 자기의 〈항구 평화론〉을 〈공상곡〉이라고 일컫고 있습니다. 이는 그가 인류 역사를 돌이켜 볼 때 마치 전쟁하기 위해서 살아온 듯한 인류 사회에 항구적인 평화가 수립되기를 바란다는 것은 〈잠꼬대〉같은 일이라고 보았기 때문일 것입니다."28) 그러나 바울 사도는 그보다도 2000년 전에 벌써 온 세상이 하나가 되고 인류 전체가 한 몸이 될 것이라는 큰 꿈을 꾸었던 것인데 에베소서 1장 10절에는 이 꿈에 대한 기사가 실려져 있다.29) 칸트의 항구 평화론을 대본으로 한 유엔의 헌장에는 ① 전 세계 인류를 파멸에서 구원하고 ② 인간의 기본 인권을 인정함으로써 남녀의 평등과 주권 국가의 동등권을 인정할 것과 ③ 정의를 수립하고 모든 백성의 생활수준을 높일 것이 주장되어 있는데 이는 모두 바울이 2000년 전에 민족주의를 지양하고 세계 시민을 자처하면서 세계 전도에 정진하던 때에 품었던 숭고한 뜻이었다.30)

오늘날에 있어서 세계 통일을 위하여 두 가지 방안이 시도되고 있는 중인데 그 하나는 자연 과학의 성과인 기술 과학을 통하여 세계를 통일시키려는 방안이요 다른 하나는 여러 전제주의 국가들이 감행하고 있는 무력 통일의 방안이다.31) "그러나 사도 바울은 우리의 본문에서 이 두 가지 방

---

27) 『돌세개』, 192-193.
28) Ibid., 193.
29) Ibid.
30) Ibid.
31) 지동식, "에베소서 강해 (1)", 「基督敎思想」, 1974년 2월호, 148.

안과는 아주 다른 보다 높은 방안을 제시하고 있다. 이는 곧 예수 그리스도의 십자가와 부활신앙을 통한 통일의 방안이다. 그는 하나님께서 예수 그리스도를 통해서 성취하신 평화의 기틀을 증거하는 것인데 그의 증언과 같이 이스라엘과 이방 사이의 저 심각한 균열은 예수 그리스도의 십자가와 부활에서 지양되었고 전 인류는 지금 다시 사신 예수 그리스도를 머리로 하는 유기적 공동체인 그의 몸 된 교회에 연결되어 있다. 그래서 인류는 지금 예수 그리스도를 터전으로 하는 하나님의 공화국 백성이 되어 있는데 오늘날에 있어서도 세계 통일의 올바른 길은 이 교회의 원리 이외에 없는 줄 안다. 왜냐하면 기술과학은 사람들을 기술자 되게 할 수는 있을지 모르나 그 마음속에 감돌고 있는 서로 미워하는 감정을 정화시킬 수는 없기 때문이다."32) 한마디로 말해, "그리스도교의 중심 교리인 화해론은 착잡한 생활에 허덕이고 있는 우리들에게 한 줄기의 섬광을 던져 주는 것이라고 말할 수 있다."33)

IV. 종교개혁적 전통에 대한 존중

봄샘 지동식 박사는 종교개혁적 전통을 존중하였다. "칼 바르트는 〈그리스도인은 1세기와 16세기의 교회를 상기해야 된다〉고 말한 바 있다. 이 1세기와 16세기의 교회는 다만 그리스도인에 있어서만 소중한 의미를 가진 것이 아니라 인류 역사 전체를 위해서도 깊은 관련을 가지고 있다고도 말할 수 있다. 인류 역사 전체가 이 시대의 교회로 말미암아 신적인

---

32) Ibid., 148-49.
33) 『宗敎現象과 基督敎』, 236.

큰 개혁을 일으켰기 때문이다."34) 종교개혁자들은 신구약성서에 근거를 두고 그것을 해석하기 위해 노력했을 뿐이요 그들 자신이 새로운 종교를 제창하거나 독창적인 사상을 주장한 것이 아니었다.35) "이 점에 있어서 종교개혁자들은 후세 교회의 시범이 되었었다."36)

특히 그는 칼빈 신학에 대한 깊은 애정을 가지고 있었다. 그는 "근자에 와서 도처에서 칼빈 부흥이 외쳐지는 한편 그의 『기독교 강요』에 대한 관심이 짙어 가고 있음은 기쁜 일이 아닐 수 없다"37) 하고 말하였다. 칼빈은 신학자로서 교회에 공헌하였을 뿐만 아니라 프랑스 어문학에도 큰 공헌을 하였다. "내가 도쿄에서 공부하고 있을 때 도쿄 대학의 불문학과에 재학 중이던 한 젊은이가 말씀한 일이 있었읍니다. 자기는 불란서 신부에게서 불문학사 강의를 청강하고 있는데 그분이 말하기를 불란서 문필가로서는 존 칼빈이 으뜸가는 분인데 그분의 사상을 깨치기 위해서는 그가 창설한 장로교회에 가보는 것이 좋을거라 하더라고."38)

그는 종교개혁자들에 따라 구원에 있어서 신인 협동설을 받아들이지 않았다. "저희는 다만 믿기 전에 범하던 모든 죄악을 회개하고 뉘우치면 족한 것이 아니라 종말의 날에 가서 완성될 구원을 위하여 끊임없는 노력을 계속해야 되는 것이다. 〈너희는 구원을 완수하게 하라〉고 명령하는 까닭은 이 때문이다. 그러나 이는 결코 인간의 선행이나 하나님과 인간의 협조설(Synergismus)을 주장하는 것이 아니다."39)

그는 장로교회의 전통과 일치하게 감독 제도의 성서적 근거를 인정하지

---

34) 『돌서개』, 243.
35) Ibid., 244.
36) Ibid.
37) Ibid., 375.
38) 지동식, "두 눈", "17人共同說教集: 脫出共同體』(서울: 형설출판사, 1972), 134.
39) 지동식, "빌립보書: 新約聖書 私譯과 講解 (4)",「基督教思想」, 1958년 2월호, 98.

않았다. "감독은 교회를 관리하되 주로 사무적인 일들을 담당했으니 예컨대 헌금을 거두는 일과 집회 시의 사회 등을 당당하였다. 영적 은사가 풍부한 설교자나 교사가 없을 때에는 그들의 업무까지를 대신하였다. 그래서 감독은 말하자면 사도행전 一四장 二三, 二十장 一七 등에 있는 〈장로〉와 비슷한 직분이었다. 그러나 이 감독이라는 말은 언제나 이방교회에 대해서만 사용되어 있는데 (행 二十장 二八) 거기에는 장로라는 이름이 생소했던 때문일 것이다. 집사들은 그 이외의 직책을 맡았으니 과부와 고아들을 돌보아 주며 빈한한 신도들을 도와주는 일들이었다. 아무튼 이 두 가지 직분은 초대교회 시대부터 제정되었던 직책들인 것이다. 따라서 여기 말한 감독직은 훨씬 후에 가톨릭교회에서 제정된 감독직과는 다른 것이다."40)

그는 이중 예정론을 강하게 비판하면서, 칼빈의 예정론을 바르트적으로 해석하였다. "칼빈은 그의 『기독교 강요』 최종판에 이르러서 성령론 마지막에 예정론을 결부시켰었다. 전통적인 의미에서는 토마스 아퀴나스의 설명과 같이 그것은 〈하나님의 섭리의 특수한 적용〉이라고도 볼 수 있는데 칼빈은 이 섭리론과 예정론을 양분하여 가지고 섭리론은 창조주 하나님의 개념에 결부시키고 예정론은 성령론 뒤에다 부친 것이다. 그러나 그의 『기독교 강요』 초판에서는 예정론이 어느 정도 암시되어 있었을 뿐이요 그것이 뚜렷하게 부각되기 시작한 것은 1537년에 나온 〈제네바 교회 신앙 문답〉 이후부터다."41) 그럼에도 불구하고 과거 1세기 동안 사람들은 이 예정론이 칼빈 신앙의 본질적인 특색을 이룬 듯이 주장도 하였고 그의 예정론은 아우구스티누스의 예정론과 같은 이중적 예정론이라고 규정하기

---

40) 지동식, "빌립보書: 新約聖書 私譯과 講解 (1)", 「基督敎思想」, 1957년 8월호, 59-60.
41) 『돌세개』, 370.

도 하였다.42) "그러나 근자에 이르러서 이와 같은 주장은 잘못이었고 그의 예정론은 어디까지나 예수 그리스도와 그의 행적에 관련된 것으로서 그것은 그리스도의 모든 구원이 완성될 것을 설명하기 위한 것이었음이 밝혀지게 되었다."43) 칼빈의 예정론을 올바로 이해하기 위해서는 그것이 의인론에 계속되어 있고 거기에 이어서 교회론이 주장되고 있음을 주의해야 한다. 칼빈의 예정론은 예정론과 하나님을 분리시켜 사변적으로나 추상적으로 논해서는 안 되고 신앙 의인의 철저화요 교회론의 전제라고 보아야 한다.44) "바르트 신학이 성행된 이래 어떤 이들은 그의 〈은총의 선별〉은 칼빈의 기계적 예정론을 수정한 것이라고 말한 바 있었지만 예정론에 있어서 칼빈과 바르트 사이에는 거리가 그다지 머지않다고 말할 것이다."45) 그 까닭은 두 사람이 다 예정론은 예수 그리스도께 관련되는 것이라고 보고 있기 때문이다. 칼빈에게 있어서는 의인과 성화가 모두 다 예수 그리스도에게서 마련되듯이 예정의 확증도 역시 예수 그리스도를 통해서 성취된 것이었다.46) 그래서 "그는 〈우리는 모두 그리스도를 통해서 선별된 자이니만큼 우리 자신 안에서는 예정의 확실성을 찾아볼 수 없고 그것을 하나님의 성자와 분리시켜 생각할 때에는 하나님 안에서도 예정을 발견할 수 없을 것이다. 따라서 그리스도께서는 우리가 자기 자신의 선별을 거기에서 발견할 수 있고 틀림없이 볼 수가 있는 거울이시다〉(『기독교 강요』 3.24 5)고 말한다. 그런 만큼 칼빈의 예정론은 말하자면 우리가 지금 그리스도께 대한 생생한 신앙을 가지고 있는 것을 말해 주는 이론이었다. 따라-

---

42) Ibid., 370-71.
43) Ibid., 371.
44) Ibid.
45) Ibid.
46) Ibid.

서 바르트가 말한 〈십자가의 복음에 대한 감격적인 고백이 바로 예정신앙〉이라는 생각과 그다지 다를 것이 없다고 말할 수 있다."47)

V. 현대 신학에 대한 평가

봄샘 지동식 박사는 어느 신학자보다 바르트에 대한 깊은 애정을 가지고 있었다. 무엇보다 바르트는 19세기의 근대주의 신학을 극복한 분이다. "근대 신학의 조상인 슐라이에르마허의 신학은 주관주의, 심리주의, 내재주의적이었다. 종교신앙을 '절대의존의 감정'이라고 정의한 그는 하나님 말씀보다도 도리어 인간의 종교정서를 중요시하였다. 그는 우선 인간의 종교정서를 전제로 하고 제2차적으로 그 대상인 하나님을 상정하였다. 그러나 발트 신학에 있어서는 '하나님 말씀'이 신학의 근거요 그의 주저인 『교회교의학』은 우선 이 하나님 말씀에 대한 긴 설명으로 시작되었다. 그리고 신관이나 창조론이나 그 밖에 교리에 대해서는 이 하나님 말씀의 터전 위에서 진술되고 있다."48) 바르트에 의하면 하나님의 말씀은 세 가지 형태로 나타나는데 그것은 설교와 성서와 예수 그리스도다. "그러나 근원적인 의미의 하나님 말씀은 예수 그리스도요 성서와 설교는 이 근원적인 말씀에 대한 징표라 한다."49) 바르트의 신학은 초창기부터 설교 문제와 더불어 깊이 관련되어 있었거니와 그는 만년에 이르러서도 신학의 목적은 올바른 설교에 있고 신학은 설교를 위한 준비 작업이라고 인정했다.50)

---

47) Ibid., 371-72.
48) 지동식, "현대신학의 방법론 초고(抄考)",「神學論壇」, 제 9·10집 (1968. 11), 21.
49) Ibid.
50) 지동식, "칼 바르트의 설교의 성격",『바르트 神學 硏究』(서울: 대한기독교서회, 1970), 242.

바르트는 하나님의 역사는 무엇보다도 예수 그리스도에게서 성취된 화해의 역사요 그 밖에 모든 것들은 거기에 부수되는 부수적인 것일 뿐이라고 하였다.51) "그러나 그는 여기에서도 교의학은 결코 화해론을 중심으로 하고 하나의 학적 체계를 세울 수는 없다고 한다. 왜냐하면 화해의 주격이신 하나님께서 하나의 조직체계 아래에 예속될 수 없기 때문이다."52) 바르트에 의하면 신학은 언제나 교회 전승을 무시하는 낭만주의를 경계함과 동시에 근거 없는 시대정신을 추종하는 세속주의를 삼가야 한다.53) "발트의 본 바대로 하건 신학이 만일에 철학의 방법이나 역사학의 방법 또는 심리학의 방법을 그대로 사용할 때에는 필경에는 신학 고유의 기반을 상실할 수밖에 없을 것이며 성경진리 이외의 다른 이론을 기초로 하고 그 [위]에다가 신학체계를 세울 때에는 교회 안에 불순한 교설이 침투하게 될 것이며 거기에서는 반드시 신앙의 순수성이 흐려지게 된다는 것이다. 이에 있어서 그는 어디까지나 하나님 말씀인 성서만을 근거로 하고 역대 교회의 교리신조를 검토하면서 그 위에다가 교의학체계를 수립하는데 그에 의하면 이야말로 신학 고유의 방법이라 한다.'54)

에밀 브룬너는 선교의 신학자로서 하나님의 말씀이 인간에게 전달되는 면을 중요시하였다. "선교의 신학자 브룬너에 의하면 하나님의 말씀의 전달에는 하나님 말씀 자체에 관한 면이 있는 반면에 하나님의 말씀이 인간에게 부[딪]치는 면이 있다. 이에 있어서 그는 하나님 말씀뿐 아니라 그것이 인간에게 전달되는 면을 중요시하는데 이성은 이 하나님 말씀을 듣기 위한 기관이다."55) 그래서 그는 "'변증론'보다도 '논쟁학'(Eristik)이란 말

---

51) "현대신학의 방법론 초고(抄考)", 23.
52) Ibid., 23.
53) Ibid.
54) Ibid., 24.

을 더 애용하였다. 그리고 살아 계신 하나님의 말씀을 전달하자면 거기에는 반드시 논쟁적인 사태가 전개될 수밖에 없다는 것이다."56) 그러나 그는 "발트의 본 바대로 하면 변증은 차라리 신앙이 참 신앙이 되는 데에서 이루어진다"57) 하고 말하였다. 브룬너가 바르트와 다른 또 하나의 점은 그가 이중 계시와 자연신학을 인정하는 점이다. 그래서 브룬너는 하나님은 예수 그리스도를 통해서도 계시되지만 창조 질서를 통해서도 계시된다고 하였다.58) 브룬너의 공헌은 그가 만남을 강조한 것이었다. "브룬너의 신학에 있어서 보다 더 소중한 것은 성서의 진리가 '만남'(Begegnung)의 진리라고 보는 점이다. 그에 의하면 기독교 신학은 오[랫]동안 주관주의 형태를 가진 희랍철학에 붙매인 결과 주관주의가 아니면 객관주의에 기울어지기 쉬[웠]었다. 그러나 성서의 진리는 본시 주관 객관을 넘는 인격적 사귐의 진리를 말하는 것인데 브룬너는 그것을 '만남'의 진리라고 일컫는다."59) 브룬너는 하나님의 말씀의 객관적 권위만을 강조하는 바르트는 객관주의에 치우쳤고 신앙을 마치 인간 자신의 자기 이해처럼 생각하는 불트만은 주관주의에 기울어졌으나 자기 자신은 이 두 사람 사이의 중간 길을 간다고 말하였다고 한다.60)

불트만은 자기의 신학이 바르트에게서 영향 받은 것임을 솔직하게 인정한다고 한다. 그래서 그도 역시 바르트와 마찬가지로 기독교 신앙은 결코 종교사적 현상이나 종교적 이데올로기에서 기원된 것이 아니며 신학은 이 종교사적 현상을 종교사나 문화사적 현상으로 해석하는 것이 아니라,

---

55) Ibid., 25.
56) Ibid.
57) Ibid.
58) Ibid., 26.
59) Ibid.
60) Ibid.

초월적인 하나님의 말씀에 응답하는 인간의 실존적인 정황을 고찰하는 학문이라 한다고 한다.61) "이리하여 하나님 말씀을 소중하게 여기는 점에 있어서는 발트와 불트만 사이에 아무런 차이도 없다. 다만 발트가 하나님 말씀에 강조점을 둔 데 반하여 불트만은 하나님 말씀에 부[딪]친 인간의 존재 정황을 중시하는 점이 다를 뿐이다."62) 그러나 불트만이 바르트와 현저하게 다른 점의 하나는 그가 철학의 방법을 신학의 방법으로 채용하는 점이다. 바르트도 『로마서 강해』를 쓸 때에는 실존주의 철학을 적지 않게 사용하였다. 그러나 그가 『교회교의학』을 저작할 무렵부터는 철학적인 요소를 제거하였다. 그러나 불트만은 이와 다르게 그의 친구 하이데거의 철학 방법을 그대로 채용했다고 한다.63) "불트만은 근대 신학에서 배운 비판 정신과 하나님 말씀을 근거로하는 발트 신학 및 인간의 실존적인 정[황]을 분석한 하이데거의 철학의 개념성을 종합하면서 그 위에 자기 자신의 신학 사상을 수립하였다. …… 그에 의하면 신약성서에 나타난 신화의 본질은 인간의 자기이해를 표현하기 위한 것이니만큼 그것은 어디까지나 실존적으로 해석할 필요가 있다고 한다. 그리고 그의 비신화론은 실상인즉 그의 진지한 요한복음 주석에서 얻어진 결론인 것이다."64) 불트만에 의하면 신화는 본시 객관적인 세계상을 묘사하기 위한 것이 아니라 인간이 자기 세계 안에서 자기를 이해하면서 그것을 표현하기 위한 것이다. 따라서 신화는 세계관으로서가 아니라 도리어 인간학적으로, 실존적으로 해석해야 한다.65) "불트만 신학의 집결과 대성은 그의 신약성서 신학에서 이루[어]

---

61) Ibid., 28-29
62) Ibid., 29
63) Ibid.
64) Ibid., 30-31.
65) 전경연, 지동식, 김용옥, 김철손, 『新約聖書槪論』(서울: 대한기독교서회, 1958), 138.

졌다. 그에 의하면 신약성서 신학은 신앙을 신학적 표명의 근원으로 기술하는 것인데 하나님께 관해서 말한다는 것은 곧 자기 자신의 실존에 대해서 말함과 같다고 한다."66) 그는 불트만의 사상에 대해 이렇게 비판하였다. "신약성서의 신앙을 인간의 자기 이해라고 본 데 대해서는 브룬너의 비판이 타당할 것이다. 왜냐하면 신약성서가 말하는 신앙은 결코 개인적이며 주관적인 인간의 자기 이해는 아닌 것이며 거기에는 하나님과 인간과의 사귐 및 인격의 변화와 공동체 형성이 말씀되어 있기 때문이다. 그리고 그가 시도한 해석학적 신학은 잘못하면 교의학을 해석학 속에 해소시킬 가능성이 없지 않다."67) 그는 바르트와 브룬너와 불트만의 사상을 비교하고 난 후 "그런 만큼 집중적으로 교의학으로서의 신학연구에 몰두함과 동시에 주관적인 근대 신학을 극복하기에 크게 공헌한 이는 역시 발트가 아닌가 한다"68)라고 평하였다.

한편 폴 틸리히는 "쉘링이나 칸트의 철학은 말할 것도 없고 심지어 니이체와 마르크스의 사상까지를 흡수해 가면서 그의 철학적 신학체계를 세웠던 것"69)이라고 한다. "틸릭이 기독교 신학 이외에도 예술이나 과학, 역사와 철학과 같은 넓은 영역의 학문을 연마하는 폭이 넓은 학자라 함은 널리 알려져 있는 사실이다. 그러나 그는 이 모든 영역을 그리스도와의 관련 밑에서 탐구하는 것이다."70) "기독교에 대한 현대인의 이해를 돕기 위해서는 조직신학의 모든 방면에서 실존주의의 도움을 받아야 되며 특히 그 표현 방식에 있어서 그러하다는 것이 틸릭의 주장이다."71) 틸리히는 말씀

---

66) "현대신학의 방법론 초고(抄考)", 31.
67) Ibid., 32-33.
68) Ibid., 33.
69) 지동식, "칼 바르트의 설교의 성격",『바르트 神學 硏究』(서울: 대한기독교서회, 1970), 255.
70) 지동식, "틸릭의 기독론",「神學論壇」, 제 6집 (1961. 9), 44.
71) Ibid., 45.

의 화육은 시간과 공간 중에서 오직 한 차례 생기된 역사적 사실이며 거기에서는 실지로 생기되는 실존을 극복할 수 있는 능력이 나온다고 말했다.72) 그러나 틸리히에 의하면 "인간의 실존적인 범주 안에 계시던 그에게는 잘못을 범할 수 있는 가능성이 없지 않았다. 그래서 틸릭은 말하기를 그에게는 여러 가지 잘못이 있었는데 예컨대 그가 고대인의 우주관을 그대로 답습한 일이나 종말론에 대하여 그릇된 생각을 가진 일 뿐 아니라 여러 가지 시험에 빠지시고 십자가에 못박혀 죽으신 것도 그가 제한된 존재임을 나타내는 것이라 한다. 그런 만큼 그리스도로서의 예수를 전지전능하신 분이라고 볼 수는 없다는 것이다."73) 틸리히는 그의 십자가의 죽음에서는 우리의 현재적인 실존이 원존재에서 이탈되어 있음이 분명하게 드러났고 그의 부활에서는 새 존재가 파탄 중에 있는 실존을 극복한 승리의 능력임이 판명된 것이라 말했다.74) "말씀은 다만 인간에게 말씀된 말씀만이 아니라 그에게 주어진 하나님의 형상, 다시 말하면 그의 이성적인 기능도 말씀이라는 것이 틸릭의 주장이다."75) 틸리히에 따르면 "하나님의 자기증거는 다만 하나님 자신에서만 나타나지 아니하고 그것은 또한 그의 창조와 역사에서도 나타났고 그의 궁극적인 계시이신 그리스도로서의 예수에게서 말씀되었을 뿐 아니라 계속적으로 나타나는 계시의 역사에서도 말씀되었고 교회와 그 회원들에게서도 말씀된 것인데 이것이 바로 하나님 말씀의 상징이 가지는 의미"이다.76) 그는 이러한 틸리히의 사상에 대해 다음과 같이 비판하였다. "그가 화육론을 말할 때에〈하나님이 인간이 되신 것이 아니

---

72) Ibid., 50.
73) Ibid., 54.
74) Ibid., 56.
75) Ibid.
76) Ibid., 56-57.

라 신적인 존재가 인간적인 품성을 가지고 시간과 공간 중에 나타났다〉고 말한 것은 물론 무엇이나 존재 자체이신 하나님의 자리에 오르는 일을 막기 위한 경고라 할지라도 거기에서는 삼위일체로서의 하나님의 개념이 흐려질 염려가 없지 않으며 그가 그리스도로서의 예수에게서 나타난 궁극적인 계시 이외에 역사상에 나타난 계속적인 계시를 인정한 것은 발트 같은 이가 엄격하게 배격하는 일반계시를 인정하는 것이 아닌가 한다. 따라서 그의 신학은 비록 성서적이요, 그리스도 중심적이라고 말할지라도 이 점에 있어서 발트보다는 철저하지 못한 듯하다."77)

그는 디트리히 본회퍼의 사상에 대해 어떤 점에서는 유보적인 자세를 취하였지만 대체로 인정하였다. 무엇보다 본회퍼는 바르트의 추종자였다. "본회퍼의 솔직한 고백대로 하면 칼 바르트는 종교를 비판하기 시작한 최초의 신학자일 뿐만 아니라 유일한 신학자였다고 한다. 이에 있어서 그는 바르트 신학을 평가함과 동시에 그의 공적이 컸다고 칭송하였고, 그는 종교와 기독교를 구별함에 있어서 바르트의 추종자였다."78) 그러나 본회퍼는 바르트의 종교 비판을 높이 평가하면서도 그가 이 문제에 대하여 철저한 사색을 하지 못한 결과 종교 대신에 계시 실증주의를 제창했을 뿐이라고 주장하였다.79) 본회퍼는 바르트를 이렇게 비판하였다고 한다. "거기에서는 궁극 이전의 세계가 등한시되고 곧장 궁극적인 것만이 제창된 결과 그리스도 신앙이 하나의 율법으로 화했다는 것이었다. 바르트가 인간은 무신론을 주장하는 경우에도 종교적이라고 본 데 반하여, 본회퍼는 현대인은 종교를 극복하고 한 걸음 전진했다고 본다. 바르트가 하나님의 은총

---

77) Ibid., 57.
78) 『神學의 오솔길』, 99.
79) Ibid., 101.

이 새 사람을 창조하듯이 그의 계시에서는 참 종교가 창조된다고 본 데 반하여, 본회퍼는 기독교는 종교를 초극해야 한다고 보는 것이다."80) 그러나 그는 본회퍼가 의미하는 종교가 무엇인지 분명하지 않다고 본회퍼를 비판하였다. "바르트가 말한 종교가 궁극적이며 절대적인 하나님 앞에서 자기 자신을 의롭게 보이려는 인간의 노력이었음에 비하여, 본회퍼의 '종교'가 무엇이었는지는 분명치 아니하다."81) "본회퍼는 '기독교의 세속성'과 아울러 '비종교화론'을 제창함으로써 '그리스도인이 된다는 것은 곧 사람이 되는 일이요 종교적인 행위가 그리스도인을 만드는 것이 아니라 이 세상 생활 중에서 하나님의 고난에 동참하는 데서 그리스도인이 창조된다'고 외쳤던 것이다."82) 본회퍼의 견해에 의하면 종교의 신은 전능한 신이지만 신구약성서가 증거하는 하나님은 인간을 위해서 고난을 당하고 고난을 당했기 때문에 인간에게 도움을 준 하나님이라는 것이다. 그래서 그는 고난을 통해서 그 능력을 발휘하신 성서의 하나님을 증거하는데, 그에 의하면 성숙한 현대인을 위해서는 이 성서의 하나님을 볼 수 있는 시선이 필요하다. 본회퍼가 현대를 성숙한 세계라 한 것은 비종교화되고 세속화된 현대 세계를 역사적으로, 신학적으로 고찰한 결과였다. 그러나 그가 이 문제를 다룬 까닭은 이 세상에 대한 객관적인 분석을 위한 것이 아니라 현대에 있어서 기독교는 무엇이며 예수 그리스도는 누구인가를 탐구하는 한편, 성숙한 세계와 인간들에게 유효적절한 설교는 어떤 것인가를 찾아보기 위한 것이었다. 성숙한 세계에 복음을 전달하자면, 그 일을 담당해야 할 그리스도인들과 교회가 현대적인 소임을 감당할 수 있도록 개혁되어야

---

80) Ibid.
81) Ibid.
82) Ibid., 103.

한다는 것이 그의 소신이었다. 왜냐하면, 성숙한 그리스도인과 성숙한 교회가 아니고서는 성숙한 세계에 대응할 수가 없기 때문이다.[83] 본회퍼는 한 걸음 더 나아가서 성숙한 교회는 다른 이를 위하여 존재하는 교회라고 하였다. 그에 의하면 교회는 다른 이를 위해서 존재할 때에만 교회인 것이다. 왜냐하면 그것은 다른 이를 위한 존재이신 인간 예수와 만남으로써 그의 전 존재가 전환된 경험을 가진 이들의 집단이기 때문이다. 그래서 그는 교회는 인간의 사회생활에 있어서 지배가 아니라 봉사하는 집단이요 모든 직업에 종사하는 이들에게 그리스도와 더불어 동행함이 어떠한 일인가를 알려 주며 다른 이를 위해서 존재한다는 것이 어떠한 의미를 가졌는가를 알려야 한다고 말하였다.[84] 그러나 본회퍼는 기독교가 이 세속적인 세상 속에서 해소되지 않기 위해서는 그리스도인들과 그 교회에 특별한 훈련이 필요한데, 그 일을 위해서는 '비밀 보존의 훈련'이 소용된다고 간파하였다. 이에 있어서 그는 외적 봉사를 위해서는 우선 내적으로 파고드는 집중 생활이 필요하다고 보는 한편, 그가 지향했던 목표는 말하자면 막스 베버가 말한 '세속 안의 금욕 정신'이었던 것이라고 한다.[85]

VI. 인성 교육에 대한 강조

그는 우리가 살고 있는 이 시대는 인류사가 있은 이래 가장 저속한 시대요 윤리와 도의가 땅에 떨어진 시대라고 진단한다. "서양의 고대 말기인

---

83) Ibid.
84) Ibid., 104.
85) Ibid., 106.

'헬레니즘' 시대는 사상사에 있어서 윤리적인 시대라고 일컬어진다. 이 시대를 일컬어서 윤리적인 시대라고 하는 데에는 역설적인 의미가 있다. '헬레니즘' 시대는 드랑했던 '헬라'의 고전 시대가 지나가고 그 문화가 침울한 황혼기를 맞이했던 시기다. 사치와 음탕, 불안과 절망은 이 시대의 특징이었다. 그러면, 왜 이와 같은 암담한 시대를 가리켜서 윤리적인 시대라고 일컬었던 것일까? 이는 마치 어두움이 짙어 갈수록 밝은 빛이 더욱 절실히 요구되듯이 윤리가 퇴색되고 인도(人道)가 무너진 비윤리적인 시대에는 도리어 윤리에 대한 관심과 열망이 높아지기 때문이다. 이러한 역설적인 의미에서 현대도 역시 하나의 윤리적인 시대라고 말할 수 있다. 왜냐하면, 우리가 살고 있는 이 시대는 인류사가 있은 이래 가장 저속한 시대요, 윤리와 도의가 땅에 떨어진 것이 이 시대의 특색이기 때문이다."86) 개인 윤리나 사회 윤리를 막론하고 순결한 윤리성을 희구하는 사람이라면 이 시대의 윤리적 난맥상을 개탄하지 않을 수 없다. 그래서 현대인인 우리에게 가장 긴급하게 요구되는 것은 깨끗한 윤리성과 그 뒷받침이 되는 고상한 종교인데, 이 문제는 다만 전문적인 윤리학자나 종교학자만의 관심사가 아니라 이 시대의 양상을 걱정하는 모든 사람의 절대적인 관심사가 아닐 수 없다.87)

프랑스 사람들은 그들의 자녀들이 입신양명하여 고관대작이 됨으로 많은 사람들에게서 존경받게 하기 위해서 고등 교육을 받게 하고 그들에게 귀족주의 정신을 함양시켜 주었다. 이와는 다르게 독일 사람들은 그들의 자녀들이 경제적 단위(wirtschaftliche Einheit)가 되게 하기 위해 교육하였다. 그래서 그들은 자녀들이 산업을 일으키고 치부하여 자기 가정의 생

---

86) Ibid., 81.
87) Ibid., 81-82.

활을 윤택하게 할 뿐만 아니라 국가 경제에 이바지하기를 바랐다. 일본 사람들은 명치유신 직후에는 이퇴계의 사상을 기본으로 하는 교육 칙어를 반포함으로써 충과 효를 주축으로 하는 국민 교육을 실시했지만, 서구적인 신문화를 도입함으로써 독일식 교육 방침을 채택하고 국민으로 하여금 산업을 일으키고 재력을 창달시키는 방향으로 나가게 하였다.[88] "그래서, 여기에 맺힌 열매가 경제적 동물(economic animal)이라고 일컬어지는 오늘날의 일본 사람이 된 것이다."[89] 우리나라에 새 교육을 도입한 이들은 선교사들이었으며, 그들의 교육 이념은 청교도 정신을 이어받은 미국식 교육 이념이었다. 그들의 교육 방안은 우리나라 젊은이들을 선량한 시민이 되어 폭넓은 마음으로 이웃을 사랑하고 나라를 사랑하며 사리사욕을 도모하지 않고 넓게 공익을 위해서 봉사하며 부정과 불의에 항거하도록 키우는 것이었다.[90]

뉴먼에 따르면 대학 교육은 청년들에게 신사도를 가르치는 것이어야 한다. "개신교에서 천주교로 전향한 위대한 영국의 신학자 뉴만의 말대로 하면 대학은 결코 시인이나 경제인 또는 정치가나 예술가를 배출시키는 기관이 아니라 청년들에게 신사도를 가르침으로써 이 세상이 원만하고 온정적인 세상이 되게 하는 기관이라고 하였읍니다. 다시 말하면 교육의 근본적 목적은 청년들에게 지식 전달과 기술 연마를 시킴으로써 그들로 하여금 일정한 사회기능을 발휘하게 하는 데에 있는 것이 아니라 그들로 하여금 다른 이와 더불어 원만한 공동체를 이룩하게 함으로써 인류 사회에 안정과 조화를 마련하게 하는 데에 있다는 것입니다."[91]

88) Ibid., 134.
89) Ibid.
90) Ibid., 137.
91) 『돌세개』, 188.

기독교대한감리회 교육국 창설 40주년 기념식 축사에서 그는 이 시대에 있어 인격 형성 교육의 중요성을 다음과 같이 강조하였다. "사물에 대한 현상적이며 피상적인 지식만을 전수해 주는 과학지식에 편중하는 이 시대에 있어서도 아동들의 인격 형성을 소중히 여기는 기독교 교육을 담당하시는 귀교단과 교육국에서 앞으로 이 방면에 더 많은 공헌이 계시기를 축원하면서 축사의 말씀을 대신합니다."92)

전술한 바와 같이 그는 하르낙의 말을 인용하면서 "인류가 영원히 잊어서는 아니 될 인물은 나사렛 예수인데, 이 나사렛 예수를 등한히 여기는 데에 현대 교육의 맹점이 있다"고 했다.93)

VII. 복음교회 신학에 대한 평가

봄샘 지동식 박사는 복음교회 목사였다. 복음교회는 주지하는 바와 같이 최태용 감독이 창립한 교회이다. 최태용 감독은 연세대학교 신학과 초창기의 학생이었다.94) 봄샘 지동식 박사는 복음교회 제2대 지도자였다. 복음교회의 창시자인 최태용 감독은 그를 신뢰하여 1930년대에 이미 그를 선택하였다. 최태용 감독은 그가 발행하던 「靈과 眞理」의 발행을 봄샘 지동식 박사에게 맡기면서 이렇게 말하였다. "本號브터 本誌의 印刷, 發行者는 池東植兄이 担當키로 되었음니다. 浪人 主筆의 住所가 變하기 쉬움에

---

92) Ibid., 255.
93) 『宗敎現象과 基督敎』, 226.
94) 연세대학교에 보관되어 있는 초창기의 학적부를 보면 1916년 4월 7일 신학과에 金晟植, 金貞澤, 李起東 씨들이 입학하였으며, 1917년 4월 7일에는 李明叔, 李秉周, 黃道文 씨들이, 1918년 4월 7일에는 李鍾喆, 崔泰瑢 씨들이, 그리고 1927년 4월 10일에는 宋興國 씨가 2학년에 편입학한 것으로 되어 있다.

代하여 새 發行者의 住所는 別로 變함이 없을 것이올시다."95) 봄샘 지동식 박사는 최 감독을 존경하였지만 그의 사상을 전적으로 받아들인 것은 아니었다. 그에 의하면 "최 선생의 이와 같은 주장 때문에 한국 교계에서는 한동안 그의 주장을 '순육설'이라 하여 물의를 일으킨 일도" 있었다.96) "그러나 최 감독께서는 한 가지 주장을 끝까지 고집하는 성격의 소유자가 아니라 그에게 새로운 확신이 왔을 때에는 서슴지 않고 과거의 사상을 폐기해 버리고 새로운 소신을 밝히는 분이었다. 따라서 그가 만일 좀더 오랫동안 신학 연구에 전념하면서 폭넓은 연구를 계속했다면 반드시 과거의 자기 주장을 재삼 재사 수정했을 것이다."97) 그래서 봄샘 지동식 박사는 여러 곳에서 순육설을 부정하였다.

우선 그는 요한복음 1장 14절 "말씀이 육신이 되어"라는 구절을 주석하면서 이 구절에 대한 여러 이론들이 있음을 인정한다. "14절을 중심으로 하고 예수 그리스도의 품격에 대하여 무수한 이론이 전개되었다. 그러나 요한은 여기에서 '화육론'에 대한 복잡한 신학 이론을 전개할 심정은 아니었을 것이며 그는 다만 놀라운 심정으로 영원하신 하나님 말씀이 하나의 역사적 인물로 탄생하신 사실을 증거하고자 하였으리라."98)

그는 그리스도의 선재성을 주장하였으며, 선재하신 그리스도는 외형에 있어서뿐만 아니라 본질에 있어서도 하나님이었다고 주장하였다. "⟨저는 원래 하나님의 형상을 가져셨던 분인데⟩는 이 그리스도의 선재성을 말한 것이다. 그리고 이 ⟨형상⟩(μορφή)은 외양과 아울러 내용까지를 겸한 형상이다. 선재자 그리스도께서는 다만 외형에 있어서뿐 아니라 그 본질에 있

---

95) 「靈과 眞理」, 7권 74호 (1935. 5. 10), 119.
96) "최태용의 시, 평론, 신학," 「현대와 신학」, 제6집 (1970. 5), 133.
97) Ibid., 143.
98) 지동식, 『요한복음』(선교 70주년 신약성서 주석 (4); 서울: 대한기독교서회, 1966), 58.

어서도 하나님이시었다."99)

그리고 그리스도의 화육은 하나님이 하나님 되심을 조금도 감하지 않은 채 인간 존재가 될 것이라고 하였다. "이와 같이 하나님의 말씀이 肉을 입으신 것은 발트의 말과 같이 하나님에게 있어서는 〈여벌〉이라고 말할 것이다. 그런데 예수 그리스도의 化肉에서는 이와 같은 〈여벌〉이 생긴 것이다. 化肉은 말하자면 하나님이 하나님 되심을 조금도 감하지 아니한 채로 그에게는 여벌인 인간 존재가 되신 일이다. 우리는 여기에서 인간을 구원하시는 하나님의 적극성을 엿볼 수 있다."100)

또한 부활하신 그리스도는 바로 십자가에 달리신 그리스도이다. 그는 빌립보서 2장 9절을 번역하고 이렇게 주석하였다. "〈이에 있어서 하나님께서 저를 높이사 저에게 모든 이름 위에 뛰어난 이름을 주셨다〉. 종교개혁자들은 〈이에 있어서〉를 해석할 때에 그리스도께서 낮아지시고 순종하신 다음에 하나님이 그에게 보답하사 그를 높이신 데 대한 이유라고 하였다. 그러나 발트는 이르기를 저 낮아지시고 십자가에 달리신 그리스도가 바로 높임 받은 그리스도이기 때문에 그와 같은 해석은 불가하다고 말하고 있다. 그에 의하면 십자가에 달리신 그리스도가 곧 주 되시며 더할 수 없는 고귀성을 가지신 분이다. 그래서 옛 화가는 승천하사 보좌에 앉으신 그리스도의 손에 못자욱을 그대로 남겨 두었던 것이다."101) 그래서 "신약성서의 증거대로 하면 예수에게는 인간적 謙卑가 있는 반면에 高貴性이 있었고 역사적인 예수가 바로 역사적인 그리스도와 하나님의 아들이었다. 아들로서의 하나님이었다."102)

---

99) 지동식, "빌립보書: 新約聖書 私譯과 講解 (3)", 「基督教思想」, 1957년 10월호, 69.
100) 지동식, "化肉信仰의 現代的 意義", 「基督教思想」, 1959년 12월호, 16.
101) 지동식, "빌립고書: 新約聖書 私譯과 講解 (3)", 「基督教思想」 1957년 10월호, 70-71.
102) "化肉信仰의 現代的 意義", 15.

VIII. 동양 사상에 대한 평가

그는 불교에 대해서도 깊은 이해를 가지고 있었다. "인도 사상은 대체로 자기반성의 내향성이 강할 뿐만 아니라 염세적인 경향이 농후하지만, 이 점에 있어서는 불교 사상도 예외는 아니었다. 그러나, 불교의 창시자 '석가모니'는 본시 무사 계급의 왕족이었고, 그의 조상들은 기원전 2천년 경에 인도 북방의 산악 지대에서 내려 온 씩씩한 '아리안' 족속이었다. 그들에게는 창의적인 사상이 농후했었고, 이 창의적인 기백과 씩씩한 노력으로써 왕국과 도시를 건설하였다."103) 그러나 그 당시에 종교계를 지도하던 브라만 계급은 이와 같은 씩씩한 창의성은 거의 없었고 다만 번잡한 종교 의식과 교리를 제정해 가지고 일반 대중을 억압하고 괴롭히는 일만을 하고 있었다.104) "이러한 때에 무사 계급에서 태어난 '석가모니'는 그의 창의적인 기상으로 사회 계급에서 일반 대중을 해방시키기에 성공했는데, 그에게 주어진 '불타'라는 이름은 '깨우친 자'를 뜻하는 말이다. 불타는 현실을 현실 그대로 직시하면서 미신을 타파하기에 진력하였고, 모든 인간은 자유와 평등을 누려야 한다고 제창하였다. 이는 또한 인류 사회에 평화와 행복이 깃들기를 기원하면서 자비 사상을 제창했는데, 그에 의하면 우리 인간이 인격적인 자유를 누리기 위해서는 무엇보다도 탐욕과 치정(痴情) 및 분노를 버리고 무릇 생명 있는 모든 것에 대하여 자비심을 가져야 된다는 것이었다. 그리고 마음을 깨끗하게 가지고 자유와 평등을 누리는 것이 해탈의 경지인데, 이 해탈에 들어가게 되는 데에 불교 신앙의 극치가 있다."105)

103) 『神學의 오솔길』, 84.
104) Ibid.

"그가 대중에게 가르친 것은 요컨대 생노병사의 네 가지 고통만이 아니라 인생은 그 전폭이 고통이라는 것이었다. 그리고, 인생이 이와 같은 고통 중에 있는 까닭은 인간이 세상에서 경험하는 모든 일들이 변화무쌍한 때문이라는 것이었다. 그리고, 이와 같은 인생의 실상을 모르는 무지가 인생고의 원인이 되느니만큼 인생고를 해소하기 위해서는 사물에 대한 분명한 깨우침이 필요하다는 것이 그의 주장이었다."106) 원시 불교는 석가모니의 이와 같은 교훈을 실천에 옮기기 위하여 이른바 도를 닦기 위한 수도법을 제정하였다. 이 수도법에는 여덟 가지 종류의 법이 있었다. 곧, 바르게 보기와 바르게 생각하기, 바르게 말하기와 바르게 행하기, 바른 의식주와 바른 노력, 바른 이념과 바른 명상이었다. 이상 여덟 가지가 곧 팔정도인데, 이는 모두 도덕적인 생활로서 악행을 삼가고 정결한 생활을 이룩하자는 것이었다. 그리고 이 교훈에 따라서 현실에 대한 명확한 지혜와 진실된 인식을 얻고 해탈의 경지에 들어간 사람은 누구나 불타가 된다는 것이었다.107)

불교에 있어서는 연기설이 중요하다. "불교의 3대격언인 제행무상(諸行無常) 제법무아(諸法無我) 일체개고(一切皆苦)도 실상인즉 이 연기설에서 기원된 것이었고 연기를 깨친다는 것은 곧 공(空)에 대한 체험을 가지는 일이었다. 그러나 여기 말한 공의 체험은 결코 허무나 절망에 빠지는 일이 아니라 지금까지 사로잡혀 있던 좁으라한 세계를 타파하는 일이니만큼 공의 경지에 일단 도달한 다음에는 또다시 새로운 자유의 세계가 전개되는 것이다."108) 연기의 근본 사상은 단적으로 말해서 모든 현상이 상호 관련

---

105) Ibid.
106) Ibid., 85.
107) Ibid.
108) 지동식, "佛敎의 自然觀", 『神學論壇』, 제 11집 (1972. 6), 21.

을 가진 것으로 보며 이것이 있으므로 해서 저것이 있게 되고 저것이 없어지게 되면 이것도 없어진다는 이법이다.109) "연기관은 심정(心情)의 문제와 연결이 된다. 그 까닭은 연기관 자체가 심정의 문제에서 출발된 것이기 때문이다. 그래서 원시불교는 법과 연기를 심정의 양상으로 보았던 것이다. 이 불교적인 소신대로 하면 세계를 지배하는 길도 결국 우리의 마음을 지배하는 데에 있는 것이다."110)

불교의 세계는 사색과 명상의 세계요 깨달음과 독백의 세계가 될 수밖에 없다.111) "그러나 예수께서 가리키신 하늘세계는 부버의 이른바 〈나와 당신의 대화〉의 세계요 신학자 브룬너가 재치 있게 말해 준 〈만남〉의 세계다. 그러나 아버지와 아들이 만나는 이 만남은 집 떠났던 탕자와 그를 맞아들이는 아버지와의 만남이기 때문에 바르트는 그것을 〈화해〉라고 부른다. 그런데 불교에는 본시 사색과 명상을 통한 〈깨달음〉과 〈앎〉의 세계는 풍부하지만 인격과 인격이 맞부딪치는 〈만남〉과 〈사귐〉의 세계라든지 〈화해〉의 세계는 희박한 듯하다."112)

중국의 한족은 여러 가지 사상 체계를 형성했으나 유교 윤리는 그중에서도 월등한 것이었다. 이 사상은 그들의 역사적 발전과 정치 사회 및 문화의 발전에 기여한 바 많았을 뿐 아니라 춘추 전국 시대 이후 청조 말엽에 이르기까지 약 1천 7백 년 동안 중국의 국교로 신봉되었고 우리나라에서도 조선 5백 년 동안 국교로 공인되어 왔다. 한족의 사상체계에는 여러 가지 조류가 있었다. 그러나 그들이 형성한 문화의 중심이 되고 그 사상적 골수가 된 것은 법치주의를 버리고 덕치주의를 수립하는 한편, 사람의 도

---

109) Ibid.
110) Ibid.
111) 『돌세개』, 221.
112) Ibid., 221-22.

리에서 하늘의 도리에로 향해 가야 한다고 가르친 유교 사상이었다.113) "이 한민족의 모든 사상을 정리하여 가지고 그 나라의 중심사상인 유교 사상을 대성한 이는 공부자(孔夫子: 기원전 552-499)였다. 그러나, 유교라는 이름은 유교도 자신들이 붙인 것이 아니라 묵자와 그의 제자들이 붙여준 이름인데 그 뜻인즉 게으르고 약하다는 뜻이었다."114) 춘추 전국 시절에 상무(尙武) 정신이 왕성했을 때에는 유교도들이 유약한 무리로 보였을는지 모른다. 그러나 유교의 창시자인 공자는 결코 유약한 사람이 아니었다. 그에게는 정의에 대한 용감한 기상이 충만해 있었다. 그는 혼란과 무질서가 난무했던 전국 시대에 인류의 바른 길을 구현시킴으로써 사회적인 혼란과 무질서를 제거하고 천하를 통일시켜 보려고 시도했다.115) "공부자의 견해대로 하면, 천하를 통일시키기 위해서는 우선 각자가 자기 몸을 깨끗하게 다스려야 한다는 것이었다. 다시 말하면, 한 사람 한 사람이 먼저 자기 몸을 다스려야만 사람과 사람이 얽혀서 되는 윤리적 공동체를 수립할 수가 있다는 것이었다. 이에 있어서 그는 정계에 출마하기를 바라는 젊은이들에게 주나라의 시집(詩集)인 모시(毛詩)와 예악(禮樂) 등 고대 제왕들의 선언문을 수집한 상서(尙書)를 읽도록 지도하였고, 그들에게 귀족주의 교육을 시키는 한편, 도덕의 주관적인 인(仁)을 가르쳤는데, 인은 말하자면 인간과 인간 사이에 자연스러이 발로되는 친애의 정을 뜻한 것으로서 다른 사람을 사랑하고 용서하며 자기 자신의 이기심을 극복하고 자기가 원하는 것을 다른 사람에게 베푸는 것을 뜻한 것이다. 그리고 이 인을 수행하기 위해서는 내심의 기만을 없애야 하는데, 공부자는 이 거짓 없는 심정

---

113) 『神學의 오슬길』, 86.
114) Ibid., 86.
115) Ibid., 86-87.

을 충(忠)이라고 하였다. 그러나, 그는 다만 내심의 동기만을 중시하지 아니하고 외적 행위인 예(禮)에 대하여도 많은 관심을 가졌었는데, 그 까닭은 예는 인의 객체화된 것으로 보았기 때문이다."116) 그러나 성현도 시대에 따라서 배출된다는 옛말과 같이 공자도 역시 그 시대의 아들이었다. 그가 살던 시대는 가족주의 정신이 풍미하던 시대인지라 그가 제창한 인의 개념에는 혈연관계를 중시하는 경향이 농후하였고, 인의 실천은 우선 부모에게 대한 효제로 표현되어야 한다는 것이 그의 주장이었다. 또한 관직에 올라가서 백성들에게 친애의 정을 깨우쳐야 될 지위에 오른 관공리들은 권력보다도 덕성을 가지고 다스려야 한다고 보고 정계에 나서려는 이들은 우선 예악(禮樂)의 정신으로서 도덕적인 수련을 쌓아야 한다고 주장하였다.117) "그러나, 빈부귀천은 사람의 힘으로는 어찌할 수 없는 하늘의 뜻인 만큼 모든 사람들은 자기의 처지에서 제 나름의 인을 실천하면 된다는 것이 공부자의 생각이었다."118) 그런데 그보다 약 2백 년 후에 탄생한 맹자는 공자와는 생각을 달리했다. 공자는 인으로서 윤리 사상을 통일시켰으나, 맹자는 인과 의를 구분함과 동시에 인보다는 오히려 의 편을 중시하였다.119) "맹자에 의하면 의는 모든 덕목(德目)의 중심이었다. 이에 있어서 그는 정치사상에 있어서도 혁명 사상을 용인하였다. 그리고 겉으로는 선한 정치를 행하는 듯이 가장하면서 내심에 있어서는 자기 이익을 도모하기에 급급한 자는 패자(覇者)라고 보고, 높은 덕성을 가지고 백성들을 위하여 선정을 베푼 자를 가리켜 왕자라고 하였다. 맹자의 견해대로 하면 혁명은 하늘의 뜻이 바뀜을 의미하였다. 그리고, 누구를 왕으로 모시느냐 하는

---

116) Ibid., 87.
117) Ibid., 87-88.
118) Ibid., 88.
119) Ibid.

것은 하늘 뜻에 달려 있는 것이지만 이 천명은 또한 백성들의 뜻과 이 세상 여론이 반영되는 것이니만큼 왕이 된 자는 언제나 민심의 귀추와 세태를 [살]피면서 백성을 다스려야 한다는 것이었다."120) 그는 오륜(五倫) 사상을 제창했는데, 이것은 후세의 유교 사상에 막대한 영향을 끼친 사상이었다. 유고 사상을 가리켜서 공맹지도(孔孟之道)라고 일컫는 까닭은 그 사상적인 주류가 이 두 사람에게서 연유된 결과이다.121) "유교 사상을 흔히 그 경서(經書)가 성립되던 경서성립(經書成立) 시대와 그것이 연찬(硏鑽)되던 후세의 경학(經學) 시대로 크게 양분하는데 그 사상적인 핵심을 말한 것이 이른바 수신제가치국평천하(修身齊家治國平天下)이다."122) 이리하여 유고는 집을 떠나서 도를 닦기에 힘을 썼던 불교 사상이나 사사로운 입장에서 인의와는 별도로 자연에 돌아가기를 가르쳤던 도교의 반문명주의 사상과는 달리 윤리와 정치를 일치시키고 철학과 정치를 합치시킨 공공의 도덕이요 보편적인 윤리였던 것이다.123) "그러나, 유교가 발생되고 신봉되던 시대적인 배경은 중국 하나도 통일을 보지 못했던 시대인지라 공부자가 생각한 천하는 국가와 가정을 중심으로 한 하나의 타원형에 불과하였고 유교 전래의 예의 개념을 넓힌 것이라고 말할 수 있는 수신제가치국평천하의 이상 역시 이 타원형을 어디까지나 타원형으로 간직하기 위한 이상주의 사상에 불과했던 것이다. 그런 만큼 바야흐로 온 인류가 하나의 인간 가족을 이루려고 지향하고 있는 세계 국가가 구상하고 있는 이 마당에 있어서는 유교 사상이나 불교 사상이 과연 새 시대를 감당할 수 있을지는 의문인 줄 안다."124)

120) Ibid.
121) Ibid.
122) Ibid.
123) Ibid., 88-89.

그는 한국적인 것에 대한 깊은 애정과 자부심을 가지고 있었다. "중국 대륙에서는 남과 북의 말이 달라서 피차간의 대화를 위해서는 통역자를 세워야 하고 필리핀 사람들은 이 섬과 저 섬에서 서로 다른 말을 사용하고 있기 때문에 영어로써 대화를 한다. 그러나, 우리 겨레는 한 피 받고 한 몸 이룬 단일 민족이요, 같은 말과 같은 글을 사용해 온 한 민족이다. 그리고, 민족성에 있어서도 중국이나 일본과 다른 점이 많이 있는데, 중국 사람들은 개인주의가 지나쳐서 중공이 강제적인 통일을 단행하기 이전에는 원만한 통일국가를 형성해 본 역사가 없고 일본 사람들은 상부의 명령에 무조건 복종할 따름이지 거기에 대한 비판이나 항거를 할 줄 모르는 백성이었다. 이에 반하여, 우리 겨레는 한 사람 한 사람이 뚜렷한 개성을 지니고 있을 뿐만 아니라 가문과 문벌을 소중하게 여기면서도 거기에 멈추지 아니하고 국왕을 중심으로 하는 통일국가를 형성할 줄 알던 백성이다. 그런 의미에서 한국 민족은 동양에 있어서 가장 먼저 민주주의 정신에 깨었을 뿐만 아니라 낡은 봉건주의 정신을 타파하고 근대화에 앞장섰던 백성이라고 말할 수 있다."125) 우리 겨레가 유구한 역사적 전통을 지녀 온 한편, 찬란한 문화의 꽃을 피웠다는 것도 역력한 사실이다. 그뿐만 아니라 한국 문화는 중국 문화나 일본 문화와는 그 성격이 아주 다르다. "이 점에 있어서는 수년 전에 이 고장을 다녀간 서독의 철학자 보르노프 박사께서 지적한 바 있었. …… 그의 말에 의하면 서구에는 러시아의 대륙 문화와 화려한 프랑스 문화가 있는데 그 사이에 특수한 독일의 문화권이 있듯이 한국의 문화권은 이 독일 문화권과 비슷한 위치에 놓여 있다는 것이었다."126) 우

124) Ibid., 89.
125) Ibid., 112-13.
126) Ibid., 113.

리 겨레가 형성해 온 문화재 역시 선조들이 신봉해 온 종교심의 발로였는데, 우리는 지금도 이에 대한 실증을 경주나 합천 등지의 사찰에서 엿볼 수 있고 부산 근처의 통도사와 범어사에서도 목도할 수 있다.127) 그런데 "종교를 신봉하던 형태와 거기에서 형성된 문화재를 보면 거기에도 중국 대륙이나 일본의 그것과는 색다른 점이 있을 뿐만 아니라 독특한 우월성이 나타나 있다. 여기에서 한국만이 가지고 있는 팔만대장경의 목각도 있고 혜초 대사와 원효 대사와 같은 고승들이 나오기도 했으며 율곡과 퇴계 같은 인간문화재도 산출된 것이었다."128)

IX. 결언

봄샘 지동식 박사는 겸손을 가르치고 실천한 겸손의 신학자였다. 그는 섭리 신앙으로 항상 감사하는 삶을 산 목회자였다. 그는 바르트의 화해론의 영향을 받으면서 화해와 평화를 강조한 평화의 사도였다.

그는 1947년부터 1976년까지 29년 동안 연세 신학을 지켜 오고 또 연세 신학을 발전시켜 온 연세 신학의 사표였다. 그는 연세 신학과 함께 터득해 온 에큐메니칼 정신을 실천했으며, 특히 한국기독교교회협의회의 회장을 맡음으로써 전 한국 교회에 에큐메니칼 정신을 전파하였다.

그는 동서고금의 사상에 박학한 대가였다. 그는 일생 동안 바르트 연구에 몰두하면서 바르트를 중심으로 현대 신학자들과 끊임없이 대화하던 신학자였다. 그는 신과대학의 형편상 한동안 신약학을 연구하면서 많은

---

127) Ibid., 114.
128) Ibid.

주석 작업을 하였다. 그의 조직신학은 한편으로는 바르트의 영향을 받았지만, 다른 한편으로는 이런 주석 작업의 결정체였다. 그는 불교를 비롯하여 동양 종교들을 깊이 연구하고 현대에 있어서 종교의 올바른 역할을 제시하려고 노력하였다.

복음교회 편에서 보았을 때, 그는 복음교회의 창시자인 최태용 감독의 계승자로 칼빈과 바르트로 이어지는 개혁 신학 전통을 굳게 지킴으로써 복음교회를 이단 시비로부터 지켜 내었을 뿐만 아니라, 한국기독교교회협의회 회장으로 활발한 에큐메니칼 운동을 전개함으로써 복음교회의 위상을 드높였다.

2
지동식의 생애를 돌아보며*
- 신학자로서의 목회자, 목회자로서의 교수 -

박숭인**

I. 들어가는 글

지동식 박사 회갑기념호로 출간된 「신학논단」 제11집 권두언을 통해 당시 연세대학교 박대선 총장은 지동식에 대하여 다음과 같이 말한다.

> 지동식 박사가 연세대학교 신과대학 초창기 어려운 때부터 혹은 교수 혹은 학장으로서 연세대학교 신과대학의 발전을 위해서 크게 공헌한 바 있는 것은 주지의 사실이다. […] 지동식 박사가 또한 대한 기독교 연합회 회장의 요직을 맡아 그의 원만한 인격으로 한국 교회 연합사업에 크게 공헌한 것도 우리 한국 교회가 오랫동안 기억하여야 할 사실일 것이다. 동시에 그가 복음교회를 육성하여 오늘에 이르

---

* 박숭인 교수가, 연세대학교 신과대학동창회 엮음, 『겸손, 휴밀리타스: 봄샘 지동식 박사 소천 30주기 기념논문집』(서울: 한우리, 2007)에 발표한 글이다.
** 이 글의 저자 박숭인 교수는 협성대학교 교양학부장을 맡고 있다.

게 한 사실은 여기서 논할 필요도 없는 것이다. 지 박사는 훌륭한 학자이며 설교자인 동시에 뛰어난 교회 행정가로서 연세대학교와 교계에 남긴 업적은 길이 빛날 것을 의심하지 않는다.[1]

위의 짧은 글에서 간략히 소개된 것처럼 지동식의 삶의 자리는 연세대학교와 기독교대한복음교회로 특징지어진다. 지동식은 기독교대한복음교회의 목회자와 연세대학교 신과대학의 교수로서 자신의 삶을 이어 갔는데 이러한 삶의 자리가 형성되는 데에는 두 만남의 계기가 있었다. 기독교대한복음교회의 창립자인 최태용과의 만남이 그의 목회자로서의 삶의 계기가 되었다면, 연세대학교의 백낙준과의 만남의 그의 교수로서의 삶을 결정하였다. 물론 이러한 계기는 지동식 본인의 신앙적 삶의 결단 위에서 이루어진 것이었다. 이에 대해서는 이후에 차근차근 소개하기로 한다.

필자가 지동식의 삶의 궤적을 탐구하고자 자료를 조사할 때, 맨 처음 직면하게 된 난관은 그에 관한 기록이 예상치 못한 정도로 빈약하다는 점이었다. 그의 삶을 어느 정도 짚어볼 수 있는 책자로는 그가 직접 저술한 『신학의 오솔길』[2]이 거의 유일한 자료이다. 그가 자신의 삶의 여정을 간략히 기록한 내용이 위의 책 후반부에 "나의 생애와 신학"이라는 제목으로 소개되어 있다. 이러한 자료의 부재는 그 스스로가 반복해서 언급하는바, 자신에 대한 지나친 겸손에 기인한다고 보인다. 사실 그를 기억하는 대부분의 사람들이 맨 먼저 그의 인격의 특징으로 지적하는 것은 그의 몸에 밴 겸손이다. 연세대학교 교수로 재직했던 김중기는 지동식을 다음과 같

---

1) 박대선, "권두언", in: 연세대학교 신과대학 신학회, 「신학논단」 제11집, 지동식 박사 회갑기념 (연세대학교 신과대학 신학회, 1972. 6), 1.
2) 지동식, 『신학의 오솔길』 현대신서 70 (서울: 대한기독교서회, 1976).

이 표현한다. "닳은 사람들이 지동식 목사님을 가리켜 외유내강한 분, 참 인격자, 누구에게나 존경받으실 만한 어른 등 여러 가지 수식어로 말하고 있지만, 가장 적합한 형용사는 뭐니뭐니 허도 '참으로 겸손하신 분'이라는 것이리라."3)

 지동식에 관한 문헌 자료가 빈약하다는 사실로부터 출발해야 하는 그의 삶에 대한 연구 조사는 새로운 방법적 가능성을 모색하게 만들었다. 필자는 빈약한 문헌 자료를 보완하기 위한 하나의 방법으로 구전 자료를 채택하고자 한다. 그를 개인적으로 잘 알고 있는 지인들, 그의 제자들, 그가 목회했던 교회의 교인들, 그리고 그를 이해함에 있어서 가장 중요한 그의 가족들을 차례대로 만나고 그들과 대화를 나누는 과정을 통하여 지동식이 남긴 족적을 하나씩 짚어가고자 한다. 물론 그들과 나눈 대화는 동영상으로 보존될 것이다. 이러한 방법적 접근을 통한 연구는 필자에게도 생소한 것이어서 긴장되기도 하지만 동시에 새로운 시도라는 점에서 흥미를 북돋우기도 한다. 또한 연구의 성격상 본 연구는 계속적 연구를 전제로 한다. 기왕의 주어진 문헌에 의존하는 연구가 아니고 새로운 만남과 대화를 통한 구전 자료의 발굴과 축적에 의한 연구이기에 본 연구의 자료는 한동안 계속 증가할 수 있다는 점에서 본 연구는 특별히 후속 작업을 요청한다.

 본 연구를 위한 구전 자료 수집이 충분치 못하다는 점은 짧게 주어진 시간의 탓도 있지만 필자의 게으름의 소치이기도 하다. 이에 필자는 지견을 빌어 계속적인 자료 수집을 약속하며 이미 수집된 자료에 의거하여 서술을 시작하고자 한다.

---

3) 김중기, "봄새물 지동식 목사님을 회상하며", in YONSEI MAGAZINE 2003 봄 여름 제 49호, 18.

II. 지동식의 신학 수업 — 최태용4)과의 만남

지동식은 자신이 신학의 길을 걸어가게 된 것을 예수의 십자가를 대신 진 구레네 시몬에 비긴다. "군대 복무를 마치고 돌아오던 구레네 시몬은 멋모르고 사형장을 향하던 예수 일행의 행차를 구경하다가 예수께서 감당하지 못했던 십자가의 형틀을 대신 걸머지게 되었었다. 신학생 중에는 간혹 이와 같은 경로로 예수께서 남기고 가신 고난의 사업에 말려들게 된 이도 있을 줄 안다. 솔직하게 말해서 나 자신도 그와 같은 사람 중의 하나이다."5)

지리산 근처 산골에서 태어나 완고한 유학자 아버지 밑에서 자라난 지동식이 기독교 신앙을 접하게 된 것, 그리고 아버지의 반대를 무릅쓰고 신학의 길에 접어든 것, 그것도 아무것도 보장되지 않은 일본 유학의 길에 오른 것 등을 돌이켜 볼 때, 지동식은 스스로 걸어 온 신앙의 길, 신학의 길, 목회의 길, 신학자의 길들을 구레네 시몬의 십자가에 비유하게 되었을 것이다. 그러나 필자가 보기에 이 또한 그의 겸손의 소치로 보인다. 왜냐하면 이미 신학의 길에 접어들기 이전에 지동식은 뜨거운 신앙의 체험을 하였고, 평범한 기독교 신앙인들의 수준을 훨씬 뛰어넘는 신학적 관심을 가지고 있었기 때문이다. 그는 고등보통학교를 졸업한 다음 심한 경제적 공황에 직면하여 군산 옥구 금융조합 서기로 취직하였다.6) 그러나 금융조합

---

4) 최태용은 기독교대한복음교회의 설립자이다. 일본 유학 시절 우찌무라 간조에게서 영향을 받은 그는 고국에 돌아와 무교회주의 운동의 일환으로 문서 선교 운동을 하다가 민족 교회로서 한국인 자신의 교회를 설립한 한국 교회의 선각자이다. 그의 문서 선교의 흔적은 개인적으로 등사판 인쇄물을 통해 독자들에게 보급하던 「천래지성」(1925-1927)과 「영과 진리」(1928-1937)를 통하여 우리에게 남아 있다. 최태용의 생애 및 신학사상에 관하여는 기독교대한복음교회 총회신학회 편, 『최태용의 생애와 신학』(천안: 한국신학연구소, 1995) 참조.
5) 지동식, 『신학의 오솔길』, 195.

서기로서의 3년간의 생활이 그에게는 견디기 어려운 시련기였다. 지동식은 그 기관을 "농민을 우롱하고 착취하는 기관으로 인정했었고 그런 기관에서 밥을 벌어먹는다는 일을 부끄럽게 여겼기 때문이다."7) 그는 보다 큰 뜻을 품고 있었다. "그 당시의 나에게 한 가지 집념이 있었다면 그것은 보잘것없는 이 몸이지만 이 몸을 금융조합이나 구습에 젖은 나의 가정에 바친다기보다는 차라리 겨레와 나라를 위해서 바치겠다는 생각이었다."8) 이 시절이 바로 그가 새벽 기도회에서 영력을 얻고 열띤 신앙 체험을 한 시기였다고 그는 고백한다.9) 그의 신앙적 체험은 그로 하여금 더 많은 신앙적, 신학적 관심의 길로 그를 이끌었으며, 그로 하여금 최태용과 우찌무라 간조의 글에 빠져들게 했다.10)

이 시절 지동식의 꿈은 소박하였다. 그는 3년간의 봉급생활에서 모아둔 약간의 기금을 밑천삼아 전문학교 하나를 마치고자 하였다.11) 그러나 그의 능력을 알아본 최태용의 생각은 달랐다. 최태용은 지동식이 자신이 졸업한 일본신학교 예과에서 신학 수업을 쌓기를 권면하였다. 인생의 중요한 결단의 순간 앞에서 지동식은 많은 고민을 하였던 것으로 보인다. 그의 선친도 반대하고 자신도 부친의 뜻이 옳은 듯해서 결단을 내리지 못하고 있던 지동식을 신학에의 길로 이끈 것은 그가 고백하듯이 오로지 하나님의 강제에 끌린 것이다. "그분은 어느 날 새벽 기도 시간에 나에게

---

6) 전병호, "지동식 목사의 목회와 신학", in YONSEI MAGAZINE 2003 봄 여름 제 49호, 24.
7) 지동식, 『신학의 오솔길』, 219.
8) Ibid.
9) 지동식, 『신학의 오솔길』, 194.
10) Ibid. "내가 복음교회의 창시자인 최 태용 선생의 개인잡지 「천래지성」(天來之聲)과 「영과 진리」를 접하는 한편 일본의 무교회주의자 우찌무라 간조의 전집을 탐독하던 때는 이 무렵이었다."
11) Ibid., 195.

그리스도인은 우선 그리스도를 위하여 헌신해야 한다고 책망하셨고, 또 한번은 크게 난 홍수로 수많은 사람들이 떠내려갈 때 재빨리 지류를 파서 몇 사람의 생명을 구하게 하는 꿈을 꾸게 하심으로써 나약한 나도 몇 사람의 생명을 구할 수 있을 것을 현몽하여 주신 것이다."12)

일본신학교에서의 유학 과정은 지동식에게 있어서 뜻 깊은 시간이었다. 학자로서의 소양을 여실히 보여준 일본신학교에서의 지동식의 학문적 훈련을 전병호는 다음과 같이 전한다.

> 지동식은 예과 3년 동안 영어, 독일어, 불란서어는 물론 신학에 필요한 헬라어, 히브리어, 라틴어 등 어학과 철학을 주로 공부하였다. 더욱이 칸트, 피히테, 키에르케고르의 독일어 원서를 밤을 새워 독파하기도 하였다. 본과에 올라가서 본격적으로 신학을 공부하였는데, 맨 처음 구입한 책이 슈마텔의 『신약성서 강해』였고, 『루터 선집』과 칼빈의 『기독교 강요』 등도 원서로 독파하였다. 그러나 무엇보다도 그의 학문의 세계에 가장 큰 영향력을 주었을 뿐만 아니라 그 후 한국 신학계에 뚜렷한 업적을 남기게 한 일은 당시 일본 신학계에 브룬너와 함께 엄청난 영향을 주었던 칼 바르트의 서적을 접한 일이었다. 『교회교의학』을 비롯한 바르트의 책이란 책은 구입할 수 있는 한 다 찾아 읽었다. 그래서 일본신학교의 졸업논문이 칼 바르트의 사상을 나름대로 소화한 「선교론」이란 것인데, 이 논문으로 1940년 3월 졸업식에서 졸업논문상을 타게 되었고 또 책으로 출판되기도 하였다.13)

---

12) Ibid., 196.
13) 전병호, "지동식 목사의 목회와 신학", 25-26.

이 기간 동안의 공부만큼이나 중요한 것은 지동식의 말대로 일본신학교로부터 배운 교훈인바, "신학 수련은 일조일석에 되는 것이 아니라 종생토록 계속해야 되는 것인데, 그것을 위해서는 그리스도 교회의 경전인 성서 연구는 말할 것도 없고 동서고금의 문물 제도에 대한 어느 정도의 고등 교양이 필요하다는 것이었다."14) 이는 지동식의 일생 동안의 교훈이 되었다. 필자는 지동식의 가족들과의 대담에서 이러한 사실을 확인할 수 있었다. 남편 혹은 아버지에 대한 기억의 가장 중요한 부분이 그의 끊임없는 연구로 집약되었다. 한 번 서재에 들어가면 식사 시간도 잊어버리고, 심지어는 식사를 위한 부름도 꺼려질 정도로 연구에 매달린 모습이 지동식의 일상의 모습이었다고 한다. 그의 이러한 모습이 가족들에게는 부담스러울 정도였다고 하니 그의 학구열을 가히 짐작할 수 있을 것 같다. 그럼에도 불구하고 그는 언제나 스스로 부족한 사람으로 자신을 표현했다. 전택인 사모가 이렇게 많은 책을 읽으면서 왜 본인 스스로 책을 쓰지 않느냐고 묻자 아직 멀었고 아마 70이 넘어서야 쓸 수 있을 것이라고 답했다는 지동식의 답변은 오늘날 후학들을 숙연하게 한다.15)

흔히 이야기하는 것처럼 지동식의 신학 수업은 일본 유학 시절에 국한될 수 없다. 그의 전 생애가 신학 수업을 위해 바쳐진 시간이라고 보아도 무방하리라 생각한다. 이러한 그의 열성은 그의 진지함에서 비롯된 것으로 보인다.

가족들이 기억하는 지동식의 또 하나의 특징은 안과 밖이 동일한 분이었다는 것이다. 남에게 보이는 지동식의 모습 그대로 가족들에게도 보인 것이다. 그는 거짓을 모르는 존재였다. 자식의 사소한 거짓말조차 용납

---

14) 지동식, 『신학의 오솔길』, 197.
15) 대담 자료 1 "가족들과의 대담"

하지 못할뿐더러 그 거짓말에 스스로 상처를 입는 분이었고, 공과 사를 철저히 구분하고자 노력하는 분이었다. 이러한 가장 아래에서 때로는 상처도 많이 입은 가족의 어려움을 직접 듣게 되면서, 지동식의 생애를 조망하고자 할 때―이는 사실 그 어느 누구의 생애를 조망할 때에도 마찬가지일 것이라 생각되는데―그늘에 가려서 그 존재를 더욱 밝게 비추는 주변 사람들의 삶도 같이 드러나야 하리라고 생각되었다.16)

III. 지동식과 서울복음교회 ― 신학자로서의 목회자

지동식은 신학의 목적을 목회 현장에서 찾았다. "나는 학생 때부터 부질 없는 생각을 하여 보았다. 그것은 사관학교 학생이 군사학을 공부하는 까닭은 일선에 나가서 힘차게 싸우기 위함인 것처럼 신학도도 역시 일선에 나가서 전도 전선을 펴는 것이 그 정도(正道)라고."17) 실제로 그는 신학 수업 이후에 농촌 교회 목회로부터 그의 사역을 시작하였다. 전라북도 금마에서와 원산 근처 운림에서의 농촌 목회 이후 1945년 서울복음교회의 담임목사로서의 삶이 그의 목회 경력을 드러낸다. 지동식은 오늘날 흔히 그러하듯이 목회지의 환경에 따라 목회지를 선택하는 그러한 목회자는 아니었다. 농촌 목회를 하던 때에 그는 일본 식민지 통치의 직접적 수탈 대상이었던 농민에 대한 연민으로 가득하였고, 자신 또한 그들의 비참한 운명에 동참하였다. 당시 그의 심정을 보면 그의 이러한 연민의 정이 여실히 드러난다. "그 당시의 농촌은 망각 지대였고 농민들은 버림받은 계층이

---

16) 대담 자료 1.
17) 지동식, 『신학의 오솔길』, 198.

었다. 그들이 추수한 곡식은 군량미로 들어갔고 그들이 가꾼 목화와 대마는 군복감으로 공출되었다. 그들은 대두박으로 양을 채우고 누더기를 입고 살았다."18) 이러한 상황에서 지동식의 삶 또한 편안할 리 없었다. 더욱이 가식을 모르그 완벽주의에 가까울 만큼 자신에게 철저한 그의 인격에 비추어볼 때에 그가 처할 수밖에 없었던 상황은 능히 미루어 짐작할 수 있다. 그는 그 가난한 농민들이 주일 마다 가져오는 성미에 오히려 감격하였다. "그런 만큼 그들이 나에게 보태준 한두 되의 양곡은 그것이 바로 그들의 살이요 피였던 것이다."19) 지동식은 영양실즈로 쓰러지기까지 농촌 목회 현장을 지켰다. 그러나 이러한 경제적인 어려움에도 불구하고 그에게는 불평이 없었다. 오히려 친척을 통하여 주어진 경제적 도움의 손길을 엘리야를 돕게 하신 까마귀를 보내주신 하나님의 손길로 알고 감사하는 것이 그의 모습이었다.20)

지동식의 헌신적인 농촌 목회 사역을 충분히 감안한다 할지라도 그것은 그의 본격적인 목회를 위한 준비 과정으로—물론 이로 인하여 그의 농촌 목회 사역 경험이 가지는 중요한 의미가 평가 절하되는 것은 아니다—필자는 생각한다. 왜냐하면 필자의 생각에 그의 본격적인 목회의 장이 열리는 것은 서울복음교회라고 하는 현장에서이기 때문이다. 서울복음교회에서의 목회는 지동식이 공부한 신학의 본래 자리에 닿아떨어지는 사역이었다. 바르트의 신학에 매료되어 있었던 그에게 있어서 '교회를 위한 학문'으로서의 신학을 수행할 수 있는 기회가 주어진 것은 새로운 도전이요 기회였다고 여겨진다.

---

18) Ibid., 199.
19) Ibid.
20) Ibid.

기독교대한복음교회 전병호 목사는 지동식의 목회 사역을 다음과 같이 정리한다.21)

(1) 지동식 목사는 하나님 말씀을 올바로 전달하는 목회를 지향하였다.
목회자의 입장은 특수한 입장이다. 그는 하나님의 말씀과 죄인 그 사이에 선다. 다시 말해서 하나님의 말씀의 전달자가 곧 목회자인 것이다. (……) 목회자는 소명 받은 자인데 그는 다만 말씀을 통해서만 소명 받은 것이 아니라 말씀을 위해서 소명 받은 것이다. 다른 사람들을 말씀으로 인도하고자 하는 자는 먼저 자기 자신이 말씀에 의해서 인도되고 말씀으로 훈시 받는 것이다. 그러므로 목회자는 무엇보다 하나님의 말씀에 깊이 뿌리박고 살아야 한다.

(2) 지동식 목사는 겸손한 교회봉사 목회를 지향하였다.
목회활동에서 중요한 것 중의 하나는 인간이 처하여 있는 구체적 상황을 살핌과 동시에 거기에 대한 권고 및 지도를 성서와 신학적인 입장에서 베푸는 일이다. 목회는 그 형태가 어떠했든 간에 그것은 언제나 교회봉사를 위한 것이다.

(3) 지동식 목사는 교인들에게 희망을 선포하는 목회를 지향하였다.
고난 중에 처한 이에게 심리적인 위로를 주는 일도 소중하겠지만 희망을 가지고 접하는 일이 더욱더 소중하다. 주께서는 우리를 도우시기 위해서 힘쓰시는데 목회자는 여기에 대한 소망 중에서 목회를

---

21) 전병호, "지동식 목사의 목회와 신학", 29-30. 이 부분은 전병호가 '목회학' 입장을 밝힌 지동식의 노트에서 정리한 것이다.

포용한다. 다들 불름하르트는 '인간은 신의 것'이라 갈했다. 그 뜻은 세계는 죄악·죽음에 소속되어 있는 것이 아니라 이미 고가(高價)한 대가로 구속된 그리스도의 소유라는 것이다. 세계의 미래는 그리스도 안에 있다. 부활하시고 재림하실 그리스도 자신이 세계의 희망이시다. 모든 사람을 위한 신적 미래에 대한 확신이 독회의 알파요 오메가인 것이다.

(4) 지동식 목사는 만남과 위로의 목회를 지향하였다.
목회는 설고가 아니라 대화의 형식으로 행해진다. 이 대화 중에는 대화뿐만 아니라 만남이 이루어진다. 목회자는 우선 그의 충고와 도움을 요하는 이웃과 더불어 만나야 한다. 그러나 이 만남 중에서는 신과의 만남이 이루어져야 한다. 본래적인 의미의 절대자인 신께서 등장하셔서 대화 중에 있는 두 사람과 만나주시고 자기의 말씀을 말씀하시는 그러한 대화가 있어야 한다. (……) 만남은 두 사람이 서로 이웃이 되는 일이다. 목회에서 우리가 남을 위로하게 되면 자기 편도 위로받는 결과가 된다. 다른 이를 위해 봉사하면 자기 몸이 가벼워진다. 다른 이를 위로하면 자기가 위로받게 된다(고후 1:3-8). 여기에 만남의 본질이 있다.

지동식의 근원적 목회 철학은 칼 바르트 신학의 핵심 내용과 일맥상통한다. 무엇보다도 하나님의 말씀 앞에서 하나님의 말씀의 전달자로 스스로를 인식하는 지동식의 목회관은 '하나님의 말씀의 신학'으로 특징지어지는 바르트의 신학적 견해와 그 맥을 같이한다. 바르트는 "신학의 과제로서의 하나님의 말씀"이라는 논문에서 신학자가 신학의 근원적 대상인 하나님과 직면하는 긴장 관계를 다음과 같이 설명한다.

우리는 신학자로서 하나님에 관하여 말해야 한다. 그러나 우리는 인간이며 그러한 한에서 하나님에 관하여 말할 수 없다. 우리는 이 두 가지, 즉 말해야 함과 말할 수 없음을 알아야 하며, 그로 인하여 하나님께 영광을 돌려야 한다. 이것이 우리를 곤궁으로 몰아가는 것이다. 이외의 다른 것들은 모두 어린아이 장난 같은 것이다.22)

지동식의 곧은 성품과 하나님 앞에서의 겸손을 생각할 때, 그가 하나님의 말씀 앞에서 스스로를 얼마나 삼갔을지 능히 미루어 짐작할 수 있다. 그 어떤 덕목보다 하나님 말씀의 전달자로서의 소명을 강조하는 지동식의 목회관은 방법론적인 접근에 너무 치우치는 오늘날의 목회 현실에서 새롭게 조명될 가치가 있다.

하나님의 말씀을 선포하는 근본 사명이 바르게 수행되기 위한 목회의 덕목으로 지동식은 먼저 겸손한 교회봉사를 꼽는다. 신학이 교회에 봉사하는 학문이라는 기본 입장에서 출발하는 그의 신학적 자세에 비추어 볼 때, 이것은 당연한 일이라는 생각이 든다. 이는 지동식이 목회하던 당시의 교인들과의 대담을 통해서도 확인되었다. 조용한 가운데 하나님의 교회를 사랑하는 마음으로 가득한, 그러나 언제나 겸손하여 스스로를 드러내지 않는 모습이 그들이 회상하는 지동식의 모습이었다.23)

교인들에게 희망을 선포하는 목회 및 만남과 위로의 목회를 지향한 지동식의 목회 철학 또한 그의 인격에 부합한다. 이러한 맥락에서 필자는 세인들에게 잘 알려져 있지 않은 지동식의 삶의 한 면모를 발견할 수 있었

---

22) 이 논문의 원 제목은 "Das Wort Gottes als Aufgabe der Theologie"로서 바르트의 신학을 하나님의 말씀의 신학으로 특징짓는 유명한 논문이다. 바르트학회 공역, 『칼 바르트 논문집 I』(서울: 대한기독교서회, 1995) 참조.
23) 대담 자료 2 "당시 교인들과의 대담".

다. 서울 수복 후 한때 서울복음교회 사택에서 11가구가 모여 산 적이 있었다는 이야기를 가족들의 입을 통해 전해들은 것이 그것이다. 어려운 시절이기는 하지만 그 많은 식구들을 사택에서 같이 살도록 한 지동식의 포용성도 대단하거니와, 그렇게 모여 살던 시절의 에피소드는 그의 공동체 식구에 대한 배려를 여실히 드러내는 것이었다. 그의 한 아들의 회고에 의하면 지동식은 어린 아들이 그렇게 원했던 자전거를 절대 사주지 않았는데, 그 이유인즉 다른 가정의 아이들이 그로 인하여 상처를 받을까 봐 그랬다는 것이다. 이 작은 에피소드를 통해서 우리는 지동식이 교우들을 대했던 태도를 미루어 짐작할 수 있다. 또한 그는 가족들과 한 달에 한 번 중국집에서 외식을 했는데, 그때마다 라조기를 주문했다는 것이다. 생선을 좋아했던 그가 집에서 생선을 굽기를 마다했던 이유도 다른 가족들에게 불편을 줄까 해서 그랬다고 하니 그 가족이 전하는 것처럼 지나칠 정도의 타인에 대한 배려라고 할 만하다.24)

부드러운 인품과 타인에 대한 배려로 이어진 지동식의 목회는 그 내용에 있어서 더욱 그 빛을 발한다. 그는 1945년 서울복음교회 담임목사로 부임하고 1947년 1학기에 연세대학교 신과대학 교수로 초빙되어 이 두 가지 사역을 동시에 충실히 수행한 일꾼이었다. "그는 계절을 불문하고 매일 새벽 2시면 반드시 일어나서 세면을 끝내고 책상을 붙들고 씨름을 하였다. 그리고 나서야 그는 교회의 새벽기도회 인도, 조반, 연세대 등교, 강의, 퇴근 후 저녁기도 모임 등을 따라 시계처럼 정확히 움직이셨다고 한다."25)

이러한 그의 철저한 생활에서 비롯되는 설교와 성경 공부는 당시 뜻있

---

24) 궤담 자료 1.
25) 김중기, "봄새물 지동식 목사님을 회상하며", 20-21.

는 젊은이들을 서울복음교회로 모이게 하는 계기가 되었다. 전병호는 당시의 서울복음교회의 이러한 모습을 다음과 같이 전한다.

> 부산으로 피난 내려갔던 지동식 목사와 서울교회 교인들은 53년 돌아와 다시금 서울교회의 재건에 박차를 가하였다. 6·25 전 지동식 목사를 중심으로 많은 청년들이 모여 신학의 탐구열이 대단하였는데, 다시금 이 같은 현상이 크게 일어났다. 1950~1960년대의 지동식 목사와 그 후임 장성환 목사 대에 이르는 서울복음교회에서 새로운 현대 신학을 흡수하며 그 왕성한 신학적 지식을 고취시켜 나갔던 분들로서 배한국, 장성환, 오승태, 채위, 김중기, 이병주, 안계춘, 성주형, 채문규, 김경재, 문대탄, 신봉룡, 백순, 김병익, 오충일 등이 있었다. 이 중에 일부는 더욱 연구하여 지금은 훌륭한 학자가 되고 또 목사가 되었으며 일부는 아직도 서울교회를 지키고 헌신하고 있다.26)

지동식이 신학을 하기로 결심하는 과정에서도 이미 드러났듯이 그는 뜨거운 신앙적 열성을 지닌 사람이었다. 이러한 열정을 신학적 언어로 풀어쓰는 작업이 그의 서울복음교회 목회의 중심이었다. 신학의 원래 임무가 신앙적 경험 및 신앙의 내용을 이해 가능하고 소통 가능한 언어로 전하는 일에 있다고 할 때, 지동식의 목회는 바로 이러한 신학의 본래적 임무에 충실하고자 하는 그의 노력의 소산이었다고 볼 수 있을 것이다. 이러한 지동식의 목회를 필자는 '신학자로서의 목회'라고 명명하고자 한다. 신학

---

26) 기독교대한복음교회 약사편찬위원회 간, 『기독교대한복음교회 창립50주년 기념 복음교회 50년 약사』(삼육인쇄사, 1985), 83.

이 교회를 위한 학문이라고 할 때, 사실 모든 신학자는 바른 의미에서 목회자여야 하고, 목회의 내용이 바른 신학적 기초 위에 서야 한다고 할 때, 모든 목회자는 현장의 신학자여야 한다. 이러한 중요한 사실이 망각된 듯이 보이는 오늘날 신학과 목회의 현실에서 지동식의 목회를 다시 조망하는 것은 뜻 깊은 일이라 생각한다.

지동식의 목회에서 또 하나 특기할 사항은 그의 계속적인 연구 활동 및 신학 동지들과의 부단한 신학적 연구였다. 이 중에 가장 유명한 것은 복음동지회의 결성이었다. 김중기는 이를 다음과 같이 전한다.

> 사실 지동식 목사님의 교회봉사와 학문적 결실을 그 자신이 숨기셨기 때문에 별로 드러나 있지 않지만 앞으로 후학들이 발굴해 나가면 그 공로가 지대하리라 믿는다. 한 가지 예를 들면 그는 복음교회 목사로 시무하면서 1956년부터 복음동지회를 결성하여 그의 교회 사택에서 약 4년 동안 매주 월요일마다 성서번역을 꾀하셨다. 이 번역 동지회에는 당시 유능한 성서학자들이 거의 모두 망라되어 있었다. 지동식을 필두로 해서 박대선, 김정준, 문익환, 전경연, 김철손, 윤성범, 김용옥, 박창환과 같은 분들이 그들이었다. 그들의 첫 결실이 『새로 옮긴 마태복음』 출판이었고 이 성서번역 운동이 후에 성서공회의 신구약성서 새 번역으로 이어졌던 것이다.[27]

필자가 지동식의 목회를 신학자로서의 목회로 명명한 것은 위와 같은 신학적 연구만을 염두에 둔 것은 아니다. 모든 신자들을 위한 기독교의 참다운 가르침을 편 목회라는 측면에서 그렇게 말한 것이다. 실제로 필자

---

27) 김중기, "봄내물 지동식 목사님을 회상하며", 22.

가 만난 교인 중에는 젊은 시절 기독교에 대하여 그리 호감을 가지고 있지 않았는데―아마 그의 정확함을 추구하는 성격 때문이었으리라고 추측하지만―지동식을 만나고 기독교를 믿게 된 분도 있었다. 그는 현재 서울복음교회 장로로 봉사하고 있는데, 지동식을 만나지 않았더라면 기독교 신앙을 접하지 못했을 것이라는 고백을 했다.[28]

IV. 지동식과 연세대학교 ― 목회자로서의 교수

지동식은 서울복음교회에서 목회를 하던 중에 1947년 1학기 연세대학교 신과대학 교수로 초빙되었다. 연세대학교 백낙준 총장으로부터 이야기를 들은 지동식은 처음에는 사양하였으나 결국 백 총장의 뜻을 따라 신학대학교 교수직을 받아들여 처음에는 신약학을 담당하였고 나중에는 조직신학을 가르쳤다. 유학 시절 지동식이 가장 많은 시간과 정력을 들여서 읽던 책은 칼 바르트의 『교회교의학』이었다.[29] 이는 그의 졸업 논문인 「선교론」의 초석이 되었을 뿐더러, 그의 조직신학 강의의 근간이 되었다. 그의 강의를 직접 들은 김중기는 말한다. "지 목사님이 바르트 신학을 얼마나 철저히 구사하였는가 하면 내가 대학 3학년 때 그의 조직신학 강의를 들었는데 그는 바르트의 교의학을 군데군데 번역해서 읽어 주었다."[30] 당시의 여건에서 바르트의 『교회교의학』을 독일어로 읽어 낸다는 것 자체가 그의 높은 학식과 열정을 증명해 준다.

---

28) 대담 자료 2.
29) 지동식, 『신학의 오솔길』, 222.
30) 김중기, "봄새물 지동식 목사님을 회상하며", 21.

그의 학자로서의 성실성과 높은 인격에 더하여는 이미 많이 언급되었으므로 필자는 그의 연세대학교에서의 사역을 다른 각도에서 조명해 보고자 한다. "목회자로서의 교수", 이것이 필자가 지동식의 교수 생활을 정의하고자 하는 핵심이다. 지동식은 연세대학교를 지극히 사랑했던 교수였다. 그의 책 『신학의 오솔길』에 등장하는 연세대학교에 대한 구절들을 살펴보면 연세대학교에 대한 그의 자부심 및 사랑이 분명하게 드러난다.

> 내가 연세 동산에 드나든 지도 어느덧 30년이 되었습니다마는, 내가 이 학교에 와서 가장 놀랍게 생각한 것은 연세인의 폭넓은 아량이었습니다. [……] 연세인의 기상은 사회와 더불어 진리를 교류시키고 만방과 더불어 호흡을 같이하는 폭넓은 기상입니다. 좁은 파당이나 협소한 의미의 민족 지상주의는 연세인의 기질과는 상반되는 것입니다. 그러나 이와 같은 범세계적인 삶의 자세를 가진 연세인은 결코 이 겨레 이 나라의 일을 등한히 여기거나, 거기에서 이탈하지 아니합니다.(23)

> 이와 같은 아름다운 동산에서 봄이면 신록을 벗 삼아 살고, 가을에는 단풍과 더불어 속삭이며, 겨울에는 독야청청한 송백들과 뜻을 같이하는 연세인의 기질에는 다른 사람과는 유다른 더가 있기에 "연세인"이라는 특수한 이름이 붙은 줄로 압니다. [……] 연세인은 한 번도 그들을 조주하거나 정죄하지는 않았습니다. 다만, 그들을 그르치고 망칠 뿐만 아니라, 이 동산을 파괴하려던 그들이 신봉해 온 그릇된 철학과 잘못된 소신을 걱정했을 따름입니다.(51)

> 나에게 있어서는 이제 연세 동산이 지상 최고의 장소가 되어 버렸다.

왜냐하면, 나도 여기에서 꽃을 본 듯 별을 본 듯한 행복을 누릴 수가 있기 때문이다. 그러나, 이와 같은 심정을 가진 것은 나만이 아니라 이 기관에 몸을 담고 있는 사람이라면 누구나 같은 심정을 지닌 줄 안다.(167)

지동식에게 있어서 연세대학교는 하나의 직장 이상이었다. 연세대학교는 지동식의 넓은 사역의 현장이었다. 그러하기에 그는 연세대학교에서의 사역 중에서 채플 시간을 가장 소중한 것으로 고백한다. "나의 연세 동산 30년의 생활 중에서 내가 가장 중난하게 여겨 온 시간은 채플 시간이었고, 나는 지금도 이 시간을 못내 존중하고 있다."31)

이러한 눈에 보이는 목회만이 그의 연세대학교 목회 사역의 전부가 아니다. 그는 타고난 겸손한 인격 때문이기도 했지만 연세대학교에서 개인의 명예나 이익보다는 신학대학교 나아가서 연세대학교 전체의 유익을 위해서 스스로를 낮추는 교수였다. 신앙 강화 주간의 강사였던 이상근 박사의 말을 빌려 그는 스스로를 콩깍지에 비유한다. 그러나 그가 인용한 말처럼 콩깍지 자체는 하찮은 것인지 몰라도 그것이 없이는 콩알이 생길 수 없다. "그런 의미에서 나는 지난 30년간 교회에 있어서나 학교에 있어서 콩깍지 구실을 하여 온 셈이다. 나는 비록 보잘것없는 사람이지만, 연세 신과대학에서는 지금 신약학을 담당하고 있는 문상희, 이상호 박사, 이 외에 김찬국, 노정선, 민경배, 민영진 교수가 배출되었고, 그들의 배후에는 해내 해외에서 이 모양 저 모양의 목회 사업에 얼려 있는 4백여 명의 동문이 있다."32)

---

31) 지동식, 『신학의 오솔길』, 207.
32) Ibid.

스스로를 콩깍지에 비유한 지동식의 말을 전병호는 '연세 신학의 아버지'로 바꾸어 부른다. 필자도 이 말에 동감하며 전병호의 글을 인용한다.

> 이처럼 연세 신학을 사랑하고 학생들에게 존경받는 교수로서 1976년 퇴임 때까지 30년을 연세 신학의 아버지로 최선을 다하였으니 연세 신학의 발전에 큰 발자취를 남기게 되었다. 1968년에 1년 동안 모교인 일본 동경신학대학에 교환교수로 있을 때에 1969년 2월 같은 신학대학에서는 그가 졸업생으로 한국 신학계에 끼친 큰 공로를 인정하여 명예신학박사 학위를 수여하였고, 1971년에는 대한민국 정부로부터 국민교육훈장 동백장을 받기도 하였다.33)

필자는 이러한 알려진 역사 외에도 연세대학교를 지극히 사랑하고 동료 교수 및 학생들을 지극히 아끼고 구체적으로 도왔던 목회자 교수로서의 지동식의 발자취를 그의 가족들과의 대담을 통하여 발견할 수 있었다. 사실은 가족들조차 모르고 있다가 나중에 지동식의 도움을 받은 사람들의 입을 통하여 알게 된 그의 선행들이 많이 있다. 지면을 빌려 몇 가지 에피소드를 전하고자 한다.34)

제자 중에 가난하여 더 이상 학교를 다니지 못할 형편에 있던 학생이 3차 등록까지 지나고 나서 어느 날 그는 지동식 교수의 전화를 받게 되었는데, 등록이 되었으니 학교에 나오라는 연락이었다는 것이다. 등록은 물론 지동식이 사비를 털어 대신 내 준 것이었다. 어떤 제자는 그 가난하던 시절에 끼니를 제대로 잇지 못하여 피곤한 모습으로 지나가는데 지동식 교수가

---

33) 전병호, "지동식 목사의 목회와 신학", 32.
34) 이하의 에피소드는 대담 자료 1에서 들은 것임.

지나가면서 툭 치고 지나가기에 나중에 주머니를 뒤져 보니 당시로서 꽤 큰 액수의 돈이 들어 있었다는 것이다. 이러한 이야기들을 가족에게조차 숨길 정도로 지동식은 자신의 공로를 드러내지 않는 인격의 소유자였다.

대학에서 교편을 잡고 있는 필자로서 지동식의 가족들과의 대담을 통해서 듣게 된 지동식의 미담은 스스로를 부끄럽게 만들기에 충분했다. 오늘날 학생들을 가르치는 직임을 부여 받은 모든 교사는 지동식의 이러한 제자 사랑 앞에서 고개를 숙여야 할 것이다.

연세대학교에서 교수로 재직할 당시 보여준 지동식의 삶은 학교 구성원들을 향한 그리스도의 사랑으로 나타나는 그의 신앙적 열정, 학생들을 바르게 교육하기 위한 학문적 성실함으로 요약된다. 이에 한 가지 덧붙이자면 연세 신학의 미래를 대망하는 그의 끊임없는 연세 사랑을 들 수 있다. 그는 정년퇴직을 앞두고 새로운 연세 신학의 비전을 다음과 같이 토로한다.

> 정년퇴직을 앞둔 나는 지금 초조한 마음으로 조직신학을 알차게 연구하며 가르칠 수 있는 새로운 일꾼을 기다리고 있는 중이다. 그들은 장차 바르트나 브룬너가 아니면 틸리히를 추종하던 우리와는 달리 한국학의 온상을 이룬 연세 정신을 밑거름으로 하는 새로운 신학을 수립함으로써 이 나라의 교계를 섬기는 한편 자신 있게 이 겨레를 가르칠 수 있게 되기를 바라고 있다.

나중에 연세대학교 신과대학 조직신학 교수로 재직한 김광식을 통하여 한국적 신학의 기틀이 이룩되었음은 이러한 지동식의 비전이 현실화된 것이 아닐까 생각한다.

V. 나가는 글 — 새로운 연구의 시작을 바라며

　필자의 무능력함과 자료의 빈약함으로 인하여 지동식의 삶을 조망하고자 하는 노력이 오히려 신앙과 신학의 선배를 욕되게 하지는 않았는지 하는 걱정이 드는 것이 솔직한 심정이다. 그러나 본 글을 통하여 알려지지 않았던 지동식의 삶의 한 가닥이라도 새롭게 드러나게 되었으면 하는 바람이 지금의 필자의 마음이다. 그렇기에 본 연구는 마무리된 연구가 아니라 기껏해야 새로운 연구를 위한 하나의 제언 정도에 해당하는 작업으로 생각하고자 한다. 앞으로 지동식의 삶과 신학이 더 자세히 연구되기 위해서 필요한 내용들을 정리하면서 필자는 이 글을 마무리하고자 한다.

　첫째, 지동식에 관한 자료가 더 많이 수집되어야 한다. 앞에서 이야기한 것처럼 우리가 쉽게 접할 수 있는 자료는 한계가 있다. 이는 지동식 스스로가 자신의 업적을 드러내기 싫어했다는 점에도 기인하나, 동시에 그의 뒤를 잇는 연세 신학의 후학들의 노력이 부족했다는 점도 인정해야 할 것이다. 문서로 된 자료가 부족하다는 것은 이제 와서 보완할 수 없는 사실이지만 시간이 더 가기 전에 그를 기억하는 많은 사람들의 증언과 경험담을 수집하는 작업이 수행되어야 할 것이다. 특별히 그로부터 직접 신학을 사사받은 연세 신학 동문들의 생생한 자료가 절실히 요구된다.

　둘째, 지동식을 연구함에 있어서 그의 신학의 중요한 계기가 되었던 기독교대한복음교회의 신학도 같이 연구되어야 한다. 지동식이 연세대학교에서 보여주었던 신앙적 열정, 학문적 성실성, 한국학 전통에 기초한 연세 신학의 비전 등은—의식적이든 무의식적이든—그가 자라나고 사역했던 기독교대한복음교회의 창립 정신과도 밀접한 관계가 있다. 참고로 복음교회의 창립 당시 천명했던 세 가지 표어는 다음과 같다.

1. 신앙은 복음적이요 생명적이어라.
2. 신학은 충분히 학문적이어라.
3. 교회는 한국인 자신의 교회이어라.

필자는 지동식의 삶 속에 이러한 복음교회의 정신이 녹아 있다고 생각한다. 이러한 정신이 지동식 개인의 삶을 통하여 복음교회의 목회와 연세대학교의 사역 현장에서 구체화된 것을 밝히는 작업이 요구된다.

셋째, 지동식에 관한 다른 글에서 다루어지지 않았고 본 글에서도 잘 드러내지 못한 지동식의 삶의 다른 단면도 조망되어야 할 것이다. 지동식에 관한 이야기의 주된 요점은 대개가 그의 겸손함에 초점이 맞추어져 있다. 그리고 이것은 사실이다. 그러나 동시에 그는 원칙에 관해서는 엄정한 인물이었다. 필자는 대담을 통하여 이를 확인할 수 있었다. 단지 이에 관한 정확한 자료를 수집하기가 어려웠다. 향후 지동식의 이러한 측면도 같이 연구되어야 할 것으로 생각한다.

넷째, 앞에서도 이미 언급했지만 지동식의 삶을 연구함에 있어서 그와 삶의 운명적 공동체였던 가족의 삶도 같이 조망되어야 할 것이다. 한 개인의 삶을 연구함에 있어서 그 개인의 인간관계는 필히 같이 고려되어야 하는 과제이다. 더욱이 운명 공동체인 가족관계는 필수적인 요소이다. 앞으로 이에 대한 연구도 병행되었으면 한다. 이를 통하여 드러나지 않았던 지동식의 새로운 면모가 밝혀질 수 있을 것으로 전망한다.

부족하게나마 지동식의 삶을 정리해 본 것은 필자에게는 큰 행운이었다. 지동식의 삶을 간접 경험하면서 때로는 부끄러움으로, 때로는 그와 함께 복음교회와 연세 신학에 대한 자부심으로 충만해지는 스스로의 모습을 발견할 수 있었다. 또한 이 연구를 통하여 부수적으로 자각하게 된 것은 연구 방법의 새로운 모색이다. 필자만 그러한 것인지는 모르겠으나, 필자에게 있어서 지금까지 신학 연구의 자료 및 방법은 텍스트 연구에 국한되어 있었다. 그러나 때로는 이러한 틀을 과감히 벗어나야 한다는 점을 이 과제를 통하여 새롭게 자각하게 되었다. 이것은 향후 필자의 연구에 중요한 지침이 되리라 생각한다.

3
한국 칼 바르트 신학의 선구자, 지동식 목사[*]

신준호[**]

I. 서론

지동식 목사님의 이름을 기억한다는 것은 칼 바르트의 이름을 기억하는 것과 마찬가지이다. 왜냐하면 지동식 목사님의 신학의 중심은 칼 바르트의 신학과 일치하기 때문이다. 지 목사님의 가장 초기의 논문인 1941년의 「선교론」부터 신약 연구의 시기를 거친 많은 논문들 안에서 우리는 그 사실을 확인할 수 있으며, 그리고 마지막의 글에 이르기까지 지동식 목사님의 바르트 중심적 사고는 변화하지 않았다. 우리는 지 목사님의 신학 여정이 바르트로부터 출발하여 바르트로 마쳤다고 말할 수 있으며, 그래서 그분은 '한국 칼 바르트 신학의 선구자이셨다'고 말할 수 있다. 이 글은 어떤

---
[*] 2010년 12월 9일 기독교대한복음교회가 개최한 "제3회 봄새물 지동식 목사 탄생 100주년 기념 강좌"에서 발표된 글이다.
[**] 이 글의 저자 신준호 박사의 약력은 다음과 같다. 독일 하이델베르크대학교 신학과 초빙교수 역임, 연세대 연구교수 역임. 서울대 무역학과, 연세대 신학과 졸업. 독일 하이델베르크 대학 박사(칼 바르트 전공).

한도에서 그렇게 말해질 수 있는가를 지동식 목사님의 유고들을 살펴보면서 제시하고자 한다.

최근 미국의 대학 평가 리서치에서 신학/종교학 분야 탑 8에 이름을 올린 명문 프린스턴 신학대학은 1997년 칼 바르트 연구소(Center for Barth Study in Princeton)를 설립했다. 그리고 올해도 그 연구소의 인터넷 게시판에는 '바르트 르네상스'(Barth Renaissance)라는 글이 있다.[1] 그 글은 폴 틸리히와 과정신학 이후에, 또 길고 격렬했던 소위 '예수 세미나'의 흥행 이후에, 미국 신학계가 다시 한번 칼 바르트 신학에 대한 관심을 되찾고 있으며, 소위 바르트 연구의 르네상스가 일어나고 있다고 보고한다. 멀리 미국 신학의 이러한 새로운 동향이 지동식 목사님의 탄생 기념일에 즈음하여 보고되는 것은 의미 깊은 일이 아닐 수 없다. 우리는 그분의 기억을 통하여 칼 바르트 신학 연구의 의미를 재발견해야 할 과제와 마주치게 된다. 칼 바르트를 잊는다는 것은 지동식 목사님의 이름을 잊는 것이며, 그것은 오늘의 한국 신학이 상대주의의 짙은 안개에서 빠져나올 수 없음을 뜻할지도 모르기 때문이다.

교회와 신학은 어떤 시대에서도 죽음의 어둠 속에서 '빛'을 발견하려고 노력해야 한다. 십자가에 절망하고 돌아섰던 제자들에게 비추어졌던 저 놀라운 빛이, 그리고 다메섹 도상에서 한 번 더 비추어졌던 승리자 예수의 생명의 빛이, 오늘 우리에게도 반드시 비추어져야 한다. 이제 이 글은 지동식 목사님이 바로 그 부활의 빛을 칼 바르트의 신학을 통하여 우리에게 증거하고 계심을 확인한다. 지 목사님의 신학 안에는 오늘 살아 있는 우리

---

[1] "Barth Renaissance", in: http://scdc.library.ptsem.edu/mets/mets.aspx?src=PSB2002 233&div=13 바르트 르네상스에 관하여 하버드 대학을 마치고 옥스퍼드 대학에서 바르트 관련 박사논문을 작성 중인 김진혁이 구체적이고 알찬 글을 써 주었다. 참고. http://blog.naver.com/theojoon

가 반드시 붙들어야 할 영원한 진리가 담겨 있다. 그 진리는 다름이 아니라, 예수 그리스도의 증거이며, 그리스도께서 죽음을 이기고 영의 몸으로 부활하셨다는 성서적 증거이다.

이 글은 지 목사님이 칼 바르트 신학 안에서 찾으신 이러한 영원한 증거를 바탕으로 하여 신학 방법론을 형성하시며(II), 그 증거에 기초하여 교의학적 내용을 전개하시며(III), 그 진리의 관점에 서서 다른 신학자들과 논쟁하시며(IV), 또 그 진리 위에 교회론을 정초하시며(V), 마지막으로 신학적 지평을 '교회 밖'으로까지 확장하시는(VI) 일련의 과정을 서술할 것이다.

II. 신학적 방법론의 형성

1. '지동식 신학' 의 시작과 '연속성'

지동식 신학(만일 그렇게 부를 수 있다면)의 시작은 1941년 부활절 전야에 쓰여진 「선교론」일 것이다. 「선교론」은 지 목사님의 원고들 중에서 출판된 연대가 가장 이르며, 대략 삼십 세쯤 되실 때에 쓰신 글이다. 이 글은 일본 동경신학대학에서 6년을 공부한 후 마치는 졸업논문이었으며, 이 글이 번역되어 출판되면서 해방 직후 연세대학교로 초빙을 받게 되셨다고 한다. 1941년이면 칼 바르트의 대표 저서인 『교회교의학』 예정론(II/2, 1942)이 아직 출판되기 이전이다. 그러므로 지 목사님의 신학은 후대의 학자들처럼 칼 바르트의 신학사상 전체를 나중에 배우고 익힌 것이라기보다는 칼 바르트 자신의 신학적 전개와 성숙과정을 함께 동반했던 여정이라고 보아야 할 것이다. 1977년 안타깝게도 하나님의 부르심을 받으실 때까지, 초기의 「선교론」에 기초한 지 목사님의 신학적 중심사상은 움직이거나 변화하지 않았으며, 오히려 심화되었다고 말할 수 있다. 바르트 신학의 '연속성'에 대한 지 목사님의 통찰이 이 문제에 관련된다.

> 그[칼 바르트]의 초창기 사상에서는 "하나님 말씀"의 개념이 그의 신학사상의 중심을 이루었고 그 후에는 이 개념이 "참 하나님이요 참 사람이신 예수 그리스도"의 개념으로 바뀐 것이 사실이지만 그러나 그가 후에 말한 것은 과거에 없었던 것을 새삼스럽게 말한 것이 아니라 처음에는 감추어졌던 것을 드러나게 말한 것이었다 한다. 그리고 초기 사상과 후기 사상 사이에 차이점이 있다고 하면 그 차이는 본질적인 차이가 아니라 다소간의 양적인 차이에 불과했던 것이지 질적인 차이는 아니었다 한다.2)

1998년 프린스턴 대학의 맥코맥(Bruce McCormack) 교수는 바르트상(Barth Prize)을 받았던 자신의 저서 *Karl Barth's Critically Realistic Dialectical Theology* 안에서 바르트의 신학 안에 불연속성이 있다는 다수의 관념을 뒤엎으면서, 바르트의 신학은 초기부터 마지막까지 질적인 일관성을 지닌다고 파격적으로 주장한다.3) 그런데 우리는 그 주장이 위에서 인용된 1976년의 지 목사님의 글 안에 이미 말해지고 있음을 본다. 이와 같은 바르트 신학의 '연속성'의 관점으로부터 우리는 지 목사님 자신의 바르트 신학 연구 과정도 1941년의 「선교론」부터 세상을 떠나시기 직전인 1976년의 논문에 이르기까지 '연속성'을 지니면서 진행되었다고 판단할 수 있다. 그래

---

2) 베버(Otto Weber), 김광식 역, 『칼 바르트의 교회교의학: 제1권 1부에서 제4권 2부까지 개괄적으로 소개한 입문서』(서울: 대한기독교출판사, 1976), 404-414에서, "부록: 칼 바르트와 그의 신학사상"이라는 제목으로 실린 글.
3) 위 김진혁의 글에서 인용함.

서 우리는 1941년 「선교론」의 핵심 내용이 지동식 신학의 시작인 동시에 또한 마침이라고 말할 수 있다. 우리는 「선교론」의 내용을 마지막(V)에 취급하기로 한다.

2. 신약학과 교의학의 결합

김찬국 교수님은 회고록에서 "지 목사님은 우선 신약학 교수이셨고 후에 조직신학 교수가 되셨다. 성서학자로서의 기반을 가지고 조직신학의 체계를 세우는 정도(正道)를 걸으신 것이다"라고 말씀하셨다. 이 말씀처럼 바르트 신학을 이해하기 위해서는 신약학, 즉 성서신학과 조직신학이 연결되어야 한다. 왜냐하면 칼 바르트의 교회교의학은 성서신학과 조직신학이(더 나아가 교회사까지) 하나로 융합된 작품이기 때문이다. 흔히 교회교의학을 읽지 못한 분들은 이 점을 오해한다. 바르트 신학은 엄밀한 의미에서 조직신학 책이 아니다. 오히려 그것은 성서신학과 근원에서 만나고 있는 하나님의 말씀의 신학이다. 우리는 신약학과 조직신학이 연결되어야 하는 이 중요한 과제가 지 목사님의 신학 여정 안에서 실현되었음을 발견한다. 그런데 그것은 지 목사님의 인간적 계획이 아니었고, 대학의 외적 상황에 따른 것이었다. 어쨌든 결과는 칼 바르트 신학의 이해를 위해 필수적인 한 조건이 충족된 셈이 되었다. 지 목사님도 다음과 같이 말씀하신다.

> 나는 부득이 신약학을 담당하게 되었었는데 이 일 역시 나에게는 더할 수 없는 유익이었다. 왜냐하면 이와 같은 과정이 없었던들 나는 전혀 성서적인 근거도 없이 추상적인 이론만을 주장할 뻔하였기 때문이다.[4]

---

[4] "내가 영향 받은 신학자와 그 저서", 「기독교사상」(1963.8), 19-21.

> 학창시절이는 한동안 칼 바르트의 교의학 책을 읽기에 가장 많은 시간을 보낸 것은 사실이지만 정작 신학교에 자리 잡은 다음부터는 다른 분들이 그 분야를 담당하고 계셨기 때문에 오랫동안 신약학 방면을 담당하게 되었었다. 그러다가 이제 와서는 또다시 사정이 달라져서 교의학 과목을 담당하고 있는 중이다. 그러나 나는 이 일에 대해서도 뉘우치는 마음은 조금도 없고 도리어 그것이 다행한 일이었다고 생각하고 있다. 왜냐하면 내가 만일 과거 몇 년간 신약학을 담당하지 아니했던들 그만치라도 계통 있는 성서연구에 종사할 기회를 가질 수가 없었을 것이며 그 일이 없었던들 성서를 터전으로 하는 기독교의 이론신학을 연마할 길이 없었을 터이니 말이다.5)

지 목사님은 교의학 분야에서 출발하였지만 신약학 훈련의 기간을 거친 후에 다시 교의학을 가르치게 된 것이 자신에게 유익했다고 말씀하신다. 글로 표현되지는 않았지만, 그분은 틀림없이 그 여정이 하나님의 섭리에 따른 것이라고 고백하셨을 것이다. 그분의 신약학의 훈련과정은 1954-58년의 갈라디아서 및 빌립보서 주석의 글들에서 볼 수 있다. 그러나 1958년 이후에는 "불트만 특집"에 이어 "화육사상"(59년), "설교론"(60년), "교회론"(60년) 등 교의학적 글들이 발표되기 시작한다. 그러므로 신약학에서 교의학 연구로의 재차 전환하신 시기는 대략 58-59년경일 것이다. 물론 64년의 갈라디아서 연구, 74년의 에베소서 연구 등 이후에도 신약학 연구는 계속해서 바르트 연구에 동반된다. 이와 같이 지동식 목사님의 신학 연구는 성서신학과 교의학이 결합된 형태로 진행되었다.

---

5) "앞으로 십년간의 나의 계획", 「기독교사상」(1961. 6), 30-37.

3. 하나님의 말씀 중심의 연구 방법

　신약학과 교의학의 결합은 지 목사님의 연구방법 안에서도 나타난다. 지 목사님의 성서연구방법은 객관적, 역사학적 연구가 중심이 되는 오늘의 신약학 방법과는 다르다. 역사학, 사회학, 혹은 심리학 등의 신학 외적 방법에 의존해 왔던 지난 한 세대의 유행이 지나가는 시점에서, 지 목사님의 연구방법은 칼 바르트 신학의 방법론과 함께 새롭게 조명될 필요가 있다. 우리는 그 방법을 다음 글에서 배운다.

> 빌립보서의 번역과 강해를 일단 마쳤다. 독자들도 이미 이해하고 계실 줄 아나 필자는 이 서신을 강해함에 있어서 그것을 [하나님 말씀]으로 해석하기에 노력하였다. 이는 성서를 언어학이나 역사학적으로 해석하여 온 지난 세대의 해석과 색다른 방법이다. 그런데 이 방법을 치중하는 이들은 간혹 성서가 하나님 말씀임을 강조한 나머지 그 성립사정을 탐구하는 개론연구를 등한시한다. 그러나 성서가 어떻게 성립되었는가를 연구함은 그 하나님 말씀으로서의 의미를 이해함에 있어서 도움이 된다. 하나님 말씀의 성립사정을 정확하게 고찰함은 그 영적 의미를 이해함에 있어서 중대한 뜻을 가지는 것이다. 이에 있어서 우리는 끝으로 빌립보서의 개론문제를 더듬어 보고자 하는 바이다.[6]

　여기서 지 목사님의 성서연구 방법은 두 방향을 지시한다. 한편으로 지 목사님은 객관적 성서연구와는 달리 역사학, 사회학, 심리학적 관심을 넘어서 성서를 하나님의 말씀으로 해석하려고 하신다. 다른 한편으로 지

---

[6] "빌립보서", 「기독교사상」(1958.6).

목사님은 성서의 역사적 형성과정(성립사정)과 그 배경을 등한시하는 소위 문자주의적 이해를 거부하신다. 그런데 이것은 칼 바르트의 교의학적 연구방법의 입장과 같다. 그렇기 때문에 지 목사님 및 바르트적 성서연구는 역사 비평학적 연구결과들을 전적으로 수용하면서도, 최종적으로는 하나님의 말씀을 찾으려는 해석학적 시도라고 말할 수 있다. 오늘도 역사학적 방법에 과도하게 치중하여 19세기 자유주의 신학의 관점을 반복하는 한 그룹과, 또 성서 문자주의를 지나치게 주장하여 역사비평학의 학문적 연구 결과들을 소홀히 취급하려는 문자주의 그룹이 여전히 서로 대립하고 있다. 양쪽 모두에게 지 목사님의 성서연구 방법은 바른 성서 이해의 길을 제시한다. 다음 글에서 우리는 그 노선을 더욱 분명하게 읽는다.

> 정통주의 신학자들이 축자신언설을 제창한 것은 이 알 수 없는 하늘나라의 비밀을 표명하고자 한 것이었다. 저희의 통찰은 분명히 근대 비판주의 학자들보다 탁월하였던 것이다. 그런데 18, 19세기의 비판주의 학자들은 성경을 일반 서적과 동일한 계톨에 놓고 연구하였다. 곧 다른 서적과 비교하여 보아 성경의 우월한 점이 어디 있으며 또 그 가치는 어떠한 것인가, 그들의 관심은 오직 여기에 있었다. 그러나 옛 교부들은 이와 반대로 성경에는 알 수 없는 세계가 전개되어 있다고 보았던 것이다. 그런데 이렇게 본 편이 도리어 성경의 세계를 바로 본 것이었으니 우리는 이들에게 깊은 경의를 표하는 바이다. 그러나 이들 정통주의자에게도 한 가지 미치지 못한 데가 있었다. 그것은 저들이 천국의 침입인 성경을 전혀 알 수 없는 세계로 인정은 하면서도 저희 자신에게 있어서는 자명한 것인 양 생각했다는 일이다. 저희가 성경은 자기 자신에게 있어서도 전혀 알 수 없는 세계임을 간파치 못한 것은 가차한 일이 아닐 수 없다.[7]

지 목사님에 따르면 역사비평학 연구자들의 인간학적 성서 이해는 정통주의적인 '말씀 통찰'의 아래에 두어져야 한다. 그러나 역사비평학의 학문적 연구결과들을 수용하지 못하는 정통주의자들 역시 성서를 불완전하게 이해하고 있다는 사실도 마찬가지로 지적되어야 한다. 이것이 역사비평학의 연구결과에 기초하여 성서를 하나님의 말씀으로 해석하려는 지 목사님의 신학연구의 노선이며, 칼 바르트의 방법이기도 하다.

III. 교의학적 전개

지 목사님은 교회의 '하나님 말씀의 선포'(선포론)라는 중심사상에 기초를 두고, 좌로나 우로 치우치지 않는 독자적인 연구방법을 통하여 교의학의 내용을 전개하셨다. 우리는 그 내용을 그분의 연세대 기독교개론 강의 교재(『종교와 기독교』, 1961년)의 작은 분량 안에서 읽을 수 있다. 지 목사님은 그 내용의 윤곽을 "체계"라고 부르지 않으신다. 왜냐하면 지 목사님은 칼 바르트와 마찬가지로 신학의 외부로부터 오는 어떤 체계화를 거부하시며, 오로지 하나님의 말씀을 듣는 중에 전개되는 내적인 연속성만을 추구하기 때문이다.[8]

> 바르트의 본 바대로 하면 신학적 사유는 '부서진 사유'가 될 수밖에 없다. 그리고 신학적 작업은 언제나 "단편적"인 작업이 될 수밖에 없다. 따라서 교회교의학에는 아무러한 전제도 있을 수 없고 일정한

---

7) "갈라디아서", 「신학논단」(1954).
8) 이 주제는 『교회교의학』 I/2, § 24의 내용과 관련된다.

근본 개념이나 원리가 있을 수 없다. 이에 있어서 바르트는 '교의학 체계'란 있을 수 없다고 주장하였다. 화해론이나 창조론 또는 구원론 같은 것이 교의학의 중심 교리가 될 수는 없는 것이며 그 밖에 교리도 모든 교리의 원리가 될 수는 없는 것이다. 교의학에 있어서 지배할 수 있는 이는 오직 한 분 살아 계신 하나님뿐이다. 이에 있어서 바르트는 교의학의 방법은 모든 자기조직적인 전제를 배격하고 말씀 중에서 일하시는 살아 계신 하나님의 말씀에 귀를 기울이면서 그의 지배에 순종하는 데에 있다고 보았던 것이다.9)

그러므로 우리는 지 목사님의 신학 안에서 어떤 체계를 기대할 수는 없으며, 오히려 그 성찰이 따라갔던 내적-필연적 전개의 순서만을 관찰해야 할 것이다. 즉 초기의 「선교론」에서 하나님의 말씀의 선포가 중심이 되었다면, 이제 선포되어야 하는 그 '교의학적 내용은 무엇인가?'가 대답된다고 할 수 있다. 이 내용은 분량은 작지만 칼 바르트의 신학 전체를 이해하는 중요한 단서가 된다고 말해질 수도 있다.

1. 신학의 시작 예수 그리스도

지 목사님은 재미있게도 청첩장을 돌리면서 신부의 이름을 빠뜨린 어떤 사람의 예를 든다(『종교와 기독교』, 1961년). 그러나 우리가 웃을 수 없는 것은 "그 사람이 바로 당신이다"라는 선지자 나단의 음성이 오늘 우리에게 적중할 수도 있기 때문이다. 지 목사님이 지적하는 그 사람은 신 내지 하나

---

9) 베버(Otto Weber), 김광식 역, 『칼 바르트의 교회교의학: 제1권 1부에서 제4권 2부까지 개괄적으로 소개한 입문서』(서울: 대한기독교출판사, 1976), 404-414에서, "부록: 칼 바르트와 그의 신학 사상"이라는 제목으로 실린 글.

님을 말하면서 자기가 생각하는 신 관념에 매여 '예수 그리스도의 이름'을 빠뜨리는 사람이다. 이 예화는 우리가 '무엇을 절대로 빠뜨리지 말아야 하는가'를 청첩장이라는 상징을 통하여 경고한다. 이 경고에 귀를 기울인다면 우리는 우리 시대에 얼마나 많은 신학과 설교들이 바로 그 신부의 이름을 빠뜨리고 있는지 놀라게 된다. 그래서 지 목사님은 '신은 인간의 소원의 투사'라고 말한 포이에르바흐의 진술을 통하여 그러한 사람들의 청첩장이 헛됨을 지적하신다. 이 날카로운 지적은 칼 바르트의 노년의 마지막 완성저작인『교회교의학』IV/3(1959년) 안에서의 포이에르바흐 논쟁과 그의 투사 이론을 넘어서는 '생명의 빛' 단원과 연결된다. 지 목사님의 청첩장 비유는 미래 연구의 필수 과제가 될 것이다.

2. 신론과 창조론

지 목사님은 그리스도론부터 신론의 진술로 건너가신다. 하나님은 예수 그리스도의 아버지이시며, 오직 우리는 예수 그리스도의 증거로부터 하나님이 아버지 하나님이심을 알 수 있다. 구약 안의 잊혀졌던 많은 '아버지로서의 하나님'의 증거를 우리는 예수 그리스도 안에서 다시 발견하게 된다. '하나님은 자기 자신을 예수 그리스도의 아버지로 계시하셨기 때문에 그는 또한 우리의 아버지라고 말할 수 있게 되었다'는 바르트의 진술도 언급된다.

바로 이 아버지 하나님이 구약성경이 증거하는 이스라엘의 하나님이신 동시에 창조자 하나님이시다. 지 목사님은『종교와 기독교』안에서 칼 바르트 창조론(III/1, 1-40)의 시작 부분의 중요한 진술을 요약하신다.

> 과학이 말할 수 있는 것은 세계 생성의 과정일 뿐이요, 그 근원에 대하여는 말할 수 없는 것이다. 만일에 이 과정에서 근원을 추론(推

論)한다면 이는 하나의 과학이 이미 과학의 범위를 지나서 신념의 세계로 옮겨 가고 있는 것이다. 그리고 이와 같은 주장을 하고 있는 과학자가 있다면 그는 과학자의 옷을 입고 신화의 세계에 넘나드는 사람이라고 말할 수 있다.(『종교와 기독교』, 1961)

예를 들어 최근에 스티븐 호킹이 중력에 의한 우주의 자연 발생설을 공표한 것이 위의 창조의 근원의 통찰에 의하여 비판될 수 있을 것이다. 마찬가지로 오늘날 창조 및 진화에 관한 많은 대중적 과학사상들도 1961년에 발표된 지 목사님의 바르트적 통찰의 수준에 아직 도달하지 못하고 있다. 대중적 이론들은 과학과 신화의 경계선을 모호하게 오가면서도, 자신이 어디서 진리를 떠나 공허한 사변으로 향하는지를 깨닫지 못한다. 지 목사님이 제시하는 바르트적 창조론의 이해는 과학 시대의 우리의 신학교육에 한 긴급한 과제가 된다.

이에 더하여 이미 61년의 지 목사님의 교재 안에 있는 자명한 내용이지만, 그러나 많은 신학자들이 아직 알지 못하는 한 주제가 전해진다. 그것은 바르트 창조론의 핵심을 요약한다고 말할 수 있는, 부활로부터 알려지는 창조신앙이다.

> 창조신앙은 물론 예수 그리스도의 독창(獨創)이 아니라 구약성서에서 유래된 것이며 거기에는 유대교의 배경이 있다. 그러나 창조주의 능력이 가장 잘 드러난 것은 예수 그리스도의 부활의 사건이었다. 성서가 증거한대로 예수 그리스도는 죽은 지 사흘 만에 부활하셨거니와 여기에서 우리는 무(無)에서의 창조를 보는 것이다. 왜냐하면 그를 무덤에서 살리신 하나님의 능력이 바로 천지 만물을 무에서 창조하신 하나님의 능력이기 때문이다.(『종교와 기독교』, 1961)

여기서 우리는 지 목사님이 구약의 창조신앙을 예수 그리스도의 부활 사건에 정초시키고 있음을 명확하게 본다. 바르트는 부활 사건이 아닌 다른 어떤 것으로부터 창조는 통찰될 수 없다고 보았다. 새 창조의 영원한 빛으로부터 옛 창조의 물질세계가 올바로 이해될 수 있다는 것(참고. 고후 4:6)이다. 우리는 지 목사님의 인용문을 통하여 이 놀라운 진리를 바로 이해할 수 있어야 한다. 다만 우리는 새 창조는 무로부터의 창조라는 형이상학적 관념을 넘어서야 하며, '옛 것의 종말론적 변형'이라는 성서적 내용을 보다 명확하게 말할 수 있어야 할 것이다.

지 목사님의 이러한 창조 이해 및 창조신앙의 이해는 오늘날의 대부분의 창조 이해에 대하여 수정을 요청하며, 특별히 최근의 창조과학과 창조론-진화론 논쟁 등의 잘 알려진 주제들이 실제로는 성서적으로 올바르지 않을 수 있다는 성찰을 제시한다. 예수 그리스도의 부활 사건으로부터 조명되지 않은 창조론은 '종교란 관념적 투사라는 포이에르바흐의 비판'을 결코 넘어설 수 없다. 우리는 반드시 지 목사님의 창조 이해에 비추어, 다시 한번 우리 시대의 모호한 창조 이해를 되돌아보아야 한다.

3. 그리스도론

근세 이후에 많은 그리스도론들이 있었지만, 우리는 지 목사님의 다음의 짧은 인용에서 그리스도론의 가장 올바른 중심이 단숨에 지적되고 있음을 본다. 이것은 오늘의 많은 바르트 연구자들도 충분히 발견하지 못한 내용이기도 하다.

> 역사적인 인물인 예수 그리스도를 이와 같은 영원한 존재자로 믿게 하는 것은 예수 그리스도의 부활의 사실이다. "그리스도께서 다시 사신 것이 없으면 너희의 믿음도 헛되고 너희가 여전히 죄 가운데

있을 것이라"(고전 15:17)고 한 사도 바울의 말과 같이 기독교 신앙의 근거는 예수 그리스도의 부활에 있고 기독교는 부활의 종교라고 일컬어진다. …… 부활은 그리스도를 증거하는 것이요, 부활신앙이 없다면 기독교 신앙은 허사일 것이다. 뿐만 아니라, 신약성서 전체는 이 부활의 빛에 비추어 보면서 예수 그리스도의 사실을 증거한 증언인 것이다. 그래서 이 부활의 빛에 비추어 볼 때에만 예수 그리스도의 생애와 그 십자가의 의미가 알려지는 것이다. 그리고 예수와 그리스도와를 결합시킴으로써 예수 그리스도를 하나의 인격으로 믿게 하는 것도 그의 부활인 것이다.(『종교와 기독교』, 1961)

우리는 신약성서 전체가 부활의 빛 안에서 예수 그리스도를 증거한다는, 칼 바르트 교회교의학의 핵심이 위의 글에서 명료하게 표현된 것을 본다. 이것은 신약성서에 관한 많은 피상적 이해들이 놓치고 있는 중요한 진술이다. 다시 말하여 예수 그리스도의 부활과 나타나심의 사건이 없었다면, 제자들은 다시 모이지 않았을 것이며, 초대 공동체는 형성될 수 없었을 것이며, 신약성서는 쓰여지지 않았을 것이다. 바르트는 후기의 저작에서 다음과 같이 표현하기도 한다. "신약성서 전체는 부활을 호흡하고 있다"(『교회교의학』 IV/2, §64). 칼 바르트와 함께 지 목사님이 이렇게 명확하게 지시하셨던 그리스도론의 중심이 오늘날 교회와 신학 안에서 쉽게 간과되고, 잊혀지고 무관심 속에서 언급되지 않는 것은 놀라운 일이다. 그 이유는 물론 '죽은 자의 부활'이 쉽게 믿어질 수 있는 일이 아니라는 데에 있을 것이다. 그래서 지 목사님도 '부활은 믿을 수 없으며, 어떤 자연현상의 오해'라는 주장에 반박하신다.

그러나 기독교의 부활신앙은 역사적 인물인 나사렛 예수의 죽음과 부활을 전한 것이며, 그것은 결코 종교적 환상이나 자연 현상을 노래한 것은 아닌 것이다. 다만 이 예수 그리스도의 부활은 신적인 사실이니 만치 그것을 합리적으로 설명할 수는 없는 것이다. 설사 그와 같은 설명이 가능하다손 치더라도 객관적으로 설명된 예수 그리스도의 부활에는 아무러한 의미도 없는 것이다. 왜냐하면 거기에서는 호기심의 만족은 얻어질지 모르나 저 초대교회 사도들이 부활신앙에서 받은 바와 같은 신앙의 증거(?)는 받을 수가 없기 때문이다. 그러기에 부활신앙은 다만 그것을 객관적으로 설명하거나 그 사실성을 인정할 것이 아니라, 자기 몸소 그것을 믿어야 된다. 그리고 예수 그리스도의 부활을 믿는다는 것은 자기 몸소 그것을 경험하는 일이다.(『종교와 기독교』, 1961)

부활을 의심하는 자에게 부활을 '몸소 경험해야 한다'고 짧고 간결하게 말할 수밖에 없었던 것은 지 목사님의 시대적 정황에 따른 표현이라고 볼 수 있다. 바르트 연구가 비교적 진척되어 있는 후대의 우리는 후기 바르트의 글들을 통하여 이렇게 보충할 수도 있다: 부활이 하나님의 직접적 계시 행동이라면, 증명될 수 없는 것은 당연하다. 인간에 의하여 어떤 형태로든, 다만 조금이라도, 증명이 되는 것은 하나님의 계시일 수 없다. 그렇다면 "몸소 경험해야 한다는 것"은 부활 사건이 '**과거**의 시간'으로서가 아니라, '오늘 **현재**하는 시간'으로서 경험되어야 한다는 것을 뜻하며, 그것은 또한 즉시 부활하신 분이 시간의 마지막 때에 심판자 및 구원자가 되실 것임을 **미래적**으로 고백하는 것과 관계된다. 부활의 사건은 지금은 사라진 과거가 아니며, 오늘도 살아 있고, 미래에도 영원히 살아 있는, 즉 '과거-현재-미래가 합일'되는 영원의 사건이라는 점에서 참된 계시임이 드러난다. 이 주제들은 바르트의 시간론(『교회교의학』 I/2, VI/1 등의 공동체의 시간)과 관련하여 연구되어야 한다. 이 중요한 과제들이 '부활의 몸소 체험'이라는 간결한 표현 안에 담겨져 있다고 말할 수 있다.

이와 같이 지 목사님의 그리스도론은 부활의 사건에 중심을 두고 있다. 우리는 부활을 먼저 말하고 십자가를 말하는 지 목사님의 교의학적 순서가 성서연구에 바탕을 두고 있음을 다음에서 확인할 수 있다.

> 바울은 먼저 그리스도의 부활을 말하고 나서 다음으로 그의 죽음과 고난을 말하고 있다. 언뜻 보면 순서가 바뀐 듯이 보일지도 모르나 이는 바른 순서인 것이다. 왜냐 하면 다시 사신 그리스도의 [부활의 능력]을 경험한 자만이 [저의 죽음에 동참하게 되는 바 저의 고난의 사귀임을] 경험할 수 있기 때문이다.10)

또 우리는 다음의 인용에서는 지 목사님의 부활 이해 전체가 성서연구에 기초하고 있음을 확인하게 된다.

> 만일에 시간과 역사의 한계를 깨트린 예수 그리스도의 부활사건이 없었더라면 예수께서 생존 시에 가르치신 교훈과 행하신 모든 행적은 허사가 되고 말았을 것이다. 그리고 그도 역시 공부자나 마찬가지로 고대 사회의 지도자의 한 사람으로 인정되고 호된 비판을 받았을 것이다. 그런데 예수 그리스도의 부활사건에서는 인류 사회에 새로운 기원이 이루어졌고 세계사에 궁극적인 목표가 주어졌으니 천지 만물은 부활 승천하셔서 하늘 보좌에 앉으신 그리스도를 "주"라고 고백하면서 그에게 영광과 존귀를 돌리는 데에서 그 존재 의의를

---

10) "빌립보서", 「기독교사상」(1958. 3).

얻게 되었고, 다시 오실 주님을 대망하면서 마지막 날에 가서 선하고 착한 종이라는 일컬음을 받기 위하여 현재의 삶을 단정하게 마련하는 데에서 생의 목표를 찾게 된 것이다.11)

이와 같이 지 목사님의 교의학적 그리스도론은 부활의 사건에 정초되어 있으며, 그것으로부터 십자가와 나사렛 예수의 역사적 삶이 뒤돌아보면서 서술되고, 동시에 (부활의 빛 안에 놓인 각자의 고난의 삶으로부터 다시 오실 주님을 대망하는) 그리스도인의 삶의 미래적 목표가 제시되고 있다.

4. 죄론, 인간론, 구원론

부활하신 그리스도의 증거에 근거하여 창조자를 이해한 후, 그 이해로부터 인간을 조명할 때, 죄가 무엇인지, 죄악의 인간이 무엇인지, 그리고 그러한 인간의 구원이 무엇인지가 밝혀진다. 지 목사님의 『종교와 기독교』 강의 내용도 바르트 신학과 마찬가지로 그러한 내적-교의학적 순서를 따르고 있다. 우선 죄의 보편성이 다음과 같이 서술된다.

> 바르트는 이 인간의 죄적 정황(罪的情況)을 다음과 같이 말하고 있다. '무릇 천재적인 것이나 심리적인 것이나 실체적인 것이나 영웅적인 것이나 미학적인 것이나 철학적인 것이나 그 밖에 생각할 수 있고 사람이 할 수 있는 모든 일은 죄 된 것이다. …… 이리하여 기독교는 모든 사람이 하나님을 거슬리는 죄악을 범한 자이며 그의 뜻을 어기면서 사는 자라고 보는 것이다. 그래서 릿츨은 말하기를 '우리는 모두 다 죄의 왕국에서 살고 있다'라고 말했던 것이다.(『종교와 기독

---

11) "에베소서", 「기독교사상」(1974. 5).

교』, 1961)

또 칭의, 성화, 소명이라는 인간의 구원의 세 측견 중 둘째인 성화에 관하여 말해진다,

> 그래서 그리스도인은 십자가 위에서 죽음과 격투하신 예수 그리스도를 기억하면서 자기의 현상을 고치기 위하여 싸울 수밖에 없는 것이다. 그런데 이 평화를 위한 그리스도인의 싸움도 인본주의자들의 평화운동과는 다르다.(『종교와 기독교』, 1961)

육체의 죽음 너머로부터 비취는 부활의 빛 안에서 이해되는 성화는 현세적 인문주의적 평화운동과 근본적으로 구분될 수밖에 없다. 성화는 죽음의 저주와의 투쟁이며, 죽음 너머의 영적 부활을 이루려는 우주적 사건이다. 이것은 지 목사님의 구원론이 철저하게 부활하신 예수 그리스도의 증거에 기초해 있는가를 보여주는 작은 단면이라고 할 수 있다. 이 내용은 다음의 성서연구 주석에서도 확인된다.

> 기독교에 있어서는 삶과 죽음이 문제되는데 바울사상의 중심도 여기에 있었다. 그리고 그의 전한 복음은 윤리도덕의 권면이 아니라 난 대로의 사람이 죽고 새 생명을 받아야 한다는 것이었다. 그런데 이 신앙적인 죽음에 비한다면 생리적인 죽음은 아무것도 아닌 것이다. 왜냐하면 신앙적인 죽음은 다만 육체적인 죽음이 아니라 삶과 죽음의 주재자 앞에서 우리의 재가 죽게 되는 것이기 때문이다.[12]

---

[12] "갈라디아서", 「신학논단」(1959. 9).

이와 같이 지 목사님의 교의학적 구상 중 죄론, 인간론, 구원론은 부활의 사건에 정초된 그리스도론으로부터, 바로 그 부활의 빛에 비추어진 구원 사건으로 이해되고 있다. 즉 바르트 교의학의 가장 근본적인 구조와 의미가 지 목사님의 『종교와 기독교』 강의 안에서 나타고 있다.

5. 교회론

삼위일체론의 도식에 익숙한 사람은 교의학적 윤곽 안에 왜 성령론이 빠졌는가를 의아하게 생각할 수 있다. 바르트 신학에 성령론이 없다(혹은 약화되었다)는 오해가 유행했던 것과 마찬가지로 지 목사님의 강의록에도 겉으로 보기에는 성령론이 빠져 있는 듯이 보인다. 그러나 그것은 오해이다. 바르트 신학과 마찬가지로 지 목사님도 어떤 추상적 신비적 성령론, 혹은 개인주의적 성령론이 아니라, 가장 가까이서 구체적으로 또 현실적으로 경험되는 성령론을 전개한다. 그것은 교회론이다. 교회가 예수 그리스도의 몸이며, 그분의 부활의 능력 안에 있다는 것이 바로 구체적이고 현실적인 성령론이다. 이제 교회는 어떻게 이해되는가?

> 예수 그리스도가 이미 죄와 죽음의 세력을 꺾으신 것은 사실이다. 그러나 그 완전한 승리는 미래에 보유(保留)되어 있는 것이다. 현재는 아직도 암흑의 세력이 주재하는 세대요, 주께서 재림하실 그날에 가서야 우리의 구원은 완성될 것이다. 그래서 이 미래의 완성을 바라는 데에 기독교의 '소망'이 있다. 그런데 이 기독교의 소망은 종말적이며 공회성(公會性)을 띤 것이다. 교회는 예수 그리스도의 죽음을 꺾으신 승리 사건의 연장선상에 있는, 종말론적 공회이다.(『종교와 기독교』, 1961)

> 땅 위에 있는 교회는 시간과 공간의 제약을 받고 있지만 그것은 또한 그리스도의 몸이기 때문에 거기에는 언제나 영원히 침투(浸透)되어 있는 것이다. 거기에서는 지금도 살아 계셔서 인류의 구원을 위하여 일하시고 계시는 예수 그리스도가 일하고 계시다. 하나의 몸을 이루고 있는 것이다. 기독교에서는 이와 같이 유기적인 관계를 '성도의 사귐'이라고 부르기도 하는데 이 사귐의 중심이 되는 이는 물론 예수 그리스도이다.(『종교와 기독교』, 1961)

이와 같이 교회는 영원의 침투로서, 즉 죽은 자들의 부활이라는 내세적 빛의 침투로서 이해되며, 그 안에서 부활하신 예수 그리스도께서 직접 일하시고 계신다고 말해진다. 물론 성도들의 사귐이 중요하지만, 그 사귐도 부활의 소망에 기초하며, 현세적 일에 의한 연합이 아니다. 이러한 교회의 종말론적-내세적 측면은 교회의 사명인 성례전에 관한 바르트 진술의 인용 안에서도 드러난다.

> 바르트는 말하기를 "하나님께서 이 세례에서 사람을 그리스도와 함께 매장하시고 그리스도와 함께 죽음을 죽음에 내어 준 새 생명으로 살리신다."(『종교와 기독교』, 1961)

여기서 우리는 설교와 성례전이라는 교회 선포의 두 가지 사명 중 첫째인 말씀의 선포론(선교론)이 어떻게 전개될지를 미리 예감한다. 그것은 여기서의 성례전 사건의 묘사와 마찬가지로 죽음을 넘어서는 부활의 새 생명의 선포가 될 것이다. 성례전은 그것을 예식으로서, 선포를 그것을 인간의 말로서, 각각 전달한다.

6. 사회윤리

지 목사님은 사회 구조적인 악의 문제에 관하여 인용하신다.

> 그래서 기독교 평론가인 벨쟈엡(Berdyaev)은 말하기를 "현대는 천박한 개인주의와 그릇된 집단주의로 말미암아 고난 받고 있다"고 하였던 것이다. 그리고 그에 의하면 천박한 개인주의는 개인 위에다가 추상적인 '사회'를 추대하고 있고, 그릇된 집단주의는 추상적인 '개인'을 구상할 따름이라고 한다. 그래서 그리스도 교회는 유명한 암스테르담 회의에서 개인주의와 집단주의를 터전으로 한 자본주의와 공산주의를 다 같이 비판하고 있는 것이다. 그러면 이와 같은 사회악은 어디에서 기원된 것이며, 그것을 해결하는 길은 어디에 있을까?(『종교와 기독교』, 1961)

바르트 신학의 강력한 장점이 지 목사님의 『종교와 기독교』 강의 안에서도 등장한다. 바르트에 의하면 부활신앙이 다만 미래의 종말론적 희망에 그친다면(얼마나 많은 종말론자들이 이러한 실수를 하고 있는지 모른다!), 그것은 엄밀한 의미에서 성서적인 신앙이 아니다. 오히려 부활신앙의 미래적 희망은 개인 윤리를 넘어서는 사회 윤리적 실천과 즉시 결합되어야 한다. 이 결합이 한편으로 윤리적 실천 없이 추상적 종말의 때만 외치는 단순한 복음전파자들에게, 다른 한편으로 부활신앙이 없이 정치사회적 개혁 운동만을 주장하는 실천주의자들에게 바른 길을 제시한다. 지 목사님은 본회퍼의 부활신앙을 인용함으로써 그 길을 보이신다.

> "만일에 십자가가 예수에게 대한 최후의 말이었다면 세계는 아무러한 희망도 없이 죽음과 멸망 중에 상실되어 버렸을 것이며, 세상이

하나님께 대해서 승리를 거두게 되었을 것이다." 이 말은 이차대전 때에 히틀러를 암살하려다가 들킨바 되어 2년간의 옥고를 겪다가 그에게 사형당한 D. 본회퍼 목사의 부활절 메시지의 한 토막이다. 그에 의하면 예수 그리스도의 부활에서는 그리스도와 그의 행한 모든 행적이 하나님께 긍정되었고 거기에서는 또한 우리 자신과 하나님께 지음 받은 모든 피조물도 하나님께서 긍정 받게 하셨다. 다시 말하면 예수 그리스도의 부활에서는 하나님께 새롭게 지음 받은 피조물과 더불어 이 세상이 버림받지 아니하고 도리어 회복되고 긍정되었으며, 이 사실을 믿는 그리스도들과 그 교회는 염세가가 되거나 비판론자가 될 것이 아니라 종말의 날에 가서 모든 사람을 심판하기 위하여 주께서 눈으로 볼 수 있고 모습으로도 다시 오실 때까지 주의 몸 된 교회와 그 지체된 그리스도인들은 이 세상 모든 일에 성스러운 봉사를 담당해야 한다는 것이다.13)

이와 같이 사회적 악의 해결을 향한 윤리적 실천은 세속 세상이 하나님에 의하여 긍정되는 근원적 사건인 부활신앙으로부터 시작된다. 우리가 기독교 윤리적 실천이 부활의 종말론적 희망의 현재적 실현이라는 근원적 진리관계를 잊을 경우, 그 실천이 이론적으로는 기독교적으로 분류된다고 해도, 실천적으로는 유물론적 세계관 안에 머물러 있게 되는 위험에 처할 수도 있다. 지 목사님의 글 안에서 우리는 그 위험을 벗어나는 올바른 실천의 길을 찾게 된다.

---

13) "현대 신학의 비종교화와 세속화", 1971년 4월 12일 「연세춘추」 600호.

IV. 바르트적 관점에 선 신학 논쟁들

우리는 위에서 서술한 교의학적 내용이 칼 바르트의 신학사상의 그것과 내적으로 일치한다고 생각하였다. 이것 생각은 바르트와 논쟁을 벌였던 여러 신학자들에 대한 지 목사님의 평가와 비판 안에서 재차 확인될 수 있다. 슐라이에르마허, 불트만, 브룬너, 틸리히의 신학과 쿨만의 구속사 개념 등이 지 목사님에 의하여 비판되는데, 그 관점은 바로 바르트적이다. 이와 같이 주변의 신학들 사이에서 성서적-교의학적 노선을 정립해 나가는 과정에서 지 목사님이 칼 바르트의 신학을 수용하고 그 사상과 중심에서 연대하셨음은 명확해진다.

1. 슐라이에르마허

우리는 지 목사님이 슐라이에르마허를 평가하는 논지를 다음에서 명확하게 알 수 있다.

> 슐라이에르마허는 인간의 종교정서를 근거로 하고 신앙론을 제창했으나 실지에 있어서 그는 교의학을 해소시켰다. 그러나 바르트는 이와 달라서 교의학을 재건하기에 진력하였다. 그리고 교의학이 살 수 있는 집은 주의 몸 된 교회라 한다. 이 교회에는 하나의 기본적인 방향이 있는데 이는 곧 교부들과 역대 성도들이 걸어온 신앙고백의 길이다. 이에 있어서 바르트는 한편으로 성서를 해석함으로써 거기에서 신학의 기본적인 재료를 얻고 다른 편에서는 역대 교회의 신앙고백에 따라서 그리스도 교회의 나아갈 방향을 제시하기에 진력하였다. 그에 의하면 신학은 언제나 교회전승을 무시하는 낭만주의를 경계함과 동시에 근거 없는 시대정신을 추종하는 세속주의를 삼가

야 된다고 한다. …… 근대 신학의 조상인 슐라이어르마허의 신학은 주관주의, 심리주의, 내재주의적이었다. 종교 신앙을 '절대의존의 감정'이라고 정의한 그는 하나님 말씀보다도 도리어 인간의 종교정서를 중요시 하였다. 그는 우선 인간의 종교정서를 전제로 하고 제2차적으로 그 대상인 하나님을 상정하였다. 그러나 바르트 신학에 있어서는 하나님 말씀이 신학의 근거요 그의 주저인 교회교의학은 우선 이 하나님 말씀에 대한 긴 설명으로 시작되었다. 그리고 신관이나 창조론이며 그 밖에 교리에 대해서는 이 하나님 말씀의 터전 위에서 진술되고 있다.14)

위 글에서 슐라이에르마허의 낭만적 직관론은 바르트의 역사적 말씀론과 명확하게 대조된다. 그 과정에서 우리는 지 목사님의 입장이 암묵적으로는 칼 바르트의 입장과 동화되고 있음을 분명히 볼 수 있다.

2. 루돌프 블트만

불트만에 대한 평가는 분량도 많고, 또 내용도 다양하지만 우리는 다음의 짧은 인용에서 지 목사님의 확고한 입장을 쉽게 읽을 수 있다.

바르트가 본 바대로 하면 불트만의 결정적인 잘못은 그가 그리스도 교회의 복음의 진리를 이해하기 위하여 철학자 하이데거의 방법에 예속시킴으로써 하나님의 주권에 대하여 항거하려 한 데에 있다는 것이다.15)

---

14) "현대신학의 방법론 초고", 「신학논단」(연세대학교 신과대학, 1968), 21-32.
15) 한국 바르트학회 편저, 『바르트 신학연구: 바르트 기념 논문집』(서울: 대한기독교서회, 1970),

우리는 이렇게 이해할 수 있다: 불트만 설교 이해 중 종말론적 사건성, 종말론적 결단의 촉구 등은 자유주의 신학이 예수 사건을 다만 과거 사건으로만 이해하려고 했던 것을 넘어서는 시도로 평가되지만, 그러나 바로 그 불트만적 시도의 현재의 종말론적 사건성은 과거의 객관적, 역사적 예수와 결합되지 않았다. 이 점이 바르트적 관점에서 비판된다. 바르트에 있어서 종말론적 사건은 과거-현재-미래의 통시적 영원의 사건이라면, 불트만은 하이데거에 의존하여 현재 순간의 종말론적 특성만을 강조할 뿐, 과거의 역사적 예수와는 결별하였으며, 그 결과 장차 구름을 타고 오실 심판자 그리스도와의 미래적 관계성도 약화시켰다. 지 목사님은 바르트의 이러한 불트만 비판을 수용하셨다고 말할 수 있다.

3. 폴 틸리히

지 목사님은 틸리히 신학의 '상관의 방법'과 '새 존재'의 의미를 상세하게 설명하신 뒤, 다음의 마지막 비판을 남기신다.

> 이러한 바르트의 신학사상과 그의 설교가 …… 틸리히의 그것과 판이한 점은 이 두 사람이 그들의 설교와 신학에 있어서 철학적 방법과 변증론을 사용한 데 반하여 바르트는 오직 하나 성서만을 규범과 기반으로 삼을 뿐이요 철학적 방법이나 변증법을 전혀 용납하지 않았다는 점이다. 바르트가 이와 같이 철학이나 변증법을 배격한 데에는 자기 나름의 소신이 있었던 것이니, 그러나 바르트의 본 바대로 하면 실지에 있어서 '기독교 철학'이란 있은 적도 없거니와 만일에 그런 것이 있었다고 하면 그 철학은 기독교적이 아니었거나 그렇지

아니하면 철학다운 철학은 못 되었을 것이라 한다.16)

또 틸리히의 기독론을 평가하는 글의 결론에서도 지 목사님은 바르트의 말씀 개념으로부터 틸리히를 비판한다.

> 이상에서 우리는 틸리히의 기독론을 일별하였거니와 그의 기독론을 비판하자면 그의 말한 '하나님 말씀'의 개념이 어떠한 것인가를 살필 필요가 있을 것이다. 그리고 이 문제는 그의 사상체계의 중심 문제라고 말할 수 있다. 현대에 있어서 가장 저명한 신학자의 한 사람인 칼 바르트의 신학을 흔히 '하나님 말씀의 신학'이라고 말하거니와 바르트는 말하기를 하나님 말씀에는 세 가지 형태가 있는데 그것은 곧 예수 그리스도와 그를 증거하는 신구약성서와 그것을 터전으로 하는 교회의 설교라 한다.17)

이와 같이 우리는 지 목사님이 틸리히 신학을 바르트의 말씀의 신학의 관점에서 바라보셨음을 분명히 본다. 우리는 그 말씀이 고난당하신 그리고 부활하신 예수 그리스도이심을 잊어서는 안 된다.

4. 에밀 브룬너

지 목사님은 브룬너의 신학에 관해서는 깊은 관심을 가지시고, 폭넓게 조명하면서 많은 주제들을 취급하신다. 브룬너의 '만남'의 신학의 중요성과 성서적 이해가 지 목사님께 그만큼 큰 감명을 주었기 때문일 것이다.

---

16) "폴 틸리히의 기독론", 「신학논단」(서울: 연세대학교 신과대학, 1961), 49-62.
17) "폴 틸리히의 기독론", 「신학논단」(서울: 연세대학교 신과대학, 1961), 49-62.

이것은 지 목사님의 신학적 사고의 지평이 바르트의 반대자에게도 열려 있었음을 뜻한다. 그러나 마지막의 결정적 판단은 바르트적 관점에 근거한다.

> 바르트가 이와 같이 하나님의 말씀이신 예수 그리스도와 그의 증언인 성서에 기울어지면 기울어질수록 그의 동료였던 브룬너는 그에게서 멀어지게 되었다. 왜냐하면 바르트가 오직 예수 그리스도의 계시만을 인정하려는 데 반하여 브룬너는 창조 질서에서도 오히려 하나님의 계시에 접할 수 있다고 보았기 때문이다. …… 바르트의 본 바대로 하면 변증은 차라리 참 신앙이 되는 데에서 이루어진다. 그런데 브룬너는 이에 반하여 참 신앙이 생기게 되었다손 치더라도 신앙의 필요성 여부와 기독신앙의 존재 이유를 문제 삼을 수밖에 없게 되는데 이것이 바로 변증학과 논쟁학에서 취급할 문제라 한다. 브룬너가 바르트와 다른 또 하나의 점은 그가 이중 계시와 자연신학을 인정하는 점이다. 이에 있어서 그는 하나님은 예수 그리스도를 통해서도 계시되지만 창조질서를 통해서도 계시된다고 한다. 그리고 인간에게는 계시의 전제가 되는 내재적인 가능성이 있다고 하여 자연신학의 길을 인정하는 것이다.[18]

브룬너에 대한 지 목사님 직접적 평가는 이 단계에서는 나타나지 않지만, 다른 글들의 바르트적 관점에서의 평가에 비추어 본다면, 지 목사님이 브룬너의 자연계시관을 거부하고 바르트의 유일무이한 계시관을 대변하였음은 확실하다. 인용된 논문의 마지막 문장이 그것을 확인한다.

---

[18] "현대신학의 방법론 초고", 「신학논단」(연세대학교 신과대학, 1968), 21-32.

> [자유주의자들이] 신약성서의 신앙을 인간의 자기 이해라고 본 데 대해서는 브룬너의 비판이 타당할 것이다. …… [그러나] 그가 시도한 해석학적 신학은 잘못하면 교의학을 해석학 속에 해소시킬 가능성이 없지 않다. 그런 만큼 집중적으로 교의학으로서의 신학연구에 몰두함과 동시에 주관적인 근대 신학을 극복하기에 크게 공헌한 이는 역시 바르트가 아닌가 한다.19)

5. 구속사

구속사 신학에 관련된 다양한 견해를 최종적으로 평가한 이후에 지 목사님은 칼 바르트를 인용하신다.

> 칼 바르트는 그의 로마서 강해에서 다음과 같은 인상적인 말을 남기고 있다. '무릇 종교사나 교회사는 모두 다 세계 안에서 진행되는 것이다. 이른바 구속사란 다름 아니라 모든 역사의 간단없는 위기를 말한 것일 뿐이요 역사 안이나 역사 곁에 그것과 병행되는 또 하나의 역사를 말한 것은 아닌 것이다."20)

또 교의학 I권도 인용된다.

> "19세기의 이른바 '실증주의 신학'이 그리스도 이전과 이후의 특수한 역사를 연결시켜 가지고 그것을 '구속사'라고 일컬음으로써, 그 밖의 역사와 구별지은 것은 그리 좋은 일은 아니었다."21)

---

19) "현대신학의 방법론 초고", 「신학논단」(연세대학교 신과대학 1968), 21-32.
20) "현대신학과 구속사 개념", 「신학논단」(연세대학교 신과대학 1962), 197-210.
21) "현대신학과 구속사 개념", 「신학논단」(연세대학교 신과대학 1962), 197-210.

지 목사님은 바르트의 구속사 비판의 근거가 그의 '계시론'에 있다는 것을 정확하게 지적하신 후에, 계시와 역사와의 관계가 말하자면 '계시가 역사의 술어가 아니라 도리어 역사가 계시의 술어'라는 정답을 제시하신다. 그리고 더 나아가 바르트 신학을 오해하는 자들을 위하여 바르트가 여기에서 계시와 역사와를 분리시키는 것이 아니라는 사실을 다음과 같이 특별히 강조하신다.

> 바르트는 시간과 역사를 말할 때에는 언제나 예수 그리스도와의 관련에서 말하고 있다. 그에 의하면 참 시간은 예수 그리스도에게서 성취된 시간이다. 이에 있어서 바르트는 추상적인 시간이나 역사를 말하지 아니하고 신구약성서에 증거되어 있는 하나님의 시간과 역사를 말하는데, 이는 요컨대 하나님께서 그의 아들 예수 그리스도 안에서 역사하시는 현실적인 시간과 역사를 말하기 위해서이다.
>
> 바르트에 의하면 하나님의 계시가 역사 안에 돌입해 오고 영원이 시간 속에 침투할 때에는 시간과 역사가 변혁되고 거기에서는 낡은 세대가 사라지고 새 세대가 시작된다 한다.[22]

이와 같이 지 목사님은 구속사학파의 일반적 직선적 시간 이해를 예수 그리스도의 부활사건에서 성취된, 종말론적으로 성취된 영원한 시간의 이해로부터 비판하시며, 올바른 성서적 역사 이해로 이끄신다.

6. 최태용

서구 신학자들에 대한 비판적 평가들과는 다른 지평에 있다고 말해야

---

22) 민영규, 『예루살렘 입성기』(서울: 연세대학교 출판부, 1976), 231-265.

하겠지만, 어쨌든 우리는 지 목사님이 선배 최태용 목사를 바라보는 시각도 역시 바르트 신학에 근거하고 있음을 발견한다. 지 목사님은 선배 최태용 선생의 권면에 따라서 만학의 길을 떠나 신학 공부를 시작하였다고 말씀하신다.23) 그리고 최태용 목사의 근본주의적 성경관의 비판에는 공감하면서도, "성서와 교회로부터 해방되었다"는 과격한 진술에는 우려를 나타낸 후, 최 목사님이 바르트 신학에 만족할 수 없었던 이유를 길게 인용하신다.

> [최태용 목사의 글] "바르트 신학이 하나님의 행위의 구원을 고창(高唱)하여 그것이 근대 신학의 환경에 처한 한 그것은 의의 있는 일이다. 나와 같은 자도 이를 인하여 나의 종래의 주장에 대하여 반성할 바 있음을 느낀다. 나는 실로 다른 데에서는 얻지 못하던 좋은 충고를 여기에서 얻었다. 그러나 그것이 배타적인 하나님 행위를 주장하여 사람의 경험에 있어서의 하나님의 일을 무시하려고 하는 한 그것은 또한 편벽된 주장이다. 그래서 내 생각 같아서는 바르트의 초연한 하나님이 사람의 기독교적 경험의 창조자이면 좋겠다"는 데에 그 이유가 있었던 것이다."(「영과 진리」 49호)

> [최태용 목사의 글] '절대 타자'라고 주장했던 바르트의 초기 사상에 반대했는데 그 이유는 다음과 같은 데에 있었던 것이다. "바르트의 하나님 말씀의 신학은 다만 초연한 하나님의 사실을 말하려고 하는 것인데 그리하여 그는 내재적인 세계관으로부터 기독교를 구원하여 그것을 하나님께로의 것으로 말하게 된 공적은 대단하다. 그러나

---

23) "내가 영향 받은 신학자와 그 저서",「기독교사상」(1963. 8), 19-21.

그런 신학으로 신앙생활은 주장되지 못한다. 그래서 신앙생활을 알지 못하고 초연한 하나님 사실만을 말하고 있으면 그것이 내재적인 세계관과의 싸움을 계속하는 한에 있어서는 불꽃이 튀는 논의가 될 것이다. 그러나 그 논의가 끝나면 그것은 역시 한 관념론에 떨어져서 무생명한 것이 되고 말 것이다. 우리는 신앙을 영원히 생명적인 것으로 하여 가지지 아니하면 아니 된다. 신앙이 생명이라면 그것은 생활하는 신앙이지 아니면 아니 된다. 그래서 영의 심판으로 말미암은 육의 부정의 진리 행위로의 신앙생활은 그것이 영원히 신앙을 생명적인 것으로 하리라."(「영과 진리」 102호)

여기서 우리는 "최태용의 시, 평론, 신학"이라는 비교적 짧은 글 안에서 지 목사님이 최태용 목사의 바르트에 관한 견해를 길게 인용하는 의도를 생각해 볼 수 있다. 지 목사님은 최태용 목사를 신학의 길을 권고했던 선배로서 조심스럽게 언급하면서도, 신학사상에 있어서는 관점을 달리하기 시작하며, 그 차이를 드러내는 수단으로써 바르트 신학에 대한 평가를 선택하신다. 인용된 글에서는 최태용 목사의 바르트 이해에 대한 명시적인 비판은 아직 없고, 오히려 개인적 체험의 신앙을 강조하는 긍정적인 부분을 부각하는 쪽으로 제시된다. 그것은 인용문 안에서의 바르트 이해가 일반적으로 잘 알려져 있는 (그러나 오해인) 바르트의 초월적 신관에 관한 내용에 불과하기 때문일 것이다. 그러나 삼위일체론에 관해서는 최태용 목사의 입장에 대한 비판적 입장이 직접 드러나기 시작한다.

최 선생의 신학사상에 있어서 또 한 가지 특이한 점은 그의 그리스도 이해에 있어서 '삼위일체론'을 부정한다는 점이다. 이는 그가 삼위일체론을 바르트와는 달라서 성서적인 근거를 가진 것이 아니라 후세 교회가 제창한 관념론의 하나였다고 보기 때문이다. 바르트에 의하면 '삼위일체론은 기독교의 기본 교리요 그것은 성서의 해석이요 번역'이지만 최 선생에 의하면 "신약성서에는 신자의 단체가 고백하는 교리 혹은 교의도 없었고 거기에는 헬라적인 형이상학적 사변도 있지 아니하다."24)

우리는 최태용 목사의 삼위일체에 대한 부정 시각이 바르트 신학과 대조되는 것을 본다. 지 목사님은 바르트가 삼위일체론이 "성서의 해석이며 번역"이라고 말했던 것을 강조하신다. 이것은 오늘의 많은 신학자들도 지 목사님에게서 배워야 하는 중요한 지적이다. 즉 삼위일체론은 성서 밖에서 교의학자들이 사변적으로 고안해 낸 것이 아니다. 삼위일체론은 성서가 직접 말하는 내용(많은 구절들 중에서 예를 들어 마 28:19절을 생각할 수 있다)을 바르게 해석하고, 바르게 이해(지 목사님의 표현으로는 "번역")하려고 했던 시도이다. 최태용 목사의 논쟁의 대상은 조선 장로교의 근본주의적 삼위일체론이었지만, 지 목사님은 칼 바르트의 삼위일체론으로써 최태용 목사의 견해를 바로 잡으려고 시도하셨다. 논쟁의 본래 대상이 누구였든 간에 진리의 내용이 알려져야 하기 때문이다. 이와 같은 지 목사님의 입장은 최태용 목사의 계시론에 대한 비판에서도 볼 수 있다.

그러나 최 선생께서는 하나님의 계시는 다만 이 예수 그리스도에게서만 나타난 것이라고는 말하지 아니하고 그것은 역사를 통하여 나타난다고 봄으로써 자연신학적인 사상을 주장하였다.25)

---

24) "최태용의 시, 평론, 신학", 「현대와 신학」(연세대학교 연합신학대학원, 1970), 123-143.
25) "최태용의 시, 평론, 신학", 「현대와 신학」(연세대학교 연합신학대학원, 1970), 123-143.

이와 같은 자연신학의 비판은 위에서 언급했던 브룬너 비판이기도 하다. 우리가 이 논쟁을 쉽게 이해하기 위해서는 바르트는 예수 그리스도의 부활사건을 모든 신학과 교회의, 더 나아가 창조 전체의 중심으로 삼았던 반면에, 브룬너는 부활을 명시적으로 부정하였고 믿지 않았다는 사실을 생각해야 할 것이다. 최태용 목사의 부활 이해가 어느 쪽이었는가는 이 글에서는 나타나지 않지만, 창조된 자연 세계 안에서 부활은 있을 수 없다는 사실로부터 자연계시는 어쨌든 거부되어야 한다는 것이 지 목사님의 입장이다. 이것은 바르트의 계시관과 일치한다. 이제 글의 마지막에 최태용 목사에 대한 지 목사님의 결론적 평가가 등장한다.

> 그런데 최 감독의 신학사상은 존 칼빈이나 칼 바르트의 경우와는 달라 하나님이나 예수 그리스도를 대상으로 하는 교리나 신조의 형성에 있어서는 비교적 단순하며 소박하였고 그보다는 차라리 '신앙 자체'의 형성 과정을 규명하는 데에 더욱 주력을 하였던 것이다. 이에 있어서 그는 자기 자신 '경험적 신앙'을 언표하기 위하여 '영적 기독교'를 제창함에 이른 것인데 말하자면 그는 장로교회에 소속된 신자였음에도 불구하고 '신관'이나 '예정론'보다는 차라리 '신앙론'을 치중하였으며 …… 그에게 추종하던 극소수의 신도들에게 알려졌을 뿐이요, 한국 교회 전체를 위하여 덕을 세우지 못한 까닭에 …… 자기 자신의 신학은 "역대 교회의 위대한 신학자들의 위대한 사상에 대한 약간의 주석에 불과하다"고 한 바르트의 겸비의 덕이 아쉬움을 느끼게 된다.26)

---

26) "최태용의 시, 평론, 신학", 「현대와 신학」(연세대학교 연합신학대학원, 1970), 123-143.

이와 같이 최태용 목사의 신학에 대한 지 목사님의 마지막 평가는 바르트 신학의 관점에 근거하고 있음이 확인될 수 있다.

V. '교회의 신학'의 정립 「선교론」(1941)의 이해

「선교론」에서 시작되어 신학방법을 형성하고, 다른 신학자들과의 논쟁을 통하여 확고한 관점과 노선을 취한 '지동식 신학'은 이제 바르트 신학과 마찬가지로 '교회의 신학'이라는 결실을 맺는다.

이 원고 모음집 안에서 우리는 다음의 제목들에 주목하게 된다. "칼 바르트의 설교의 성격"(한국바르트학회 편저, 「바르트 신학연구: 바르트 기념 논문집」, 서울: 대한기독교서회, 1970), "칼 바르트의 교회론"(「현대와 신학」 1977), "신학과 설교"(「기독교사상」 1960. 1), "신정통주의의 교회관"(「기독교사상」 1960. 4), "하나인 교회의 성서적 근거"(「기독교사상」 1958. 1), 「종교와 기독교」 안에서의 19장 교회관과, 1941년의 「선교론」(일본어 출판, 십자가의 신학총서) 등이 그것이다. 우리는 이러한 논문 제목들을 통하여 어떻게 지 목사님의 신학이 바르트 신학과 함께 하면서 교회론으로 집중되는가를 볼 수 있다. 예를 들어 보자.

> 바르트가 본 바대로는 교회의 사회학적 이해는 교회의 본질을 오해한 데에서 원유(原由)된 생각이다. 그래서 그는 그리스도 교회에 있어서 독자적이며 본질적인 것은 "하나님 말씀"과 거기에 대한 "죄인의 복종"이라는 것이 초기 바르트의 주장이었다.(ZDZ, 1926년, 364쪽)[27)]

우리는 지 목사님이 교회의 본질에 관하여 바르트의 견해를 수용하고 계심을 볼 수 있으며, 또 교회의 시간에 관한 종말론적 이해에 있어서도 그러하다.

> 왜냐하면 우리의 현실은 예수 그리스도의 죽음과 재림 사이에 끼어 있는 현실이요 우리는 이미 이 예수 그리스도의 죽음과 부활에서 결정적인 놀라움과 매혹을 경험한 자들이요, 그 밖에 다른 사건에서는 이와 같은 결정적인 놀라움과 매혹을 느낄 수가 없기 때문이다.28)

지 목사님은 예수 그리스도의 첫째 부활과 마지막 재림 사이의 중간시대에 놓인, 바르트의 교회의 시간 이해를 대변하신다. 그리고 교회가 겪는 외적인 세속화의 유혹 및 내적인 제의적 격식화의 유혹에 관하여 다음과 같이 말한다.

> 바르트의 본 바대로 하면 교회는 안으로 밖으로 많은 위험성을 내포하고 있다. 밖으로는 박해와 탄압이라는 고된 십자가를 지기 마련이고(『교회교의학』 IV/2, 751쪽) 때때로 멸시와 천대를 받기도 한다(『교회교의학』 IV/2, 752쪽). 안으로 볼 때에는 교회도 이 세상의 일부인지라 그 활동도 이 세상의 인간적인 활동이 될 수 있는 가능성이 짙다는 것이다(『교회교의학』 IV/2, 753쪽). 바르트는 이 내적 유혹을 "이교적 유혹"이라고 일컬었는데 그에 의하면 교회에는 또한

---

27) "칼 바르트의 교회론", 「현대와 신학」(서울: 연세대학교 연합신학대학원, 1977), 13-24.
28) "칼 바르트의 교회론", 「현대와 신학」(서울: 연세대학교 연합신학대학원, 1977), 13-24.

"의식화의 유혹"이 있다는 것이다(『교회교의학』 IV/2, 754쪽). 그리고 교회가 그리스도만을 오직 하나의 주로 섬기지 아니하는 데에서 이 두 가지 유혹이 온다는 것이었다.29)

지 목사님은 직접 칼 바르트의 『교회교의학』 IV/2권을 인용하시면서30) 바르트의 교회론을 전개하신다. 이러한 교회론적 논문들의 내용이 따로 여기서 부분적으로 언급될 필요는 없을 것이다.

다만 1941년의 「선교론」은 시간적 거리와 용어상의 문제 때문에 간략한 부연설명과 중심내용의 요약을 필요로 한다.

먼저 '선교'는 오늘 우리가 말하는 mission(이방 선교)을 뜻하지 않으며, 오히려 최근의 바르트 신학의 번역용어로는 '선포'(proclamation, Verkündigung)를 뜻한다. 즉 지 목사님의 「선교론」은 오늘의 용어로는 '교회의 선포론'이라는 뜻이다. 바르트 신학에서 교회의 선포는 1) 설교, 2) 성례전을 포함한다. 다시 말하면, 1) 인간의 말로 진행되는 말씀의 선포와 2) 예식으로 진행되는 말씀의 선포 두 가지가 의미된다. 아마도 1941년의 우리글에는 선포라는 용어가 쓰이지 않았을 것이고, 또 선교(宣敎)라는 단어가 오늘날과 같이 배타적으로 '이방 선교'라는 의미를 갖지 않았기 때문에, '가르침의 베풂'이라는 한자어의 본래 의미에서 지 목사님은 proclamation을 '선교'라고 번역하신 것으로 생각한다. 그러므로 오늘 우리는 지 목사님의 「선교론」 글 중 '선교'라는 단어를 모두 '선포'로 바꾸어 읽으면, 원래 의미를 잘 이해할 수 있게 된다.

---

29) "칼 바르트의 교회론", 「현대와 신학」(서울: 연세대학교 연합신학대학원, 1977), 13-24.
30) 칼 바르트의 『교회교의학』 IV/2권은 2010년 12월 현재 한글 번역서가 아직 출판되지 않았으며, 필자가 2010년 8월에 번역하여 블로그에 공개하였다. 이 내용이 1977년 지동식 목사님의 글에서 발견된다는 것은 놀라운 일이다. 참고: http://blog.naver.com/theojoon

논문의 시작은 바르트 신학의 잘 알려진 명제인 '삼중의 말씀' 개념에서 시작한다. 바르트에 의하면 하나님의 말씀은, 1) 발생한 말씀, 2) 기록된 말씀, 3) 선포되는 말씀의 세 가지로 구성된다. 1)은 예수 그리스도의 삶과 죽음과 부활을, 2)는 성서를, 3)은 설교와 성례전을 뜻한다. 이것은 '성서' 하나만 하나님의 말씀이라고 단순하게 생각했던 이전의 이해보다 성서에 대한 더 정확하게 깊은 통찰력을 주는 교의학적 이해이며, 지금은 세계적으로 통용되는 상식에 가까워졌다. 지 목사님은 1941년에 이미, 아직 바르트의 교회교의학 전체의 1/3정도밖에 출판되지 않은 상황에서, 바르트 저작 전체를 관통하는 이 말씀의 삼중 개념의 중요성을 미리 발견하신다. 그리고 그 중 인간적 입장에서는 직접적으로 체험된다고 말할 수 있는 '말씀의 선포' 부분을 졸업 논문으로 선택하셨다. 그리고 이렇게 문제가 제기된다.

> 어떠한 의미에서 인간적인, 너무나 인간적인 교회 선교(선포)가 계시(예수 그리스도의 사건)와 증언(예언자와 사도의 증거인 성서)과 마찬가지로 하나님의 말씀인 것일까? 이 문제에 대해서 본 소론의 전체가 답할 것이다.(「선교론」, 서론)

이렇게 제기된 문제는 간단히 말하자면 다음과 같이 첨예화된다: 인간은 피조물이며, 더 나아가 죄 가운데 있다. 그렇기 때문에 인간은 하나님의 말씀을 말할 수 없다. 죄인인 인간이 하나님의 말씀을 말한다는 것은 불가능하다. 그렇다면 하나님의 말씀의 교회적 선포에 있어서, 어떻게 **인간**인 선포자가 **하나님**의 말씀을 선포할 수 있는가? 타락한 인간이 선포하는 말씀이 어떻게 하나님의 거룩한 말씀이 될 수 있는가? 바로 이 질문이 지 목사님의 「선교론」(선포론)의 중심 질문이다.

바르트에 관한 많은 글들이 쓰여졌지만, 아직도 이 질문을 정확하게 문제로 제기하는 글을 찾기란 어려우며, 더 나아가 올바로 대답하는 글은 더욱 찾기 어렵다고 생각한다. 그러나 우리가 과연 "어떻게 인간이 하나님의 말씀을 선포할 수 있는가?"라는 '선교론'(선포론)의 핵심 질문을 지나칠 수 있는가? 오늘 한국 교회의 설교 및 설교자의 상황에 비추어 볼 때, 이 질문을 다만 덮어둘 수 있는가? 이 질문의 중요성을 잊고, 은폐하고, 무시했기 때문에, 오늘 한국 교회의 선포는 가파른 세속화의 내리막길로 치닫게 되지는 않는가? 우리는 지 목사님의 선교론(선포론)의 질문을 지 목사님을 위해서가 아니라, 우리 자신을 위하여 다시 발견하고, 다시 숙고하고, 그리고 한국 교회의 영적인 삶과 죽음의 갈림 지점에 놓인 궁극적 질문으로 조명해야 하지 않는가?

이제 '선교론'(선포론) 안에서의 이 질문에 대한 지 목사님의 대답은 칼 바르트 신학 전체의 중심이면서도, 많은 바르트 관련 글들 안에서 너무도 소홀히 취급되고, 주목되지 못했던 바로 그 대답이다.

> '인간은 하나님 말씀을 말할 수 없다'라는 우리들의 불가능성이 예수 그리스도에 의해서 지양되고 있으며, 그 **부활**을 통해서 새로운 가능성이 부여되기 때문이다.

그 대답은 예수 그리스도의 **부활 사건**이며, 영의 몸으로 나타나신 그분의 **부활의 능력**이다. 바로 그곳으로부터 하나님의 말씀을 말할 수 없는 죄인이 거룩하신 하나님의 말씀을 말할 수 있게 된다. 선포하는 인간은 다름이 아니라 성서가 증거하는 예수 그리스도의 부활의 소식을 전함으로써, 죄의 불가능성을 뚫고, 하늘에 계신 하나님의 말씀을 직접 선포할 수 있게 된다. "우리와 함께 다니던 사람을 세워 우리로 더불어 예수의 부활하심을 증거할 사람이 되게 하여야 하거늘"(행 1:22)에서 우리는 초대교회의 사도의 존재목적도 다름이 아니라 바로 "예수의 부활하심의 증거"였음을 읽는다. 부활의 증거가 인간적 선포자의 '하나님 말씀의 선포'를 가능하게 하는 근원이다. 지 목사님의 선포론은 바로 이 중심을 다음에서 정확하게 지적한다.

> 그것[선포의 가능성]은 오히려 교회 안에 있는 자에 대해서 하나의 율법과 과제를 의미하는 것이고, 궁극적으로 말하면, 하나님의 권능에 의해서 예수 그리스도의 **부활** 안에 성취되고 있는 사실로서 인정해야 할 것이다. …… 이 기적에는 인간의 모든 비참함은 지양되고 거기에 은총의 선교[선포]가 이룩되는 것이다. 인간이 하나님 말씀을 이야기할 수 있는 장소는 죽어서 **부활하신** 예수 그리스도가 계신 곳 외에는 존재하지 않는다.

이와 같이 선포의 가능성은 인간의 존재에 내재한 어떤 능력이 아니라, 전적으로 인간 존재의 외부로부터 인간에게 주어지는, 즉 죽음 너머로부터 비치는 부활의 빛에 근거한다.[31] 그렇기 때문에 우리는 지 목사님의 다음 진술들도 이해할 수 있다.

> 구체적인 교회 선교(선포)가 하나님 말씀이 되었다고 하면, 그것은 선교자(선포자) 자신의 인간적인 능력에 기인하는 것이 아니라, 그

---

31) 부활 사건에 근거한 선포의 가능성을 부정하는 사람은 다른 어떤 근거로써 인간이 하나님의 말씀을 선포할 수 있는지 대답해야 할 것이다. 또 그러한 사람은 중세기의 가톨릭교회가 성례전의 빵과 포도주가 그 즉시 예수의 몸으로 변화한다고 주장하는 것과 동일한 추상적 신비주의적 논리로써 자신의 인간적인 성경해석이 하나님의 말씀이 된다고 주장하고 있지 않은지 생각해 보아야 할 것이다.

를 기관으로서 이용하시는 하나님의 독자적인 과업의 현실로서 이해되어야 할 것이다. 하나님 말씀을 이야기할 수 있는 것은 하나님 이외에는 존재하지 않는다. 교회 선교가 하나님 말씀이 되는 것은 하나님이 주체가 되셔서 자신의 말씀을 하시기 때문이며, 성령의 힘에 의해서 인간에게 듣는 귀와 보는 눈을 창조하셨기 때문이다. 그것은 하나님의 은총적인 행위이다.

인간적 선포자는 예수 그리스도의 부활의 소식을 성서에 근거하여 증거함으로써, 인간의 말을 통하여 하나님의 말씀을 선포할 수 있게 된다. 하나님께서는 하나님 자신의 고유하신 일을 인간의 육체적 기관을 빌려서 행하신다. 그것이 말씀의 선포이다. 그 사건의 주체는 하나님이시다.[32] 선포를 통하여 인간은 부활의 소식을 듣고, 그에 상응하는 윤리적 실천의 삶을 통하여 자신의 영원한 영적 몸과 영적 세계를 예비하게 된다. 그것은 오직 하나님으로부터 가능하며, 인간에게는 은혜의 사건일 뿐이다. 그래서 말씀의 선포자는 다음의 경고를 귀담아 들어야 한다.

> 만약 예수 그리스도에 대한 신앙을 빼고서 인간이 직접적으로 하나님 말씀을 이야기할 수 있는 자가 있다고 한다면, 그는 심한 자기 자만에 빠져 있는 것으로 말할 수밖에 없다.

여기서 "예수 그리스도의 신앙"이라는 것은 앞의 내용에 비추어 볼 때,

---

[32] 신학적으로 엄밀하게 말하자면 부활 사건의 주체는 예수 그리스도가 아니라, 오직 아버지 하나님이시다. 여기서 아버지 하나님의 사역인 부활의 깨우심(Auferweckung)과 아들의 사역인 부활로 일어나심(Auferstehung)이 구분된다.

부활하신 예수 그리스도의 자기 증거임이 분명하다. 예수께서 십자가의 죽음 이후에 다시 사셨고, 죽음을 건너 영의 몸으로서 제자들에게 40일 동안 여러 번 나타나셨다는 증거는 어떤 인간이 인간적 능력으로써 말할 수 있는 내용이 아니다. 그것은 인간이 말할 수 없고, 생각도 할 수 없는 종류의 사건이며, 오직 창조자 하나님의 주권적 개입을 통하여 발생한 사건이다. 인간은 자기 생각이나 주장이 아니라, 바로 그 사건을 전해 듣고 전달할 수 있을 뿐이다.33) 그때 하나님의 말씀을 말할 수 없는 죄인이 하나님의 말씀을 말하는 기적 사건이 발생한다. 이것은 성령의 사건이다. "성령께서 듣는 귀와 보는 눈을 창조하셨다"라고 지 목사님은 위에서 말하신다.

    이제 우리는, 왜 우리가 지동식 목사님을 기억하여야 하는가를 다시 생각하게 된다. 그 대답은 '선교론'(선포론) 안에서 주어진다. 그것은 우리가 지 목사님을 통하여 삶과 죽음의, 축복과 저주의, 멸망과 구원의 갈림길에 선 영원한 진리와 마주 대면하기 때문이다. 선교론(선포론)에 담긴 이 진리는 잊혀져서는 안 되며, 또 잊혀질 수도 없을 것이다. 왜냐하면 그것은 "하나님의 크신 일"(행 2장)의 증거, 즉 예수 그리스도의 부활하심의 증거이기 때문이다. 우리는 선교론(선포론)의 핵심을 재발견함으로써, 바르트 신학의 중심이며, 더 나아가 성서적 진리의 중심인, 예수 그리스도의 부활 사건의 증거를 재발견하여, 오늘의 한국 교회의 설교적 혼돈 상황 안에 빛을 비출 수 있게 될 것이다.

---

33) 우리는 고후 10:5절 "모든 생각을 사로잡아 그리스도에게 복종케 하니……"를 기억해야 한다.

VI. 신학적 지평의 확장

이제 마쳐도 되는데 굳이 한 항목을 더 서술하는 것은 바르트 신학에 대하여 널리 퍼져 있는 한 오해 때문이다. 그 오해는 소위 "교회 밖에는 구원이 없다"라는 명제와 관련된다. 흔히 사람들은 명확하지도 않은 이 문장을 말하고 나서, 이 진술의 대표자가 마치 칼 바르트인 것처럼 말한다. 그러나 이것은 큰 오해이다. 이 문제에 관련된『교회교의학』IV/3, '생명의 빛' 단원에 의하면, 바르트는 전혀 그렇게 말하지 않는다. 칼 바르트에 의하면 예수 그리스도의 부활이라는 유일무이한 생명의 빛 아래서 '교회'와 '교회 밖'은, 즉 그리스도교와 타 종교는, 동일한 지반 위에 서며, 상대적으로 동등한 가치를 갖는다. 물론 교회와 교회 밖이라는 구분이 없어지는 것은 아니다. 그러나 이 구분은 교회를 위한 것이다. 이미 부활의 소식을 전해 들은 교회가 아직 전해 듣지 못한 '교회 밖'을 향하여 전파해야 하는 '이방 선교의 사명' 때문에 그 구분이 필요할 뿐이다. 그러므로 '교회'와 '교회 밖' 사이의 경계선은 선교하는 교회의 존재 자체를 위하여 있다. 이것은 이스라엘이 열방에게 야훼 하나님의 영광을 전파하기 위하여 선택을 받았던 것과 정확하게 일치한다. 이스라엘의 선택이 자기목적이 아니며, 오히려 땅 끝까지 이르러 야훼의 구원을 선포하기 위한 것이었던 것처럼, 먼저 복음을 전해들은 교회도 아직 복음을 전해 듣지 못한 교회 밖의 세계를 위해 존재한다. 그러므로 바르트 신학에 따르면 ("성서에 따르면") 교회와 교회 밖은 구분되지만, 그러나 영원한 생명의 빛 아래서 양자는 유기적으로 하나로 결합된다.

지 목사님의 신학이 바르트의 신학과 함께 교회의 신학으로 집중되지만, 그러나 그것이 항간의 오해와 같이 교회와 교회 밖 사이에 담장을 설치하기 위한 것은 아니다. 오히려 그것은 교회 밖 세상의 진정한 구원을 위하여 교회 안의 신학을 엄밀하게 정초하기 위한 것이었다고 말할 수 있다. 그래서 지 목사님의 신학적 지평은 '선교론'(교회의 선포론)에 멈추지 않으며, 오히려 교회 밖으로 확장되며, '교회 밖'에 대한 적극적인 분석과 대화로 이어진다. 이러한 신학적인 지평의 확장의 사례들을 우리는 다음의 지 목사님의 글들 중에서 확인할 수 있다.

1) 교회와 국가 사이의 관계
2) 자본주의 비판에 관련된 사회윤리
3) 불교와의 대화와 비판적 논의
4) 생태학적 문제의 관심
5) 바르트의 모차르트 음악 애호에 관한 많이 반복되는 진술

또 이 항목들의 내용 전반에 관련하여 이러한 신학적 지평 확장을 가능케 한 다음과 같은 지 목사님의 에큐메니칼 정신이 주목되어야 할 것으로 생각한다.

서울복음교회는 전에 없던 부흥을 보게 되어 회당 증축이 논의된 바 있었고 삼각지와 도화동 및 갈매와 군산시 흥남동에는 새 교회가 서게 되었다. 이는 물론 하나님의 권세와 축복으로 말미암는 일이었으나 인간적으로 말한다면 필자가 8·15해방 직후부터 연세대학교 신과대학에서 새삼스럽게 깨치게 된 '연합 정신'을 깨침으로써 최 감독의 독점 무대이던 서울복음교회의 강단에 각 신학교 교수들과 각 교단의 유능한 교역자들을 등장시키는 한편 타 교회나 교우들을 비판하거나 공격하느니보다는 그들과 더불어 대화하며 사귄 결과가 아닌가 한다. 그리고 복음교회가 오늘날 기독교 연합회의 한 회원

교파가 되게 된 것도 이와 같은 '연합정신'이 공인된 결과가 아닌가 한다.34)

타 종교, 문화, 생태환경 등에 관련된 신학적 사고의 지평확장은 우선 그리스도교 안의 교회일치 정신이 확립될 때 가능할 것이다. 교회 내부에서 교회와 교회끼리 대화하지 못하면서, 교회와 교회 밖 사이의 대화를 논한다는 것은 어불성설이기 때문이다. 오늘의 다원론자들과 환경론자들은 이 점에 유의해야 할 것이며, 이 점에서도 지 목사님의 신학은 재조명되어야 한다.

VII. 결론: 우리의 과제

이제 지동식 목사님의 바르트 중심의 신학이 오늘 우리에게 주는 과제를 찾고자 한다. 그 과제도 역시 지동식 목사님의 글들 중에서 생생하게 들려온다. 우리는 그 목소리를 찾으면서 우리의 입장을 정리해야 할 것이다.

1. 칼 바르트 이해에 관한 오늘의 상황 진단

우리나라에서도 칼 바르트와 그의 신학이 논의된 지는 이미 오래였고 특히 근자에 와서는 여기저기에서 거기에 대한 찬반양론이 격화되고 있는 것이 사실입니다. 그러나 섭섭한 일이지만 이 모든 논의들

---

34) "최태용의 시. 평론, 신학", 「현대와 신학」(연세대학교 연합신학대학원, 1970), 123-143.

은 대개 도청도설의 정도를 벗어나지 못한 것이고, 직접 바르트 자신의 저작에 접하고 있는 이는 극소수의 학도들에 불과할 것입니다. 그 결과 허다한 사람들은 다만 기분적으로 바르트와 그의 신학에 대하여 찬의를 표하거나, 그렇지 아니하면 뜬소문만 듣고 그것을 기피하는 사정이 아닌가 싶습니다. 이에 있어서 역자는 현대에 있어서 가장 지도적인 위치에 있는 그의 저작이 하로 바삐 우리말로 소개되기를 마음깊이 고대하면서, 유력한 학도들에게 그 일을 용종한 일이 한 두 번이 아니었습니다.[35]

우리는 지 목사님이 당시의 한국 신학계의 바르트 이해의 수준을 냉철하게 진단하고 있음을 본다. 이 상황이 수십 년이 지난 오늘에는 전적으로 유효하지 않다고 말하기란 어려울 것이다. 우선 우리는 "기분적으로" 혹은 "뜬소문만 듣고" 바르트 신학을 말하는 신학적 허위 주장들을 지 목사님의 지적에 따라 정확히 성찰해야 한다. 그때 우리는 이 시대의 하나님 나라를 위한 새로운 과제를 발견할 수 있게 된다. 그 과제는 "그의 저작이 하루 바삐 우리말로 소개되는 것"이다.

2. 『교회교의학』 연구

그러므로 바르트 신학을 연구함은 곧 신앙의 근본문제를 탐구하는 일이 됨과 동시에 복음의 진리를 구명하는 결과가 될 것입니다. 그가 얼마나 복음의 진리를 중시하고 거기에서 촌보도 벗어나지 않기를

---

[35] "그리스도인의 생활", 칼 바르트 저, 지동식 역, 『그리스도인의 생활』(서울: 사상계사, 1954), 역자 후기).

기했던가 하는 것은 이 강연 한 편에서도 넉넉히 엿볼 수 있을 것입니다. 바라건대 독자 제현께서는 칼 바르트와 그의 신학에 찬성하든 반대를 하든 간에, 일단 바르트 자신의 말한 바에 귀를 기울이시기를 바라는 바입니다. 현대에 있어서 가장 유력한 신학자가 무엇을 말하는가를 경청함은 결코 무익한 일이 아닐 터이니까요.36)

그러나 칼 바르트의 주장을 올바로 이해하기 위해서는 아무래도 그의 주저인 『교회교의학』을 숙독할 수밖에 없을 줄 안다. 그런 의미에서 필자는 끝으로 칼 바르트의 신학사상에 찬성하든 반대하든 간에 이 고장의 신학도들이 일단은 그의 주저를…… 숙독하시기를 권하고 싶다.37)

그러므로 우주 시대를 맞이하게 된 오늘날의 설교자들이 시대적인 사명을 다하기 위해서도 바르트의 『교회교의학』과 더불어 씨름하고 거기에 추종할 필요가 있을 줄 안다. 왜냐하면 거기에서는 언제나 신구약성서에 말씀된 바가 강조되어 있고 주의 몸 된 교회의 지체된 우리가 오늘날 어떠한 설교와 기도에 열중해야 될 것인가가 분명하게 명시되어 있기 때문이다.38)

---

36) "그리스도인의 생활", 칼 바르트 저, 지동식 역, 『그리스도인의 생활』(서울: 사상계사, 1954), 역자 후기.
37) 베버(Otto Weber), 김광식 역, 『칼 바르트의 교회교의학: 제1권 1부에서 제4권 2부까지 개괄적으로 소개한 입문서』(서울: 대한기독교출판사, 1976), 404-414에서, "부록: 칼 바르트와 그의 신학 사상"이라는 제목으로 실린 글.
38) 한국 바르트학회 편저, 『바르트 신학연구: 바르트 기념 논문집』(서울: 대한기독교서회, 1970), 241-260.

위의 세 곳의 인용문에서 우리는 지동식 목사님이 바르트 신학연구를 복음의 진리 탐구와 동일시하시는 것을 본다. 지 목사님은 바르트 신학을 단순히 많은 신학사상들 중의 하나로 생각하지 않으신다. 바르트를 연구한다는 것은 성서와 복음에 관련된 어떤 한 부분을 보충하는 것이 아니다. 그것은 오히려 복음의 중심을 찾고, 그곳으로부터 한 걸음도 벗어나지 않으려는 노력을 뜻한다. 이러한 칼 바르트 신학연구의 의미를 우리는 지 목사님의 권면 안에서 새롭게 읽고, 새롭게 마음에 새겨야 할 것이다. 지 목사님의 말씀대로 이 시대의 설교자들이 시대적 사명을 다하기 위하여 칼 바르트 교회교의학과 열심히 씨름하는 날이 속히 와야 할 것이다.

3. 바르트의 설교학 연구

비록 슈베르트의 '미완성 교향악'과도 같이 유종의 미를 거두지는 못하였지만 바르트의 『교회교의학』이 기독교 역사가 있은 이래 그 방면의 가장 크고 넓고 깊은 거작이라 함은 기독교계의 상식이 되어 있다. 그러나 필자의 본 바대로 하면 그의 힘차고도 은혜스러운 무수한 설교 역시 그 양에 있어서나 질에 있어서 보기 드문 그리스도 교회의 유산이 아닌가 한다. 그래서 끝으로 그가 유인물로 남겨 주고 간 그의 설교집을 열거함으로써 독자들이 바르트 자신의 설교문을 통하여 그의 설교의 성격이 어떠했던가를 더 깊이 탐구하기를 바라는 바이다.[39]

---

39) 한국 바르트학회 편저, 『바르트 신학연구: 바르트 기념 논문집』(서울: 대한기독교서회, 1970), 241-260.

지동식 목사님이 권면하시는 바르트 신학의 연구과제는 『교회교의학』에 그치지 않는다. 『교회교의학』은 물론 그리스도교 역사의 가장 거대한 작품임에는 틀림없다. 그러나 그 큰 작품의 그늘에서 사람들이 쉽게 발견하지 못하는 '바르트 설교학'의 중요성을 지 목사님은 시대를 앞서서 지적하신다. 교회교의학 연구가 초석과 근간이라고 한다면, 설교학의 연구는 구체적 결실을 맺는 분야라고 할 수 있다. 교의학 연구는 그곳에서 멈추지 말아야 하며, 설교학 연구로 이어져야 한다. 이것이 지 목사님이 우리에게 남기시는 바르트 신학연구의 길이다. 그 길은 진리 탐구에 필연적이고 불가결한 노선이 될 것이다.

4. '기독교대한복음교회'의 복음주의 신학의 방향

이상과 같이 지동식 목사님께서는 해방 전의 이른 시기에 이미 "예수 그리스도의 부활"이라는 칼 바르트 신학의 가장 깊은 중심을 파악하시고 '선교론'(선포론) 안에서 그것을 명확하게 밝히셨으며, 교회의 말씀 선포가 바로 그 중심에 놓여야 함으로 역설하셨다. 그리고 그 중심으로부터 신학 방법론이 형성되어야 함을 보이셨고, 여타 신학에 대한 비판의 근거를 마련하셨으며, 또 교회 밖의 영역에까지 적용하여 신학적 사고의 지평을 넓히셨다. 마지막으로 후학들을 위한 바르트 신학연구의 과제를 주시면서, 한국 교회의 설교자가 복음 위에 바로 설 수 있는 길을 제시하셨다. 오늘의 복음교회는, 최태용 신학의 다소 과격하고 직설적인 신학을 바르트 신학을 통하여 수정하고 바로 세우려고 하셨던 지동식 목사님의 신학적 노력 위에 서 있다고 말할 수 있다. 이제 복음교회를 포함한 한국 교회는 수많은 이단들, 무신론적 자본주의, 또 불교와 이슬람교 등에 대하여 지적 논쟁의 수준을 넘어서는 영적 전쟁의 시기를 앞두고 있다. 이 전쟁에는 지 목사님의 권면대로 칼 바르트의 교회교의학이 필수적인 도구가 될 것이다. 한국의 여러 교단들이 아직 착수하지 못하고 있는 칼 바르트 교회교의학 및 설교학 연구를, 한국 바르트 신학의 정립에 선구자적 역할을 담당하셨던 지동식 목사님의 유산을 계승하는 '기독교대한복음교회'가 감당한다면, 한국 교회 전체의 미래를 위한 역사적 공헌이 되지 않을까 생각해 본다.

기독교대한복음교회의 목회자
지동식의 신학과 사상

2012년 1월 6일 초판 1쇄 인쇄
2012년 1월 16일 초판 1쇄 발행

엮은이 | 기독교대한복음교회 신학위원회
펴낸이 | 김영호
펴낸곳 | 도서출판 동연
등   록 | 제1-1383호(1992. 6. 12)
주   소 | 서울시 마포구 망원2동 472-11 2층
전   화 | (02)335-2630
전   송 | (02)335-2640
이메일 | ymedia@paran.com

Copyright ⓒ 기독교대한복음교회 신학위원회, 2012

이 책은 저작권법에 따라 보호받는 저작물이므로
무단 전재와 복제를 금합니다.
잘못된 책은 바꾸어드립니다.
책값은 뒤표지에 있습니다.

ISBN 978-89-6447-164-7 93200